コンメンタール
マンション区分所有法

第3版

稲本洋之助・鎌野邦樹

[著]

日本評論社

はしがき
第3版の刊行に寄せて

　本書第2版の刊行（2004年）から今回の第3版の執筆・刊行まで10年の年月が経過した。振り返ってみれば、第2版は、1983年の区分所有法全面改正（昭和58年5月21日法律第51号）の後、2002年に行われた重要な改正（平成14年12月11日法律第140号。2003年6月1日施行）を契機として、その間になされた判例や法解釈の蓄積、都市におけるマンション居住の飛躍的な拡大と多様化の諸相を視野に入れて執筆された。法律の全面改正から20年という節目に刊行されたこともあって、初版と同様に広く参照され、多くの読者から好意ある声を聞かせていただいた。

　それから10年、私たちは、増刷ごとに行ってきた本書の部分的な加筆・修正では対応することができない急速な状況の変化が生じていることを知ることとなった。これには、一方に、区分所有法がその適用の場の厚みと広がりを増してきたという、いわば内発的な進展があり、他方には、2011年の東日本大震災が法律制度のみならず、区分所有建物における生活の安全と資産の保全の諸面において根本的な再検討を喚起したという外発的な要因があった。

　今回の改版は、本書がこの法分野において一貫して抱いてきた目的意識や実務的な役割を引き続き担っていくとともに、上記のような内外両面における変化に対応することを意図して行った。改めていうまでもないが、本書は体系的な法解釈の書でなく、また実務・実利を第一としてノウハウを提供するものでもない。それぞれの時期に立法従事者と在野の専門家が議論を重ねて実現した法制度が問題の解決にどのように貢献し、またしなかったかに注意しながら、マンションの所有・管理・利用（生活）のさまざまな面において区分所有者をはじめ関係者が建設的に意見を交わし合意を形成していく上で役立つ法律の読み方を示唆すること、それが私たちの執筆の目的であった。

　ところで、上に「内外両面」と雑駁な言い方をしたが、マンション区分所有法

に関わるこの間の変化をより具体的に見れば、「はしがき」で触れるに値する事柄も少なくない。もとより詳細は関係条項の注釈を見ていただく以外にないので、ここでは例示的に若干の点を挙げるにとどめよう。

<u>判例</u>　区分所有法の性格は本来的に裁判規範であるが、これまでの法制度の形成・普及の過程では、どのように住まうか、どのように合意するか、どのように規律違反行為に対処するか等といった行為規範的な側面が前面に出ることが多かった。一方、近年の最高裁判所の判決等から判例の動きを見るとき、すくなくとも人々の受け止め方に注目すべき変化があるようである。将来類似の紛争事案が法廷に持ち出されるとき、どのような裁判が行われるであろうかを予測する上で判例の詳細な検討が必要となる。近年のものから挙げれば、私たちは、団地内建物の一括建替え決議における各棟の多数決要件（区分所有者および議決権の3分の2以上）（70条1項）の合憲性（最判平21・4・23判時2045-116・判タ1299-121）、②非居住区分所有者に対し特別協力金を課する旨の規約の有効性（31条1項）（最判平22・1・26判時2069-15・判タ1317-137）、③共同利益背反行為者である区分所有者に対する競売請求（59条1項）が認められた判決後に当該区分所有権が第三者に譲渡された場合の当該譲受人に対する競売申立ての可否（最決平23・10・11判時2136-36・判タ1361-128）等が問題とされたものに注目している。

<u>民法改正に伴う法文の整備</u>　民法の法人に関する大半の規定が廃止され、その旧規定の多くが、それと併行して制定された一般社団・財団法人法（平成18年6月2日法律第48号）に移されたことに伴い、区分所有法の管理組合法人に関する規定について所要の改正がなされた。これは、法制としての整備を目的としたものであるが、管理組合法人が一定規模以上のマンションの管理主体として原則的な形態となることを意識した改正であるだろう。

<u>東日本大震災後の復興を直接の契機とする立法</u>　すでに1995年の阪神・淡路大震災からの復興を目的として「被災区分所有建物の再建等に関する特別措置法」（被災マンション法。平成7年3月24日法律第43号）が制定されていたが、マンションの再建等を特別多数決で決議できるにとどまり、現実に多様な復興を可能とするといわれた建物の除却や建物・敷地の売却を同様の特別多数決によって定めることはできなかった。2013年にこの被災マンション法が改正され（平成25年6月26日法律第62号）、特別多数決による処分方針の決定が可能とされた。従前に

おいては、建設事業者はいうならば建替請負型の受注をなし得ても、一定のエリアを背景にした同一敷地内の再開発型の事業にはなおさまざまな補充的ないし代替的な合意等が必要であった。被災マンション法の改正は、政令によって指定される災害の規模等の例外的な性格を前面に出して、事業者の関与により適したプログラムを提供したと見られなくもないが、それを許容すべき場合もあることは否定できない。

<u>大震災の経験にかんがみて種々の理由による建物の損壊被害を予防し、または対処するための立法</u>　2013年の建築物耐震改修促進法改正法（平成25年5月29日法律第20号）および2014年の「マンションの建替え等の円滑化に関する法律」（建替え等円滑化法）改正法（平成26年6月25日法律第80号）、これらは政令による災害の指定ではなく、特定行政庁による認定を受けたことを要件として特別多数決または普通多数決による決定を導入した点で前項と大きく異なる。改正建築物耐震改修促進法では旧耐震基準に相当する建物など一般に耐震性が問題とされる建物について「要耐震改修認定建築物」と認められれば共用部分の変更に相当する場合でも決議要件を緩和した。また、改正建替え等円滑化法では上記と同様の基準により耐震性が問題とされる建物について「要除却認定マンション」と認められれば、「買受人」による除却を条件として特別多数決によってマンションとその敷地の売却を決議することができるものとした。なお、改正建築物耐震改修促進法に基づく「要耐震改修認定建築物」の認定か、改正建替え等円滑化法に基づく「要除却認定マンション」の認定かの選択自体は、当該管理組合に委ねられる。後者は、前項の「被災マンション法」改正の路線を災害以外にも一般的に拡大し、事業者≒買受人への依存とその関与に道を開いたと見るべきとする意見も多い。その是非を一概に論ずることはできないが、大震災の経験が後押しして実現した、多面にわたって影響することが予想される重要な改正であることは間違いないであろう。

　最後に、ここ数年に行われた諸立法から、法律の適用対象の区分が工夫され、担当部局を含めて関係方の住み分けが明確になったことは否めない。図式的に列挙すれば、区分所有法→専有部分がある区分所有建物（用途は問わない）、被災マンション法→指定災害で被災した区分所有建物（用途不問）、建築物耐震改修促進法→同法所定の建築物（マンションでなく、区分所有建物でなくてもよい）、建替

え等円滑化法→マンションのみ（それ以外の区分所有建物は対象外）。区分所有法本体から派生した支分法が、異なる場や条件に置かれて本体とは多少とも距離をとり、あるいは別物になっていくドラマをここに見ることができようか。

　本書の制作にも日本評論社法律編集部諸氏の格別の配慮を賜った。第2版以降の改版の準備に当たられた室橋真利子氏、それを受け継いで第3版の総仕上げまで担当された西川好量氏に対し、執筆者として深く謝意を表する次第である。

　　2015年2月

稲本洋之助
鎌野　邦樹

第2版　はしがき

　「建物の区分所有等に関する法律」（昭和37年法律第69号）は、2002（平成14）年12月11日の法律第140号によって改正され、改正法は2003（平成15）年6月1日に施行された。

　同法については、成立から21年後の1983（昭和58）年にその全文を改める改正（同年5月21日法律第51号）がなされ、当時想定された区分所有建物とその敷地の所有と管理をめぐる諸問題に対応した法制上の整備が行われた。本書『マンション区分所有法』の初版は、この83年法制の全体について詳細な解説を試みたものであって、幸いに非常に多くの方々に利用していただくことができた。

　この全面改正から更に20年を経て、今回の改正事業が実現した。体裁としては一部条項の修正という形をとった法律改正であったが、その内容は、83年改正法の問題点――その不備・不適合・空白――を重点的に解決しようとするものであって、区分所有法制の歴史において重要な画期をなすものということができる。本書についてはかねてから増補の要請が編集部に数多く寄せられていたが、今回の改正を機にその内容を一新することとし、全般にわたって書き直しを試みた。著者としての責めをふさぐことができれば、幸いである。

　ところで、本書は、コンメンタール（注釈書）としての性格から、改正の経緯や立法としての達成度の評価等についてはまとまった記述をしていない。それらについては関係論文・資料等（巻末に掲示）に譲ることとし、「はしがき」において私たちのおおよその観点について述べるにとどめたい。

　今回の改正事業には、その契機としていくつかの事情を見出すことができる。第一は、当然のことながら前回改正から20年間に蓄積されたマンション管理の経験と紛争処理の準則（判例）に依拠した法整備の要請である。2002年改正法の要点は、「法律案要綱」のとりまとめに依ると、①共用部分の変更（17条）、②管理

者の当事者適格（26条）、③規約の適正化（30条ほか）、④管理組合の法人化（47条）、⑤電子化（39条、45条ほか）、⑥復旧（61条）、⑦建替え決議（62条）、⑧団地内建物の建替え（69条、70条）とされている。これらのうち②、③、⑤は主として法務省の立法担当者のレベルで準備されていた改正点であり、また、①、④は法制審議会等での検討の過程で取り上げられた論点であるが、これらは総じてこの第一のモチベーションによる立法作業であったと見られる。

　第二は、阪神・淡路大震災による被災区分所有建物の復興を緊要の課題として、しかし、それに必ずしも限られることなく、広く老朽化マンションの増大と平時における建替え等の著しい困難に対処することを意識した法律改正が必要だという観点である。上記の列挙では、⑥、⑦がこれに当たるが、とりわけ⑦は、今回の立法の最大の眼目とみられているものである。

　第三は、第二と共通する面を有しながらも、「都市再生」のための諸規制の見直しと根底においてつながる立法事情であって、⑧にこれを集約的に見出すことができる。今回の改正は、これまでの区分所有法制とは異質の問題（団地空間の利用権という公法と私法の境界領域）を持ち込んだものとして専門家の間にかなり厳しい評価が見られるところでもある。

　顧みると、初版の「はしがき」では、「区分所有法は、わが国の戦後の立法史上ではやや特異な存在である」と述べた。借地借家法制が全体としてあと追い的な動きに終始したのに対して、区分所有法は予想される問題に先取り的に対処する性格を帯びていた。その反面で、かなり純度の高い裁判規範の体系であって、マンションの管理等日常の問題について指針となる行為規範的な機能を殆ど具えていない。国土交通省等が住宅政策の側面から「標準管理規約」を策定して一定の効果をあげているのは、この側面での空白があるからである、と。

　このような見方は今回の改正法にも妥当するであろうか。若干の修正が必要であるようにも思われる。例示的に2つの点に目を向けよう。

　一つは、「裁判規範性」の如実な現われであった「費用の過分性」が建替えの要件から外されたことである（62条）。「過分性」の要件は、区分所有者の自治を原則として標榜している法律において、区分所有者間の協議によって決着することが困難な（最終的に裁判所の判断を求めざるを得ない）判定問題であって、これは制度上の矛盾点であった。改正法は、これを廃し、建替えにおいても手続上の

準則に重きを置く方向にシフトしたことで、転換を遂げたというべきである。
　もう一つは、これまで第三者の関与に対して厳格な態度をとってきた区分所有法が、83年改正法によって例外的に導入した「買受指定者」(63条)の考え方を拡大して復旧決議の場合にも「買取指定者」の関与を認めたことに見られる(61条)。「買取指定者」や「買受指定者」は区分所有者以外の第三者であってよく、実際にこれらの特別の役割を期待されるのはデベロッパーなど外部の事業者であると見られる。とすれば、今回の改正は、建替え等の円滑化にとって実務上の指針を示したということになり、この点でもこれまで裁判規範に特化した区分所有法に新しい変化（事業法化）をもたらすものであろう。
　最後に、第2版の刊行にあたってお断りをしておきたいことがある。第一は、「被災区分所有建物の再建等に関する特別措置法」（平成7年法律43号）に加えて、その後に制定された「マンションの管理の適正化の推進に関する法律」（平成12年法律149号）と「マンションの建替えの円滑化等に関する法律」（平成14年法律78号）にそれぞれ解説を付して本書に収めたが、他方で、初版に掲載した「中高層共同住宅標準管理規約」と「中高層共同住宅標準管理委託契約書およびコメント」については、第2版では本文の頁数が大幅に増えることもあって収録を取りやめることとしたことである。しかし、これらの「標準規約」等はマンション等の管理については最も重要なガイドラインであり、その内容も今回の区分所有法の改正を受けて全面的に見直しがなされたところであるので、近く本書の別巻ないし姉妹版として、詳細な検討記録を付して出版することにしている。その刊行をお待ちいただきたい。
　第二は、参照法令の掲記について。本書の再校の過程で不動産登記法の全部を改正する「新法」が成立した（平成16年6月18日法律123号）。同法は、区分所有法と密接にかかわりあうため、「新法」において明らかになったことは極力取り入れることに努力したが、旧不動産登記法と多少とも異なり、手続関係の諸規則については新法のもとで制定される施行令等下位法規に委ねるところが多い。それらの制定前に本書を刊行せざるを得ない事情から、施行令等による定めについては本書で触れることができなかった。刊行後最初の補正の機会に直近の法律改正とともに収録することとし、その間、旧不動産登記法の一部規定を併せて掲記することについてご了承を願いたい。

専門書に関する限り、第2版の刊行は、初版のそれに劣らず制作上多大な手間を要する仕事である。幸いに大きな遅れもなく本書新版の刊行に漕ぎつけることができたが、それは編集を担当された日本評論社　古立正芳氏の格別の配慮に浴した結果であった。記して、執筆者としての同氏への謝意を表する次第である。

　2004年7月

稲本洋之助
鎌野　邦樹

初版　はしがき

　本書は、「建物の区分所有等に関する法律」（昭和37年法律第69号。以下、「区分所有法」と略記する）と「被災区分所有建物の再建等に関する特別措置法」（平成7年法律第43号）の逐条注釈書である。建物の区分所有は居住用に限らず業務用の建築物にも広く見られるが、本書では、一般に「マンション」と呼ばれる集合住宅への区分所有法の適用を中心に検討を進めたので、書名を『コンメンタールマンション区分所有法』とさせていただいた。

　ところで、区分所有法は、わが国の戦後の立法史上ではやや特異な存在である。まず、同法がその施行（昭和38年4月）後20年で全条にわたる改正を経験したことである（昭和58年法律51号）。このことは、昭和37年当時、大都市における区分所有方式の集合住宅（以下、単に「マンション」と呼ぶ）が増大するであろうことを予測し、それを先取りする意図で立法がなされたという事情と関わりがある。

　共用部分が区分所有者の共有に属することを推定した民法旧208条のみで「建物の区分所有」を律し得ないことは誰もが認めるところであったが、共用部分を中核とする区分所有建物とその敷地の管理を法律上どのように組織すべきかについて理論上も実務上も蓄積がほとんどない段階で、区分所有法がいわば将来に備えての立法として構想されたことも確かであった。大都市におけるマンションの急激な増加という事実については立法者の予測は的中したが、それがもたらすマンション管理の諸問題への対応という点では、区分所有法は具体的な手段をほとんど具えていなかった。これが昭和58年に同法の全面改正を余儀なくした理由であった。

　改正法は、区分所有者は当然に建物・敷地・附属施設の管理を目的として団体を構成するものとし（3条）、団体としての意思決定を多数決によって行い得るものとした。そこでは、区分所有者が自己の財産の管理について積極的に行為し、

それから生じる責任と負担に任ずるものと想定されている。言い換えれば、区分所有者による自治を尊重し、それを一定の範囲で補完するという規範構造がそこに見出される。しかし、このような立法主義は、現実には、区分所有法を区分所有者の行為規範として積極的に機能させるのではなく、どちらかといえば区分所有者の行為の消極的側面を規制しその責任を明らかにする裁判規範として機能させることになるだろう。

事実、改正法は、マンションが大都市における普遍的な居住形態となり、その管理において区分所有者が共同で対処すべき事項が増大し、かつ、著しく複雑となるに至った今日、その不備をあらためて指摘されている。《区分所有法は、抽象的であり、任意的であり、財産の私的所有の原則に著しくとらわれていて実効性がない、つまり、実際のマンションの管理には役立たない》という批判である。

このような指摘にはそれぞれ相応の理由があるようにも思われる。しかし、区分所有法は民法の特別法であって、民法が定める私的所有の尊重や私的自治の原則を一部修正することはあっても、否定するものではないことはよく知る必要がある。つまり、現実にマンションの管理に多くの問題があり、かつ、区分所有者にはそれを共同で解決するための主体的な条件が欠けるところがあっても、民事の法律としては、区分所有者の合意を一方的に擬制し、それを強制することはできない。これは、立法者の過誤でもなく、法律の瑕疵でもない。

区分所有法を戦後立法史上特異の存在としているもう一つの事情は、この点に関わる。それは、区分所有法の定めを前提としながら、それとは異なる次元で、行政庁（建設省）が審議会（住宅宅地審議会）の答申に基づいて採用し、業界を通じて奨励する標準約款（標準管理規約）の規範体系が存在し、現実に大きな影響力を有していることである。マンションに居住し、管理組合を通じてマンションの管理に関わる区分所有者にとって、管理組合規約や総会の決議によるさまざまな内部規則が行為規範として拘束力を有していることは広く見られるところであり、このような具体的なマンション管理の場においては、区分所有法とは次元を異にする規範体系が重要な意味を有していることを認めなければならない。

必要があって区分所有法を見たとき、そこには「管理組合」「総会」「理事会」「理事長」などの語が出てこないことに戸惑った経験を持つ人は少なくないはずである。先述のように区分所有者は全員で管理のための団体を当然に構成すると

しながら、管理組合の設立は任意としている点に区分所有法の特徴がよく現われている。マンションにおける集合生活の行為規範を求めるならば、直接には法律にではなく、標準管理規約にその手がかりを探すべきである。

　本書では、区分所有法の次元において法律解釈論の観点から注釈を試みた。これに対して、標準約款の次元に属することがらについては、それが区分所有法の解釈上重要な手がかりを与える場合を除いて、本書では取り上げず、巻末に建設省の通達による各種の標準管理規約を一括して掲載することとした。この点の作業においては、建設省住宅局民間住宅課に格別の協力をいただいたことを記しておきたい。

　最後に、本書の執筆においては法律解釈論の域にとどまりながらも、法社会学とりわけ立法社会学ともいうべき観点からの研究がこの法分野ではとりわけ重要であることを意識した。たとえば、区分所有法がその第1章を「建物の区分所有」とし、第2章を「団地」としたその「団地」とは、本来、数棟の単独所有（戸建て）の建物が敷地を共通にしている関係であり、そのような場合に「建物の区分所有」に関する第1章の規定の一部を準用するというのが立法趣旨であった。今日、「団地」といえば、数棟のマンションが敷地を共通にして存在していることをいうのであり、そのような「団地」の管理に関する法律制度として現行法が適切かという問題がある。また、改正法によって導入された建替えの制度も現実に適用される見込みは著しく限られており、マンションの老朽化が不可避的に進行して政策的にも無視できない数量レベルに達することが目に見えている現在、区分所有法はどのような解決を与えることができるか、区分所有法とは別の政策立法に解決を委ねるべきかを議論しなければならない。

　本書の執筆にあたっては、そのような課題の存在を意識しながらも、狭義の区分所有法が判例や学説の側の努力とあいまって漸次その内容を豊かにしてきたことを明らかにすることに努めた。このように目的を限定した著作物ではあるが、マンションの区分所有関係の理解に寄与することができれば幸いである。

　最後に、若干の経緯について。本書の執筆の依頼を日本評論社から受けたのは、改正法施行の年であった。その後の大半の時間は資料の収集などの準備にあて、共同で執筆作業に入ったのは平成5年であった。筆者の2人は研究歴において若干の差があるが、仕事としては対等・共同の著作である。なお、本書の刊行にあ

たっては、日本評論社　古立正芳氏が編集を担当され、製作全般にわたって周到な配慮をされた。記して感謝の意を表したい。

　平成9年1月

稲本洋之助

鎌野　邦樹

コンメンタール
マンション区分所有法［第3版］

目次

はしがき──第3版の刊行に寄せて
第2版はしがき
初版はしがき

建物の区分所有等に関する法律

第1章　建物の区分所有

第1節　総　　則

第1条（建物の区分所有）……………………………………………………… 3
　　本条の趣旨／一棟の建物／構造上区分された数個の部分／「独立して住居、店舗、事務所又は倉庫その他建物としての用途に供することができるもの」／区分所有権の成立／「所有権の目的」たる部分

第2条（定義）………………………………………………………………… 15
　　本条の趣旨／区分所有権／区分所有者／専有部分／共用部分／建物の敷地／敷地利用権

第3条（区分所有者の団体）………………………………………………… 25
　　本条の趣旨／団体の構成員／団体の目的／本条の団体／管理の方法／一部共用部分の団体

第4条（共用部分）…………………………………………………………… 32
　　本条の趣旨／法定共用部分／「区分所有権の目的とならないものとする」／規約共用部分／規約共用部分の登記

第5条（規約による建物の敷地）…………………………………………… 41
　　本条の趣旨／規約敷地の対象となる土地／規約敷地の要件・効果／みなし規約敷地／分割によるみなし規約敷地

目　次

第6条（区分所有者の権利義務等）···45
　　本条の趣旨／共同利益背反行為の禁止／義務違反行為に対する措置
　　／専有部分等の一時的使用／使用権が認められる対象／法定請求権
　　／償金の支払い／専有部分の占有者／本条3項による占有者の義務
第7条（先取特権）··58
　　本条の趣旨／共用部分等につき他の区分所有者に対して有する債権
　　／規約または集会の決議に基づき他の区分所有者に対して有する債
　　権／先取特権／管理者または管理組合法人の債権／本条の先取特権
　　の優先権の順位および効力／民法319条の準用
第8条（特定承継人の責任）··65
　　本条の趣旨／特定承継人の責任
第9条（建物の設置又は保存の瑕疵に関する推定）······································68
　　本条の趣旨／建物の瑕疵による損害の発生／共用部分に瑕疵が存す
　　るとの推定
第10条（区分所有権売渡請求権）··73
　　本条の趣旨／敷地利用権を有しない区分所有者／売渡請求権

第2節　共用部分等

第11条（共用部分の共有関係）··76
　　本条の趣旨／共用部分の共有／一部共用部分の共有関係／規約によ
　　る所有者／管理所有者となり得る者／民法177条の不適用
第12条（同前）··82
　　本条の趣旨／「共用部分が区分所有者の全員又はその一部の共有に
　　属する場合」／民法上の共有との相違
第13条（共用部分の使用）··84
　　本条の趣旨／用方に従った使用
第14条（共用部分の持分の割合）··91
　　本条の趣旨／持分割合の算定基準／「一部共用部分で床面積を有す
　　るもの」／一部共用部分の床面積の按分加算／内側計算方式の採用
　　／規約による別段の定め
第15条（共用部分の持分の処分）··95
　　本条の趣旨／処分の不可分性／分離処分の禁止
第16条（一部共用部分の管理）··97
　　本条の趣旨／一部共用部分の管理／区分所有者全員による管理／一
　　部区分所有者による管理

目　次

第17条（共用部分の変更）……………………………………………… 100
　　本条の趣旨／「共用部分の変更」／軽微変更／議決要件／規約による議決要件の緩和／特定区分所有者の承諾

第18条（共用部分の管理）……………………………………………… 113
　　本条の趣旨／「共用部分の管理に関する事項」／共用部分の保存行為／「前項の規定」／17条2項の準用／損害保険契約の締結

第19条（共用部分の負担及び利益収取）……………………………… 117
　　本条の趣旨／共用部分の負担および利益収取の割合／共用部分の負担・利益収取

第20条（管理所有者の権限）…………………………………………… 120
　　本条の趣旨／管理所有／管理所有者の義務／管理費用の請求／共用部分の変更の制限

第21条（共用部分に関する規定の準用）……………………………… 123
　　本条の趣旨／本条の適用対象／17条から19条までの準用

第3節　敷地利用権

第22条（分離処分の禁止）……………………………………………… 127
　　本条の趣旨／分離処分が禁止される権利／「専有部分に係る敷地利用権」／禁止される処分／分離処分の禁止／規約による分離処分の許与／数個の専有部分を所有する場合／敷地利用権の割合についての規約による定め／本条1項および2項の準用

第23条（分離処分の無効の主張の制限）……………………………… 140
　　本条の趣旨／無効の主張の制限／登記

第24条（民法第255条の適用除外）…………………………………… 143
　　本条の趣旨／民法255条

第4節　管　理　者

第25条（選任及び解任）………………………………………………… 146
　　本条の趣旨／選任等の方法／管理者／管理者の選任／管理者の解任／管理者の解任請求

第26条（権限）…………………………………………………………… 152
　　本条の趣旨／共用部分等の保存／集会の決議の実行／規約で定めた行為の実行／管理者の代理権限／損害保険契約に基づく保険金額の請求および受領／損害賠償金および不当利得による返還金の請求等／管理者の代理権に加えた制限／管理者の訴訟追行権／区分所有者

　　　　への通知

第27条（管理所有）・・ 167
　　本条の趣旨／管理所有／管理所有の性質／準用規定

第28条（委任の規定の準用）・・ 170
　　本条の趣旨／管理者の権利・義務／委任に関する規定

第29条（区分所有者の責任等）・・・・・・・・・・・・・・・・・・・・・・・・・・・・・・・・・・・・・ 172
　　本条の趣旨／第三者との間でした行為／区分所有者の責任／責任の
　　負担割合／規約による定め／特定承継人に対する権利行使

第5節　規約及び集会

第30条（規約事項）・・・ 178
　　本条の趣旨／規約で定めることができる事項／個別的な規約事項／
　　標準管理規約／一部共用部分に関する規約／規約の衡平性／規約の
　　衡平性を判断する際に考慮すべき要素／規約と区分所有者以外の者
　　との関係／規約の作成方式

第31条（規約の設定、変更及び廃止）・・・・・・・・・・・・・・・・・・・・・・・・・・・・・・ 194
　　本条の趣旨／規約の設定等の要件――特別多数決議／特別の影響を
　　受ける者の承諾／一部共用部分に関する全体規約の設定等に当たっ
　　ての特則

第32条（公正証書による規約の設定）・・・・・・・・・・・・・・・・・・・・・・・・・・・・・・ 205
　　本条の趣旨／規約を設定することができる者／公正証書／規約事項、
　　規約の設定および規約の効力

第33条（規約の保管及び閲覧）・・・・・・・・・・・・・・・・・・・・・・・・・・・・・・・・・・・・・ 209
　　本条の趣旨／規約の保管者――管理者／管理者がないときの規約の
　　保管者／規約の閲覧／規約の保管場所の掲示

第34条（集会の招集）・・・ 213
　　本条の趣旨／管理者による集会の招集／管理者の集会の招集義務／
　　集会の招集請求／招集請求をした者による集会の招集／管理者がな
　　い場合の集会の招集

第35条（招集の通知）・・・ 216
　　本条の趣旨／招集通知の時期等／専有部分の共有者に対する通知／
　　通知すべき場所／掲示による通知／議案の要領の通知

第36条（招集手続の省略）・・ 222
　　本条の趣旨／招集手続の省略

第37条（決議事項の制限）・・ 224

目　次

　　　本条の趣旨／決議事項の制限／決議事項の制限についての規約の別
　　　段の定め／集会の招集手続を省略した場合

第38条（議決権）……………………………………………………………… 226
　　　本条の趣旨／議決権の割合

第39条（議事）………………………………………………………………… 228
　　　本条の趣旨／集会の決議事項／本法または規約による別段の定め／
　　　区分所有者および議決権の各過半数／書面または代理人による議決
　　　権の行使／電磁的方法による議決権の行使

第40条（議決権行使者の指定）……………………………………………… 236
　　　本条の趣旨／議決権行使者の指定

第41条（議長）………………………………………………………………… 238
　　　本条の趣旨／議長

第42条（議事録）……………………………………………………………… 239
　　　本条の趣旨／議事録の作成者／議事録の記載・記録／議事録の署名
　　　押印者／電磁的記録により作成された議事録の署名押印／議事録の
　　　保管および閲覧

第43条（事務の報告）………………………………………………………… 242
　　　本条の趣旨／管理者の事務の報告

第44条（占有者の意見陳述権）……………………………………………… 243
　　　本条の趣旨／意見陳述権を有する占有者／利害関係を有する場合／
　　　意見陳述権／集会開催に関する掲示および本条に違反する決議の効
　　　力

第45条（書面又は電磁的方法による決議）………………………………… 247
　　　本条の趣旨／法律または規約により集会において決議すべき場合／
　　　書面または電磁的方法による決議／電磁的方法による決議に係る法
　　　務省令／書面または電磁的方法による合意／書面または電磁的方法
　　　による決議の効力／書面または電磁的記録の保管および閲覧／集会
　　　に関する規定の準用

第46条（規約及び集会の決議の効力）……………………………………… 259
　　　本条の趣旨／特定承継人に対する効力／専有部分の占有者に対する
　　　効力

第6節　管理組合法人

第47条（成立等）……………………………………………………………… 264
　　　本条の趣旨／構成員に関する要件／議決要件／法人設立の登記／
　　　「管理組合法人」を称する義務／登記事項・手続／対抗力／従前の

目 次

　　集会決議・規約の承継／管理組合法人の代理権／管理組合法人の代理権に加えた制限／管理組合法人の訴訟追行権／区分所有者への通知／一般法人法等の規定の準用／「管理者」の規定の不適用／法文の読替え／法人税法上の取扱い／消費税

第48条（名称） ·· 280
　　本条の趣旨／「管理組合法人」の文字の使用／非法人団体による「管理組合法人」の名称の使用禁止

第48条の2（財産目録及び区分所有者名簿） ·························· 281
　　本条の趣旨／財産目録および区分所有者名簿

第49条（理事） ·· 282
　　本条の趣旨／理事／理事による議決の要件／理事の代表権／理事の数と代表権／代表理事・共同代表／理事の任期／理事が欠けた場合／理事の選任および解任

第49条の2（理事の代理権） ··· 289
　　本条の趣旨／規約または集会の決議による代表権の制限

第49条の3（理事の代理行為の委任） ·································· 290
　　本条の趣旨／理事会の代理出席

第49条の4（仮理事） ··· 291
　　本条の趣旨／仮理事の選任／管轄裁判所

第50条（監事） ·· 292
　　本条の趣旨／監事／監事の兼務禁止／監事の職務／準用規定

第51条（監事の代表権） ··· 295
　　本条の趣旨／監事の代表権

第52条（事務の執行） ·· 297
　　本条の趣旨／事務の決定・執行／理事その他の役員で決する旨の規約による定め／保存行為についての決定

第53条（区分所有者の責任） ··· 303
　　本条の趣旨／区分所有者の責任／強制執行の不奏効／区分所有者の抗弁

第54条（特定承継人の責任） ··· 306
　　本条の趣旨／特定承継人の責任

第55条（解散） ·· 307
　　本条の趣旨／管理組合法人の解散／建物の全部滅失／専有部分の喪失／集会の決議／特別決議

第55条の2（清算中の管理組合法人の能力） ························· 311

目　次

　　　　本条の趣旨／清算法人

第55条の3（清算人） ……………………………………………………………… 312
　　　　本条の趣旨／清算人

第55条の4（裁判所による清算人の選任） ………………………………… 313
　　　　本条の趣旨／裁判所による清算人の選任

第55条の5（清算人の解任） …………………………………………………… 313
　　　　本条の趣旨／裁判所による清算人の解任

第55条の6（清算人の職務及び権限） ………………………………………… 314
　　　　本条の趣旨／清算人の職務権限

第55条の7（債権の申出の催告等） …………………………………………… 314
　　　　本条の趣旨／債権の申出の催告等

第55条の8（期間経過後の債権の申出） ……………………………………… 316
　　　　本条の趣旨／期間経過後の債権の申出

第55条の9（清算中の管理組合法人についての破産手続の開始） ……… 316
　　　　本条の趣旨／破産手続の開始

第56条（残余財産の帰属） ……………………………………………………… 317
　　　　本条の趣旨／残余財産の帰属

第56条の2（裁判所による監督） ……………………………………………… 318
　　　　本条の趣旨／解散・清算の監督

第56条の3（解散及び清算の監督等に関する事件の管轄） ……………… 318
　　　　本条の趣旨／管轄裁判所

第56条の4（不服申立ての制限） ……………………………………………… 319
　　　　本条の趣旨／不服申立ての制限

第56条の5（裁判所の選任する清算人の報酬） …………………………… 319
　　　　本条の趣旨／裁判所の選任する清算人の報酬

第56条の6〔削除〕 ……………………………………………………………… 320

第56条の7（検査役の選任） …………………………………………………… 320
　　　　本条の趣旨／検査役の選任／不服申立ての制限および検査役の報酬

第7節　義務違反者に対する措置

第57条（共同の利益に反する行為の停止等の請求） ……………………… 322
　　　　本条の趣旨／共同利益背反行為／請求主体／区分所有者の共同の利益／行為の停止等の請求／集会の決議／管理者等による訴訟の提起

／占有者に対する措置

第58条（使用禁止の請求）……………………………………… 332
　本条の趣旨／共同利益背反行為／本条の請求が認められるための実体的要件／請求主体／本条の請求が認められるための手続的要件／請求の内容／特別決議／弁明の機会の提供／57条3項の準用

第59条（区分所有権の競売の請求）…………………………… 340
　本条の趣旨／共同利益背反行為／本条の請求が認められるための実体的要件／請求主体／本条の請求が認められるための手続的要件／請求の内容／57条3項の準用／58条2項および3項の準用／競売の申立期間／買受けの申出の禁止

第60条（占有者に対する引渡し請求）………………………… 347
　本条の趣旨／共同利益背反行為／本条適用の実体的要件／請求主体／本条適用の手続的要件／請求の内容／57条3項の準用／58条2項および3項の準用／判決後の専有部分の引渡し

第8節　復旧及び建替え

第61条（建物の一部が滅失した場合の復旧等）……………… 353
　本条の趣旨／建物の価格の2分の1以下に相当する部分の滅失／滅失／単独復旧／専有部分の復旧／復旧／集会の決議がある場合の単独復旧の禁止／費用償還請求／復旧の決議／規約による別段の定め／建物の価格の2分の1を超える部分の滅失／特別多数による議決の必要／議事録の記載・記録事項／決議があった場合の買取請求権／再買取請求／買取指定者の指定／決議賛成者の責任／買取指定者の催告権／買取請求権の消滅／復旧・建替え決議がない場合の買取請求権／期限の許与

第62条（建替え決議）…………………………………………… 393
　本条の趣旨／1983年改正法と2002年改正法／議決要件／既存建物の取壊し／再建建物の敷地／使用目的の無制約性／建替え決議の要素および効果／建替え計画の概要／再建建物の設計の概要／建替え費用の概算額／建替え費用の分担に関する事項／再建建物の区分所有権の帰属に関する事項／衡平の確保／建替え決議を目的とする集会の招集手続／建替え集会の招集通知の発信時期／通知事項／建替えを必要とする理由／建物の効用の維持・回復費用／建物の修繕計画の内容／修繕積立金の額／説明会の開催／説明会の開催の手続／議事録の記載事項

第63条（区分所有権等の売渡し請求等）……………………… 428
　本条の趣旨／2カ月の再考期間／催告に対する回答／回答がない場

目　次

合／売渡請求／除斥期間／売渡請求権の相手方／売渡しの対価／売買契約の成立／区分所有者でない敷地利用権者の存在／期限の許与／再売渡請求／正当の理由が消滅した場合

第64条（建替えに関する合意）………………………………………… 442
本条の趣旨／合意当事者／合意事項／組合に関する民法の規定の類推適用

第2章　団　　地

第65条（団地建物所有者の団体）……………………………………… 448
本条の趣旨／一団地内における数棟の建物の存在／団地内の土地または附属施設の共有／団地建物所有者の団体／集会の開催、規約の設定、管理者の選任

第66条（建物の区分所有に関する規定の準用）……………………… 457
本条の趣旨／先取特権および特定承継人の責任／団地管理対象物の管理／団地の管理者／団地の規約／団地の集会／団地管理組合法人

第67条（団地共用部分）………………………………………………… 474
本条の趣旨／団地共用部分の対象／団地規約による定め／団地共用部分と定めた場合の効果／団地共用部分たる旨の登記／公正証書による規約の設定／建物の共用部分に関する規定の準用

第68条（規約の設定の特例）…………………………………………… 480
本条の趣旨／「当該土地の全部又は附属施設の全部につき」／当該土地または附属施設の共有者の「同意」／「第2号に掲げる建物にあってはその全部につき」／団地内の区分所有建物についての集会の決議／団地内の一部の建物所有者の共有に属する土地または附属施設／団地内の区分所有建物／団地内の区分所有建物の一部共用部分に関する事項

第69条（団地内の建物の建替え承認決議）…………………………… 486
団地内建物の建替え／区分所有建物および敷地の共有／建替え承認決議／特定建物の取壊しと再築／団地内建物が区分所有建物である場合／団地内建物が区分所有建物以外の建物である場合／団地建物所有者の議決権／みなし承認／建替え承認決議を目的とする集会の招集手続／建替えが特別の影響を及ぼすべきとき／特別の影響の及ぶ建物が区分所有建物である場合／特別の影響の及ぶ建物が区分所有建物以外の建物である場合／一括付議／区分所有建物における一括付議のための合意

第70条（団地内の建物の一括建替え決議）……………………………………… 504
    団地内建物の一括建替え決議／区分所有者による敷地の共有／団地規約／一括建替え決議／各棟の３分の２以上の賛成／団地全体の５分の４以上の賛成における議決権／一括建替え決議において定められるべき事項／敷地の一体的利用についての計画の概要／再建団地内建物の設計の概要／建替え費用の概算額／費用の分担に関する事項／再建団地内建物の区分所有権の帰属に関する事項／一棟の建替え決議に関する規定の準用

第３章　罰　　則

第71条………………………………………………………………………………… 519
    本条の趣旨／過料の対象者および過料を科する手続／規約等の保管義務違反／規約等の閲覧拒絶／議事録の作成義務違反／事務報告義務違反／登記義務違反／財産目録作成義務違反／理事または監事の選任手続の懈怠／清算の場合の公告義務違反／清算中の破産手続開始の申立ての懈怠／解散・清算に関する裁判所の検査に対する妨害

第72条………………………………………………………………………………… 525
    本条の趣旨／名称使用に対する過料

附則（抄）（昭和37年法律第69号）

第１条（施行期日）………………………………………………………………… 526
    1962（昭37）年法の附則／施行期日／管理者、集会、規約に関する規定の繰上げ施行／準備のための適用

第２条（経過措置）………………………………………………………………… 529
    共用部分の帰属についての経過措置／管理所有への転換／持分が1962年法の定めと異なる場合／区分所有者以外の者が共用部分を所有する場合／管理所有への転換に伴う調整

第３条から第７条まで〔省略〕…………………………………………………… 532
    附則３条から７条まで

附則（抄）（昭和58年法律第51号）

第１条（施行期日）………………………………………………………………… 533
    1983（昭58）年改正法の附則／施行期日

目　次

第2条（建物の区分所有等に関する法律の一部改正に伴う経過
　　　　措置の原則） ………………………………………………………… 533
　　第1条の規定／遡及適用とその例外／1962年法下で生じた効力の保
　　存

第3条（建物の設置又は保存の瑕疵に関する推定に関する経過措置） ……… 536
　　1983年改正法9条の規定／9条の不適用

第4条（共用部分に関する合意等に関する経過措置） ……………………… 536
　　集会決議の擬制／団地準用の場合

第5条（既存専有部分等に関する経過措置—その1） ……………………… 538
　　1983年改正法22条から24条までの規定／政令で定める日／繰下げ適
　　用／繰下げ適用の例外

第6条（既存専有部分等に関する経過措置—その2） ……………………… 540
　　適用開始日の指定／通知／異議の申出／指定の告示／適用開始日／
　　指定の請求

第7条（既存専有部分等に関する経過措置—その3） ……………………… 542
　　一体として管理・使用している土地／みなし規約敷地／通知および
　　異議の申出

第8条（既存専有部分等に関する経過措置—その4） ……………………… 544
　　みなし分離処分許容規約

第9条（規約に関する経過措置） …………………………………………… 545
　　1983年改正法施行前の規約の効力／1983年改正法に抵触する既存規
　　約の定めの無効

第10条（義務違反者に対する措置に関する経過措置） …………………… 546
　　義務違反者に対する措置

第11条（建物の一部滅失に関する経過措置） ……………………………… 547
　　大規模一部滅失の復旧決議および建替え決議の制限

第12条（不動産登記法の一部改正に伴う経過措置） ……………………… 548
　　第2条の規定／旧不動産登記法に関する経過措置

第13条（罰則に関する経過措置） ………………………………………… 549
　　罰則に関する経過措置

第14条から第18条まで〔省略〕 …………………………………………… 549
　　附則14条から18条まで

目　次

附則（抄）（平成14年法律第140号）

第１条（施行期日） ……………………………………………………… 550
　　　2002（平14）年改正法の附則／施行期日
第２条（建物の区分所有等に関する法律の一部改正に伴う経過措置） ……… 550
　　　第１条の規定／遡及適用とその例外／「旧区分所有法」下で生じた
　　　効力の保存／買取請求／建替え決議
第３条から第７条まで〔省略〕 ………………………………………… 553
第８条（被災区分所有建物の再建等に関する特別措置法の一部改正に
　　　伴う経過措置） ………………………………………………… 554
　　　再建の決議
第９条（罰則に関する経過措置） ……………………………………… 554
　　　罰則に関する経過措置

建物の区分所有等に関する法律施行規則（平成15年５月23日省令第47号）…… 555

被災区分所有建物の再建等に関する特別措置法

第１章　総　　則

第１条（目的） ……………………………………………………………… 559
　　　本条の趣旨／大規模な火災、震災その他の災害／区分所有建物の全
　　　部が滅失した場合／区分所有建物の一部が滅失した場合／本法の公
　　　益的性格──被災地の健全な復興

第２章　区分所有建物の全部が滅失した場合における措置

第２条（敷地共有者等集会等） ………………………………………… 566

xxv

目 次

　　　　本条の趣旨／政令で定める大規模な災害／区分所有建物／区分所有
　　　　建物の全部の滅失の場合／敷地共有者等／敷地共有者等集会
　第3条（敷地共有者等が置く管理者及び敷地共有者等集会に関する
　　　　区分所有法の準用等） ……………………………………………… 570
　　　　本条の趣旨／区分所有法の準用による読替え／敷地共有者等の所在
　　　　が不明な場合／掲示された通知の効力の発生時期
　第4条（再建決議等） ……………………………………………………… 578
　　　　本条の趣旨／議決要件／再建される建物の敷地および使用目的／決
　　　　議において定めるべき事項／衡平の確保／再建集会の招集通知の発
　　　　信時期／再建を必要とする理由／説明会の開催／説明会の開催の手
　　　　続／議事録における決議の記載方法／敷地共有持分の売渡請求権等
　　　　／再建を行う旨の合意／読替え後の規定
　第5条（敷地売却決議等） ………………………………………………… 588
　　　　本条の趣旨／敷地売却決議／敷地売却決議における決議事項／読替
　　　　え後の規定
　第6条（敷地共有持分等に係る土地等の分割請求に関する特例） ……… 594
　　　　本条の趣旨／「土地又はこれに関する権利」／分割請求の禁止／禁
　　　　止期間／分割請求の許容／分割請求後の再建等の決議／区分所有建
　　　　物の一部滅失後に建物が取り壊された場合

第3章　区分所有建物の一部が滅失した場合における措置

　第7条（区分所有者集会の特例） ………………………………………… 599
　　　　本条の趣旨／大規模一部滅失の場合／集会の期間の限定／本条によ
　　　　る集会
　第8条（区分所有建物の一部が滅失した場合における区分所有者集会の
　　　　招集の通知に関する特例） …………………………………………… 602
　　　　本条の趣旨／区分所有法35条3項および4項の不適用／災害発生以
　　　　後に通知すべき場所の指定があった場合／区分所有者の所在を知る
　　　　ことができない場合／掲示による通知の到達の効力／議案の要領の
　　　　通知
　第9条（建物敷地売却決議等） …………………………………………… 606
　　　　本条の趣旨／建物敷地売却決議／建物敷地売却決議における決議事
　　　　項／売却代金の分配についての衡平性の確保／建物敷地売却決議の
　　　　招集通知を発する時期／議案の要領の他の通知事項／説明会の開催
　　　　／説明会の開催等についての読替え後の規定／議事録／読替え後の

規定

第10条（建物取壊し敷地売却決議等） ……………………………………… 617
　　本条の趣旨／建物取壊し敷地売却決議／建物取壊し敷地売却決議に
　　おける決議事項／読替え後の規定

第11条（取壊し決議等） ……………………………………………………… 622
　　本条の趣旨／取壊し決議／取壊し決議における決議事項／読替え後
　　の規定

第12条（建物の一部が滅失した場合の復旧等に関する特例） …………… 626
　　本条の趣旨／区分所有法61条12項の買取請求権／始期の変更

第4章　団地内の建物が滅失した場合における措置

第13条（団地建物所有者等集会等） ………………………………………… 630
　　本条の趣旨／団地建物所有者等集会

第14条（団地建物所有者等が置く管理者及び団地建物所有者等集会に
　　　　関する区分所有法の準用等） ……………………………………… 634
　　本条の趣旨／読替え後の規定／団地建物所有者等の所在が不明な場
　　合／掲示された通知の効力の発生時期

第15条（団地内の建物が滅失した場合における再建承認決議） ………… 642
　　本条の趣旨／再建承認決議／再建承認決議における議決権／再建承
　　認決議における議決権行使の制約／再建承認決議を会議の目的とす
　　る団地建物所有者等集会の招集通知／再建が他の建物の建替えまた
　　は再建に特別の影響を与える場合／再建承認決議の一括付議／区分
　　所有建物における再建承認決議の一括付議

第16条（団地内の建物が滅失した場合における建替え承認決議） ……… 648
　　本条の趣旨／建替え承認決議／読替え後の規定——その1／読替え
　　後の規定——その2

第17条（団地内の建物が滅失した場合における建替え再建承認決議） … 654
　　本条の趣旨／建替え再建承認決議／建替え再建承認決議の一括付議
　　／読替え後の規定

第18条（団地内の建物が滅失した場合における一括建替え等決議） …… 659
　　本条の趣旨／一括建替え等決議／団地建物所有者等集会における各
　　団地建物所有者等の議決権／一括建替え等決議で定めるべき事項／
　　読替え後の規定

目　次

第5章　罰　則

第19条…………………………………………………………………… 668
　　　本条の趣旨／議事録等の保管義務違反／議事録等の閲覧拒絶／議事
　　　録の不作成、不記載、虚偽記載

附則………………………………………………………………………… 671
　　　施行の日

被災区分所有建物の再建等に関する特別措置法第2条第1項の災害を
　定める政令（平成7年政令第81号）・附則 …………………………… 671
　　　政令への委任／政令で定める事項／施行の日

附則（抄）（平成25年法律第62号）……………………………………… 672
　　　施行の日等

被災区分所有建物の再建等に関する特別措置法第2条の災害を定める
　政令（平成25年政令第231号）・附則………………………………… 672

マンション管理適正化法　解説 ………………………………………… 673

　第一　本法の目的と概要　674
　　　1　本法の目的と内容　674
　　　2　本法でのマンションおよびマンション管理業　674
　第二　マンション管理士　675
　　　1　マンション管理士の意義　675
　　　2　マンション管理士の資格・業務等　676
　第三　マンション管理業　676
　　　1　概要　676
　　　2　マンション管理業者　677
　　　3　マンションの管理業務　678

目 次

マンション建替え等円滑化法　解説……………………………………683

第一　立法の背景　684
　　1　建替え決議と建替え事業　684
　　2　本法制定前の状況　684
　　3　2014年改正法によるマンション敷地売却制度の創設　685

第二　本法の目的および対象　685
　　1　本法の目的　685
　　2　本法で対象とする建物　686

第三　建替え事業に対する国の基本方針および行政の責務　687
　　1　国および地方公共団体の責務　687
　　2　基本方針　687

第四　建替え事業　687
　　1　マンション建替組合の設立　689
　　2　権利変換手続による関係権利の円滑な移行　689
　　3　建替えに参加しない者に対する居住安定のための措置　690

第五　マンション敷地売却　691
　　1　要除却認定　691
　　2　買受人の決定と買受計画の認定　692
　　3　マンション敷地売却決議　692
　　4　マンション敷地売却組合とマンション敷地売却事業　693
　　5　容積率規制の緩和　693

区分所有建物の登記簿記載例　695

区分所有法関係文献目録　699

引用文献略語一覧　738

事項索引　746

判例索引　760

主要引用条文一覧　765

凡　例

▷ **法令名**

- 本書においては、1962（昭37）年の「建物の区分所有等に関する法律」（法律第69号）を「1962年法」とし、1983（昭58）年に1962年法を全面的に改正した「建物の区分所有等に関する法律」（法律第51号）を「1983年改正法」と呼び、同法を改正した2002（平14）年改正法（法律第140号）を「2002年改正法」とした。
  ただし、区分所有法の条文について注釈本文で触れる場合、あるいはカッコ内において注記するに当たっては、原則として、単に条数を掲げた。他の法律や1962年法・1983年改正法との混同を避ける必要のある場合にのみ、「本法」とした。
- 区分所有法以外の法律をカッコ内注記で引用する場合は、以下のように表記した。
  民法（明治29年法律第89号：第1編〜第3編。昭和22年法律第222号：第4編・第5編）
  　→ 民法
  一般社団法人及び一般財団法人に関する法律（平成18年法律第48号）→ 一般法人法
  不動産登記法（平成16年法律第123号）→ 不登法
  旧不動産登記法（明治32年法律第24号）→ 旧不登法
  借地借家法（平成3年法律第90号）→ 借地借家法
  商法（明治32年法律第48号）→ 商法
  商業登記法（昭和38年法律第125号）→ 商登法
  民事訴訟法（平成8年法律第109号）→ 民訴法
  非訟事件手続法（平成23年法律第51号）→ 非訟法
  旧非訟事件手続法（明治31年法律第14号）→ 旧非訟法
  民事執行法（昭和54年法律第4号）→ 民執法
  民事保全法（平成1年法律第91号）→ 民保法
  刑事訴訟法（昭和23年法律第131号）→ 刑訴法
- なお、本書557頁以下の「被災区分所有建物の再建等に関する特別措置法」（平成7年法律第43号）の注釈および、本書673頁以下の「マンションの管理の適正化の推進に関する法律」（平成12年法律第149号）、本書683頁以下の「マンションの建替え等の円滑化に関する法律」（平成14年法律第78号）にあっては、それぞれの法律を「本法」と表記し、「建物の区分所有等に関する法律」を「区分所有法」と表記した。

凡　例

▷ **判　例**

・通常の慣用に従って引用した。たとえば、
「最判昭56・6・18民集35-4-798」は、「最高裁判所昭和56年6月18日判決、最高裁判所民事判例集35巻4号798頁登載」の意味である。
・登載判例集は、次のように略記した。
　　民録＝大審院民事判決録
　　民集＝大審院民事判例集
　　　　　最高裁判所民事判例集
　　高民集＝高等裁判所民事判例集
　　下民集＝下級裁判所民事裁判例集
　　裁判集民事＝最高裁判所裁判集民事
　　東高民時報＝東京高等裁判所（民事）判決時報
　　裁時＝裁判所時報
　　訟月＝訟務月報
　　家月＝家庭裁判月報
　　新聞＝法律新聞
　　判時＝判例時報
　　判タ＝判例タイムズ
　　商事＝旬刊商事法務
　　金判＝金融・商事判例
　　金法＝旬刊金融法務事情

▷ **文　献**

・各条の注釈において引用する文献は、巻末の「引用文献略語一覧」に従ってすべて略記した。

▷ **その他**

・本書で注釈・解説を加える各法律の扉頁に記した改正経緯は、当該法律以外の法律の改正に伴う用語の統一等形式的な法改正の経緯は省略した。

マンション区分所有法

建物の区分所有等に関する法律

1962（昭和37）年4月4日法律第69号
施行　1963（昭和38）年4月1日

改正　1983（昭和58）年5月21日法律第51号
　　　（1984〔昭和59〕年1月1日施行）
　　　2002（平成14）年12月11日法律第140号
　　　（2003〔平成15〕年6月1日施行）
　　　2006（平成18）年6月2日法律第50号
　　　（2008〔平成20〕年12月1日施行）

第1章　建物の区分所有

第1節　総　　則

（建物の区分所有）
第1条　一棟の建物に構造上区分された数個の部分で独立して住居、店舗、事務所又は倉庫その他建物としての用途に供することができるものがあるときは、その各部分は、この法律の定めるところにより、それぞれ所有権の目的とすることができる。

〔1〕　**本条の趣旨**
　本条は、ビルディングやマンションの一室など建物の部分を独立の所有権の目的とすることができる旨を明らかにし、そのための要件を定めた（この所有権を「区分所有権」と呼ぶ。これについては、2条1項においてあらためて定義される）。
　(1)　一個の建物
　所有権など物権の目的（客体）は、原則として、特定され、かつ、独立した一個の物でなければならず、そのような一個の物の一部をその部分だけ取り出して物権の目的とすることはできない（一物一権主義）。建物についても、原則として一棟の建物全体が一個の物であるが、本条は、その例外として、一定の要件を満たす場合には一棟の建物の一部が他の部分から独立して所有権の目的となることを定めた。
　その要件とは、①一棟の建物のうち「構造上区分された」部分で、かつ、②その部分が「独立して住居、店舗、事務所又は倉庫その他建物としての用途に供することができるもの」であることである。一般に、①の要件を「構造上の独立

性」、②の要件を「利用上の独立性」と呼んでいる。

(2) 区分所有の法律構成

分譲方式のマンションなどに見られるように、一棟の建物に複数の所有者が存在する場合に、これを所有権の帰属という点でどのように構成するかについては、論理的に次の2つの考え方に分かれる（稲本・集合住宅9、同・物権法319）。

第1は、二元的構成ともいうべきもので、専有部分と共用部分とを所有権の次元で物的にはっきりと区別し、その上で専有部分の所有権（区分所有権）と共用部分共有持分とを取引上一体として扱う。わが国の区分所有法は、その典型例である（ドイツ法やアメリカ法もこの方式を採用している）。

第2は、一元的構成というべきもので、マンション等の建物全体が全員の共有に属するとした上で各人の排他的使用・収益に充てられる部分と共同の用途に充てられる部分とを区別し、前者について（物権的な）専用使用権を各人に与える（スイス法やベルギー法で採用されている方式がこれに近い）。これら2つの中間に、専有部分の所有権と土地を含む共用部分の共有持分とを一体不可分に統合させ、それを「共同所有権」copropriétéとして捉えるフランス法の立法例もある。

二元的構成と一元的構成を比較すると、前者は、共同の建物の諸部分を構造上用途上可能な限り単独の所有物とし、残余部分のみを共有物とする考え方（可及的共有排除の思想）に支えられており、所有権の次元で排他性を確保することを重視する国民感情（持ち家思想）に適合する。後者は、物的帰属としてはできる限り共有とし、居住等のために必要な専用空間の排他性を一種の物権的合意によって確保するにとどめるという考え方（可及的共有維持の思想）に支えられ、物自体の私的帰属よりも物の共同の維持・保全を重視する国民感情に適合的である。わが国においては、二元的構成が一般に受け入れられているが、規約慣行上で所有の排他性よりも維持・保全の共同性に配慮したものも見られる。これは、二元的構成がわが国の国民感情に沿うものでありながら、それ自体としては必ずしも自明の所有構造ではないことを示唆している。

(3) 1962年法と本条

本条は、1962（昭37）年制定法（以下では、昭和37年の「建物の区分所有等に関する法律」を「1962年法」と呼び、1983（昭58）年に1962年法を全面的に改正した「建物の区分所有等に関する法律」を「1983年改正法」と呼ぶ。以下では、全条の注釈において、この例による）1条を受け継ぐものであり、その内容において変わるところ

はない。ただし、法令において用いるべき当用漢字の音訓使用の変更に伴って、「一むね」は「一棟」に改められた（濱崎・解説96）。

(4) 1962年法の概要

1962年法制定以前においては、民法は、わずかに、①区分所有建物の共用部分を区分所有者の共有に属するものと推定し（旧規定208条1項）、②その修繕費等の負担を各自の所有部分の価格に応じて分担すべきものとし（同2項）、③共用部分の分割請求を禁止する（同257条）、という規定を設けていたに過ぎなかった。これらの規定のみによっては、区分所有建物の権利関係を律することはできないという認識に立って、1962（昭37）年に本法が制定された。

1962年法は、区分所有建物を各区分の所有者（区分所有者）に排他的に属する「専有部分」と区分所有者の共用に充てられる「共用部分」とに分け、共用部分を区分所有者の共有とし、その管理・使用について各区分所有者の権利・義務を定めた上で、規約および集会の議決による区分所有者の自治による運営を広く認めた。

しかし、都市部を中心に分譲方式の集合住宅が大量かつ多様に供給されるようになるに従って、1962年法の規定内容についてさまざまな点で制度上の不備ないし空白が問題とされるようになった。その主要な点を挙げれば、次のようである。

① 土地と建物を別個の不動産とする日本民法の建前に従って専有部分の区分所有権と敷地利用権との間に特別の結合関係を設けていないため、取引上も公示上も一体的取扱いが困難ないし不可能であった。

② 共用部分の変更については原則として区分所有者全員の合意を必要としているため、しばしばその決定が不可能になった。

③ 区分所有者の自治に大きく依存しながら、区分所有者の団体についての規定を欠いていたので、実際に管理組合等区分所有者の団体が設立されてもその法的地位が不明確であった。また、区分所有者の団体は法人格を取得する特別の方法がないことから、「権利能力なき社団」の地位にとどまらざるを得なかった。

④ 規約の設定・変更・廃止には区分所有者全員の書面による合意を必要としているため、しばしばその決定が不可能になった。

⑤ 区分所有者以外の者が専有部分を占有している場合にその占有者に法律上および規約上の義務を負わせることが当然にはできないため、共同生活上支障が生じがちであった。

⑥　区分所有者または専有部分の占有者に共同の利益に著しく反する行為があっても区分所有者の地位および自由を否定することができないため、有効な制裁手段が存在しなかった。

⑦　建物の建替えについて特別の規定を欠いていたため、建替えには区分所有者全員の合意を必要としたので、その決定は極めて困難であった（稲本・物権法318）。

以上のような1962年法の不備を是正するため、立法による解決が強く望まれていた。

1983年改正法は、このような要請に応えて1962年法を全面的に改正し、補充した。同法は、1984（昭59）年1月1日から施行され、特別の定めがある場合を除いて、同法施行前から存在する区分所有建物にも適用されるものとされた（同法附則1条、2条）。

(5)　区分所有権を認める根拠

建物の一部について区分所有権を認める法文上の根拠は、従来は民法208条1項（「数人ニテ一棟ノ建物ヲ区分シ各其一部ヲ所有スルトキハ建物及ヒ其附属物ノ共用部分ハ其共有ニ属スルモノト推定ス」）であったが、同規定が1962年法の制定と共に削除され、1962年法1条がそれに代わった。1983年改正法以降では、本条が、1962年法1条に代わって、区分所有権の成立を認める実体法上の根拠となる。

〔2〕　**一棟の建物**

本法の適用対象となる建物は、その内に区分所有権の目的となる数個の建物部分（専有部分）を含む一棟の建物である（「専有部分」については2条参照）。本法第1章（1条～64条）では、このような一棟の建物を「建物」としている（これに対して、第2章では一戸建ての建物〔以下では、「戸建て建物」という〕も「建物」に含まれる〔65条参照〕）。

(1)　判定基準

「一棟の建物」であるか否かは、社会通念に従って決定される。その具体的な判定基準としては、学説上、①建築構造上の一体性（物理的一塊性）、②外観（外装）上の一体性、③建物機能（外部との出入口、廊下、階段室、エレベータ、水道、電気、ガス、集中冷暖房設備等）の一体性、④用途ないし利用上の一体性（生活空間としての一体性）が挙げられる（玉田・注解45）。

一棟の建物については、上記のような一体性の有無が総合的に判断されるが、

本条ではそれ以外の判定基準を設けていない。建物の堅固・非堅固の別、平屋・低層・中高層の別を問わない。

(2) 権利の目的

本条でいう「一棟の建物」は、その全体が一個の権利の目的となるのではなく（建物全体が共有となるのではない）、一棟の建物の数個の専有部分がそれぞれ独立の所有権の目的となる。

(3) 登記

一棟の区分所有建物の登記においては、まず登記用紙の初葉に一棟の建物全体の表題部があり、その次に各区分建物（専有部分）ごとの表題部、甲区、乙区が家屋番号の順に綴られている（不登法27条、44条、48条。巻末〔本書695頁以下〕の資料・区分所有建物の登記簿記載例参照）。

なお、区分所有は、単に登記実務上の問題ではなく、現実の建物の管理および使用の仕方に及ぶ包括的な法律関係であって、一定の場合には、登記上の取扱いと現実の所有関係の間に解決を必要とする食い違いが生じることが予想される（稲本・諸問題（その1）60）。

〔3〕 **構造上区分された数個の部分**

一棟の建物の部分を独立の所有権の目的とするための要件（「専有部分」として「区分所有権」の目的とするための要件）としては、その部分の利用上の独立性（後記〔4〕参照）と共に、その部分が「構造上区分された」部分であること（構造上の独立性）が必要である。法文上は、構造上の独立性が、建物の部分について区分所有権の成立を認める第1の要件とされている。

(1) 1962年法下の判例

区分所有権の目的となり得る建物の部分については、1962年法制定前から、構造上の独立性と利用上の独立性を要件とすることが判例で明らかにされており（代表的な判例として、大判大5・11・29民録22-2333は、「区分所有権ヲ認ムルハ一棟ノ建物中区分セラレタル部分ノミニテ独立ノ建物ト同一ナル経済上ノ効用ヲ全フスルコトヲ得ル場合ニ限ルモノニシテ」とする）、学説も一般にこれを支持した（我妻・物権14、舟橋・物権348）。法務省立法担当者（以下、法務省民事局〔参事官室〕において当該立法の事務を担当した者を概括してこのようにいう）によると、本条が全面的に承継した1962年法1条は、従来の判例および学説において認められていたところを規定上明確にしたにとどまるものである、と説明されている（川島・解説(上)

第1章　建物の区分所有　第1節　総則

846)。区分所有権の成立をめぐって、1962年法下の判例では、戸建て建物を増改築して構造上・利用上の独立の部分が形成されるか否かが問題とされる事例が多く存在した（いわゆるマンション形式の建物に関するものではないので、判例の年月日のみを次に掲げる。区分所有権の成立を認めたものとして、最判昭38・10・29民集17-9-1236、最判昭44・5・30判時561-43・判タ238-107、東京地判昭54・1・30判時939-61・判タ392-115、区分所有権の成立を否定したものとして、最判昭44・7・25民集23-8-1627〔控訴審東京高判昭43・11・29判時546-71〕、東京地判昭45・5・2下民集31-5-546、仙台高判昭52・4・21判タ357-264）。

(2)　隔離する設備の存在

「構造上区分された」とは、その建物部分を他の部分から隔離する設備が存在することである。すなわち、①遮閉が可能な何らかの設備（壁、扉、窓など）が存在し（後記(ｱ)参照）、かつ、②その設備の位置が建物の本体構造部分との関係で一定していること（後記(ｲ)参照）が必要である（稲本・区分所有権167以下）。

(ｱ)　シャッター

遮閉が可能な何らかの設備があればよく、それが常時遮閉状態を作り出していることは必要でない。たとえば、巻き上げ式シャッターのように通常の利用においては遮閉しなくても、遮閉することが可能な設備であればよい（香川・具体例5、玉田・無障壁14など）。昭和42年9月25日付民事甲第2454号民事局長回答は、店舗がオープン・フロアーに置かれているマーケット式の建物において、閉店時間だけ各店舗を遮閉するシャッター設備の存在だけで、各店舗につき区分所有権の存在を認めた。

(ｲ)　固定性

上記②の遮閉可能な「設備の位置が建物の本体構造部分との関係で一定していること」とは、たとえばロッカーや衝立てのような移動可能な物による仕切りのように、暫定的な遮閉状態を作り出すにとどまるものではなく、隔離のための設備が建物の天井や床といった本体構造部分と固定的な関係にあることをいう。

(3)　1962年法下の解釈と今日の判例

「構造上区分された」ということについて、1962年法のもとで、法務省立法担当者は、建物の構成部分である隔壁（仕切り壁）・階層（床および天井）等によって他の部分と完全に遮断されていること（完全遮断性）を意味すると説明していた（川島・解説(上)846）。そして、棟割長屋の各戸やビルディングの各室は概して

構造上区分されたものであり、これに反して、日本家屋の一部屋のように、その一部が襖・障子によって仕切られているに過ぎないものは構造上区分されたものとは認められないとした。

しかし、今日の判例は、区分所有建物の1階玄関ロビーに接して位置する建物内の車庫について同部分が専有部分となり得るか否かが問題とされた事例において、「建物の区分所有等に関する法律1条にいう構造上他の部分と区別された建物部分とは、建物の構成部分である隔壁、階層等により独立した物的支配に適する程度に他の部分と遮断され、その範囲が明確であることをもって足り、必ずしも周囲すべてが完全に遮蔽されていることを要しないものと解するのが相当である」(最判昭56・6・18民集35-4-798。後記〔4〕(3)(ウ)参照) として、区分された範囲が明確であれば、完全に遮断されている必要はないとする (丸山・判例研究(1)38は、車庫では遮断性の要請がやや低いのに対して、居住目的の建物部分ではその要請は高いであろうという)。

(4) 境界線・境界標識

当該建物部分を他の部分から隔離する設備がまったく存在しない場合にも、境界線ないし境界標識だけで、それぞれの部分について区分所有権を認めることができるか。学説には、本法上は認められないとした上で、民法の共有の規定に従い共有物の現物分割によって境界線ないし境界標識で区分し、それぞれを別個に所有することができると説くものがある (玉田・無障壁15など)。

(5) 「利用上の独立性」との相関

当該建物部分を他の部分から隔離する設備が存在するか否かという「構造上の独立性」の存否の判断においては、「利用上の独立性」を確保する上での必要な隔離設備であるか否かという判断が重なる。その意味で、「構造上の独立性」と「利用上の独立性」は相関的である (稲本・諸問題 (その4) 65、荒川・区分所有権58以下、玉田・注解54以下、内田・基本コンメ9以下)。前述の巻き上げ式シャッターによって区分される建物部分 ((2)(ア)) について「構造上の独立性」が認められるのは、その部分が一個の店舗用空間として利用されるからであり、このように、「構造上の独立性」は、「利用上の独立性」(利用の観点から見れば収益上の独立の単位となる) と関連づけて判断されることが少なくないが、このことをもって、「利用上の独立性」が認められれば「構造上の独立性」が具わる、ということはできない。

(6) 「数個の部分」

本条でいう「数個の部分」とは、一棟の建物が構造上区分された結果生じた、それぞれが専有部分となり得べき 2 個以上の建物部分のことである。

〔4〕 「独立して住居、店舗、事務所又は倉庫その他建物としての用途に供することができるもの」

(1) 利用上の独立性

一棟の建物の部分が所有権の目的となることができるための要件(「専有部分」として「区分所有権」の目的となることができるための要件)としては、その部分が構造上区分されていること(構造上の独立性)だけでは足りず、「独立して住居、店舗、事務所又は倉庫その他建物としての用途に供することができるもの」(利用上の独立性)でなければならない。区分所有権の要件として、構造上の独立性と並んで、この利用上の独立性が必要なことは1962年法以前より認められていた(前記〔3〕(1)参照)。たとえ、建物の部分が構造上他の部分から区分されていても、独立した利用に供されるものでなければ、その部分の区分所有権を認める必要がないからである。

「独立して住居、店舗、事務所又は倉庫その他建物としての用途に供することができる」という表現は、1962年法の法務省立法担当者により、従来の判例において「独立ノ建物ト同一ナル経済上ノ効用ヲ全フスルコトヲ得ル場合ニ限ル」(前掲〔3〕(1)大判大5・11・29民録22-2333)とされていたのと同一である、と説明されている(川島・解説(上)847)。

(2) 「その他建物としての用途」

法文上、「建物としての用途」として掲げられている「住居、店舗、事務所又は倉庫」は例示であり、その他の用途に供せられる建物を広く含む。類書では、「その他建物としての用途」として、講堂、劇場、医院、診療所、教会、教室、遊技場、駐車場などが挙げられている(川島・注民(7)360、玉田・注解102、内田・基本コンメ9等)。これに対して、廊下、階段室(階段が設けられている建物の部分)、エレベータ室(エレベータの昇降機が上下する建物の部分)は、上に掲げた「建物としての用途」の効用を高めるためのもので、それ自体独立して建物としての用途に供することができないから、「その他建物としての用途」には含まれない。これらは、共用部分となる。なお、特定の専有部分の区分所有者の専用として作られている場合にはその専有部分の一部としてその区分所有権に包含される(川

島・解説(上)848)とする見解があるが、他の者が構造上、用途上使用することができない場合（メゾネット型住居内の階段室やエレベータ室）を除いて、原則的には当該区分所有者が専用使用権を持つ共用部分と見るべきであろう。

(3) 出入口の存在等

「独立して」建物としての用途に供することができると判断されるためには、その部分が独立の出入口を有して直接に（他の専有部分を通らないで）外部に通じていることが必要であり（後記(ア)）、また、構造上の独立性との相関において内部の設備が使用目的に適した条件を調えていることが必要である（後記(イ)(ウ)）。

(ア) 独立の出入口

独立の出入口を有することによる外部への通行の直接性は、廊下・階段室・エレベータ室などの共用部分を通ることによって外部に通じていることであってもよい。隣室を通行しなければ外部へ出入りができないような建物の部分は、たとえ構造上の独立性があっても、利用上の独立性はなく、（隣室と共にでなければ）区分所有権の目的とすることはできない（川島・解説(上)849、同・注民(7)360）。

ただし、階段によって上下階が接続している場合において、2階に通じる階段が1階の裏口から入った所の屋内の土間から通じている事例について、2階と階下とを区分しても事実上も法律上も紛らわしくなるおそれはないとして2階住居部分につき独立して区分所有権の成立を肯定した判例（東京高判昭34・6・11下民集10-6-1197）もあり、上記の原則が柔軟に解釈される場合がある（稲本・諸問題（その4）67以下参照）。

(イ) 内部設備の具備

建物部分が「独立して」建物としての用途に供することができるためには、内部の設備が使用目的に適した状態で具備されていることが必要である（ただし、次に述べるように、このことは、利用上の独立性を判断するに当たっての積極的要件ではない）。

外部から直接に出入りし、独立に利用することができる限り、その建物部分の用途が炊事場、便所、洗面所等であっても、それ自体で区分所有権の目的となることが当然に否定されるわけではない。これに対して、住居としての建物部分に炊事場、便所、洗面所等が欠けている場合、その部分を独立して住居の用途に供することができると見るべきか否かは問題となり得る。各事例ごとに具体的に判断する以外にない（稲本・諸問題（その4）67）が、共同の利便施設の利用で足り

れば、これらが内部に存在しなくても、住居としての独立性を認めるべきである。2階には便所や炊事場の設備がない場合であっても十数年にわたって階上と階下で別個独立に生活がなされていた場合に、2階住居部分について独立して区分所有権の成立を肯定した判例がある（前掲東京高判昭34・6・11下民集10-6-1197）。

(ウ) 共用設備の不存在

建物部分が「独立して」建物としての用途に供することができるためには、当該建物内部に共用設備など他人の具体的利用に供されるべき設備が存在してはならない。

居住用ないし営業用マンションの分譲において、専有部分の設備・間取りなどは購入者の自由に委ねて、その空間のみを分譲する場合がある。このような場合を考えると、上記(イ)の内部設備の具備という要件はさほど重要ではなく、むしろ専有部分となるべき部分に共用設備が存在していないことが重要な基準となる。

ところで、最高裁は、車庫部分に建物の共用設備である排気管およびマンホールが設置されていた事例について、「右の共用設備が当該建物部分の小部分を占めるにとどまり、その余の部分をもって独立の建物の場合と実質的に異なるところのない態様の排他的使用に供することができ、かつ、他の区分所有者らによる右共用設備の利用、管理によって右の排他的使用に格別の制限ないし障害を生ずることがなく、反面、かかる使用によって共用設備の保存及び他の区分所有者らによる利用に影響を及ぼすこともない場合には、なお建物の区分所有等に関する法律にいう建物の専有部分として区分所有権の目的となりうる」とする（前掲〔3〕(3)最判昭56・6・18民集35-4-798。その他、マンション内の車庫・駐車場が専有部分に当たるとした判決として、最判昭56・7・17民集35-5-977、東京高判昭60・4・30判時1156-74・判タ578-77、東京地判平2・1・30判時1370-83等がある。4条の注釈〔2〕(2)(エ)参照）。この事例のように、その建物部分が居室部分等ではなく車庫部分である場合には、共用設備の不存在が利用上の独立性にとって絶対的な要件となるわけではない（なお、丸山・判例研究(1)39以下は、最高裁の示した上記基準は車庫以外の場合について一般化することはできないとする）。

これに続いて、最高裁は、倉庫内に共用設備として電気スイッチ等各種動力系スイッチ、汚水マンホール、雑排水マンホール、各種配管があり、また、各種スイッチの操作のために管理人が同倉庫内に一日3回程度立ち入るような場合について、上記の最高裁の判断基準（①共用設備の当該建物部分に占める割合が僅少であ

り、②当該建物部分の権利者の排他的使用が可能であり、また、③その排他的使用が共用設備の保存・利用に影響を及ぼさない）によって、倉庫の利用上の独立性を認め、当該倉庫を専有部分と判断した（最判昭61・4・25判時1199-67・判タ607-45〔第一審東京地判昭51・10・12判時851-202、第二審東京高判昭53・8・16判時906-46・判タ371-77、第三審最判昭56・6・18判時1009-63・判タ446-74、差戻後第二審東京高判昭57・4・20判時1047-80・判タ447-107〕。なお、丸山・民商96-3-442は、本件では建物の用途が倉庫であり、プライバシーの尊重が車庫より必要なことから上記②③の両立は難しいと述べる）。

区分所有権が成立するか否かの判断は、利用上の独立性についての上記(ア)～(ウ)の具体的要件を構造上の独立性と関連させて総合的になされるべきであるが、結論的にいえば、各事案ごとに当該部分が独立して取引され、かつ、独立して排他的な物権的支配の対象となり得ると社会通念上考えられるかによってなされるというべきである（稲本・諸問題（その4）68）。

〔5〕 **区分所有権の成立**

構造上および利用上独立した建物部分は、「この法律の定めるところにより」所有権（区分所有権）の目的となる。ここでの所有権（区分所有権）は、「専有部分」を目的として、本法によって創設される物権（物権法定主義〔民法175条〕）であり、民法の所有権に関する規定の適用がある。ただし、区分所有権は共用部分の共有持分と不可分の関係にあり、原則として両者の分離は認められないこと（15条2項）など、その所有権の内容は本法の各条項によって決定される。

〔6〕 **「所有権の目的」たる部分**

構造上および利用上独立した建物の「各部分」は、本法の定めるところによって、「所有権の目的」とすることができる。

(1) 専有部分

本条でいう「その各部分」とは、「一棟の建物に構造上区分された数個の部分で独立して住居、店舗、事務所又は倉庫その他建物としての用途に供することができるもの」を指す。「その各部分」が、独立して別個に所有権の対象となる。本法では、これを「専有部分」という（2条3項）。

(2) 「それぞれ所有権の目的とすることができる」

本条では、「それぞれ所有権の目的とすることができる」と規定しているが、これは、建物の構造や利用状態等から客観的に区分所有権が成立する場合に、区

分所有者間の合意によって区分所有権を成立させる（または、これを成立させない）ことができるという意味ではない。客観的に区分所有権が成立する場合には、区分所有者間の合意如何にかかわらず各自の専有部分は当然にそれぞれ所有権の目的となる。本条で、「それぞれ所有権の目的とすることができる」と規定したのは、一棟の建物は一個の所有権の目的として扱われるのが物権法上の原則であるが、一棟の建物でもその部分が構造上および利用上独立していれば、その部分を「それぞれ所有権の目的とすることができる」という意味である。

したがって、一棟の建物の全部が一人の所有に属する場合にもその中に構造上および利用上独立する数個の部分が存在すれば、分譲または賃貸前においても、各部分を区分所有権の目的とすることができる（もとより建物全体を一個の所有権の目的とすることを妨げない）。ただし、このような場合に第三者に対する関係で区分所有権の成立が認められるためには、その旨の登記を必要とする（川島・解説(上)850以下）。

(3) 区分所有権の成立――区分して所有する意思

本条は、区分所有権の成立の原因および時期について特に規定していない。構造上・利用上独立した数個の部分を有する一棟の建物が存在しているだけで当然に区分所有権が成立するわけではない。建物全体を一人が所有して各部分を区分して所有する意思がない場合には、区分所有権は成立しない。区分所有権が成立するためには、建物の客観的な状態に加えて、当事者の建物を区分して所有するという意思が必要である。

構造上・利用上独立した数個の部分を有する一棟の建物全体を数人が共有するにとどまる場合には、区分所有権は成立しない。共有者がそれぞれ区分所有者となるためには、共有物の分割が必要である。

区分所有である旨の登記がなされたときにはこの意思が認められる（東京地判昭51・5・13判時840-84、横浜地判昭55・12・17訟月27-5-963参照）が、未登記でも、建物の一部の譲渡（たとえばマンションの分譲）がなされた場合や、当初から各自の所有する部分を定めて数人で建物を築造した場合などにはこの意思が認められる（川島・解説(上)850参照）。また、建物全体が一人の所有者に属している段階でも、各部分を区分所有権の目的とするという建物所有者の意思が、外部に表示される（たとえば、分譲マンションとして販売する旨の広告をする）などして客観的に明確になれば区分所有権の成立が認められる（法務省・マンション法8、内田・基本コ

ンメ11)。

　それでは、建物全体を一人が所有し、構造上および利用上独立した数個の部分を賃貸するような場合（賃貸用マンション等の場合）に、区分所有権は成立するか。このような場合には区分所有権の成立を認める実益がないとして否定する見解がある（法務省・マンション法7、内田・基本コンメ11）が、賃貸人が建物の各部分を区分して所有する意思（各部分から別個に収益をあげる意思）があれば、区分所有権の成立を肯定してよい（なお、最判平7・1・19判時1520-84・判夕871-300参照）。このような場合にも、22条3項の適用があると解されるし、各部分を区分所有権の目的とするという建物所有者の意思が外部に表示されているからである（したがって、賃貸部分が後日に分譲された場合にも、分譲の時点で初めて区分所有権が成立すると考えるのではない）。

（定義）
第2条 この法律において「区分所有権」とは、前条に規定する建物の部分（第4条第2項の規定により共用部分とされたものを除く。）を目的とする所有権をいう。

2　この法律において「区分所有者」とは、区分所有権を有する者をいう。

3　この法律において「専有部分」とは、区分所有権の目的たる建物の部分をいう。

4　この法律において「共用部分」とは、専有部分以外の建物の部分、専有部分に属しない建物の附属物及び第4条第2項の規定により共用部分とされた附属の建物をいう。

5　この法律において「建物の敷地」とは、建物が所在する土地及び第5条第1項の規定により建物の敷地とされた土地をいう。

6　この法律において「敷地利用権」とは、専有部分を所有するための建物の敷地に関する権利をいう。

〔1〕　**本条の趣旨**
　本条では、建物の区分所有に関わる6個の基本用語について定義を行う。1条によって、「この法律の定めるところにより」建物の部分を所有権の目的とすることができるとしたことから、普通法としての民法で用いられるものとは別の概

念や用語が新たに必要となる。そのため、本法全体を通じて用いられる基本的な用語に限ってその定義を本条で行った（ただし、これらの用語は、本法および1962年法成立以前から民法の旧規定〔208条〕との関連で、講学上および判例上用いられており、本法も従来の用語例にほぼ従っている）。本条1項から4項までは1962年法2条を承継した規定であって、本条5項と6項は、1983年改正法による新設規定である。

なお、マンション標準管理規約（30条の注釈〔4〕参照）においては、基本的に本法に定める用語を使用しており、たとえば同規約において使用する「区分所有権」については、区分所有法「第2条第1項の区分所有権をいう」というように定めている（同規約〔単棟型〕2条1号）。

〔2〕 **区分所有権**

1条で規定された建物の部分（一棟の建物の内の構造上・利用上独立性を有している部分）を目的とする所有権をいう。たとえば、マンション・アパートの各住戸、ビルディング内の店舗・事務所等の各部分が区分所有権の目的となる。

本条1項の文理上、共用部分に対する各区分所有者の共有持分は、区分所有権に含まれない。

(1) 規約による例外

本条1項の括弧書にあるように、1条で規定された建物の部分であっても、4条2項の規定によって共用部分とされたもの（規約によって共用部分とされたもの）は、区分所有権の目的でなくなる。

(2) 区分所有権の共有

「専有部分」（後記〔4〕参照）を数人で共有するときは、いわば区分所有権の共有となる。この場合の共有関係には、基本的に民法の共有に関する規定（249条〜262条）が適用されるが、分割請求（民法256条、258条）については現物分割が困難であることが多いであろう。なお、集会における議決権については、それを行使すべき者一人を共有者の中から定めなければならない（40条）。

〔3〕 **区分所有者**

区分所有者とは、区分所有権を有する者をいう。すなわち、現に区分所有権の目的となっている建物の部分（専有部分）の所有者をいう。自然人であると法人であるとを問わない。

〔4〕 専有部分

　専有部分とは、区分所有権の目的である建物の部分、すなわち、1条に規定する建物の部分で現に区分所有権の目的となっている建物の部分をいう（一般的には、マンションの各住戸、ビルディング内の店舗・事務所等がこれに当たる）。したがって、本条1項～3項の定義から、「区分所有権」は「専有部分」を目的とする所有権であり、「区分所有者」は「専有部分」の所有者である。

　1962年法成立以前には「専用部分」という用語のほうが多く使われていたが、1962年法では、区分所有権の目的たる部分という意味を表すために特に「専有部分」としたと説明されている（川島・解説(上)855）。本法でも、この用語を受け継いだ。したがって、今日では、「専用部分」という言葉を「専有部分」の意味で使うことはできない（慣用的には、たとえば1階住戸前の庭やルーフバルコニーなど一部の区分所有者の専用使用権の対象となる共用部分を「専用部分」ということがある）。

(1) 専有部分に含まれ得るもの

　専有部分には、区分所有権の目的である建物の部分のほか、建物の附属物および附属の建物が含まれることがある（稲本・諸問題（その4）69）。

(ア) 建物の附属物

　建物の附属物には、電気・ガス・上下水道・冷暖房等の配線・配管設備等がある。これらは、一般的に、建物に附合して建物の構成部分となり建物と一体となるものである（民法242条参照）。これらは、専有部分に属する場合と共用部分に属する場合（本条4項）とがある。建物の附属物が専有部分に属するのは、一般的に建物の専有部分の内部にあり、かつ、その専有部分の利用のために設置されている場合である。各住戸共通の水道管とその管から枝分したその専有部分のための水道管については、前者は共用部分に属するが、後者は専有部分に属する（東京地判平5・1・28判時1470-91・判タ853-237参照。東京地判平3・11・29判時1431-138は、各住戸に敷設されている雑排水管は専有部分に属しない附属物であるとし、管理組合が同雑排水管工事の費用負担について行った決議を有効なものとした）。

　排水管の帰属に関しては、最高裁判決（最判平12・3・21判時1715-20・判タ1038-179）がある。区分所有者の一人（原告）が、階下の天井裏を通っている排水管から発生した漏水事故につき階下の区分所有者に対し同排水管の修理を余儀なくされたことから、管理組合（被告）に対して同排水管が区分所有者全員の共用部分であることの確認と同修理費用の求償を求めた事案において、同排水管が

第1章　建物の区分所有　第1節　総則

本条4項にいう「専有部分に属しない建物の附属物」として共用部分に当たるかどうかが争点となった。第一審（東京地判平8・11・26判タ954-151）は、本件排水管が所在する天井裏の空間を共用部分とし、本件排水管は本件建物の附属物というべきであり、本法2条4項の共用部分と解して原告の請求を認めた（被告控訴）。第二審（東京高判平9・5・15判時1616-70）は、本件排水管につき点検・修理等のためには階下の居室に立ち入る必要があり、原告だけでそれを行うことは困難である等の事実を認定し、また、天井裏の空間は階下の専有部分に属するとした上で、「本件排水管は、特定の区分所有者の専用に供されているのであるが、その所在する場所からみて当該区分所有者の支配管理下になく、また、建物全体の排水との関連からみると、排水本管と一体的な管理が必要である」との理由で本件排水管を共用部分とした（被告上告）。最高裁も、これを支持して、「右事実関係の下においては、本件排水管は、その構造及び設置場所に照らし」共用部分であるとして上告を棄却した（なお、給排水管の帰属と管理に関して論じた文献として、鎌野・附属物1以下）。

(イ)　附属の建物

附属の建物は、区分所有建物とは別個の不動産であるが、物置やガレージのように区分所有建物に対して従物の地位にある建物またはその建物の部分が専有部分とされる場合がある。

この意味における附属の建物の態様には、①主たる建物とは別の建物の全体である場合（たとえば、住戸部分に隣接した当該住戸専用のガレージや物置の全体）、②主たる建物とは別の建物の区分した一部分である場合（たとえば、①の例のガレージや物置の一部分）、③主たる建物と同一の、一棟の建物の区分した一部分である場合（たとえば、マンションの地下にある当該住戸専用の駐車室、機械室、トランクルーム）などがある。②③の場合においては、主たる建物と附属の建物とのそれぞれに区分所有権が成立するが、両者は、主物と従物の関係にあると考えられるので、集会における区分所有者（および議決権）は一人（一つ）と解すべきである。

なお、附属の建物は、4条2項の規定により規約によって共用部分とすることもできる（本条4項）。

(2)　専有部分の範囲

躯体部分（建物全体を維持するために必要な建物の部分。支柱、耐力壁、基礎・土台部分、屋根、屋上、外壁等がこれに当たる）のうち、支柱や耐力壁等が専有部分

の内部にある場合に、それらが専有部分に含まれるか否かが問題となる。また、区隔部分（専有部分を他の専有部分または共用部分から区隔する壁、柱、床、天井等で、躯体部分に属さない部分）が専有部分に含まれるか否かも問題となる。本法ではこれらの点について規定を設けていないので、本条の解釈に委ねられる。解釈論としては、これまで区隔部分について諸説があるので、先にそれを見よう。

(ア)　区隔部分

区隔部分が専有部分に含まれるか否かについては、一般的に次の4つの解釈論がある（川島・解説(上)853、玉田・注解92以下、法務省・マンション法71など）。

①　区隔部分はすべて共用部分であり、専有部分の範囲には含まれないとする説（末川・物権324、舟橋・物権348など1962年法成立前は支配的学説であった。ただし、この説は主として棟割長屋の区分所有を想定していた）。14条3項は、専有部分の床面積は、壁その他の区画の内側線で囲まれた水平投影面積によると規定する。また、登記実務において、通常の建物の床面積は、壁その他の区画の中心線で囲まれた部分の水平投影面積で定めるが、区分所有建物の専有面積は、壁その他の区画の内側の線を基準に定める。

②　区隔部分はすべて専有部分であって、したがって、その厚さの中央までは当該専有部分の範囲に含まれるとする説（山田・専有部分105など）。

③　区隔部分の骨格をなす中身の部分（壁心）は共用部分であるが、その上塗りの部分は専有部分に含まるとする説（1962年法の立法過程おいて法務省立法担当者が提示した見解であり、今日でもこの説が妥当とされる〔法務省・マンション法72〕。また、我妻・物権530、玉田・注解96など）。

④　内部関係（区分所有者相互間で建物を維持管理する関係）においては、③説をとり、外部関係（保険、固定資産税等の第三者に対する関係）においては、一般の実務慣行に従って②説をとるとする説（1962年法の成立直後に立法担当者が私見として提唱した見解〔川島・解説(上)854〕）。

これらの諸説のうち、①に対しては、同説によると専有部分は空間だけになり、本条が建物の部分としての専有部分について所有権を認めていることと矛盾し、また、区分所有者は内装工事もできないことになるという批判がある。また、②に対しては、区隔部分の中心まで各区分所有者が自由に変更することができることになって、建物の維持管理という観点から妥当ではないという批判がある。③説が妥当であろう。

第1章 建物の区分所有 第1節 総則

(イ) 専有部分内部の躯体部分

　専有部分の内部にある躯体部分は専有部分に含まれるか。これについては、区隔部分の場合と同様に上記(ア)①～④の解釈論が考えられるが、支柱や耐力壁等の躯体部分については、基礎・土台部分、屋根、屋上、外壁の躯体部分（これらはいずれも共用部分）と同じように建物全体の存立にとって不可欠のものであるから、支柱や耐力壁等の躯体部分のすべてを専有部分と考えること（上記②説）はできず、他方で躯体部分が専有部分内部にあることを考慮すると、躯体部分の骨格をなす中身の部分は共用部分であるが、その上塗りの部分は専有部分に含まれると解する（上記③説）のが妥当であろう（稲本・諸問題（その5）27、玉田・注解97など）。

(ウ) 標準管理規約

　マンション標準管理規約（30条の注釈〔4〕参照）は、専有部分の範囲について次のように定めている（同規約〔単棟型〕7条）。すなわち、同条1項で「区分所有権の対象となる専有部分は、住戸番号を付した住戸とする」と定めた上で、同条2項で「前項の専有部分を他から区分する構造物の帰属については、次のとおりとする」として、①「天井、床及び壁は、躯体部分を除く部分を専有部分とする」（1号）、「玄関扉は、錠及び内部塗装部分を専有部分とする」（2号）、「窓枠及び窓ガラスは、専有部分に含まれないものとする」（3号）、と定める。また、同条3項で「第1項又は前項の専有部分の専用に供される設備のうち共用部分内にある部分以外のものは、専有部分とする」と定める。

〔5〕　共用部分

　共用部分は、専有部分以外の建物の部分、専有部分に属しない建物の附属物、4条2項の規定によって共用部分とされた附属の建物からなる。本法では、共用部分について、まず本条4項でこの点を規定し、続いて4条で、共用部分には法律上当然に（構造上または性質上当然に）共用部分になるものと、区分所有者の定める規約によって共用部分になるものとがあることを規定する。そして、さらに11条～21条（第2節「共用部分等」）で、共用部分の共有関係（11条）、共用部分の使用（13条）など共用部分に関する区分所有者の権利・義務関係を定める。

　本法では、区分所有の建物に関して、「建物の部分」、「建物の附属物」、「附属の建物」の3つを区別しており、さらに、そのそれぞれについて専有部分と共用部分とを概念上明確に区別し、それぞれをそのいずれか一方に属させるという建前をとっている。

共用部分は区分所有者の共有に属するが（11条）、その共有関係については、基本的に普通法たる民法上の共有の規定（249条～252条、256条等）の適用が排除される。なお、1962年法以来「共有部分」という言葉は用いず、「共用部分」という言葉を用いている。

(1) 専有部分以外の建物の部分

　専有部分以外の建物の部分は、すべて共用部分となる。法律上当然に共用部分となるものと、規約によって共用部分となるものとがある。

(ア) 法律上当然に共用部分となるもの

　数個の専有部分に通ずる廊下または階段室その他構造上区分所有者の全員またはその一部の共用に供される建物の部分は、専有部分とすることはできず、法律上当然に共用部分となる（4条1項。これを「法定共用部分」という）。廊下、階段室のほか、エレベータ室や基礎・土台部分、屋根、屋上、外壁などの躯体部分がこれに当たる。区隔部分や専有部分の内部にある支柱、耐力壁等の躯体部分がこれに該当するかどうかは、前記〔4〕(2)(イ)において述べた。なお、4条1項の注釈〔2〕参照。

(イ) 規約によって共用部分となるもの

　1条に規定する建物の部分であっても、規約によって共用部分とすることができる（4条2項。これを「規約共用部分」という）。規約でそのように定められたときは、専有部分でなくなり、共用部分となる。たとえば、規約によって、マンションの一室を区分所有者共同の集会室と定めたときは、この部分は共用部分となる。なお、4条2項の注釈〔4〕参照。

(2) 専有部分に属しない建物の附属物

　建物の附属物とは、建物に附属し、構造上・効用上その建物と不可分の関係にあるものをいう。その建物に備え付けられた電気・電話・ガス・水道等の配線・配管、エレベータ室の昇降機、テレビ受信施設、冷暖房施設などがこれに当たる。それらが附属する建物の部分が専有部分である場合には専有部分となり、その建物の部分が専有部分に属しない場合には共用部分となる。ここでは法律上当然にこのようになるのであって、その建物の部分が専有部分である場合に、建物の附属物だけを規約によって共用部分とすることはできない。

　なお、共用部分に設置されている物でも、搬出・撤去の容易な動産については、共用部分たる建物の附属物にならない場合がある。判例上、地下機械室に設置さ

れた給湯、暖房等のボイラーをはじめとする機械設備について、これらは、搬出・撤去の容易な動産であり、建物の附属物とはいえないとしたものがある（東京地判平2・1・30判時1370-83。これらの機械設備は、あらかじめ分譲業者に所有権が留保されていた）。

共用部分たる建物の附属物は、建物外に設置された共同の貯水槽、ごみ焼却炉、下水処理施設などのように、建物の内部にあることを必要としない。ただし、機能上の附属物であってもその所在位置によっては、土地に附合して、または附合しないで（借地の場合）民法上の共有物となり、共用部分以外の共有附属施設として共用部分に準じた管理に服する（21条。稲本・物権法321）。

(3) 4条2項の規定によって共用部分とされた附属の建物

附属の建物は、区分所有建物とは別個の不動産であるが、4条2項の規定により、規約によって共用部分とすることができる。また、民法上の共有に服したまま共用部分に準じた取扱いをすることもできる（21条）。なお、A棟の建物の部分を、規約によって、B棟の共用部分たる附属の建物とすることもできる。

(4) 標準管理規約

マンション標準管理規約（30条の注釈〔4〕参照）は、「対象物件のうち共用部分の範囲は、別表第2に掲げるとおりとする」（同規約〔単棟型〕8条）と定め、別表第2は、次のように共用部分に属するものを具体的に挙げている。同表1に挙げられたものは、上記(1)の専有部分以外の建物の部分であり、同表2に挙げられたものは、上記(2)の専有部分に属しない建物の附属物であり、同表3に挙げられたものは、区分所有法4条2項の規定により規約共用部分とされた建物の部分お

別表第2　共用部分の範囲

1　エントランスホール、廊下、階段、エレベーターホール、エレベーター室、共用トイレ、屋上、屋根、塔屋、ポンプ室、自家用電気室、機械室、受水槽室、高置水槽室、パイプスペース、メーターボックス（給湯器ボイラー等の設備を除く。）、内外壁、界壁、床スラブ、床、天井、柱、基礎部分、バルコニー等専有部分に属さない「建物の部分」

2　エレベーター設備、電気設備、給水設備、排水設備、消防・防災設備、インターネット通信設備、テレビ共同受信設備、オートロック設備、宅配ボックス、避雷設備、集合郵便受箱、各種の配線配管（給水管については、本管から各住戸メーターを含む部分、雑配水管及び汚水管については、配管継手及び立て管）等専有部分に属さない「建物の附属物」

3　管理事務室、管理用倉庫、清掃員控室、集会室、トランクルーム、倉庫及びそれらの附属物

よびそれらの附属物である（同規約〔単棟型〕コメント別表第２関係②は、「管理事務所等は、区分所有法上は専有部分の対象となるものであるが、区分所有者の共通の利益のために設置されるものであるから、これを規約により共用部分とすることとしたものである」と述べる）。

〔６〕 **建物の敷地**

建物の敷地とは、「建物が所在する土地」（これを「法定敷地」という）と「第５条第１項の規定により建物の敷地とされた土地」（これを「規約敷地」という）とをいう（本条５項）。1983年改正法において専有部分と敷地利用権の一体性（分離処分の原則的禁止）の制度（22条）が新設されたため、専有部分と一体として取引される敷地利用権の目的たる土地の範囲が画一的に明らかにされていないと取引の安全を著しく害することになり、また、不動産登記手続上も対応することができないことになった。そこで、本条５項において、建物の敷地についての定義規定を新設した（濱崎・解説97）。

本項の定義は、専有部分と敷地利用権の一体性の制度（22条）との関係で特に重要であるが、本法のいずれの規定においても、建物の敷地については、ここでの定義に従って理解すべきことはいうまでもない（「建物の敷地」という用語は、本項以外では、３条、５条、７条１項、21条、26条１項、29条１項、30条１項、46条２項、61条７項・８項、62条１項、70条１項に見出される）。たとえば、区分所有者の団体の管理の対象になる敷地は、本項で定義された「建物の敷地」である（３条、30条１項等参照）。

(1) 建物が所在する土地（法定敷地）

建物が所在する土地とは、一棟の区分所有建物がその上に物理的に所在する土地をいう。この土地は、区分所有者等の意思とは無関係に法律上当然に建物の敷地とされる（この意味で「法定敷地」という）。また、法定敷地は、その土地について区分所有者が所有権その他の権利を有するか否かとは無関係に定まる。

法定敷地（規約敷地も同様）は、上記のような専有部分と敷地利用権の一体性および不動産登記手続上の必要から、登記上の筆単位で把握すべきであり（濱崎・解説99、法務省・マンション法119）、実務および学説（月岡・敷地利用101、内田・基本コンメ13など）もこれに従っている。したがって、一筆の土地の一部のみに建物が所在する場合には一筆の土地全体が法定敷地になり、また、一棟の建物が数筆にまたがって所在している場合にはその数筆全部が法定敷地になる。さ

らに、一筆の土地の上に数棟の建物がある場合には、その土地全体が各建物それぞれの法定敷地になる。

(2) 5条1項の規定によって建物の敷地とされた土地（規約敷地）

5条1項は、「区分所有者が建物及び建物が所在する土地と一体として管理又は使用をする庭、通路その他の土地は、規約により建物の敷地とすることができる」と規定するが、このような規約によって建物の敷地とされた土地を、上記の法定敷地に対して規約敷地という。前述のように、法定敷地は登記上の筆単位で把握されるので、規約敷地も筆単位で把握され、法定敷地とは筆を異にすることになる。なお、規約敷地の詳細については、5条の注釈参照。

〔7〕 敷地利用権

敷地利用権とは、区分所有者が専有部分を所有するための建物の敷地（法定敷地と規約敷地の双方を含む）に関する権利をいう。すでに1962年法において、「専有部分を所有するための建物の敷地に関する権利」（1962年法6条1項、7条）という用語が用いられていたが、本法ではこれを「敷地利用権」と呼んで統一的にこの用語を用いることとし、本条6項であらかじめこれを定義した。これは、本法では専有部分と敷地利用権の一体性（分離処分の原則的禁止）の制度（22条）を採用したことによって、この用語を多くの個所で用いる必要が生じたためである（濱崎・解説101）。この用語は、7条1項、10条、22条〜24条、59条1項、63条、64条、69条3項で用いられる。なお、敷地利用権のうち登記された権利で専有部分と一体化されたものは、不動産登記法上「敷地権」と呼ばれる（不登法44条1項9号、46条）。専有部分と敷地利用権の一体性に関しては、22条〜24条を参照。

(1) 敷地利用権たり得る権利

敷地利用権は、一般的には所有権、地上権または賃借権であるが、使用貸借契約等に基づく権利（使用借権）も含まれる。相続前の親の土地に子数人が親の許容のもとに区分所有建物を建てた場合など、使用借権を敷地利用権として専有部分を有する実務上の例は少なくない。ところで、敷地利用権について定義規定を置くのは前述のように22条1項の分離処分禁止との関係を考慮したものであるから、敷地利用権は原則として一体的処分が可能な権利であると想定されよう。この点で使用貸借上の権利を敷地利用権とすることについては、注意が必要である。一般に使用借権は譲渡を予定しないで設定されることが多いことから、そのような場合に専有部分だけの処分がなされたときこれを無効としてよいかという問題

がある。これについて、法務省立法担当者は、使用貸借上の権利（使用借権）が、敷地利用権である場合には、22条の適用はないものと解すべきだとしている（濱崎・解説172）。これに従えば、使用借権はそれ自体敷地利用権であり得るが、分離処分が可能であり、したがって10条の売渡請求権の行使による解決に至る場合があることになる。このような問題を事前に解決するには、使用借権の設定に当たってその譲渡を許容する特約がなされればよい。解釈としては、専有部分の所有について使用貸借による土地利用を認める場合に分離処分を許容する趣旨であることが明らかでない限り、設定者は譲渡許容の意思をもって使用借権を設定したものと推定すべきであろう。

(2) 敷地利用権の態様

区分所有者が複数ある場合には、敷地または敷地に関する地上権もしくは賃借権等を区分所有者全員で共有または準共有しているのが一般的である。敷地についての各区分所有者の共有持分または準共有持分が、敷地利用権である（なお、準共有の場合の各区分所有者の地代債務は、各自の持分に応じた分割債務であるとする判例として東京地判平7・6・7判時1560-102・判タ911-132）。これに対して、タウンハウス方式においては、一棟の建物の敷地を各専有部分ごとに区画して一筆とし、各専有部分の所有者がその区画について所有権、地上権、賃借権などの権利を単独で有していることが多い（分有形式と呼ばれている）が、この場合には、各筆の所有権、地上権、賃借権などの権利が敷地利用権である（濱崎・解説103以下）。

（区分所有者の団体）
第3条[1] 区分所有者は、全員で[2]、建物並びにその敷地及び附属施設の管理[3]を行うための団体を構成し、この法律の定めるところにより、集会を開き、規約を定め、及び管理者を置くことができる[4][5]。一部の区分所有者のみの共用に供されるべきことが明らかな共用部分（以下「一部共用部分」という。）をそれらの区分所有者が管理するときも、同様とする[6]。

〔1〕 **本条の趣旨**

本条は、区分所有建物にあっては、区分所有者が全員で当然に団体を構成すること、その団体が建物ならびにその敷地および附属施設の管理を行うことを定める。

第1章　建物の区分所有　第1節　総則

この団体は、上記の管理を行うために、本法の規定に従って集会を開き、規約を定め、管理者を置くことができる。このことは、一部共用部分を一部の区分所有者が管理するときも、同様である。

(1)　本条創設の趣旨

本条は、1983年改正法において新設された規定である。

改正前においても、多くの分譲マンションにおいて建物等の管理を行うために任意に管理組合が設立されていた。しかし、1962年法は、区分所有者の団体に関する規定を欠いていた。

そのため、1962年法下で任意に設立された管理組合においては、その意思決定を組合参加者以外に及ぼすことができなかった。また、実際に存在した管理組合と区分所有法との関係、たとえば、管理組合の役員と区分所有法上の管理者、管理組合規約と区分所有法上の規約、管理組合の総会と区分所有法上の集会の関係等が必ずしも明らかでなかった（濱崎・解説106）。そこで、本条を設けて、区分所有建物にあっては、その建物ならびに敷地および附属施設の管理を行うことを目的とする団体が区分所有者全員によって当然に構成されるものとみなし、そのような団体の存在を前提として、区分所有者は、本法の定めるところによって集会を開き、規約を定め、管理者を置くことができる旨を定めた。

現行法下でも、管理組合の設立は、義務的ではなく任意的である（区分所有者の団体は法律上当然に形成されるが、管理組合という組織体が当然に設立されるわけではない）。しかし、管理組合が招集した集会、管理組合が定めた規約、管理組合が選任した管理者については、本条の要件を満たす限り、区分所有者全員にその拘束力を及ぼすことになる。たとえば、100人の区分所有者からなる区分所有建物において、区分所有者90名で構成する管理組合の規約は、区分所有者および議決権の各4分の3（区分所有者については75名）以上に当たる組合員が管理組合の総会で賛成して可決すれば、管理組合に参加しているか否かを問わず区分所有者100名全員に効力を及ぼす。なお、旧規約上の管理者（管理会社）が怠慢なために管理が十分になされておらず、また、実質上、管理組合も存在していなかったことから、区分所有者29名のうち27名（うち9名は委任状を提出）が出席して自主的に集会が開催され、そこで管理組合が設立され理事長が選任された事例について、同集会は区分所有法上適法なもので、そこでの理事長の選任は区分所有法上の管理者の有効な選任というべきであり、これにより従来の管理者は解任されたもの

といえる、とした判例がある（東京地判平2・5・31判タ748-159）。
(2) 確認的規定
　本条は、区分所有者間に具体的な団体的関係を創設するための規定ではない。本条は、すでに全区分所有者の間に当然に団体が存在することを確認し、宣言するにとどまる（濱崎・解説109）。
　本条の規定を置いた主たる狙いは、建物、その敷地および附属施設の管理について、多数による決定つまり団体的拘束を承認することにある。民法上では共有者間にはこのような団体は存在しないから、共有物の変更や処分について全員の一致を必要とする。これに対して、区分所有建物、その敷地および附属施設の管理（広義〔後述〕）については多数決による決定を認めることが望ましく、その論理的前提として民法の共有の世界には存在しない団体がここに存在するものと擬制したのである。
　本条を定める理由を整理すれば、①本法が集会、規約、管理者等に関する規定を設けて団体的管理の仕組を定めており（25条～45条、1962年法17条～34条）、また、区分所有者である限り団体的拘束に服する旨を定めている（46条、1962年法25条）ことの前提を明らかにすること、②任意に設立される管理組合であっても、本法に定める要件を満たす限り、その決定によって区分所有者全員を拘束することができることを明らかにすること、③管理組合法人の制度を設ける前提として法人となるべき母体としての団体の存在を明らかにしようとすること、の3点となる。
(3) 団体的拘束と議決要件
　本法においては、集会の議事は、本法または規約に別段の定めがない限り、区分所有者および議決権の各過半数で決する（39条）。本法はこのような過半数による議決（普通議決）の例外として共用部分の変更（17条1項）、規約の設定・変更・廃止（31条1項）、義務違反者に対する制裁（58条～60条）、大規模一部滅失の場合の復旧（61条5項）、建替え（62条）などについて特別多数による議決を定めている。これらは、過半数による議決に委ねると各区分所有者が基本として有する所有者としての自由を過度に制約することから、団体的拘束を緩めるために定められたものである。ここでは、議決要件の厳格化は団体的拘束の緩和を目的とし、議決要件の緩和は団体的拘束の強化を目的とするという論理的関係があることに十分に注意する必要がある。

第1章　建物の区分所有　第1節　総則

〔2〕　**団体の構成員**

　区分所有者の団体は、区分所有者全員によって当然に構成される。これは、法律上の擬制であって、この団体への区分所有者の加入・脱退を個別的に問題とすることはできない。区分所有者は、区分所有者である限り建物の共用部分等を共同で管理する地位に立つことから、当然に建物等の管理を目的とする団体に包摂され、団体的拘束を受けることになる。

　これに対して、専有部分の賃借人など区分所有者以外の者は、本条の団体の構成員ではない。しかし、専有部分の占有者である限り、占有者として団体の決定に服さなければならない（46条2項。なお、6条3項および44条参照）。

〔3〕　**団体の目的**

　本条の団体は、「建物並びにその敷地及び附属施設の管理を行うための団体」である。この場合の「管理」とは、本法において区分所有者が団体的拘束に服すべきものとされる事項をすべて含む広い概念である。たとえば、①17条の規定によって集会で共用部分の変更の決議をすること、②30条1項の規定によって規約で専有部分の使用方法を規制すること（たとえば、住居専用マンションにおいて専有部分の営業的使用を禁止すること）、③62条の規定によって集会で建替えの決議をすることなども、本条の「管理」に含まれる（濱崎・解説114参照）。

(1)　「管理」外の行為

　本条の団体は、「建物並びにその敷地及び附属施設の管理」を超える行為をすることはできない。たとえば、敷地の全部または一部を売却することは、区分所有権との分離処分が認められる場合（22条1項ただし書）でも、団体の「管理」としてなし得るのではなく、敷地の所有者または持分権者の個別の行為としてなし得るだけである。

(2)　「管理」の対象物

　「管理」の対象物は、「建物並びにその敷地及び附属施設」であるが、その具体的範囲については、本法の各条の規定（16条〜18条、21条、30条1項等）によって定まる。「附属施設」とは、附属の建物と建物の附属物である（2条4項参照）。

　マンション標準管理規約（30条の注釈〔4〕参照）は、「この規約の対象となる物件の範囲は、別表第1に記載された敷地、建物及び附属施設（以下「対象物件」という。）とする」（同規約〔単棟型〕4条）と定め、別表第1において、敷地についてはその所在地等を、建物についてはその構造等を、附属施設については具体

例として「塀、フェンス、駐車場、通路、自転車置場、ごみ集積場、排水溝、排水口、植栽、掲示板、専用庭、プレイロット等建物に附属する施設」を挙げている。

どのように「管理」を行うかについては、後記〔5〕参照。

〔4〕 **本条の団体**

本条前段は、「区分所有者は、……団体を構成し、この法律の定めるところにより、……ことができる」となっているが、「団体を構成し」は、「……できる」にはかからない。すなわち、区分所有者は任意に団体を構成することができるのではなく、区分所有関係の成立と同時に法律上当然に区分所有者の団体が構成されるのである（濱崎・解説112）。

(1) 団体の性格

本条の団体が法的にどのような性格のものであるかについては、本法において特に定められていない。一般に人の集団である団体については、個々の構成員の人格が団体に埋没し団体のみが人格を有する社団型団体（社団法人または権利能力なき社団）と、個々の構成員の人格が団体に埋没されることのない組合型団体とに分けることができる。

本条の区分所有者の団体が社団型団体（権利能力なき社団）であるか組合型団体であるかは、具体的に設立される組織（管理組合等の組織）の実体に応じて個別に決定するほかないが、当該組織が本法の定める集会、規約、管理者等に関する規定に従って運営されている限りにおいては、社団（権利能力なき社団）に該当すると見てよいであろう。判例は、「権利能力なき社団」と言い得るためには、「団体としての組織をそなえ、そこには多数決の原則が行なわれ、構成員の変更にもかかわらず団体そのものが存続し、しかしてその組織によって代表の方法、総会の運営、財産の管理その他団体としての主要な点が確定しているものでなければならない」としている（最判昭39・10・15民集18-8-1671。管理組合を権利能力なき社団と認めたものとして、大阪地判昭57・10・22判時1068-85・判タ487-106）。

管理者が定められていず、また、規約も作られていない場合には、区分所有者の団体が当然に存在するとしても、そこに社団（権利能力なき社団）が存在すると見ることはできない。

(2) 本条の団体と管理組合

本条の定める区分所有者の団体は、本法に基づいて法律上当然に設立されるが、一般には、管理組合という名称で本条の団体が設立される。マンションの管理の

第1章　建物の区分所有　第1節　総則

適正化の推進に関する法律（平成12年法律第149号）は、同法の「管理組合」を「マンションの管理を行う区分所有法第3条若しくは第65条に規定する団体又は区分所有法第47条第1項（区分所有法第66条において準用する場合を含む。）に規定する法人をいう」と定義している（2条3号）。また、マンション標準管理規約（30条の注釈〔4〕参照）は、「区分所有者は、……区分所有者全員をもって○○マンション管理組合（以下「管理組合」という。）を構成する」（同規約〔単棟型〕6条1項）と規定する。

　(3)　管理組合法人

本条に規定する団体は、区分所有者および議決権の各4分の3以上の多数による集会の決議で法人となる旨ならびにその名称および事務所を定め、かつ、その主たる事務所の所在地において登記をすることによって法人（管理組合法人）となることができる（47条1項・2項）。管理組合法人となっても、その成立前の区分所有者の団体との同一性は維持される（同条5項）。

　(4)　団体の消滅

本条の団体は、区分所有建物が全部滅失したり、または、区分所有関係が廃止された場合には消滅する。しかし、その時点でこの団体が直ちに消滅するのではなく、清算のために必要がある限りで存続し、清算手続を経て初めて消滅するものと解され、この場合には、社団型団体については社団法人の清算に関する規定（一般法人法206条以下）が、組合型団体については組合の清算に関する規定（民法685条以下）が適用されると解される（森泉・基本コンメ16）。

〔5〕　**管理の方法**

本条の団体は、建物、その敷地および附属施設の管理を、「この法律の定めるところにより、集会を開き、規約を定め、及び管理者を置くこと」によって行う。ただし、集会の開催、規約の設定、管理者の設置のいずれについても、それらの行為を行うか否かは自由であり、また、管理組合の形態をとってそれらを行うか否かも自由である。逆にいえば、本法に従った集会の開催、規約の設定、管理者の設置があれば、それは、本条の団体の区分所有者全員に効力を及ぼす。

集会は本条の団体の意思決定機関であり、規約は本条の団体の自治規則であり、管理者は本条の団体の代表機関であると共に執行機関である。現実に区分所有者によって設立された管理組合等の組織が開催する総会、それが定める組合規約、それが選任する管理者がここでいう団体の集会、規約、管理者として効力を有す

るかは、ひとえにそれらが本法所定の要件を充足するかどうかにかかっている。

なお、マンション標準管理規約（30条の注釈〔4〕参照）は、「区分所有者は、円滑な共同生活を維持するために、この規約及び総会の決議を誠実に遵守しなければならない」（同規約〔単棟型〕3条1項）と定める。

(1) 集　会

集会は、管理者が招集する（34条1項）。規約の設定・変更・廃止（31条1項）、共用部分の変更・管理（17条1項、18条1項）、区分所有者の共有に属する建物の敷地および附属施設の変更・管理（21条）、義務違反者に対する訴えの提起（57条2項）、建物の復旧・建替え（61条、62条）など、本法では、区分所有者の共通の利害に関わるすべての重要な事項について集会の決議によるべきものとしている。集会の招集、議決、集会決議の効力などに関しては、34条～46条に規定がある（各条の注釈参照）。

(2) 規　約

区分所有者は、建物、その敷地および附属施設の管理または使用に関する事項について、本法に定めるもののほか、規約で定めることができる。1962年法では、規約の設定・変更・廃止には区分所有者全員の書面による合意を必要とするとされていた（24条）が、本法は、区分所有者および議決権の各4分の3以上の多数による集会の決議によってなし得るものとした（31条1項）。規約事項、規約の設定・変更・廃止、規約の効力等に関しては、30条～33条および46条に規定がある（各条の注釈参照）。

(3) 管理者

区分所有者は、集会の多数決で管理者を選任することができる（25条1項）。選任された管理者は、共用部分等を保存し、集会の決議を実行し、規約で定めた行為をする権利を有し、義務を負う（26条1項）。区分所有者は、この権限を否定することはできない。管理者については、25条～29条に規定がある（各条の注釈参照）。

〔6〕　一部共用部分の団体

一部共用部分とは、たとえば一部の専有部分にのみ通じる廊下・階段室・エレベータ室など、構造上一部の区分所有者のみの共用に供されるべきことが明らかな共用部分をいう（4条1項参照）。一部共用部分をそれらの区分所有者が管理するときは、その区分所有者は、全員で、一部共用部分の管理を行うための団体を

当然に構成する。その構成員である一部の区分所有者は、本法の定めるところによって集会を開き、規約を定め、管理者を置くことができる。

(1) 1962年法下の概念

一部共用部分の概念は、1962年法においても存在した（4条1項ただし書、24条2項）。しかし、それを一部の区分所有者のみで管理している場合に、それらの者だけで構成される団体が存在し得るかは明らかでなかった。そこで、本法では、これが可能なことを明文で規定し、しかも、このような団体は、当事者が任意に設立するものではなく、一棟の建物の区分所有者全員の団体と同様に、一部の区分所有者が当該一部共用部分を管理するときは当然に構成されるものと定めた。

(2) 一部共用部分の団体による管理

16条は、一部共用部分の管理のうち、区分所有者全員の利害に関係するもの、または規約による定めがあるものについては区分所有者全員で、その他のものについてはこれを共用すべき区分所有者のみで行う旨を定める。この区分に従い、一部の区分所有者のみで管理すべき一部共用部分があるときは、一部の区分所有者のみの団体が当然に構成され、一棟の建物の区分所有者全員の団体と同様の方式で、その部分の管理を行う。一部共用部分に関して当該区分所有者の団体が行った決議と区分所有者全員が行った決議が矛盾する場合には、後者の決議が区分所有者全員の利害に関係するもの、または規約による定めがあるものでない限り、その決議はその限りで無効である。なお、一部の区分所有者が同時に一棟の建物の区分所有者の団体の構成員であることはいうまでもない。

（共用部分）

第4条[1] 数個の専有部分に通ずる廊下又は階段室その他構造上区分所有者の全員又はその一部の共用に供されるべき建物の部分[2]は、区分所有権の目的とならないものとする[3]。

2 第1条に規定する建物の部分及び附属の建物は、規約により共用部分とすることができる[4]。この場合には、その旨の登記をしなければ、これをもって第三者に対抗することができない[5]。

〔1〕 **本条の趣旨**

本条は、共用部分の範囲および要件を規定する。1962年法3条の規定をそのま

ま引き継いだものである。
　2条4項は、共用部分とは、①専有部分以外の建物の部分、②専有部分に属しない建物の附属物、および、③本条2項の規定により共用部分とされた附属の建物をいう、と規定する。つまり、2条4項は、一棟の建物のうち「専有部分以外の建物の部分」はすべて共用部分であるとしたが、「専有部分以外の建物の部分」とは何かを積極的に定義していない。本条1項は、まず、「構造上区分所有者の全員又はその一部の共用に供されるべき建物の部分」は「共用部分」でしかあり得ないことを明確にし、そのような構造上の共用部分は、規約によっても、専有部分とすることができないことを定める。次に、本条2項は、1条に従って区分所有権の目的とすることができる建物の部分も、規約に定めることによって共用部分とすることができることを規定した。
　このように構造上の共用部分は規約によっても専有部分とすることはできないが、性質上の共用部分については規約によって専有部分とすることができるか、という問題が残る。これについては後に検討する（後記〔3〕）。

〔2〕　**法定共用部分**
　区分所有の建物のうち、「構造上区分所有者の全員又はその一部の共用に供されるべき建物の部分」は、構造上独立性を有せず、または利用上の独立性を欠いていることから（1条参照）、各区分所有者の意思とは無関係に、法律上当然に共用部分とされる（講学上「法定共用部分」、「当然共用部分」、「性質・構造上の共用部分」などと呼ばれている）。法定共用部分の認定に当たっては、その位置・構造だけではなく、利用上の観点も加味される（稲本・区分所有権171、丸山・共用部分75）。また、共用され得る状態にあればよく、現実に共用されている必要はない。なお、「構造上……共用に供されるべき建物の部分」として、建物部分または附属建物を意味するとする見解（小沼・旧基本コンメ15）があるが、附属建物は規約によってのみ共用部分となし得る（本条2項）と考えるべきである（2条の注釈〔5〕(3)参照）。

(1)　法定共用部分の例示
　本条1項の規定では、共用部分として「数個の専有部分に通ずる廊下又は階段室」を例示している。同じく廊下や階段室であっても一個の専有部分にのみ通ずるものは法定共用部分とならない。
　共用の廊下・階段室のほか、共同の出入口（玄関）、ロビー、エレベータ室、

第1章 建物の区分所有 第1節 総則

屋上、外壁、建物の躯体（基礎、隔壁、床スラブ）、テラス、バルコニー、ベランダ、ピロティ、地下または建物内駐車場、電気・機械室、共同洗面所、管理事務所などが一般的には法定共用部分とされる（屋上について東京地判昭42・12・26判タ216-227、ピロティについて東京地判昭51・5・13判時840-84、東京地判平3・2・26判タ768-155〔ただし、マンションが完成して2カ月後に1階のピロティ部分に四方を壁で囲み内部に造作を調えた居宅・店舗・事務所からなる建物部分が設置された場合、その部分は専有部分であるとしたものとして東京地判昭54・10・30判タ403-127〕、電気・機械室について東京高判昭46・4・28判時633-65・判タ265-241、東京地判平1・10・19判時1355-102参照。なお、バルコニー・ベランダ、地下・建物内駐車場および管理事務所については、後記(2)(ｳ)(ｴ)(ｵ)参照）。しかし、これらの名称で呼ばれているものがすべて当然に法定共用部分とされるのではない。具体的な施設状況に応じて個別に判断することが必要である。たとえば、管理事務所は一般の住戸と異なる間取りとなっていても、その構造上当然に共用部分であると見るべきではなく、本条2項に従い規約によって共用部分と定められるものと考えるべきであろう（後記(2)(ｵ)参照）。電気室や機械室（エレベータ機械室は除く）についても、施設状況によっては規約上の定めをもって初めて共用部分とすべき場合もある。他方、バルコニーやベランダのように、専有部分の利用者でなければ現実に利用し得ない部分については、それを使用上厳重な制限が存在する専有部分と見るか、構造上の共用部分と見るかについて争いがあり、その判断はしばしば政策的観点からしかなされ得ないこともある（稲本・区分所有権172、後記(2)(ｳ)参照）。

　ところで、区分所有関係にある建物のさまざまな部分が専有部分であるか共用部分であるかは、本来、その部分について排他的支配権を認め、かつ、その支配権に市場性を付与することの必要性と、共益的観点から制限を加えることの必要性との相関によって決定されるべきことがらである。しかし、建物のさまざまな部分についてのこの二面の必要度はそれぞれ異なり、これを2つのカテゴリーに分けることによって解決する問題の範囲は決して広いとはいえない。共用部分とされた建物の部分が、その管理ないし使用に関してどのような規制ないし制限を受けるべきかは決して一律に決し得ないのであるが、本法は、本条1項の構造上共用に供されるべき共用部分について一律に定め、そのほかは規約に譲るという形式をとっている。そのため、現実には規約でどのように定めているかが決定的な意味を持ち、法律の規定は、規約の内容について有効なコントロールをなし得

§4〔2〕

るものとはなっていない（稲本・区分所有権174）。
(2) 個別的問題点

以下では、一棟の建物のうち構造上の共用部分と見るべきか否かが問題となり得るものについて見ることにする（なお、建物の躯体部分および区隔部分については、2条の注釈〔4〕(2)を参照のこと）。

(ア) 屋　上

屋上は、区分所有者全員の構造上の共用部分と解されている（稲本・区分所有権176、玉田・注解174、丸山・共用部分80など。判例として、前掲東京地判昭42・12・26判タ216-227）。屋上は、共用の施設としてエレベータ機械室、貯水槽、冷暖房施設などを設置し得る場所であり（そのほか共用の物干場などとしても利用される）、火災の場合の避難用空間ないし通路としても、区分所有者全員の共用に供されるべき部分と考えられるからである。

(イ) 外　壁

外壁も、区分所有者全員の構造上の共用部分と解される（稲本・区分所有権176、玉田・注解174など）。外壁は、各専有部分および具体的な共益対象となる共用部分が存立する前提条件となることから専属的使用になじまないが、それだけでなく、建物の美観という点で共益の対象であり、そのようなものとして共用に供されていると考えるべきである。

(ウ) ベランダ・バルコニー

ベランダとバルコニーの用語上の区別については必ずしも統一がなく、しばしば混同されている。比較的広く用いられている語法では、ベランダは数戸共通に存在し間仕切りがあるもの、バルコニーは各専有部分に固有のもので、他の専有部分への非常通路とはならないものである。判例として、バルコニー（ベランダを含む広義と解されている）は管理組合の管理する共有物であるとした最高裁判決がある（最判昭50・4・10判時779-62・判タ323-148〔控訴審東京高判昭47・5・30判時667-10・判タ277-112〕。この判例の問題点については、稲本・区分所有権178参照）。ただし、近年の下級審判決の中には、バルコニーがマンションの売買契約書に専有部分と表示されていたことなどから、これを専有部分としたものもある（東京地判平4・9・22判時1468-111。なお、規約共用部分としたものとして横浜地判昭60・9・26判タ584-52）。学説には、通常のバルコニー（およびベランダ）は、建物全体の壁体外部（外壁）を構成する建物部分であるから、たとえ専用のバルコニー

であっても、法律上当然の共用部分であるとする見解もある（玉田・注解174）。しかし、その非共益的性格（専用的性格）と専有部分との具体的一体性から専有部分と解し、その上で、外観上、耐力上および非常用の用途などの見地から専有部分一般よりも強い制限（たとえば、建物の景観の一部をなすということから共益性を有することを認め、その変更を禁止することなど）を規約によって設け、その制限を超えない限りでの使用や改良行為を認めるべきであろう（稲本・区分所有権179）。

　㈨　地下または建物内駐車場

　敷地内の屋外駐車場や別棟のガレージは、区分所有建物の建物部分ではないから、法律上当然の共用部分とはならない。これに対して、地下または建物内の駐車場については問題となる。これを駐車場として専有部分とすることは、もっぱら構造上の独立性の要件をどう考えるかによる。構造上区分されている場合に、利用上独立性があれば、共用設備が存在する地下駐車場であっても、排他的使用によって共用設備に支障をきたすことがない限り専有部分である（最判昭56・6・18民集35-4-798、最判昭56・7・17民集35-5-977。東京高判昭60・4・30判時1156-74・判タ578-77も同旨。その他、専有部分とするものとして東京地判昭51・10・1判時851-198、東京地判昭52・12・21判時895-89、東京地判昭53・12・7判時924-77・判タ378-115、東京地判昭54・4・23判時938-68・判タ389-108、東京地判昭56・8・3判時1034-112・判タ465-128、東京地判昭57・1・27判時1050-88、東京高判昭59・9・25判時1135-47、東京地判平3・1・29判時1401-75。1条の注釈〔4〕(3)(ｳ)参照）。隣家と共同で使用している2台分のスペースがある駐車場の場合はどうか。この場合は、構造上一個の専有部分であり、それを2人の区分所有者が共有する関係（専有部分の共有）と考えるべきである。

　地下または建物内の駐車場が構造上区分されることなく、または用途上独立性を有しない場合には、専有部分ではなく、共用部分と見るべきである（共用部分とした裁判例として、神戸地判昭44・5・26判時591-85、大阪高判昭55・2・29判タ421-90、東京地判平12・7・21判タ1109-255）。実際に見られるのは、ピロティ部分や地下を共用部分とした上で、専用権（専用使用権）を認めることである。

　㈩　管理室・管理人室

　管理室・管理人室については、おおよそ次の4つのタイプに分類する見解がある。①居住部分がなくて室内が事務所仕様で受付窓またはカウンターがあり、そ

の他建物全体の諸設備機器に関わる非常警報装置・配電盤などが室内に設置されているもの、②居住部分だけで室内が事務所仕様となっておらず、受付窓またはカウンターなどを設けていないもの、③上記①の事務所部分と②の居住部分の2つからなり、両部分の境に間仕切りがあるもの、④上記①の事務所部分と②の居住部分の2つからなり、両部分の境に間仕切りがないものである（玉田・事例110）。このような分類は、管理室・管理人室が共用部分であるか専有部分であるかの一応の目安とはなる（たとえば、①のタイプを法律上当然の共用部分とするものとして東京地判昭60・7・26判時1219-90、前掲東京地判平1・10・19判時1355-102、②のタイプを専有部分〔ないし規約上の共用部分〕とするものとして前掲東京地判昭54・4・23判時938-68・判タ389-108など）が、重要なことは、当該部分が構造上・利用上、管理事務のために設けられているか否かということである。最高裁は、③の事例について、管理人室（居住部分）が管理事務室（事務所部分）との一体的利用を予定され機能的に分離することができない場合には、たとえ管理人室に構造上の独立性があるとしても利用上の独立性はなく、したがって、管理人室は管理事務室と共に共用部分であるとした（最判平5・2・12民集47-2-393〔第一審東京地判平1・3・8判タ715-239、第二審東京高判平2・6・25判タ755-207〕）。玉田・事例111および丸山・管理人室22以下は、これに賛成する。この流れに沿う裁判例として、東京地判平10・12・21判タ1066-274）。居住部分と事務所部分とが構造上・利用上一体となって当該建物全体の「管理」機能を担っている限りは、両部分を一体として共用部分と考えるべきであろう。この点についての争いを避けるためには、規約によって共用部分である旨を明らかにしておくことが望ましい。なお、分譲会社が専有部分として所有権保存登記をし管理人室として使用させてきた上記④の事例について、当該建物部分が構造上の独立性を有すること、専用の出入口があり、共用設備たる防災用設備もわずかな一部を占めているに過ぎないこと、日常生活に必要なガス・水道等も具わっていて管理人室以外にも使用できることから利用上の独立性も有することを認定した上で、専有部分とした判例がある（東京地判昭63・11・10判時1323-92。その他、専有部分としたものとして前掲東京地判昭51・10・1判時851-198、前掲東京地判昭57・1・27判時1050-88）。

〔3〕「区分所有権の目的とならないものとする」

「区分所有権の目的とならないものとする」とは、専有部分以外の建物の部分（2条4項）、すなわち共用部分であるということを意味すると共に、規約によっ

第1章 建物の区分所有 第1節 総則

て専有部分とすることは許されないということを意味する、と解される（前記〔1〕参照）。

それでは、共用の廊下などの構造上の共用部分ではなく、性質上の共用部分（たとえば、専有部分たる各室の開口部の玄関扉外側部分）であるものについて、これを規約により専有部分とすることができるか。各室の玄関扉外側部分などのように、構造上の理由ではなく他の理由によって共用部分とされているものについては、別個の取扱いが可能であり、規約によってこれを専有部分とすることは許されると考えるべきである。

〔4〕 規約共用部分

専有部分となり得る建物の部分および附属の建物は区分所有者の規約によって共用部分とすることができる。専有部分となり得る建物の部分は、通常は区分所有権の目的となり専有部分となるが、たとえば、居住用マンションの一住戸を共同の集会室として利用する場合がある。また、附属の建物は、通常は独立の外在物であるが、たとえば、それを共用の物置場や車庫として利用する場合がある。そこで、本条2項は、このような場合に、規約によって、これらを共用部分とすることができる旨を定めたのである。一般に「規約共用部分」と呼ばれる。

なお、専有部分に属する建物の附属物のみを規約によって共用部分とすることはできない。また、専有部分の一部のみを当該専有部分から独立した構造にしないまま規約共用部分とすることもできない。

(1) 規約共用部分となり得るもの

規約によって共用部分となし得るのは、「第1条に規定する建物の部分」、すなわち専有部分となり得る部分（構造上・利用上独立性を有する建物部分）と、「附属の建物」である。

規約により共用部分となし得る建物の部分は、現実に区分所有者の共用に供されるものであることを必要としない。したがって、たとえば、マンションの一住戸を規約により共用部分とし、これを第三者に賃貸してその賃料を区分所有者が共同で収受するようなことも可能である、と解される（川島・解説㊥1050）。

共用部分となし得る附属の建物は、区分所有建物の数個の専有部分に対して共同従物的な関係にあることを要するが、その他の要件は必要ではない（川島・解説㊥1050）。ただし、区分所有者の共有に属するそのような附属の建物が存在しても、その建物は、それだけでは単なる独立の共有建物にとどまり、規約上の定

めがなければ区分所有関係に入らないことに注意を要する（稲本・区分所有権173）。規約共用部分となる附属の建物として現実に見られるのは、共用部分の運用・管理等に必要な資材の倉庫、集会室・リクリエーション室などである。また、すでに存在する建物内部では賄いきれなくなった共同施設を確保するために、その延長として後に建築されることも少なくない。なお、規約共用部分となる附属の建物は、その建物の全部である必要はなく、建物の構造上区分される限り、その一部であってもよい（A棟の建物の一部がB棟の附属の建物となり得る）。

(2) 規約共用部分の設定および廃止

専有部分となり得る建物の部分または附属の建物を共用部分とするためには、規約によってその旨を定めることが必要である。規約の定め方は、30条以下に規定されているが、原則として、区分所有者および議決権の各4分の3以上の多数による集会の決議を要する（31条1項）。なお、最初に建物の専有部分の全部を所有する者は、公正証書によって、本条2項の規約を設定することができる（32条）。

規約で定めるべき事項は、建物のどの部分またはどの附属の建物を共用部分とするかということだけで足りるが、そのほか、①その共用部分の用途、②その共用部分を共用すべき区分所有者の範囲、③その共用部分の管理所有者、④その共用部分に対する各区分所有者の共有持分などを定めても差し支えない。これらの事項を定めたときは、その定めが区分所有者を拘束することになる（川島・解説㊥1051）。

建物の部分または附属の建物が抵当権の目的とされている場合に、これを規約によって共用部分とすることができるか。本法は、共用部分のみの任意処分を禁止しているので（15条参照）、抵当権の目的たる建物の部分または附属の建物が共用部分となるとその抵当権の実行が不可能になることから、現に抵当権の目的とされている建物の部分または附属の建物については、抵当権者が抵当権の消滅を承諾しない限り、これを共用部分とすることはできないと解すべきである（川島・解説㊥1052）。仮に抵当権者の承諾を得ないでこれを共用部分とする旨の規約を定めたとしても、その規約の定めは、登記を経由した抵当権者に対抗することができないと解すべきであろう。

規約共用部分の廃止は、当該部分を共用部分と定めている規約（の条項）の廃止（31条参照）によってなされる。規約共用部分は、これによって、共用部分で

はない元の状態に復することになる（川島・解説㊥1058、小沼・旧基本コンメ16など）。

〔5〕 規約共用部分の登記

専有部分となり得る建物の部分や附属の建物を規約によって共用部分と定めても、区分所有者は、その旨の登記をしなければ、これをもって第三者に対抗することができない。共用部分となると法律上独立して処分することができなくなる（15条参照）が、外観上なお構造上・利用上の独立性を具える建物の部分等については、取引の安全を図る必要がある。本条2項は、規約による共用部分である旨の登記がなされない限り、第三者に対抗することはできない、とした。

この点に関する裁判例として、マンションの洗濯場および倉庫として登記された建物部分を競売により買い受けたAが、同建物部分を「居宅事務所」および「事務所」として変更登記をした後にこれらをAの姉Xに譲渡し、Xが管理組合の管理者Yに対し、これらの建物部分を店舗または事務所として使用する権利があることの確認を求めた事案について、裁判所は、Aは、同建物部分が本件マンションの共用に供されている現状を認識しながら、あえてこれらを低価格で買い受け、これらにつき共用部分である旨の登記がないことを奇貨として変更登記を行ったものであり、AはYに対し規約共用部分について登記がないことを主張することを許されない背信的悪意者たる第三者であり、Xも同様であるとして、Xの請求を棄却したものがある（東京高判平21・8・6判タ1314-211。なお、評釈として鎌野邦樹・市民と法66-42）。

(1) 表示の登記

「その旨の登記」とは、不動産登記法58条にいう「共用部分である旨の登記」であり、当該建物部分または附属の建物が共用部分であることを表示する登記をいう。共用部分たる旨の登記は、登記簿の表題部中「登記原因及びその日付」欄にする（不登法27条1号参照）。

この登記は、表題部に所有者として記載されている者（所有権の登記がない場合）または所有権の登記名義人（所有権の登記がある場合）に限って申請することができる（不登法58条2項）。

(2) 未登記共用部分の譲渡等

甲所有の専有部分が規約によって共用部分とされても、その旨の登記がなされない場合において、甲が単独でこれを乙に譲渡したり、丙のために抵当権を設定したり、甲の債権者丁がこれを差し押さえたりしたときは、これらの行為はいず

れも有効となる。一見、乙については甲の特定承継人であるから、規約の効力に拘束されて（46条1項参照）当該区分所有権を取得できないようにも考えられるが、そう解すると、規約に登記以上の効力を認めることになり、共用部分である旨の登記を対抗要件とした本条2項を無意味なものとするから、乙の区分所有権の取得を認めるべきであろう（川島・解説㊥1057、石田・区分所有権153など）。

(3) 規約共用部分廃止の対抗要件

規約の廃止によって規約共用部分を共用部分でない元の状態に復する場合において、これを区分所有者およびその特定承継人以外の者に対抗するためには、その旨の登記が必要である（不登法58条6項）。もっとも、共用部分は単独の任意処分を禁止されている（15条）ことから、この登記が対抗要件として意味を持つ場合は現実には考えにくいという（川島・解説㊥1058）。しかし、規約の廃止によって規約共用部分を共用部分でない元の状態に復した後にそれを処分する場合には、その処分について対抗要件を具える前提として、この登記を必要とすることになる。

（規約による建物の敷地）
第5条 区分所有者が建物及び建物が所在する土地と一体として管理又は使用をする庭、通路その他の土地は、規約により建物の敷地とすることができる。
2　建物が所在する土地が建物の一部の滅失により建物が所在する土地以外の土地となったときは、その土地は、前項の規定により規約で建物の敷地と定められたものとみなす。建物が所在する土地の一部が分割により建物が所在する土地以外の土地となったときも、同様とする。

〔1〕　**本条の趣旨**

2条では、「建物の敷地」とは建物の所在する土地および本条1項の規定によって建物の敷地とされた土地をいうと規定し、区分所有建物の敷地として法定敷地のほかに規約敷地の存在を認める（2条の注釈〔6〕参照）。本条は、その規約敷地についての規定である。

本条は、1983年改正法によって新設された。「建物の敷地」という概念はこの改正前にも存在していた（1962年法6条、7条など）が、その範囲に関しては特別

第1章　建物の区分所有　第1節　総則

の規定が設けられていなかった。そこで、たとえば、区分所有建物の敷地になっていない別筆の土地がその建物の庭や駐車場として利用されている場合に、その土地が区分所有建物の敷地に含まれるか否かは必ずしも明らかでなく、各条項ごとの解釈に委ねられていた。

　ところで、この点について特段の問題があったわけではないが、1983年の改正において、専有部分と敷地利用権の一体性の制度（22条）を採用するに当たり、どの範囲の土地に関する権利が専有部分と分離して処分することができないものであるかを明確にしておかなければ取引の安全を著しく害するおそれがあるという議論がなされた。本法は、「建物の敷地」について2条5項に定義規定を置くと共に、本条で規約敷地について定めた（濱崎・解説97。なお、2条の注釈〔6〕参照）。本条では、1項で規約敷地の要件等を定め、2項で「みなし規約敷地」について定める。

〔2〕　**規約敷地の対象となる土地**

　規約敷地の対象となる土地は、「区分所有者が建物及び建物が所在する土地と一体として管理又は使用をする庭、通路その他の土地」でなければならない。すなわち、当該土地が、区分所有建物および法定敷地と一体的に管理・使用される土地である。

　(1)　「その他の土地」

　規約敷地とすることができる土地としては、「庭、通路」のほかに、駐車場、広場、テニスコート、附属建物その他の附属施設の敷地等が考えられる。用途の如何を問わない。また、規約を定める時点で特に用途のない「空き地」でもよいと解される。

　法務省立法担当者は、規約敷地も、法定敷地と同様に、一筆単位で定めるべきものとする（濱崎・解説120。なお2条の注釈〔6〕(1)参照）。

　(2)　一体的管理・使用

　「区分所有者が建物及び建物が所在する土地と一体として管理又は使用をする」とは、区分所有者に規約敷地となるべき土地を一体的に管理し、または使用する意思があり（この意思は規約による定めをすることによって示される）、かつ、その土地につき客観的に一体的に管理・使用することが可能であることを意味すると解されている（濱崎・解説120）。現に使用されていることは、必要でない。

　区分所有建物および法定敷地に隣接している必要はないが、規約敷地となるべ

き土地が現実に使用される場合に、区分所有建物および法定敷地と一体的に管理・使用することができないほど遠方にあるような土地は、規約敷地とすることはできない（濱崎・解説120、月岡・敷地利用102など）。

　法定敷地の場合と同様に、当該土地について区分所有者が現に権利を有していることは、規約によって敷地と定めるための要件ではない（濱崎・解説120）。そのような意味で、甲区分所有建物の法定敷地または規約敷地たる土地であっても、その土地が同時に乙区分所有建物の規約敷地と定めることを妨げない（濱崎・解説121参照）。

〔3〕　**規約敷地の要件・効果**

　区分所有建物および法定敷地と一体的に管理・使用することが可能な土地は、規約で定めることによって初めて建物の敷地（規約敷地）となる。

(1)　規約敷地の設定および廃止の手続

　規約敷地とするには、区分所有者および議決権の各4分の3以上の多数による集会の決議によって、規約に定める必要がある（31条1項）。ただし、最初に建物の全部を所有する者は、公正証書によって単独で本条1項の規約を定めることができる（32条）。

　規約敷地を廃止する場合には、規約の廃止手続（31条1項）による。

(2)　規約敷地の効果

　規約敷地が設定されると、「建物の敷地」として法定敷地と同様の取扱いがなされる。すなわち、専有部分と敷地利用権の一体的処分を原則とする規定（22条）が適用され（後記(3)参照）、また、当該土地部分にも本法の団体的管理が及ぶ（3条、7条1項、21条、26条1項、30条1項、46条2項等参照）。さらに、建物の一部の大規模滅失の場合の買取請求権の目的の範囲（61条7項・8項）や建替え決議がなされた場合の売渡請求権の目的の範囲（63条4項）にも影響する（濱崎・解説120）。

(3)　規約敷地と22条との関係

　本条に従って規約により建物の敷地を定める場合には、規約で、22条の専有部分と敷地利用権の一体性の制度の採用の有無（専有部分と敷地利用権の一体的処分を排除するか否か）を定めるべきである。この点について規約で明示的に定めなかった場合には、22条1項本文が適用され、分離処分が禁止されると解すべきである。敷地利用権が使用貸借上の権利（使用借権）である場合には、2条の注釈

〔7〕で述べたように使用借権が譲渡可能なものでなければ分離処分禁止の対象とならない。これを分離処分禁止に服せしめるためには使用借権の設定に当たって譲渡許容の意思を表示することが必要であるが、規約敷地の場合にはこれを規約自体によって定めるべきである。このことによって、22条1項の分離処分禁止の適用のある専有部分および敷地利用権であることの効果が区分所有者の特定承継人に及ぶことになる。

〔4〕 みなし規約敷地
(1) みなし規約敷地の成立

一棟の区分所有建物が数筆の土地にまたがって存在している場合において、各筆の土地はその建物の法定敷地であるが、建物の一部が滅失したことによって、ある筆の土地上に建物が存在しなくなったときは、その土地は法定敷地でなくなる。本条2項の「建物が所在する土地が建物の一部の滅失により建物が所在する土地以外の土地となったとき」とは、このような場合をいう。このような場合に、当該土地を「建物の敷地」でないとして「建物の敷地」としての法的効果（前記〔3〕(2)参照）を失わせることは妥当ではない。たとえば、建物の一部が滅失し、建物の復旧（61条）や建替え（62条）を行おうとしても、「建物の敷地」でないとして敷地利用権に対する持分の処分を許すことになると、復旧や建替えは不可能となりかねない。また、区分所有者の団体（管理組合等）で管理していた土地が、上記のような事由の発生によって当然に管理の対象から外れるのも適当ではない。このような理由から、「その土地は、前項の規定により規約で建物の敷地と定められたものとみなす」と規定した（このような土地を、「みなし規約敷地」と呼ぶ）。本規定により当然に規約敷地となるので、規約の設定のための手続（31条1項）は不要である。

(2) みなし規約敷地の変更・廃止

みなし規約敷地は、規約の変更や廃止に関する一般の手続（31条1項）によって、変更したり、廃止したりすることができる。みなし規約敷地を一体性の制度（22条）を排除して他に処分するような場合には、22条1項ただし書に基づいて規約による別段の定めをすることが必要である。

〔5〕 分割によるみなし規約敷地

区分所有建物が所在している土地の一部で建物が所在していない部分が分割され分筆登記がなされたときは、その分割部分の土地は法定敷地ではなくなる。本

条2項後段の「建物が所在する土地の一部が分割により建物が所在する土地以外の土地となったとき」とは、このような場合をいう。本項前段の場合と同様の理由から、この分割（分筆）部分については、みなし規約敷地とした。

(1) 分　筆

分筆は、区分所有者の意思に基づいてされるという点において、本条2項前段の建物の一部滅失の場合と事情が異なる。法務省立法担当者は、「管理面では事情は異なるが、専有部分と敷地利用権の一体性の制度との関連においては、事情は同じであるので、同じ取扱いをしたものである」と述べる（濱崎・解説122）。

(2) みなし規約敷地の効果

本規定により分割（分筆）部分も規約敷地とみなされるから、22条1項ただし書に基づく規約の別段の定めがない限りは、その処分は許されない。規約の別段の定めがある場合には、みなし規約敷地部分を分離して処分することができることはいうまでもない。

（区分所有者の権利義務等）
第6条 区分所有者は、建物の保存に有害な行為その他建物の管理又は使用に関し区分所有者の共同の利益に反する行為をしてはならない。
2　区分所有者は、その専有部分又は共用部分を保存し、又は改良するため必要な範囲内において、他の区分所有者の専有部分又は自己の所有に属しない共用部分の使用を請求することができる。この場合において、他の区分所有者が損害を受けたときは、その償金を支払わなければならない。
3　第1項の規定は、区分所有者以外の専有部分の占有者（以下「占有者」という。）に準用する。

〔1〕　**本条の趣旨**

本条は、区分所有者相互間の基本的権利・義務（1項・2項）および区分所有者以外の占有者の義務（3項）について規定している。本条1項および2項は1962年法5条1項・2項と同一の規定であるが、本条3項は1983年改正法で新設された規定である。

区分所有者は、専有部分については所有権を有し、専有部分を自由に使用・収

第1章　建物の区分所有　第1節　総則

益・処分することができる。また、共用部分については共有持分権を有し、その用方に従って使用することができる。本条は、区分所有関係を基本的には個々の所有権の集合と見て私的所有権の自由を前提とした上で、各区分所有者に対して、共同の利益に反する行為を禁止し（1項）、また、建物の保存・改良に必要な範囲内で他の区分所有者に専有部分等を一時的に使用させることを受忍する義務（2項）を課している。このような制約は、区分所有関係が成立する建物の構造等から、当然に導かれるべきものである。

なお、本条1項・3項の義務違反者に対しては、57条〜60条（第7節「義務違反者に対する措置」）によって、差止め、使用禁止、競売、引渡しの4種の裁判上の請求が認められている。

〔2〕　**共同利益背反行為の禁止**

本条1項で規定する、区分所有者に禁止される行為は、「建物の保存に有害な行為」「その他建物の管理又は使用に関し区分所有者の共同の利益に反する行為」（共同利益背反行為）である。「建物の保存に有害な行為」とは、たとえば建物の一部を取り壊して建物全体の安定度を弱めるような行為など、建物自体に物的侵害を加える行為で、共同利益背反行為の典型である。

建物の保存に侵害を及ぼさないような場合でも、区分所有者の生活上の利益を含む建物の管理・使用全般にわたる共同の利益に反する行為が、ここでの共同利益背反行為に該当する。たとえば、区分所有者の一人が、他の区分所有者の迷惑となる動物を飼育したり、共用部分を独占的に使用して他の区分所有者の正当な使用を妨げたり、騒音・悪臭を発したりするような行為がこれに当たる。

当該行為が「建物の保存に有害な行為」に当たるか、「その他建物の管理又は使用に関し区分所有者の共同の利益に反する行為」に当たるかについては、明確に区分できない場合もある。さらに、「その他建物の管理又は使用に関し区分所有者の共同の利益に反する行為」において、当該行為が「管理」（日常的な保全を意味し、区分所有者にはこの義務がある）に関するものか「使用」（具体的な便益を意味し、区分所有者にはこの義務はない）に関するものかを明確に区分できない場合がある。本項の適用に当たっては、一般的には、これらの区分を問題とすることなく、当該行為が「区分所有者の共同の利益に反する行為」（以下、「共同利益背反行為」という）であるか否かという点が問題とされる。

なお、共同利益背反行為は、建物そのものの保存・管理・使用に関するものだ

けではなく、敷地や附属施設の保存・管理・使用に関する有害行為または区分所有者の共同の利益に反する行為であれば、本条によって禁止されると解される（法務省・マンション法271）。

(1) 「共同の利益に反する行為」

「共同の利益に反する行為」とは何かに関して、「共同の利益に反する行為にあたるかどうかは、当該行為の必要性の程度、これによって他の区分所有者が被る不利益の態様、程度等の諸事情を比較考量して決すべきものである」として一般的基準を示した判例がある（東京高判昭53・2・27下民集31-5～8-658・金法875-31）。

共同利益背反行為には、財産的観点からの共同の利益だけではなく、いわゆる生活上の共同の利益も考慮されていると今日では解されている。1962年法においては、建物の物的保全・使用を中心とする共同の利益のみが考慮され、ニューサンス禁止といった生活上の共同の利益は一般的には考慮されていないと解されていた（川島・解説㊥1067、稲本・権利義務149など）が、1983年改正法では、57条以下で共同生活の維持を目的として規定が設けられていることから、本条においても、共同生活上の障害をもたらす行為が禁止されていると解される（法務省・マンション法271など）。

(2) 具体的検討

以下では、本項で禁止する行為を、不当毀損行為と不当使用行為とに分けて具体的に検討する。

㋐ 不当毀損行為

法文上の「建物の保存に有害な行為」にほぼ該当する行為である。現実には、区分所有者が専有部分ないし共用部分に対し積極的な侵害行為をすることは稀であろうから、区分所有者が自己の専有部分を中心に増改築をする場合が主として問題となる。たとえば、区分所有者が室内の改装のために自己の専有部分内にある耐力壁を撤去したり、専有部分に接続してベランダを作ったり、ベランダを居室に変更したりすることがその例である。判例上、換気装置を設置するために建物の外壁に円筒型の開口部分を設けた行為が建物の保存に有害な行為に当たるとされたものがある（前掲東京高判昭53・2・27下民集31-5～8-658・金法875-31。同趣旨の判決として東京地判平3・3・8判時1402-55・判タ765-207。反対に、新規オートドアー等設置工事がこれに該当しないとしたものとして東京地判平20・6・24〔判例集未登載〕）。当該行為が明らかに建物の基本構造を弱める場合には不当毀損行為と

第1章 建物の区分所有 第1節 総則

なるが、そうでない場合には、規約に定めがない限り、次の「不当使用行為」に当たるかどうかという点も含めて総合的観点から共同利益背反行為か否かを決定すべきであろう（不当毀損行為には当たらないが不当使用行為に当たる場合がある）。

(イ) 不当使用行為

(a) 不当使用　法文上の「建物の管理又は使用に関し区分所有者の共同の利益に反する行為」に該当し、専有部分ないし共用部分について区分所有者の共同の利益に反するような仕方で使用する行為がこれに当たる。たとえば、廊下や階段室などに私物を置いたままにしておく場合、共有敷地に常時自動車・自転車を駐車させてこれを独占的に使用し他の区分所有者の使用を妨げる場合、専有部分に危険物を持ち込んだり、専有部分を規約等で定められている用途以外の目的で使用したりする場合（たとえば、住居専用マンションを事務所や店舗等として使用する場合〔東京地八王子支判平5・7・9判時1480-86・判タ848-201、東京高判平23・11・24判タ1375-215〕。なお、大阪地判昭57・3・24判タ475-130、東京地判平4・3・13判時1454-114、東京地判平7・3・2判時1553-98、東京地判平17・6・23判タ1205-207参照）である。また、区分所有者が外壁やベランダに看板を取り付けるなどして、不当に外観を変更する行為（不当外観変更行為）も不当使用行為となろう（大阪高判昭62・11・10判時1277-131・判タ670-140参照）。また、共用部分である軒内〔建物外壁部分の空間地〕にクーラーの屋外機を設置した場合について、その撤去が命じられた裁判例として横浜地川崎支判昭59・6・27判タ530-272。反対に、クーラー室外機の設置を長らく事実上黙認していた管理組合が卒然としてその撤去を求めることは信義則に反して許されないとしたものとして東京地判平18・8・31判タ1256-342）。さらに判例上、敷地について規約により使用目的を庭と定められて専用使用権を与えられたにもかかわらず、その敷地部分を駐車場に改造した行為に対して、原状回復が命じられた事例がある（東京地判昭53・2・1判時911-134・判タ369-260）。また、専有部分に接続するバルコニーを木製などの枠、ガラス戸、ベニヤ板、発泡スチロールを使って温室とした行為につき、バルコニーを管理組合が管理する共有物とした上で建築協定に違反するとしてその撤去・復旧を命じたもの（最判昭50・4・10判時779-62・判タ323-148）や、バルコニーに衛星放送受信用アンテナを設置したことや大理石を敷設したことが共用部分の通常の用法に反するとしてその撤去請求を認めたもの（前者につき東京地判平3・12・26判時1418-103・判タ789-179。後者につき前掲東京地判平18・8・31判タ1256-342。なお、東京地判平3・

11・19判時1420-82は、賃借人がバルコニーに物置を設置した事案について、当該物置の設置はバルコニーの通常の利用の範囲を超えているとして、賃貸人からする撤去請求を認めた）がある。

(b) 共同生活上の不当行為　生活上の共同の利益に反するような行為（共同生活上の不当行為）が、「建物の管理又は使用に関し区分所有者の共同の利益に反する行為」に含まれることはすでに述べた。たとえば、騒音・振動・悪臭などの発散、猛獣の飼育などがこれに該当する。

共同生活上の不当行為に対する措置については、1983年改正法によって57条以下の措置が新設されたために、その内容がより具体的に定められた（後記〔3〕参照）。

判例では、条例の基準内のカラオケ騒音であっても当該区分所有建物内では受忍限度を超えるとして夜10時から朝8時までのカラオケ装置の全面的使用禁止を認めたものがある（横浜地決昭56・2・18判時1005-158・判タ435-84。また、主として居住用のマンション1階店舗部分におけるカラオケスタジオについて、夜間の一定時間帯の使用禁止が認められたものとして、東京地判平4・1・30判時1415-113がある）。また、継続的に複数の猫に餌をやり他の区分所有者に対して被害を生じさせている事案について、餌やり行為の差止めを認めたものがある（東京地判平22・5・13判時2082-74）。

近時の最高裁判決は、特定の区分所有者の、①役員等に対する名誉毀損文書頒布等行為、②管理組合の取引先等に対する業務妨害行為、および③役員等に対する暴行および嫌がらせ行為等を理由に、同行為が6条1項の「共同利益背反行為」に該当するとして本法57条に基づき当該行為の停止が請求された事案について、第一審および原審が同行為は各被害者が個別に請求すべきものであって「共同利益背反行為」には該当しないとして請求を棄却したのに対し、①～③の行為により「管理組合の業務の遂行や運営に支障が生ずるなどしてマンションの正常な管理又は使用が阻害される場合には」これに該当する余地があるとして原判決を破棄し差し戻した（最判平24・1・17判時2142-26・判タ1366-99。これを支持するものとして鎌野・重判平24年71、第一審および原審を支持するものとして横山・区分所有法694）。学説には、6条1項でいう共同利益背反行為は、「建物の管理又は使用に関して」禁止される行為であって、本判決のように「建物の管理又は使用に関する共同の利益」を侵害する行為ではないとするもの（横山・前掲694）もある

が、疑問である。

　(c)　管理費の不払い　　管理費の不払いが、「建物の管理……に関し区分所有者の共同の利益に反する行為」に含まれるか否かが問題となる。法務省立法担当者は、管理費の支払義務は建物等の管理に関する最も基本的な義務であること等を理由に、著しい管理費の不払いはこれに含まれると解している（高柳・改正62）。学説も肯定する（丸山・法律問題226以下、大西・基本コンメ24など）。これを肯定する裁判例もある（大阪地判平13・9・5判時1785-59〔この点については58条〔6〕(2)参照〕、東京地判平19・11・14判タ1288-286〔59条〔3〕(3)参照〕等。なお、管理費の不払いが管理組合に対する不法行為を構成しないとされた事例として東京地判平3・10・7判時1432-86・判タ778-201）。

　(3)　強行規定

　本項の規定は強行規定であり（2項・3項も同じ）、規約またはその他の合意によって変更し、または排除することは許されないが、逆に、「共同の利益に反する行為」を規約等によって具体的に定め、その違反に対する制裁措置も併せて定めることは妨げない（稲本・権利義務148）。

〔3〕　**義務違反行為に対する措置**

　本条1項は、「共同の利益に反する行為をしてはならない」と規定するが、それでは、この義務に違反した行為に対してどのような措置が講じられるか。まず本項および57条以下を根拠とする団体的な請求が可能であり、次に各区分所有者による自己の物権ないし人格権の侵害を根拠とする個別的な請求が可能である。

　(1)　本条1項および57条以下を根拠とする請求

　1962年法では、旧規定（1962年法5条1項）を各区分所有者の区分所有権および共用部分共有持分権に基づく物権的請求権の行使の根拠規定と理解した上で、ニューサンスなどの共同生活上の不当行為については同項を直接の根拠となし得ないと一般的に解されていた（川島・注民(7)373、稲本・権利義務149など）。しかし、前述のように、57条以下の規定が新設されたことによって本項の「共同の利益に反する行為」にニューサンスなどの共同生活上の不当行為をも含めて解されるようになったため、今日では、それらの共同生活上の不当行為も含むすべての義務違反行為に対して、本項および57条以下の規定に基づいて請求をすることができると解されている（法務省・マンション法273、大西・基本コンメ23、川島＝濱崎＝吉田・新版注民(7)633など）。

(ア)　違反行為の停止等の請求

　共同の利益に反する行為をした者またはその行為をするおそれがある者に対しては、その行為を停止し、その行為の結果を除去し、またはその行為を予防するために必要な措置をとることを請求することができる（57条1項）。すなわち、違反行為の態様に応じて、違反行為の停止（たとえば、毎晩カラオケ騒音を発しているような場合にはその行為を止めさせる）を請求し、また、違反行為の結果の除去（たとえば、廊下に常時私物を置いて廊下を不当使用していた場合にはその私物を除去させ、また、増改築をして建物を毀損したり建物に保存上の損害を及ぼした場合には増改築前の原状に復させること、等）を請求することができる。また、違反行為が発生するおそれがある場合には、その予防措置を講ずること（たとえば、専有部分を改装しようとしている場合に躯体部分たる耐力壁の撤去・加工を禁止すること）を請求することができる。

　(イ)　専有部分の使用禁止請求・競売請求

　上記の違反行為による区分所有者の共同生活上の障害が著しく、上記の請求によってはその障害を除去して区分所有者の共同生活の維持を図ることが困難であるときは、違反行為者の専有部分の相当期間にわたる使用禁止を請求することができる（58条1項）。さらに、上記の違反行為による区分所有者の共同生活上の障害が著しく、他の方法によってはその障害を除去して区分所有者の共同生活の維持を図ることが困難であるときは、違反行為者の専有部分等の競売を請求することができる（59条1項）。

　(ウ)　請求の主体

　上記(ア)(イ)の各請求は、義務違反者以外の区分所有者全員または管理組合法人によって団体的に行われるべきもので、訴訟の提起をするには集会の決議に拠らなければならない（57条、59条1項・2項。詳細については57条～59条の注釈参照）。

　それでは、上記の違反行為の停止等の請求を、本項に基づいて各区分所有者が単独ですることができるか。義務違反者に対して各区分所有者が単独でなし得ると解する見解もある（大西・基本コンメ25）。この見解は、本法では団体的な請求として57条に基づく請求権が認められているが、たとえば、集会の決議でこの請求の訴えの提起が否定されると義務違反行為はそのまま残ることになり不当となるので、各区分所有者には、本項に基づく違反行為の停止等の請求を認める必要性・有用性があり、単独での請求を認めるべきであるとする。

しかし、法務省立法担当者は、これに反対して次のように述べる。区分所有者が本項にいう違反行為について、人格権や区分所有権または共用部分共有持分権に基づいて単独でその停止等を請求することはできるが、区分所有者が本項の規定に基づいて単独で違反行為の停止等を請求することは許されない。本項の規定に基づく請求の主体は、57条1項の規定に従って、義務違反者以外の区分所有者全員または管理組合法人であるという。その理由は、本項の「区分所有者の共同の利益」という文言からも区分所有者全員で共同で行使することのほうが相当であり、また、実質的にも、もし本項を各区分所有者単独の請求権を認めたものと解すると、建物全体の生活秩序の回復のために役立つ違反行為の停止等について当該個人のみが訴訟の費用を負担しなければならないという不合理が生じることになる、という（高柳・改正162）。本項の文言や57条以下との関連から考えて、後者の見解が妥当であろう。

(2) 物権ないし人格権の侵害を根拠とする各区分所有者の請求

(ア) 違反行為の停止等の請求

各区分所有者は、単独で、区分所有権または共用部分共有持分権ないし人格権に基づいて、義務違反者に対し、その行為を停止し、その行為の結果を除去し、またはその行為を予防するために必要な措置を講ずることを請求することができる。判例上、マンション1階の上方の外壁（共用部分）に設置された看板について、共用部分共有持分権から生ずる物権的請求権に基づいて、その撤去を認めたものがある（前掲大阪高判昭62・11・10判時1277-131・判タ670-140。同旨のものとして前掲東京高判昭53・2・27下民集31-5～8-658・金法875-31、東京地判昭56・9・30判時1038-321。なお、東京地判平3・11・12判時1421-87・判タ788-231参照）。この請求は、区分所有者の個別的な請求であり、被侵害利益が「区分所有者の共同の利益」（57条1項）であることは必要でない。本項および57条以下の規定は、各区分所有者のこのような請求を否定しているものではない。

(イ) 損害賠償請求

各区分所有者は、区分所有権または共用部分共有持分権ないし人格権が侵害されたことによって損害が生じたときは、不法行為の規定（民法709条）に基づいて義務違反者に対し損害賠償を請求することができる（川島・解説(中)1066、法務省・マンション法273、大西・基本コンメ25）。判例上、マンションに居住する暴力団組長に対して専有部分の使用禁止と共に損害賠償の支払いを命じたものがある（福

岡地判昭62・5・19判タ651-221。なお、マンションの「地上げ」の目的で順次区分所有権を買い取っていく者に対してなされた損害賠償請求が認められなかった事例として前掲東京地判平3・10・7判時1432-86・判タ778-201。また、東京地判平6・5・9判時1527-116参照)。

〔4〕 専有部分等の一時的使用

本条2項は、区分所有者に対して、他の区分所有者の所有に属する専有部分等の使用を認めたものであるが、この使用権が認められるのは、区分所有者が「その専有部分又は共用部分を保存し、又は改良するため」にする場合に限られ、また、その使用も、「必要な範囲内において」することに限定されている。

(1) 保存・改良

区分所有者が「その専有部分又は共用部分を保存し、又は改良する」とは、たとえば、他の区分所有者との境界にある壁・床・天井内部の電気・水道等の配線・配管を修理し、または増設することなどをいう。ここでの「共用部分」は、区分所有者の所有に属する共用部分である（この点については、後記〔5〕参照）。共用部分の修理等の保存行為については、その共有持分権を有している区分所有者が単独で行うことができる（18条1項ただし書）が、共用部分の増設等の変更行為については、原則として集会の特別多数決議を経ることが必要である（17条1項）。ただし、大規模修繕工事等の、その形状または効用の著しい変化を伴わないものは、原則として集会の普通決議で足りる（17条1項括弧書、18条1項本文）。

(2) 「必要な範囲」

本項によって請求が認められる他人の専有部分等の使用は、その部分の使用を一時停止させたり、または他人の生活を妨害するおそれがあるから、「必要な範囲内において」のみ許される。「必要な範囲」とは、区分所有者が行う保存または改良工事にとって必要最小限の場所的範囲をいうが、その使用の方法および時期についても、最も迷惑にならないようにすべきであると解される。したがって、その使用期間についても当然に一時的なものであり、長期間または永続的・恒常的な使用は認められない。本項の使用権は、区分所有者が相互に有する法定の請求権ではあるが、使用の範囲、方法、時期等については具体的な協議が必要である。この協議を経ないで他人の専有部分等を使用した場合には、それによって損害が生じたときに償金を支払う義務を負う（本条2項後段）だけではなく、権利の濫用として当該使用の停止を請求されることもあろう。

第1章 建物の区分所有 第1節 総則

〔5〕 使用権が認められる対象

本条2項によって区分所有者に使用権が認められるのは、「他の区分所有者の専有部分又は自己の所有に属しない共用部分」である。区分所有者は、共用部分の内でも、自己の所有に属している部分、すなわち、自らが共有持分権を有している共用部分については当然に使用権を有する（13条）。ここでの「自己の所有に属しない共用部分」とは、区分所有者の一部の共用に供される建物の部分（4条1項）および附属の建物（4条2項）で、自己に所有権（共有持分権）がないものを指す。

〔6〕 法定請求権

本条2項の使用請求権は、本項の規定によって当然に認められる法定請求権である（ただし、前記〔4〕(2)参照）。本項は強行規定であるから、この使用権を規約や当事者の契約等で排除することはできない。なお、この使用請求権は、他の区分所有者の専有部分等に必要に応じて立ち入ること（立入権）を含む（給水管からの漏水事故について階下居住者が給水管の点検・修理のために住戸に立ち入ることを階上居住者が拒絶した場合には、不法行為となり損害賠償責任が生ずるとした裁判例として大阪地判昭54・9・28判時960-82・判タ400-191）。

(1) 請求権の相手方

この請求権の相手方は、現にその専有部分または共用部分を使用している区分所有者または借主である。相手方がこれに応じないときは、訴訟を提起し、承諾に代わる判決（民法414条2項ただし書）を得た上で現実に使用すべきである（川島＝濱崎＝吉田・新版注民(7)634）。

(2) 民法209条（隣地使用権）の類推

本項の使用請求権は、民法209条の隣地使用権に類似するが（1962年法で規定が設けられる以前は同条が類推されていた）、民法209条1項ただし書では、「隣人ノ承諾アルニ非サレハ其住家ニ立入ルコトヲ得ス」と規定している。それでは、本項において、区分所有者が他の区分所有者の専有部分に立ち入る場合には、その者の承諾を必要とするか。

民法209条において、隣地使用の請求は、隣人の承諾がなければ承諾に代わる判決を得て使用することになると解され、住戸への立入りについては、隣人の人格的見地を配慮して、承諾がなければ判決によっても許されるべきでないと一般に解されている（鎌野・条解299など参照）。区分所有建物の特質を考慮すると、本

項においては、他の区分所有者の専有部分への立入りについて、その者の承諾がなければ承諾に代わる判決を得て立ち入ることができると解すべきである（民法209条1項ただし書は類推されない）。

〔7〕 償金の支払い

区分所有者が他の区分所有者の専有部分等を使用した結果として、他の区分所有者に損害を与えたときは、当該区分所有者は、その損害を賠償しなければならない。本条2項が「償金の支払い」としているのは、損害の賠償と同義であるが、適法行為による補償という意味で、民法209条2項と同様にこの語が用いられた。

(1) 損害賠償責任の性質

ここでの損害賠償責任は、区分所有者に故意・過失があることを要しないと解されている（玉田・注解259、大西・基本コンメ25など）。ここでの損害が違法行為によるものではなく、適法行為によるものなので、民法709条とは取扱いが異なる。

(2) 賠償義務者

区分所有者がその共用部分の保存または改良をするために（この点について前記〔4〕(1)参照)、他の区分所有者の専有部分を使用し、その結果として他の区分所有者に損害を与えた場合には、この賠償義務は、規約に別段の定めがない限り、その共用部分の共有者全員が共同して負うことになる（19条。川島・解説(中)1069）。

区分所有者がその専有部分の保存または改良をするために、自己の所有に属しない共用部分を使用し、その結果として他の区分所有者（当該共用部分の共有持分権者）に損害を与えた場合には、償金請求権の行使は保存行為なので、当該共用部分の共有持分権者は、単独で償金の支払いを請求することができる（18条1項ただし書参照）。

〔8〕 専有部分の占有者

本条1項の「区分所有者は、建物の保存に有害な行為その他建物の管理又は使用に関し区分所有者の共同の利益に反する行為をしてはならない」という規定は、「区分所有者以外の専有部分の占有者（以下「占有者」という。）」に準用される（本条3項）。

(1) 専有部分の占有者

ここでの「占有者」は、「専有部分」の占有者である。「専有部分」とは区分所有権の目的たる建物の部分である（2条3項）が、これには建物の附属物ないし附属の建物をも含む（2条の注釈〔4〕(1)参照）ので、附属の建物の占有者も本項の

「占有者」となる。

本項の「専有部分の占有者」は、建物の部分（専有部分）全体を占有している者（主に賃借人）であることが多いが、建物の部分（専有部分）の一部分について占有している者（たとえば、マンションの一住戸内の一部屋だけを賃貸している者）や、附属の建物だけを占有している者（たとえば、附属の建物たる車庫の賃借人）も、これに含まれると解する。

(2) 共用部分や敷地のみの占有者

これに対して、建物の共用部分や敷地のみの占有者は、本項の「占有者」には含まれない（原田・賃借人39参照）。建物の共用部分や敷地は「専有部分」ではないからである。これらの占有者による区分所有者の共同の利益に反する行為に対しては、規約で対処したり（46条2項）、普通法上の請求（物権的請求権や不法行為に基づく損害賠償請求権）で対処することになる。

しかし、区分所有者以外の者が建物の共用部分や敷地について専用使用権に基づいて占有している場合には、議論の余地がある。なぜならば、共用部分や敷地とはいえ、専用使用権は排他的な権利であるからである（57条以下の規定に基づく請求が必要となる場合があり得る）。

(3) 占有者に含まれる者

「占有者」には、専有部分の賃借人（または転借人）のほか、使用借人、同居人、権原なき占有者（不法占拠者）が含まれる。

〔9〕 **本条3項による占有者の義務**

本条3項の「占有者」には本条1項の規定が準用されることから、専有部分の占有者は、区分所有者であると否とを問わず、建物の保存に有害な行為その他建物の管理または使用に関して区分所有者の共同の利益に反する行為をしてはならない。

(1) 1962年法下での占有者の取扱い

専有部分の占有者は、区分所有建物における共同の生活関係の一員という点では区分所有者と何ら異なるものではなく、共同の利益に反する行為が禁止されることは当然である。しかし、1962年法においては、本条1項の規定は存在したが3項の規定は存在しなかったため、解釈によって補充しようという試みがなされた。たとえば、区分所有者が専有部分を賃貸しているときは、本条1項の規定により、賃貸人たる区分所有者は賃借人において共同利益に反する行為をさせない

ようにする義務がある（このことから、他の区分所有者は当該区分所有者に対して賃借人の義務違反行為を止めさせる措置を講ずるように請求することができる）としたり、賃貸借契約上の義務として、賃借人は賃貸人に対して本条1項で禁止されているような行為をしない義務があること（民法616条、594条1項）から、他の区分所有者は、民法423条に基づき、当該賃貸人に対する上記の違反行為停止措置請求権を被保全権利として、賃貸人の賃借人に対する契約上の義務履行請求権としての違反行為の停止請求権を代位行使して、直接に賃借人に対して停止を請求することができるとした（川島・解説㊥1067）。さらに、代位行使の内容として、賃貸借契約の解除（川島・解説㊥1067）や賃借部分からの退去を請求することができる（玉田・注解251）と解する見解もあった。なお、他の区分所有者が自己の区分所有権や共用部分共有持分権等が侵害された場合に、物権的請求権に基づいて、直接に賃借人に対し違反行為の停止や損害賠償の請求をすることは、1962年法下でも当然認められた。

しかし、1962年法下での上記のような代位的構成に対しては、解釈上なお疑義があった（濱崎・解説124）。そこで、1983年改正法では、この問題を立法的に解決すべく、57条4項および60条と共に、本条3項を設けて、占有者がすべての区分所有者に対して、直接に本条1項の義務を負うことを明らかにした（濱崎・解説124、法務省・マンション法280）。

(2) 占有者の義務違反行為に対する措置

「占有者」が本条1項の義務違反行為をした場合に、その義務違反行為に対してとられる措置（請求の主体および内容）は、基本的に本条1項のそれと同じであり、同じ解釈論に服する（前記〔3〕を参照のこと）。すなわち、義務違反行為をした「占有者」に対して、まず、本項（本条1項の準用）に基づいて、区分所有者全員（団体が管理組合法人となっているときは、その法人）の名において違反行為の停止等の請求をすることができる。この請求の方法については、57条4項（同条1項～3項の準用）が定めており、さらに、60条は、違反が著しく、他の方法によっては円満な共同生活の維持を達成することが困難であるときは、「占有者」に対して、賃貸借契約等の解除およびその専有部分の引渡しを請求することができる旨を定めている。その詳細については、それらの条項の注釈参照。

(3) 46条2項による占有者の義務

本項の「占有者」は、区分所有者の共同の利益に反する行為をしてはならない

が、本項の「占有者」に限らず、すべての占有者は、建物またはその敷地もしくは附属施設の使用方法について、区分所有者が規約または集会の決議に基づいて負う義務と同一の義務を負う（46条2項）ことは注意を要する。

(4) 占有者への本条2項の不準用

本項においては、本条1項の規定は専有部分の占有者に準用しているが、本条2項の規定は準用していない。したがって、専有部分の占有者には、他の区分所有者の専有部分等の使用権は認められない。しかし、専有部分の占有者は、他の区分所有者に対してその専有部分の使用を認める義務があると解すべきである（本条1項および2項の類推）。

（先取特権）
第7条 区分所有者は、共用部分、建物の敷地若しくは共用部分以外の建物の附属施設につき他の区分所有者に対して有する債権又は規約若しくは集会の決議に基づき他の区分所有者に対して有する債権について、債務者の区分所有権（共用部分に関する権利及び敷地利用権を含む。）及び建物に備え付けた動産の上に先取特権を有する。管理者又は管理組合法人がその職務又は業務を行うにつき区分所有者に対して有する債権についても、同様とする。
2 前項の先取特権は、優先権の順位及び効力については、共益費用の先取特権とみなす。
3 民法（明治29年法律第89号）第319条の規定は、第1項の先取特権に準用する。

〔1〕 **本条の趣旨**

本条は、区分所有関係（3条の注釈〔3〕参照）から生じる区分所有者間の債権を担保する先取特権について定めるものである。区分所有関係においては、共用部分等の共同の管理のために支出した費用に関する債権など区分所有関係に由来する債権については、一般の債権以上に強い保護を必要とする。このため、1962年法6条は、このような債権を担保する先取特権について規定を設けていたが、1983年改正法は、これに改正を加えた（本条2項および3項は、1962年法と同じ）。

(1) 1962年法6条1項の改正（1983年改正法）

1962年法6条1項は、「区分所有者は、共用部分又は建物の敷地につき他の区分所有者に対して有する債権について、債務者の区分所有権（共用部分に関する権利及び専有部分を所有するための建物の敷地に関する権利を含む。）及び建物に備えつけた動産の上に先取特権を有する」と規定していた（同規定の立法の経緯については、大山・区分所有旧6条143以下を参照）。

この規定に対して、1983年改正法は、本条1項に定める被担保債権の範囲について2つの点で改正を加えた。第1に、共用部分および建物の敷地の債権に加えて、「共用部分以外の建物の附属施設」について他の区分所有者に対して有する債権を被担保債権とした。これについて、法務省立法担当者は、「共同管理の目的物は、建物の共用部分と建物の敷地に限られず、建物の附属施設に及ぶ」ため、その「管理に関する区分所有者間の債権も、先取特権の被担保債権に加えるのが適当である」と説明している（濱崎・解説127）。

第2に、「規約若しくは集会の決議に基づき他の区分所有者に対して有する債権」もまた被担保債権に加えた。この点については、1962年法の「共用部分又は建物の敷地につき他の区分所有者に対して有する債権」という表現では、ある区分所有者が他の区分所有者の負担すべき管理費用を立替払いしたことによって生ずる立替金償還請求権がこの債権に含まれることは明らかであるが、規約または集会の決議によって各区分所有者が負担すべき管理費や修繕積立金等についての支払請求権がこれに含まれるかどうかが明らかでなかったため明記した、と説明している（濱崎・解説128）。

(2) 1962年法21条の改正（1983年改正法）

1962年法21条は、「第6条の規定は、管理者が共用部分又は建物の敷地につき区分所有者に対して債権を有する場合に準用する」と規定していたが、1983年改正法は、管理組合法人制度の新設に伴う修正を加えた上で（管理組合法人がその業務を行うにつき区分所有者に対して有する債権についても本条の先取特権を認めた）、1962年法6条の趣旨を本条に取り込んだ。

〔2〕 **共用部分等につき他の区分所有者に対して有する債権**

本条に定める先取特権の被担保債権の第1は、「共用部分、建物の敷地若しくは共用部分以外の建物の附属施設につき他の区分所有者に対して有する債権」である。

第1章 建物の区分所有 第1節 総則

(1) 共用部分等につき他の区分所有者に対して有する債権の意義

この債権は、特定の区分所有者が、共用部分、建物の敷地または共用部分以外の建物の附属施設（以下、「共用部分等」という）について他の区分所有者が負担すべき債務（管理費用、公租公課、地代〔敷地利用権が借地権である場合〕等）を立て替えて弁済した場合等に、その区分所有者が取得するものである。規約や集会の決議に基づく管理費・修繕積立金等に関する債権は、これには含まれず、〔3〕で述べる債権に含まれる。

(2) 共用部分以外の建物の附属施設

「共用部分以外の建物の附属施設」とは、共用部分以外の建物の附属物および附属の建物（「建物の附属物」および「附属の建物」の意義については、2条の注釈〔5〕(2)(3)を参照のこと）をいう。建物の附属施設のうち、建物の附属物は専有部分に属するものを除いて法定共用部分に当たるし、附属の建物で規約によって共用部分とされたものも共用部分に当たる（2条4項）ので、「共用部分」との重複を避けるため、「共用部分以外の建物の附属施設」と表現された、と説明されている（濱崎・解説128）。本条でいう「共用部分以外の建物の附属施設」は、区分所有者の共有（民法上の共有）に属するものであると解される（なお、21条の注釈〔2〕参照）。

(3) 不法行為債権等

共用部分等について特定の区分所有者がなした不法行為について他の区分所有者が自己の共有持分に基づいて有する損害賠償請求権もこの債権に含まれる。また、管理所有者（27条1項の規定によって共用部分を所有する管理者）が各区分所有者に対して有する管理費用請求権（20条1項）もこの債権に含まれる（濱崎・解説129）。当該管理所有者が区分所有者であるか区分所有者以外の者であるかを問わない。

6条2項の償金請求権については、法務省立法担当者は、この債権に含まれないと解している（濱崎・解説129）。しかし、この償金請求権は、区分所有者が他の区分所有者の専有部分または自己の所有に属しない共用部分を使用（この使用は同項の規定によって当然に認められる）したことによって他の区分所有者が受けた損害について認められるもので、本条が区分所有関係に由来する債権をより強く保護する趣旨から設けられたことを考慮すると、本条でいう債権に含めて扱うべきであると解する。

(4) 共用部分等につき他の区分所有者に対して有する債権の帰属

共用部分等につき他の区分所有者に対して有する債権は、〔3〕で述べる債権のように区分所有者全員に団体的に帰属するものではなく、特定の区分所有者に帰属するものであり、先取特権の実行としての競売の申立ても当該区分所有者が行う。

区分所有者以外の者が特定の区分所有者が負担すべき債務を立て替えて支払っても（たとえば、専有部分の賃借人が当該区分所有者の負担すべき管理費を立て替えて支払った場合）、この債権を取得することはない。

〔3〕 **規約または集会の決議に基づき他の区分所有者に対して有する債権**

本条の先取特権の被担保債権の第2は、「規約若しくは集会の決議に基づき他の区分所有者に対して有する債権」である。規約または集会の決議で、各区分所有者が負担すべき管理費、修繕積立金、組合運営費、臨時の修繕費用等について定めた場合のこれらの支払請求権がこの債権の典型的なものである。区分所有者に対して管理費等の請求権を有する管理組合法人は、同区分所有者の専有部分が強制競売により売却された場合に、同請求権を被担保債権とする先取特権に基づいて同建物の売却代金（配当手続実施後の剰余金を含む）から優先弁済を受けることができるとした裁判例として東京高決平22・6・25（判夕1336-281）がある。

そのほか、規約で、区分所有者の義務違反行為について違約金を定めた場合の違約金支払請求権も、これに含まれる。これに対して、各専有部分の水道料金は、共有部分の管理とは直接関係がなく特段の事情のない限り規約で定め得る本条でいう債権ではないが、水道料金に係る当該債権が各専有部分に設置された設備を維持使用するためのライフライン確保のために必要不可欠であるときには、特段の事情があるとして規約で定めた同債権が本条でいう債権であるとした裁判例がある（大阪高判平20・4・16判時2018-19・判夕1267-289）。

規約または集会の決議に基づく本条1項でいう債権は、区分所有者の団体（3条）が管理組合法人でない場合には、区分所有者全員に総有的に帰属する（法務省立法担当者は、「本法においては、区分所有者の団体（3条）が管理組合法人にならない限りは、条文上社団的表現はとらないこととしているため、本条の上でも、『区分所有者が他の区分所有者に対して有する債権』と表現しているのである」と述べる〔濱崎・解説129〕）。

先取特権の実行としての競売の申立ては、管理者が区分所有者全員のために行うことができる（26条4項）と共に、区分所有者の団体が、民事訴訟法29条の要

件を満たすことによって、団体の名においても行うことができる。団体に総有的に帰属している債権（および担保権）を当然にその構成員が行使できるという実定法上の根拠がないことから、各区分所有者がこれを行使（ないし実行）することはできない。

〔4〕 **先取特権**

区分所有者は、本条1項で定める債権について、債務者の区分所有権（共用部分に関する権利および敷地利用権を含む）および建物に備え付けた動産の上に先取特権を有する。

(1) 先取特権の意義

先取特権とは、法律の規定に従い、特定の債権者がその債務者の財産について他の債権者に優先して自己の債権の弁済を受ける権利である（民法303条参照）。本項で定める債権を有する区分所有者は、その債務者たる他の区分所有者に対し、その区分所有権（共用部分に関する権利および敷地利用権を含む）および建物に備え付けた動産について、他の債権者（たとえば、債務者の専有部分に関わる水道料金や電気料金につき債権を有している者）に優先して自己の債権の弁済を受ける権利を有する。

(2) 先取特権の客体

先取特権の客体は、債務者の区分所有権（共用部分に関する権利および敷地利用権を含む）および建物に備え付けた動産である。前者は不動産の先取特権であり、後者は動産の先取特権である。

前者の先取特権の実行の際には、区分所有権、共用部分に関する権利（共用部分に対する共有持分等）、敷地利用権（敷地の所有権、共有持分、賃借権またはその準共有持分等）の三者が一括して競売される。ただし、敷地利用権については、規約に分離処分を認める別段の定めがある場合には、競売の対象から除かれる（22条1項ただし書）。

「建物に備え付けた動産」については、広く建物内に現に存在している動産（金銭、有価証券、衣服、宝石類など建物内に持ち込まれた動産も含む）と解するか（民法313条2項の建物の賃貸人の先取特権について、大判大3・7・4民録20-587はこのように解する）、それとも建物の使用に関連して常置された動産（畳、建具、家具調度、機械器具など）と解するかが問題となるが、「備え付けた」という文言からして後者と解すべきである。動産は、建物に備え付けられた債務者の所有物に限

られるが、専有部分に備え付けられたものに限らず、建物の共用部分である廊下や屋上に備え付けられたものでもよい。

〔5〕 **管理者または管理組合法人の債権**

　管理者または管理組合法人がその職務または業務を行うにつき区分所有者に対して有する債権についても、債務者の区分所有権（共用部分に関する権利および敷地利用権を含む）および建物に備え付けた動産の上に先取特権を有する。

(1) 区分所有者に対する管理者の債権

　管理者は、その職務を行うについて必要な費用の前払いまたは償還を請求する権利を有し（28条、民法649条、650条）、そのような債権について、債務者の区分所有権（共用部分に関する権利および敷地利用権を含む）および建物に備え付けた動産の上に先取特権を有する。管理者の職務権限は、「共用部分、建物の敷地若しくは共用部分以外の建物の附属施設」に関するものに限らない。

　管理者の区分所有者に対する債権は、たとえば、26条4項の規定によって管理者が区分所有者のために訴訟当事者となった場合の訴訟費用の前払請求権や償還請求権のように、区分所有者全員に対するものであることが多い。この場合に、管理者は、29条1項の類推により、各区分所有者に対して分割的に債権を有し、その分割された債権について本条の先取特権を行使することができるものと解すべきである（濱崎・解説134）。

　なお、管理者が管理費用を立て替えた場合の立替費用請求権が先取特権の対象となることはいうまでもないが、管理者の報酬請求権は、「その職務又は業務を行うにつき区分所有者に対して有する債権」には当たらないと解すべきであるから、先取特権の対象とはならない（濱崎・解説134）。

(2) 区分所有者に対する管理組合法人の債権

　区分所有者の団体（3条）が管理組合法人である場合には、法人がその業務を行うにつき区分所有者に対して有する債権について、法人は、債務者の区分所有権（共用部分に関する権利および敷地利用権を含む）および建物に備え付けた動産の上に先取特権を有する。法人格を取得する前に区分所有者全員に団体的に帰属していた債権も、法人格の取得と共に法人に帰属し（47条5項）、その債権について法人が先取特権を有する。

　本条1項でいう「規約若しくは集会の決議に基づき」有する債権は、区分所有者の団体が管理組合法人であるときは、法人自体に属し、その債権についての先

取特権は法人が有するが、同項でいう、区分所有者が「共用部分、建物の敷地若しくは共用部分以外の建物の附属施設につき他の区分所有者に対して有する債権」は、区分所有者の団体が管理組合法人であるときでも、当該区分所有者に属し、その債権について先取特権を有する。

〔6〕 **本条の先取特権の優先権の順位および効力**

本条１項の先取特権は、不動産および動産上の先取特権であるが、その優先権の順位および効力については、共益費用の先取特権（民法306条１号）とみなされる。

(1) 本条の先取特権の優先権の順位

本条の先取特権は、他の一般の先取特権（民法306条）と競合する場合にはそれらに優先する（民法329条１項）が、特別の先取特権（民法311条の動産の先取特権および325条の不動産の先取特権）と競合する場合にはそれらに劣後する（同条２項本文）。

(2) 本条の先取特権の効力

本条の先取特権は、その効力について共益費用の先取特権（民法306条１号）とみなされるので、その実行に当たっては、まず建物に備え付けた債務者の動産について弁済を受け、なお債権の満足を得られないときは、債務者の不動産すなわち区分所有権（共用部分に関する権利および敷地利用権を含む）から弁済を受ける（民法335条１項）。

不動産については、その旨の登記をしなくても一般債権者に対抗することができる（民法336条）。抵当権との優劣は、抵当権が未登記であれば本条の先取特権が未登記でも抵当権に優先するが、抵当権に登記があり本条の先取特権が未登記であれば抵当権が優先し、両者に登記があれば登記の前後によって優劣が決まると解される。

建物に備え付けた債務者の動産については、それが債務者から第三者に譲渡されて引き渡されたときは、先取特権の効力は失われる（民法333条）。

〔7〕 **民法319条の準用**

民法319条の規定（「第192条から第195条までの規定は、第312条から前条までの規定による先取特権について準用する」）は本条１項の先取特権に準用される。したがってたとえば、債務者Ｂが第三者Ｃから借りている動産を、債権者ＡがＢの所有物と誤信し、かつ、誤信したことに過失がなかったときは、Ａはその動産の上に本条１項の先取特権を取得する（本条３項によって準用される民法319条による

同192条の準用)。その動産が盗品・遺失物であるときは、被害者・遺失主Dは、盗難・遺失の時から2年間、Aに対してその動産上の先取特権の成立を否認することができる(本条3項によって準用される民法319条による同193条の準用)。Bがその盗品を競売・商店・行商人から買い受けたのであれば、Dは、BのAに対する債務を弁済しなければ先取特権の成立を否認することができない(本条3項によって準用される民法319条による同194条の準用)。なお、民法319条の規定が民法195条を準用したのは無意味と解されており(水本・注民298)、民法195条が本条1項の先取特権に準用される余地はない。

(特定承継人の責任)
第8条[1]　前条第1項に規定する債権は、債務者たる区分所有者の特定承継人に対しても行うことができる[2]。

〔1〕　**本条の趣旨**

　7条1項に規定する債権は、その債務の弁済がないまま区分所有権が譲渡された場合には、債務者たる区分所有者の特定承継人に対しても行使することができる。本条は、このように特定承継人の責任を定めることによって、7条1項に規定する債権の保護を一層強化した。

　1962年法15条は、共有物一般に関する(2004年改正前)民法254条の規定(「共有者ノ一人カ共有物ニ付キ他ノ共有者ニ対シテ有スル債権ハ其特定承継人ニ対シテモ之ヲ行フコトヲ得」)を区分所有建物の共用部分に応用して、「共有者が共用部分につき他の共有者に対して有する債権は、その特定承継人に対しても行なうことができる」と規定していた(区分所有者の共有に属する建物の敷地および附属施設については、民法254条が適用された)。

　1983年改正法は、本条を新設し(旧規定15条は削除)、区分所有者の特定承継人に対しても行使できる債権を、旧規定15条に規定する債権から7条1項に規定する債権に拡大した。すなわち、区分所有者が「共用部分、建物の敷地若しくは共用部分以外の建物の附属施設につき他の区分所有者に対して有する債権又は規約若しくは集会の決議に基づき他の区分所有者に対して有する債権」および「管理者又は管理組合法人がその職務又は業務を行うにつき区分所有者に対して有する債権」を区分所有者の特定承継人に対して行使し得るものとした。

第1章　建物の区分所有　第1節　総則

〔2〕　**特定承継人の責任**

　7条1項に規定する、区分所有者相互間の債権、区分所有者に対する管理者の債権および区分所有者に対する管理組合法人の債権はすべて、債務者たる区分所有者から区分所有権を取得した特定承継人に対しても行使することができる。

(1)　特定承継人の意義

　「区分所有者の特定承継人」とは、区分所有者から売買、贈与等の個々の原因に基づいて区分所有権を承継取得する者をいう。特定承継には、強制執行や担保権の実行による売却を原因とする承継取得も含まれる。なお、区分所有権の包括承継人（相続などにより区分所有者の権利・義務を一括して承継取得する者）が、7条1項の債務を承継することはいうまでもない。

　ところで、賃借人のような区分所有者から権利の設定を受けた者についても「区分所有者の特定承継人」と見て、7条1項に規定する債権を行使することができるとする見解がある（林・読本134）が、本条の文理上、また、本法が区分所有者と占有者とを明確に区別していることからも、否定的に解すべきである（内田・基本コンメ27）。

(2)　特定承継人が責任を負う根拠

　区分所有者の債務について特定承継人が責任を負う理由について、法務省立法担当者は、他の区分所有者が立て替えた管理費等が「既にその目的のために費消されていれば建物等の全体の価値に（すなわち債務の履行をしない区分所有者の有する区分所有権の価値にも）化体しているのであるし、未だ費消されずにいればそれは団体的に……帰属する財産を構成しているのであるから」、特定承継人がその支払いについて責任を負うのは当然であると述べている（濱﨑・解説135）。区分所有建物が存在する限り、区分所有者が交替しても、専有部分の所有者間においては、共用部分等の管理または使用に関する継続的な区分所有関係ともいうべきものがあり、本法では、区分所有関係に由来する義務の履行者を区分所有権の帰属によって決めているといってよい（本条のほか29条2項、46条1項、54条参照）。

(3)　区分所有者の債務と特定承継人の債務との関係

　債務者たる区分所有者の債務と特定承継人の債務との関係は、不真正連帯の関係（他の点では連帯債務と同じであるが、債務者相互間の負担部分がないもの）と法務省立法担当者は解している（濱﨑・解説135、法務省・マンション法61。なお、判例として後掲大阪地判昭62・6・23判時1258-102・判タ658-218、大阪地判平21・3・

12判夕1326-275、東京高判平23・11・16判時2135-56参照)が、特定承継人は、債権者の請求に対して催告の抗弁権（民法452条の類推）および検索の抗弁権（民法453条の類推）を有する保証人の立場にあると考える余地がある（鎌野・特定承継人128参照）。基本的にこの立場に立つ裁判例として東京高判平17・3・30（判時1915-32）があり、同判決は管理費等を滞納した区分所有者の特定承継人の責任は二次的、補完的なものに過ぎず、区分所有者がこれを全部負担すべきものであり、特定承継人には負担部分はないから、特定承継人は代位弁済した管理費全額を上記区分所有者に求償することができるとした（評釈として片桐・判時181）。

　本条によれば、特定承継人が不測の不利益を受ける可能性があるが、このことは、本来、元来の債務者である前区分所有者と特定承継人との契約上の問題として処理されるべきであろう。

(4)　中間の特定承継人の責任

　区分所有権が転々譲渡された場合に、7条1項の債務を負担するのは、元来の債務者たる区分所有者と現在の区分所有者たる特定承継人のみか、それとも中間の特定承継人も負担するのか。判例には、マンションの区分所有権がA→B→Cと順次譲渡されたが各自が管理費を滞納していた場合に、区分所有者から管理を委託されている管理会社が各自にその支払いを請求した事案について、Aについては自己の滞納分、Bについては自己の滞納分、Cについては自己の滞納分に併せてAおよびBの滞納分の支払いを命じたものがあり、そこでは、中間の特定承継人BについてAの滞納分の支払いを否定している（大阪地判昭62・6・23判時1258-102・判夕658-218、新田・判時189および鎌野・特定承継人128はこの点について賛成）が、これを肯定する裁判例もある（前掲大阪地判平21・3・12判夕1326-275）。肯定する判決は、中間取得者も、管理費等の使用によって維持・修繕されている建物等の現状の価値をその所有に係る期間中は享受しており、また、建物の転売等による換価処分の際、同建物の価値に対応している利益を享受しているのであるから、これを肯定しても不当とはいえないとする（その他の肯定裁判例として大阪地判平21・7・24判夕1328-120）。

(5)　特定承継人の債務と先取特権

　区分所有権の譲渡が行われた場合に、本条に基づく特定承継人の債務は、8条の先取特権の被担保債権の対象となるか。法務省立法担当者は、本条による特定承継人の責任は、実質的に、譲渡人の債務と同一の債務を引き継いで負担するも

の（すなわち債務の重畳的引受けを法定したもの）と解すべきであるとして、これを肯定する（濱崎・解説136）。

ところで、区分所有権が譲渡された場合に、譲渡人たる前区分所有者は、規約または集会の決議に基づいてすでに拠出した修繕積立金等の払戻しを請求することができるか。拠出された修繕積立金等は、管理組合法人にあっては法人に帰属し、法人格のない区分所有者の団体にあっては区分所有者全員に総有的に帰属することから、否定的に解すべきであろう（なお、濱崎・解説136は、区分所有権の譲渡が行われたときは、修繕積立金等の持分は当然に承継人に移転すると解されることから、その払戻請求を否定する）。

（建物の設置又は保存の瑕疵に関する推定）
第9条 [1] 建物の設置又は保存に瑕疵があることにより他人に損害を生じたとき[2]は、その瑕疵は、共用部分の設置又は保存にあるものと推定する[3]。

〔1〕 **本条の趣旨**
(1) 本条と民法717条

民法717条1項は、土地工作物（区分所有建物もこれに該当する）の設置または保存の瑕疵により他人に損害を生じたときは、その工作物の占有者または所有者が賠償責任を負う、と規定している。区分所有建物以外の建物においては、瑕疵が建物のどの部分に存するかが明らかにされなくても、その建物の瑕疵によって損害が生じたことが立証されれば、被害者はその建物の占有者または所有者にその損害の賠償を請求することができる。

しかし、区分所有建物にあっては、その建物が専有部分と共用部分とに分かれており（2条3項・4項）、その帰属主体が異なっている（専有部分は当該部分の区分所有者の所有であり、共用部分は原則として区分所有者全員の共有である〔11条〕）ので、瑕疵がいずれの部分にあったかによって異なる結果となる。すなわち、瑕疵が、専有部分にある場合には専有部分の占有者または所有者が賠償責任を負い（東京地判平4・3・19判時1442-126・判タ809-182参照）、共用部分にある場合には共用部分の占有者または所有者が賠償責任を負う。

ところが、実際に区分所有建物にあっては、その瑕疵が専有部分にあるのか共用部分にあるのか明らかでない場合が少なくない。このような場合に、被害者が

この点を明らかにして主張・立証することができない限り、専有部分・共用部分のいずれの占有者または所有者に対しても損害賠償の請求をすることができないとすれば、被害者にとってははなはだ不都合なこととなる。そこで、本条は、そのような場合に賠償請求権者の立証責任の軽減を図ることを目的として、瑕疵は共用部分にあるものと推定した。本条は、1983（昭58）年の改正によって新設されたものであり、民法717条の特則規定である。

(2) 共用部分に瑕疵があるものと推定した理由

瑕疵が専有部分にあるのか共用部分にあるのか明らかでない場合に、共用部分にその瑕疵があるものと推定した理由について、法務省立法担当者は、次のようにいう。すなわち、隔壁等の専有部分間の区隔部分については、その骨格をなす中央の部分は共用部分であり、その上塗りの部分（内装的部分）のみが専有部分であるとする考え方が有力であり、「この考え方に立てば、中高層区分所有建物に関する限り、その物質的存在の大半は、共用部分に属すると考えられる。また、本法上専有部分は独立の所有権の対象とされているが、その実質は、建物全体が区分所有者全員の共有であり、各区分所有者は専有部分につき専用権を有するにすぎない、というに近い。このような観点から考えると、……その瑕疵は、共用部分の設置又は保存にあるものと推定して、それが特定の専有部分の設置又は保存にあることが立証されない限り、区分所有者全員が共同して賠償責任を負うものとするのが相当と考えられる」と説く（濱崎・解説137、138）。

〔2〕 **建物の瑕疵による損害の発生**

本条および本条の適用の前提たる民法717条においては、「建物の設置又は保存に瑕疵があることにより他人に損害を生じた」ことが要件とされる。

(1) 建物の設置または保存の瑕疵

建物の「瑕疵」とは、建物が通常備えるべき性状や設備を欠いていることから建物の安全性を欠くことである。性状において安全性が欠けている場合だけでなく、しかるべき設備が施されていないために安全性が欠けている場合も瑕疵に当たる。瑕疵が建物の建設当時から存在する場合が「設置の瑕疵」であり、その後の維持管理において生じた場合が「保存の瑕疵」であるが、両者を分ける実益はない。瑕疵の判定に当たっては、「設置又は保存の瑕疵」と規定されていることから、建物の安全確保ないし損害防止のための義務違反を問題とする見解（義務違反説）もあるが、通説は、建物自体にある安全性の欠如を問題としている（客

観説)。

　被害者は、損害賠償を請求するに当たって、建物の瑕疵が「設置の瑕疵」であるか「保存の瑕疵」であるかを明らかにする必要はなく、また、必ずしも瑕疵の存する部分を特定する必要もない。区分所有建物の瑕疵によって損害が発生したことを立証すれば足りる。

　本条の適用があるのは、「建物」の瑕疵による場合であって、建物の敷地上の工作物の瑕疵による場合は含まない。また、「建物」の瑕疵には、「建物の附属物」の瑕疵は含まれるが、「附属の建物」の瑕疵は含まない(「附属の建物」には専有部分が存在しないので。なお、2条4項参照)。瑕疵が、建物の敷地上の工作物または附属の建物に存する場合には、民法717条の適用がある。

(2)　「他人」に損害を生じたこと

　民法717条および本条においては、「他人」に損害を生じたことが要件とされている。それでは、たとえば漏水によってマンションの特定の専有部分の区分所有者に損害が生じた場合はどうか。たしかに、民法717条および本条の「他人」とは、文理上、土地工作物(建物)の占有者、所有者以外の者であるが、しかし、本条が設けられた趣旨は、区分所有建物から生じた損害を区分所有者全員(区分所有者の団体)で受け止めるということであるから、特定の区分所有者に損害を生じた場合にも、本条の適用を肯定すべきである。法務省立法担当者は、「いわゆる分譲マンションにおける区分所有関係について考える場合には、各区分所有者ないし占有者は、区分所有者全員との関係においては、他人性を肯定すべきものと解するのが相当であろう。実質的にみても、共用部分の欠陥による損失は全員で負担すべきであるのに、たまたまその被害者がその一員であれば、被害者は何らの賠償を受けられず、その損失はその者一人が負わなければならないとするのは妥当でない。本条は、このような解釈を期待して立法されたものである」と説明する(濱崎・解説139)。

〔3〕　**共用部分に瑕疵が存するとの推定**

(1)　瑕疵部分が明らかでない場合

　区分所有建物の瑕疵によって損害を生じた場合に、被害者たる原告は、建物のいずれかの部分についてその設置・保存に瑕疵の存すること、その瑕疵により損害が生じたことを主張・立証することを必要とする。その立証に当たって、その設置または保存の瑕疵の存する部分が明らかでないときに、本条によってその瑕

疵が共用部分にあると推定される。これに対して相手方は、当該瑕疵が特定の専有部分の設置または保存にあることを立証しない限り、責任を免れることはできない。

(2) 瑕疵部分が専有部分か共用部分か明らかでない場合

本条が規定するのは上記(1)の場合のみであるが、保存または設置の瑕疵が存する建物の部分は判明しているがその部分が専有部分か共用部分か明らかでない場合にも、本条が適用されるか。各専有部分間の隔壁、天井、床、排水管設備等については、専有部分と共用部分の分界が解釈上問題とされていること（2条の注釈〔4〕(2)(ア)(イ)参照）から、瑕疵がこれらの部分に存することが判明した場合に、本条の適用の可否が問題となる。本条の立法趣旨から考えて（前記〔1〕参照）、その瑕疵が存する部分が専有部分であるか共用部分であるか明らかでないときも、本条を適用すべきである（濱崎・解説141、内田・基本コンメ28）。

1983（昭58）年の本法改正の際の法制審議会の審議において、「その瑕疵が存する部分が専有部分であるのか共用部分であるのか明らかでないときは、その部分は、共用部分であるものと推定する」といった解釈規定を設けることの可否が検討されたが、本法上、専有部分と共用部分との区分は、1条、2条3項・4項、4条によって確定しているとの立場がとられている以上、このような規定は、この立場と矛盾するとの理由で見送られた（濱崎・解説140）。

(3) 損害賠償責任の主体

(ア) 建物の瑕疵の存する部分が共用部分である場合

建物の瑕疵の存する部分が共用部分である場合には、共用部分の占有者または所有者が損害賠償責任を負う。民法717条1項は、一次的に土地工作物の占有者が賠償責任を負うが、占有者が損害の発生を防止するに必要な注意を払ったときは所有者が責任を負うと規定している。区分所有建物にあっては、通常は共用部分の占有者および所有者共に区分所有者であるから、区分所有者全員（区分所有者の団体）が賠償責任を負う（団体の責任に関しては、(ウ)で詳しく述べる）。

(イ) 専有部分が賃貸されている場合

専有部分が賃貸されている場合には、賃借人は、共用部分の占有者として他の区分所有者と共に賠償責任を負担するか（専有部分の瑕疵による損害については、民法717条1項に基づいて占有者として賠償責任を負う）。賃借人は、共用部分の占有者ではあるが、その管理には参加しないのであり（3条、31条、39条1項、44条参

照)、その意味では、共用部分の瑕疵に対して民法717条1項でいう「損害の発生を防止するに必要な注意」を払う義務については、限定して考えざるを得ない。

(ウ) 団体としての責任の有無

共用部分は、区分所有者の団体(3条)が管理するのであるから、その団体が法人格を取得しているときは管理組合法人が、法人格なき社団であればその社団(管理組合)が、共用部分の占有者として責任を負うかどうかが問題となる。法務省立法担当者は、管理責任あるところに必ずしも占有があるといえないのであり、管理組合法人または法人格なき社団が占有者として責任を負うと解することはできず、区分所有者全員が不真正連帯責任を負うとする(濱崎・解説141)。たしかに、このような団体は厳密には占有者の地位にはない。しかし、民法717条1項が土地工作物の瑕疵による責任を最終的には所有者に負担させているが、一次的には占有者に責任を負担させているのは、占有者が損害の発生を防止するに必要な注意を直接に払うことができる地位にあるためであると解すると、区分所有建物にあっては管理組合法人や法人格なき社団がこのような地位にある(区分所有者は、これらをして共用部分の管理をなさしめている)と考える余地がある。また、共用部分の瑕疵によって生じた損害の具体的な賠償請求の場面においても、これをいきなり区分所有者全員の不真正連帯責任と考えるよりも、団体(法人格なき社団または管理組合法人)の一次的責任を問題とした上で(原告はこれを被告とすることができる)、29条1項または53条が類推適用されると解するほうが実際上の解決として妥当である(なお、内田・基本コンメ28参照)。

(4) 賠償責任の履行等

賠償責任の履行に関しては、共用部分の管理に関する事項に含まれると解されるから、規約や集会の決議によってこれを定めることができる。たとえば、賠償金のための積立て、賠償金に対する管理費の充当、賠償責任保険契約の締結(18条4項)などに関する定めが考えられる。

(5) 他に原因者がいる場合

本条によって損害賠償責任を負担した場合において、他に損害の原因について責任を負う者があるときは、その者に対して求償権を行使することができる(民法717条3項)。損害についての他の原因者としては、区分所有建物の建築業者、分譲業者、修理業者、管理の受託業者(管理会社)などが考えられる。

(区分所有権売渡請求権)
第10条 敷地利用権を有しない区分所有者があるときは、その専有部分の収去を請求する権利を有する者は、その区分所有者に対し、区分所有権を時価で売り渡すべきことを請求することができる。

〔1〕 **本条の趣旨**

区分所有者が敷地利用権(自己の専有部分を所有するために建物の敷地について有すべき権利〔2条6項参照〕)を有しない場合には、その敷地の権利者は、区分所有者に対してその専有部分の収去を請求することができる。しかし、区分所有建物においては、その専有部分のみを収去することは物理的にも社会通念上も不可能に近い。そこで、本条は、専有部分の収去を請求する権利を有する者が、敷地利用権を有しない区分所有者に対して、区分所有権を時価で売り渡すべきことを請求することができるものとした。本条は、1962年法7条と同じ内容の規定である(旧規定下の裁判例として奈良地判昭40・10・4判時429-33)。

〔2〕 **敷地利用権を有しない区分所有者**

専有部分と敷地利用権の分離処分が原則として禁止されている本法のもとにおいて(22条)、区分所有者が敷地利用権を有しない場合はそう多くは生じない。区分所有者が敷地利用権を有しない場合として、①専有部分と敷地利用権の分離処分を禁止していなかった1962年法のもとで分離処分がなされた場合、②22条1項ただし書に従って規約で専有部分と敷地利用権の分離処分を認める旨を定めたことによって分離処分がなされた場合、③区分所有者が敷地を賃借したが、賃貸人との合意によって賃貸借を解約したり、解約権留保特約が付されていたためにその特約によって解約されたり、または賃料の不払い等によって解除された場合、④分離処分禁止に違反する処分であったが、相手方が善意であったためにその無効を主張できない場合(23条)、などが考えられる。

建物の敷地が、建物の所在する敷地(法定敷地)と規約によって敷地とされた敷地(規約敷地)とからなっている場合に、区分所有者が法定敷地と規約敷地の一方のみについて敷地利用権を有し、他方についてはこれを有しない場合がある。この場合に、区分所有者が規約敷地についてのみ権利を有し法定敷地についてこれを有しないときは、当該区分所有者は、本条でいう「敷地利用権を有しない区分所有者」に該当すると解すべきである(これに対して、区分所有者が法定敷地に

第1章 建物の区分所有　第1節 総則

ついて権利を有するが規約敷地について権利を有しないときは、当該区分所有者は、これに該当しない〔濱崎・解説144〕)。

　判例上、専有部分（102号室および103号室）を取得した際には敷地に関する何らの権利も有していなかった者が、その後他の専有部分（203号室）と共にこれに対応する敷地持分を取得した場合に、この者が本条でいう「敷地利用権を有しない区分所有者」に該当するかが争われたケースがある。第一審は、専有部分と敷地利用権との一体性の制度から両者の対応関係を重視し、たとえその建物に他の専有部分についての敷地利用権を有していたとしても、問題となっている専有部分（102号室および103号室）に対応する敷地利用権を有しない以上、その区分所有者は本条の「敷地利用権を有しない区分所有者」に当たるとしたのに対して、第二審は、いやしくも敷地利用権を有する以上、その共有持分の多寡等の事情にかかわらず、その専有部分を保持するための土地の利用権を有するものというべきであり、したがって本条の「敷地利用権を有しない区分所有者」に該当しないとした（東京高判平2・3・27判時1355-59。半田・判時180および新田・法研64は、基本的に第一審の判断を支持する）。

　区分所有建物の敷地が区分所有者の共有（準共有）ではなく、それぞれが有する数筆の土地からなっている場合（区分所有者による分有の場合）についても本条および23条の立法趣旨等に則して検討すべき問題がある。タウンハウス方式で区分所有建物を築造する場合には、敷地は各専有部分の垂直投影部分ごとに当該区分所有者の単独所有となるように分筆されることが多いが、この場合には、2条の注釈〔7〕(2)で述べたように、それぞれに帰属する各筆の所有権が敷地利用権である。ところで、敷地の分有は、上下の区分所有者が異なる一般の集合住宅でもしばしば見られるが、その場合の敷地利用権についてはどう考えるべきか。垂直投影部分の土地（分有）について上下の区分所有者の共有として構成し、それをもって敷地利用権とすることは、本条の適用に関する限り必要がない。分有している土地の垂直上下空間に専有部分を有しないが、同土地を敷地として存立する建物が区分所有の関係にあり、同土地を所有する者がその建物のいずれかの部分に専有部分を有すれば足り、その場合には同土地の所有権をもって敷地利用権と解するべきである。同土地上に専有部分を有し、同土地について特段の権利を有しない区分所有者も、敷地の他の部分に所有権等の利用権を有している限り同様である。なお、このような状態にある専有部分と敷地利用権の分離処分は23条の

禁ずるところでない（23条の注釈〔2〕(2)参照）から、分離処分の結果、本条の適用を受ける余地が生じることは否定できない。

〔3〕 売渡請求権

敷地利用権を有しない区分所有者に対し、その専有部分の収去を請求する権利を有する者は、区分所有権を時価で売り渡すべきことを請求することができる。

(1) 売渡請求権を行使できる者

敷地利用権を有しない区分所有者に対して区分所有権の売渡請求権を行使することができるのは、「その専有部分の収去を請求する権利を有する者」である。前記〔2〕の①②④において敷地利用権のみの譲渡を受けた者、③における賃貸人など、当該専有部分に係る敷地の権利者がこれに該当する。

(2) 形成権

本条の売渡請求権は形成権であるので、相手方に対する請求権行使の意思表示によって、一方的に時価による売買契約成立の効果を生じさせる。

区分所有権が売り渡された場合には、その区分所有者が有していた共用部分共有持分も専有部分の処分に従う（15条1項）から、共に売買の対象となる。時価の算定に当たっては、この点も考慮されるべきである。

「時価」とは、当該区分所有権の客観的な価格であり、専有部分が商店などに利用されている場合には、その場所的利益も考慮される（内田・基本コンメ29）。判例上、「時価」の算定に当たって、建物の再調達価格のみを内容とするのではなく、場所的利益や収去されない利益を加算すべきものとした事例がある（東京地判平3・1・30判時1401-71）。時価について当事者間に協議が調わない場合には、訴訟によって確定する。

(3) 専有部分の収去請求

本条は、専有部分の収去請求を否認するものではない。したがって、収去請求権に基づき収去させること自体は適法であるが、他の区分所有者の専有部分に影響を与えるときはその者の承諾を要し、また、収去によって他の区分所有者の権利を害したときには不法行為責任が生じる（東京地判昭47・6・10判時686-54・判タ285-265参照）。

第2節　共用部分等

(共用部分の共有関係)
第11条　共用部分は、区分所有者全員の共有に属する。ただし、一部共用部分は、これを共用すべき区分所有者の共有に属する。
2　前項の規定は、規約で別段の定めをすることを妨げない。ただし、第27条第1項の場合を除いて、区分所有者以外の者を共用部分の所有者と定めることはできない。
3　民法第177条の規定は、共用部分には適用しない。

〔1〕　**本条の趣旨**

本条は、共用部分についての区分所有者の権利関係（共有関係）を定める。共用部分の意義および要件については、2条4項および4条で規定されている。

本条は、1962年法4条と実質において同一の規定である。

(1)　1962（昭37）年法

1962年法の成立前には、民法において、共用部分は区分所有者の共有と推定される、と規定されていた（208条1項）。しかし、このような簡単な推定規定では、一部共用部分（3条参照）は区分所有者全員の共有になるのか、それともこれを共用すべき一部の区分所有者の共有になるのか解釈上疑問が生じる余地があった。また、区分所有者のうちの一人がその共用部分を単独で所有する旨の区分所有者間の定めは有効か、さらに、区分所有者以外の者を共用部分の所有者とする旨の区分所有者間の定めは有効か、などが問題とされた。1962年法4条においては、このような事情にかんがみ、共用部分の所有者が合理的に定まることを目的として規定が設けられた（川島・解説㊥1059）。本条は、この規定を承継したものである。

(2)　本条の内容

本条は、1項で、共用部分の所有者（共有者）となる者について定め、2項本文で、規約によって別段の定めをすることができると定め、同項ただし書で、一

定の場合を除いて、区分所有者でない者を規約によって共用部分の所有者と定めることはできないとした。3項では、共用部分に関する物権変動については対抗要件としての登記を必要としない旨を規定した。

〔2〕 **共用部分の共有**

一部共用部分（3条参照）以外の共用部分は、規約に別段の定めがない限り、区分所有者全員の共有に属する。共用部分が法定共用部分（4条の注釈〔2〕参照）であるか規約共用部分（4条の注釈〔4〕参照）であるかを問わない。

(1) 共有の性質

共用部分（一部共用部分も含む）の共有の性質は、民法で規定する共有とは基本的な構造において異なる（12条）。区分所有者は、共用部分について共有持分を有する（14条）が、共用部分の分割を請求したり、共有持分を専有部分と分離して処分したりすることはできない（15条）。

(2) 一個の共用部分

玄関から廊下・階段室・エレベータ室を経て最上階ないし屋上まで通じているような共用部分（法定共用部分）については、これを廊下・階段室等からなる個々の共用部分の集合と見るのではなく、全体として一個の共用部分（または一個の一部共用部分）と見て同一の権利関係に服させるべきである（川島・解説㊥1060）。この点については、〔3〕(2)で述べる。

(3) 標準管理規約

マンション標準管理規約は、敷地、共用部分および附属施設は、区分所有者の共有とすると定める（同規約〔単棟型〕9条）。

〔3〕 **一部共用部分の共有関係**

一部共用部分は、区分所有者全員の共有に属するのではなく、これを共用すべき区分所有者の共有に属する。

(1) 一部共用部分

一部共用部分とは、一部の区分所有者のみの共用に供されるべきことが明らかな共用部分である（3条）。たとえば、ＡＢＣＤが居住する一棟のマンションにおいて2つの階段ないしエレベータがあり、一方はＡＢだけが使用し、他方はＣＤだけ使用するような構造であった場合には、それらはいずれも一部共用部分である。これらは、当該共用部分の客観的性質によって定まるのであって、規約の定めによるものではない。ただし、規約で別段の定めをすることができる（本

条2項)。

　一部共用部分は、これを共用すべき区分所有者の共有に属する(本条1項ただし書)ので、上記の階段ないしエレベータの一方はAとBの共有であり、他方はCとDの共有である。

(2)　一部共用部分であるか否かの判断

　共用部分が一部共用部分であるか否かが問題となる場合がある。たとえば、2階以上の区分所有者は1階玄関ホールにあるエレベータないし階段を使用して自己の住戸に至ることができ、1階の廊下を通常使用しないようなマンション(同様に、各階の廊下は、その階の住戸の区分所有者以外の者は通常使用しない)において、このような廊下部分は、一部共用部分(各階の住戸の区分所有者のみの共有に属する一部共用部分)となるかどうかが問題となる。〔2〕(2)で述べたように、玄関ホール、エレベータ室、階段室、各階廊下が構造上区分されずに通じているような場合には、上の例の場合のように2階以上の区分所有者が玄関ホールを共同で使用する限り各階の廊下を含めた全体を一個の共用部分と見るべきで、1階の廊下をはじめとして各階の廊下を一部共用部分と解すべきではない。判例上、マンションのエレベータについて、1階の区分所有者がそれを使用する程度は2階以上の区分所有者のそれに比較して極めて少ないことが推認されるものの、屋上の利用等のために使用する可能性がまったくないとはいえず、建物の構造や設備の性質等にかんがみても一部共用部分とは認められないとしたものがある(東京地判平5・3・30判時1461-72。その他、共用部分が一部共用部分か全部共用部分かが問題となった事例として東京高判昭59・11・29判時1139-44・判タ566-155〔第一審東京地判昭58・8・24判時1109-99〕、東京高判平14・9・30判時1806-45など)。

　また、建物の躯体部分(2条の注釈〔4〕(2)参照)が区分所有者全員の共有に属する共用部分であることは当然であるが、各専有部分を構造上区分する区隔部分(2条の注釈〔4〕(2)参照)を共用部分と解した場合(2条の注釈〔4〕(2)(ア)参照)に、それが一部共用部分であるか否かが問題となる。区隔部分は、建物の躯体部分とは異なり、隣接する区分所有者の共有に属する一部共用部分と解すべきである。

〔4〕　**規約による所有者**

　共用部分は、区分所有者全員の共有に属し、一部共用部分は、これを共有すべき区分所有者の共有に属するのが原則である(本条1項)。この原則に対して、規約で別段の定めをすることができることを本条2項で明らかにした。これによ

って、区分所有者全員の共用部分の一部を一部区分所有者の共有とすることも、一部共用部分を区分所有者全員の共有とすることもできるほか、共用部分を一定の条件のもとで区分所有者以外の者の所有とすることも可能となる。

(1) 本条2項の趣旨

共用部分の管理はそれを所有する者が行うが、管理を円滑に行わせるために、本条2項は、共用部分の所有について規約によって別段の定めをすることを認めた。すなわち、①共用部分または一部共用部分を特定の区分所有者の所有とすることによって20条に定めるように管理させること、②一部共用部分を区分所有者全員の所有として全員で管理すること、③共用部分を一定の条件のもとに区分所有者以外の者の所有としてその管理に当たらせること、などを可能とする趣旨である。

法務省立法担当者によると、共用部分の維持・管理上の対外的な面において（たとえば、共用部分につき損害保険契約を締結する場合や共用部分のボイラー、エレベータ、消火設備等につき官庁に対して届出や検査の申請をする場合）、共用部分の所有者を区分所有者の一人または区分所有者に代わって管理に当たるべき者の単独の所有と定めておいたほうが手続面で簡便なことから、従来、このように定める例が少なくなかった。また、一部共用部分の管理を区分所有者の全員で組織する管理組合に行わせるため、一部共用部分を区分所有者の全員の共有としている例も従来見られたので、本条1項の特則として本項を設けることにしたと説明されている（川島・解説㈭1062）。

(2) 別段の定め

規約による別段の定めとしては、上記のように、①共用部分を区分所有者一人の所有または少数の者のみの共有とする旨の定め、②一部共用部分を区分所有者全員の共有とする旨の定め、③本項ただし書の制限のもとに、共用部分を区分所有者でない者の所有とする旨の定めなどが考えられる。このほか、規約共用部分についてだけ一人の所有とする旨の定めも考えられる。

また、〔3〕(2)で述べた各階の廊下について、これをその階の区分所有者のみの共有とする旨の定めを規約ですることも可能と考える。法務省立法担当者は、「共用部分が別個のものである場合には、ある共用部分を甲の所有とし、他の共用部分を乙の所有とする定め方も、もとより許されることになろう」（川島・解説㈭1063）と述べるが、全体として一個の共用部分をなすと見られるものの一部

(たとえば各階の廊下)についても管理の必要から、ある部分は甲(ないし甲ら数人)の所有とし、他のある部分は乙(ないし乙ら数人)の所有とするという定めもすることができると考えてよい。なお、規約によってこのような定めがなされても、当該部分は全体共用部分のままであり、それによって一部共用部分となるわけではない。後記(5)参照。

(3) 規　約

別段の定めは、規約によってする(31条1項)。

一部共用部分を区分所有者全員の共有とする場合には、その規約の設定が「一部の区分所有者の権利に特別の影響を及ぼすべきとき」に当たるため、一部共用部分を共用すべき区分所有者全員の承諾を得なければならない(31条1項後段)。

規約で定められた別段の定めは、規約の変更により変更することができる。また、規約の廃止によって、本条1項で規定する状態に戻すことができる。

(4) 管理所有の承継の有無

規約によって特定の区分所有者を共用部分の所有者として別段の定めをした場合において、その者が死亡したり、その者の専有部分が譲渡されて、その者が区分所有者でなくなったときに、専有部分の承継人がその共用部分の所有者たる地位を受け継ぐことになるか。管理を目的として特定の区分所有者の所有とする場合には、個人的な信頼がその基礎に存在するであろうから、原則として当該区分所有者の承継人は所有者たる地位を受け継がないと解すべきである。もとよりこの点について規約でさらに別段の定めをすることも可能であって、特定の専有部分を所有している区分所有者にその共用部分の管理を委ねるという趣旨で特定の区分所有者およびその承継人の所有とすることは妨げない。

区分所有者であり、かつ、管理者でもある者を規約によって共用部分の所有者と定めた場合に、その者が管理者の資格を失ったときには、共用部分の管理所有者でなくなると解すべきである。

(5) 所有権の性質

規約によって特定の区分所有者が共用部分の所有者と定められた場合に、その所有権はどのような性質を有するか。規約によって特定の区分所有者を共用部分の所有者と定めることは、その共用部分の管理をその所有者に行わせるためであって、その背後には本条1項の規定による区分所有者の共有関係が存在することはいうまでもない。なお、法務省立法担当者は、規約により特定の区分所有者を

共用部分の所有者と定めることを、「信託的な所有権の移転」と説明する（川島・解説㊥1064）。

それでは、規約によって特定の区分所有者（以下、甲とする）が共用部分の所有者と定められた場合において、甲と他の区分所有者との具体的権利関係はどのようなものであろうか。まず、その共用部分が甲以外の区分所有者の共用に供されることは当然である。甲以外の区分所有者が甲の「所有」に属するその共用部分を共用することについて、何ら特別の権利（地役権、使用借権など）の設定が必要とされるわけではない。

次に、上記の趣旨で甲の所有とされた共用部分については、甲が管理に必要な行為を行う。この共用部分について管理上必要な行為を行うことができるのは甲のみである（12条、18条参照）。甲は、区分所有者全員（一部共用部分については、これを共用すべき区分所有者）のためにその共用部分を管理しなければならない（20条1項）。甲は、共用部分の変更をすることはできない（同条2項）。なお、当該共用部分の保存については、18条1項ただし書に従って、すべての共有者がすることができると解される。

〔5〕 **管理所有者となり得る者**

規約で本条1項と異なる定めをする場合に、共用部分の所有者とすることができるのは、区分所有者および25条以下で定める管理者のみである。

(1) 区分所有者および管理者でない者

区分所有者および管理者でない者を共用部分の所有者と定めることはできず、そのような者を共用部分の所有者と定めた場合には無効である。本条2項の規約によって共用部分の所有権を特定の者に付与するのは、もっぱら管理上の必要によるものである。したがって、管理に関わりがない第三者を所有者とすべきではない。

(2) 「第27条第1項の場合」

「第27条第1項の場合」とは、集会の決議によって選任された管理者（25条1項）が、規約の特別の定めによって共用部分の所有者とされる場合である。

〔6〕 **民法177条の不適用**

共用部分については民法177条の規定は適用されず、共用部分に関する物権変動は、登記なくして第三者に対抗し得る。

第1章　建物の区分所有　第2節　共用部分等

(1)　1962（昭37）年法

　1962年法の成立前には、共用部分のうち廊下や階段室などのように一定の床面積を有するものについては、権利に関する登記の対象としていた。しかし、この登記を認めると、それがあたかも独立して取引の対象であるかのような誤った印象を一般に与え、単独で他人に譲渡されたり抵当権の目的とされたりするおそれがあった。

　1962年法においては、区分所有者または管理者以外の者が共用部分を所有することを認めず、しかも、共用部分が区分所有者の共有に属する場合には、その共有持分は共有者である区分所有者の専有部分の処分に従い、その単独の処分をなし得ないとしたので、共用部分が単独で取引の対象とされることはあり得ないことになった。また、共用部分の権利関係は法律の規定のほかに当該部分の規約の定めを見れば了知することができ、さらに、規約共用部分については、規約共用部分とする旨の登記がなされ、そのことによって独立の取引の対象でなくなった。

　以上のことから、共用部分について権利に関する登記をする必要はまったくないことになった。そこで、1962年法は、このような登記を不要として、共用部分については民法177条の規定を適用しない旨を規定した（川島・解説㊥1064）。本条3項は、これを受け継いだものである。

(2)　本条3項の規定の効果

　本項の規定の効果として、共用部分共有持分を有する区分所有者がその専有部分を他人に譲渡したり、それに抵当権を設定した場合に、専有部分についてその旨の登記をすれば、共用部分共有持分の処分も第三者に対抗することができることになる。

(3)　管理所有の定めをした場合

　本条2項の規約による別段の定めによって共用部分の所有者を定めた場合にも、民法177条の適用はなく、第三者に対抗することができる（なお、15条の注釈〔3〕(2)参照）。

（同前）
第12条[1]　共用部分が区分所有者の全員又はその一部の共有に属する場合には、その共用部分の共有については、次条から第19条までに定めるところ[2]による。[3]

〔1〕 本条の趣旨

本条は、共用部分の共有関係について、民法の共有に関する規定の適用を排除し、本法13条から19条の規定によることを定める。

本条は、1962年法8条を引き継いだ規定であるが、実質面において次の2点で改正が行われた。

第1は、一部共用部分の管理に関して16条の規定を置くことに伴い、一部共用部分の管理についても、共用部分と同様に、民法の共有に関する規定の適用が排除されることを明らかにしたことである。

第2は、1962年法8条では、共用部分の変更に関する1962年法12条と共用部分の管理に関する1962年法13条2項および3項に規定する事項についても、規約で別段の定めをすることを認めていた（1962年法8条ただし書において、「ただし、第10条及び第12条から第14条までに規定する事項については、規約で別段の定めをすることを妨げない」と規定していた）が、1962年法12条を引き継いだ1983年改正法17条と1962年法13条2項および3項を引き継いだ1983年改正法18条3項および4項は、規約による別段の定めを認めないことに改められたので、本条では、1962年法8条ただし書に相当する部分は削除され、規約による別段の定めを認める場合には、各条においてその旨を個別に規定することとなった（1983年改正法14条4項、17条1項ただし書、18条2項、19条）。

〔2〕 「共用部分が区分所有者の全員又はその一部の共有に属する場合」

「共用部分が区分所有者の全員又はその一部の共有に属する場合」とは、11条1項にいう区分所有者の共有である場合および同条2項により規約によって区分所有者の共有になった場合の双方をいう（川島・解説㊥1073）。ただし、11条2項により規約によって特定の区分所有者の共有になった場合については、その共有はもっぱら共用部分の管理を円滑に行うためのものであるから（11条の注釈〔4〕参照）、本条の適用においては注意を要する。たとえば、このような共有者についても、共用部分の使用に関して13条の適用があり、「各共有者は、共用部分をその用方に従って使用することができる」が、このことは、共有者以外の区分所有者による共用部分の使用を妨げるものではない（13条の注釈〔2〕(4)参照）。

〔3〕 民法上の共有との相違

共用部分の共有関係については、民法の共有に関する規定（249条〜262条）の適用はなく、本法13条から19条の規定が適用される。これは、区分所有建物にお

ける共用部分の性質によるものである。
　(1)　共有物の使用
　民法の規定に従うと、たとえば、各共有者は共有物の持分に応じた共有物の使用が認められる（249条）が、共用部分の使用については各区分所有者の共有持分の大小により差が設けられることは適当でない。そこで、本法13条では、「各共有者は、共用部分をその用方に従って使用することができる」と規定する。14条から19条までの各規定と民法の共有に関する各規定との対比については、14条以下の各条ごとに述べる。
　(2)　共有物の分割請求
　民法は共有者に共有物の分割請求を認めている（256条～258条）が、本法ではこの点に関する規定は存在しない。本条では、「共用部分の共有については、次条から第19条までに定めるところによる」としていることから、この点に関する規定を欠く以上、各区分所有者は、共用部分の分割請求をすることはできない。共用部分が区分所有建物の存立にとって不可欠の部分であるからである。
　また、民法は共有持分の放棄を認めている（255条）が、本法ではこの点について規定を欠いている。共用部分が区分所有建物の存立にとって不可欠の部分であって、共有者がその持分を放棄してその管理上の負担を免れることを許すべきではないので、共用部分共有持分の放棄は認めないものとしたのである。なお、専有部分と分離して共用部分共有持分を処分することができる特別の場合については、15条2項（同条の注釈〔3〕(2)）参照。
　(3)　専有部分と共用部分共有持分の分離処分
　本法では、共用部分の分割を禁止し（前記(2)参照）、また、共用部分共有持分を専有部分と分離して処分することを禁止している（15条）ことから、本法上の共用部分の共有については、一種の合有たる性質を有するものであると説明される（川島・注民(7)377、川島＝濱田＝吉田・新版注民(7)649、小沼・旧基本コンメ28、大野・基本コンメ31など）。

（共用部分の使用）
第13条[1]　各共有者は、共用部分をその用方に従って使用することができる。[2]

〔1〕　本条の趣旨

　本条は、共用部分に対する各共有者の使用権の内容を定めたものであり、1962年法9条をそのまま引き継いだ規定である。共用部分の使用については、本条の定めるところによるので、民法249条の規定の適用は排除される（本法12条）。マンション標準管理規約は、「区分所有者は、敷地及び共用部分等をそれぞれの通常の用法に従って使用しなければならない」（同規約〔単棟型〕13条）として本条と同様の規定を設けている。

〔2〕　用方に従った使用

　民法は、各共有者は共有物について持分に応じた使用をすることができると規定する（249条）が、区分所有建物の共用部分については、各共有者の「持分に応じて」使用を認めることは適当ではない。たとえば、各区分所有者のエレベータの使用頻度が共用部分共有持分に応じて異なるものとすることは妥当ではない。そこで、本条では、共用部分を「その用方に従って」使用することができる、とした。

（1）　使用目的の限定

　「用方に従って」使用することができるとは、法定共用部分（4条の注釈〔2〕参照）については、当該部分の構造上の使用目的に従って使用することができるということである（たとえば、数個の専有部分に通じる廊下について、各共有者は、基本的に通行のためにだけ使用することができ、物品を置くために使用することはできない）。これに対して、規約共用部分（4条の注釈〔4〕参照）については、規約で定めた使用目的または規約で前提とする使用目的に従って使用することができる。

（2）　使用禁止の可否

　法定共用部分については、規約によっても各共有者の用方に従った使用を禁止することはできない。ただし、管理のために、集会の決議によって合理的な範囲で一定の制限を課すことは妨げられない（17条1項、18条1項）。

（3）　共同の利益に反する使用

　共用部分の用方に従った使用であっても、区分所有者の共同の利益に反する場合（たとえば、居住用マンションにおいて、特定の区分所有者の営業のためにエレベー

タを独占的に使用するような場合）に、そのような使用が許されないことは当然のことである（6条1項参照）。裁判例として、共用敷地部分を管理組合の承認を得ないで自己の駐車スペースとして使用していた区分所有者に対して管理組合が不法行為に基づく損害賠償請求をした事案につき、これを認めたものがある（東京高判平23・2・24判タ1343-235）。

(4) 「共有者」

11条2項に基づいて規約で共用部分の所有者を定めた場合であっても、同条1項の規定によって共用部分の共有者であった区分所有者は、本条でいう「共有者」である。また、区分所有者ではない管理者が共用部分の所有者となることを規約によって定めた場合（27条1項）にも、11条1項の規定によって共用部分の共有者であった区分所有者は、本条でいう「共有者」である。これらの場合の共用部分の所有は、もっぱら管理を円滑に行わせるためのものであるから（11条の注釈〔4〕(1)参照）、11条1項の規定により共用部分の共有者であった区分所有者も、本条でいう「共有者」として共用部分の使用権を失わない（川島・解説㈲1074、小沼・旧基本コンメ29など。なお、20条、27条2項参照）。

(5) 専用使用権

(ｱ) 専用使用権の意義と有効性

専用使用権とは、建物の共用部分または敷地を特定の区分所有者または特定の第三者が排他的に使用する権利である（建物の共用部分では屋上、ベランダ・バルコニー、敷地では駐車場、庭に関して設定されることが多い）。専用使用権は、その性質上排他的な権利であるが物権ではなく債権的権利であり、建物の共用部分または敷地の所有者と特定の区分所有者または特定の第三者との間の合意によって設定される。専用使用権の設定方法、その内容、対価、存続期間、譲渡性、解約の条件等については区分所有者の規約（または規約としての効力を有する規則等）によって定めることが多く、その場合には区分所有者の特定承継人に対しても効力を生ずる（46条）。なお、マンション標準管理規定の定めについては後記(ｲ)を参照。

このような専用使用権の設定は、本条の趣旨に反しないか。最高裁は、マンションの分譲に際し、分譲業者が特定の区分所有者に抽選の上、敷地上の駐車場の専用使用権を40万円で取得させた事例について、同約定は公序良俗に違反するものとは認められないとした（最判昭56・1・30判時996-56・判タ437-101〔第一審大

阪地判昭53・11・29判タ375-105、第二審大阪高判昭55・4・25判時979-66・判タ422-92〕。同旨の判決として大阪高判昭55・7・9判時987-53・判タ426-116、大阪高判平3・3・28判タ759-229)。専用使用権の設定は、それが専有部分の分譲時の契約において各区分所有者の合意のもとになされたか(その合意のもとに当該区分所有関係が形成された)、規約または集会の決議によってなされたものであれば、それ自体を否定する理由はない(駐車スペースについての専用使用権の設定および廃止を規約によって行うことを認める裁判例として東京地判昭56・6・29判タ450-126。同旨のものとして福岡高判平7・10・27判時1557-94・判タ909-182。駐車場を専用使用できる旨の決定方法を集会の決議によって行うことを認めるものとして浦和地判平5・11・19判時1495-120)。

判例上、共用部分中の屋上広告塔について、区分所有権売買契約および規約を根拠に区分所有者の共同使用を認めず特定の者による専用使用権を認めたもの(東京高判昭56・4・21東高民時報32-4-89、東京地判昭54・4・10判時941-59・判タ388-101)や、マンションの共有敷地の一部について、区分所有権売買契約時の特約により特定の区分所有者に工作物を設置させ所有させるために独占的使用を認めたもの(大阪高判昭61・11・28判時1242-55)などがある(なお、分譲時の特約および規約には旧地主が敷地の一部を駐車場として使用することができる旨の定めは存在しないとして旧地主たる区分所有者の駐車場専用使用権を否定したものとして、東京地判平4・8・27判タ823-203がある)。

専用使用権の内容は、その設定の目的、目的物の用途・性質等から決定されるべきである。判例上、商品置場として専用使用権が設定されている敷地について、その専用使用権の内容は、設定の際の合意または規約で定められた用法に限定された権利であり、他の区分所有者が通行することまで禁止したものではないとしたものがある(東京地判昭63・5・26判時1303-87)。これに対して、専有部分に接続したベランダ・バルコニーや専用庭などは専有部分に準じてその排他的使用(他の区分所有者の通行の禁止)を認めるべきである。他の裁判例として、敷地の一部について庭使用を目的とした専用使用権を有しているところ、これを駐車場として利用するために車出入りのための門扉を拡幅して設置した場合に、専用使用権者に対して原状回復を命じたものがある(東京地判昭53・2・1判時911-134・判タ369-260)。

第1章　建物の区分所有　第2節　共用部分等

(イ)　標準管理規約

　マンション標準管理規約（30条の注釈〔4〕参照）は、専用使用権について、「区分所有者は、別表第4に掲げるバルコニー、玄関扉、窓枠、窓ガラス、一階に面する庭及び屋上テラス（以下この条、第21条第1項及び別表第4において「バルコニー等」という。）について、同表に掲げるとおり、専用使用権を有することを承認する」（同規約〔単棟型〕14条1項）、「一階に面する庭について専用使用権を有している者は、別に定めるところにより、管理組合に専用使用料を納入しなければならない」（同条2項）、「区分所有者から専有部分の貸与を受けた者は、その区分所有者が専用使用権を有しているバルコニー等を使用することができる」（同条3項）と定める。

(ウ)　駐車場専用使用権

　区分所有者の共有に属する敷地上の駐車場について、分譲業者が専用使用権設定の当事者となって専用使用権を設定し、さらに、その設定ないし利用の対価を取得することがかつては多く見られた（下記の建設省通達以降は、このような方式は減少したといわれている）。このことは、その使用をめぐっては専用使用権を有する区分所有者とこれを有しない区分所有者の間において、また、対価の帰属をめぐっては分譲業者と管理組合の間において、紛争を生じさせた（1979〔昭54〕年および1980〔昭55〕年の建設省通達〔昭和54年12月15日建設省計動発第116号、同建設省住指発第257号、昭和55年12月1日建設省計動発第105号〕は、マンションの分譲が行われる際、分譲業者および仲介者は専用使用権の設定およびその内容につき売買契約書および重要事項説明書などで十分な説明をすると共に管理規約（案）等に明定すること、専用使用権の設定および利用から生ずる収益については区分所有者の共有財産に帰属させること等に関して、地方公共団体および業界に対する指導を行った。なお、宅地建物取引業法35条1項6号、同施行規則16条の2第4号は、建物または敷地の一部に専用使用権があるときは、その内容を重要事項説明書の中で説明しなければならない、と規定する）。

　分譲業者が駐車場専用使用権を分譲した際に取得した金員につき管理組合が返還を請求した事件について、大阪地判昭56・4・27（判タ454-126）は、専有部分の分譲時において駐車場専用使用権は分譲業者に留保されていたことを認め保証金名目の金員は分譲業者が有効に取得するものとしてその請求を斥けた（同旨のものとして、大阪地判昭53・2・28NBL163-33）が、福岡地小倉支判平6・2・1

（判時1521-107・判タ876-186）は、駐車場専用使用権の設定行為は管理組合から委任を受けて行ったものと認められるとして、その設定の対価は委任事務を処理するに当たり受け取ったものであるから管理組合への返還が認められるべきであるとした。最高裁の判断については、次の(エ)で述べる。

なお、1997年に建設省が策定した「中高層共同住宅標準管理規約」(単棟型)15条では、駐車場について「専用使用権」の語を用いないこととし、さらに、特定区画に対する独自の権利という誤解を避けるために「使用権」という語も使用しないこととしている（2004年改正の国土交通省「マンション標準管理規約（単棟型)」15条も同様）。現行のマンション標準管理規約は、「管理組合は、別添の図に示す駐車場について、特定の区分所有者に駐車場使用契約により使用させることができる」（同規約〔単棟型〕15条1項）、「前項により駐車場を使用している者は、別に定めるところにより、管理組合に駐車場使用料を納入しなければならない」（同条2項）、「区分所有者がその所有する専有部分を、他の区分所有者又は第三者に譲渡又は貸与したときは、その区分所有者の駐車場使用契約は効力を失う」（同条3項）と定めている。

(エ) 駐車場の専用使用に関する最高裁判決

(ウ)で述べたように、マンションの分譲に当たり、分譲業者がその敷地（区分所有者の共有）内に駐車場を設けてこれを一部の区分所有者のみに分譲する販売方式がとられることがある。このような方式は、①分譲業者の二重売り（二重利得）の疑念を生じさせ、また、②共有する敷地をめぐって、その分譲を受けた専用使用者とこれを受けない非専用使用者（ないし管理組合）との間に紛争を生じさせる。そして①に関しては管理組合が売主たる分譲業者の取得した専用使用権分譲代金の返還を請求し、②に関しては管理組合と専用使用者との間で駐車場専用使用権の存続期間、解約の可否、譲渡性、使用料の増額等が争われる訴訟が増大した。このような状況にあって1998（平10）年10月、11月の2カ月間に4件の最高裁判決が出された。このうち2件が①に関するもの（最判平10・10・22民集52-7-1555〔ミリオンコーポラス高峰館事件〕、最判平10・10・30判時1663-90・判タ991-125〔シャルム田町事件〕）で、2件が②に関するもの（最判平10・10・30民集52-7-1604〔主として駐車場専用使用の解除、使用料増額の可否が問題とされたシャルマンコーポ博多事件〕、最判平10・11・20判時1663-102・判タ991-121〔駐車場専用使用の消滅決議および有償化決議の効力が争われた高島平マンション事件〕）である。

第1章　建物の区分所有　第2節　共用部分等

　①のミリオンコーポラス高峰館事件は、管理組合の理事長が駐車場の分譲代金は分譲業者ではなく管理組合に帰属すべきものとして、主位的に不当利得返還請求権に基づき、予備的に委任契約における委任者の受任者に対する委任事務処理上の金員引渡請求権に基づき、分譲業者に同対価の返還または引渡しを請求したものである。第一審判決（福岡地小倉支判平6・2・1判時1521-107・判タ876-186）および第二審判決（福岡高判平8・4・25判時1582-44・判タ928-150）は、管理組合理事長の予備的主張である委任事務処理上の金員引渡請求を認めて同対価の引渡しを命じた。これに対して、最高裁は、駐車場の専用使用権の分譲に当たって、分譲当事者および同使用権の分譲を受けなかった区分所有者共に、その対価は同使用権の分譲の対価であることを認識していたと解されるから、同対価は分譲業者に帰属するものとして第一審および第二審の判断を取り消した（①のシャルム田町事件においても同様の判断を示した。なお、ミリオンコーポラス高峰館事件については、鎌野・駐車場126参照）。

　②のうちシャルマンコーポ博多事件においては、第一審（福岡地判平6・7・26民集52-7-1629〔前掲最判平10・10・30民集52-7-1604〕以下に掲載）は原告である駐車場専用使用権者の主張である従前の額を超えて被告管理組合に対し使用料を支払う義務のないことの確認請求を認容したが、第二審（福岡高判平7・10・27判時1557-94・判タ909-182）はこれを否定した。そこで原告は、規約の変更による駐車場使用料の変更は本法31条1項後段にいう「特別の影響」を及ぼすため駐車場専用使用権者の承諾が必要であり、また、専用使用契約の解除は権利濫用であり無効であるとして上告した。最高裁は、管理組合は規約または集会決議をもって専用使用権者の承諾を得ることなく使用料を増額することはできるが、その増額の程度が社会通念上相当な額を超えるときは「特別の影響」を及ぼすとして、この点につき原審に差し戻した。また、本件のように訴訟において使用料増額の効力を争っている場合に駐車場専用使用契約の解除をすることは許されないとした。

　他方、高島平マンション事件では、元の敷地所有者である被告が建設・分譲したマンションについて自らも区分所有者として甲、乙2つの敷地部分につき駐車場専用使用権を留保して無償で使用してきたところ、原告管理組合が、甲については消滅させる旨の、また乙については有償化する旨の決議を集会において行い、その確認を本訴において訴求したものである。第一審（東京地判平6・3・24判時1522-85）は原告の請求を認めたが、第二審（東京高判平8・2・20判タ909-176）

はこれを取り消して請求を棄却した。最高裁は、消滅決議については、本件の場合において専用使用権を消滅させることは被告の不利益が受忍限度を超えるから本法31条1項にいう「特別の影響」を及ぼすものであって被告の承諾を得ない同決議は無効であるとし、有償化決議については、原審（第二審）が使用料の額が社会通念上相当なものか否か等について検討することなく同決議は被告の承諾がない以上無効であると判断したことは違法であるとして第二審判決を破棄し、原審に差し戻した（なお、シャルマンコーポ博多事件および高島平マンション事件については、鎌野・専用使用権202参照）。

なお、これらの最高裁判決以降の裁判例として、マンション1階の区分所有者に対し出入口や営業用看板の設置場所等として無償の専用使用を認めていた敷地部分について、同専用使用を認めた上で同区分所有者に有償で駐車場として利用させる旨の管理組合の集会決議（普通決議）を有効としたものがある（東京高判平11・5・31判時1684-64）。

（共用部分の持分の割合）
第14条 各共有者の持分は、その有する専有部分の床面積の割合による。
2 前項の場合において、一部共用部分（附属の建物であるものを除く。）で床面積を有するものがあるときは、その一部共用部分の床面積は、これを共用すべき各区分所有者の専有部分の床面積の割合により配分して、それぞれその区分所有者の専有部分の床面積に算入するものとする。
3 前2項の床面積は、壁その他の区画の内側線で囲まれた部分の水平投影面積による。
4 前3項の規定は、規約で別段の定めをすることを妨げない。

〔1〕 **本条の趣旨**

共用部分は、区分所有者全員の共有に属し、一部共用部分は、これを共用すべき区分所有者の共有に属する。規約によって、これらとは異なった共有関係を定めることもできる（11条1項・2項）。本条は、これらいずれの共有関係においても、各共有者に持分があることを前提としているので、その割合に関して定めている。

第1章　建物の区分所有　第2節　共用部分等

(1)　本条の内容

本条1項は、共有者の持分を専有部分の床面積の割合によるものと規定し、本条2項は、一部共用部分がある場合の床面積の算定に関する特則を定め、本条3項は、これらの場合の床面積の測定方法を定める。本条4項は、これら1項から3項までの規定は、規約で別段の定めをすることを妨げないとする。

(2)　共用部分共有持分の割合への準拠

共用部分共有持分の割合は、①集会での各区分所有者の議決権割合（38条）、②共用部分の負担または利益収取の割合（19条）、③一人の区分所有者が数個の専有部分を所有する場合の各敷地利用権の割合（22条2項）などの根拠となり、区分所有者の権利・義務に影響する。このうち、③の敷地利用権の割合への本条の適用については、〔6〕で述べる。

(3)　1962年法との関係

本条は、1962年法10条を受け継ぐ規定である。本条1項は、1962年の旧規定とまったく同じ規定であり、本条2項は形式上の改正はなされたが、実質的には旧規定と同じである。本条3項および4項は、1983年改正法で新設された規定である。

〔2〕　**持分割合の算定基準**

各共有者の持分割合の算定基準を何に求めるかについては、多様な考え方があり得る。本条は、規約で特に定めた場合にはそれに従うものとし（本条4項、31条）、特別の定めがない場合には、各共有者の有する専有部分の床面積の割合によるとする。

民法の規定に従えば、各共有者の持分割合は同一のものと推定される（250条）。しかし、たとえば、専有部分の面積や価格について数倍の差があるような区分所有者間において、共用部分の共有持分割合が同一であるとすることは不合理である。法務省立法担当者は、「各自の専有部分の価格の割合によるとすることは、比較的妥当ではあるが、価格という言葉が多義的である上に、価格の算定が困難であるという欠陥を伴う。そこで、本条第1項は、価格割に近く、かつ、算定も比較的容易である専有部分の床面積の割合によることとしたのである」と述べ、さらに、「立案の際には、専有部分の体積を考慮せよとの意見もあったが、それが必要な場合は、おおむね規約によって共用部分〔ママ。引用者注：共有持分の誤りか？〕が定められることになるであろう」と述べる（川島・解説㊥1075）。なお、

床面積は、登記により公示される。

〔3〕 「一部共用部分で床面積を有するもの」

「一部共用部分で床面積を有するものがあるときは」という表現は、一部共用部分（3条および11条の注釈〔3〕(1)参照）には、一部の区分所有者のみの共用に供されるべき出入口や掲示板などのように、床面積を有しないものがあることを想定してのことである。一般的には、一部の区分所有者のみの共用に供されるべき階段室・廊下・エレベータ室などが一部共用部分で床面積を有するものである。

括弧書の「附属の建物であるものを除く」とは、規約により一部共用部分とされた附属の建物（2条の注釈〔5〕(3)参照）の床面積は、専有部分の床面積への算入において対象外とするということである。そもそも附属の建物は、本体たる区分所有建物の共用部分についての共有持分割合とは無関係なものだからである。

〔4〕 一部共用部分の床面積の按分加算

共用部分の共有持分割合の算定に当たっては、各区分所有者の専有部分の床面積だけではなく、一部共用部分につき共有持分を有する区分所有者については、その持分を考慮するのが合理的である。そこで、一部共用部分の床面積は、これを共用すべき各区分所有者の専有部分の床面積の割合により配分して、それぞれの区分所有者の専有部分の床面積に算入するものとした。したがって、たとえば、区分所有者ＡＢＣ３人のそれぞれの専有部分の床面積が、Ａは40㎡、Ｂは60㎡、Ｃは120㎡である場合において、ＡＢ２人のみの共用に供されるべき廊下・階段室があり、その床面積が20㎡であるときは、その床面積20㎡をＡＢに40対60の割合で配分して、各自の専有部分の床面積に算入する。したがって、Ａの床面積は48㎡、Ｂの床面積は72㎡として本条１項を適用するから、最終的には、ＡＢＣ各自の共用部分共有持分の割合は、Ａが10分の２、Ｂが10分の３、Ｃが10分の５となる。

なお、規約によって本条２項と異なる別段の定めをすることは妨げない（本条４項）。

〔5〕 内側計算方式の採用

専有部分や一部共用部分の床面積の測定方法については、壁の内側で測る考え方（内側計算）と壁の中心で測る考え方（壁心計算）などがある。本条は、内側計算方式を採用した。

なお、専有部分の床面積の測定方法として内側計算方式を採用したからといっ

て、それによって専有部分の範囲が定まるものではない。この点は、なお解釈に委ねられている（2条の注釈〔4〕(2)参照）。

　1962年法においては、床面積の測定方法についての本条3項のような規定は存在せず、解釈に委ねられていた。法務省立法担当者は、1962年法においては、この測定方法の違いは微細であるため特段に深刻な問題ではなかったが、1983年改正法においては、専有部分と敷地利用権の一体性の制度を採用するのに伴い、各専有部分に係る敷地利用権の割合は、原則としてこの専有部分の床面積の割合によることとし（22条2項本文）、これに基づき建物の表示の登記事項として敷地権の表示が登記される（不登法44条1項9号）と共に、その専有部分の一を譲渡するときは原則としてこの割合に応じた敷地利用権を一体的に譲渡しなければならない（22条1項本文）こととなったから、この関係において床面積の測定方法を一義的に定めておくことが不可欠となった、と説明する（濱崎・解説147）。そして、「その方法としては、内側計算と壁心計算のいずれを採用することも可能であるが、不動産登記における表示登記の実務においては、区分所有建物の専有部分に関しては、旧来内側計算によることとしていたのに合わせて、その測定方法は、壁その他の区画の内側線で囲まれた部分の水平投影面積による、すなわち内側計算によることとしたのである」と説く（濱崎・解説147）。なお、規約によって壁心計算によるものと定めることは妨げない（本条4項）。後記〔6〕(3)のように、マンション標準管理規約では、この方法によるとしている。

〔6〕　規約による別段の定め

　本条1項から3項までの規定は、規約で別段の定めをすることを妨げない（本条4項）。

　(1)　規約による定め方

　規約による定め方としては、本条3項の床面積の測定方法について壁心計算などの特別の定めをする方法、本条1項・2項とは別の基準によって共用部分共有持分を定める旨を定める方法、端的に各区分所有者の共有持分の割合自体を定める方法などがある（濱崎・解説149）。

　(2)　敷地利用権の割合の定め方との関係

　区分所有者が数個の専有部分を所有する場合において、各専有部分に係る敷地利用権の割合を定めるに当たって、本項における規約による別段の定めはそれ自体としては考慮されない（22条2項本文）。他方、その敷地利用権の割合について

は、本条1項から3項までに定める割合によることを原則とするが、規約でそれと異なる敷地利用権の割合を定めてもよい（22条2項ただし書）。その結果、本項によって規約で定めた共有持分の割合と同一の割合を規約によって敷地利用権の割合と定めることは可能である。

(3) 標準管理規約

マンション標準管理規約（30条の注釈〔4〕参照）は、「各区分所有者の共有持分は、別表第3表に掲げるとおりとする」（同規約〔単棟型〕10条）と定め、同別表第3においては、各住戸ごとに「敷地及び附属施設○○○分の○○」、「共有部分○○○分の○○」としている。そして同条のコメントでは、次のように述べられている。「①共有持分の割合については、専有部分の床面積の割合によることとする。ただし、敷地については、公正証書によりその割合が定まっている場合、それに合わせる必要がある。登記簿に記載されている面積は、内のり計算によるが、共有持分の割合の基準となる面積は、壁心計算（界壁の中心線で囲まれた部分の面積を算出する方法をいう。）によるものとする。②敷地及び附属施設の共有持分は、規約で定まるものではなく、分譲契約等によって定まるものであるが、本条に確認的に規定したものである。なお、共用部分の共有持分は規約で定まるものである」。これによると、マンション標準管理規約では、区分所有法14条の規定のうち、1項の規定は基本的に採用しているが、3項の規定については、4項の規定のいう「規約で別段の定め」（前記コメント①）をしている（鎌野・コンメ管理規約47～48）。

（共用部分の持分の処分）
第15条 共有者の持分は、その有する専有部分の処分に従う。
2 　共有者は、この法律に別段の定めがある場合を除いて、その有する専有部分と分離して持分を処分することができない。

〔1〕 **本条の趣旨**

本条は、共用部分の共有持分が、その共有者の有する専有部分に附随してのみ処分され得るものであることを規定する。すなわち、専有部分が処分された場合には、共用部分共有持分もその処分に従う（1項）。また、共用部分共有持分は、原則として、単独では処分することができない（2項）。本条は、1962年法11条

の規定をそのまま引き継いだ規定である。なお、敷地との分離処分の禁止については、22条1項で定める。

〔2〕 処分の不可分性

区分所有権の目的たる専有部分が処分された場合には、その専有部分を有する区分所有者の共用部分共有持分は、その専有部分と共に処分される。共用部分共有持分は、その区分所有者の専有部分と不可分の関係にあるからである。

(1) 専有部分の「処分」

専有部分の「処分」とは、専有部分の譲渡、出資、信託や専有部分に対する抵当権の設定、質権の設定などをいう。なお、専有部分について賃貸がなされた場合に、共用部分共有持分の賃貸借を考える必要はない。賃借人は、賃貸人が有する区分所有権を前提として専有部分を使用し、共用部分を用法に従って使用することができる。

(2) 専有部分を共有している場合の共有持分の放棄、専有部分の分割請求

専有部分を共有している場合に、その共有持分の放棄（民法255条）や専有部分の分割請求（民法256条1項）がなされたときは、本条1項の「専有部分の処分」に該当するので、共用部分共有持分は、当該専有部分の処分に従う。

(3) 絶対的強行規定

本条1項については、2項の規定と異なり、本法に別段の定めは存在しない。したがって、区分所有者がその専有部分を譲渡し、またはこれに抵当権を設定したような場合には、常に、その区分所有者の有する共用部分共有持分も譲渡の対象となり、またはそれに抵当権の効力が及ぶ。

〔3〕 分離処分の禁止

共用部分の共有者は、本法に別段の定めがある場合を除いて、その有する専有部分と分離して共有持分を単独で処分することはできない。共用部分共有持分は、その区分所有者の専有部分と不可分の関係にあるからである。したがって、原則として、共用部分共有持分のみの譲渡、抵当権の設定等の処分行為は許されず、そのような処分行為をしても無効である。

民法上、認められる共有物の分割請求（民法256条）は、専有部分と分離してなされる持分の処分に該当するから認められない。マンション標準管理規約（30条の注釈〔4〕参照）は「区分所有者は、敷地又は共用部分等の分割を請求することはできない」（同規約〔単棟型〕11条1項）として、この点を確認的に規定する。

また、「区分所有者は、専有部分と敷地及び共用部分等の共有持分とを分離して譲渡、抵当権の設定等の処分をしてはならない」（同条2項）として本法15条2項を確認的に規定する（なお、敷地に関しては、本法22条1項）。

(1) 差押え・競売

本条2項は、共用部分共有持分を共有者が自ら処分する場合だけでなく、たとえば、区分所有者の債権者がその共有持分のみを差し押さえたり競売したりすることも禁止していると解される（川島・解説㊥1077）。

(2) 法律上の例外

「この法律に別段の定めがある場合」は、共有者は、その有する専有部分と分離して共有持分を処分することができる。

「この法律に別段の定めがある場合」とは、①規約によって他の区分所有者または管理者を共用部分の所有者とする場合（11条2項、27条1項）、および、②規約の設定または変更によって共有持分の割合を変更する場合（14条4項）である。

①の場合には、規約により、共用部分の共有者（11条1項）である者から他の区分所有者または管理者に対して、もっぱら管理を行うために共用部分の所有権の名義が付与される。これを共有持分の実質的な処分と見る必要はないが、形式的にはその目的の範囲内において共有持分が消滅するので共有持分の処分と見られる。これは、本条2項でいう「この法律に別段の定めがある場合」に相当する。

②の場合には、規約の設定または変更によって、共有者相互間で共用部分共有持分の全部または一部の処分が専有部分と分離してなされることになる。

なお、上記①②の場合は、共有者は、その有する専有部分と分離して共有持分を処分することができるが、その場合に民法177条の適用はない（11条3項。なお、同条の注釈〔6〕(3)参照）。

（一部共用部分の管理）
第16条 一部共用部分の管理のうち、区分所有者全員の利害に関係するもの又は第31条第2項の規約に定めがあるものは区分所有者全員で、その他のものはこれを共用すべき区分所有者のみで行う。

〔1〕 本条の趣旨

本条は、一部共用部分の管理を誰が行うかを規定する。一定の基準を設けて、

一部共用部分の共有者がこの管理を行う場合と区分所有者全員がこれを行う場合とを区分した。1962年法にはこの点に関する規定はなく、1983年改正法によって新設された。

(1) 本条創設の経緯

本条が設けられた経緯について、法務省立法担当者は、1983年改正法の立案の段階において、区分所有者の団体および一部の区分所有者の団体に関する規定（3条）が置かれたことから、一部共用部分の管理をいずれの団体において行うかを明らかにする規定が必要となった、という。そして、その内容をどのように定めるかについては、一部共用部分は、これを共用すべき一部の区分所有者の共有に属するものである（11条1項ただし書）から、本来は、一部の区分所有者のみで（その団体で）管理を行うべきものであるが、しかし、管理の実情に照らすと、このような考え方がすべての場合において適当であるとはいいがたく、また、規約によってこれを区分所有者全員の管理所有とすることができること（1962年法4条2項、16条、1983年改正法11条2項、20条）などを考慮した結果、本条においては、一部共用部分の管理関係を、管理の実情に合わせて、区分所有者の自主的判断により適宜に定めることができるような形で、また、特段の必要性がない限り区分所有者全員（の団体）による管理に引き寄せることができるような形で規定することとなった、と述べている（濱崎・解説150以下）。

(2) 本条を置く狙い

本条は、その規定の文言上は一部共用部分の管理を当該区分所有者に委ねるものであるが、本条を置いた主たる狙いは、区分所有者全員による管理をできるだけ可能とすることにあるといえる。なぜならば、一部共用部分の管理を当該区分所有者に委ねるために特別に規定を設ける必要はないからである。

〔2〕 **一部共用部分の管理**

本条は、「一部共用部分」の「管理」に関して規定する。「一部共用部分」とは、一部の区分所有者のみの共用に供されるべきことが明らかな共用部分である（3条）。ここでの「管理」とは、広義のそれであり、18条でいう共用部分の管理のほか、共用部分の変更（17条）を含むと共に、一部共用部分の管理または使用を規約で定めること（30条2項）も含む。

〔3〕 **区分所有者全員による管理**

一部共用部分の管理のうち、区分所有者全員（3条前段の団体）で行うものは、

①区分所有者全員の利害に関係する管理、および、②区分所有者全員の利害に関係しない管理であっても区分所有者全員の規約によって全員で行うこととした管理（31条2項の規約に定めがあるもの）である。

(1) 全員による管理の強制

上記①の区分所有者全員の利害に関係する管理は、当然に区分所有者全員（3条前段の団体）で行い、一部の区分所有者（3条後段の団体）で行うことはできない（30条2項参照）。

「区分所有者全員の利害に関係する」管理とは、たとえば、一部共用部分の外装が建物全体の美観に影響を及ぼすような場合における一部共用部分の外装の管理や、一部共用部分の修復がなされないと建物全体の維持に影響を与えるような場合におけるその部分の管理（修復行為）がこれに当たる。

一部共用部分の管理をその共有者のみで行う場合と区分所有者全員で行う場合との区分の基準となるのは、「管理の対象物」ではなく、「管理」である（濱崎・解説154）。したがって、「区分所有者全員の利害に関係する」管理に該当するかどうかについても、同一の一部共用部分の管理事項のうち、ある事項（建物全体に影響を与えるような修復行為）はこれに該当し、他の事項（たとえば、その部分の使用方法）はこれに該当しないということがあり得る。

(2) 規約による全員管理

一部共用部分の管理で、区分所有者全員の利害に関係しない管理について、それを全員で行うべきものとするためには、区分所有者全員の規約によって定めることが必要である。この旨の規約の設定（変更または廃止についても同様）は、区分所有者および議決権の各4分の3以上の多数による集会の決議によってする（31条1項）。ただし、当該一部共用部分を共用すべき区分所有者の4分の1を超える者またはその議決権の4分の1を超える議決権を有する者が反対したときは、この旨の規約の設定（変更または廃止についても同様）をすることができない（31条2項）。

一部共用部分の管理を全員で行う旨の規約を定めるに当たっては、当該一部共用部分の管理を包括的に区分所有者全員で行うものとする定めが一般的であろうが、(1)で述べたことから、同一の一部共用部分の管理事項のうち、ある事項（たとえば修繕）は全員で行うが、他の事項（たとえば、清掃などの日常の管理行為）は当該一部区分所有者のみで行うというように定めることもできる。

第1章 建物の区分所有 第2節 共用部分等

〔4〕 **一部区分所有者による管理**
　一部共用部分の管理のうち、これを共用すべき区分所有者のみで行う管理は、区分所有者全員の利害に関係しないもので、かつ、31条2項の規約の定めがないものである。これには、31条2項の規約自体が設定されていない場合における管理と、この規約は設定されているが規約中に区分所有者全員で行うとされている事項以外の管理とが含まれる。
　一部共用部分を共用すべき区分所有者のみで管理を行うべきときは、当該一部区分所有者は、当該一部区分所有者のみでその管理を行うための団体を当然に構成し、本法に定めるところによってそれらの者のみで集会を開き、それらの者のみの規約を定め、それらの者のみの管理者を置くことができる（3条後段、30条2項。裁判例として、一部共用部分の管理費用については、一部共用部分の共有者以外の区分所有者は、それを負担しないとした東京地判昭58・8・24判時1109-99参照）。

（共用部分の変更）
第17条　共用部分の変更（その形状又は効用の著しい変更を伴わないものを除く。）は、区分所有者及び議決権の各4分の3以上の多数による集会の決議で決する。ただし、この区分所有者の定数は、規約でその過半数まで減ずることができる。
2　前項の場合において、共用部分の変更が専有部分の使用に特別の影響を及ぼすべきときは、その専有部分の所有者の承諾を得なければならない。

〔1〕 **本条の趣旨**
　区分所有建物においては、共用部分の管理は区分所有者の不可欠の事務である。本法の法文（18条）上では、本条に規定する「共用部分の変更」を「共用部分の管理」に含まれる下位概念として位置づけている。その結果、講学上では、「共用部分の管理」の語の用法を広義と狭義に分けた上で、これを①狭義の管理（18条1項本文）、②保存行為（18条1項ただし書）、③変更（本条1項）の3つに整理する必要がある。このうち、本条は、③の変更に関する規定であり、1項では共用部分の変更のための手続要件を定め、2項では共用部分の変更が専有部分の使用に特別の影響を及ぼすときには当該専有部分の所有者の承諾が必要である旨を

定める。

(1) 1962（昭37）年法および1983（昭58）年改正法

1962年法は、「共用部分の変更は、共有者全員の合意がなければ、することができない。ただし、共用部分の改良を目的とし、かつ、著しく多額の費用を要しないものは、共有者の持分の4分の3以上の多数で決することができる」（12条1項）と規定し、また、これについて「規約で別段の定めをすることを妨げない」（8条ただし書）と規定していた。これは、共有物の変更については共有者全員の合意を必要とする民法251条を基礎としながら、ただ、改良を目的とし、かつ、著しく多額の費用を要しない変更については、多数による決定を容認したものであった。

1983年改正法は、旧規定に対して3つの点で改正を加えた。第1は、共用部分の変更を共有者全員の合意によってではなく、集会の特別多数による決議をもって決することとしたことである（本条1項本文）。第2は、軽微の変更について、さらに団体的拘束を強めて狭義の管理の場合（18条）と同一に扱うこととしたことである（本条1項本文括弧書）。第3は、旧規定とは異なり、原則として、規約による別段の定めをすることを認めないこととしたことである（本条1項ただし書）。

この改正の趣旨について、当時の法務省立法担当者は、次のように説明していた。第1、第2の点については、共用部分については適宜に修繕を行うことが必要であるところ大修繕になると変更行為に該当することがらが多くなるが、変更行為についてはごく少数でも反対者（変更の場合は一人、軽微変更の場合は共有者の持分の4分の1を超える共有者の反対）があれば行うことができない旧規定を維持するならば、共用部分の円滑な維持管理を妨げる結果となる。このために、旧規定を改正して変更のための要件を緩和した。第3の点については、以上の改正の趣旨から考えて、規約で法定の要件より重い要件を定める余地を認めるのは相当でなく、また、規約による要件の無条件の緩和を認めることも、共用部分の重要性にかんがみ、相当ではない。そこで、本条1項ただし書に規定するように、集会の決議における区分所有者の定数についてのみ限度付きで、規約による別段の定めをすることを認めた、と説く（濱崎・解説156参照）。

(2) 2002（平14）年改正法

2002年改正法は、1983年改正法において軽微変更について「改良を目的とし、

かつ、著しく多額の費用を要しないもの」と規定していたのを、「その形状又は効用の著しい変更を伴わないもの」（本条１項本文括弧書）と改めた。この改正の趣旨について、法務省立法担当者は、次のように説明する。これまでの規定は、共用部分の変更について、その形状または効用の著しい変更を伴わないものであっても、著しく多額の費用を要する共用部分の加工行為を実施するには、区分所有者および議決権の各４分の３以上の特別多数決議を経ることを必要としている。このため、建物の維持・保全の観点から定期的に実施することが予定されている外壁や屋上防水等のいわゆる大規模修繕工事についても、多額の費用を要する場合には、４分の３以上の特別多数決議が必要になって、その円滑な実施が困難となっており、建物の適正な管理に支障をきたす場合があるという指摘があった。そこで、この点を改正して、形状または効用の著しい変更を伴わない修繕については、工事の規模の大小、費用の多寡を問わず、過半数の決議で決することができるものとし（18条、39条１項）、区分所有建物の適正な管理に必要不可欠な大規模修繕についても円滑に行えるようにしたと説く（吉田ほか・概要(上)69、吉田・一問一答21）。

　2002年改正法は、《共用部分の変更は４分の３以上の特別多数決議》《軽微変更は過半数決議》という1983年改正法の基本的な枠組みを維持しつつ、ただ、大規模修繕等について一般に多額の費用を要することからこれまでは軽微変更とはされなかった点を立法上改めることとし、軽微変更から費用面の要件を取り除くことによって、大規模修繕等を法律上は軽微変更に含ませることとした。これによって団体的拘束が強まり、狭義の管理の場合（18条）と同一に扱われることとなった。

(3)　大規模修繕につき特別多数決を要すると定めていた規約の効力

　ところで、2002年改正法の施行時における相当数のマンションの規約においては、1983年改正法に準拠した1997年の「中高層共同住宅標準管理規約」（平成９年２月７日住宅宅地審議会答申）にならい、「共用部分等の変更（改良を目的とし、かつ、著しく多額の費用を要しないものを除く。）」については、４分の３以上の特別多数決で決するものとしており（同標準管理規約〔単棟型〕45条３項２号）、同規定に従えば、大規模修繕については一般的には特別多数決を要するものと解されていた。今日においても、この点についての規約の変更がなされていないマンションが存在しているものと思われる。なお、標準管理規約は2002年改正法に準拠

して改正された（マンション標準管理規約〔平成16（2004）年1月23日改訂〕は、「敷地及び共用部分等の変更（その形状又は効用の著しい変更を伴わないものを除く。）」は「組合員総数の4分の3以上及び議決権総数の4分の3以上で決する」〔同規約（単棟型）47条3項2号〕と定める）。

　このように大規模修繕につき特別多数決を要すると定めていた（または、そのように解される）規約について、規約の変更がなされていない場合に、その規約の効力はどのように解すべきか。

　法改正前においては、大規模修繕工事は著しく多額の費用を要するものとして、軽微変更には該当せず、共用部分の変更に該当するものとして、区分所有者および議決権の各4分の3以上の特別多数決議を要する（旧17条本文）と解されていた。この区分所有者の定数については、規約でその過半数まで減ずることができる（同条ただし書）が、議決権についてはこれが許されず、その限りにおいて、同規定は強行法規の性格を有していた。すなわち、法改正前においては、大規模修繕工事（著しく多額の費用を要するもの）については、集会の決議において区分所有者および議決権の各過半数で決することはできず、また、その旨の規約の定めは許されなかった。

　法改正後においては、大規模修繕工事についてこれが多額の費用を要するものであっても、集会の決議において区分所有者および議決権の各過半数で決することが可能となり、また、その旨の規約の定めが可能となった。その結果、上記のような、特別多数決議を要するとした規約の効力をどのように見るかが問題となる。

　法務省立法担当者は、この点について次のように説明する。「前記標準管理規約〔筆者注：平成9年住宅宅地審議会答申の旧標準管理規約〕は、その規定振りから、区分所有法で特別決議事項とされているものを確認的に明らかにした趣旨にすぎないものと考えられますから、区分所有者の意思解釈からいって、今回の法改正後も、こうした規定の効力がそのまま維持されるとみるのは無理があるでしょう。また、仮に、こうした規定が維持されるとすると、結局4分の3以上の特別多数決議が必要な規約変更の手続を経なければ、大規模修繕を実施することが不可能になって、今回の法改正の趣旨が没却されることになります。したがって、前記標準管理規約のような規定がある場合（大規模修繕の決議要件を4分の3以上の特別多数決と定めてある場合も同様と考えられます。）でも、一般的には、改正法施行

後は、普通決議で大規模修繕を実施できるものと考えられます」（吉田・一問一答23。なお、同書は、改正法施行後に大規模修繕を実施するのに4分の3以上の特別多数決を要するとする規約を定めることは可能であるとしている）。

　この説明は現実に修繕工事の円滑な実施を意図したものであろうが、立法担当者が改正法制定以前にこの点に気づいていたとしたら1983年改正に際して同改正法附則9条2項（後記〔5〕(3)参照）を定めたのと同じ配慮をしたものと思われるが、この点について事前に特段の注意が払われたとはいえない。このいわば《規範上の空白》が立法担当者の事後の説明（区分所有者の意思解釈）によって埋められるとも考えにくく、できれば追加的に立法上の手当てがなされることが望まれるところである。

　実務上はどうすべきか。このように多額の費用を要する大規模修繕工事について集会の普通決議が許される状況になった場合においては、それが許されない状況で特別多数決議を要すると定めた規約の見直しを図るべきであり、管理者は本法の他の改正点を含めて規約の改正を議する集会を招集すべきであろう。具体の大規模修繕工事の可否を決する決議と規約の改正を決する決議の決議要件が同じ4分の3以上であっても、それらの賛否に関する区分所有者の意向は必ずしも同一ではないはずである。規約を改正して集会の普通決議で足りるものとし、その上で大規模修繕の実施について区分所有者の意思を問い、集会において普通決議によって決すべきである（なお、鎌野・改正法24にはこれと一部異なる記述があるが、本書では上記のように解することとした）。

(4) 建築物耐震改修促進法2013年改正法

　2013年に改正された建築物耐震改修促進法（「建築物の耐震改修の促進に関する法律」〔平成7年法律第123号〕）は、行政庁によって耐震改修の必要性の認定を受けた区分所有建物（「要耐震改修認定建築物」〔後述〕）については、その「耐震改修が建物の区分所有等に関する法律第17条第1項に規定する共用部分の変更に該当する場合における同項の規定の適用については、同項中『区分所有者及び議決権の各4分の3以上の多数による集会の決議』とあるのは『集会の決議』とし、同項ただし書の規定は、適用しない」（25条3項）とした。すなわち、当該耐震改修が本条1項の「共用部分の変更」に該当する場合であっても、集会における特別多数決議（区分所有者および議決権の各4分の3以上の多数決議）を必要とせず、過半数決議によるとした。

建築物耐震改修促進法によると、「要耐震改修認定建築物」の認定の前提および同認定に至る手続は、次のとおりである。①既存耐震不適格建築物（建築確認時においては関連法令の耐震基準を満たしていたが、その後に改正された関連法令の耐震基準〔最近では1981年に改正された建築基準法施行令に基づく現行基準〕に適合しない建築物〔5条3項1号、建築基準法3条2項〕）の所有者は、当該既存耐震不適格建築物について耐震診断を行い、必要に応じ、耐震改修を行うよう努めなければならない（16条1項）。②耐震診断が行われた区分所有建築物の管理者等は、国土交通省令で定めるところにより、所管行政庁に対し、当該区分所有建築物について耐震改修を行う必要がある旨の認定を申請することができる（25条1項）。③所管行政庁は、②の申請があった場合において、当該申請に係る区分所有建築物が地震に対する安全上耐震関係規定に準ずるものとして国土交通大臣が定める基準に適合していないと認めるときは、その旨の認定をすることができる（同条2項）。この認定を受けた区分所有建築物を「要耐震改修認定建築物」という（同条3項）。

建築物耐震改修促進法25条3項の規定と本条に関して3点述べておく。

第1は、同法25条3項は、要耐震改修認定建築物の耐震改修の場合については、本条で「区分所有者及び議決権の各4分の3以上の多数による集会の決議」とあるのは「集会の決議」とすると定めたことから、本法18条1項で規定されている通常の「共用部分の管理」の場合における「集会の決議」によることになる。「集会の決議」については、本法39条1項で「規約に別段の定めがない限り、区分所有者及び議決権の各過半数で決する」と定めているから、規約に別段の定めがあれば、その定めに従う。したがって、マンション標準管理規約の定め（普通決議については、議決権総数の半数以上を有する組合員が出席し、出席組合員の議決権の過半数で決するとの定め〔同規約（単棟型）47条1項・2項〕）と同様の規約の定めの場合には、「集会の決議」は、その定めによる。

それでは、規約に別段の定めとして、本条1項に規定するような特別多数決議とすることは認められるか（当該規約の定めは有効か）。同法25条3項の規定が設けられた趣旨は、①要耐震改修認定建築物の耐震改修については、区分所有者の生命、身体、および財産の安全性の観点から極めて重要であること、②それだけでなく、このことは区分所有者以外の近隣の住民の利益を含む公益にも関わること、③要耐震改修認定建築物の耐震改修については、区分所有法の定める「共用

部分の変更」一般に対して、建築物耐震改修促進法25条3項によって特に限定的に規定が設けられていること、および④要耐震改修認定建築物については、区分所有者に耐震改修実施の努力義務があり（同法26条）、また、所管行政庁による必要な指導・助言・指示等がなされる（同法27条）ことを前提として同規定が設けられていることなどから、同法25条3項の「集会の決議」の要件を厳格化する（各区分所有者の団体的拘束を弱める）方向での規約の定めは認められないと考えるべきであり、その意味で、同法25条3項の規定は強行規定であると解する（この点に関して、鎌野・新マンション管理221参照）。

第2は、同法25条3項は「同項ただし書の規定は、適用しない。」としている。その理由は、本条1項ただし書の「ただし、この区分所有者の定数は、規約でその過半数まで減ずることができる」の規定については、同法25条3項での「集会の決議」（過半数決議）においては意味を有しないためである。

第3は、同法25条3項は、本条2項の規定（「共用部分の変更が専有部分の使用に特別の影響を及ぼすべきときは、その専有部分の所有者の承諾を得なければならない」）の適用に関しては何ら定めていない。したがって、要耐震改修認定建築物の耐震改修の場合についても、同項の規定の適用はある。すなわち、「集会の決議」が成立するためには、過半数決議とは別に、特別の影響を受ける区分所有者の承諾を得る必要がある（実務上は、特定の区分所有者に特別の影響を及ぼさないような耐震改修の方法も検討されよう）。

〔2〕 **「共用部分の変更」**

「共用部分の変更」とは、共用部分の形状または効用を確定的に変えることである。たとえば、共用部分である階段室をエレベータ室に改造するとか、共用部分である屋上や廊下の一部を共用部分たる管理人室や機械室等に改造することがこれに当たる。また、共用部分上に附属の物置や車庫を新設することや共用部分である屋上や各階の廊下から地上に通じる非常用の階段を設けることなども共用部分の変更に当たる。1962年法下の判例であるが、マンションの敷地上に従前設置されていた法定共用部分たる門扉を除去し新しく門扉を設置することは、共用部分の変更に当たるとしたものがある（東京高判昭55・3・26判時963-44）。

建物の敷地（区分所有者の共有に属する場合）についても、21条により本条が準用されるので、たとえば、敷地に駐車場を新設することも共用部分の変更に準じて考えてよい。なお、裁判例として、21戸に対して12台分の駐車区画しかないマ

ンションについて特定の区分所有者による駐車場の使用態勢を維持する旨の駐車場使用細則を集会における普通決議により定めた場合について、特定の区分所有者に優先使用を認める同使用細則は区分所有法18条1項で定める共用部分の「管理」の範囲を超えるものであり、特別多数決議を要する同法31条1項に定める「規約」事項に当たるとしたものがある（那覇地判平16・3・25判タ1160-265）。

(1) 形状または効用の著しい変更

「共用部分の変更」とは、前述のように、共用部分の形状または効用を確定的に（法文上は「著しく」）変えることをいう。共用部分の「形状の変更」とは、その外観や構造を変更することであり、共用部分の「効用の変更」とは、その機能や用途を変更することである。それらの変更が「形状又は効用の著しい変更」に当たるかどうかは、変更を加える箇所および範囲、変更の態様および程度等を勘案して判断される。たとえば、先に挙げた共用部分である階段室をエレベータ室にする場合は、形状の著しい変更に当たり、集会室を廃止して賃貸店舗に転用する場合は効用の著しい変更に当たる（吉田ほか・概要(上)70、吉田・一問一答24）。ただ、後者の場合に、賃貸店舗に転用するに当たって改装・改造を伴うときには、形状の変更にも該当する。いずれにしても、本条において「形状の変更」か「効用の変更」のどちらに該当するかは、問題とされない。

これらに対し、たとえば、共用部分である階段室に手摺りを設ける場合や、集会室を集会以外の目的でも使用させることを認める場合（たとえば、区分所有者以外の者にも時間単位で有料で貸し出す場合等）には、「共用部分の変更」として本条が適用されるのではなく、本条1項本文括弧書の「形状又は効用の著しい変更を伴わないもの」（以下では、これを「軽微変更」という）に当たるとして、18条で定める狭義の管理の場合と同一に扱うべきものと考えられる。法務省立法担当者は、マンションのIT化のために光ファイバー・ケーブルの敷設工事を実施する場合について、一般的には、共用部分の形状の変更が著しいものではないとしている（吉田・一問一答25）。

(2) 共用部分の専有部分化

共用部分を専有部分とすることは、共用関係の廃止（共用部分の処分）に当たるので、ここでいう「共用部分の変更」ではない。また、そのような共用関係を廃止した後の当該部分の改造も「共用部分の変更」にはならない。たとえば、共用部分たる廊下の一部を改造して専有部分としたり、これを分譲することは、

「共用部分の変更」ではない。このような場合には、共用部分の共有者全員の合意が必要となる。また、屋上にさらに一階を増築してこれを専有部分とするような場合は、共用部分たる屋上空間の廃止に当たるので、上記と同様に考えるべきである。

〔3〕 **軽微変更**

共用部分の変更のうち、「その形状又は効用の著しい変更を伴わないもの」(軽微変更)については、本条1項の規定が適用されず、18条の適用を受け、集会の普通決議で決定される。前述(〔1〕(2))のように、2002年改正法は、1983年改正法において軽微変更について「改良を目的とし、かつ、著しく多額の費用を要しないもの」と規定していたのを、「その形状又は効用の著しい変更を伴わないもの」(本条1項本文括弧書)と改正した。先に挙げた(〔2〕(1)参照)、共用部分である階段室に手摺りを設ける場合や、集会室を集会以外の目的でも使用させることを認める場合のような軽微変更については、この法改正によって取扱いが異なることはない。しかし、前述のように、大規模修繕については、一般に著しく多額の費用を要することから、改正前は軽微変更から除かれていたが、改正により軽微変更として扱われることとなった。

(1) 改 良

本条における軽微変更(形状または効用の著しい変更を伴わないもの)は、1983年改正法で定められていた「改良」とどのような関係にあるのかが問題となる。改良とは、既存の施設・設備の形状または効用を基本的に変更せずに、その機能を更新または増進するものと考えられる。したがって、本条1項本文括弧書に定める「形状又は効用の著しい変更を伴わないもの」は、従来定められていた「改良」にほぼ相当するものと考えられる(この点に関し、鎌野・中間試案6参照)。2002年改正法により、大規模修繕工事を含む共用部分の改良行為(たとえば、給水管・排水管の全部または一部の交換・増設や、エレベータ昇降機の交換等)について、費用の多寡にかかわらず、軽微変更と扱われるようになったと理解することができよう。

(2) 共用部分の管理(18条)との関係

本条は、共用部分の変更に関し、《形状または効用の著しい変更》と《形状または効用の著しい変更を伴わないもの》(軽微変更)について定め、前者についてのみ本条の適用(特別多数決議によって決する)を認め、後者については、18条

の共用部分に管理（狭義の管理）に包含され、普通決議によって決せられるものとしている。したがって、軽微変更は、法律上は《変更》ではなく《管理》として扱われる。

(3) 著しい変更か軽微変更かの判断要素

前述（〔2〕(1)）のように、法務省立法担当者は、共用部分の変更が「形状又は効用の著しい変更」に当たるか軽微変更（「形状又は効用の著しい変更を伴わないもの」）に当たるかは、変更を加える箇所および範囲、変更の態様および程度等を勘案して判断されるとしている（吉田ほか・概要(上)70）。

まずは、「形状又は効用の変更」につき「著しい」か否かが基準となるが、両者のいずれに当たるかは相対的であって、その認定は、時に困難な場合もあり得る。上記の判断要素に加えて、どのようなことを加味すべきか。

第1に、建築後の年月の経過や社会の変化をも考慮して、各区分所有者が当該区分所有建物等を使用するに当たり、たとえば大規模修繕を行う場合のように、当該変更が建物等の適正な管理に必要不可欠であるか否かといった観点から判断すべきである。適正な管理にとって必要不可欠であると判断された場合には、基本的に費用の多寡を問題とすることなく、軽微変更として次条で定める狭義の管理事項として扱うべきである。なお、その判断は、特別多数決議と普通決議のいずれによるのが相当かといった決議要件との相関において行うのが適当であろう。

耐震基準を満たすための耐震改修工事に関して、法務省立法担当者は、たとえば、柱やはりに炭素繊維シートや鉄板を巻き付けて補修することによってこれらを補強し、建物の耐震性の向上を図る工法のように比較的簡易な方法による場合には、建物の基本的構造部分を取り壊すなどの著しい加工を伴うものではないから、共用部分の形状または効用の著しい変更に当たらないとするのに対し、建物の1階の柱の下部をすべて切断し、免震部材を挿入する工法によった場合には、建物の基本的構造部分である柱の下部を取り除くことが必要となることから、共用部分の形状の著しい変更に該当するとしている（吉田・一問一答27）。しかし、建物の安全性の保持は建物の適正な管理に必要不可欠であることから、後者の工法によった場合のように、建物の共用部分の一部に著しい形状の変更が生ずるときであっても、建物の全体においては著しい変更には該当しないと見て、その工事の実施には過半数の普通決議で足りると考える余地があろう。

第2に、当該変更が、各区分所有者にとって必ずしも適正な管理に必要不可欠

なものとはいえないような場合であっても、一部の区分所有者にとっては必要不可欠であるような共用部分のバリアフリー化や車椅子対応化等の福祉的観点からの変更については、変更を加える箇所および範囲、変更の態様および程度、費用の多寡等を勘案しつつ、特段の事情がない限り軽微変更と解するのが適当であろう。

バリアフリー化に関して、法務省立法担当者は、「例えば、階段にスロープを併設し、手すりを追加する工事は、一般的には、建物の基本的構造部分を取り壊すなどの加工を伴うものではありませんから、共用部分の形状または効用の著しい変更に当たらず、過半数の普通決議によって工事が実施できるものと思われます」と述べる（吉田・一問一答26）。

〔4〕 **議決要件**

4分の3以上の多数は、集会の決議において、区分所有者と議決権のそれぞれについて満たされなければならない。

(1) 二重の多数

本法では、議決要件のほぼすべてについて（本条のほか、31条1項、39条1項、47条1項、55条2項、58条2項、59条2項、60条2項、61条5項、62条1項、68条1項、70条1項。なお、31条2項、68条2項）、この双方の多数を要することとしている（これに対して69条で定める団地内の建物の建替え承認決議については議決権のみの多数を要するものとしている〔1項・2項〕）。その理由は、区分所有関係は共用部分等の共同所有関係であると共に共同利用関係であるから、一方では各区分所有者の共用部分共有持分の大きさが議決権の大きさを通じて決議に反映されるべきであるが、他方では各区分所有者がその共用部分共有持分の大小とは無関係に頭数によって議事参加権を有するのが相当であるからである。

したがって、区分所有者の数は専有部分の個数によって数えるが、同一人が数個の専有部分を所有している場合にはそれを1として数える。また、一つの専有部分を数人が共有している場合でも1である。

(2) 議決権の割合についての準則

議決権の割合は、規約に別段の定めがない限り各区分所有者の共用部分共有持分の割合（38条）、すなわち、規約に別段の定めがない限り各区分所有者の有する専有部分の床面積の割合による（14条）。

(3) 個別決議の必要

共用部分の変更の可否についての集会の決議は、個々の変更ごとに別に行われなければならず、変更の可否を一般的に決議することはできない。

〔5〕 **規約による議決要件の緩和**

共用部分の変更は、区分所有者および議決権の各4分の3以上の多数による集会の決議で決するが、「ただし、この区分所有者の定数は、規約でその過半数まで減ずることができる」（本条1項ただし書）。ここでいう「定数」とは、区分所有者の数と議決権の2つの議決要件のうち、区分所有者の数に関する要件をいう。区分所有者の数については、その「4分の3」をその「過半数」までの範囲で減ずることを、規約によって定めることができる（大阪地判平1・5・31判時1351-90参照。なお規約の設定については、31条1項参照）。

ところで、特別多数決議（31条の注釈〔2〕(1)参照）の議決要件を緩和する（団体的拘束を強める）ことは原則として許されない（3条の注釈〔1〕(3)参照）。本条1項ただし書による区分所有者の数に関する要件の緩和は、この原則に対して法律が定めた例外である。

これに対して、共用部分の変更に関する議決要件を厳格化する（たとえば、団体的拘束を緩めて、全員の合意を要するものとする）ことは許されると解すべきである。区分所有法上の団体的拘束は、区分所有者の所有権者としての自由を前提とした上で認められるものであるからである。議決要件を厳格化した後にそれを不相当と判断するようになった場合には、あらためて区分所有者の数および議決権の各4分の3以上の多数によって規約を変更することができるので、上記の「厳格化」を許容することに特段の支障はない。なお、規約の設定・変更・廃止の議決要件に関する31条の規定は絶対的強行規定で、規約によって別段の定めをすることができない。この点については、31条の注釈〔2〕(1)を参照のこと。

(1) 区分所有者の数に関する議決要件の緩和を認める理由

共用部分の変更についての議決要件のうち区分所有者の数についてだけ一定の限度において例外を認めたのは、共用部分の変更に関して共用部分共有持分の大きさを考慮する必要があるからである。法務省立法担当者は、次のように説明する。「一の区分所有者が多数の専有部分を所有し、残りの専有部分を多数の区分所有者が所有するといった特殊の区分所有関係においては、区分所有者の頭数の4分の3以上を要求することは、多数の専有部分を有する者の参加権を持分の大

きさに比して著しく弱少化させることになる。規約の設定、変更等、他の決議の対象と異り、共用部分の変更は、共有物の処理に関する事柄であるから、区分所有関係における持分の大きさを重視する要請が比較的大きい場面と考えられる。このような点を考慮して、他の特別多数決議の場合と異り、本条についてだけは、右の限度で、規約による若干の要件の緩和の余地を残したのである」(濱崎・解説157、158)。

(2) 緩和の限度

規約による別段の定めは、区分所有者の数についてその「過半数」までの範囲で減ずる旨の定めのみが有効で、緩和の方向でのそれ以外の定めは無効である。たとえば、共用部分の変更について、議決権のみの多数決によるものとしたり、集会の出席者の過半数としたり、また、規約で管理者その他の機関に決定させるものとするなどの定めは無効である。

(3) 経過措置

1983年改正法の施行（昭和59年1月1日）前に定めた本条の規定に反する規約の定め（1962年法8条ただし書参照）は、1983年改正法の施行と同時に、当然にその効力を失う（同法附則9条2項）。

〔6〕 **特定区分所有者の承諾**

共用部分の変更は、ある特定の専有部分の使用に特別の影響を与えることがあり得る。たとえば、共用部分の変更によって、ある専有部分への出入りが不自由になるとか、ある専有部分の採光・通風が悪化するというような場合などがこれに該当する。このような場合には、本条1項の決定のほかに、その専有部分の所有者である区分所有者の承諾が必要になる。したがって、本条1項の特別多数決議があっても、その専有部分の所有者の承諾が得られない場合には、共用部分の変更は認められない。

本条2項は、共用部分の変更が専有部分の使用に「特別の」影響を及ぼすときに、その専有部分の所有者の承諾を得なければならないとしている。したがって、共用部分の変更によって専有部分の所有者が受ける影響が一時的で確定的でない場合またはその程度が軽微な場合には、その専有部分の所有者は承諾を拒むことはできず、また、その専有部分の所有者の承諾を得ていなくても、本条1項の特別多数決議がなされれば共用部分の変更は可能となる。たとえば、共用部分の変更工事によってその工事の期間中ある専有部分への出入りが不自由になるような

場合は、このような場合に該当しよう。判例上、専有部分の増築に伴う共用部分の変更によって生じた特定の区分所有者の専有部分に対する採光・日照の影響について、その影響は居室としての使用に大きな障害を生じさせないとして、本項の「特別の影響」には当たらないとしたものがある（大阪高判平4・1・28判時1428-89・判タ784-243〔第一審神戸地判平3・5・9判時1428-92・判タ784-247〕）。

（共用部分の管理）
第18条[1]　共用部分の管理に関する事項は、前条の場合を除いて、集会の決議で決する[2]。ただし、保存行為は、各共有者がすることができる[3]。
2　前項の規定は、規約で別段の定めをすることを妨げない[4]。
3　前条第2項の規定は、第1項本文の場合に準用する[5]。
4　共用部分につき損害保険契約をすることは、共用部分の管理に関する事項とみなす[6]。

〔1〕　**本条の趣旨**
　本法では、共用部分の管理（広義の管理）について、これを①狭義の管理（本条1項本文）、②保存行為（本条1項ただし書）、③変更（17条1項）の3つに分けて規定する（17条の注釈〔1〕参照）。このうち、本条は①と②について規定する。他方、③の変更のうち、「その形状又は効用の著しい変更を伴わないもの」（軽微変更）は、17条1項本文括弧書の規定によって本条の適用を受け、①の狭義の管理（本条1項本文）と同様の扱いを受ける。
　本条は、1962年法13条に改正を加えたものである（ただし、本条2項は、1962年法8条ただし書を組み込んだものである）。1962年法では、民法252条の規定にならって、共用部分の管理に関する事項は、「共有者の持分の過半数で決する」（13条1項本文）と規定していた（区分所有者の持分の過半数をもってした管理費用額の決定の拘束力が区分所有者の全員に及ぶとした裁判例として、東京高判昭59・11・29判時1139-44・判タ566-155）が、1983年改正法が集会中心主義を採用したことにより、本条1項はこれを「集会の決議で決する」と規定した。本条3項および4項は、1962年法13条2項・3項と実質的に同じ規定である。

〔2〕　**「共用部分の管理に関する事項」**
　「共用部分の管理に関する事項」とは、広義の管理事項（前記〔1〕参照）を意味

する。このうち、「前条の場合」すなわち変更の場合を除き、また、本条１項ただし書に規定するように保存行為を除いたものが、狭義の管理事項である。狭義の管理事項は、本条１項本文でいうように、集会の決議で決せられる。

(1) 狭義の管理事項

狭義の管理に該当するか変更に該当するかは、具体的場面においては明確でない場合がある。一般論としては、変更とは、共用部分の形状または効用を確定的に（法文上は「著しく」）変えるものであるのに対し、（狭義の）管理とは、それらを確定的に変えるには至らないもの（単なる改良行為）であるといえる（17条の注釈〔３〕(2)(3)参照）。たとえば、共同の洗面所の内部を改装すること、共用部分の使用方法を定めること、来客用の駐車スペースを指定すること、人を雇って共用部分を清掃させることなどは、（狭義の）管理事項であると解される。裁判例として、マンション内の各室に敷設されている雑排水管を共用部分とした上で、その取替え工事について本条１項で規定する（狭義の）管理事項であると判示したものがある（東京地判平３・11・29判時1431-138）。また管理組合が携帯電話会社との間で当該マンションの屋上に携帯電話の基地局等を設置するためにその一部を賃貸する契約を締結した場合において、第一審は、同賃貸借契約は区分所有者全員が締結する必要があるとしたが（札幌地判平20・５・30金判1300-28）、第二審は、同判決を取り消して、同賃貸借は「敷地及び共用部分の変更」をもたらすものではないので、（狭義の）管理として集会における普通決議で足りるとした（札幌高判平21・２・27判タ1304-201）。個々の具体的場面においては、当該事項が集会の過半数決議で足りるか特別決議を要するかという点に留意して、狭義の管理に該当するか変更に該当するかを慎重に判断する必要があろう。

(2) 議決要件

集会の決議は、規約に別段の定めがない限り（本条２項参照）、区分所有者および議決権（17条の注釈〔４〕参照）の各過半数で決められる（39条１項）。いわゆる普通決議である。

〔３〕 **共用部分の保存行為**

共用部分の保存行為は、各区分所有者が単独ですることができる。集会の決議は必要としない。

保存行為とは、共用部分を維持する行為（共用部分の滅失・毀損を防止して現状の維持を図る行為）であるが、本条１項ただし書でいう保存行為は、集会の決議

を要せずに各区分所有者が単独でなし得る行為であることから、そのうち、緊急を要するか、または比較的軽度の維持行為である、と解されている（川島・解説㈿1080）。一応の目安として、月々の管理費で賄える範囲内のものがこれに該当し、そうでないもの、つまり、修繕積立金を取り崩す必要がある修繕や分担金を要する修繕は狭義の管理（本条1項本文）に該当する、と解されている（高柳・改正56）。たとえば、共用部分の点検や破損個所の小修繕等は保存行為に属するが、共用部分の塗装工事等は狭義の管理に属する。ところで、管理組合の元理事長が共用部分の補修のための積立金を違法に支出したことに対して区分所有者の一人が不法行為に基づき損害賠償を請求した事例について、同請求は共用部分の保存行為には該当せず、各区分所有者が単独ですることはできないとした裁判例がある（東京地判平4・7・29判タ801-236。なお、福岡地判平1・1・17NBL427-24参照）。

〔4〕 「前項の規定」

「前項の規定」とは、共用部分の狭義の管理または保存行為に関する、本条1項本文およびただし書の規定である。これらについては、規約で別段の定めをすることを妨げない。この点、共用部分の変更の場合とは異なる（17条1項。同条の注釈〔1〕参照）。規約による別段の定めは、区分所有者および議決権の各4分の3以上の多数による集会の決議によってする（31条）。

(1) 規約の例

規約による別段の定めの例としては、共用部分の狭義の管理については管理者が決定する旨の定めや共用部分の使用方法を直接に指示する定めなどがある。また、保存行為について各共有者は管理者を通じて行うものとする定めなども考えられる。

(2) 規約による議決要件加重の可否

共用部分の狭義の管理について集会の特別多数決議（たとえば、共用部分の変更の場合と同様に、区分所有者および議決権の各4分の3以上の多数）を要するとしたり、保存行為について集会の決議で決するとする規約の定めは有効か。規約による厳格化は理論的には有効であると解すべきであるが、このような共用部分の管理の円滑化を一般的に妨げるような規約は、特段の事情がない限り望ましくない。

〔5〕 17条2項の準用

17条2項の規定は、本条1項本文の場合に準用する。すなわち、共用部分の狭義の管理に関する事項が専有部分の使用に特別の影響を及ぼすべきときは、その

第1章 建物の区分所有 第2節 共用部分等

専有部分の所有者の承諾を得なければならない。たとえば、共用部分の狭義の管理に関する事項としてある共用部分の使用方法を定めたことによって、特定の専有部分への出入りが不自由になるとか、特定の専有部分に恒常的に騒音被害を与えるというような場合（たとえば、設置された自動販売機から発する騒音）がこれに当たる（なお、大阪高決昭52・9・12判時868-8・判タ361-259参照）。このような場合には、共用部分の管理に関する事項について本条1項本文による集会の決議があっても、専有部分の所有者の承諾が得られないときには、その決議は効力を生じない。

　なお、専有部分の所有者の承諾を得る必要があるのは、共用部分の管理に関する事項が専有部分の使用に「特別の」影響を及ぼす場合に限られるが、この点については17条の注釈〔6〕を参照のこと。

〔6〕 **損害保険契約の締結**

　区分所有建物においては、その共用部分について住宅火災保険、地震保険、施設賠償責任保険等の損害保険契約（マンションの法律(3)73以下〔小出利親〕参照）をする例が多く見られる。この場合の損害保険契約の締結が共用部分の狭義の管理に関する事項（本条1項本文）と共用部分の保存行為（本条1項ただし書）のいずれに該当するのかは必ずしも明らかではない。本条4項では、これを共用部分の狭義の管理に関する事項（本条1項本文）とみなした。この規定は、狭義の「みなし規定」であるので、規約でこれと異なる定めをすることはできない。

　共用部分についての損害保険契約は、本条1項本文により集会の決議に基づいて締結され、その結果、各共有者全員が、締結された損害保険契約の保険料の支払義務を分担することになる（19条）。なお、マンション標準管理規約（30条の注釈〔4〕参照）は、「区分所有者は、共用部分等に関し、管理組合が火災保険その他の損害保険の契約を締結することを承認する」（同規約〔単棟型〕24条1項）として、集会における規約の設定において損害保険契約締結の承認決議がなされたものとしている。

(共用部分の負担及び利益収取)
第19条 各共有者は、規約に別段の定めがない限りその持分に応じて、共用部分の負担に任じ、共用部分から生ずる利益を収取する。

〔1〕 本条の趣旨

　共用部分については、管理のための費用その他の負担が生じる。また、共用部分から利益を生じることもある。本条は、これら共用部分の負担および利益の帰属について定める。

　本条は、1962年法14条に同8条ただし書を合体させて受け継いだ規定であり、その内容は1962年法の規定と同一である。

　民法253条1項は、「各共有者は、その持分に応じ、管理の費用を支払い、その他共有物に関する負担を負う」と規定するが、本条は、共用部分の負担のみならず利益収取の帰属についても定め、また、規約によって別段の定めをすることを認めた（なお、共用部分の共有について民法の共有に関する規定が排除されることについては、本法12条参照）。

〔2〕 共用部分の負担および利益収取の割合

　各共有者の、共用部分に関する負担および利益収取の割合は、規約に別段の定めがない限りその共有持分に応じて決まる。判例上、管理費の半分以上がエレベータ関連に使用されているマンションにおいて、1階部分の区分所有者の管理費と2階以上のそれとを区別せずに一律に専有部分および専用使用部分の面積に応じて管理費を算定していた事例について、区分所有建物においては各区分所有者の利益状況は異なっているのが通常であるところ、共用部分につき各区分所有者が受ける利益の程度を管理費の額にすべて反映させることは不可能であり、共用部分に対する区分所有者の利害得失をある程度捨象し、一律に各区分所有者の専有部分および専用使用部分の面積に応じて管理費を負担することは合理的な方法として認められるとしたものがある（東京地判平5・3・30判時1461-72。同旨のものとして東京地判平5・2・26判タ851-240。なお、東京高判昭62・5・27東高民時報38-4～6-33参照）。

(1) 共用部分共有持分

　各共有者の共用部分共有持分は、14条に従って定められる。各共有者の共用部分共有持分は各共有者の有する専有部分の床面積の割合による（14条1項）が、

第1章 建物の区分所有 第2節 共用部分等

規約で別段の定めをすることができる（同条3項）。本条でいう規約による別段の定めは、14条でいう規約による別段の定めとは異なる。すなわち、規約で定められた各共有者の共用部分共有持分とは異なる共用部分についての各共有者の負担等の割合を、次に述べるように規約によって定めることができる。

(2) 規約による別段の定め

共用部分についての各共有者の負担および利益収取の割合を、規約によって、その共用部分共有持分とは異なる仕方で定めることが可能である。たとえば、各共有者の負担および利益収取を均一とする旨の定めなどである。ところで、判例上、専有部分につき法人所有の場合と個人所有の場合とで管理費の負担に約1.6倍の差を設けていた規約およびこれに基づく金額決定の集会決議について、このような規約および決議は、合理的な限度を超えた差別的なものであり、区分所有法の趣旨および民法90条（公序良俗）に違反して無効であるとしたものがある（東京地判平2・7・24判時1382-83・判タ754-217）。他方、マンションの敷地の一部を所有する区分所有者が他の区分所有者から同敷地部分の使用料の支払いを受けない代わりに管理費等の負担に関して一定の優遇を受けるものとする規約は、その代償関係が特に不公平なものでない限り許容すべきで公序良俗に反しないとしたものがある（東京地判平14・6・24判時1809-98）。なお、規約の設定に関しては31条参照。

(3) 標準管理規約

マンション標準管理規約（30条の注釈〔4〕参照）では、敷地および共用部分等の管理に要する経費の負担に関して、管理費および修繕積立金の納入義務（同規約〔単棟型〕25条）、管理費等の特定承継（同26条）、管理費の充当（同27条）、修繕積立金の充当（同28条）、駐車場等の使用料（同29条）について定めている。

〔3〕 **共用部分の負担・利益収取**

共用部分の負担とは、管理費用（変更費用および保存費用を含む）や、固定資産税、都市計画税、下水道負担金などの公租公課の負担をいう（なお、専有部分が譲渡担保権の目的となっている場合について管理費は譲渡担保権者が負担するとした裁判例として東京地判平6・3・29判時1521-80。また、未売却部分を所有する分譲業者も管理費を負担するとした裁判例として大阪地判昭57・10・22判時1068-85・判タ487-106、管理費の請求訴訟において集会の決議によって各区分所有者が当該訴訟の弁護士費用を分担するものとしても、当該訴訟の相手方たる管理費の未払い者はこれを負担す

§19〔3〕

るものではないとした裁判例として東京高判平7・6・14判タ895-139)。

共用部分の利益収取とは、たとえば、特定の共用部分を賃貸した場合の借賃や専用使用権を設定した場合の使用料の収取をいう(福岡高判平7・12・26判タ914-170参照)。なお、共用部分から生じた利益について、区分所有者に分配せずに、規約や集会の決議に基づいて管理費用に充当したり次年度への繰越処理をすることは認められる(東京地判平3・5・29判時1406-33)。

(1) 民法253条2項の不適用

民法253条2項は、共有者が管理費用等の共有物の負担義務を履行しないときは他の共有者は相当の償金を払ってその者の持分を取得することができる旨を規定している。しかし、本法においては、この規定の適用はない(12条)。共用部分共有持分のみを専有部分と別に取得することは、本法では許されないからである(15条)。

管理費用等の共用部分の負担に任じない共有者に代わってその負担に任じた他の区分所有者や管理者等は、その者の区分所有権および建物に備え付けた動産の上に先取特権を有する(7条)。また、この債務者たる区分所有者の特定承継人に対しても債権を行使することができる(8条)。

(2) 外部に対する関係

本条は、共用部分の負担等について共有者間の内部関係を規定したものであって、共用部分に対する固定資産税等の納付義務や修繕代金等の支払債務など外部に対する関係については、区分所有者の団体が管理組合法人(47条、53条)である場合を別として、民法の規定に従う。すなわち、反対の特約または慣習がない限り、不可分債務と解され連帯債務の規定が適用される(民法430条、432条)。

(3) 管理費等の支払請求権の消滅時効

管理費用(管理費)等は区分所有者が毎月支払うことが一般的であるところ、同債権が民法169条に規定する定期給付債権として5年の短期消滅時効にかかるのか否かが問題になる。この点に関する裁判例として次のものがある。マンションの管理組合であるXが、管理費および特別修繕費を滞納しているYに対してその支払いを求めたのに対し、Yが管理費等の請求債権は民法169条の定期給付債権に当たるので、Xの請求する管理費等のうち弁済期から5年を経過した分は時効消滅していると主張した事案において、第一審および第二審は、管理費等は共用部分の管理の必要に応じて総会の決議によってその額が決定され、毎年要する

経費の変化に応じてその年額が決まるものであって、どの年にもその額が一定となるものではないから定期給付債権には当たらず、Xの請求権は、Yの主張する短期消滅時効にはかからないとした（東京高判平13・10・31判時1777-46。なお、第一審は、さいたま地越谷支判平13・6・14金判1196-23）のに対して、最高裁は、「管理費等の債権は……管理規約の規定に基づいて、区分所有者に対して発生するものであり、その具体的な額は総会の決議によって確定し、月ごとに所定の方法で支払われるものである。このような本件の管理費等の債権は、基本権たる定期金債権から派生する支分権として、民法169条所定の債権に当たるものというべきである。その具体的な額が共用部分等の管理に要する費用の増減に伴い、総会の決議により増減することがあるとしても、そのことは、上記の結論を左右するものではない」として5年間の短期消滅時効を認めた（最判平16・4・23民集58-4-959。なお評釈として鎌野・管理組合22等）。

（管理所有者の権限）
第20条[1]　第11条第2項の規定により規約で共用部分の所有者と定められた区分所有者[2]は、区分所有者全員（一部共用部分については、これを共用すべき区分所有者）のためにその共用部分を管理する義務を負う[3]。この場合には、それらの区分所有者に対し、相当な管理費用を請求することができる[4]。

2　前項の共用部分の所有者は、第17条第1項に規定する共用部分の変更をすることができない[5]。

〔1〕　**本条の趣旨**

区分所有者は、規約によってその一人または数人を共用部分の所有者と定めることができる（11条2項）。本条は、このように規約で共用部分の所有者と定められた区分所有者（管理所有者）の権利・義務について規定している。1項前段で管理所有者の義務について、同項後段で管理所有者の権利についてそれぞれ規定し、さらに、2項で管理所有者の管理義務の範囲を規定する。

(1)　1962年法との関係

本条1項は、1962年法16条1項を実質上受け継いだ規定である。本条2項については、1962年法16条2項では、管理所有者は「規約に別段の定めがない限り、

その共用部分につき、保存行為及びその共用部分の性質を変えない範囲内における利用又は改良を目的とする行為を除くその他の行為をすることができない」と規定されていたものを、1983年改正法によって本規定のように改正した。この点については、後記〔5〕(1)参照。

(2) 規約による別段の定め

共用部分の管理はそれを所有する区分所有者（の団体）が行うが、管理を円滑に行わせるために、11条2項は、共用部分の所有について、規約により別段の定めをすることを認めている。このことは、①共用部分（または一部共用部分）を特定の区分所有者（一人または数人）の所有にすることによって本条の規定に定めるように管理させること、②一部共用部分を区分所有者全員の所有として全員で管理すること、③共用部分を一定の条件のもとに区分所有者以外の者の所有としてその管理に当たらせること、などを可能とする趣旨である（11条の注釈〔4〕(1)参照）。したがって、管理所有者に共用部分の独占的排他的な支配権を与えることを認める趣旨ではない。本条は、この点を明らかにしており、管理所有権がいかなる性質のものであるかを規定している。

法務省立法担当者は、このような管理所有について、「所有者と定められた者にその共用部分の管理を委ねるとともに、対外的な関係においてその者の所有とするだけであって、一種の信託的な所有権の移転を行うものであり、潜在的、実質的には、本来の共有者の共有関係が残っているのである」と説明する（濱崎・解説163）。

〔2〕 **管理所有**

11条1項は、共用部分は区分所有者全員の共有に属し、一部共用部分はこれを共用すべき区分所有者の共有に属すると規定するが、同条2項は、これを特定の区分所有者または管理者（27条1項）の所有と規約で定めることができる旨を規定する。本条でいう「第11条第2項の規定により規約で共用部分の所有者と定められた区分所有者」とは、このような特定の区分所有者である。規約で共用部分の所有者と定められた、区分所有者以外の管理者（27条1項）については、27条2項で本条が準用されている。

このような共用部分の所有者とされる特定の区分所有者または管理者は、「管理所有者」と呼ばれる（本条および27条の見出し参照）。どのような場合に管理所有が行われるかについては、前記〔1〕(2)の①②③参照。

〔3〕 **管理所有者の義務**

共用部分の管理所有者とされた区分所有者は、「区分所有者全員（一部共用部分については、これを共用すべき区分所有者）のためにその共用部分を管理する義務を負う」。

管理所有者が本条１項の管理義務を履行しない場合には、他の区分所有者全員（一部共用部分については、これを共用すべき区分所有者）は、その履行を請求することができ、また、それによって損害を受けたときには損害賠償を請求することができる。

管理所有者以外の区分所有者が、自ら共用部分の管理行為を積極的に行い得ないこと、一定の行為のみ行い得ることについては11条の注釈〔４〕(5)参照。

〔4〕 **管理費用の請求**

管理所有者が、区分所有者全員（一部共用部分については、これを共用すべき区分所有者）のためにその共用部分を管理した場合には、それらの区分所有者に対して相当な管理費用を請求することができる。法務省立法担当者は、管理に要する費用はその管理による利益を享受する立場にある潜在的共有者が負担すべきものであることから、このことを規定したと説明する（川島・解説(下)1234）。

(1) 「相当な管理費用」

本条の「相当な管理費用」とは、実際に管理に要した費用ではなく、当該管理行為について一般に必要とされる費用をいう。その金額ないし算定方法について規約に定めがあれば、その定めに従う。規約に反対の定めがない限り、前払いで請求できると解すべきである（民法649条参照）。また、実際に要した費用が相当額を超えた場合には、支出日以降の利息を含めて償還を請求することができる（民法650条１項参照）。

(2) 管理費用の負担

管理所有者は、「それらの区分所有者」（区分所有者全員〔一部共用部分については、これを共用すべき区分所有者〕）に対して相当の管理費用を請求することができる。管理費用の負担については、規約に別段の定めがない限り、19条の規定によって各共有者がその持分に応じて任じる（同条の注釈〔３〕(1)(2)参照）。

〔5〕 **共用部分の変更の制限**

管理所有者は、「第17条第１項に規定する共用部分の変更」をすることができない。「第17条第１項に規定する共用部分の変更」とは、軽微変更を除いた共用

部分の変更（17条の注釈〔1〕〔2〕〔3〕参照）である。
 (1) 1962年法との相違
 前記〔1〕(1)で示したように、1962年法は、管理所有者は、保存行為および共用部分の性質を変えない範囲内における利用、改良行為のみをすることができるものとする一方、規約に別段の定めがあれば、変更行為をもすることができるものとしていた（1962年法16条2項）。しかし、本法では軽微変更を除いた共用部分の変更は必ず集会の決議によって決すべきものとした（17条1項）ので、本条2項は、管理所有者は、17条1項に規定する共用部分の変更（軽微変更を除いた共用部分の変更）をすることができないとした。
 (2) 管理所有者がなし得る行為
 管理所有者は、「第17条第1項に規定する共用部分の変更」をすることができないことから、管理所有者が共用部分についてすることができる行為は、①狭義の管理行為（18条1項本文）、②保存行為（18条1項ただし書）、および、③軽微変更（17条1項括弧書参照）である。これらの行為については、管理所有者は、本条1項によってこれを行う義務を負っている。
 なお、管理所有者の権限を上記①②③の範囲以下に制限する（たとえば、①に限定する）ことについては、管理所有を定める規約（11条2項および27条1項の規約）自体の内容として定めることができると解される（濱崎・解説164）。
 (3) 変更行為についての集会の決議による授権
 軽微変更以外の変更行為について、集会の決議があれば、その実行は、特別の授権なくして管理所有者がすることができると解される（濱崎・解説164）。

（共用部分に関する規定の準用）
第21条 建物の敷地又は共用部分以外の附属施設（これらに関する権利を含む。）が区分所有者の共有に属する場合には、第17条から第19条までの規定は、その敷地又は附属施設に準用する。

〔1〕 **本条の趣旨**
 本条は、建物の敷地または共用部分以外の附属施設が区分所有者の共有に属する場合に、共用部分の管理（広義）に関する17条から19条までの規定が準用されることを定めた規定である。

第1章　建物の区分所有　第2節　共用部分等

　1962年法は、建物の敷地または共用部分以外の附属施設が区分所有者の共有（または準共有）に属している場合について特別の規定を設けていなかった。そのために、これらの敷地・附属施設の管理については民法の共有の規定が適用された（なお、敷地の管理についての1962年法下の裁判例として、神戸地決昭54・11・9判時974-112、東京高決昭56・10・1判タ459-68）。もとより、1962年法のもとでも、これらの管理について規約で定めることは可能であった（23条）が、規約に特段の定めがない限り民法の定めによることとなる。

　本法は、3条で、「区分所有者は、全員で、建物並びにその敷地及び附属施設の管理を行うための団体を構成」するものと定め、建物の共用部分だけでなく区分所有者の共有に属する敷地および附属施設の管理についても本法の定める団体的管理のもとに置くこととしたことから、そのような敷地および附属施設の管理について規約の定めがない場合に民法の共有の規定に委ねるとすることは適切とはいえなくなった。また、実質的にも、共有物の性質上その管理を共用部分の管理と区別する必要がないことから、本条によって共用部分の管理に関する17条から19条までの規定を準用し、同一の取扱いに服せしめることとした。

〔2〕　**本条の適用対象**

　本条の適用は、建物の敷地または共用部分以外の附属施設が区分所有者の共有に属する場合に限定される。

　建物の敷地または共用部分以外の附属施設は、区分所有者の共有（または準共有）に属するのが普通であるが、区分所有者がこれらを単独で所有する場合や、（区分所有者以外の者が所有して）区分所有者が単独でこれらに関する権利を有する場合もあり得る。後二者の場合には、本条の適用がない。

　一棟の建物の敷地を各専有部分ごとに区画して一筆とし、各専有部分の所有者がそれぞれの区画について単独で所有権等を有している場合がある。たとえば、タウンハウス形式の区分所有建物の一部に見られる。このような場合の敷地については、本条の適用がない。ただし、このような場合の敷地の管理について規約で定めることにより、一棟の建物の区分所有者全員の団体的管理に服させることも可能である（30条1項）。

(1)　「建物の敷地」

　「建物の敷地」の意義については、2条5項（同条の注釈〔6〕）参照。

(2) 附属施設

「附属施設」(本条のほか3条、7条1項、26条1項、30条1項等においてこの語が用いられている) について本法は特に定義規定を設けていないが、「建物の附属物」および「附属の建物」(2条4項) を含む区分所有建物の附属施設を指すと解される。建物の附属物は、専有部分に属するものを除いて法定共用部分とされ、附属の建物は、規約によって共用部分 (規約共用部分) とされたもののみが共用部分である (2条4項) ので、本条の「共用部分以外の附属施設」とは、①附属の建物のうち規約共用部分とされないもの、②そのような附属の建物の附属物ということになる。このほか、③区分所有建物と離れて敷地上に設置された工作物 (たとえば、消火設備、防犯カメラ等) は、物理的に建物と一体をなしていないために法定共用部分とはならないが、もっぱら建物のために設置されたものについては、敷地とは別に区分所有者の共有に属するものと見るべき場合がある。マンション標準管理規約 (30条の注釈〔4〕参照) は、「対象物件の表示」(同規約〔単棟型〕別表第1) において、附属施設として「塀、フェンス、駐車場、通路、自転車置場、ごみ集積所、排水溝、排水口、外灯設備、植栽、掲示板、専用庭、プレイロット等建物に附属する施設」と定めている。

(3) これらに関する権利

本条括弧書内の「これらに関する権利」とは、建物の敷地の地上権や賃借権等の権利、および附属施設の賃借権等の権利を指す。区分所有者がこれらの権利を準共有する場合にも、本条の適用があるということになる。

(4) 区分所有者の共有に属する場合

「区分所有者の共有に属する場合」というのは、所有権、賃借権等の全部が区分所有者全員の共有に属する場合のみを意味するのか、それともそれらが区分所有者のうち一部の者のみの共有に属する場合もこれに該当するか。

法務省立法担当者は、本条は、一部の区分所有者のみが共有する敷地等を念頭に置いたものではないから、そのような敷地等については適用がないものと解すべきであるが、ただ、区分所有者のごく一部に敷地またはこれに関する権利について共有持分を有しない者がいるような場合においては、本条の適用を肯定すべきであるとする (濱崎・解説168)。

しかし、12条によれば区分所有者の一部の共有に属する共用部分についても13条から19条までの規定の適用が認められる以上、本条の適用に関して区分所有者

の一部の者のみの共有に属する場合にも原則として同様に考えてよいと思われる。すなわち、共用部分以外の附属施設が区分所有者の一部の共有に属する場合には、一部共用部分に準じた取扱いを17条から19条までの規定に基づいて行ってよく、したがって、本条の準用規定の適用があると解すべきである。

次に、建物の敷地またはこれに関する権利が区分所有者全員と第三者との共有になっているような場合に、本条の適用はあるか。この場合は、第三者との関係では民法の共有に関する規定に従って処理されることになるが、区分所有者の有する共有持分の範囲内においては本条の適用を肯定すべきである（濱崎・解説168と同旨）。

〔3〕 **17条から19条までの準用**

上記のような共有関係にある建物の敷地および附属施設の変更（軽微変更を除く）については17条の規定が準用され、変更以外の管理に関する事項については18条の規定が準用される。また、これらの負担および利益収取については19条の規定が準用される。それらの内容については、各条文の注釈参照。

なお、17条～19条が準用される共有関係にある建物の敷地および附属施設について、本法の共用部分に関する11条から16条までの規定および20条の規定が準用されることはない。17条から19条までの規定に定める事項以外の事項については、民法の共有に関する規定が適用される。

第3節　敷地利用権

(分離処分の禁止)
第22条[1]　敷地利用権が数人で有する所有権その他の権利である場合[2]には、区分所有者は、その有する専有部分とその専有部分に係る敷地利用権とを分離して処分[4]することができない[5]。ただし、規約に別段の定めがあるときは、この限りでない[6]。
2　前項本文の場合において、区分所有者が数個の専有部分を所有するときは、各専有部分に係る敷地利用権の割合は、第14条第1項から第3項までに定める割合による[7]。ただし、規約でこの割合と異なる割合が定められているときは、その割合による[8]。
3　前2項の規定は、建物の専有部分の全部を所有する者の敷地利用権が単独で有する所有権その他の権利である場合に準用する[9]。

〔1〕　**本条の趣旨**
　本条は、専有部分と敷地利用権の一体性の制度を定める規定である。この制度は、1962年法には存在せず、1983年改正法で初めて採用された。
　本条1項本文は、専有部分と敷地利用権の一体性の制度、すなわち専有部分と敷地利用権との分離処分の禁止を規定する。この原則に対して、同項ただし書は、規約によって別段の定め、すなわち、専有部分と敷地利用権との分離処分を許す定めをすることができる旨を規定する。本条2項は、区分所有者が数個の専有部分を所有するときの各専有部分に係る敷地利用権の割合について規定する。本条3項は、1項および2項の規定が、専有部分の全部を所有する者の敷地利用権が単独で有する所有権その他の権利である場合へ準用される旨を規定する。
　(1)　1962年法
　1962年法は、専有部分と共用部分共有持分との関係については、共用部分共有持分は専有部分の処分に従い、また、原則として専有部分と分離して共用部分共有持分を処分することはできない旨を規定した(1962年法11条。なお、1983年改正

第1章　建物の区分所有　第3節　敷地利用権

法15条)。

　他方、わが国では、欧米諸国と異なり、建物とその敷地はそれぞれ別個独立の不動産とされているので、区分所有建物とその敷地も独立の不動産としてそれぞれ個別に権利の目的となるべきものとされてきた。このことから、1962年法においては、専有部分と敷地利用権との関係について何ら特別の規定を設けなかったため、専有部分と敷地利用権（所有権、地上権、賃借権等）とを別個に処分することが法律上可能であった。

　しかし、取引の実際においては、専有部分と敷地利用権が一体として処分されるのが普通であり、両者を各別に処分することは現実には稀であったため、分離処分を積極的に認める必要も存在しなかった（濱崎・解説170参照）。しかし、専有部分と敷地利用権の分離処分が法律上可能である限り、次のような問題が生じることとなる。

　第1は、不動産登記法上の問題である。現実の取引の大部分を占める、専有部分と敷地利用権が一体的に処分される場合において、従来、建物の登記簿と土地の登記簿の双方にその旨の登記をする必要があった。区分所有建物の登記簿については、一棟の建物の表題部の用紙の次に各専有部分ごとに表題部、甲区、乙区の欄が設けられ、各専有部分の権利関係が区分された用紙に一覧性をもって公示されるのに対して、敷地の登記簿については、各区分所有者の共有持分の取得の登記がされるほか、その持分の再移転、差押え・仮差押え・仮処分、抵当権の設定・抹消等の登記が、甲区、乙区の区分に従い、受付順に従って（どの専有部分に対応する持分であるかを顧慮することなく）連綿と記載された。これは、一筆の土地登記簿が膨大になるばかりでなく、特定の専有部分に対応する敷地利用権についてその権利変動の経過および現在の権利関係の把握を著しく困難とした。このような敷地の登記簿の一覧性の欠如を解消する方策としては、たとえば、専有部分に対応する敷地の共有持分ごとに登記用紙を設けることも考えられたが、そのためには、「専有部分に対応する共有持分」という新たな概念を実体法上打ち立てる必要があったことから、このような方策は見送られた（濱崎・解説8）。

　第2に、実体法上でも次のような問題があった（濱崎・解説8参照）。

①　専有部分または敷地利用権たる共有持分の一方について抵当権が実行され、または強制執行がされた場合には、法定地上権（民法388条、民執法81条）の成立が認められてしかるべきであるが、共有持分の上に法定地上権を認めることは現

行の法律構成上困難であること（東京地決昭52・10・27判時882-63・判タ361-268）。

② 数個の専有部分とこれに対応する敷地利用権たる共有持分を有する者がそのうち一個の専有部分の上に抵当権を設定しようとする場合に、その者の有する敷地の共有持分のうち当該専有部分のみに対応すべき共有持分の一部に抵当権を設定することが、現行法上「専有部分に対応する共有持分」という概念が認められない限り、不可能であること（昭和35・6・1民事甲第1340号民事局長通達参照）。

③ 区分所有者が相続人なくして死亡したときは、専有部分は家庭裁判所の審判によって特別縁故者に分与されるが、特別縁故者が存在しないために分与がなされなかったときは国庫に帰属する（民法958条の3、959条）。これに対して、敷地利用権たる共有持分は、現行法上は同じ運命をたどらずに他の共有者に帰属する（民法255条）と解される余地があること（本条の立法当時の登記実務では、共有者の一人が相続人なくして死亡した場合には、その持分については民法255条が適用されるので、民法958条の3に基づく相続財産処分の審判による登記の申請があっても、これを受理できないと考えられていた〔昭和37・8・22民事甲第2359号民事局長通達〕。この点について、裁判例には、このように解するもの〔東京高決昭40・3・5家月17-4-50、名古屋高金沢支決昭49・11・30判時778-72・家月27-10-51等〕と、民法958条の3が民法255条に優先して適用されるとするもの〔東京高決昭47・9・8判タ283-137・家月25-8-47、広島高岡山支決昭53・8・3家月31-6-26等〕とがあった。なお、今日の判例は、後者の立場をとる〔24条の注釈〔2〕参照〕）。

第3は、管理の面における問題である。専有部分と敷地利用権の分離処分を認めることによって両者が各別の者に帰属している状態が一般化すると、敷地の管理に関する事項を区分所有者が規約または集会の決議で定めても、その効力は、区分所有者でない敷地の権利者には及ばないから、敷地の管理の面で齟齬が生じてしまう。ところで、1962年法は、敷地利用権を有しない区分所有者に対しては、その専有部分の収去を請求する権利を有する者がその区分所有権を時価で買い取ることができるものとして、両者が同一人に帰属することになるような手当を講じていた（1962年法7条、1983年改正法10条）が、本来ならば、初めからそのような事態が生じないように手当をしておくことが望ましいところであった。

(2) 本条による解決

本条は、不動産登記法上の問題（区分所有建物の敷地の登記簿の混乱）および実体法上の問題（専有部分と敷地利用権を分離して処分することができることに伴う不

第1章　建物の区分所有　第3節　敷地利用権

都合）を解消し、併せて、区分所有者と敷地に関する権利者とが合致しないことによってもたらされる管理上の不便を解消することを目的として、専有部分と敷地利用権の一体性の制度を創設した。

その結果、敷地利用権（したがって、敷地の共有持分）の処分に関する公示も、建物（専有部分）の登記簿のみにおいて行うものとすることが可能となり、従来の敷地の登記簿の混乱が解消されることになった（巻末〔本書695頁以下〕の資料・区分所有建物の登記簿記載例参照）。

〔2〕　**分離処分が禁止される権利**

本条で規定する専有部分と敷地利用権の分離処分禁止の原則が適用されるのは、3項で定める場合を除いて、「敷地利用権が数人で有する所有権その他の権利である場合」である。

(1)　敷地利用権たり得る権利

「敷地利用権」とは、建物の敷地について専有部分を所有するために有する所有権等の権利をいう（2条6項。同条の注釈〔7〕参照）。

(2)　「数人で有する所有権その他の権利」

一棟の区分所有建物に区分所有者が複数存在する場合の敷地利用権については、次の2つの場合がある。①区分所有者が敷地を共有または準共有して、各区分所有者がその共有持分または準共有持分として敷地利用権を有している場合、②一部のタウンハウスにおいて見られるように、区分所有建物の敷地が各専有部分ごとに区画されて一筆とされ、各区分所有者がその区画について単独で所有権、地上権、賃借権などを敷地利用権（分有形式の敷地利用権）として有している場合（2条の注釈〔7〕(2)参照）、または、区分所有者が敷地を分有しながら、分有敷地の垂直上下空間外に専有部分を有する場合である（10条の注釈〔2〕参照）。本条1項でいう、「敷地利用権が数人で有する所有権その他の権利である場合」とは、①の場合をいう。

土地が分有に属する②の場合はいずれも、本条の一体性（分離処分の禁止）の制度が適用されない。分離処分自体は可能となるが、分離処分をすると「敷地利用権を有しない区分所有者」が発生するから、売渡請求権の適用が生じる。その理由について、法務省立法担当者は、この場合には専有部分と敷地利用権の従属性ないし一体性が比較的稀薄であり、一般の建物（戸建て）とその敷地に関する権利の関係がさほど異ならないし、また、前述のような敷地の登記簿の混乱も生

じないことから、立案の段階でこの制度の適用を除外することとした、と述べる（濱崎・解説171）。

(3) 所有権その他の権利

敷地利用権は、一般的には、所有権、地上権または賃借権であるが、使用貸借契約上の権利（使用借権）も敷地利用権に含まれると解する（2条の注釈〔7〕(1)参照。石田・旧基本コンメ38、藤井・基本コンメ43）。すでに2条の注釈〔7〕(1)で述べたように、使用借権を敷地利用権とする場合には、分離処分を許容する意思であることが明らかでない限り、設定者は使用借権の譲渡を許容する意思をもってしたものと推定すべきである。この推定が働く限り、たとえば親の土地に区分所有建物を建てた子の一人から親の生前にその専有部分を譲り受けた第三者は使用借権もまた譲渡されたものとみるべきである。

(4) 数人で有する所有権等

敷地利用権を数人で有するという場合に、(2)で述べたように、その態様としては、区分所有者が、敷地利用権を共有持分の形で有する場合と分有の形で有する場合とがある（たとえば、ＡＢが区分所有する建物の敷地がＡＢの共有である場合にはＡＢは敷地利用権を共有持分として有し、ＡＢが区分所有する建物の敷地がＡＢの分有である場合にはＡＢは敷地利用権をそれぞれ単独所有権として有する）。本条の適用があるのは、共有持分の形で有する場合に限られる。

敷地利用権が数人で有する地上権、賃借権等である場合には、区分所有者は、敷地利用権を地上権、賃借権等の準共有持分の形で有するか、準分有の形で有するかである（たとえば、ＡＢが区分所有する建物の敷地が第三者の所有である場合に、ＡＢは、敷地利用権を地上権、賃借権等の準共有持分として有するか、ＡＢそれぞれの地上権、賃借権等として有する）。準共有持分の形で有する場合のみ本条の適用がある。

また、たとえば、ＡＢが区分所有する建物の敷地がＡＣの共有である場合には、Ｂの敷地利用権は地上権、賃借権等であるが、Ａの敷地利用権は権利関係の如何により異なる（たとえば、ＡＣを賃貸人、ＡＢを賃借人とする賃貸借関係がある場合には、Ａの敷地利用権は所有権ではなく賃借権となる。なお、借地借家法15条1項参照）。この場合には、敷地利用権をＡＢで有する関係にあり、本条の適用がある。

〔3〕 「専有部分に係る敷地利用権」

「専有部分に係る敷地利用権」とは、区分所有者が自己の専有部分を所有する

第1章　建物の区分所有　第3節　敷地利用権

ための建物の敷地に関する権利である。区分所有者が一つの専有部分のみを有するときは、その者の有する敷地の共有持分または敷地を目的とする地上権、賃借権等の準共有持分がこれに当たる。これに対して、区分所有者が数個の専有部分を有する場合には、当然に各専有部分に対応する複数の敷地利用権が存するわけではなく、一つの共有持分または準共有持分として敷地利用権が存在するに過ぎず（後記〔7〕参照）、この一つの共有持分または準共有持分が本条1項でいう「専有部分に係る敷地利用権」に当たる。数個の専有部分を有する区分所有者が、その一部を処分する場合には、その一部の専有部分と一体的に処分することを要する敷地利用権の割合が明らかでなければならないが、これについては本条2項で規定する。

ところで、たとえば、建物をABで区分所有し、その建物の敷地をABCで共有している場合において、区分所有者でない敷地の共有者Cが新たにBの専有部分とその専有部分に係る敷地利用権たる共有持分を取得したときは、その者が従前から有する敷地の共有持分は、その「専有部分に係る敷地利用権」には当たらない。したがって、Cが従前から有する敷地の共有持分は、Cの取得した専有部分と分離して処分することができる。

〔4〕　**禁止される処分**

専有部分と敷地利用権とを分離してすることができない「処分」とは、譲渡、抵当権の設定、質権の設定などのように、専有部分と敷地利用権とについて一体的にすることができる法律行為としての処分である。信託、出資、遺贈、遺産分割も同様に考えるべきである。

(1)　処　分

本条での「処分」は、法律行為としての処分、すなわち、当事者の意思表示に基づいて一定の権利変動が生じるものに限定される。時効取得（民法162条）や不動産の先取特権の成立（民法325条）のように一定の事実に基づき法律の規定によって生じる権利変動は、「処分」には該当しない（濱崎・解説172）。なお、このような事由によって専有部分または敷地利用権の一方のみについて権利の移転が生じたときは、当該敷地利用権は専有部分との関係で敷地利用権でない権利となる（たとえば、敷地の一部を占有してその所有権を時効取得した場合には、当該敷地利用権は敷地利用権でなくなる）。しかし、両者について一体的に権利の移転が生じたときは、敷地利用権たる性質は継続する（たとえば、専有部分を時効取得したとき

は、併せて敷地利用権も時効取得したものと解され、その敷地利用権たる性質は継続する）。

(2) 一体的にすることができる処分

本条での「処分」は、専有部分と敷地利用権の処分を一体的にすることができるものに限られる。法律上または性質上、専有部分と敷地利用権を一体としてすることができない処分は、本条の適用を受けず、両者を分離して処分することができる。

敷地利用権が賃借権または使用借権である場合の債務不履行による解除は、一体的にすることができる処分ではないから、本条の適用を受けない。

敷地利用権が賃借権である場合には、賃借権を目的とする抵当権の設定は現行法上認められないから、専有部分のみを目的として抵当権を設定することができる（その抵当権が実行され競売された場合については後述〔5〕(4)）。

また、専有部分についての賃借権の設定、敷地についての地上権の設定（たとえば、敷地の地下に地下鉄敷設のために区分地上権〔民法269条の2〕を設定する場合）、敷地についての賃借権の設定（たとえば、敷地の一部または規約敷地を駐車場として賃貸する場合）などは、性質上両者を一体的に処分することができないものであるから、それぞれ一方のみを目的として設定することが可能である（濱崎・解説172）。

〔5〕 **分離処分の禁止**

「分離して処分することができない」とは、専有部分と敷地利用権とを分離してその一方のみを処分することや、それぞれについて異なる内容の処分をすることができないという意味であり、このような処分が行われた場合には、無効となる（ただし、その無効の主張については、23条の制限がある）。たとえば、専有部分または敷地利用権の一方に限ることを明示して売買等の譲渡がなされたり、抵当権の設定がなされた場合（ただし前記〔4〕(2)参照）には、その譲渡行為や設定行為は無効となる。また、専有部分に抵当権を設定すると共に敷地利用権に質権を設定するような場合にも、これらの処分は無効となる。

共有である敷地の分割請求（民法256条）は、専有部分と分離してなされる持分の処分に該当するから認められない。マンション標準管理規約（30条の注釈〔4〕参照）は、以下の点を確認的に規定する（同規約〔単棟型〕11条1項・2項）。

第1章 建物の区分所有 第3節 敷地利用権

(1) 専有部分を目的とした処分と敷地利用権

専有部分について処分がなされた場合に、民法87条2項の規定（「従物は、主物の処分に従う」）によって、敷地利用権も同時に処分されたものとして取り扱うべきか。

この点について、「改正要綱」では、共用部分共有持分と専有部分との関係に関する規定（1962年法11条1項。1983年改正法15条1項）にならって、「敷地利用権は、専有部分の処分に従うものとすること」（第一・二・(1)）とされていたが、法律案では、この条項は削除された。削除された理由について、法務省立法担当者は、土地と建物とを別個独立の不動産とするわが国の法制上、両者の間に一般的な主従の関係があるものとすることは適当でなく、両者の一体性の制度は、その分離処分の禁止さえ確保すれば達成できる、と説明する。そして、専有部分についての処分の意思表示がなされた場合に、その効力が敷地利用権に及ぶかどうかは、当該敷地利用権が民法87条2項の適用の対象になるかどうかの解釈論または意思解釈の問題に委ねれば足りる、という（濱崎・解説68、174）。

専有部分について処分の意思表示がなされた場合に、土地と建物とを別個独立の不動産とするわが国の法制（この点につき、稲本・顛末概要32以下）のもとでは、専有部分と敷地利用権とを直ちに一体をなすものと見る解釈をとるべきではないが、しかし、賃借権が敷地利用権であるときは、専有部分のみを処分する明示の意思表示がある場合は別として、専有部分と敷地利用権との関係を主物・従物の関係に準じた関係（主たる権利と従たる権利の関係）と見て、民法87条2項の準用を認めるべきである。

これに対して、敷地利用権のみについて処分の意思表示がなされた場合には、上記の主たる権利・従たる権利の関係に立たないから、専有部分と分離して処分がなされたと見て、当該法律行為を無効とすべきである。

(2) 民法612条の適用

敷地利用権が賃借権であって、専有部分を敷地利用権と分離して処分することができない場合には、区分所有者は、専有部分を譲渡するに当たって、賃借権譲渡についての賃貸人の承諾またはこれに代わる裁判所の許可（借地借家法19条1項）を得なければならない。これらが得られないときには、専有部分の譲渡もすることができない。これらが得られずに専有部分を譲渡した場合には、賃借権も従たる権利として譲渡されたことになり（前記(1)参照）、譲受人に敷地の利用をさ

せたときには、民法612条2項の適用の可能性が生ずる。
　(3)　敷地利用権が使用貸借契約上の権利である場合
　敷地利用権が使用貸借契約上の権利（使用借権）である場合には、専有部分のみの譲渡ができるか否かが問題となる。法務省立法担当者は、使用借権の移転は民法上予定されておらず（民法612条1項の規定に対する同594条2項の規定）、また、仮に使用借権の移転を認めるにしても、それは貸主の完全な自由に委ねられていることから、使用借権には一般的に譲渡性がないとする。そして、敷地利用権が使用借権である場合には、本条の適用はなく、専有部分のみの譲渡ができると解している（濱崎・解説172）。しかし、期間の定めのある使用借権については、貸主の承諾を条件として譲渡性を認めた上で（山中・新版注民(15)107参照）本条の適用を認め、専有部分のみの譲渡はできないと解すべきであろう。なお、専有部分の譲渡に伴う使用借権の譲渡に当たって、使用借権を賃借権に更改したり、使用借権をいったん消滅させて新たに賃借権を設定すると解してよい場合も少なくないであろう。
　(4)　競売における分離執行の禁止
　執行裁判所が債権者または担保権者のために強制執行または担保権の実行としてする競売に当たっても、専有部分と敷地利用権を分離して処分することはできない。差押えや仮差押えも同様である。ただし、専有部分と敷地利用権を分離処分できない関係が生ずる前にその一方のみを目的として担保権の設定がされていたときは、その実行としての差押えおよび競売は、担保権の目的となっている一方のみについて行うことができる（たとえば、区分所有建物の敷地になる前に土地上に抵当権が設定されていたときは、敷地たる土地のみについての抵当権の実行・競売が可能である）。
　敷地利用権が賃借権である場合には、前述（〔4〕(2)）のように、専有部分のみを目的として抵当権を設定することができるが、抵当権が実行され競売がなされる場合には、上記のように、専有部分と敷地利用権を分離して処分することはできない。専有部分の競売によって第三者（買受人）がその所有者になったときは、第三者は専有部分の従たる権利として賃借権たる敷地利用権を取得するので、ここでは、当該区分所有者から第三者への賃借権の譲渡の問題が生じる。すなわち、第三者が賃貸人から譲渡についての承諾を得るか、その承諾に代わる裁判所の許可（借地借家法20条）が必要となる。

〔6〕 規約による分離処分の許与

本条1項本文で定める、専有部分と敷地利用権の一体性は、規約によって排除することができる（本条1項ただし書）。この規約は、区分所有者が設定する場合（31条）のほか、最初に専有部分の全部を所有する者が公正証書によって設定する場合がある（32条）。

(1) ただし書の趣旨

専有部分と敷地利用権の分離処分禁止を、規約によって排除することができるとした理由は、①小規模の区分所有建物については、建物と敷地利用権との間の一体的関係も実質上強いものとはいえないことと共に、また、区分所有建物の敷地の登記簿の混乱（前記〔1〕(1)参照）もさほど生じる心配のないこと、②大規模な区分所有建物にあっても、例外的に分離処分をすることが必要な場合があることである、と説明される（濱崎・解説177）。分離処分をすることが必要な場合とは、たとえば、一筆の土地の所有者が地上に2棟の区分所有建物を建築する計画のもとにまず1棟目を建築して分譲するときに2棟目の建物のための敷地利用権を留保しておくために、敷地利用権たる所有権の一部を1棟目の建物の専有部分と一体的に処分しないことが必要であるような場合である。

(2) 権利の一部についての許与

規約による定めは、敷地利用権たる権利の全部についてのみならず、敷地利用権たる権利の一部（前記(1)②の例示の場合など）についてすることもできる。

(3) 分離処分禁止が及ばない場合の規約による禁止の効力

敷地利用権が分有の土地の所有権、地上権、賃借権、使用借権の場合には、本条1項の分離処分の禁止は適用されない。このような場合に、前述とは逆に、規約で分離処分の禁止を定めることができるか。結論を先にいえば、消極的に解すべきである。分離処分の禁止は現行法上別個の不動産である土地と建物についてその個別・自由な処分を禁止するものである以上、その許容は財産権の尊重の原則に対する例外を設けるものであって本来制限的に解すべきであるが、専有部分への敷地利用権の従属性ないし一体性が比較的希薄で一般の戸建建物とその敷地との関係に近く、また建物の表示の登記と敷地のそれとの照合の困難という問題が原則として生じない「分有」方式の区分所有建物にはこの例外を認める理由が薄い。

区分所有法は、区分所有者の共通の利益または個々の区分所有者の固有の利益

を保護するため強行法の性質を有する規定を数多く定めているが、そのうち若干のものについては区分所有者の規約で定める場合に限り特段の定めをなし得ることを明文をもって規定した（必要的〔絶対的〕規約事項。30条の注釈〔3〕(1)）。このことから明らかなように、区分所有法が区分所有者の自由に委ねていることがらについて区分所有者の議決によって制限を加えるためには、①その旨を規約によって定めること、および②そのことが明文をもって許容されていることが必要である。この理に従えば、区分所有法上分離処分が認められるケース（敷地利用権が分有である場合）において、区分所有者全員を拘束する規約の定めを法定の議決要件に従って定め得るとするためには、その旨を認める明文の根拠が必要となるが、そのような規定が存在しない限り、法律上許容された分離処分を規約上であらためて禁止することはできない、というべきである。

〔7〕 **数個の専有部分を所有する場合**

本条1項本文の場合、すなわち、敷地利用権が数人で有する所有権その他の権利である場合において、区分所有者が数個の専有部分を所有するときは、当然に各専有部分に対応する複数の敷地利用権が存在するものではなく、数個の専有部分全体に対応する形での一つの共有持分または準共有持分があるに過ぎない。したがって、数個の専有部分を別個に処分する場合に本条1項本文の規定を適用するに当たっては、その処分される専有部分と一体的に処分される敷地利用権の割合が定まっていることが必要である。

そこで、このような場合において、各専有部分に係る敷地利用権の割合は、規約による別段の割合の定めがない限り、14条1項から3項までに定める割合、すなわち、内側計算による専有部分の床面積割合による、とした（本条2項）。

14条4項は引用されていないので、同条項による規約で別段の定めがあっても、本条2項の適用においては、その定めは考慮されない。14条4項に基づく別段の定めは共用部分共有持分の割合に関しての定めであるから、各専有部分に係る敷地利用権の割合に関しては、当然に意味を有するものではないからである。各専有部分に係る敷地利用権の割合について、14条1項から3項までに定める割合と異なる割合を定める場合には、本条2項ただし書に基づいて規約によって定めなければならない。14条の注釈〔6〕(2)参照。

〔8〕 **敷地利用権の割合についての規約による定め**

各専有部分に係る敷地利用権の割合について、14条1項から3項までに定める

割合と異なる割合を規約で定めることができる（本条2項ただし書）。内側計算による専有部分の床面積割合ではなく、専有部分の価格割合によって割合を定めた規約等が考えられる。本条2項ただし書の規約も、区分所有者による設定（31条）のほか、最初に専有部分の全部を所有する者の公正証書による設定が可能である（32条）。

本条2項ただし書の「規約でこの割合と異なる割合が定められているときは」（「この割合」は、2項本文の「第14条第1項から第3項までに定める割合」を指す）という規定について法務省立法担当者は、規約においては、「○号室には○分の○」のように、各専有部分ごとの敷地利用権の割合自体を定めることを要するとし、壁心計算による専有部分の床面積割合によるといった抽象的な定め方では足りない、と述べる（濱崎・解説180）。しかし、必ずしも具体的割合が示されていなくても、結果としてそれが明らかになるような定めであれば（たとえば、壁心計算に基づく専有部分の床面積割合によると規定し、他方で各専有部分および全専有部分の壁心計算による床面積が示されているような定め）、そのような規約を無効とする必要はない。

規約で特別に定める敷地利用権の割合は、14条4項に基づいて規約で定める共用部分共有持分と一致させる必要はない。14条の注釈〔6〕(2)参照。

〔9〕 **本条1項および2項の準用**

本条1項および2項の規定は、建物の専有部分の全部を所有する者の敷地利用権が単独で有する所有権その他の権利である場合に準用される（本条3項）。

(1) 準用の趣旨

本条1項の適用に当たっては、「敷地利用権が数人で有する所有権その他の権利である場合」に限定されるので、敷地利用権が単独で有する所有権その他の権利である場合においては、その適用要件を欠くことになる。そうすると、土地について単独で所有権等の権利を有する者が、地上に区分所有建物を建築してその専有部分の全部を原始的に所有しているような場合においては、その各専有部分と敷地利用権とが分離して処分されることが許されることになってしまう。このような場合においても、各専有部分とその敷地利用権が一体的に譲渡されることが望ましく、本条1項の適用を排除する合理的理由は何もない。そこで、本条3項では、本条1項および2項の規定は建物の専有部分の全部を所有する者の敷地利用権が単独で有する所有権その他の権利である場合に準用される、と規定した。

本条3項が適用されるのは、敷地利用権を単独で有する者が「専有部分の全部を所有する」場合である。すなわち、建物において区分所有関係が生じていることが前提となる。区分所有関係がいつ生じるかについては、1条の注釈〔6〕(3)を参照のこと。

(2) タウンハウスの場合

一部のタウンハウスにおいて見られるように、区分所有建物の敷地が各専有部分ごとに区画されて一筆とされ、各区分所有者がその区画について、単独で、所有権、地上権、賃借権などを敷地利用権（分有形式の敷地利用権）として有している場合には、本条3項の適用がなく、したがって、本条1項の規定が準用されることはない（前記〔2〕(2)参照）。しかし、このようなタウンハウス形式の建物を新築して、その専有部分全部を単独で所有し、かつ、単独で所有する土地を各専有部分ごとに分筆して譲渡することを予定する場合には、本条3項の適用があり、したがって、本条1項および2項の規定が準用される。この場合には、「専有部分の全部を所有する者の敷地利用権が単独で有する所有権その他の権利である場合」に該当するからである。

その結果、各専有部分を分譲する場合に、それに対応する敷地利用権を分離して処分することができない。ただし、この場合に、分有形式の敷地利用権の譲渡は、当該譲受人以外の譲受人との関係では、分離処分となると解して本条1項ただし書の規約の設定を必要とするか、または分離処分に当たらないとして規約を設定することを要しないとするかは議論の余地があろう。法務省立法担当者は、本条1項ただし書の規約を定めることが必要である（濱崎・解説182）と解しているが、分有形式をもって分離処分と見る必要はなく、規約による定めを要しないと解すべきである。

(3) 敷地利用権共有者による専有部分全部の共有

土地を共有し、または地上権、賃借権を準共有する者が、その地上に区分所有建物を新築して、その専有部分全部を共有する場合に、本条3項の適用があるか。法務省立法担当者は、本条1項および2項の規定が直接に適用されるのではなく、本項で規定する場合と実質上事態が異ならないから、本項の規定が（類推）適用され、このことによって本条1項および2項の規定が準用されるべきであると解している（濱崎・解説182）。妥当であろう（なお、東京地判平4・5・6判時1453-137・判タ801-175参照）。

第1章　建物の区分所有　第3節　敷地利用権

(分離処分の無効の主張の制限)
第23条[1]　前条第1項本文(同条第3項において準用する場合を含む。)の規定に違反する専有部分又は敷地利用権の処分については、その無効を善意の相手方に主張することができない[2]。ただし、不動産登記法(平成16年法律第123号)の定めるところにより分離して処分することができない専有部分及び敷地利用権であることを登記した後に、その処分がされたときは、この限りでない[3]。

〔1〕　本条の趣旨

22条1項本文(同条3項において準用する場合を含む。以下においても同様である)は、専有部分とその専有部分に係る敷地利用権の分離処分を禁止している。この規定に違反する処分は、無効である(ただし、専有部分についてのみ処分の意思表示がなされ、かつ、敷地利用権が賃借権である場合には、民法87条2項の類推適用によって処分の効力が敷地利用権にも及び、当該処分は両者一体のものとして有効である。このことは、22条の注釈〔5〕(1)で述べた)。

上記のように22条1項本文に違反する処分は無効とされるが、登記簿上の公示がなされていないために、相手方が専有部分と敷地利用権を分離して処分することができない関係にあることを知らないでその一方のみの処分を受けた場合に、当該処分が無効とされると、相手方は不測の不利益を蒙ることになる。そこで、本条は、分離処分ができない専有部分と敷地利用権であることの登記がなされる前においては、分離処分の無効を善意の相手方に主張することができない旨を規定した。そのような登記がなされた後においては、相手方が不測の不利益を受けることにならないため、善意・悪意を問わず、無効を主張することができる(後記〔3〕参照)。

〔2〕　無効の主張の制限

22条1項本文(同条3項において準用する場合を含む)の規定に違反してなされた専有部分とその専有部分に係る敷地利用権の分離処分は無効である(22条の注釈〔4〕〔5〕参照)。しかし、処分の相手方(買受人、抵当権の設定を受けた者、差押債権者等)が善意であったときは、処分者は、その無効をこの者に対して主張することができない。なお、処分者が無効の主張をすることができないだけであって、善意の相手方から無効を主張することは妨げない。

(1) 善　意

「善意」とは、ここでは、当該処分が分離処分禁止に違反するものであることを知らないことをいう。専有部分とその専有部分に係る敷地利用権とが一体性の制度（22条の注釈〔1〕参照）に服することを知らなかった場合または22条1項本文ただし書（同条3項において準用する場合を含む）の規約の定め（分離して処分することができる旨の定め）が廃止されたことを知らなかった場合等がこれに当たる。前者の場合としては、区分所有建物であることを知らなかった場合、区分所有建物の敷地であることを知らなかった場合（主として規約敷地について）、分有形式の敷地利用権（22条の注釈〔2〕(2)参照）と信じた場合等が考えられる。

本法によって分離処分の禁止が定められていることを知らない場合（法の不知）は、善意には当たらない。

善意の主張・立証は、それを援用する相手方がしなければならない。

(2) 無過失

法文上は「善意」と規定しているが、分離処分禁止に違反する処分であることを知らなかったことについて過失がある場合にも、本条の適用によって相手方は保護されるか。法務省立法担当者（濱崎・解説212）は、専有部分と敷地利用権の一体性の制度は、両者の権利帰属の分離をできるだけ回避しようとの立法政策に基づくものであるから、両者の関係を容易に知り得たのにこれを知らなかった場合には本条の適用はない、という（これに対して、高柳・改正75および法務省・マンション法134は、これを善意・無過失としている。なお、学説では、月岡・敷地利用120が、善意・無過失としている）。

このような見解に対して、敷地権の登記がなされる以前に分離処分を受けた相手方は、自らの善意だけを証明できれば、本条による保護を享受し得るとする学説がある（石田・旧基本コンメ42）。本条ただし書が敷地権登記後の分離処分をすべて無効としているのは、このような客観的基準をもって取引安全の限界を画することにより過失の有無をめぐる煩わしい争いを回避しようという考えによるものと推測することができ、したがって、敷地権の登記前においては善意・悪意だけを問題にすれば足り、過失は問題とする必要はない、というのである。

しかし、本条ただし書は、客観的基準をもって取引安全の限界を画することにより過失の有無をめぐる煩わしい争いを回避しようとの目的から規定されたのではなく、立法政策上、分離処分をできるだけ認めるべきではないとの観点から定

められたものである。そうであるとすれば、有過失を問わないとすることはできず、信頼保護との調和という観点から、善意・無過失を相手方保護の要件とすべきであると解する。

(3) 転得者

本条の「善意の相手方」からさらに処分を受けた者は、善意・悪意を問われることなく、有効に権利を取得する。

〔3〕 登 記

不動産登記法に従って、専有部分についてはその表示の登記事項としての敷地権の表示の登記（不登法44条1項9号）がなされ、敷地利用権についてはその土地の登記記録への敷地権である旨の登記（不登法44条1項9号、46条）がなされた後は、専有部分と敷地利用権の分離処分は、相手方が善意であっても、絶対的に無効である。

(1) 登記事項

本条でいう、「不動産登記法（平成16年法律第123号）の定めるところにより分離して処分することができない専有部分及び敷地利用権であることを登記」するとは、上記の、区分建物（専有部分）の表示の登記における敷地権の表示と、敷地の登記簿への敷地権である旨の登記をすることである。この両登記によって、区分建物（専有部分）と敷地利用権との一体性、すなわち両者を分離して処分することができない旨が公示される。なお、敷地権付き区分建物（専有部分）についての所有権または担保権に係る権利に関する登記は、原則として、土地の登記記録への敷地権である旨の登記（不登法46条）をした土地の敷地権についてされた登記としての効力を有する（不登法73条1項本文。なお同項ただし書および2項・3項参照）。

(2) 登記前の分離処分の効力

22条1項本文（同条3項において準用する場合を含む）の規定に違反してなされた専有部分と敷地利用権の分離処分であっても、一体性の登記がなされる前で、かつ、相手方が善意であるときは、当該処分は有効なものとして権利変動が生じる。この場合において、この権利変動と一体性の関係とは対抗関係に立つものではないので、分離処分がなされ、その権利変動について登記をする前に上記の一体性を公示する登記がなされても、相手方の権利の取得に影響を及ぼさない。

この場合について、法務省立法担当者は、「その処分が専有部分又は敷地利用

権の移転であれば、一体性の関係が登記されたままではその移転の登記をすることはできない（旧不登法110条ノ13第1項本文、2項前段）が、登記された敷地権は実体上敷地権でなかった（専有部分の所有者が有する権利ではなかった）のであるから、建物の表示の更正の登記として敷地権の表示を朱抹し、敷地権たる旨の登記を抹消する手続を経た上、その移転の登記をすることができる（もとより、その登記をするには、処分者の協力又は債務名義を要する。）。他方、その処分が担保権の設定であるときは、登記された敷地権が実体上敷地権であることに変わりはないのであるから、直接の条文上の根拠を欠くが、旧不動産登記法140条ノ2第1項ただし書、2項後段の場合に準じて、一体性の関係を登記したまま、区分建物のみを目的とし、又は敷地権を目的とする担保権の設定の登記をすることができる」（濱崎・解説211）と述べているが、正当であろう。

（民法第255条の適用除外）
第24条 第22条第1項本文の場合には、民法第255条（同法第264条において準用する場合を含む。）の規定は、敷地利用権には適用しない。

〔1〕 **本条の趣旨**
本条は、専有部分の敷地利用権が区分所有者の共有または準共有の関係にある場合（22条1項本文の場合）において、民法255条の規定（「共有者の1人が、その持分を放棄したとき、又は死亡して相続人がないときは、その持分は、他の共有者に帰属する」）を適用しない旨を定める。民法255条を適用すると、専有部分と敷地利用権とが各別の者に帰属するという好ましくない事態（後記〔2〕参照）が生じるためである。

〔2〕 **民法255条**
民法255条は、共有者の一人がその持分を放棄し、または相続人なくして死亡したときは、その持分は、他の共有者に帰属するものと定めている（この規定は、民法264条によって所有権以外の財産権の準共有の場合にも準用される）。その結果、敷地利用権が区分所有者の共有または準共有の関係にある場合（22条1項本文の場合）に区分所有者が専有部分と敷地利用権とを放棄したとき（放棄は、22条1項本文の「処分」に該当し、一方のみを放棄することは分離処分に該当するから、そのような放棄はできない）は、専有部分は無主の不動産として国庫に帰属する（民法

第1章　建物の区分所有　第3節　敷地利用権

239条2項）のに対して、敷地利用権は他の共有者に帰属することになる。また、区分所有者が相続人なくして死亡すると、専有部分は、家庭裁判所の審判によって特別縁故者に分与することができる（民法958条の3）。この分与がなされなかったときは、専有部分は国庫に帰属する（民法959条）が、敷地利用権は他の共有者に帰属することになる（本条の立法当時の登記実務は、民法255条が民法958条の3に優先して適用されるので敷地利用権の共有持分が特別縁故者へ分与される余地はないと解していた〔22条の注釈〔1〕(1)③参照〕、今日の判例は、その共有持分は、民法958条の3の規定に基づき特別縁故者へ分与され、その分与がなされないときに初めて民法255条により他の共有者に帰属すると解する〔最判平1・11・24民集43-10-1220〕）。いずれの場合も、民法255条が適用されるとなれば、専有部分と敷地利用権の権利者が分かれることとなる。このような結果は、本法で採用した専有部分と敷地利用権の一体性の制度に照らして相当でない。

　敷地利用権の共有関係については、民法で規定する一般の共有関係の場合とは異なり、専有部分と切り離して敷地利用権のみを他の共有者に帰属させるべき実質的理由がない。したがって、民法255条の適用は排除されるべきであり、本条は、その理を法文上明確にするために定められた。

(1)　国庫への帰属

　民法255条（同264条において準用する場合を含む）の規定が敷地利用権には適用されないことによって、専有部分と敷地利用権を共に放棄した場合には、両者とも国庫に帰属する。また、区分所有者が相続人なくして死亡した場合には、専有部分と敷地利用権は、家庭裁判所の審判により一体的に特別縁故者に分与される（分与は、22条1項本文の「処分」に該当し、専有部分と敷地利用権の一方のみについてすることはできないと解される）か、その分与がなされなかったときは共に国庫に帰属する。

(2)　分離処分が可能な場合

　専有部分と敷地利用権たる共有持分または準共有持分とを分離して処分することができる場合（22条1項ただし書に規定する場合および一体性の制度が適用されない1983年改正法施行前にすでに存在する区分所有建物の場合）には、当然に敷地利用権たる共有持分または準共有持分のみを放棄することができる。その場合に、民法255条の適用があるか。本条では、「第22条第1項本文の場合には、民法第255条の規定は、……適用しない」としていることの反対解釈として、民法255条の

§24〔2〕

適用は肯定されよう（石田・旧基本コンメ43。高柳・改正76は、民法255条の適用を肯定する余地がなお残されていると述べる）。

　このような分離処分が可能な場合において、区分所有者が相続人なくして死亡したときに、被相続人の敷地利用権たる共有持分または準共有持分について民法255条の適用が肯定されるとすれば、家庭裁判所は、敷地利用権を専有部分と共に特別縁故者に対して分与すること（民法958条の3）はできないと解すべきか。本条は、このような場合に、民法255条と民法958条の3との適用関係については明らかにしていない。しかし、相続財産の分与について特別縁故者から請求があった場合に、民法255条が存在するからといって、敷地利用権たる共有持分または準共有持分のみをその相続財産の範囲から除外して他の共有者に帰属させるという実質的な根拠は乏しいことから、この共有持分等についても専有部分と共に特別縁故者に対する分与（民法958条の3）の目的とすることができ、そのような分与が行われた場合には当該共有持分等は他の共有者に帰属しなかったものと解すべきである（22条および24条からの類推解釈。前掲最判平1・11・24民集43-10-1220参照。なお、特別縁故者への分与と民法255条との適用関係については、石田・旧基本コンメ43にかなり詳細な展開がある）。

第1章　建物の区分所有　第4節　管理者

第4節　管　理　者

（選任及び解任）
第25条　区分所有者は、規約に別段の定めがない限り集会の決議によって、管理者を選任し、又は解任することができる。
2　管理者に不正な行為その他その職務を行うに適しない事情があるときは、各区分所有者は、その解任を裁判所に請求することができる。

〔1〕　**本条の趣旨**
　本条から29条までは、管理者に関する規定である。本条は、1962年法17条を受け継いだ規定で、管理者の選任および解任について定める。
　(1)　団体の機関としての位置づけ
　3条前段は、「区分所有者は、全員で、建物並びにその敷地及び附属施設の管理を行うための団体を構成し、この法律の定めるところにより、集会を開き、規約を定め、及び管理者を置くことができる」と規定している。共用部分等の管理を行うのは、区分所有者全員であるが、実際上、共用部分等の管理行為を区分所有者全員で共同して行うことは困難であることが多い（特に区分所有者が多数である場合には、極めて困難である）。そこで、管理を円滑に行うためには、一定の範囲の管理行為については特定の者に権限を与えて管理を行わせることが望ましい。同条は、このような趣旨から、「この法律の定めるところにより、……管理者を置くことができる」と定めた。ここでいう「この法律の定めるところ」の管理者の設置に関する規定が、本条である。
　(2)　1962年法
　1962年法が定められる以前は、管理者の選任および解任には、区分所有者全員の合意（またはその全員との契約）が必要であり、また、区分所有者が一人でも変更した場合にはその特定承継人の同意（またはその承継人との契約）が必要であった（川島・解説(下)1237）。しかし、1962年法17条1項は、管理者の選任および解任は、規約に別段の定めがない限り集会の決議によって可能であることを定め、管

理人の選任および解任を容易にした。本条1項は、これを受け継いだ。また、1962年法17条2項は、管理者に不正な行為その他その職務を行うに適しない事情があるときは、各区分所有者は、集会の決議を必要とせずに、単独でその解任を裁判所に請求することができることを規定した。本条2項は、これを受け継いだ。

(3) 管理者選任の任意性

本条1項は、「区分所有者は、……管理者を選任し、又は解任することができる」と規定している。また、3条でも、「区分所有者は、全員で、……管理者を置くことができる」と規定しているように、本法は、区分所有者に、管理者を置くことを義務づけているのではない。管理者を置くかどうかは任意である。実際にも、区分所有者の数が少ないときなど管理者を置く必要のない場合も少なくない。

〔2〕 選任等の方法

管理者の選任および解任は、規約に別段の定めがない限り、集会の決議によって行う。

(1) 集会の決議

集会の決議は、規約に別段の定めがない限り、区分所有者および議決権の各過半数で成立する（39条1項。なお、45条1項）。なお、管理者の選任および解任について区分所有者全員の書面または電磁的方法による合意があったときは、集会の決議があったものとみなされる（45条2項。なお、東京地判平5・11・29判時1499-81および東京地判平5・12・3判タ872-225参照）。ところで、判例上、マンション管理組合の臨時総会における役員（管理者）選任決議が総会招集手続および定足数に関する規約に違反したとしてその決議の無効確認を求める訴えは、その後の管理組合総会で同一役員を信任する旨の決議が有効になされたときは確認の利益を失う、としたものがある（大阪地判昭61・6・19判時1234-116・判タ621-210）。

(2) 集会の招集

集会は、通常、管理者が招集する（34条1項）。管理者を解任する集会の招集についても同様である。管理者自身が招集することを妨げない。また、区分所有者の5分の1以上で議決権の5分の1以上を有する者は、管理者に対して、管理者を解任する集会の招集を請求することができる（34条3項本文）。なお、この定数は、規約で減ずることができる（同項ただし書）。

管理者を初めて選任する集会の招集については、管理者は存在しないから、区

第1章 建物の区分所有　第4節　管　理　者

分所有者の5分の1以上で議決権の5分の1以上を有する者が招集する（34条5項本文）。この定数も、規約で減ずることができる（同項ただし書）。

(3) 規約に定めがある場合

　管理者の選任および解任について規約に別段の定めがあれば、その定めに従って管理者の選任または解任を行う。規約で特定の者を管理者と定める場合や、規約で選出方法を定める場合（たとえば、各区分所有者が年度ごとに順番に管理者となる旨の定めや、管理者は集会の決議によって区分所有者のうちから選任される旨の定めなど）がある。

〔3〕　**管理者**

　管理者とは、区分所有建物の共用部分ならびに21条に定める当該建物の敷地および附属施設を保存し、集会の決議を実行し、または規約で定めた行為を行い（26条1項）、これらの職務に関して区分所有者を代理する権限を有する者である（26条2項）。規約に別段の定めがない限り、区分所有者の集会の決議によって選任される（本条1項）。

(1) 管理者となり得る者

　管理者は、区分所有者である必要はない。また、自然人であると法人であるとを問わない。区分所有建物の管理の受託を業とする法人企業（管理会社）であってもよい。

　管理者は、一人に限る必要はなく、複数であってもよい。複数の管理者を選任した場合には、それぞれが単独で本法上の管理者としての行為をすることができる。複数の管理者間の権限の制限または職務の分担等については、集会の決議または規約で定めることが必要である。

(2) 理事長と理事会方式（標準管理規約）

　区分所有者が管理組合を設立し、その総会（集会）において、または規約の定めに従って代表者として理事長を選任した場合には、その者は、本条の管理者となるか。当該代表者は、本法の要件（31条、39条、本条1項等）を満たす限り、その名称の如何を問わず本条の管理者となる（3条の注釈〔1〕(1)参照）。管理者の名称を用いる必要はない。

　なお、マンション標準管理規約（30条の注釈〔4〕参照）は、管理組合の総会で組合員の内から数名の理事および監事が選任され、さらに理事の互選で理事長等が選任されるとし（同規約〔単棟型〕35条）、「理事長は、区分所有法に定める管

理者とする」(同38条2項)と定めている。このような管理の方式は、区分所有法が想定する「管理者方式」に対して、一般に「理事会方式」と呼ばれ、わが国ではこの方式が現実には多く行われている。マンション標準管理規約によれば、組合員のうちから選任された役員(理事および監事)のうちの理事によって理事会が構成され(同51条1項)、理事が理事会の定めるところに従い、管理組合の業務を担当する(同40条1項)。理事長は、管理組合を代表する(同38条1項)と共に、理事会を招集し(同52条2項)、その議長を務める(同51条2項)。理事会の会議は、理事の半数以上が出席しなければ開くことができず、その議事は出席理事の過半数で決する(同53条)。理事会は、規約で定める、収支決算案、事業報告案、収支予算案および事業計画案や、総会提出議案などについての事項を決議する(同54条)。

(3) 管理者の職務

　管理者は、共用部分等を保存し、集会の決議を実行し、規約で定めた行為をする権利を有し、義務を負う(26条1項)。規約に別段の定めがない場合において、管理者は管理業務の執行に当たり、その一部を第三者(管理会社など)に委託して執行することができる。第三者への管理業務の委託は、本来、共用部分等の管理に関する事項であるから、第三者への全面委託または全面委託禁止を決定するには、集会の決議(普通決議)によって決する必要がある(18条1項本文、21条)。

　管理者ないし管理組合が管理会社等に管理業務を委託する契約は、管理委託契約と呼ばれている。管理業務の委託内容としては、事務管理業務、管理員業務、清掃業務、設備管理業務などがある(昭和57年1月28日住宅宅地審議会答申「中高層共同住宅標準管理委託契約書」参照。同契約書は2003〔平15〕年4月に改訂され、名称も「マンション標準管理委託契約書」に改められた)が、これらを一括して委託する場合と、その一部のみを委託する場合とがある。

〔4〕 **管理者の選任**

　区分所有者は、規約に別段の定めがない限り、集会の決議(普通決議〔39条〕)によって、管理者を選任することができる。

　規約の定めまたは集会の決議によって選任された管理者は、当然に管理者となるのではなく、選任された者の承諾によって管理者となる(28条、民法643条)。学説の中には、選任された者の承諾後に、区分所有者全員と管理者となるべき者との間に、あらためて委任ないし委任類似の契約の締結が必要であると説く見解

(澤野・旧基本コンメ46) があった。しかし、選任についての規約または集会の決議は、区分所有者全員に効力を及ぼす（3条の注釈〔1〕(1)参照）のであるから、選任された者の承諾があれば法律上はそれで足り、その者と区分所有者全員とであらためて委任ないし委任類似の契約を締結する必要はない（澤野・基本コンメ51は、このように改説）。契約を締結しても、確認的意味を有するにとどまる。

なお、前記〔3〕(2)のように、マンション標準管理規約では、「管理者」とされる理事長は、集会の決議で選任されるのではなく、集会決議により理事が選任され、理事会において理事の互選で選任される（同規約〔単棟型〕35条）。

〔5〕 **管理者の解任**

区分所有者は、規約に別段の定めがない限り、集会の決議（普通決議〔39条〕）によって、管理者を解任することができる。

(1) 期間中の解任

管理者について任期の定めがある場合でも、期間の中途で管理者を解任することができる（28条、民法651条1項）。管理者が規約上で直接に選任された場合には、規約に別段の定めがない限り、規約の変更の手続（31条1項）によって解任することが必要である。

管理者を解任するに当たって、本条2項で規定するような特別の解任理由は必要としない。ただし、期間の中途で解任する場合には、やむを得ない事由があるときを除いて、区分所有者は、管理者が解任によって蒙る損害を賠償することが必要である（28条、民法651条2項）。たとえば、規約等で管理者の任期と報酬の支払いを定めていたような場合には、任期中の報酬相当額が賠償すべき損害額を定める基準となろう。

(2) 管理者の辞任

本条の規定によって選任された管理者が辞任するには、集会の決議（または規約の変更手続）を必要とするか。管理者は、集会の決議等を必要とせず、また、特別な辞任理由を必要とせずに自由に辞任することができると解される（28条、民法651条1項）。ただし、管理者が区分所有者のために不利な時期に辞任した場合には、やむを得ない事由があるときを除いて、管理者は、区分所有者に対して損害を賠償する必要がある（28条、民法651条2項）。

(3) 理事・理事長の解任

マンション標準管理規約で定める理事または理事長（同規約〔単棟型〕35条）の

役職の解任については、それらの選任に準ずるものと解され、理事長職の解任については理事会の決議で行うことができるが、一般の「理事」および理事長たる「理事」の解任については集会の決議によるものと解される。したがって、集会で理事長について「理事」の職を解任するに当たっては、本条1項の集会決議または本条2項の解任請求を要するものと解される。

〔6〕 **管理者の解任請求**

各区分所有者は、管理者に不正な行為その他その職務を行うに適しない事情があるときは、その解任を裁判所に請求することができる。管理者は、本条1項の規定によるほか、この解任を命ずる裁判によっても解任される。

(1) 請求権者

本条2項で規定する裁判による管理者に対する解任請求は、各区分所有者が単独ですることができる。管理者が特定の区分所有者の利益を顧みない場合等において、単独で解任請求をすることが考えられる（川島・解説(下)1239）。

(2) 不正な行為

管理者の「不正な行為」とは、管理者の善管注意義務（28条、民法644条）に違反して区分所有者の全部または一部に損害を蒙らせる故意による行為である。

「その職務を行うに適しない事情」とは、職務の適正な遂行に直接または間接に影響を及ぼす事実が存在し、それが重大なものであることである（花村・管理者207、丸山・判例研究(2)15など）。一般に、管理者の病気や長期の不在などが「その職務を行うに適しない事情」として数えられるが、それによって直ちに解任請求が認められるのではなく、区分所有者の個別的な申立てに基づいて裁判所が一切の事情を考慮し、申し立てられた事由が職務遂行に重大な影響を及ぼす場合に初めて解任請求が認容される。裁判例として、未分譲部分の区分所有者である分譲業者が管理者の地位にあるマンションにおいて自らは管理費の支払義務がないとしてそれを支払わないなどの事情がある場合に、管理者として業務を行うに適しない事情があるとして解任請求が認められたものがある（東京地判平2・10・26判時1393-102・判タ764-184。その他、解任請求が認められた事例として東京地判昭53・1・26判時911-138・判タ369-261。他方、解任請求が認められなかった事例として大阪地判昭61・7・18判時1222-90・判タ622-206）。

(3) 訴訟手続

解任請求の訴訟は、区分所有者が管理者を被告としてその管理者の地位を剥奪

すべきことを求める形成の訴えであり、通常の民事訴訟手続による。なお、当該管理者に管理業務を継続させると区分所有者に著しい損害を蒙らせるおそれがあって、そのための措置を直ちに講ずる必要があるときには、その管理者の職務執行停止および職務代行者選任を命ずる仮処分の申立てをすることができる（民保法23条2項）。

(4) 訴訟費用等の分担

区分所有者の一人または数人が本条2項により裁判所に管理者の解任請求をして勝訴したときは、他の区分所有者に対してその訴訟に要した費用（弁護士への報酬を含む）の分担を、規約に別段の定めがない限り14条に定める割合に従って、求めることができる（澤野・基本コンメ52）。管理者の不正行為によって一部の区分所有者が損害を蒙った場合に、その解任を請求し、それが認容された場合も、同様に解してよい。

（権限）
第26条 管理者は、共用部分並びに第21条に規定する場合における当該建物の敷地及び附属施設（次項及び第47条第6項において「共用部分等」という。）を保存し、集会の決議を実行し、並びに規約で定めた行為をする権利を有し、義務を負う。

2　管理者は、その職務に関し、区分所有者を代理する。第18条第4項（第21条において準用する場合を含む。）の規定による損害保険契約に基づく保険金額並びに共用部分等について生じた損害賠償金及び不当利得による返還金の請求及び受領についても、同様とする。

3　管理者の代理権に加えた制限は、善意の第三者に対抗することができない。

4　管理者は、規約又は集会の決議により、その職務（第2項後段に規定する事項を含む。）に関し、区分所有者のために、原告又は被告となることができる。

5　管理者は、前項の規約により原告又は被告となったときは、遅滞なく、区分所有者にその旨を通知しなければならない。この場合には、第35条第2項から第4項までの規定を準用する。

〔1〕 **本条の趣旨**

本条は、25条1項に従って区分所有者が選任した管理者の職務権限について定める。

(1) 1962年法および1983年改正法

本条は、1983年改正法により18条1項に改正を加え、2項に後段を追加し、4項および5項を新設したものである（3項はそのままである）。1983年改正法による1項の改正は、次の2点にわたる。

第1に、旧規定の「共用部分を保存し」の部分を「共用部分並びに第21条に規定する場合における当該建物の敷地及び附属施設を保存し」に改めた。これは、1983年改正法で21条が新設されたことを受けた修正である。

第2に、旧規定の「第12条第1項若しくは第13条第1項の規定による共有者の合意若しくは決定又は集会の決議を実行し」の部分を、「集会の決議を実行し」に改めた。1962年法12条1項は「共用部分の変更は、共有者全員の合意がなければ、することができない」と定め、1962年法13条1項は「共用部分の管理に関する事項は、前条の場合を除いて、共有者の持分の過半数で決する」としていたのに対して、1983年改正法では、17条1項および18条1項によって、共用部分の変更および共用部分の管理のいずれについても集会の決議で定めることができることとなったため、「集会の決議を実行し」の文言にまとめられた。

(2) 2002年改正法

2002年改正法は、1983年改正法で追加された本条2項後段について、「第18条第4項（第21条において準用する場合を含む。）の規定による損害保険契約に基づく保険金額」の後に、「並びに共用部分等について生じた損害賠償金及び不当利得による返還金」を追加し、これらの金銭の請求および受領についても、管理者が、区分所有者を代理するものとした。また、この追加により、本条4項については、規定自体の変更はないが、管理者が、共用部分等について生じた損害賠償金および不当利得による返還金の請求および受領に関しても、規約または集会の決議により、区分所有者のために原告または被告となることができることとなった。2002年改正法におけるこれらの点に関する改正の趣旨については、後記〔7〕を参照。

なお、上記の本条2項後段の追加に伴い、本条1項の「共用部分並びに第21条に規定する場合における当該建物の敷地及び附属施設」の後に、括弧書として、

第1章　建物の区分所有　第4節　管理者

「(次項及び第47条第6項において「共用部分等」という。)」を加えた。47条6項は、管理組合法人の代理権に関する本条2項に準ずる規定である。

(3)　規定内容

管理者の職務に関して、本条1項では、管理者は、①共用部分等の保存、②集会の決議の実行、③規約で定めた行為の実行、の権限（権利・義務）を有する旨を規定する。2項では、管理者は、その職務に関し区分所有者を代理する旨を規定する。3項では、管理者の代理権に加えた制限は、善意の第三者に対抗することができない旨を規定する。4項では、管理者は、規約または集会の決議によって、その職務に関し区分所有者のために訴えを提起し、または訴えの相手方となることができる旨を規定する。5項では、管理者が4項の規約によって原告または被告となったときは、遅滞なく、区分所有者にそのことを通知しなければならない旨を規定する。

本法では、管理者の職務については、本条のほかに、集会の招集（34条1項・2項）、規約の保管・閲覧（33条1項・2項）、事務の報告（43条）等の事務が定められている。

〔2〕　**共用部分等の保存**

管理者は、共用部分、21条に規定する場合における当該建物の敷地および附属施設を保存する権利を有し、義務を負う。

(1)　建物の敷地・附属施設

「第21条に規定する場合における当該建物の敷地及び附属施設」とは、建物の敷地または共用部分以外の附属施設が区分所有者の共有に属し、またはこれらの物に関する地上権、賃借権等の権利が区分所有者の準共有に属する場合（21条）における当該建物の敷地または附属施設のことである。管理者は、共用部分のほか、このような共有ないし準共有関係にある建物の敷地および附属施設についても、当然に保存行為をする権限を有する。

(2)　保　存

「保存」とは、共用部分等を維持すること（共用部分等の滅失・毀損を防止して現状の維持を図ること）である。18条1項ただし書の保存行為と同様に、管理者のなし得る保存行為は緊急を要するか、または比較的軽度の維持行為であると解される。たとえば、エレベータの点検や階段室等の破損個所の小修繕等（具体的には、業者との必要な契約の締結や費用の支払い等）は保存行為に属する（18条の注釈

〔3〕参照）。

共用部分等の保存行為は、各区分所有者もなし得る（18条1項ただし書、21条）ので、管理者の権限は、これと併存することとなる。

(3) 管理者の権限・責任

管理者が共用部分等を保存する「権利を有し、義務を負う」とは、管理者は、規約の定めまたは集会の決議がなくても、自らの判断で当該保存行為をすることができる一方で、管理者が適切な保存行為をしない場合には、区分所有者は管理者にそれをすることを求めることができ、管理者がこれを行わないときはその責任を問うことができる（25条）という意味である。

管理者が権利を有するのは共用部分等の保存行為のみであるから、狭義の管理（18条1項本文および同条の注釈参照）および変更（17条1項）については、管理者は、集会の決議に基づくのでなければ行うことができない。このように、管理者は、狭義の管理および変更については行う権限はないが、これらが必要となった場合には、集会を招集する義務があると解する（34条参照）。

〔3〕 **集会の決議の実行**

管理者は、集会の決議を実行する権利を有し、義務を負う。集会の決議の実行とは、集会の決議に基づいて決議の内容を具体的に執行することである。たとえば、共用部分の清掃のために人を雇うこと（18条1項本文の狭義の管理事項に該当する）が集会の決議で決せられた場合には、管理者は、これに基づいて被用者を決定して雇用契約を締結する。

管理者には集会の決議を実行する義務があることから、管理者が集会の決議を実行しない場合には、区分所有者は管理者に決議の実行を求めることができ、管理者がこれを行わないときは、その責任を問うことができる（25条）。

なお、管理者が集会の決議に基づく業務を執行せず管理組合に損害を与えたことから区分所有者数名が損害賠償を請求した事例について、このような請求権は団体的な性格を有するものであるから、管理組合（ないし区分所有者全員）が原告となって訴訟を提起すべきものであるとして、当該訴えを却下した裁判例がある（神戸地判平7・10・4判時1569-89）。

〔4〕 **規約で定めた行為の実行**

管理者は、規約で定めた行為をする権利を有し、義務を負う。ここでの規約の定めには、共用部分等の狭義の管理事項（18条1項本文、21条）の全部または特

定の事項を集会の個別の決議によることなく管理者に委ねる旨の定めや、共用部分等の狭義の管理事項は集会以外の機関（理事会等）で決する旨の定め（18条2項）などがある。後者の場合には、管理者は、当該決定機関での決定事項を実行する。

管理者には規約によって管理者の職務とされた行為を実行する義務があることから、管理者がそれらの行為を実行しない場合には、区分所有者は、管理者にその実行を求めることができ、管理者が実行しないときは、その責任を問うことができる（25条）。

〔5〕 **管理者の代理権限**

管理者は、本条1項で掲げられた管理者の職務（①共用部分等の保存、②集会の決議の実行、③規約で定められた行為の実行）に関して、区分所有者を代理する権限を有する。すなわち、管理者が法律行為をする場合には、管理者は区分所有者の代理人としてこれをなし、当該法律行為の効果は区分所有者の全員に帰属する。

(1) 区分所有者の代理人

区分所有者は全員で建物等の管理を行うための団体を当然に構成し（3条）、管理者はその団体の執行機関としての地位を有するから、管理者はその団体の代表者であり、管理者が行った法律行為の効果はその団体に帰属するようにも考えられる。しかし、3条の趣旨は、建物等の管理に当たって区分所有者の間で団体的に事務を処理する（多数によって決定する）ことを規定しただけで、区分所有者が権利・義務の主体として当然に団体を構成しているという意味ではない。また、区分所有者の団体が社団型団体（権利能力なき社団）であるか組合型団体であるかは当該団体の実質に即して決められる（3条の注釈〔4〕(1)参照）が、区分所有者の団体が社団型団体（権利能力なき社団）である場合にも、判例は、権利能力なき社団の代表者が社団の名義において取得した権利・義務は、社団そのものに帰属するのではなくて、構成員全員に総有的に帰属するとしている（最判昭32・11・14民集11-12-1943、最判昭48・10・9民集27-9-1129）。本条2項は、このような理解に基づいて、「管理者は、……区分所有者を代理する」と規定した（法務省・マンション法161参照）。

(2) 団体名の表示

管理者は、区分所有者を代理するが、代理行為をするに当たって本人たる区分所有者全員の氏名を相手方に示す必要はない。管理組合等の名を示して、区分所

有者のためにすること（民法99条参照）を示せば足りる。

〔6〕 **損害保険契約に基づく保険金額の請求および受領**

共用部分等について損害保険契約が締結されている場合（18条4項、21条）には、管理者は、その損害保険契約に基づく保険金額の請求および受領について、区分所有者を代理する。

(1) 損害保険契約の締結

共用部分ならびに区分所有者の共有（または準共有）に属する建物の敷地および附属施設について損害保険契約を締結する（付保する）ことは、共用部分の管理に関する事項とみなされ（18条4項、21条）、集会の決議で決せられる（18条1項本文、21条。なお、18条の注釈〔6〕参照）。集会で付保の決議がなされると、管理者は、区分所有者を代理して保険者（保険会社）と損害保険契約を締結する（本条1項・2項前段）。

(2) 保険金額の請求・受領

保険契約の効果は本人たる各区分所有者に帰属するので、各区分所有者が保険金額の請求および受領の権限を有することになる。管理者が区分所有者の全員を代理して保険金額の請求および受領をするには、規約の定め、集会の決議または各区分所有者による授権など別個の授権が必要であるが、本条2項後段の規定は、管理者は別個の授権がなくても保険金額の請求および受領について当然に区分所有者を代理する権限を有することを、法律によって特別に定めたものである。なお、マンション標準管理規約（30条の注釈〔4〕参照）は、理事長が保険金額の請求および受領について区分所有者を代理すると定める（同規約〔単棟型〕24条2項）。本法の規定を確認的に定めたものである。

管理者に保険金額の請求および受領について区分所有者を代理する権限を付与した理由は、共用部分等が毀損または滅失して保険金請求権が発生した場合に、管理者が全区分所有者を代理して保険金額を請求し、それを一括して受領することを可能とすることによって、規約または集会の定めに従った共用部分等の修復・復旧を円滑に進めさせるためである（濱崎・解説217参照）。

(3) 区分所有者の地位

この規定によって、保険契約の本人たる各区分所有者が保険金額を請求し、受領する権限を失うものではない。各区分所有者は、保険金請求権を第三者に譲渡したり、担保の目的とすることも可能である。

第1章　建物の区分所有　第4節　管理者

　本項の立案段階においては、毀損または滅失した共用部分等の修復・復旧の費用として保険金を確保するために、各区分所有者が個別に受領することを制限し、さらには、その保険金請求権を専有部分と分離して処分し、または保険金請求権の上に質権等の担保権を設定し実行することについて制限を加えることも検討された（「試案」第三・三・注(2)）。しかし、法務省立法担当者の説明によると、保険金請求権の担保化の道を閉ざすことは適当でなく、「保険金が修復等の費用に充てられることを確保するため担保権の実行や差押債権者の取立て等を制限するような制度を考えるとすれば、その保険金が必ず修復等に充てられることが保障される必要がある上、それに充てられたときは、担保権者等の権利が修復等がされた建物の上に移行するものとすることが必要であるなど、極めて複雑な法的措置を講ずることが必要となるので、立法技術上著しく困難である」として法制化は見送られた（濱崎・解説64）。

　そこで、保険金が修復等の費用に充てられることを確保するためには、規約によって、各区分所有者の請求および受領を制限し、保険金請求権の譲渡および担保権の設定を制限することが必要となる。しかし、このような規約上の定めによっても区分所有者以外の者の権利を害することはできない（30条4項）ので、たとえば、第三者が個々の区分所有者の損害保険金請求権を差し押さえることを妨げることはできない。

(4)　損害保険契約の目的物の範囲

　本条2項後段では、「第18条第4項（第21条において準用する場合を含む。）の規定による損害保険契約」としていることから、共用部分ならびに区分所有者の共有（または準共有）に属する建物の敷地および附属施設について締結された損害保険契約、すなわち、共用部分等の管理に関する事項とみなされた損害保険契約（18条4項、21条）に限定される。

　ところで、区分所有建物に関する損害保険契約としては、①建物全体について全区分所有者または区分所有者の団体（管理組合）が一括付保するもの、②建物の共用部分について全区分所有者または区分所有者の団体（管理組合）が一括付保するもの、③各区分所有者が各専有部分および共用部分の自己の持分について個別に付保するものがある（濱崎・解説219注(2)）が、上記の限定から、本項は、①および②の損害保険契約に適用され、③の損害保険契約には適用されない。なお、①の場合に、本項の規定の適用は、保険金請求権のうち共用部分に関わる部

分にしか及ばないが、全体についての受領権を規約によって管理者に与えることは可能と解される（濱崎・解説219注(2)）。

(5) 管理組合法人となった場合

管理組合法人が成立したときは、管理組合法人が損害保険金額の請求および受領の代理権を有する（47条6項）。

〔7〕 **損害賠償金および不当利得による返還金の請求等**

共用部分等について生じた損害賠償金および不当利得による返還金の請求および受領について、管理者は、区分所有者を代理する。ここでの「共用部分等」とは、本条1項で定める「共用部分並びに第21条に規定する場合における当該建物の敷地及び附属施設」である（これに関しては前記〔2〕(1)参照）。なお、この点に関する管理者の訴訟追行については、本条4項（後記〔9〕）参照。

(1) 本規定の趣旨

本規定は、〔1〕(2)で述べたように、2002年改正法により追加されたものである。この点につき管理者の権限を拡充したことについて、法務省立法担当者は、次のように述べる。「損壊行為等の不法行為や建築工事の瑕疵等により共用部分等に損害が生じた場合の損害賠償金の請求および受領については、損害賠償請求権が可分債権であり、各区分所有者に分割的に帰属するものであることから、現行法上、管理者等の権限には含まれないものとされており、管理者等が各区分所有者を代理してその権利を行使することや自ら当事者として訴訟を追行することは認められていない。しかし、共用部分等について生じた損害賠償請求権については、各区分所有者が権利行使をしたとしてもその額が少額にとどまる場合が多いこと、受領した損害賠償金は共用部分等に生じた損害の回復の費用に振り向けるべき場合も少なくないこと等から、管理者等が各区分所有者を代理して一元的に請求し、または受領することができるものとした方が、建物の適正な管理に資するものと考えられる。また、現行法でも、共用部分等を対象として締結された損害保険契約に基づく保険金額の請求および受領や、共用部分等の不法占拠者に対する妨害排除については、管理者等に代理権および訴訟追行権が付与されていることから、共用部分等について生じた損害賠償金の請求等についてこれと異なる扱いをするのは均衡を失しており、必ずしも合理的ではないと考えられる」（吉田ほか・概要(上)70。吉田・一問一答30も同旨）。ここにおいて言及されてはいないが、共用部分等を不当に占拠する者があった場合等の不当利得による返還金の請求および受領

第1章 建物の区分所有 第4節 管理者

についても、同様に考えるべきである。

　旧規定のもとにおいては、共用部分が第三者により侵害された場合に、管理者は、その職務（共用部分の保存行為）として、第三者に対し妨害排除訴訟の原告となることはできるが、損害賠償請求については議論があった。法務省立法担当者はこれに肯定的であった（濱崎・解説221）が、判例（東京高判平2・5・28判時1354-100）は、共用部分（管理人室）についての担保権が実行されたことによる、担保権設定者（管理会社）に対する管理者からの損害賠償請求について、次のような理由から、損害賠償請求は管理者の職務に含まれないとした。すなわち、管理者の職務としての共用部分の管理行為は共用部分の存続ないし回復を前提とするものでなければならず、不法行為による損害賠償請求権は各区分所有者の共用部分共有持分に応じて帰属する分割債権であるから区分所有者の共同財産とはいえず、また、損害賠償請求権の行使は共用部分の回復行為ともいえないというのである（同旨、東京高判平8・12・26判時1599-79、札幌地判平11・1・27判タ1054-267。これに対し、東京地判平9・7・25判タ970-276は、専用使用権が認められない敷地部分につき有料駐車場として賃貸した区分所有者に対する管理組合理事長の賃料相当額の不当利得の返還請求を認めた）。

　学説上、損害賠償請求が妨害排除請求と共になされる場合に限って、管理者の職務行為と認めてよいとする見解（本書旧版146、澤野・旧基本コンメ50）や、共用部分から生ずる金銭債権については、管理団体の管理行為が法的に優先されるべきであり、原則として、管理に必要ないし有益な行為として一体として管理者により処理されるべきであり、各区分所有者に分属することはないと説く見解（新田・杏林44）があった。

(2)　損害賠償金の請求・受領

　「共用部分等について生じた損害賠償金」とは、不法行為に基づくもの、契約に基づくものなど、およそ共用部分等について生じたものであれば、これを広く包含するものであり、その請求としては、民法415条（債務不履行）、570条が準用する566条（瑕疵担保責任）、709条（不法行為）等を根拠とするものが考えられる（「中間試案補足説明」第2の1および吉田・一問一答30参照）。判例上は、管理会社が第三者にマンションの管理人室を担保に供していたところ担保権が実行されたことから、管理組合の理事長（管理者）が同管理会社に対して不法行為に基づく損害賠償請求をした事例（前掲東京高判平2・5・28判時1354-100）、共用部分にひ

び割れ等の瑕疵が生じたとして、建設業者および販売業者に対し管理組合が補修相当額の損害賠償請求をした事例（前掲東京高判平 8 ・12・26判時1599-79)、マンションの屋上防水層を竣工図どおりに行っていなかった建設業者および、それを知りつつ同マンションを販売した販売業者に対して管理組合の理事長（管理者）が不法行為に基づく損害賠償請求をした事例（前掲札幌地判平11・ 1 ・27判タ1054-267）等がある（いずれも2002年改正法前の判例で、(1)で述べた理由により、損害賠償請求が否定された）。2002年改正法により、今後はこのような事例についても管理者が損害賠償金の請求および受領をすることができる。また、それ以外の事例として、たとえば、管理組合が管理会社との間で、敷地の植栽の管理についても管理委託契約の内容としていた場合において、管理会社がその管理を怠ったために同植栽が枯死したときには、管理者は、管理会社に対し債務不履行を理由に損害賠償請求および賠償金の受領ができよう。

(3) 瑕疵担保責任

ところで、区分所有建物の共用部分に原始的瑕疵があった場合に、前述のように民法570条が準用する566条（瑕疵担保責任）を根拠として、管理者は、区分所有者を代理して、その売主である分譲業者に対して損害賠償請求をすることができるが、ただ、分譲時の買主である区分所有者がその権利を譲渡したときには、区分所有者でなくなった分譲時の買主を代理することはできない。他方、分譲時の買主から区分所有権を取得した現区分所有者は、分譲業者に対して直接的に瑕疵担保責任を追及する権利を有していないから、管理者が分譲業者に対する請求につきこの者を代理する余地はないと考えられる。このような場合に、管理者は、どのような措置をとることができるか。

2002年改正法の審議過程においては、区分所有権が譲渡された場合には共用部分等の瑕疵担保責任に基づく損害賠償請求権についても譲受人に当然に承継されるものとすべきではないかなどの議論もあった。しかし、法務省立法担当者の説明によると、「区分所有権と瑕疵担保責任に基づく損害賠償請求権とは、法律上は別個の権利であること、区分所有権の売買に当たり、契約当事者間で瑕疵の存在を織り込んで売買価格を決定する場合も考えられ、損害賠償請求権が一律に承継されるとすると、契約当事者に不測の損害を与えかねないこと等の指摘があり、いずれも今回の改正法には盛り込まれ」なかった、という（吉田・一問一答11)。

具体的に考えてみよう。区分所有建物の共用部分に原始的瑕疵があった場合に、

第1章　建物の区分所有　第4節　管 理 者

分譲業者AからB住戸をBが購入し、その後、Bが同住戸を現区分所有者Cに売却したときに、BはAに対し瑕疵担保責任を追及でき、CはBに対して瑕疵担保責任を追及することができる。ここでは、AC間には契約関係が存しないことから、CからAに対して直接に同責任を追及することはできない。改正法による本項の規定により、管理者は、CのBに対する瑕疵担保責任に基づく請求権を代理する（ただし、CがBに対してすでに同権利を行使したとき、または、BC間の売買に当たり瑕疵の存在を織り込んで売買価格を決定しており、元来CのBに対する瑕疵担保請求が認められないようなときは、この限りでない）。ただ、管理者は、AのBに対する瑕疵担保責任に基づくBの請求については当然には代理できないことから、Bに対して、管理者の有する代理権の行使として、BのCに対する担保責任の履行に代え、AのBに対する瑕疵担保責任に基づくBの請求について管理者に代理権を与えることを求めることも考えられる。管理者がBからこの点につき同意を得られたときには、管理者は、Aに対する共用部分の瑕疵担保責任の追及を一元的に行うことができる。ただし、すでにBがAに対して同権利の行使をしていたときはこの限りでない。なお、区分所有建物の専有部分の瑕疵については、本項の適用がないことから、CがBに対し、またBがAに対して、担保責任を追及するほかない（以上の見解につき、鎌野・判タ1117-11）。

(4)　不当利得による返還金の請求・受領

「不当利得による返還金」とは、民法703条に基づくものである。2002年改正法前の判例ではあるが、専用使用権が認められていない敷地部分や共用部分であるピロティ部分を有料駐車場として賃貸した区分所有者に対する、管理者の賃料相当額の不当利得による返還金の請求を認めた事例が典型である（前掲東京地判平9・7・25判タ970-276、東京地判平3・2・26判タ768-155）。また、区分所有者や第三者が共用部分等に倉庫などの工作物を設けるなど、当該部分を不法占拠している場合に、管理者は、その妨害排除請求と共に、これまでの不法占拠について不当利得による返還金の請求および受領ができると考えられる。

(5)　管理組合法人である場合

区分所有者の団体（管理組合）が管理組合法人である場合は、管理組合法人が、共用部分等について生じた損害賠償金および不当利得による返還金の請求および受領について、区分所有者を代理する（47条6項）。

〔8〕 **管理者の代理権に加えた制限**

　管理者は、その職務（共用部分等の保存、集会の決議の実行、規約で定めた行為の実行）に関して区分所有者を代理する権限を有する（本条1項・2項）が、この代理権については、それを行使することができる事項、範囲およびその行使方法等に関して、規約または集会の決議によって制限を加えることができる。しかし、代理権に加えた制限は、善意の第三者に対抗することができない（ここでいう善意の第三者とは、区分所有者以外の者で、代理権に加えられた制限について知らず、かつ、その制限によって利益を害される者をいう）。たとえば、集会の決議で、特定の共用部分については管理者は職務権限（または代理権）を有しないと決しても、この決議を善意の第三者に対抗することはできない。また、規約で、管理者の職務について数人の管理者が共同して行う旨を定めても、この規約の定めを善意の第三者に対抗することはできない。

〔9〕 **管理者の訴訟追行権**

　管理者は、規約または集会の決議によって、その職務に関して区分所有者のために訴訟を追行する（原告または被告となる）ことができる。

　なお、権利能力なき社団としての管理組合に原告適格があるか否かについては、判例は、共用部分に看板を設置した区分所有者に対し、管理組合が原告となって、その撤去および損害賠償等を請求した事案について、管理組合の原告適格を否定し同請求を棄却した原審（東京高判平20・12・10〔判例集未登載〕）の判断につき破棄差戻しをし、このような給付の訴えにおいては自らがその給付を請求する権利を有すると主張する者に原告適格があるとして管理組合の原告適格を肯定した（最判平23・2・15判時2110-40・判タ1345-129）。

(1) 訴訟追行権を認める趣旨

　管理者はその職務に関して区分所有者を代理する権限を有する（本条2項）が、この代理権が訴訟追行権を含むかどうかは明らかではない。法務省立法担当者は、1962年法下では否定的に解していた（川島・解説㊦1240、濱崎・解説219）。否定的に解すると、たとえば、①管理者によって共用部分の修繕契約が締結されたが相手方がその履行をしない場合や、一部の区分所有者が管理費を滞納しているような場合に、誰がどのような根拠に基づいて訴訟を追行するかが問題となる。また、②第三者が共用部分を不法占拠し侵害している場合に、誰がどのような根拠に基づきその第三者に対し妨害排除を求める訴訟を追行するかが問題となる。

第1章 建物の区分所有　第4節　管理者

　①の場合の法律関係は、区分所有者に団体的に帰属する法律関係であり、区分所有者の団体（3条）が民事訴訟法29条の要件（「法人でない社団又は財団で代表者又は管理人の定めがあるもの」）を満たせば、管理者を代表者として団体の名において訴訟を追行することができると考えることができる。民事訴訟法29条は、法人格のない社団・財団が現実に団体として社会的活動をし、その過程で紛争が生じた場合に、紛争の法的解決を目的とする訴訟においてこのような団体に当事者能力を認めている。

　しかし、区分所有法上の団体（3条）は、建物等の管理に当たって区分所有者の間で団体的に事務が処理されるためのもので、区分所有者が権利・義務の主体として単一の団体を構成しているということではない（前記〔5〕(1)参照）。また、本法において、管理者は、団体の代表者としてではなく区分所有者のための代理人としてその地位が規定されている（本条2項）。そこで、区分所有法において、訴訟の追行に関して独自の規定が必要となる。

　②の場合の法律関係は、区分所有者に団体的に帰属する法律関係ではなく、共用部分の共有持分権に基づくものである（濱崎・解説220、227注(4)）から、その訴訟の追行は、各区分所有者においてすることになる（もとより、区分所有者全員の名ですることもできる。なお、第三者の共用部分に対する侵害を排除するために訴えを提起する権限は管理者にはなく各区分所有者の権限に属するとした1962年法下の裁判例として、東京地判昭55・7・7判時990-215・判タ426-148）。他方、共用部分の管理は区分所有者全員に関わる事項であるから、区分所有者全員を代理する立場にある者（管理者）が選任されているときは、この者が全員のために訴訟を追行することが望ましい。解釈上認められる任意的訴訟担当（本来の利益帰属主体の意思によって、第三者がその者のために自己の名で訴訟を追行すること）によって、管理者が訴訟を追行することができるのではないかとも考えられた。しかし、東京地判昭54・4・23（判時938-68・判タ389-108）は、法定共用部分についてなされた所有権保存登記の抹消等の請求に関して管理者が原告となった事例について、本件訴訟の提起が集会で決議されただけで管理者が当然に任意的訴訟担当として当事者適格を有するわけではないと判示した。

　この点について明確にするため、本法では、本条4項において、管理者が、規約または集会の決議により、区分所有者に代理して、訴訟を追行することができると規定した（濱崎・解説219以下参照）。これは、一種の任意的訴訟担当に当たる。

(2) 訴訟追行に関する授権

　管理者は、その地位にあれば当然にその職務に関し訴訟を追行できるのではなく、規約または集会の決議による特別の授権に基づいてのみ訴訟を追行することができる。規約では、管理者にその職務について包括的に訴訟追行権を付与することも、特定の事項を限定して訴訟追行権を付与することもできる。これに対して、集会の決議（普通決議）による場合には、個別の事案ごとに管理者に授権することを要すると解すべきである。法務省立法担当者は、「規約又は集会の決議によることとした趣旨は、事前の包括的な授権は規約の設定という厳格な手続によることを要することとする一方、特定事案に対する個別的な授権は、集会の普通決議をもって足りることとするにある」と述べる（濱崎・解説229注(6)）。

　規約の定めまたは集会の決議があった場合には、管理者は、原告または被告として訴訟を追行する義務があると解すべきである（本条1項参照）。

　規約の定めまたは集会の決議によって、管理者以外の者を訴訟追行者とすることができるか。管理者が当然に訴訟追行者となるのではなく、規約または集会の決議による特別の授権に基づいてのみ管理者が訴訟追行者となるという本項の趣旨から考えると、肯定的に解すべきであろう。もっとも57条3項とは異なり本条項では「管理者又は集会において指定された区分所有者」と規定していないことから否定する余地もあるが、本条はもっぱら「管理者」の「権限」について定めた規定であることから、特に「集会において指定された区分所有者」を明示していないだけであり、特に管理者以外の者を訴訟追行者とすることを否定したものと解すべきではなかろう。

　なお、裁判例として、管理組合の店舗等部会部会長には訴訟提起に必要な集会の決議による授権なしには管理組合を代表して訴訟行為を行う権限はないとしたものがある（大阪地判平20・11・28判時2036-93・判タ1297-296）。

(3) 訴訟追行をなし得る範囲

　管理者が訴訟追行に当たることができるのは、「その職務に関し」てである。「その職務」とは、本条2項本文におけると同じであり、本条1項で定める管理者の権限事項である。その他に、本条2項後段に規定する損害保険契約に基づく保険金ならびに共用部分等について生じた損害賠償金および不当利得による返還金の請求および受領を含む。

　なお、区分所有者が共同の利益に反する行為をした場合における行為の停止等

第1章　建物の区分所有　第4節　管理者

の請求が管理者の職務に含まれることについては、57条の注釈〔7〕を参照のこと。

(4)　授権関係

管理者は、「区分所有者のために」、当該訴訟の原告または被告となる。すなわち、区分所有者全員（規約の設定または集会の決議における反対者も含む）のために訴訟を追行するのであり、区分所有者の一部の者のためにのみ訴訟追行を担当することは許されない。ただ、管理費を滞納する区分所有者に対してその支払いを請求する訴訟を追行する場合のように、特定の区分所有者を除外せざるを得ない場合があるので、法文上、「区分所有者全員のため」という表現は用いなかった（濱崎・解説222）。

(5)　自己の名における追行

「原告又は被告となる」とは、管理者が自己の名で訴訟の当事者となることである。区分所有者の代理人となるのではない。管理者は、弁護士を訴訟代理人に選任して、当該訴訟の追行を委任することができる。

管理者が訴訟追行をした事件の判決は、その効力が区分所有者全員に及ぶ（民訴法115条1項2号）。

共用部分の侵害者に対し妨害排除請求するような場合（上記(1)②参照）には、管理者が訴訟を追行できると共に、各区分所有者も自己の共有持分権に基づいて、各自、訴訟を提起することができると解する（濱崎・解説224）。ただし、両者が訴訟を提起することは二重起訴の禁止（民訴法142条）に当たるから、管理者が訴訟を提起した後は、各区分所有者は重ねて訴訟を提起することはできない。

本条4項は、管理者が「原告又は被告となる」ことのみを規定しているが、これは、民事訴訟手続の当事者だけではなく、起訴前の和解、支払命令、仮差押え、仮処分、民事執行、民事調停などの当事者となることも含まれると解される（濱崎・解説222）。

(6)　訴訟費用等

管理者が訴訟等に要する費用または要した費用は、弁護士費用を含めて、各区分所有者に対して、前払いまたは償還の請求をすることができる（28条、民法649条、650条）。

(7)　管理組合法人である場合

管理組合法人である場合には、管理者に関する規定の適用は排除される（47条8項）ので、管理組合法人が訴訟追行権を有する。

〔10〕 区分所有者への通知

　管理者は、規約による事前の授権に基づいて原告または被告となったときは、遅滞なく、その旨を各区分所有者に通知しなければならない。管理者が訴訟追行について規約によって一般的に授権されている場合には、管理者がそれに基づいて、いつ原告または被告となったかを明らかにするために、その旨を各区分所有者に通知する必要がある。

　これに対して、集会の決議によって管理者に授権がなされ原告または被告となったときは、各区分所有者はその旨を容易に知ることができるので、通知の必要はない。

　管理者からの通知によって、区分所有者は、当該訴訟につき補助参加の機会を得ることができ（民訴法42条）、また、その訴訟担当を不当と考えるときは、当該管理者を解任するための規約の変更の手続をとる等の機会を得ることができる。通知の義務は、区分所有者に対する管理者の義務であって、訴訟を追行するための要件（訴訟要件）ではない。したがって、この通知を欠いても、管理者の訴えの提起ないし応訴に変更はない。

　通知の手続等については、集会の招集の通知に関する35条2項から4項までの規定が準用される。

（管理所有）
第27条[1]　管理者は、規約に特別の定めがあるときは、共用部分を所有することができる。[2][3]
2　第6条第2項及び第20条の規定は、前項の場合に準用する。[4]

〔1〕 本条の趣旨

　本条は、1962年法20条を承継した規定であり、管理所有（管理者を共用部分の所有者とする制度）に関して定める。1項は、管理者が共用部分の所有者となり得ることを定め、2項は、その場合の管理者の権利・義務を定める。

　共用部分は、区分所有者全員の共有に属するのが原則である（ただし、一部共用部分についてはこれを共用すべき区分所有者の共有に属する〔11条1項〕）が、規約で別段の定めをすることを妨げない（11条2項本文）。規約により別段の定めをする場合としては、①一部共用部分を区分所有者全員の共有とする場合、②区分所

第1章 建物の区分所有　第4節 管 理 者

有者のうち特定の者を共用部分の所有者とする場合（20条参照）、③管理者を共用部分の所有者とする場合がある（11条2項ただし書。なお、11条の注釈〔5〕参照）。本条は、③の場合について規定した。

　管理者が共用部分の所有者となり得ることを定めた理由は、もっぱら管理者による共用部分の管理行為を円滑になさしめるためである（直接的には、本条2項で準用する条項で定める権利・義務を管理者に帰属させるためである）。

〔2〕 **管理所有**

　管理者は、規約に特別の定めがあるときは、共用部分を所有することができる。

(1)　管理者となり得る者

　管理者となる者は、区分所有者であると区分所有者以外の者であるとを問わない（25条の注釈〔3〕(1)参照）が、いずれの場合にも、管理者は、規約の特別の定めによって共用部分を所有することができる（管理者の意義については25条の注釈〔3〕を参照）。

　管理者の所有となる共用部分は、共用部分（規約共用部分を含む）の全部であっても一部であってもよい。本条は、「管理者は、……共用部分を所有することができる」と規定しているから、建物の敷地または共用部分以外の附属施設が区分所有者の共有に属する場合でも、管理者は、建物の敷地または共用部分以外の附属施設を所有することはできない。

(2)　議決要件

　管理者を共用部分の所有者とする規約による特別の定めは、区分所有者および議決権の各4分の3以上の多数による集会の決議によってする（31条1項）。

　共用部分を管理者が所有する旨は、規約に定められることをもって公示される。法定共用部分（4条の注釈〔2〕参照）については、元来、登記がなされず、また、規約共用部分（4条の注釈〔4〕参照）については登記はなされるが、管理者が所有者となっても移転登記はすることができない（不登法58条参照）。管理所有（後記〔3〕参照）は、登記をもって対抗要件とする権利変動とは無関係だからである。

〔3〕 **管理所有の性質**

　管理所有とは、管理のための所有であって、処分権限（譲渡、担保権設定、出資）までも含むものではない。また、賃貸についても、原則として制限される。

　共用部分についての、損害保険契約の締結（18条4項参照）、修繕のための請負契約の締結、固定資産税の納税等について、管理所有者は、代理人としてではな

く自己の名において（なお26条2項参照）することができる。本条が管理所有を認めたのは、このようにもっぱら管理者をして共用部分の管理を円滑に行わせるためであるから、管理者が共用部分について所有者となったとしても、共用部分の所有権は、なお区分所有者に属する（11条の注釈〔4〕(1)(5)、20条の注釈〔1〕(2)参照）。したがって、11条から19条までの規定は、管理所有の制度に反しない限り、元来の共用部分共有者の共有関係に適用されると解される（澤野・基本コンメ57）。また、各区分所有者の所有権（共有持分権）に基づく妨害排除請求や返還請求は制限されないと解する。

共用部分を所有している管理者が辞任もしくは解任によりその地位を失い、または死亡した場合には、共用部分の所有者（共有持分権者）である区分所有者が管理に関する権限を直接に行使することになる。ただし、規約の特別の定めによって、後任の管理者（または特定の区分所有者）を共用部分の所有者としておくことは妨げない。

〔4〕 準用規定

6条2項および20条の規定は、管理者が規約の特別の定めによって共用部分の所有者となった場合に準用する。

(1) 6条2項

規約の特別の定めによって共用部分の所有者とされた管理者は、本条2項により6条2項の規定が準用されるため、「共用部分を保存し、又は改良するため必要な範囲内において、他の区分所有者の専有部分又は自己の所有に属しない共用部分の使用を請求することができる」。ただし、「この場合において、他の区分所有者が損害を受けたときは、その償金を支払わなければならない」。これらの点については、6条の注釈〔4〕～〔7〕参照。

共用部分の所有者ではない管理者には6条2項の規定は準用されず、専有部分等の一時使用請求権は認められない。6条2項の規定で定める、区分所有者の他の区分所有者に対する専有部分等の一時使用請求権は、民法209条の隣地使用権に類似するもので、区分所有者間の相隣関係を基礎としている（6条の注釈〔6〕参照）。したがって、管理者の有する共用部分の保存についての権限（26条1項）のみを根拠に専有部分等の一時使用請求権を認めることは妥当ではない。そこで、本項では、規約の特別の定めによって共用部分の所有者とされた管理者に限り、専有部分等の一時使用請求権を認めた。

(2) 20条

　規約の特別の定めによって共用部分の所有者とされた管理者は、本条2項によって20条の規定が準用されるため、「区分所有者全員（一部共用部分については、これを共用すべき区分所有者）のためにその共用部分を管理する義務を負う」（20条1項参照）。共用部分の所有者ではない管理者も、共用部分を保存し、集会の決議を実行し、規約で定めた行為をする権利を有し、義務を負う（26条1項）が、共用部分の狭義の管理行為（18条1項）をする権限ないし義務は当然には有しない。本項は、規約の特別の定めによって共用部分の所有者とされた管理者に対して、あらかじめ共用部分の狭義の管理行為（18条1項）までも含んだ共用部分の管理に関する権限を付与し、義務を課したものである。

　「第17条第1項に規定する共用部分の変更」については、常に集会の特別多数決議によらなければならず、共用部分の所有者とされた管理者がこれを行うことはできない（20条2項参照）。

　なお、共用部分の所有者とされた管理者は、当該共用部分の「区分所有者に対し、相当な管理費用を請求することができる」（20条1項参照）。この点に関しては、20条の注釈〔4〕を参照。

（委任の規定の準用）
第28条　この法律及び規約に定めるもののほか、管理者の権利義務は、委任に関する規定に従う。

〔1〕　**本条の趣旨**

　管理者は、区分所有者が共用部分の管理に当たらせるため規約または集会の決議によって選任し（25条）、自らこれを承諾することによってその地位に就く（25条の注釈〔4〕参照）。したがって、区分所有者と管理者との法律関係は、委任または準委任の関係と考えられる（民法643条、656条参照）。本条は、管理者の権利・義務について、本法または規約に定める以外の事項に関しては、民法等の委任に関する規定に従うと定めた。本条は、1962年法22条を承継する規定である。

〔2〕　**管理者の権利・義務**

　区分所有者に対する管理者の権利・義務については、本法が直接にいくつかの規定を設けているほか、規約によって定めることができる。

本法は、管理者の権利・義務について、25条、26条、27条（同条2項が準用する6条2項および20条を含む）、33条、34条1項～3項、43条などで規定する。
　管理者の権利・義務についての規約の定めとしては、管理者の権限を法定の範囲より制限する旨の定めなどがある。
〔3〕　委任に関する規定
　「委任に関する規定」とは、民法等の委任に関する規定（民法643条～656条、商法512条等）をいう。管理者の権利・義務について適用される民法等の委任に関する規定の主なものは、以下のとおりである。
　(1)　善管注意義務
　管理者は、その職務を行うについて善良な管理者としての注意義務を負う（民法644条）。
　(2)　報告義務
　管理者は、区分所有者の求めがあればいつでもその職務処理の状況を報告しなければならず、また、職務が終了した後は遅滞なくその顛末を報告しなければならない（民法645条）。ところで、43条は、「管理者は、集会において、毎年一回一定の時期に、その事務に関する報告をしなければならない」と規定する。この両規定の関係をどのように解すべきか。法務省立法担当者は、「民法第645条の規定の準用を妨げないものと解すべきであろうか」（川島・解説(下)1242）という。管理者については民法645条の規定が準用されてしかるべきだが、区分所有者が管理者に対して職務処理状況報告または顛末報告を求める場合に、それらの報告を43条に定める集会以外で求めるときは、そのための集会（34条3項）を招集して求めるべきであると考える（なお、澤野・基本コンメ57は、「管理者は個々の区分所有者の受任者ではなく、区分所有者の団体から（規約または集会の決議により）委託を受けたものであるから、特別な事情がない限り、管理者の事務処理状況の報告を求めて招集された集会（34条3項）において報告すれば足りるものと解される」と述べる）。これと同様の立場から、本条および民法645条により、管理者は個々の区分所有者の請求に対して直接報告をする義務を負担すべきものとはいえないとした裁判例がある（東京地判平4・5・22判時1448-137）。
　(3)　金銭等の引渡義務
　管理者はその職務上受け取った金銭その他の物を区分所有者に引き渡すことを要し（民法646条1項）、また、管理者が区分所有者のために自己の名をもって取

第1章 建物の区分所有 第4節 管理者

得した権利を区分所有者に移転する義務を負う（同条2項）。裁判例として、管理者が辞任したときには、自らが徴収した管理費を自己の財産とは分別して管理していたならば存在すべき管理費の残余金について、管理組合に引き渡すべき義務を負うとしたものがある（東京地判平22・6・21判タ1341-104）。

(4) 報酬の請求

管理者は、規約による別段の定めまたは集会の決議がない限り、区分所有者に対して報酬を請求することができない（民法648条1項）。管理者が会社（管理会社等）である場合には、規約による定めまたは集会の決議がなくても、管理者は、区分所有者に対して相当の報酬を請求することができる（商法512条）。

(5) 費用前払いの請求

管理者が職務を行うに当たって費用を要するときは、管理者は、区分所有者に対して前払いでその費用を請求することができる（民法649条）。

(6) 費用償還請求

管理者は、その職務を行うに当たって支出した費用およびその支出日以後における利息について、区分所有者に対し償還を請求することができる（民法650条1項）。また、管理者がその職務を行うため自己の過失なくして損害を受けたときは、区分所有者に対してその賠償を請求することができる（民法650条3項）。

（区分所有者の責任等）

第29条[1]　管理者がその職務の範囲内において第三者との間にした行為[2]につき区分所有者がその責めに任ずべき割合は、第14条に定める割合[3]と同一の割合[4]とする。ただし、規約で建物並びにその敷地及び附属施設の管理に要する経費につき負担の割合が定められているときは、その割合による[5]。

2　前項の行為により第三者が区分所有者に対して有する債権は、その特定承継人に対しても行うことができる[6]。

〔1〕　**本条の趣旨**

本条は、管理者がその職務の範囲内において第三者との間でした行為について、区分所有者がその責任を負うこと、および、その責任を連帯してではなく分割して負うこと（以下、「分割責任」という）を前提とした上で、その責任の割合を定

めた（1項）。また、管理者のそのような行為によって第三者が区分所有者に対して有する債権は、区分所有者だけではなく、その特定承継人に対しても行うことができると定めた（2項）。本条は、1983年改正法によって新設された規定である。

(1) 区分所有者の責任

管理者は、その職務に関して区分所有者を代理するのであるから（26条2項前段）、その効果は、本人である各区分所有者に共用部分の持分の割合に応じて帰属する（26条の注釈〔5〕参照）。法務省立法担当者は、「区分所有者の団体の性質からみて、団体の財産のみが責任を負うとすることは相当でなく、各区分所有者が何らかの形で無限的に債務ないし責任を負うものとするほかはないであろう。その立法方法としては、合名会社の社員の責任（商法80条）のように連帯責任とする方法と、民法上の組合の組合員の責任のように分割責任とする方法とが考えられるが、区分所有関係の実質を考慮し、後者の方法が選択された」（濱崎・解説232）と説明する。

(2) 管理組合法人となった場合

区分所有者の団体が管理組合法人となったときは、本条の適用はない（47条8項）。この場合に、区分所有者は、管理組合法人の債務について53条の規定に定められた責任を負う。

〔2〕 **第三者との間でした行為**

管理者は、その職務の範囲内において第三者との間で行為をすることができる。

(1) 管理者の職務の範囲

管理者の職務の範囲は、①共用部分ならびに21条に規定する場合における当該建物の敷地および附属施設の保存、②集会の決議の実行、③規約で定められた行為の実行、である（26条1項）。本条1項に規定する管理者の「行為」の対象は、共用部分だけではなく建物の敷地や附属施設に及ぶ（26条1項）。

管理者は、区分所有者を代理して第三者との間で行為をする（26条1項・2項）。たとえば、エレベータ等の共用部分の修繕のために区分所有者を代理して修繕業者と請負契約を締結したり、共用部分の電気の供給について区分所有者を代理して事業者と供給契約を締結する。

(2) 職務の範囲外の行為

管理者の職務の範囲外の行為については、区分所有者は、第三者に対して責任

を負わない。たとえば、管理者が、集会の決議に基づかずに階段室をエレベータ室に改造するために請負業者との間で契約を締結するなど共用部分の変更（17条1項）を集会の決議に基づかないでした場合には（26条の注釈〔2〕(3)参照）、管理者の職務の範囲外の行為となるため、区分所有者は、第三者である請負業者に対して責任を負わない。

管理者の代理権に制限を加えた場合（たとえば、特定の附属施設については管理者以外の者に保存に関する権限を与えるとした場合）には、その制限を善意の第三者に対抗することはできない（26条3項）。この場合には、善意の第三者に対して区分所有者が責任を負う。

管理者がその職務の範囲を超えて行為をした場合や、集会決議の瑕疵や管理者の解任等のために管理者の職務権限が消滅していた場合でも、管理者と取引をした第三者が管理者に当該職務権限があると信じ、かつ、そう信じたことに正当な理由があるときは、表見代理が成立し、区分所有者がその責任を負わなければならない（民法110条、112条）。

(3) 管理者の不法行為

管理者の不法行為については、管理者の職務の範囲内の行為ではないから、本条1項によって区分所有者が責任を負うことはない。管理者の個人責任となる。

ただし、管理者がその職務を行うに当たって他人に損害を与えた場合には問題となる。学説上は、かつて、区分所有者の団体が社団（権利能力のない社団）としての性格を有する場合には、民法旧44条1項の規定（「法人ハ理事其他ノ代理人カ其職務ヲ行フニ付キ他人ニ加ヘタル損害ヲ賠償スル責ニ任ス」）が準用ないし類推適用され団体が責任を負うと解されていた（高柳・改正91、澤野・基本コンメ58）が、団体が組合としての性格を有する場合には、見解が分かれた。民法旧44条の規定の適用がないことから区分所有者は責任を負わないという見解（高柳・改正91）と、損害賠償義務も組合債務と解されるから、区分所有者は本条1項の類推適用により分割責任を負うべきであるという見解（澤野・基本コンメ58）とがあった。

一般に、管理者が存在するような団体は社団と見るべきであるから（3条の注釈〔4〕(1)参照）、管理者がその職務を行うに当たって他人に損害を与えた場合には、常に、民法旧44条1項の規定を引き継ぐ一般法人法（「一般社団法人及び一般財団法人に関する法律」）を準用ないし類推適用して団体が責任を負うと解すべきであ

るが、この場合の団体の責任の内容は、次の〔3〕で述べるように、団体を構成する区分所有全員が責任を負うと解すべきである。

なお、団体が管理組合法人の場合には、本法47条10項によって一般法人法78条の規定が準用される。

〔3〕 **区分所有者の責任**

管理者がその職務の範囲内において第三者との間でした行為は、区分所有者の団体（3条）を構成する区分所有者全員がその責任を負う。区分所有者の団体（3条）は、区分所有者とは別個に第三者に対して権利・義務を有するものではなく、団体自体が区分所有者に代わって本条の責めを負うと考えるべきではない（3条の団体は、区分所有者に多数決によって一定の義務を負わせるための団体、すなわち、構成員各自を集会の決議によって拘束するための団体である）。実務上は、管理費や修繕積立金等の名目で一般に団体（管理組合）の財産と見られるものが存在する場合には、それらをもって債務の弁済に充て、不足があるときに区分所有者の責任が問われることになる。しかし、それは、団体の責任を補充するものと考えるべきではない。区分所有者が第一次的に本条の責任を負うことに変わりはないからである。本条1項の区分所有者の責任は、管理組合法人の債務に関する区分所有者の責任のような補充的二次的責任（53条参照）とは区別される。

なお、ビルの共用部分である外壁面に設置され当該共用部分に附合する設備が隣家の所有権を侵害するとしてその撤去請求が管理組合および管理者に対してなされた事例について、管理組合および管理者は当該設備を撤去すべき義務はなく、したがって撤去請求には理由がないとした最高裁判決がある（最判昭61・7・10判時1213-83・判タ623-77。控訴審東京高判昭58・2・28判時1075-121・判タ495-96も同旨）。

〔4〕 **責任の負担割合**

区分所有者がその責任を負う割合は、14条に定める割合と同一の割合である。

(1) 分割責任

区分所有者の責任は、分割責任である。その割合は、原則として、14条に定める共用部分の持分の割合である。建物の敷地および共用部分以外の附属施設で区分所有者の共有に属している部分の割合は含まない。法務省立法担当者は、「本項に規定する『行為』の対象は、共用部分のみならず建物の敷地や附属施設に及ぶが、これらについての持分の割合も、共用部分についてのそれと同一ないし近

似しているのが普通であることから、原則的割合は、共用部分の持分割合をもって当てるのが適当と考えられたのである」と述べる（濱崎・解説234、235）。

(2) 負担割合

区分所有者の責任の割合は、管理者の行為の当時における14条に定める割合（または規約で定めた割合〔本条1項ただし書〕）によって定まる。その後に14条に定める割合の変動等があっても、それによって影響を受けない。

47条5項は、管理組合法人の成立前の管理者の職務の範囲内の行為は管理組合法人について効力を生ずると規定する。法務省立法担当者は、「法人格を取得する前に各区分所有者について本条により生じた責任は、法人格の取得によっても消滅しない（第53条による補充的、第二次的責任に変ずるものではない）と解すべきである」と説く（濱崎・解説235注(5)）。法人格を取得する前に各区分所有者に対して本条によって生じた責任については、法人格取得後、区分所有者と管理組合法人とが連帯して責任（不真正連帯責任。その意義については後記〔6〕(3)を参照のこと）を負うと解される。

〔5〕 規約による定め

規約によって建物、その敷地および附属施設の管理に要する経費の負担の割合が定められているときは、本条1項の区分所有者の責任の割合は、その定めによる。

(1) 規約による負担割合

分譲マンションにおいては、規約によって管理費、修繕積立金、組合費等の名目で区分所有者間の負担の割合が定められていることが多いが、これが本条1項ただし書の「規約で建物並びにその敷地及び附属施設の管理に要する経費につき負担の割合が定められているとき」に該当する。

建物、その敷地および附属施設の管理に要する経費について、規約により金額をもって定められているときは、その金額を各区分所有者の割合に引き直したものが、本項で定める区分所有者の責任の割合である。

(2) 規約の閲覧請求

管理者と取引をした相手方は、管理者等の規約の保管者に対して規約の閲覧を請求することができる（管理者等の規約の保管者は、利害関係人の請求があったときは、正当な理由がある場合を除いて、規約の閲覧を拒んではならない〔33条2項〕）。このようにして管理者と取引をした相手方たる第三者は、規約が定める各区分所有者の管理に要する経費の負担の割合を知ることができる。

〔6〕 **特定承継人に対する権利行使**

　管理者の職務の範囲内の行為について管理者と取引をした第三者が区分所有者に対して債権を有したが、その後に区分所有権が譲渡されたときは、第三者は、前区分所有者と共に特定承継人（区分所有権の譲受人）に対してもその債権を行使することができる。

(1) 本条2項の趣旨

　本項が設けられた理由について、法務省立法担当者は、「区分所有者の団体と取引をする第三者が究極的に区分所有者個人の責任を引当てにする場合には、各区分所有者の個性に着目しているのではなく、当該建物につき区分所有関係を構成している者に着目していると考えられるから、第三者の利益を保護し、ひいては区分所有者の団体の対外的活動を円滑ならしめるためには、その債権について、どの時点においても現在の区分所有者が一定の割合において責任を負うものとすることが適当である」と述べる（濱崎・解説236）。したがって、本項は、第三者の保護という見地から政策的に設けられたものと見るべきであろう。

(2) 前区分所有者への求償の可否

　前区分所有者と特定承継人との関係は、不真正連帯債務（他の点では連帯債務と同じであるが、債務者相互間の負担部分がないもの）と解される（濱崎・解説236）。それでは、特定承継人が本項の債務を第三者に弁済した場合に、前区分所有者にこれを求償することができるか。また、前区分所有者が特定承継後に本項の債務を弁済した場合には、これを特定承継人に求償することができるか。

　区分所有権の承継の際に、当事者間の合意をもって本項の債務を譲渡価格の算定に反映させた場合（本項の債務の額を控除して価格を算定した場合）には、特定承継人は前区分所有者に対し求償することができないが、前区分所有者が特定承継後に本項の債務を弁済したときは、それを特定承継人に求償することができると解すべきである。本項の債務を譲渡価格の算定に反映させない場合には、本項の債務は、前区分所有者と特定承継人間では前区分所有者が負担すべきであり、前区分所有者が弁済してもこれを特定承継人に対して求償することはできない。これに対して、特定承継人が弁済した場合には前区分所有者に対し求償することができる。

第1章 建物の区分所有　第5節　規約及び集会

第5節　規約及び集会

（規約事項）
第30条[1]　建物又はその敷地若しくは附属施設の管理又は使用に関する区分所有者相互間の事項[2]は、この法律に定めるもののほか、規約で定めることができる。[3][4]
2　一部共用部分に関する事項で区分所有者全員の利害に関係しないものは、区分所有者全員の規約に定めがある場合を除いて、これを共用すべき区分所有者の規約で定めることができる。[5]
3　前2項に規定する規約は、専有部分若しくは共用部分又は建物の敷地若しくは附属施設（建物の敷地又は附属施設に関する権利を含む。）につき、これらの形状、面積、位置関係、使用目的及び利用状況並びに区分所有者が支払った対価その他の事情を総合的に考慮して、区分所有者間の利害の衡平が図られるように定めなければならない。[6][7]
4　第1項及び第2項の場合には、区分所有者以外の者の権利を害することができない。[8]
5　規約は、書面又は電磁的記録（電子的方式、磁気的方式その他人の知覚によっては認識することができない方式で作られる記録であって、電子計算機による情報処理の用に供されるものとして法務省令で定めるものをいう。以下同じ。）により、これを作成しなければならない。[9]

〔1〕　**本条の趣旨**
(1)　区分所有者相互間の規範
　区分所有建物においては、構造上必然的に、建物、その敷地および附属施設を共同で管理しなければならず、また、その使用をめぐって区分所有者間でさまざまな利害の調整を図らなければならない。そのため、建物等の管理および使用について区分所有者が相互に従うべき規範（ルール）が必要となるが、区分所有法は、それを「規約」として定めるものとした。3条は、区分所有者は全員で建物

等の管理を行うための団体を当然に構成し、この法律に定めるところによって集会を開き、規約を定めることができるものと定めている。

建物等の管理・使用に関する規範（およびその前提となる規範）としては、第1に、強行規定としての性質を有する定めが本法に存在する。本法中、1条、2条、3条、6条～10条、12条、13条、15条、21条、23条、24条、30条～33条、36条、40条、42条～48条の2、51条、54条、55条、57条～60条、62条～72条などが強行規定である。これらによって定められた事項については、規約や集会の決議をもってしてもそれと異なる定めをすることは許されない。

第2に、区分所有者間においてあらかじめ建物等の管理および使用に関し包括的な定めをしておくものとして、「規約」がある。規約の対象となる事項は、規約によらなければ定めることができない事項と、規約以外の方法（たとえば集会の決議）によって定めても効力を生ずるが建物等の管理・使用をより円滑に行うためにあらかじめ規約として定める事項とがある（前者の規約の対象となる事項を「必要的〔絶対的〕規約事項」といい、後者の対象となる事項を「任意的〔相対的〕規約事項」という。これらについては〔3〕で述べる）。

第3に、集会の決議によって規範を定めることができる。本法の強行規定として定められている事項および規約でのみ定められるべき事項（必要的規約事項）以外の事項については、原則としてすべて集会の決議によって定めることができ、区分所有者はこれに拘束される。

(2) 規約自治の原則と規約の性質

本法は、区分所有者相互間の事項について広く規約で定めることを認め、区分所有者の団体の私的自治を認めた（「規約自治の原則」）。すなわち、区分所有者は、その相互間の事項について、①本法で原則を定める場合に規約で細則を定めることができ、また、②本法に定めがあっても本法が許容する場合には規約によって別段の定めをすることができ、さらに、③本法に何ら個別の規定のない場合であっても、規約で定めることができる。

本法上、規約は、当該規約を定めた区分所有者だけでなく一定の範囲の第三者（区分所有者の特定承継人、占有者、区分所有者でない管理者）に対しても効力を生じる（46条、25条以下）。その意味で、規約は、単なる自治規範以上の特別の意義と効力を付与されている。

ただし、1962年法が規約を区分所有者全員の書面による合意に基づくものとし

第1章 建物の区分所有 第5節 規約及び集会

ていた（1962年法24条1項）のに対して、1983年改正法では、規約を集会の決議（特別多数決議）に基づくものとし（31条1項）、また、規約と集会の決議一般に同等の効力を付与していることから、規約と集会の決議との間の差異は相対的に減少した。本法上、区分所有者間の規範としての規約の意義は、①本法の定める一定の事項（必要的規約事項）については規約によってのみ本法と異なる定めをすることができること、および、②規約で定められた事項を変更または廃止する場合には、規約の変更・廃止として集会の特別多数決議によるべきこと、の2点に限られている（原田・基本コンメ62）。

(3) 規約設定の自由と規約の必要性

本法上は、区分所有者の団体にとって、規約を設定するかどうかは自由である（3条）。しかし、今日では、区分所有建物が居住用であるか営業用であるかを問わず、規約を定めているものが大部分である。実際に区分所有建物を管理していくためには、特別な場合（たとえば、ごく少数の区分所有者から構成される建物の場合など）を除いて、規約の設定は必要不可欠というべきである。

(4) 規約に関する一般規定

本条から33条までの規定は、規約に関して、定めることができる事項（本条）、その設定・変更・廃止（31条）、公正証書による規約の設定（32条）および規約の保管および閲覧（33条）について定める。また、46条は、規約の効力に関して定める。本条以下のこれらの規定は、規約についての一般規定であり、このほかに本法では個別の事項について規約で定める旨の規定が多く存在している（後記〔3〕(1)(2)参照）。

(5) 本条と旧規定

本条1項の文言は、1962年法23条本文のそれと同じである。2項は、1962年法24条2項の規定（後記〔5〕(1)参照）を1983年改正法によって改正したものである。3項は、2002年改正法によって追加されたものである。4項は、1962年法23条ただし書に準じているが、その規範内容は1962年法と異なる。

〔2〕 **規約で定めることができる事項**

規約で定めることができるのは、本法で個別的に定める事項（後記〔3〕参照）のほか、「建物又はその敷地若しくは附属施設の管理又は使用に関する区分所有者相互間の事項」である。

(1) 「建物」

「建物」については、共用部分だけでなく、専有部分についても、その管理や使用が区分所有者全体に影響を及ぼすような事項については規約で定めることができる。たとえば、専有部分に属する配管について定期的に点検・補修を行い、共同の管理に服せしめる旨の規約を定めることは可能である。また、専有部分を居住以外の目的で使用することを禁止すること（裁判例については6条の注釈〔2〕(2)(イ)参照）や動物の飼育を禁止すること（裁判例については31条の注釈〔3〕(3)参照）を規約で定めることも可能である。

(2) 「管理又は使用」に関する事項

建物等の「管理」に関する事項とは、建物等を維持していくために必要または有益な事項をいう。たとえば、共用部分の点検・補修、管理費・修繕積立金の負担に関する事項などがこれに当たる。また、区分所有者の団体（管理組合）の組織・運営等に関する事項も規約で定めることができる。

建物等の「使用」に関する事項とは、専有部分の使用方法や、共用部分・敷地等の使用方法・使用の対価等に関する事項をいう。たとえば、(1)で述べた専有部分の居住目的以外の使用禁止や、敷地内での駐車方法・駐車場使用料の定めなどがこれに該当し、規約で定めることができる。

建物等の「管理又は使用」に関わりがない事項は、規約として定めても効力が生じない。たとえば、専有部分の譲渡その他の処分を禁止することを規約に定めることはできない（定めても無効である）。

(3) 専有部分の用途

専有部分の用途について、規約の定めにより、住居専用マンションにおいて居住目的以外の使用を禁止したり、また、住戸部分と店舗部分からなる複合用途型マンションにおいて前者については居住目的以外の使用を禁止する場合が少なくない。居住目的以外の用途で使用された場合には、一般的には、共同利益背反行為となり（6条）、当該使用の停止等の請求（57条等）が認められる（6条の注釈〔2〕(2)(イ)(a)参照。裁判例として東京高判平23・11・24判タ1375-215等）。標準管理規約（後記〔4〕）では、そのうち、住居専用の分譲マンションに関する「マンション標準管理規約（単棟型）」は、「区分所有者は、その専有部分を専ら住宅として使用するものとし、他の用途に供してはならない」（同規約12条）と定め、複合用途の分譲マンションに関する「マンション標準管理規約（複合用途型）」は、「住戸

部分の区分所有者は、その専有部分を専ら住宅として使用するものとし、他の用途に供してはならない」(同規約12条1項)、「店舗部分の区分所有者は、その専有部分を店舗として使用するものとし、他の区分所有者の迷惑となるような営業形態、営業行為をしてはならない」(同条2項)と定めている。

なお、実際には、上の店舗の使用方法に関しては、さらに使用規則を設けて、専有専有部分の譲渡や転貸についての理事長への届出や、営業内容等の理事長の承認について定めている商業用途型区分所有建物や複合用途型マンションも少なくない(岡﨑・コンメ管理規約431)。この点に関して、次の裁判例がある。複合用途型のマンションの店舗部分の専有部分について心療内科クリニックとして使用される目的での賃貸が予定され、その賃借人が当該管理組合の規約および店舗使用規則に基づき店舗部会に対して営業開始の承認を求めたが、同部会がこれを不承認としたことから、賃借人が管理組合および店舗部会に対して不法行為に基づく損害賠償請求を請求した事案において、裁判所は、店舗部会が、同クリニックに通院する患者によって他の店舗やクリニックに迷惑となるおそれがあるとの資料ないし裏付けなしに不承認としたことは、裁量権を逸脱または濫用したとして同請求を認めた(東京地判平21・9・15判タ1319-172)。

(4) 「区分所有者相互間の事項」

規約で定めることができる事項は、建物等の管理または使用に関する「区分所有者相互間の事項」である。したがって、区分所有者と区分所有者以外の第三者との間の事項を規約で定めることはできない(定めても無効である)。ただし、たとえば、区分所有者の団体(管理組合)がその業務を第三者に委託する旨の定めや共用部分等に関して第三者と損害保険契約をする旨の定めは、区分所有者相互間の「管理」に関する事項でもあるから、規約として定めることができる(ただし、規約の効力が第三者に及ぶことはない)。

〔3〕 **個別的な規約事項**

本条1項でいう「この法律に定めるもの」には、次の3つがある(前記〔1〕(1)参照)。すなわち、建物等の管理または使用について、(1)本法で直接に定め、規約の設定を許さないもの(本法の強行規定たる定め)、(2)本法で、個別的に、規約によってのみ定めることを認めているもの(その対象となる事項を「必要的規約事項」という)、(3)本法で、個別的に、規約によっても定めることを認めているもの(その対象となる事項を「任意的規約事項」という)である。

以下では、本法で個別的に定めている、「必要的規約事項」と「任意的規約事項」とを掲げる。なお、本項によって、規約により定めることができるとされている建物等の管理または使用に関する区分所有者相互間の一般的事項（本項は、規約によって定めることができる事項を個別的にではなく、一般的に定めている）は、規約以外の方法（集会の決議）によっても定めることができるので、「任意的規約事項」に属する。

(1) 必要的規約事項

　必要的規約事項として本法で定められているのは、次のものである〔なお、管理組合法人については、下記⑱のほか、理事の互選による代表理事の決定〔49条5項後段〕および残余財産の帰属の割合〔59条〕に関する事項がある〔52条の注釈〔2〕(2)(イ)の⑧⑨〕〕。

① 規約共用部分の定め（4条2項）
② 規約敷地の定め（5条1項、2項）
③ 共用部分の共有関係（11条2項）
④ 共用部分の共有持分の割合（14条4項）
⑤ 共用部分等の変更決議における区分所有者の定数の削減（17条1項、21条）
⑥ 共用部分等の管理に関する決定方法（18条2項、21条）
⑦ 共用部分等の負担および利益取収の割合（19条、21条）
⑧ 専有部分と敷地利用権の分離処分の許容（22条1項）
⑨ 各専有部分に対する敷地利用権の割合（22条2項）
⑩ 管理者の選任および解任方法（25条1項）
⑪ 管理者の権利・義務（26条1項、28条）
⑫ 管理所有（27条1項）
⑬ 建物、その敷地および附属施設の管理に要する経費についての負担の割合（29条1項）
⑭ 集会招集請求権の定数の削減（34条3項）
⑮ 集会の招集通知の期間の伸縮および集会招集の建物内掲示による通知（35条1項・4項）
⑯ 通知事項以外の事項についての集会の決議（37条2項）
⑰ 集会での議決権割合と議決定数の変更（38条、39条1項）
⑱ 管理組合法人の理事および監事の任期並びに事務執行方法（49条6項ただし書、50条4項、52条1項）

⑲　建物の価格の2分の1以下の滅失の場合の復旧方法（61条4項）
⑳　建替えを会議の目的とする集会の招集通知期間の延長（62条4項）
(2)　任意的規約事項
任意的規約事項として本法で定められているのは、次のものである。
①　先取特権の目的となる債権の範囲（7条1項）
②　管理者または管理組合法人が区分所有者のために訴訟の当事者となること（26条4項、47条8項）
③　管理者がいない場合の規約・議事録等の保管者（33条1項、42条5項、45条4項）
④　電磁的方法による議決権の行使（39条3項）
⑤　管理組合法人の代表理事または共同代表の定め（49条5項）

〔4〕　**標準管理規約**
(1)　標準管理規約の作成とその後の改訂

　区分所有者による「規約」の設定等に当たって参照されるべきモデルとして、住宅宅地審議会は建設大臣の諮問を受けて「中高層共同住宅標準管理規約」を作成して答申した（1982年〔昭和57〕年1月28日）。この答申に基づいて、建設省は、関係業界団体等に対して、今後中高層共同住宅に関わる管理規約案を作成するときにはこの標準管理規約を指針として活用するように通達した。その後、住宅宅地審議会は、建設大臣の再度の諮問によって、1997年2月7日に新たな答申を行い、建設省も、新たな通達によって関係方に周知させることとした（この「中高層共同住宅標準管理規約」には、「単棟型」、「団地型」、「複合用途型」の3種があり、それぞれについて詳細なコメントが付せられていた）。

　その後、国土交通省は、2003年5月より「マンション標準管理規約検討委員会」を設けて、標準管理規約の見直しを行い（見直しの主目的は区分所有法の2002年の改正を受けてのものであった）、2004年1月23日には、管理組合が各マンションの実態に応じて、管理規約を制定・変更する際の参考とすべきものとして、「マンション標準管理規約及びマンション標準管理規約コメント（単棟型）」、「同（団地型）」、「同（複合用途型）」を発表した。さらに2011年には、マンション管理を取り巻く状況の変化に対応するための見直しが行われ、国土交通省は同年7月にその改訂を公表した。

(2) 標準管理規約が定めている事項の例

区分所有法では、本条1項で「区分所有者相互間の事項は、この法律に定めるもののほか、規約で定めることができる」としているが、マンション標準管理規約において、区分所有法には定めがないが、規定を設けている事項としては、たとえば、専有部分の用途を専ら住宅とすること（同規約〔単棟型〕12条）、管理事務室等の共用部分等を管理業者等の第三者に使用されることができること（同16条）、専有部分の修繕等には理事長（管理者）の承諾を要すること（同17条）、区分所有者（組合員）の資格の取得または喪失については管理組合に届け出なければならないこと（同31条）、管理組合の業務をマンション管理業者等の第三者に委託して執行することができること（同33条）、マンション管理士等の専門家を活用することができること（同34条）などがある。また、会計に関しても比較的詳細な規定を設けている（同56条〜65条）。なお、マンション標準管理規約では、「理事会方式」（区分所有法25条で定める管理者が選任されるのではなく、複数の理事が集会において選任されて、その理事によって理事会が構成され、理事会の決議によって管理が実施される。管理組合を代表する理事長〔区分所有法上の管理者とされる〕は、理事の互選によって選任される）を採用しているため、理事等の役員に関する規定（同規約〔単棟型〕35条〜41条）および理事会に関する規定（同51条〜55条）を設けている。

〔5〕 一部共用部分に関する規約

(1) 一部共用部分に関する事項を規約で定める場合の区分

一部共用部分（3条後段）は、規約で別段の定めがない限り、これを共用すべき区分所有者の共有に属する（11条1項ただし書・2項本文）が、その管理または使用をどのように行うかは、別個の問題である（16条参照）。そこで、一部共用部分の管理または使用に関する事項を規約で定める場合には、区分所有者全員の規約で定めるか、一部共用部分の共有者である一部の区分所有者（本条の注釈において以下「一部の区分所有者」という）の規約で定めるかについての区分が明らかにされなければならない。

本条2項は、その区分について、次のように定めた（これは、1962年法24条2項の規定「一部の区分所有者のみの共用に供されるべき共用部分に関する規約の設定、変更又は廃止は、それらの区分所有者のみの書面による合意によってすることができる」を改正したものである）。

一部共用部分の管理または使用に関する事項のうち、

第1章　建物の区分所有　第5節　規約及び集会

　①　区分所有者全員の利害に関係する事項は、区分所有者全員の規約によって定める。たとえば、一部共用部分の外装が建物全体の外観に影響を与える場合の当該部分の外装や、一部共用部分であるエレベータ昇降機の更新が区分所有者全員に影響を与える場合におけるその更新などについては、一部区分所有者の規約で定めることはできず、区分所有者全員の規約で定める（後記(2)参照）。
　②　区分所有者全員の利害に関係しない事項でも、区分所有者全員の規約によって定めることができる。たとえば、一部共用部分の日常の管理など区分所有者全員の利害に関係しない事項でも、建物全体の管理を円滑に行うために区分所有者全員の規約によって定めることができる。
　③　区分所有者全員の利害に関係しない事項で、かつ、②により区分所有者全員の規約によって定められていない事項は、一部の区分所有者の規約で定めることができる。
　本項では、直接には③のみが規定されているが、①および②が当然の前提とされている（なお、一部共用部分の管理に関する16条参照）。
(2)　「一部共用部分に関する事項」
　上記の①②③の区分の対象となるのは、規約の対象物である一部共用部分そのものではなく、一部共用部分（の管理または使用）に関する事項であるから、「区分所有者全員の利害に関係しないもの」か否か、また、「区分所有者全員の規約に定めがある場合」か否かについては、管理または使用に関する事項ごとに考えるべきである（濱崎・解説238）。たとえば、上層階専用、中層階専用、低層階専用の一部共用部分たる3つのエレベータがある場合に、その大規模修繕や機種の更新については、全員の利害に関係するものとして区分所有者全員の規約で定めるが、日常の管理（清掃、小規模修繕など）や使用方法については、「区分所有者全員の利害に関係しないもの」として一部の区分所有者の規約で定めることが考えられる。
(3)　区分所有者全員の規約で定めた事項
　前述（(1)①②）のように、区分所有者全員の規約によって定めた事項については、一部の区分所有者が、これとは別の規約を設定したり、全員の規約を変更したり廃止したりすることはできない。
(4)　一部の区分所有者の規約で定めた事項
　一部の区分所有者の規約で定めた事項について、区分所有者全員の規約でこれ

と異なる定めをし、またはこれを変更ないし廃止することができるか。法務省立法担当者による1983年改正法の解説では、「今回の改正の趣旨は、一部の区分所有者の意思をも尊重しつつ（31条2項）、区分所有者全員の多数意思をもって一部共用部分の管理を区分所有者全員で行うことを認めることにあるのであるから、この問題は積極的に解すべきである（区分所有者全員の規約で異なる定めがされたときは、これに抵触する限度で一部の区分所有者の規約は効力を失うことになる。）」（濱崎・解説239）。一部の区分所有者の規約で定めた事項について、区分所有者全員の規約でこれと異なる定めをし、またはこれを変更ないし廃止する場合にも、31条2項で定める特別な要件が必要であることを考慮すると、上記解説のように積極的に解すべきであろう。

　なお、一部の区分所有者の規約についても、その設定・変更・廃止の手続は、31条1項（または45条1項）による（その決議は一部の区分所有者によって構成される集会〔3条後段参照〕において行われる）。

〔6〕**規約の衡平性**

(1) 本規定が設けられるに至った経緯

　本項は、前述（〔1〕(5)）のように、2002年改正法により追加されたものである。規約は、区分所有者の団体（管理組合）の根本規範であるが、多くのマンションにおいては、分譲時に分譲業者等が規約案を作成し、購入者である各区分所有者がこれに同意することにより、区分所有者全員合意の書面による決議（45条）が成立し、規約として設定される例が多い（31条の注釈〔2〕(3)参照）。このように設定された規約（いわゆる原始規約）等について、2002年改正法「中間試案補足説明」（第2の3（後注））は、次のように述べている。原始規約の一部には、「区分所有者である分譲業者、等価交換方式により建設された場合における元地主等に対し、駐車場・広告搭等を無償で専用使用する権利を設定したり、管理費等の負担につき法の定める原則（法第14条第1項から第3項まで）と異なる格差を設ける旨の定めを設けるものがあり、これが分譲会社等と区分所有者、各区分所有者相互間で紛争の原因となっているとの指摘がある。併せて、かかる不公平な規約については区分所有法上何らかの手当てを設けるべきであるとの指摘もされている」。これに続けて次のようにいう。「これに対しては、次のような指摘がある。すなわち、①こうした規約の定めは、分譲業者、専用使用権等を有する区分所有者、その他の区分所有者の三者間の問題であるところ、専用使用者等は分譲業者

との間の契約に基づいてその権利を取得しており、これに対価の授受等が伴っている場合もあるから、こうした規約の定めの効力を否定すると、かえって不公平な結果を招く場合がある、②法の定める原則と異なる管理費等の負担の定めも、例えば、各戸の価格割合、容積割合、位置関係等を考慮して、共用部分の利用割合等を算出し、これを基準として負担割合を定めるなど、必ずしも不合理でない場合もあり得る、③この問題は、分譲時の業者側の説明等に主な原因があるから、区分所有法において対処するのは適当でない、④著しく衡平を欠く規約については民法90条により効力を否定した裁判例もあり、新たな対処方策を講ずる必要はないなどの指摘である。このように、規約の適正さを確保する措置については、その要否を含めて見解が分かれているため、試案において意見を求めることにしたものである」。

ここでの議論の背景には、裁判で争われるなどした現実のいくつかの事例があった（上記の専用使用に関しては、最判平10・11・20判時1663-102・判タ991-121、最判平10・10・22民集52-7-1555、最判平10・10・30民集52-7-1604。これらについては、13条の注釈〔２〕(5)(ｳ)を参照。上記④に関するものとしては、東京地判平２・７・24判時1382-83・判タ754-217〔19条の注釈〔２〕(2)〕）。上記「中間試案」をめぐっては、本法上、規約の適正化に関する効力規定を設けるべきであるという見解がいくつかあった（折田・ジュリ16、石川・ジュリ30、鎌野・都市住宅29、山上・マンション学16等。なお、原始規約の設定に係る問題について論じたものとして太田・原始規約239以下がある）。

(2) 本規定の趣旨

最終的に、2002年改正法により本規定が設けられたが、法務省立法担当者は、この点に関し、上記の「中間試案補足説明」を踏まえた上で、次のように述べる。「現行法でも、著しく不衡平な内容の規約は、民法90条の『公序良俗』に反する場合に無効とされることになるが、民法90条にいう『公序良俗』の概念は抽象的であるため、どのような場合に規約が無効と判断されるのかが明確でないという指摘もあった。他方、これまで、規約の適否をめぐる数多くの紛争が争われており、規約が著しく衡平を欠いているか否かを判断するにあたり考慮すべき要素は、多くの裁判例を通じて相当程度具体化されているように見受けられる。そこで、規約の衡平性を判断する場合の考慮要素を列挙し、それらを総合的に考慮して、区分所有者間の利害の衡平が図られるように規約を定めなければならないことと

する規定を新設することにしたものである」（吉田ほか・概要(上)70。なお、吉田・一問一答34）。

衡平性が要求される規約は、原始規約に限らず、本法で定める手続に従って設定または変更されるすべての規約である。

ところで、本規定が新設されたことにより、2002年改正法前に設定された規約の効力に影響があるか否かが問題となる。この点について、法務省立法担当者は、「法30条3項に列挙されている考慮要素は、規約の衡平や適正さが争われたこれまでの裁判例において実際に考慮された事項を参考にして規定されたものであって、今回の法改正も、規約の衡平さを判断する場合の従来の規範の内容に変更を加えることを意図したものではなく、これを具体化・明確化する趣旨のものである」と述べる（吉田ほか・概要(上)71。なお、吉田・一問一答35）。

(3) 規約の無効

本項に掲げられた事情等を総合的に考慮したときに、規約中の当該規定が区分所有者間の利害の衡平が図られるように定められていない場合には、各区分所有者は、管理者を被告として（26条4項参照）、当該規定の無効確認の訴えを提起することができる。その立証責任は、原告たる区分所有者にある。なお、このような規約中の当該規定については、31条1項による規約の変更または廃止の手続によって効力を失わせることができることはいうまでもない。

〔7〕 **規約の衡平性を判断する際に考慮すべき要素**

規約の衡平性を判断する際に考慮すべき要素は、「専有部分若しくは共用部分又は建物の敷地若しくは附属施設（建物の敷地又は附属施設に関する権利を含む。）につき、これらの形状、面積、位置関係、使用目的及び利用状況並びに区分所有者が支払った対価その他の事情」であり、これらを総合的に考慮する必要がある。なお、「建物の敷地又は附属施設に関する権利」とは、建物の敷地の賃借権や地上権等、または、附属施設の賃借権等である。以下では、主要な判断要素となると思われる点を説明する。

(1) 形状・面積

形状・面積とは、床面積や容積その他の外形的要素を指す。法務省立法担当者は、「例えば、各区分所有者が有する専有部分のこれらの要素の大小に応じて共用部分の負担等について異なる割合が定められる場合があること等を念頭において考慮要素に掲げたものです」と説明する（吉田・一問一答37）。

第1章　建物の区分所有　第5節　規約及び集会

　専有部分の面積に関しては、本法では、その床面積の割合が、規約に別段の定めがない限り、各区分所有者の共用部分の持分の割合（14条1項）、共用部分の負担等の割合（19条）、議決権の割合（38条）等を決する基準として定められている。これらの割合は、各区分所有者にとって財産権の内容をなす極めて重要な事項であり、通常は、本法が定めるように専有部分の床面積に比例するものと考えられている。もとより、本法は規約によって別段の定めをすることを許しているが、これらの割合を定め、その結果合理的な理由なしに専有部分の床面積を考慮することなく区分所有者間の衡平を害するような場合には、本項によって無効である。管理費の負担につき、専有部分の床面積の割合とは無関係に法人所有の場合と個人所有の場合とで1.6倍の差を設けた規約について、民法90条（公序良俗）を理由に無効とした裁判例がある（前掲〔6〕(1)東京地判平2・7・24判時1382-83・判タ754-217）。

　これに対し、これら各区分所有者の共用部分の持分の割合等について、専有部分の床面積ではなく専有部分の容積や価格の割合に応じて定めた規約は、合理的な理由があり、区分所有者間の衡平を害するものではない。なお、マンション標準管理規約では、集会の議事（普通決議）について、本法39条1項が定める「区分所有者及び議決権の各過半数で決す」るのではなく、「規約に別段の定め」をして、議決権の割合を共用部分の共有持分の割合、またはそれを基礎としつつ賛否を算定しやすい数字に直した割合（なお、各住戸の面積があまり異ならない場合は、住戸1戸につき各1個の議決権とすることも可能であるとする）とした上で、議決権総数の半数以上の出席する集会において、出席者の議決権の過半数で決すると定める（同規約〔単棟型〕46条、47条。同条のコメントも参照）。このような定めは、区分所有者間の衡平を害するものではない。

(2)　位置関係

　位置関係とは、専有部分と共用部分の位置関係、および専有部分と他の専有部分との位置関係を指す。法務省立法担当者は、「例えば、1階の専有部分の区分所有者に対して、その専有部分に隣接した敷地の一部を専用庭等として使用権が設定される場合があること等を念頭において考慮要素に掲げたものです」と説明する（吉田・一問一答38）。このほか、専有部分と共用部分の位置関係が考慮要素とされる例として、特定の区分所有者に附属するルーフバルコニーに対する専用使用権が挙げられる（折田・マンション法137）。また、専有部分と他の専有部分と

の位置関係が考慮要素とされる例としては、超高層マンションにおける低層階の区分所有者と高層階の区分所有者との間で、他の要素と共にこの点をも考慮して管理費の額が設定されることがある。

(3) 使用目的

使用目的とは、専有部分を商業用（店舗用・事務所用等）や居住用に定める場合等における用途を指す。法務省立法担当者は、「例えば、各区分所有者の有する専有部分の用途の違いによって、共用部分の負担について異なる割合が定められる場合があること等を念頭において考慮要素に掲げたものです」と説明する（吉田・一問一答38）。たとえば、店舗部分についてはその顧客等による共用部分や共用施設の使用頻度が住宅部分よりも高いことなどから（後記(4)の「利用状況」にも関わる）、管理費の額に相当な差を設けることは合理性があると考えられる。これに対して、専有部分につき単に法人所有の場合（たとえば法人が従業員のための住居として所有している場合）と個人所有の場合とで管理費の負担につき差を設けることは、一般には合理性がないと解される（関連する裁判例として、前掲東京地判平2・7・24判時1382-83・判タ754-217）。

(4) 利用状況

利用状況とは、共用部分等の利用方法やその頻度等を指す。法務省立法担当者は、「例えば、各区分所有者の集会室の利用頻度の違いに応じて、その維持に要する費用負担について異なる割合が定められる場合があること等を念頭において考慮要素に掲げたものです」と説明する（吉田・一問一答38）。この点については、集会室のほか、たとえば、エレベータ、廊下、屋上（屋上庭園の場合を含む）などの共用部分や駐車場、倉庫などの附属施設についても考えられる（折田・マンション法137）。この点に関する裁判例として、マンションの店舗部門、住宅部門、別館部門の3つの部門において管理費の負担割合に差を設けていた事案について、当該額の設定において屋上の利用状況を考慮に入れていなかったとしても、このことのみによって、直ちに集会決議の内容が著しく不公正・不公平であるということはできないとしたものがある（東京地判昭58・5・30判時1094-57）。

なお、専有部分の利用状況（前述の「使用目的」にも関わる）を考慮要素とする場合として、ペット飼育等による他の区分所有者の生活上の不利益を管理費等に反映させる場合が考えられる（折田・マンション法138）。

第1章　建物の区分所有　第5節　規約及び集会

(5)　区分所有者が支払った対価

　規約の衡平性を判断する際に考慮すべき要素として「区分所有者が支払った対価」を掲げた理由について、法務省立法担当者は、「特定の区分所有者が共用部分を専用使用する権利の設定を受けるなど、その利用について特別の利益を得ている場合には、これに関連して分譲業者に対し対価が支払われていることが少なくなく、こうした対価の有無およびその多寡についても、規約の内容の衡平性を判断する場合の重要な考慮要素となることを明らかにしたものである」と説明する（吉田ほか・概要(上)71。なお、吉田・一問一答38）。この点については、特に駐車場専用使用に関して、2002年改正法前の多くの裁判例で問題とされた（前掲〔6〕(1)最判平10・11・20判時1663-102・判タ991-121、前掲〔6〕(1)最判平10・10・22民集52-7-1555、前掲〔6〕(1)最判平10・10・30民集52-7-1604等。これらについては、13条の注釈〔2〕(5)(ウ)）。

(6)　「その他の事情」

　本項では、規約の衡平性を判断する際に考慮すべき要素としていくつかの事項を具体的に列挙した上で、「その他の事情」を総合的に考慮するものとしている。

　法務省立法担当者は、「例えば、分譲マンションにあっては、分譲業者が原案を作成し、マンション購入者がこれに書面で同意することによって規約が設定される場合が多いと言われるが、こうした場合に分譲業者がマンション購入者に対して規約の内容について説明を尽くしたかどうかなど規約設定に至る経緯も、ここでいう『その他の事情』に含まれることになると考えられる」と述べる（吉田ほか・概要(上)71。なお、吉田・一問一答38）。都市再開発法133条1項に基づく規約（施行者が、行政の認可を受けることによって、当該区分所有建物の規約を定めることができる）に関しても、同様のことがいえよう。

　上記の規約設定に至る経緯のほか、規約の設定や変更がなされた集会決議の状況、各区分所有権の分譲価格、当該マンションへの居住・非居住の状況などが考えられる（折田・マンション法138）。裁判例として、特定の区分所有者の管理費等を長期間合理的理由もなく低額に定めていた規約を変更して増額した集会決議は、本項にいう区分所有者間の利害の衡平を図ったものであるとした例がある（東京地判平23・6・30判時2128-52）。また、役員手当の財源として団地内居住者は月額1000円、団地内非居住者は月3000円を負担するとした集会決議は公序良俗に反するものでないとしたものがある（福岡地判平11・9・30マン管判192号）。なお、非居

住者により多くの管理費を課する規約の効力を判断した最高裁判決については、31条の注釈〔3〕を参照。

〔8〕 **規約と区分所有者以外の者との関係**

区分所有者の全員で、または一部共用部分について一部の区分所有者で規約を定めるに当たっては、区分所有者（一部区分所有者）以外の者の権利を害することができない。規約は、区分所有者のみの意思によって区分所有者相互間の事項を定めるものであり、区分所有者以外の者に関する事項を定めることはできないから（これを定めてもその者に対して効力を及ぼすことはない。なお、前記〔2〕(3)参照）、その者の権利を害することができないのは、当然である。本条4項は、この当然のことを1962年法23条ただし書にならって確認したものである。

一部共用部分につき一部の区分所有者で定める規約については、その一部の区分所有者以外の区分所有者は、本項にいう「区分所有者以外の者」に該当すると解し、その区分所有者の権利を害することはできないと考えるべきである（濱崎・解説240）。たとえば、一部共用部分である階段室または通路の一部をごみ置場として使用することを一部の区分所有者の規約で定めた場合に、ごみ置場に隣接する他の特定の区分所有者に影響を与えるときは、その者の権利を害するものとして、そのような規約は認められない。

〔9〕 **規約の作成方式**

(1) 書面または電磁的記録による規約の作成

本項は、2002年改正法により新設された規定である。2002年改正法により、規約を電磁的記録により作成することを認めることに伴い、従来の書面による方式と併せて、規約の作成方式を定めたのである。なお、2002年改正法の前においては、本法において特に規約の作成方式に関する明文規定は存在しなかったが、書面によることが前提とされていたと思われる（規約の保管に関する旧33条1項〔現33条1項と同じ規定〕等参照）。

書面のほか電磁的記録による規約の作成を認めることとした点について、法務省立法担当者は、コンピュータが普及し、磁気・光ディスクやメモリーへの書き込み等の電磁的方法を用いた、より簡便かつ確実な記録の方法が一般化しつつある現状において、書面以外の方法による規約の作成を認めないのは、区分所有者に不便を強いる結果になるとし、2002年の改正では、区分所有建物の管理の充実を図るという観点から、規約の作成について電子化の措置を講じることにしたと

説明する（吉田・一問一答48）。

　なお、集会の決議により設定された規約を書面により作成するのか、電磁的記録により作成するのかについては、集会の決議によっても、規約の定めによってもよく、また、これらがない場合には、管理者が任意に決定することができる。書面による議決権行使に代えて電磁的方法による議決権行使も認める場合のように（39条3項）、規約または集会の決議を経る必要はない。ただ、いずれかの方式を選択しなければならず、両者の方式を併存させた場合には、どちらが原本かを明らかにしなければならないものと解する。

　(2)　電磁的記録

　電磁的記録とは、本項括弧書にあるように「電子的方式、磁気的方式その他人の知覚によっては認識することができない方式で作られる記録であって、電子計算機による情報処理の用に供されるものとして法務省令で定められているものをいう」。この電磁的記録の内容について、区分所有法施行規則（平成15年法務省令第47号）1条は、記録の保存等の確実性・効率性等を考慮して、「磁気ディスクその他これに準ずる方法により一定の情報を確実に記録しておくことができる物をもって調製するファイルに情報を記録したもの」と定めている。法務省立法担当者によると、「具体的には、磁気ディスク、磁気テープ、フロッピー・ディスク等のような磁気的方式によるもの、ICカード、ICメモリー等のような電子的方式によるもの、CD-ROMのような光学的方式によるものなどによって調製するファイルに情報を記録したものが、この『電磁的記録』に該当すると考えられます」と説明されている（吉田・一問一答49）。

（規約の設定、変更及び廃止）

第31条　規約の設定、変更又は廃止は、区分所有者及び議決権の各4分の3以上の多数による集会の決議によってする。この場合において、規約の設定、変更又は廃止が一部の区分所有者の権利に特別の影響を及ぼすべきときは、その承諾を得なければならない。

2　前条第2項に規定する事項についての区分所有者全員の規約の設定、変更又は廃止は、当該一部共用部分を共用すべき区分所有者の4分の1を超える者又はその議決権の4分の1を超える議決権を有する者が反対したときは、することができない。

〔1〕 本条の趣旨

　本条は、規約の設定、変更および廃止について、議決の要件を定める。規約の設定、変更および廃止には、①区分所有者および議決権の各4分の3以上の多数による集会の決議、および、②それが一部の区分所有者の権利に特別の影響を及ぼすべき場合にはその承諾、を必要とする（本条1項）。また、一部共用部分に関する事項についての区分所有者全員の規約の設定等については、①および②の要件に加えて、③当該一部共用部分を共用すべき区分所有者の4分の1を超える者またはその議決権の4分の1を超える議決権を有する者の反対がないことが必要である（本条2項）。

　以上の原則に対して、本法では、公正証書による規約の設定（32条）および区分所有者全員の書面または電磁的方法による合意（45条2項）による規約の設定という例外を設けている。

　1962年法ではどうであったか。1962年法24条は、規約の設定・変更・廃止は、原則として区分所有者全員の書面による合意によって行うべきものとしていた（同条1項は、「規約の設定、変更又は廃止は、区分所有者全員の書面による合意によってする」と定め、同条3項は、「第1項……の規定は、規約で別段の定めをすることを妨げない」と定めていた）。これは、規約で定めることができる事項は、区分所有者の専有部分の管理または使用に関する事項や共用部分の共有持分の割合など広範囲にわたり、個々の区分所有権の内容に関わる事項にまで及ぶことを考えて規定されたものである（川島・解説(下)1244、濱崎・解説241）。

　しかし、区分所有者の数が多い建物にあっては、分譲後、かなりの時を経た後に全員の合意のもとに規約を設定したり変更したりすることは困難であることが多い。他方、建物等を良好に維持・管理するためには規約の変更を必要とする場合が少なくないが、そのような場合に全員の合意がなければ規約を改めることができないというのであれば、はなはだ不都合である。

　そこで、1983年改正法は1962年法を改正し、規約の設定・変更・廃止は、一部の区分所有者の権利を著しく害することがないようにするための配慮をしながら、集会における特別多数決議によってするものとした。

〔2〕 規約の設定等の要件――特別多数決議

　規約の設定・変更・廃止は、区分所有者および議決権の各4分の3以上の多数による集会の決議によってしなければならない。

第1章　建物の区分所有　第5節　規約及び集会

(1)　特別多数決議

「区分所有者及び議決権の各4分の3以上の多数」とは、17条1項などに定める場合と同様に、区分所有者の数（この点について40条参照）と、原則として自己の専有部分の床面積の割合に応じて定められる議決権（38条、14条）との双方において、それぞれ4分の3以上の多数であることを意味する。このように、区分所有者の数以外に議決権をも議決要件としたのは、建物等の管理または使用については各区分所有者の持分の大きさを考慮する必要があるからである（各区分所有者は、原則としてその持分に応じて共用部分の負担に任ずる〔19条〕）。もっとも、議決権の割合については規約で別段の定めをすることができる（38条）から、区分所有者の議決権を平等と定めて、区分所有者の数と一致させることは可能である。

ところで、「区分所有者及び議決権の各4分の3以上の多数」という本条1項の要件について、規約で別段の定めをすることは許されるか。たとえば、区分所有者全員の合意を要するとしたり、区分所有者および議決権の各5分の4以上の多数を要するとして議決の要件を厳格化する（言い換えれば、区分所有者間の団体的拘束を緩める）ことは、1962年法24条を本規定に改めた趣旨（前記〔1〕参照）からして妥当でない。また、たとえば、過半数以上で足りるとして要件を緩和する（言い換えれば、区分所有者間の団体的拘束を強める）ことは、各区分所有者が基本として有する所有者としての自由を本法で定める以上に制限することになるため、許されないというべきである。

本法には特別多数決議に関する種々の規定が存在するが、規約の設定、変更または廃止に関する本条の定めは、上記のような理由から、特別多数の定数を規約によって増大することも減少することもできないという特別の制限を強行法的に受けているものと解すべきである。

これに対して、共用部分の変更（17条）、義務違反者に対する措置（58条〜60条）、大規模一部滅失の場合の復旧（61条5項）、区分所有建物の建替え（62条）等に関する特別多数決議については、その要件を厳格化して区分所有者間の団体的拘束を緩めることは許される。各区分所有者が基本として有する所有者としての自由を本法で定める以上に制限することにならないからである。議決の要件を規約によって厳格化した後、そのような変更が不適当と判断される場合には、本条に定めるところに従って規約を再度変更することが可能である。

それでは、上記の共用部分の変更、義務違反者に対する措置、大規模一部滅失

の場合の復旧、区分所有建物の建替え等に関する特別多数決議について法定の議決要件を緩和して区分所有者間の団体的拘束を強めることは許されるか。議決要件の緩和すなわち団体的拘束の強化は、本法が保障する区分所有者の自由を本法を超えて制限することになるため、法律に別段の定め（17条1項ただし書参照）がない限り許されないと解すべきである（17条1項ただし書の存在は、逆に、規約によって法定の議決要件を緩和することができないという一般的ルールが存在していることを意味している）。

以上を整理すれば、①本条で定める特別多数決議の議決要件は、厳格化・緩和のいずれの方向でも規約によって変更することができない。②その他の特別多数決議の議決要件は、厳格化の方向で規約によって変更することはできるが、法律に別段の定めがない限り緩和の方向で変更することはできない（片面的強行規定）。③その他の特別多数決議の議決要件を規約によって厳格化した後、再び規約によって緩和することはできるが、本法で定めるところを超えて緩和することはできない、ということとなる。

本条以外の特別多数決議については、それぞれについて定める条項の注釈において、上記②③をあらためて述べる。

(2) 議決要件に関する1983年改正法以前の規約の効力

1983年改正法の施行後（昭和59年1月1日以降）は、本条の内容に抵触する規約の定めは無効となるので（1983年改正法附則9条2項）、それ以前に規約の設定等は集会で区分所有者全員の合意によってする旨を規約によって定めていた場合でも、規約の設定等の要件は本条の定めるところによることとなる。

(3) 集会の決議

規約の設定・変更・廃止は、必ず「集会の決議」によって行わなければならない。集会を開催せずに、単に書面による持回り決議のような形で区分所有者および議決権の各4分の3以上の多数の賛成を集めても、本条1項の決議となることはない。ただし、区分所有者全員の承諾により書面または電磁的方法による決議をすることは認められている（45条1項）。

本法ではまた、公正証書による規約の設定の場合（32条）のほか、区分所有者全員の書面または電磁的方法による合意の場合（45条2項）に関して例外規定を設けている。すなわち、区分所有者全員の書面または電磁的方法による合意をもって集会の決議に代えることを認めており、規約の設定・変更・廃止についても

第1章　建物の区分所有　第5節　規約及び集会

この方式によってすることが可能である。したがって、マンションの分譲において、分譲業者が分譲契約時に併せて規約（案）についての合意を各区分所有者から個別に書面で取り付け、全員の合意書面が調ったところで規約が成立するものとする方式は認められる。

委任状による集会の出席を決議においてどのように扱うかについては、39条の注釈〔5〕(1)を参照されたい。

(4) 書面・電磁的記録の作成

1962年法24条1項においては、「規約の設定、変更又は廃止は、区分所有者全員の書面による合意によってする」とされていたことから規約の書面化が明記されていたが、1983年改正法では書面の作成については明示の規定がなかった（集会の議事録の作成は義務づけられていた〔42条〕）。しかし、規約の内容は常に明確でなければならず、また、33条において規約の保管および閲覧が義務づけられていることから、規約は、書面で定めることが必要である、と解していた（本書旧版170）ところ、2002年改正法30条5項において明文化された。

(5) 使用細則等

たとえば、規約により、敷地の一部を一定数の区分所有者のための駐車場として使用するために使用権を認めることを定め、使用権が認められる区分所有者の選定方法やその使用料に関しては使用細則等で定めることがある（共用部分、敷地等の使用・管理について規約以外によって定める場合に、その定めを「使用細則」と呼ぶことが多いが、そのほか「協定（書）」、「細則」、「規則」等さまざまな名称が付されている。以下ではこの意味で「使用細則等」という）。使用細則等は、区分所有建物の規約以外の定めであり、通常は上記の例のように規約に基づいて定められるが、規約に基づかないで（集会の決議等で）定められるものもある。他方、使用細則等の名称が付されていても、これを規約として定める旨が明らかにされている場合には、本法の規約に関する規定（30条〜33条）に従う。

必要的規約事項（30条の注釈〔3〕(1)参照）については、もっぱら規約によって定めることのみが認められ（したがって本条で定める集会における特別多数決議による）、これを規約以外の使用細則等で定めることは許されない。たとえば、規約で「各区分所有者の共用部分の共有持分の割合は、別に定めるところによる」と定めて、規約以外の使用細則等において定めることにした場合には効力を生じない（14条4項参照）。

これに対して任意的規約事項（30条1項で定める規約事項および30条の注釈〔3〕(2)に掲げてある規約事項）については、使用細則等で定めることも認められる。たとえば、規約での、「管理者が欠けた場合には、規約および集会の議事録は別に定めるところの者が保管する」との定め（33条1項参照）や「本マンションでは、使用細則に定める動物を飼育してはならない」との定めのもとで使用細則を定めることは許される。

(6) 標準管理規約と使用細則・ペット飼育

マンション標準管理規約（30条の注釈〔4〕参照）は、「対象物件〔筆者注：当該マンション〕の使用については、別に使用細則を定めるものとする」（同規約〔単棟型〕18条）と規定し、規約とは別に使用細則の制定を予定している。使用細則の例としては、敷地や共用部分等の用法やバルコニー等の専用使用権等に関して定める「マンション使用細則」のほか、「専用庭使用細則」、「駐車場使用細則」、「自転車置場使用細則」、「集会室使用細則」、「専有部分の修繕等に関する細則」などがある。裁判例として、住戸数21戸に対し12台分の駐車区画しかないマンションにおいて特定の区分所有者による駐車場使用態勢を維持する旨の駐車場使用細則の設定については、集会における過半数決議によるのではなく、規約に係る事項として特別多数決議によるべきであるとしたものがある（那覇地判平16・3・25判タ1160-265）。

なお、マンション標準管理規約（単棟型）の18条関係のコメントでは、専有部分の使用に関し、基本的な事項は規約で定めるべきであるとした上で、犬、猫等のペットの飼育に関しては、それを容認するか、禁止するかの規定は規約で定めるべきであるとし（同コメントではその両者の場合についての規定を例示している）、ただ、動物等の種類および数等の限定、管理組合への届出、専有部分における飼育方法および共用部分の利用方法、違反者に対する措置等に関しては使用細則等に委ねることも可能であるとする（以上についての詳細は鎌野・コンメ管理規約68～71参照）。なお、判例は、犬、猫等のペットの飼育を禁止する旨の規約の設定を有効としている（最判平10・3・26〔判例集未登載、百選196～197参照〕。なお関連する裁判例として東京地判平22・5・13判時2082-74）。

〔3〕 特別の影響を受ける者の承諾

(1) 少数者の権利の保護

前述（〔1〕(1)）のように、1962年法では規約の設定等を原則として全員の合意

第1章 建物の区分所有　第5節 規約及び集会

によるものとしていたのに対して、本条1項前段はこれを多数決によって決定されるものとしたことから、多数者の意思によって少数者の権利が制限ないし否定されるという結果が生ずる（団体的拘束の導入）。これについては、上記のように、規約による一層の強化すなわち議決要件の緩和が強行法的に禁止されるが、さらに本項後段では、規約の設定等が一部の区分所有者の権利に特別の影響を及ぼすべきとき、その承諾を得ることを必要とした。マンション標準管理規約は、このことを確認的に定める（同規約〔単棟型〕47条6項前段）と共に、併せて「この場合において、その組合員は正当な理由がなければこれを拒否してはならない」（同項後段）と定める。

承諾を得ることが必要な場合に承諾を得られなかったときは、規約の設定・変更・廃止は効力を生じない。承諾は、集会の決議の事前でも事後でもよく、また、集会において当該一部区分所有者が決議に賛成することをもって承諾があったものと見ることができる。

(2)　「一部の区分所有者」の権利への影響

本規定により承諾を得ることを要するのは、「一部の区分所有者」の権利に影響が及ぶときであるから、その影響が区分所有者全体に一律に及ぶ場合には、個々の区分所有者の承諾は必要でない。たとえば、居住用マンションにおいて専有部分の使用について居住目的以外の使用を禁止する旨の規約やペットの飼育を禁止する旨の規約などは、その影響が区分所有者全体に一律に及ぶから、区分所有者の中に営業目的での専有部分の使用を希望する者やペットの飼育を希望する者がいたとしても、その区分所有者の承諾を得る必要はない。裁判例として、マンションの1階店舗部分について営業し得る業種・営業方法・外装工事等に関する制限を定めた規約の変更は区分所有権に内在する一般的制約を具体化したもので、一部の区分所有者の権利に特別の影響を及ぼすものではないとしたものがある（東京地判昭63・11・28判タ702-255。同旨のものとして、福岡地小倉支判平6・4・5判タ878-203。なお、専有部分を事務所として賃貸する際には管理組合の承諾が必要である旨の規約があるマンションにおいて、管理組合が事務所としての賃貸につき承諾を与えなかったことが不法行為に当たるとした事例として東京地判平4・3・13判時1454-114）。また、専有部分とされていたバルコニーを規約で共用部分と改めたことは、一部の区分所有者の権利に特別の影響を及ぼすものではないとしたものがある（東京地判昭61・9・25判時1240-88）。

ただし、たとえば、構造上複合用途型の区分所有建物において規約を変更して非居住用途の専有部分についても居住目的以外の使用を禁止することは、これによって特別の影響を受ける一部の区分所有者の承諾を必要とすると考えるべきである。裁判例として、分譲時の売買契約の内容の変更には、各区分所有者の同意が必要であり、それを規約だけで決定することはできないとしたものがある（東京地判平1・9・28判タ730-126。分譲時において団地の北側施設の敷地は北側の区分所有者の共有とし南側施設の敷地は南側の区分所有者の共有としていたところ、団地の規約において南北両施設の各敷地を団地全体の共有とする旨の決定がなされた事例。ただし、本件では、規約の効力を否定した原告が規約の設定時においてはこれに賛成していたことから、その主張は権利の濫用に当たるとされた）。

(3) 「特別の影響」

本規定によって承諾を得ることを要するのは、一部の区分所有者の権利に「特別の影響」を及ぼすときである。「特別の影響」とは、規約の設定・変更・廃止の必要性および合理性と、これによって受ける一部の区分所有者の不利益とを比較して、一部の区分所有者が受忍すべき程度を超える不利益を受けると認められる場合であると解されている（濱崎・解説243、原田・基本コンメ69）。たとえば、規約で、管理費や修繕積立金の負担割合について、専有部分の床面積や共用部分の共有持分の大小を問わずに、区分所有者間で同一である旨を定めることは、専有部分の床面積や共用部分の共有持分が小さい区分所有者に実質上過度の負担を課すことになり、一部の区分所有者の権利に「特別の影響」を及ぼすというべきであるから、その者の承諾を必要としよう。ただし、管理費や修繕積立金の負担割合について、専有部分の床面積に従うことによる計算の複雑化を避けるために、規約で単に最小限度の調整をしたに過ぎない場合には、「特別の影響」を及ぼすものではないと考えるべきである。

最高裁は、非居住区分所有者は居住区所有者の管理費に加えて月額2500円の住民活動協力費を負担すべきものとする旨の規約の変更について、非区分所有者は、管理組合の役員になる義務を免れる一方で、その余の区分所有者の貢献によって維持される利益を享受していること等から、このような規約の変更は、本条にいう「特別の影響を及ぼすべきとき」に当たらないとした（最判平22・1・26判時2069-15・判タ1317-137、評釈として鎌野・特別協力金18等）。

下級審の裁判例として、管理費等の負担割合について法人たる区分所有者と個

第1章 建物の区分所有　第5節　規約及び集会

人たる区分所有者とで差を設けることができるとした規約の定めや、そのような規約の定めに基づいて前者の負担を後者の負担の約1.7倍とした集会の決議は、特段の事情のない限り、本規定等の区分所有法の趣旨および民法90条に違反して無効であるとしたものがある（東京地判平2・7・24判時1382-83・判タ754-217）。これに対して、立体駐車場の部分の管理費を、その他の部分の管理費とは別異に取り扱って高くするという規約の変更は正当な事由があり、立体駐車場の区分所有者はその規約に服さなければならないとしたもの（東京高判昭63・3・30判時1274-84）や、特定の区分所有者の管理費等を長期間合理的理由もなく低額に定めていた規約を変更して増額した集会決議の効力を認めたものがある（東京地判平23・6・30判時2128-52）。すなわち、前者の事例では一部の区分所有者の権利に「特別の影響」が及ぶことを認めてその者の承諾を必要とし、後2者の事例では一部の区分所有者の権利に「特別の影響」が及ぶことを認めず、その者の承諾を不要とした。また別の裁判例として、リゾートマンションの規約において、各居室を不定期に保養施設として使用する範囲を超えて使用することを原則として禁止する旨の定めや、そのような使用者に通常より高額の管理費等の支払義務を課す定めは、居室所有者の区分所有権に特別の影響を及ぼすものとして居室所有者との関係では無効であるとしたものがある（東京高判平21・9・24判時2061-31・判タ1319-145）。

　規約中にペットの飼育を禁止する規定を新たに設けた事例について、現に犬を飼っていた区分所有者が受ける不利益は社会生活上通常受忍すべき限度を超えたものとはいえず、同規約の変更について当該区分所有者の承諾は不要であるとした裁判例がある（東京高判平6・8・4判時1509-71・判タ855-301〔第一審横浜地判平3・12・12判時1420-108・判タ775-226。第一審裁判所は、本件マンションにおいて分譲時の入居案内等により従前から区分所有者間にペットの飼育は原則として禁止されているとの共通認識があったという認定をしている〕。同種の裁判例として東京地判平6・3・31判時1519-101）。ペット飼育に関しては、平成10年に最高裁判決が出された。「小鳥および魚類以外の動物の飼育」を禁止する規約が定められていたマンションにおいて、これに違反する区分所有者がいたために、管理組合（原告）が集会において現に犬猫を飼育している者でペットクラブを創設し一代限りの飼育を認めるという旨の決議をしたが、被告はこれに従わずに新たに犬の飼育を始めたため、管理組合が飼育の中止等を求めた。第一審（東京地判平8・7・5判時

1585-43)は、規約の明確さ、公平さにかんがみれば具体的な実害の発生を待たずに本件のような形で動物の飼育について禁止する規約および集会決議は許容できるとして管理組合の請求を認めた。第二審（東京高判平9・7・31）および上告審（最判平10・3・26）ともに判例集未登載であるが、第二審は被告の控訴を棄却し、上告審は「所論の点に関する原審の認定判断は、原判決挙示の証拠関係に照らし、正当として是認することができ、その過程に所論の違法はない」（以上ほぼ全文）として上告を棄却した（この点につき篠原・百選196参照）。

また、区分所有者の有する無償の専用使用権を有償にする旨の規約の変更が当該区分所有者の権利に特別の影響を及ぼすか否かについて、第一審は影響を及ぼさないとした（東京地判平6・3・24判時1522-85）が、第二審は特別な影響を及ぼすとして当該区分所有者の承諾なくしてされた規約の変更を無効とした裁判例がある（東京高判平8・2・20判タ909-176）。

〔4〕 **一部共用部分に関する全体規約の設定等に当たっての特則**

一部共用部分に関する事項で区分所有者全員の利害に関係しないものについても、区分所有者全員の規約で定めることができる。すなわち、その規約の設定等を区分所有者全員の集会の決議をもって決定することができる。しかし、区分所有者全員の利害に関係しない事項であるのに、一部の区分所有者のみの所有に属するものについて、区分所有者全員の多数意思をもって当該一部の区分所有者の意思を考慮しないことは相当ではない。そこで、そのような場合において、全員の規約の設定等は、当該一部区分所有者の4分の1を超える者またはその議決権の4分の1を超える議決権を有する者が反対したときは、することができないとした。

(1) 一部区分所有者の反対を考慮する場合

本条2項によって一部区分所有者の反対が考慮されるのは、「前条第2項に規定する事項についての区分所有者全員の規約の設定、変更又は廃止」が問題とされる場合である。「前条第2項に規定する事項」とは、「一部共用部分に関する事項で区分所有者全員の利害に関係しない」事項である。そのような事項について区分所有者全員の規約で設定等をする場合（30条の注釈〔5〕(1)の②）に限って、本項の適用がある。

一部共用部分に関する事項でも、区分所有者全員の利害に関係する事項については、区分所有者全員の規約によってのみ定めることができ（30条の注釈〔5〕(1)

の①）、全員の利害に関係するゆえに、当該一部区分所有者の意思を特別に考慮する必要はない。一部共用部分に関する事項で区分所有者全員の利害に関係しない事項について一部区分所有者の規約によって定める場合（30条の注釈〔5〕(1)の③）に、本項が適用されないことはいうまでもない。

(2) 一部区分所有者の反対の意思

一部共用部分に関する事項で区分所有者全員の利害に関係しないものについて区分所有者全員の規約で定める場合には、本条1項で定める要件に加えて、さらに、当該一部共用部分を共用すべき区分所有者の4分の1を超える者またはその議決権の4分の1を超える議決権を有する者の反対がないことが必要である。

本項による規約の設定等が決議されるためには、当該一部区分所有者の数または議決権のいずれにおいても4分の1を超える積極的反対がないこと、言い換えれば、区分所有者の数および議決権のいずれにおいてもその4分の3以上の賛成があることが必要である。本項による決議に関して、当該一部の区分所有者についても、その数の4分の3以上で、かつ、その議決権の4分の3以上を要するものと規定しなかったのは、一部共用部分についても区分所有者全員で管理を行うのが一般的であるという管理の実情と、そのような厳格な要件を定めると規約の設定・変更等を円滑に行うことができないというおそれを考慮したためであると説明されている（濱崎・解説247）。

本項は、規約の設定等の決議における議決要件の特則を定めたものであるから、区分所有者全員の集会における当該一部区分所有者の議決権行使として所定の数の反対の意思表示がないことをもって足りる。具体的な手続としては、全員の集会において、先に一部の区分所有者に賛否の意思を問い、所定の反対がない場合にのみ全員の区分所有者の賛否を問う方法（この場合に、一部の区分所有者が先に示した自己の意思を覆すことができないのは当然である）と、全員の決議において当該一部区分所有者の投票を分離できるようにしておく方法とが考えられる。後者においては、その投票の結果は、本条1項前段の関係においては区分所有者全員の賛否に含まれれば足りるが、本条2項の関係においてはそれだけを分離して集計する必要がある。当該一部区分所有者の不投票、白票、無効票は、結果的には、本条1項前段の関係においては反対票として、本条2項の関係においては賛成票として機能する（濱崎・解説247）。

(公正証書による規約の設定)
第32条 最初に建物の専有部分の全部を所有する者は、公正証書により、第4条第2項、第5条第1項並びに第22条第1項ただし書及び第2項ただし書(これらの規定を同条第3項において準用する場合を含む。)の規約を設定することができる。

〔1〕 **本条の趣旨**

規約は、区分所有者相互間の関係を規律するためのものであるから、本来、区分所有者の意思に基づいて、すなわち集会の決議によって設定されるべきものである。したがって、区分所有建物の分譲者等があらかじめ規約を設定しておくことは認められない(もっとも、本法では、区分所有者全員の書面による合意をもって集会の決議に代えることを認めている〔45条〕から、規約の設定についてもこの方式で行うことが可能であり、たとえば、マンションの分譲において、分譲業者が分譲契約時に併せて規約(案)についての合意を各区分所有者から個別に書面で取り付け、全員の合意書面が調ったところで規約が成立するものとするという方式は認められる)。

しかし、たとえば建物内に管理事務所や集会室がある場合に、それが共用部分(規約共用部分〔4条2項〕)となるのか、それとも専有部分として分譲者等に留保されるのかなどについては、あらかじめ分譲前に確定されているほうが区分所有者となるべき買受人にとっては好ましく、また、後日のトラブルを防止することにもなる。そこで、本条は、規約共用部分、規約敷地および敷地の権利関係に関する事項に限って、最初に建物の全部を所有する一人の者が公正証書によって単独で規約を設定することを認めた。この点に関する規定は、1962年法にはなく、1983年改正法で新設された。

〔2〕 **規約を設定することができる者**

本条に従って単独で規約を設定することができる者は、「最初に建物の専有部分の全部を所有する者」である。「最初に建物の専有部分の全部を所有する者」とは、建物の区分所有権は成立したがその各専有部分がいまだ個別の区分所有者に帰属しない段階で、その全部を所有している者をいう。区分所有建物の新築によって専有部分の全部を原始的に取得した分譲業者、区分所有でない建物をその所有者が新たに区分することによってその専有部分の全部を所有することになった者等がこれに該当する。

第1章　建物の区分所有　第5節　規約及び集会

「最初に」所有する者に限られるから、いったん専有部分が複数の区分所有者に帰属した後に専有部分の全部を所有することになっても、本条に基づく規約を設定することはできない（濱崎・解説252）。

専有部分の「全部」を所有する者に限られるから、たとえば数人が共同で建物を建築し原始的に専有部分を区分して所有しているときは、その数人の合意があっても本条による規約の設定はできない。これに対して、数人で専有部分の全部を原始的に共有しているときは、共有者全員でこの規約を設定することができる（濱崎・解説252）。

専有部分の全部を「所有する者」が本条により規約を設定できるのであるから、文理上は、建物の完成前ないし区分所有権の成立前においては規約を設定することはできない。しかし、制度の趣旨にかんがみ（前記〔1〕参照）、また特段の不都合もないことから、計画どおり建物が建築され、その専有部分の全部を所有することを条件として、あらかじめ本条の規約を設定することも許される（規約の効力は建物の完成後に専有部分の全部が所有された時に生ずる）と解される（濱崎・解説252。なお、昭和58年10月14日日本公証人連合会会長照会、同月21日民一第6084号民事局長回答、同日民一第6085号法務局長・地方法務局長あて民事局長通達「建物の区分所有等に関する法律の規定による規約公正証書について」においては、建物完成前に作成される規約設定公正証書が文例として挙げられている〔濱崎・解説256参照〕）。

〔3〕　**公正証書**

公正証書とは、公証人（法務大臣によって任命され、その指定した法務局または地方法務局に所属する公務員で、通常は公証役場において執務する）が当該事項についての利害関係人の嘱託により一定の権利・義務に関する事実について作成した証書をいう。

本条による規約の設定は、相手方のない単独行為であり、かつ、専有部分の分譲後は複数の区分所有者の権利・義務に直接に関係することから、規約の内容を明確にし、専有部分の分譲後においてもその内容を確実に証明する必要がある。そこで、本条による規約の設定は、公正証書によらなければならないとした。また、本条によって定められる規約事項の登記に当たっては、その真正性について登記官の負担を軽減する必要があり、そのためにも公正証書によるべきものとした。本条の規約を公正証書によらないで設定した場合には、その規約は無効である。

〔4〕 規約事項、規約の設定および規約の効力

(1) 規約事項と登記手続

本条によって設定することができる規約は、次に掲げる規約共用部分を定める規約（①）、および、専有部分と敷地利用権の一体性に関する規約（②③④）の4種に限られる。

① 規約共用部分を定める規約（4条2項の規約）
② 規約敷地を定める規約（5条1項の規約）
③ 専有部分と敷地利用権を分離して処分することができる旨を定める規約（22条1項ただし書〔同条3項において準用する場合を含む〕の規約）
④ 各専有部分に係る敷地利用権の割合を定める規約（22条2項ただし書〔同条3項において準用する場合を含む〕の規約）

(ｱ) 規約共用部分を定める規約（上記①）

規約共用部分を定める規約を本条の規約事項としたのは、たとえば、専有部分ともなり得る建物の部分を管理事務所や集会室などとして共用すべきことが予定されている場合において、区分所有権が譲渡された後に区分所有者があらためてこれらを規約共用部分であると定めるよりも、区分所有権の譲渡前に原始取得者がその旨を定めておいたほうが簡便であるからである。

規約共用部分の定めを第三者に対抗するために必要な表示の登記（4条2項後段）の手続は、本条が設けられたことによって簡略化されることになった。分譲業者等は、この規約設定に係る公正証書を添付することにより、この旨の登記を、全専有部分について一括して行う区分所有建物の表示の登記と連続して申請することができる（不登法58条参照）。

(ｲ) 規約敷地を定める規約（上記②）

この規約は、建物が所在する土地（法定敷地〔2条5項〕）以外に、建物およびその建物が所在する土地と一体として管理または使用する予定の庭、通路その他の土地（5条1項参照）がある場合に、この土地をも「建物の敷地」として区分所有権の分譲前に定めておき、この土地にも敷地利用権と専有部分との一体性の制度（両者の分離処分の禁止〔22条1項本文〕）が及ぶことを明らかにしておくためのものである。

規約を設定した分譲者等は、区分所有建物の表示の登記の申請書に「敷地権」（不動産登記法上、専有部分と一体化される敷地利用権を「敷地権」という）の表示を

記載することを必要とする（旧不登法93条ノ3第1項参照）が、この場合に敷地権の目的たる土地が規約敷地であるときは、その規約を証する公正証書が添付されなければならない（旧不登法93条ノ3第2項）。

(ウ) 専有部分と敷地利用権を分離して処分することができる旨を定める規約（上記③）

いわゆるタウンハウスなどにおいては、区分所有者が専有部分と敷地利用権の一体化を望まない場合があることから、本法では、両者を分離して処分することができる旨の規約を設定することが認められている（22条1項ただし書）。本条は、両者を分離して処分することができる旨の規約を分譲者等が区分所有権の譲渡前に設定することを可能とした。その旨を登記するには、規約の設定者が建物の表示の登記の申請をするときに、その規約を証する公正証書を添付しなければならない（旧不登法93条ノ3第5項参照）。

(エ) 各専有部分に係る敷地利用権の割合を定める規約（上記④）

この規約は、22条2項ただし書（同条3項において準用する場合を含む）で規定する、各専有部分に対応する敷地利用権の割合を定める規約である。この割合は専有部分の床面積の割合によって定まるのが原則であるが（22条2項本文、14条）、たとえば、専有部分の床面積の割合に従う場合の計算の複雑化を避けるために、規約によってこれを簡素化し、一覧性のあるものにすることが考えられる。本条は、この点について分譲前に分譲者等が規約を設定することを可能とした。この規約を設定した場合の登記手続は、基本的に(イ)の場合と同様である（旧不登法93条ノ3第1項・2項）。

なお、規約の設定者は、(ア)の規約共用部分とする建物の部分には敷地利用権を割り当てないようにすることに留意する必要がある。

(2) 規約の設定

本条による規約の設定手続は、最初に専有部分の全部を所有する者の嘱託に基づいて公証人が公正証書で規約を作成することによってする。規約の設定者は、本条による規約を設定した後でも、なお専有部分の全部を所有する間は、公正証書によって規約を変更し、または廃止することができる。

(3) 規約の効力

本条による規約の効力は、公正証書の作成の時に生じる（ただし、前記〔2〕のように、建物完成前に公正証書が作成されたときは、建物完成時〔区分所有権成立時〕

に効力が生じる)。

　本条による規約の効力は、集会の決議等によって成立した規約と異なるところがない。区分所有関係が生じた後には、本規約は、集会の決議等の一般の手続に従って変更または廃止をすることができる。

(規約の保管及び閲覧)
第33条[1]　規約は、管理者が保管しなければならない[2]。ただし、管理者がないときは、建物を使用している区分所有者又はその代理人で規約又は集会の決議で定めるものが保管しなければならない[3]。
2　前項の規定により規約を保管する者は、利害関係人の請求があったときは、正当な理由がある場合を除いて、規約の閲覧(規約が電磁的記録で作成されているときは、当該電磁的記録に記録された情報の内容を法務省令で定める方法により表示したものの当該規約の保管場所における閲覧)を拒んではならない[4]。
3　規約の保管場所は、建物内の見やすい場所に掲示しなければならない[5]。

〔1〕　**本条の趣旨**
　規約は、区分所有者の団体(3条)の基本文書であり、その規定は、区分所有者のみならず区分所有者以外の利害関係人に影響を及ぼす(46条参照)。したがって、規約を定める文書については、第1に、その保管(規約原本の保管)が確実になされなければならず、第2に、区分所有者およびそれ以外の利害関係人の閲覧に供されなければならない。そこで、本条は、規約について、1項でその保管者について定め、2項で閲覧請求について定め、3項で保管場所の掲示について定めた。
　本条は、1962年法26条1項および2項(後記〔2〕参照)に改正を加えて本条1項とし、1962年法26条3項(「第1項の規定により規約を保管する者は、利害関係人の請求があったときは、規約の閲覧をさせなければならない」)に改正を加えて本条2項とした(本条2項の括弧書は2002年改正法によって加えられたものである)。本条3項は、1983年改正法によって新設されたものである。なお、本条は、42条5項および45条4項において、集会の議事録ならびに45条に規定する、書面または電磁的方法による決議に係る書面および電磁的記録について準用される。

第1章　建物の区分所有　第5節　規約及び集会

〔2〕　規約の保管者——管理者

　1962年法26条は、「規約は、管理者又は区分所有者若しくはその代理人で建物を使用しているものの一人が保管しなければならない（1項）。前項の規定により規約を保管すべき区分所有者又はその代理人は、区分所有者の過半数で定める（2項）」と規定していた。しかし、管理者が選任されているときは、管理者は、区分所有者の団体の事務執行者であり（規約の保管も管理者の職務であると解することができる〔26条1項参照〕）、かつ、その職務について区分所有者を代理する者である（同条2項）ことから、管理者が規約を保管することが適当である。区分所有権の譲受人や区分所有者以外の利害関係のある第三者にとっては、規約の閲覧を請求する場合に、一般に管理者が規約の保管者であるとされていることが望ましい。そこで、本条では、管理者があるときは、その者が規約を保管しなければならないこととした。管理者が規約の保管義務に違反するときは、罰則（20万円以下の過料）が適用される（71条1号）。なお、管理組合法人にあっては、理事が規約を保管する（47条12項。なお、71条1号参照）。

〔3〕　管理者がないときの規約の保管者

　管理者がいないときは、①建物を使用している区分所有者またはその代理人であって、②規約または集会の決議で定められた者が規約を保管する。

　「管理者がないとき」とは、区分所有者の団体において管理者を置いていないとき（3条参照）、または、管理者が解任等によって欠けているときをいう。「建物を使用している区分所有者又はその代理人」は、区分所有者であれ、区分所有者の代理人であれ、建物（専有部分）を使用している者に限られる（「代理人」としては、専有部分の賃借人や区分所有者と同居している者等が考えられる）。区分所有者の代理人とは、区分所有者に代わって規約を保管する者の意味である（川島・注民(7)393、濱崎＝村松・新版注民(7)712）。管理者以外の規約の保管者が、その保管義務に違反しても罰則が適用されることはない（71条1号参照）。

　1962年法26条2項によって規約の保管者と定められていた者は、管理者がないときは1983年改正法の施行（昭和59年1月1日）後も依然として保管者とされる（1983年改正法附則4条）が、管理者があるときは、同法施行後は管理者が保管者となる。

〔4〕　規約の閲覧

　規約は、区分所有者およびそれ以外の利害関係人に影響を及ぼすことから、こ

れらの者の閲覧が保障されなければならない。そこで、本条2項は、規約の保管者は、利害関係人の請求があったときは、正当な理由がある場合を除いて、規約を閲覧させなければならない、と規定した。1962年法26条3項の規定〔前記〔1〕参照〕に対して、本条では「正当な理由がある場合を除いて」という文言が追加され、正当な理由があれば規約の閲覧を拒絶できることが法文上明らかにされた（もっとも、旧規定においても解釈上このように解釈することができた〔1962年法37条参照。濱崎・解説263〕）。

(1) 「利害関係人」

規約の閲覧を請求し得る「利害関係人」には、区分所有者、専有部分の占有者（46条2項参照）、区分所有権を取得しまたは専有部分を賃借しようとする者（46条1項・2項参照）、区分所有者の団体または管理組合法人に対し債権を有し、またはこれと取引をしようとする者（管理業務の受託者などがこれに当たる〔29条1項、53条参照〕）、区分所有権または敷地利用権について抵当権等の担保権を有し、またはその設定を受けようとする者（専有部分と敷地利用権の一体性に関する規約について利害関係がある）などが含まれる。なお、訴訟係属後に自己の区分所有権を譲渡した者は、当該マンションの管理規約上の「組合員又は利害関係人」に当たらないとして、その者の管理組合に対する会計帳簿等の閲覧請求を否定した裁判例がある（東京高判平14・8・28判時1812-91）。

(2) 「正当な理由」

規約の閲覧を拒む「正当な理由」としては、区分所有者等にあらかじめ示されている管理者の管理業務の日時以外における請求、無用の重複請求等の閲覧請求権の濫用と認められる請求などがこれに該当する。規約を保管する者（管理者以外の保管者も含む）が、閲覧請求を正当な理由なしに拒んだときは、罰則（20万円以下の過料）が適用される（71条2号）。なお、区分所有者から管理組合法人に対する会計帳簿等の閲覧請求および謄写請求がなされた事案について、後者については規約に何ら規定がないとして前者の請求のみを認めた裁判例がある（東京高判平23・9・15判タ1375-223）。

(3) 電磁的記録の場合

規約が電磁的記録（電子的方式、磁気的方式その他人の知覚によっては認識することができない方式で作られる記録であって、電子計算機による情報処理の用に供されるものとして法務省令で定めるもの〔磁気ディスクその他これに準ずる方法により一定の

第1章　建物の区分所有　第5節　規約及び集会

情報を確実に記録しておくことができる物をもって調製するファイルに情報を記録したもの（区分所有法施行規則1条）〕をいう〔30条5項〕）で作成されているときは（30条の注釈〔9〕参照）、規約の保管者は、当該電磁的記録に記録された情報の内容を法務省令で定める方法により表示したものを、当該規約の保管場所において閲覧させなければならない。この規定は、2002年改正法によって追加されたものである。

　ここでの「法務省令で定める方法」とは、「当該電磁的記録に記録された情報の内容を紙面又は出力装置の映像面に表示する方法」である（区分所有法施行規則2条）。つまり、区分所有者等の利害関係人は、電磁的記録により作成されている規約の内容について、紙面に印刷されたものか、ディスプレイ等出力装置の映像画面に表示されたものを、その保管場所において閲覧することができる。

　なお、本項は「保管場所における閲覧」と定めるが、規約の定めまたは集会の決議により、たとえば請求権者に対して当該電磁的記録に記録された情報の内容を電子メールにて添付して送信する方法も認められるものと解する。

〔5〕　**規約の保管場所の掲示**

　規約は、区分所有者およびそれ以外の利害関係人が容易に閲覧することができるように、その保管場所があらかじめ定められ、かつ、それが示される必要がある。本条2項によって規約の閲覧請求権が認められても、規約の保管場所が明らかでなければ、その請求権を具体的に行使することができないからである。そこで、本条2項は、規約の保管場所は、建物内の見やすい場所に掲示しなければならないとした（1962年法は、この旨の規定を欠いていた）。

　「見やすい場所」としては、たとえば、区分所有者の団体（管理組合）の所定の掲示場、集会室・管理人室、建物の出入口等が考えられる。なお、規約の写しを区分所有者全員に配布し、その際に規約の保管場所を明示しておくことが望ましいが、これだけでは、区分所有者以外の第三者にとっては保管場所を容易に知ることができないので、本項の要件を満たさないというべきである。

　保管場所の具体的記載は、どこに行けば規約の閲覧ができるかを第三者が容易に知り得る方法でなされなければならず、また、それで足りる。

　規約の保管場所の掲示をしなければならない者は、規約の保管者（本条1項）であるが、これを怠った場合の罰則は定められていない（71条参照）。

　なお、管理組合法人にあっては、規約は理事が管理組合法人の事務所において

保管しなければならない（47条12項）から、その事務所の所在場所が掲示されなければならない。

（集会の招集）
第34条 集会は、管理者が招集する。
2　管理者は、少なくとも毎年一回集会を招集しなければならない。
3　区分所有者の5分の1以上で議決権の5分の1以上を有するものは、管理者に対し、会議の目的たる事項を示して、集会の招集を請求することができる。ただし、この定数は、規約で減ずることができる。
4　前項の規定による請求がされた場合において、2週間以内にその請求の日から4週間以内の日を会日とする集会の招集の通知が発せられなかったときは、その請求をした区分所有者は、集会を招集することができる。
5　管理者がないときは、区分所有者の5分の1以上で議決権の5分の1以上を有するものは、集会を招集することができる。ただし、この定数は、規約で減ずることができる。

〔1〕　**本条の趣旨**
(1)　集　会
　集会は、区分所有者の団体（3条）の最高意思決定機関である。建物等の管理に関する事項は原則としてすべて、集会の決議によって決定される（例外的に集会の決議によらない場合として、32条の公正証書による規約の設定と45条の書面または電磁的方法による決議とがある）。
　本法は、本条から45条までに集会に関する規定を置いている。本条は、そのうち、集会の招集に関して定める。なお、集会においてどのような事項が決議できるかについては、39条の注釈〔2〕参照。
　マンション標準管理規約（30条の注釈〔4〕参照）は、「管理組合の総会は、総組合員で組織する」（同規約〔単棟型〕42条1項）とし、「総会は、通常総会及び臨時総会とし、区分所有法に定める集会とする」（同条2項）と定める。
(2)　集会の招集権者
　1962年法27条本文は、「管理者又は区分所有者の4分の1以上で議決権の4分

の1以上を有するものは、集会を招集することができる」と規定して、管理者と一定数以上の区分所有者（区分所有者の4分の1以上で議決権の4分の1以上を有する者）とを集会の招集権者として並存させていた。しかし、1983年改正法においては、区分所有者は当然に団体を構成するものとし（3条）、管理者をその団体の事務執行者と位置づけたことから（26条1項）、本条は、管理者を集会の第一次的招集権者とし（1項）、かつ、招集を管理者に義務づけた（2項）（濱崎・解説264参照）。すなわち、管理者が選任されているときは、一定数以上の区分所有者が集会の招集を欲する場合であっても、管理者に集会の招集を請求し、管理者をして招集の手続をとらせるものとした（3項）。集会招集の請求を受けたにもかかわらず管理者が集会を招集しない場合および管理者が存しない場合に限って、一定数以上の区分所有者（区分所有者の5分の1以上で議決権の5分の1以上を有する者）で集会を招集することができるものとした（4項・5項）。

本条に定める招集手続に従わないで集会が開催され、その集会において決議がなされた場合には、その決議は無効である。

〔2〕 **管理者による集会の招集**

管理者が存する場合には、管理者が集会を招集する。区分所有者は、その5分の1以上で議決権の5分の1以上を有する者が本条3項および4項の規定に従って行う場合でなければ、集会を招集することができない。

管理者は、いつでも集会を招集することができる。その回数に制限はない（ただし、本条2項）。管理組合法人においては、理事が集会を招集する（47条12項）。マンション標準管理規約は、「理事長は、必要と認める場合には、理事会の決議を経て、いつでも臨時集会を招集することができる」（同規約〔単棟型〕42条4項）と定める。

なお、前回の集会での理事長（管理者）選任決議が無効である場合において、その後その理事長（管理者）によって招集された集会での理事選任決議も無効であるとした裁判例がある（東京地判平13・2・20判タ1136-181）。

〔3〕 **管理者の集会の招集義務**

管理者は、少なくとも毎年一回集会を招集しなければならない。建物等に関する適正な管理のためには、最低限年一回の集会の開催が必要であるという考えに基づく（濱崎・解説266）。管理者が選任されていないときは、年一回の集会の開催が義務づけられることはない。

集会の招集の時期については、本条は特に定めていないが、43条が、管理者は集会において毎年一回一定の時期にその事務に関する報告をしなければならないと定めていることから、その関係で毎年一定の時期に集会（定時集会、通常集会などと呼ばれる）を開催することが必要となり、管理者は、この集会の開催をもって本条の義務を履行したことになる。マンション標準管理規約は、「理事長は、通常総会を、毎年1回新会計年度開始以後2ケ月以内に招集しなければならない」（同規約〔単棟型〕42条3項）と定める。

　管理組合法人においては、理事が最低限年一回の集会を招集する義務を負う（47条12項）。

〔4〕　**集会の招集請求**

　一定数以上の区分所有者（区分所有者の5分の1以上で議決権の5分の1以上を有する者）は、管理者に対し、会議の目的たる事項（議題）を示して、集会の招集を請求することができる（マンション標準管理規約も同様の規定を設けている〔同規約〔単棟型〕44条1項〕）。この定数は、1962年法では「4分の1」（前記〔1〕(2)参照）としていたが、1983年改正法は、これを「5分の1」に引き下げた。この点について、法務省立法担当者は、1962年法での直接の招集権を招集請求権に改正する際に、民法法人の社員の臨時総会招集請求権に関する定数（民旧61条2項）に一致させたものである、と説明する（濱崎・解説265参照）。なお、一般社団法人及び一般財団法人に関する法律37条1項では「総社員の議決権の10分の1（5分の1以下の割合を定款で定めた場合にあっては、その割合）以上の議決権」とする。

　この定数は、規約で減ずることができる。「この定数」とは、「区分所有者の5分の1」および「議決権の5分の1」を指す（17条1項ただし書の規定と対比せよ）。したがって、規約によって両者の「5分の1」という割合を減ずることもできるし、また、区分所有者の人数の5分の1のみで足りるとすることもできる。しかし、「減ずることができる」と規定していることから、この定数を引き上げることはできない。

〔5〕　**招集請求をした者による集会の招集**

　区分所有者の5分の1以上で議決権の5分の1以上を有する者（ただし、この定数を減ずる旨の規約がある場合には、その規約で定める一定数以上の区分所有者）が管理者に対して会議の目的たる事項を示して集会の招集を請求した場合において、管理者が2週間以内に、その請求の日から4週間以内の日を会日（開催日）とす

第1章　建物の区分所有　第5節　規約及び集会

る集会の招集の通知を発しなかったときは、その請求をした区分所有者は、連名で集会を招集することができる（マンション標準管理規約も同様の規定を置く〔同規約（単棟型）44条2項〕。なお、集会の招集手続については、本法35条を参照のこと）。たとえば、管理者に対してこの請求がなされたのが5月1日であった場合に、管理者が5月15日までに、5月29日までの日を会日とする集会の招集の通知を発しなかったときに、招集請求者による集会の招集が認められる。管理者が、2週間以内に（5月15日までに）、集会の招集の通知を発しなかった場合はもとより、2週間以内に集会の招集の通知を発した場合でもその集会の会日が4週間経過後の日（5月29日より後の日）であるときは、招集請求をした区分所有者は、4週間以内の日（5月29日までの日）を会日とする集会の招集をすることができる。ただし、管理者が、2週間経過後（5月15日より後）に、4週間以内の日（5月29日までの日）を会日とする集会の招集の通知を発した後においては、招集請求をした区分所有者が別に招集手続をとることは許されないと解される（濱崎・解説265）。

なお、たとえば、管理者に対してこの請求がなされた3日後に管理者から集会を招集しない旨の回答があった場合には、集会招集請求権者は、その請求の日から2週間を経過しなくても、直ちに集会の招集の通知を発することができると解する。

〔6〕　**管理者がない場合の集会の招集**

管理者が選任されていないときは、区分所有者の5分の1以上で議決権の5分の1以上を有する者は、連名で、集会を招集することができる（集会の招集手続については、35条を参照）。「管理者がないとき」とは、管理者が選任されていないとき、および、管理者が欠けているときをいう。この場合の定数も、規約で減ずることができる（この点については、前記〔4〕を参照）。

（招集の通知）

第35条[1]　集会の招集の通知は、会日より少なくとも1週間前に、会議の目的たる事項を示して、各区分所有者に発しなければならない。ただし、この期間は、規約で伸縮することができる[2]。

2　専有部分が数人の共有に属するときは、前項の通知は、第40条の規定により定められた議決権を行使すべき者（その者がないときは、共有者

の一人）にすれば足りる。[3]

3 　第1項の通知は、区分所有者が管理者に対して通知を受けるべき場所を通知したときはその場所に、これを通知しなかったときは区分所有者の所有する専有部分が所在する場所にあててすれば足りる。この場合には、同項の通知は、通常それが到達すべき時に到達したものとみなす。[4]

4 　建物内に住所を有する区分所有者又は前項の通知を受けるべき場所を通知しない区分所有者に対する第1項の通知は、規約に特別の定めがあるときは、建物内の見やすい場所に掲示してすることができる。この場合には、同項の通知は、その掲示をした時に到達したものとみなす。[5]

5 　第1項の通知をする場合において、会議の目的たる事項が第17条第1項、第31条第1項、第61条第5項、第62条第1項、第68条第1項又は第69条第7項に規定する決議事項であるときは、その議案の要領をも通知しなければならない。[6]

〔1〕 **本条の趣旨**

本条は、集会の招集の通知について規定する。すなわち、本条1項で招集通知の発信時期等、2項で専有部分の共有者に対する通知、3項で通知場所、4項で掲示による通知、5項で議案の要領の通知について、それぞれ規定する。集会の招集権者（34条）は、本条に定める手続に従って通知を発しなければならない。

本条1項は、1962年法28条を1983年改正法によって改正した規定であり（改正点については後記〔2〕(1)参照）、2項から5項までは同改正法によって新設された規定である。

〔2〕 **招集通知の時期等**

(1) 招集通知の時期

1962年法28条本文は、「集会を招集するには、会日より少なくとも5日前に、会議の目的たる事項を示して、各区分所有者に通知しなければならない」と規定していたが、本条は、これを、「集会の招集の通知は、会日より少なくとも1週間前に、……発しなければならない」と改めた。この点について、法務省立法担当者は、「民法は、隔地者間の意思表示につき到達主義をとっている（民法97条1項）から、旧規定によれば、会日より5日前に招集通知が到達しなければならないことになるが、それでは、招集者はいちいち到達までの所要日時に配慮して通

知を発する必要があり、著しく不便であるし、到達の遅延をめぐって紛争を生じるもとになる。そこで、招集の通知は、一定の時期までに発信すれば足りることとし、その時期を会日の1週間前までとしたのである」と説明する（濱崎・解説268）。

(2) 期間の伸縮

「1週間」という期間は、規約によって伸長し、または短縮することができる。ただし、本条は民法の到達主義の原則（民法97条1項）を排除したものではなく、通知が会日（開催日）の前までには到達することが必要であると解されることから（濱崎・解説268）、この期間を短縮する場合には、この点に配慮することが必要である（なお、本条3項後段参照）。

マンション標準管理規約（30条の注釈〔4〕参照）は、少なくとも2週間前までに通知を発しなければならないとしている（同規約〔単棟型〕43条1項）が、他方では、緊急を要する場合には、理事長は、理事会の承認を得て5日間を下回らない範囲において、その期間を短縮することができるとしている（同条8項）。

(3) 通知事項

集会の招集者は、集会の日時、場所（これらについては、本条1項で明示していないが、本項の通知の性質上当然のことである。マンション標準管理規約はこの点を明示している〔同規約（単棟型）43条1項〕。なお本法44条2項参照）のほか、会議の目的たる事項を通知しなければならない。「会議の目的たる事項」とは、集会の議題である。たとえば、「管理費の額の改定」、「敷地の使用方法について」というように、集会で討議ないし決議する項目を示せばよい。本条5項に規定する場合以外は、議案（決議内容についての原案）まで示す必要はない。

なお、「会議の目的たる事項」（議題）の通知に当たっては、当該事項が集会で討議されるのにとどまるのか、それとも決議を予定しているのかが明らかにされることが望ましい（この点の明示がない場合には、決議が予定されていると解される。したがって、決議を予定していない場合にはその点を明らかにする必要があろう。もっとも、決議を予定していたが、集会での討議の結果、議長の判断等で当該集会での決議はせずに継続して審議することは認められよう）。

(4) 通知の相手

集会招集の通知は、「各区分所有者に対して」行う。賃借人など専有部分の占有者に対して通知する必要はない。ただし、区分所有者の承諾を得て専有部分を

占有する者が会議の目的たる事項について利害関係を有する場合には、集会に出席して意見を述べる権利があることから、集会の招集者は、本条の規定に基づいて招集の通知を発した後遅滞なく、集会の日時、場所および会議の目的たる事項を建物の見やすい場所に掲示しなければならない（44条）。この点については、44条の注釈を参照のこと。

(5) 特定の区分所有者に対する通知がない場合

特定の区分所有者に対して集会の招集通知がなされなかった場合に当該集会でなされた決議に影響を及ぼすか。下級審の裁判例として、議決権総数49のうち33の多数で決議された事案について、集会招集の通知を受けていないが、集会の開催を認識していた係争区分所有者が集会に先立って、または集会において自己の役員資格等に関する説明ができなかったことが区分所有者の意思決定に重大な影響を及ぼしたとは認められず、集会招集通知が送付されなかったことをもって決議の無効事由となるほどの重大な瑕疵があったとはいえないとしたものがある（東京地判平19・2・1判タ1257-321）。

〔3〕 **専有部分の共有者に対する通知**

専有部分が数人の共有に属するときは、共有者は、議決権を行使すべき者一人を定めなければならない（40条）。本条1項の集会招集の通知は、この議決権を行使すべき者のみに対してすれば足り、他の共有者に対してすることを要しない。また、共有者間で議決権を行使すべき者が定められていない場合には、共有者のいずれか一人（招集権者が任意に選択できる）にすれば足りる。

共有者が議決権を行使すべき者を定めていても、これをあらかじめ管理者に届け出ていない場合には、この通知は、議決権を行使すべき者が定められていない場合と同様に、共有者のいずれか一人にすれば足りると解すべきである。

〔4〕 **通知すべき場所**

本条1項の集会の招集通知は、区分所有者が管理者に対して通知を受ける場所を通知したときは、その場所に宛てて行う（その場所に通知すれば足りる）。区分所有者が通知を受ける場所を通知しなかったときは、区分所有者の所有する専有部分の所在する場所に宛ててする（その場所に通知すれば足りる）。マンション標準管理規約においても以上と同趣旨の規約が設けられている（同規約〔単棟型〕43条2項）。

ところで、区分所有者が管理者に対して通知を受ける場所を通知した場合でも、

第1章　建物の区分所有　第5節　規約及び集会

区分所有者が当該専有部分に現に居住しているときや、または、区分所有者が通知を受ける場所を通知しなかった場合でも、区分所有者が現に居住する建物外の場所が判明しているときは、現に居住している場所に宛てて通知をすることが認められる（本条3項で、「……すれば足りる」と規定するのはこの意味である）。

本条4項に規定する場合以外は、各区分所有者に対して個別に通知しなければならず、掲示をもって通知をすることはできない。各区分所有者に対する通知の手段としては、郵送や電話等によるほか、通知の文書を各区分所有者の郵便受けに入れることによることも許される。

管理者に対して通知した場所または区分所有者が所有する専有部分の所在する場所に宛てて通知が発せられたときは、通常それが到達すべき時に到達したものとみなされる。すなわち、通知が延着しても、または、現実に区分所有者に到達しなくても、招集の通知が適法になされたことになる。

〔5〕　**掲示による通知**

集会の招集通知は、本条1項から3項に定めるところにより、各区分所有者に個別にするのが原則であるが、招集の事務を簡素化するために、規約で定めることによって、所定の掲示場等に掲示することで個別の通知に代えることが許される。規約で特別の定めをすれば、建物内に住所（生活の本拠である場所〔民法22条〕）を有する区分所有者または本条3項の通知を受けるべき場所を通知しない区分所有者に対しては、建物内の見やすい場所に掲示することで通知としての効力を生じる。マンション標準管理規約は、このような特別の定めをしている（同規約〔単棟型〕43条3項）。この通知は、その掲示をした時に到達したものとみなされる。

掲示による方法をとる場合であっても、建物内に住所を有しない者で、その通知場所を管理者に通知した区分所有者に対しては、その場所に宛てて個別に通知をしなければならない（規約で、この者に対する通知を免除する旨を定めることはできない）。なお、建物内に住所を有しない区分所有者であっても、その者が管理者に通知していないときは、その者に対してはこの掲示で足り、個別に通知（その者の所有する専有部分が所在する場所に宛てた通知）をすることを要しない。ところで、通知を受けるべき場所を通知した区分所有者であっても、その者が建物内に生活の本拠を有するときは掲示で足り、個別の通知を要しないとも解されるが、区分所有者には通知を受けるべき場所を選択する権利があると考えられるので、

通知された場所に個別に通知をすることが望ましい。

「建物内の見やすい場所」とは、所定の掲示場や建物の出入口等が考えられる。掲示すべき事項は、本条4項では明示されていないが、通知事項と同じく、集会の日時、場所および会議の目的たる事項である（前記〔2〕(3)および後記〔6〕参照）。

〔6〕 **議案の要領の通知**

集会の招集通知においては、会議の目的たる事項（議題）を示す必要がある（本条1項）が、重要な決議事項については、各区分所有者があらかじめその内容を知り、検討を経た上で集会に出席し、または書面による議決権の行使（39条2項。なお同条3項）をすることが望ましい。このような趣旨から、本条5項は、一定の決議事項については、会議の目的たる事項に加えて、その議案の要領をも通知しなければならないとした（マンション標準管理規約は、本条項を確認的に定めている〔同規約（単棟型）43条4項〕）。

議案の要領の通知を要する事項は、共用部分の変更（軽微変更を除く〔17条1項〕）、規約の設定・変更・廃止（31条1項）、建物の大規模一部滅失の場合における復旧（61条5項）、建替え（62条1項）、団地内の区分所有建物につき団地の規約を定めることについての各棟の承認（68条1項）および建替え承認決議に係る一括付議（69条7項）の決議事項である。これらは、いずれも特別決議事項である。

「議案」とは、決議内容についての原案である（たとえば、「エレベータ全機を更新する」とか、「規約中第○条を『……』と改正する」というようなものである）。それは、必ずしも集会での決議内容の全体である必要はなく、それを要約した「要領」であればよい。なお、集会において本項所掲の事項について討議はするが、決議をすることは予定していないという場合には、議題だけを示せば足り、議案の要領まで通知する必要はない（本項の規定において「決議事項であるときは」との限定がある）。

ところで、特別決議事項のうち、①区分所有者の共有に属する敷地または附属施設の変更（21条、17条1項）、②管理組合法人となること（47条1項）、③管理組合法人の解散（55条2項）、④共同利益背反行為をした区分所有者に対する専有部分の使用禁止の訴えの提起（58条2項）、⑤共同利益背反行為をした区分所有者に対する区分所有権の競売の訴えの提起（59条2項）、⑥共同利益背反行為をした占有者に対する引渡しの訴えの提起（60条2項）については、本項で、その議案の要領を通知する対象とされていない。このうち、②〜⑥について、法務省

立法担当者は、これらの事項にあっては会議の目的自体が議案でもあるから本項の対象としなかった、と説明する（濱崎・解説271）。①については、特に言及していない。

ところで、①については、本項の対象とされている共用部分の変更（17条1項）と区別する理由はなく、また、②および③についてはたしかに会議の目的自体が議案でもあるといえるが、④ないし⑥については、（必ずしも訴えの相手方を特定する必要はないにしても）誰のどのような行為が訴えの提起の理由となるのかがある程度具体的に示される必要があることから、②③を除いたこれらの決議事項についても、本項に準じてその議案の要領が通知されることが望ましい。

（招集手続の省略）
第36条 集会は、区分所有者全員の同意があるときは、招集の手続を経ないで開くことができる。

〔1〕 **本条の趣旨**

本法は、区分所有者の団体（3条）の最高の意思決定機関である集会に関して、34条で招集権者について定め、35条で招集の通知について定めている。集会の招集に関するこれらの原則規定に対して、本条は、区分所有者全員の同意があるときは、招集の手続を経ないで集会を開くことができることを規定する。

本条は、1983年改正法によって新設されたものである。法務省立法担当者は、「区分所有者の数の少ない小規模の区分所有関係においては、例えば、区分所有者全員が集まれば直ちにその場で集会を開き、電話連絡等により即日とか翌日にでも集会を開くことが可能であり、このように簡易迅速に集会を開くこととしても、別段支障があるわけではない。そこで、株式会社の取締役会の招集に関する商法259条ノ3や有限会社の社員総会に関する有限会社法38条の規定にならい、区分所有者全員の同意があるときは、前条の手続を経ることなく、集会を開くことができることとしたものである」と説明する（濱崎・解説271、272）。立法の趣旨はこのようなものであるが、本条は、区分所有者の数の多寡にかかわらず、適用される。

〔2〕 **招集手続の省略**

(1) 区分所有者全員の同意

本条により、招集の手続を経ないで集会を開くことができるのは、「区分所有者全員の同意があるとき」である。この同意は、文理上は、集会の開催に当たって本法で定める招集手続を省略することに対する同意であるが、実際上は、日時・場所が示されている集会の開催に対して全員の同意があれば招集手続を省略して集会を開催してもよいという趣旨に解すべきである。この同意を徴するに当たっては、必ずしも会議の目的たる事項（35条1項）を特定してする必要はないと解すべきである（ただし、後記(3)参照）。

なお、本条でいう同意は、規約や集会の決議の形式をとる必要がないことはもちろん、書面による必要もない（45条参照）。

(2) 招集手続の省略

区分所有者全員の同意があるときは、集会は、「招集の手続」を経ないで開くことができる。「招集の手続」とは、35条の各項で規定されている手続である。

本条によって招集の手続を省略するためには、各集会の開催ごとに区分所有者全員の同意がなければならないと解すべきである。区分所有者全員の同意をもってしても、あらかじめすべての集会について本法で定める招集手続を省略ないし簡易化する旨を決めることは、各区分所有者（区分所有者の特定承継人も含む）の集会への出席または集会での十分な討議の機会を奪うおそれがあることから、たとえそれが規約や集会の決議の形式をとる場合でも、許されないと解すべきである。

(3) 37条1項・2項の不適用（37条3項）

37条1項・2項の規定は、本条の規定による集会には適用しない（37条3項）。すなわち、本条の規定による集会においては、区分所有者にあらかじめ通知された事項でなくても、決議をすることができる。本条の規定による集会には、35条の規定による招集通知自体がないため、37条1項・2項の規定を適用する余地がないからである（濱崎・解説273）。しかし、本条の規定によって開催された集会において、区分所有者全員が出席している場合には集会の開催前にあらかじめ示された事項でなくても決議をすることができるが、欠席者がある場合には、その者に決議事項を知らせないままその者を除外して決議をすることを認めるべきでない（濱崎・解説272参照）。37条3項は、このように限定的に解すべきである。

第1章　建物の区分所有　第5節　規約及び集会

（決議事項の制限）
第37条　集会においては、第35条の規定によりあらかじめ通知した事項についてのみ、決議をすることができる。
2　前項の規定は、この法律に集会の決議につき特別の定数が定められている事項を除いて、規約で別段の定めをすることを妨げない。
3　前2項の規定は、前条の規定による集会には適用しない。

〔1〕　**本条の趣旨**
　集会の招集に当たっては、会議の目的たる事項が各区分所有者に事前に通知されるのが原則である（35条1項）。事前の通知によって、各区分所有者は、当該事項について十分に検討した上で集会に臨むことができ、また、自己と反対の意見を有する者に対して説得することも容易になる。逆に、会議の目的たる事項が事前に通知されていない場合には、集会において当該事項について十分な討議をすることができず、そのような状況において決議がなされることは望ましくない。また、集会に出席しなかった者にとっては、当該事項について何ら通知されないまま、その者を除外して決議がなされることになる。このような不都合を回避するために、本条では、35条の規定に従ってあらかじめ通知した事項についてのみ決議をすることができることとした（1項）。ただし、他方で、建物等の管理を円滑に行うためには、集会においては柔軟かつ迅速に決議をするべきであるという意見もあり得ることから、本法で特別決議事項と定められている事項を除いて、規約で別段の定めをすることを妨げないとした（2項）。
　本条1項および2項は、1962年法29条が「集会においては、前条の規定によりあらかじめ通知した事項についてのみ、決議をすることができる。ただし、規約に別段の定めがあるときは、この限りでない」と定めていたものを1983年改正法によって改正したものである（この点については〔3〕(2)で述べる）。本条3項は、区分所有者全員の同意による招集手続の省略を認める36条が設けられたことによって、新設された規定である。
　なお、マンション標準管理規約（30条の注釈〔4〕参照）は「次の各号に掲げる事項については、総会の決議を経なければならない」（同規約〔単棟型〕48条）として、1号から15号まで議決事項の一覧を定めている。

〔2〕 決議事項の制限

集会においては、35条の規定に従ってあらかじめ通知した事項についてのみ、決議をすることができる（マンション標準管理規約はこの点を確認的に定める〔同規約（単棟型）47条9項〕）。通知がない事項について決議がなされても、その決議は無効である（規約の設定について議題とする旨の通知がなされないまま集会が開催され、そこで規約設定の決議がなされた場合について、その決議は無効であるとした判決として、東京地判昭62・4・10判時1266-49・判タ661-180）。

「第35条の規定によりあらかじめ通知した事項」とは、35条1項でいう「会議の目的たる事項」および同条5項でいう「議案の要領」である。これらがあらかじめ通知されていれば、集会においてその内容を修正しても、それが実質的同一性の範囲内にある限り、決議をすることができると解すべきである。

なお、あらかじめ通知されていない事項でも、集会において討議をすることは妨げない。

〔3〕 決議事項の制限についての規約の別段の定め

集会においては、その招集通知においてあらかじめ掲げられた事項についてのみ、決議することができる。ただし、この法律に集会の決議につき特別の定数が定められている事項を除いて、規約で別段の定めをすることを妨げない。

(1) 規約の別段の定め

規約の「別段の定め」とは、「集会においては、あらかじめ通知した事項でなくても、決議をすることができる」というような定めである。

(2) 特別決議事項

「この法律に集会の決議につき特別の定数が定められている事項」とは、本法において区分所有者および議決権の各4分の3または各5分の4以上の多数による集会の決議で決するものと定められている事項（一般に、「特別決議事項」と呼ばれている）である。これには、①共用部分の変更（17条1項）、②区分所有者の共有に属する敷地または附属施設の変更（21条、17条1項）、③規約の設定・変更・廃止（31条1項）、④管理組合法人の成立（47条1項）、⑤管理組合法人の解散（55条1項3号・2項）、⑥共同利益背反行為をした区分所有者に対する専有部分の使用禁止の請求（58条1項・2項）、⑦共同利益背反行為をした区分所有者に対する区分所有権の競売請求（59条1項・2項）、⑧共同利益背反行為をした占有者に対する引渡請求（60条1項・2項）、⑨大規模一部滅失の場合の復旧（61条5

項)、⑩建替え決議（62条1項）、⑪団地内の区分所有建物につき団地の規約を定めることについての各棟の承認（68条1項2号）、⑫団地内の建物の建替え承認決議（69条1項・7項）、⑬団地内の建物の一括建替え決議（70条1項）が該当する。これに対して、規約によって特別の多数をもって決議すべきものとした事項は、これに該当しない。

特別決議事項については、規約によっても、招集通知に記載しない事項を集会で決議をすることができるものとすることはできず、招集通知に記載がない限り集会で決議することはできない。1962年法においては、特別決議事項についても規約により別段の定めをすることを認めていた（前記〔1〕で掲げた1962年法29条ただし書参照）が、1983年改正法で、特別決議事項については規約で別段の定めをすることができないものとした。改正の理由について、法務省立法担当者は、「集会の特別決議事項は、……その重要性に鑑み、区分所有者に対する予告なしで決議をする余地を認めるのは適当でないこと及び35条5項において、特別決議事項のうち議題が同時に議案を兼ねるもの以外の事項については議案の要領の通知を義務づけることとしたこととの兼合いを考慮したものである」と述べる（濱崎・解説273）。

〔4〕 **集会の招集手続を省略した場合**

本条1項および2項の規定は、36条の規定による集会には適用しない。36条の規定によって招集手続を省略して行われる集会においては、区分所有者にあらかじめ通知された事項でなくても、決議をすることができる。36条の規定による集会には35条の規定による招集通知自体がないため、37条1項および2項の規定を適用する余地がないからである（濱崎・解説273）。なお、36条の注釈〔2〕(3)を参照のこと。

（議決権）
第38条 各区分所有者の議決権は、規約に別段の定めがない限り、第14条に定める割合による。

〔1〕 **本条の趣旨**

本法は、集会での決議を区分所有者の多数および議決権の多数によって決するものとしている（39条1項、17条1項等。両者を併用した理由については、39条の注

釈〔4〕(1)参照)。本条は、議決権が原則として共用部分共有持分の割合によることを定める。本条は、1962年法30条と同内容の規定である。

〔2〕 **議決権の割合**

(1) 議決権

議決権とは、集会において決議に参加する権利である。区分所有者は、それぞれ議決権を有する（ただし、専有部分が数人の共有に属するときは、共有者で定めたその内の一人が議決権を有する〔40条〕）。本法では、多数決の基準として、区分所有者一人（専有部分が数人の共有に属するときはその内の一人）が一議決権を有するものとした上で、これと併せて、規約に別段の定めがない限り、各区分所有者が「第14条に定める割合」によって議決権を有するものとした。

(2) 「第14条に定める割合」

各区分所有者の議決権は、14条に定める割合すなわち共用部分についてそれぞれが有する持分による。

各区分所有者の共用部分の持分は、

① それぞれが有する専有部分の床面積の割合による（14条1項）。
② その場合において、一部共用部分（附属の建物であるものは除く）で床面積を有するものがあるときは、その一部共用部分の床面積は、これを共用すべき各区分所有者の専有部分の床面積の割合により配分して、それぞれその区分所有者の専有部分の床面積に算入するものとする（14条2項）。
③ ①②の床面積は、壁その他の区画の内側線で囲まれた部分の水平投影面積による（14条3項）。
④ ①から③までについては、規約で別段の定めをすることを妨げない（14条4項）。

「第14条に定める割合」は、以上の①〜④によって定まる割合であり、各区分所有者の議決権は、規約に別段の定めがない限りこの割合による。

(3) 規約による別段の定め

各区分所有者の議決権の割合は、規約によって、各区分所有者の共用部分の持分とは異なる割合に定めることができる。たとえば、各区分所有者の共用部分の持分は、それぞれが有する専有部分の床面積の割合によるとしながら、各区分所有者の議決権の割合については、規約で「各区分所有者の所有する住戸一戸につき各一個とする」と定めることができる。なお、各区分所有者の共用部分の持分

第1章　建物の区分所有　第5節　規約及び集会

について規約で別段の定めをしている場合においても、各区分所有者の議決権の割合について、規約で、さらに別段の定めをすることができる。たとえば、各区分所有者の共用部分の持分はその有する専有部分の床面積の割合によるものとした上で、規約で「専有部分の床面積の計算は、壁心計算（界壁の中心線で囲まれた部分の面積を算出する方法をいう）によるものとする」との別段の定めをした場合において、各区分所有者の議決権の割合については、規約で「各区分所有者の所有する住戸一戸につき各一個とする」と定めることができる。

（議事）
第39条　集会の議事は、この法律又は規約に別段の定めがない限り、区分所有者及び議決権の各過半数で決する。
2　議決権は、書面で、又は代理人によって行使することができる。
3　区分所有者は、規約又は集会の決議により、前項の規定による書面による議決権の行使に代えて、電磁的方法（電子情報処理組織を使用する方法その他の情報通信の技術を利用する方法であって法務省令で定めるものをいう。以下同じ。）によって議決権を行使することができる。

〔1〕　**本条の趣旨**
(1)　本条1項

　集会は、区分所有者の団体（3条）の最高の意思決定機関であり、建物等の管理に関する重要事項はすべて、原則として集会の決議で決する。集会の決議は多数決によってなされ、決議に反対した区分所有者も決議に従わなければならない（東京地判平4・3・16判時1453-142参照。なお46条参照）。集会の決議事項について、本法では、当該規定中に特別の定数（4分の3以上または5分の4以上）を定めているもの（これを特別決議事項〔37条2項にいう「この法律に集会の決議につき特別の定数が定められている事項」〕という）と、当該規定には集会の決議で決する旨のみを定めその定数については特に定めていないもの（これを普通決議事項という）とがある（後記〔2〕参照）。本条1項は、普通決議事項について、規約に別段の定めがない限り、区分所有者および議決権の各過半数で決する旨を規定した。

　1962年法では、管理者の選任・解任（1962年法17条1項）を除いて、「集会の議事は、規約に別段の定めがない限り、区分所有者及び議決権の各過半数で決す

る」(1962年法31条1項)と規定していた。これに対して、1983年改正法では、法律の規定によって直接に議決要件を定めたことから(後記〔2〕参照)、本条1項では、「この法律又は規約に別段の定めがない限り」と表記を改めた。

(2) 本条2項

議決権は、区分所有者本人が集会に出席して行使するのが原則であるが、本条2項は、集会に出席せずに書面で議決権を行使すること、および代理人によって議決権を行使することを認める。本項は、1962年法31条2項と同一の規定である。

(3) 本条3項

2002年改正法によって、区分所有者は、規約または集会の決議により、書面による議決権の行使に代えて電磁的方法によって議決権を行使することができるようになった。

〔2〕 集会の決議事項

前述(〔1〕(1))のように、集会の議事(決議事項)には、特別決議事項と普通決議事項とがある。

(ア) 特別決議事項

① 共用部分の変更(17条1項)
② 区分所有者の共有に属する敷地または附属施設の変更(21条、17条1項)
③ 規約の設定・変更・廃止(31条1項)
④ 管理組合法人の成立(47条1項)
⑤ 管理組合法人の解散(55条1項3号・2項)
⑥ 共同利益背反行為をした区分所有者に対する専有部分の使用禁止の請求(58条1項・2項)
⑦ 共同利益背反行為をした区分所有者に対する区分所有権の競売請求(59条1項・2項)
⑧ 共同利益背反行為をした占有者に対する引渡請求(60条1項・2項)
⑨ 大規模一部滅失の場合の復旧(61条5項)
⑩ 建替え決議(62条1項)
⑪ 団地内の区分所有建物につき団地の規約を定めることについての各棟の承認(68条1項2号)
⑫ 団地内の建物の建替え承認決議(69条1項・7項)
⑬ 団地内の建物の一括建替え決議(70条1項)

第 1 章　建物の区分所有　第 5 節　規約及び集会

　このうち、⑩および⑬が区分所有者および議決権の各 5 分の 4 以上の多数を要し、他はすべて、区分所有者および議決権の各 4 分の 3 以上の多数を要する。
　上記①から⑬のうち、規約の設定・変更・廃止に関わる③の定数については、規約によって別段の定めをすることができない。
　③以外の事項については、議決要件を厳格化して団体的拘束を緩和する方向で規約によって別段の定めをすることはできるが、議決要件を緩和して団体的拘束を強化する方向で規約によって別段の定めをすることはできない。ただし、①および②については、区分所有者の定数は、規約でその過半数まで減ずることができる（この点については31条の注釈〔2〕(1)参照）。
　なお、特別決議事項は、すべて集会の決議によって決することが必要であり、規約によっても、これを集会の決議以外の方法で決するものとすること（たとえば、規約の定めによって管理者や理事会の権限とすること）はできない。この点で後述のように普通決議事項と異なる。

　(イ)　普通決議事項
　①　共用部分の管理に関する事項（変更および保存行為を除く）（18条 1 項本文）
　②　区分所有者の共有に属する敷地または附属施設の管理に関する事項（変更および保存行為を除く）（21条、18条 1 項本文）
　③　管理者の選任・解任（25条 1 項）
　④　管理者に対する訴訟追行権の授権（26条 4 項）
　⑤　管理者がいない場合の規約、議事録、書面・電磁的方法による決議に係る書面・電磁的記録の保管者の選任（33条 1 項ただし書、42条 5 項、45条 4 項）
　⑥　議長の選任（41条）
　⑦　管理組合法人の理事および監事の選任・解任（49条 8 項、50条 4 項、25条 1 項）
　⑧　理事が数人ある場合の代表理事の選任または共同代表の定め（49条 5 項）
　⑨　管理組合法人の事務（52条 1 項本文）
　⑩　共同利益背反行為の停止等の請求の訴訟の提起（57条 2 項・4 項）
　⑪　57条から60条までの訴訟追行についての管理者等に対する訴訟追行権の授権（57条 3 項・4 項、58条 4 項、59条 2 項、60条 2 項）
　⑫　小規模一部滅失の場合の復旧（61条 3 項）

このうち、①②③⑥⑦⑫および⑨のうち特別決議事項および57条2項に規定する事項以外の事項については、規約で集会の決議以外の方法（たとえば、理事会）で決するものと定めることができる。

④⑤⑧については、規約自体で、管理者に対する訴訟追行権の授権、規約等の保管者、または代表理事、共同代表を定めることができる。⑩⑪については、必ず集会の決議によらなければならない。

〔3〕 本法または規約による別段の定め

(1) 本法・規約による別段の定め

集会の議事は、「この法律又は規約に別段の定め」があれば、その定める定数によって決する。この法律による別段の定めとは、本法による、〔2〕(ｱ)で掲げた特別決議事項についての定数の定めである（その具体的定数については、前記〔2〕(ｱ)参照）。

規約による別段の定めとは、〔2〕(ｲ)で掲げた普通決議事項の定数について、規約による、「区分所有者及び議決権の各過半数」以外の定数の定めである。たとえば、区分所有者の数または議決権の一方のみの過半数で決するとする規約での定め（マンション標準管理規約は、後記(2)のように議決権のみの多数で決する）や、当該マンションで特に重要な事項と考えた事項（たとえば、小規模一部滅失の場合の復旧）についてのみ、区分所有者の数または議決権の各3分の2以上を要するとする規約での定めなどが考えられる。

(2) 標準管理規約

マンション標準管理規約（30条の注釈〔4〕参照）は、各区分所有者の議決権をそれぞれ「○○分の○○」（同規約〔単棟型〕別表第5）という形で提示した上で（同46条1項。そのコメント46条関係①では、「議決権については、共有部分の共有持分の割合、あるいはそれを基礎としつつ賛否を算定しやすい数字に直した割合によることが適当である」とし、同②では「各住戸の面積があまりに異ならない場合は、住戸1戸につき各1個の議決権により対応することも可能である。また、住戸の数を基準とする議決権と専有面積を基準とする議決権を併用することにより対応することも可能である」と述べる）、普通決議について、同47条において、総会の会議には「議決権総数の半数以上を有する組合員が出席しなければならない」（1項）として集会成立の定足数を設けた上で、「総会の議事は、出席組合員の議決権の過半数で決する」（2項）と定めている。

第1章　建物の区分所有　第5節　規約及び集会

〔4〕　区分所有者および議決権の各過半数
(1)　「区分所有者及び議決権」とした趣旨

　本条の規定中、「区分所有者及び議決権（の各過半数）」という定めは、前述（〔1〕(1)）のように、1962年法31条1項の規定を引き継いだものである。1962年法について、法務省立法担当者は、「決議の成立に原則として人数及び議決権の双方の過半数を要することにしたのは、この法律自体に規定されている決議事項が管理者の選任・解任（〔1962年法〕第17条第1項）のみであるところから、その場合に最も適当と思われる方法を採用したのにすぎない」と述べていた（川島・解説(下)1248、1249）。1983年改正法は、前述（〔1〕(1)）のように、管理者の選任・解任（25条1項）のほかにも集会での決議事項について多くの規定を設けたが、そのすべての規定において（普通決議事項だけでなく特別決議事項においても）、「区分所有者及び議決権」とした。このことは、次の理由から、これらすべての場合において、区分所有者の数と議決権とを併用することが適当とされたためである。すなわち、建物等の管理または使用に関しては、一方では、共有物の管理という側面を有するから各区分所有者の有する共用部分共有持分の割合（14条参照）に従うものとし（これは議決権の大きさに反映する。なお、民法252条本文参照）、他方では、区分所有者の共同の利益の維持（共同生活の保持）という側面を有するから（6条、57条〜60条および13条〔民法249条と対比せよ〕参照）、区分所有者の数を考慮したものである（法務省・マンション法228参照）。

(2)　「区分所有者」および「議決権」の「各過半数」

　「区分所有者」の過半数とは、区分所有者の数の過半数である。この場合の区分所有者の数の計算は、一人で数個の専有部分を所有している者であっても一人と計算され（この者の利益は「議決権」のほうで考慮される）、逆に、数人で一個の専有部分を共有しているときでも一人と計算される（40条。後掲の裁判例）。「議決権」の割合は、14条に定める割合（共用部分の共有持分の割合）による（38条、14条および同条の注釈参照）。なお、下級審の裁判例として、「区分所有者」の決定基準としては画一的で明確性のある登記簿上の記載によるべきであるとしたものがある（神戸地判平13・1・31判時1757-123）が、その記載とは異なる「区分所有者」の存在が明らかな場合には、その者を「区分所有者」と見るべきである。

　本条では「各過半数」とあるので、区分所有者の数と議決権の割合のそれぞれについて、過半数の賛成を必要とする。この場合に、集会に出席した区分所有者

の数と議決権を基準とするのではなく、全区分所有者（議長が区分所有者であるときは議長も含む）のそれを基準とする。ただし、規約に別段の定めがある場合はその限りでない。たとえば、規約によって、集会の議事は、区分所有者の議決権総数（この場合の議決権は、共用部分の共有持分の割合による）の半数以上が出席した集会において、出席区分所有者の議決権の過半数で決するものと定めること（マンション標準管理規約〔単棟型〕47条1項・2項参照）などが可能である。

〔5〕 **書面または代理人による議決権の行使**

区分所有者は、議決権を、書面で行使することも、代理人によって行使することもできる。これは、区分所有者の権利であるから、規約でこれを否定することはできない。マンション標準管理規約はこの点を確認的に定め（同規約〔単棟型〕46条4項）、「書面又は代理人によって議決権を行使する者は、出席組合員とみなす」（同47条5項）と定めている。

(1) 書面による議決権の行使

書面による議決権の行使（「書面投票」と呼ぶこともある）とは、区分所有者が集会に出席せず、集会の開催前に、議事について賛否を記載した書面（本条2項ではこの書面の形式を特に問題としていない）を集会の招集権者に提出することによって議決権を行使することをいう。区分所有者は、集会の招集権者によって事前に議題（会議の目的たる事項）または議案の要領が通知されるので（35条1項・5項）、集会の開催前にこの書面を提出できることになる。区分所有者は、書面の提出に当たって集会に出席できない理由を示す必要はない。書面が集会の招集権者に提出されたときは、集会の招集権者（および議長）は、必ずこれを議決権の行使として取り扱わなければならない。たとえば、規約に、「議事は、出席区分所有者の議決権の過半数で決する」との定めがある場合でも（前記〔4〕(2)参照）、その書面を議決権の行使として取り扱わなければならない（ただし、「集会は、区分所有者の半数以上が本人または代理人によって出席しなければならない」という趣旨の規約がある場合には、書面の提出をもって出席を擬制することはできないと解すべきであり、この場合には、区分所有者の半数以上の出席という要件を満たした上での集会の決議において、その書面を議決権の行使として取り扱うべきである）。

ところで、書面での議決権の行使は、集会の招集権者によって議案（これは、35条5項で示されている特別決議事項についての議案の要領に限定されず、普通決議事項についての議案〔の要領〕が通知された場合に、これを含むと解すべきである）が通

知された場合についてのみ認められるのか、それとも、議題（会議の目的たる事項）だけが通知されている場合でも認められるのか。議題のみが通知されている場合（たとえば、議題として「規約の変更」という通知がなされているような場合）には、区分所有者は、集会で具体的にどのような議案について決議がなされるのかを知ることができないために、その賛否についての書面を提出することができないのが一般的である。しかし、議題のみが通知されている場合でも、区分所有者が事前に賛否の意思表示をすることが可能なときは、賛否を記した書面が提出されたときは本条2項にいう書面として認めるべきである。たとえば、議題として「ペットの飼育について」と記されていた場合において、集会で「ペットの飼育の禁止に賛成するか反対するか」という形で決議がなされた場合に、事前に招集権者に提出された書面に「ペットの飼育の禁止に賛成する」（または「ペットの飼育の禁止に反対する」）と記載されていたときには、これを本項による議決権の行使として認めるべきである。

なお、いわゆる委任状の提出は、書面による議決権の行使には当たらず、次の代理人による議決権の行使となり得る。

(2) 代理人による議決権の行使

代理人による議決権の行使とは、区分所有者本人から代理権を授与された代理人が集会に出席して議決権を行使することをいう。代理人による議決権の行使に当たっては、必ずしも、区分所有者本人から集会の招集権者または議長に対してその旨の書面（委任状）が提出される必要はないが、代理権の存在を明確にするためには、規約でその旨を定めておくことが望ましい。マンション標準管理規約は、「組合員又は代理人は、代理権を証する書面を理事長に提出しなければならない」（同規約〔単棟型〕46条5項）と定める。

代理人の資格については、特に制限はない。他の区分所有者であっても、区分所有者の同居人であっても、区分所有者の所有する専有部分の賃借人であっても、また当該マンションに特別の関わりを持たない第三者であってもよい。ただし、規約によって、代理人を同居人、賃借人等の一定範囲の者に限定することは許されると解すべきである。

〔6〕 電磁的方法による議決権の行使

区分所有者は、規約または集会の決議により、書面による議決権の行使に代えて、電磁的方法によって議決権を行使することができる。この規定は、社会の電

子化に伴い、書面以外の方法による議決権の行使を認めることが一部の区分所有者にとっては便利であると考え、2002年改正法により新設された（吉田・一問一答48）。本条2項の規定による書面による議決権の行使については、特に規約または集会の決議を要しないが、電磁的方法による議決権の行使については、規約または集会の決議を必要とする。これは、必ずしもすべての区分所有者の団体（管理組合）がこのような電子化に対応できるとは限らない現況において、それぞれの管理組合において、このような議決権の行使の方法を認めるか否かについて、集会で区分所有者の意思を問う必要があると考えたためであると思われる。

(1) 電磁的方法

本項の規定による議決権の行使に当たっての「電磁的方法」とは、「電子情報処理組織を使用する方法その他の情報通信の技術を利用する方法であって法務省令で定めるもの」（本項括弧書）と定められ、この規定の委任を受けて、区分所有法施行規則3条は、電磁的方法について、

① 送信者の使用に係る電子計算機と受信者の使用に係る電子計算機とを電気通信回線で接続した電子情報処理組織を使用する方法であって、当該電気通信回線を通じて情報が送信され、受信者の使用に係る電子計算機に備えられたファイルに当該情報が記録されるもの

② 磁気ディスクその他これに準ずる方法により一定の情報を確実に記録しておくことができる物をもって調製するファイルに情報を記録したものを交付する方法

のいずれかであり（同条1項）、かつ、受信者がファイルへの記録を出力することにより書面を作成することができるもの（同条2項）、と規定している。

法務省立法担当者は、「具体的には、電子メールの送信やウエブサイト（ホームページ）への書込みの利用、フロッピーディスクやCD-ROMの交付による方法等を用いることが考えられます」と説明する（吉田・一問一答52）。たとえば、集会に出席できない区分所有者が、出張先などから電子メールを送信することによって議決権を行使することが考えられる。

(2) 本人確認の方法

電磁的方法によって議決権が行使された場合には、集会に出席して議決権を行使した場合や書面による議決権の行使の場合と同一の方法によって、本人確認を行うことはできない。この点に関して本法は特に規定を設けていない。なお、書

面による議決権の行使の場合についても、この点に関する規定を設けていないが、この場合には、本人である議決権行使者に署名押印をさせることにより比較的容易に本人確認が可能である。法務省立法担当者は、電磁的方法による議決権の行使について、「区分所有法では特定の手続が要求されているわけではありませんが、事後の紛争の発生を防止するとの観点から、集会の招集者は、適切な本人確認の方法を選択して、これを実施することが望ましいと考えられます」と述べ、「具体的には、①電磁的方法により議決権を行使する際に電子署名を付することとする方法、②議決権を行使する際にあらかじめ割り当てられたパスワードを入力させる方法を用いること等が考えられるでしょう」と説明する（吉田・一問一答52。なお、電子署名については42条の注釈〔5〕参照）。

（議決権行使者の指定）
第40条[1]　専有部分が数人の共有に属するときは、共有者は、議決権を行使すべき者一人を定めなければならない。[2]

〔1〕　**本条の趣旨**

　区分所有者は、全員で建物等の管理を行うための団体を構成する（3条）が、区分所有者の数を問題とする場合においては（管理者以外の者による集会の招集〔34条3項・5項〕、集会での議決〔39条1項など〕、法人格取得のための要件〔47条1項〕）、専有部分が数人の共有に属するときでも、その共有者全員を一の区分所有者と数えるべきである。本条は、このことを前提とした上で、専有部分が数人の共有に属するときに、共有者が議決権を行使する者一人を定めることを規定した。

　本条は、株式の共有の場合に関する（2005年改正前）商法203条2項の規定（「株式ガ数人ノ共有ニ属スルトキハ共有者ハ株主ノ権利ヲ行使スベキ者一人ヲ定ムルコトヲ要ス」）にならって、1983年改正法によって新設されたものである（濱崎・解説275）。

　なお、本条は、強行規定であり、規約をもってしても排除することはできない。

〔2〕　**議決権行使者の指定**

（1）　専有部分の共有

　本条に従って議決権行使者が指定されるのは、「専有部分が数人の共有に属するとき」である。したがって、専有部分を区分所有者の親族等同居人が占有して

いるときは、本条の適用は問題とならない（このときには、39条2項による議決権の代理人による行使のみが問題となる）。

(2) 議決権行使者

共有者は、協議によって共有者の一人を議決権行使者と定めなければならない。その者は、議決権を行使するに当たっては、自己が共有者の協議によって定められた議決権行使者である旨を証明すべき立場にある（実務的には、共有者の連名でその旨を管理者に届け出ておくことが適当である）が、実際には、たとえば、共有者の一人が集会に出席した場合には、他の共有者から異議または留保の申出がない限り、共有者間で議決権行使者についての協議があったと見てよいであろう。

専有部分の共有者間で協議が調わない場合には、専有部分の持分の過半数を有する者が議決権の行使者となると解すべきである（民法252条本文参照）。ただ、たとえば、2人で専有部分を共有しその持分が等しい場合に、議決権の行使者を定めるための協議をしないとき、またはそのための協議が調わないときは、共有者は議決権を行使することができない。

専有部分が数人に属するときの集会の招集通知は、本条による議決権の行使者に対してするが、その者がないときは、共有者の誰か一人に対してすればよい（35条2項）。議決権の行使者が定められていても、その者を管理者に通知していないときも同様である。

(3) 議決権行使者の指定の効力

専有部分の共有者によって議決権行使者が定められた場合には、その者のみが議決権を行使することができる。その者が議決権を行使した場合に、当該区分所有者の数は一と数えられるが、議決権については、当該専有部分の床面積全部の割合によるのであり、議決権行使者の持分の割合によるのではない（38条参照）。

議決権行使者以外の者が議決権を行使した場合には、その効力はどうか。実際に議決権を行使した者が共有者である限りは、その効力に影響しないと解すべきである。

(4) 標準管理規約

マンション標準管理規約（30条の注釈〔4〕参照）は、本条に基づいて「住戸1戸が数人の共有に属する場合、その議決権行使については、これら共有者をあわせて一の組合員とみなす」（同規約〔単棟型〕46条2項）、「前項により一の組合員とみなされる者は、議決権を行使する者1名を選任し、その者の氏名をあらかじ

第1章　建物の区分所有　第5節　規約及び集会

め総会開会までに理事長に届け出なければならない」（同条3項）と定める。

（議長）
第41条　集会においては、規約に別段の定めがある場合及び別段の決議をした場合を除いて、管理者又は集会を招集した区分所有者の一人が議長となる。

〔1〕　**本条の趣旨**

本条は、集会において議長となる者について定める。1962年法32条と同一の規定である。

〔2〕　**議　長**

(1)　議長となる者

管理者がいるときは（25条1項）、管理者が集会の議長となる。区分所有者の請求によって集会が招集された場合（34条3項）にも、同様である。マンション標準管理規約（30条の注釈〔4〕参照）は、「総会の議長は、理事長が務める」（同規約〔単棟型〕42条5項）と定める。

管理者がないときは、区分所有者の5分の1以上で議決権の5分の1以上を有する者によって集会が招集される（34条5項）が、この場合には、集会を招集した区分所有者の一人が議長となる。集会を招集した区分所有者の中から互選で一人を議長と決めてもよいし、また、集会が招集された後に他の議事に先立って集会の決議（39条1項の普通決議）により、集会を招集した区分所有者の一人を議長と決めてもよい。

議長の選任について規約に別段の定めがある場合または集会で別段の決議をした場合には、それに従う。マンション標準管理規約では、本法34条3項、4項により招集された集会（臨時総会）においては、「総会に出席した組合員（書面又は代理人によって議決権を行使する者を含む。）の議決権の過半数をもって、組合員の中から選任する」（同規約〔単棟型〕44条3項）と定める。

(2)　議長の職務

議長は、集会において議事を進行させ、議事録を作成する（42条）。

(議事録)
第42条 集会の議事については、議長は、書面又は電磁的記録により、議事録を作成しなければならない。
2 議事録には、議事の経過の要領及びその結果を記載し、又は記録しなければならない。
3 前項の場合において、議事録が書面で作成されているときは、議長及び集会に出席した区分所有者の二人がこれに署名押印しなければならない。
4 第2項の場合において、議事録が電磁的記録で作成されているときは、当該電磁的記録に記録された情報については、議長及び集会に出席した区分所有者の二人が行う法務省令で定める署名押印に代わる措置を執らなければならない。
5 第33条の規定は、議事録について準用する。

〔1〕 本条の趣旨

建物等の管理または使用に関する区分所有者間の事項については、原則として規約および集会の決議によって定められ、区分所有者およびその特定承継人は、これに拘束される(46条1項。占有者については、同条2項)。したがって、規約だけでなく(33条)、集会の議事についても議事録を作成し、その保管および閲覧が適切になされなければならない。本条は、議事録の作成および記載事項について定める規定である。本条は、若干の改正を加えた上で、1962年法33条を引き継いだ規定である(1983年改正法による改正点については後記〔2〕、〔3〕(2))。そして、さらに2002年改正法により、議事録の電子化に関する事項が追加され(1項・2項)、またそれに伴い署名押印に関する規定(3項・4項)が修正・追加された。

本条は、強行規定であり、規約をもってしても適用を排除することができない。マンション標準管理規約(30条の注釈〔4〕参照)は、確認的に本条とほぼ同様の規定を設けている(同規約〔単棟型〕49条)。

〔2〕 議事録の作成者

1962年法33条1項は、「集会の議事については、議事録を作成しなければならない」と規定していたが、その作成者を明示していなかったので、一般には議長が作成者と解されながら、議事録の作成義務とその責任の所在が曖昧であった。

第1章　建物の区分所有　第5節　規約及び集会

その後、1983年改正法で議長が議事録の作成者である旨が明定され、2002年改正法により議事録の作成の方式について「書面又は電磁的記録により」との文言が追加された。本条の規定に反して議長が議事録を作成せず、または議事録に記載・記録すべきことを記載・記録せず、もしくは虚偽の記載・記録をしたときは、20万円以下の過料に処せられる（71条3号）。

〔3〕　**議事録の記載・記録**

議長が議事録を作成するに当たっては、議事録には、議事の経過の要領およびその結果を記載・記録しなければならない。「議事の経過」とは、議題、議案、討議の内容および表決方法等を指すが、それらの要領の記載で足りる。「その結果」とは、表決を行った結果、すなわち可決されたか否決されたかの結果である。なお、その記載・記録に当たっては、区分所有者総数および総議決権数、出席区分所有者数および出席議決権数、書面または電磁的方法による議決権の行使があったときはその区分所有者数および議決権数、ならびに議案に対する賛成・反対それぞれの区分所有者数および議決権数を明示する必要がある。

〔4〕　**議事録の署名押印者**

議事録が書面により作成された場合に、その議事録には、議長のほか集会に出席した区分所有者の2人がこれに署名押印しなければならない。1962年法33条2項は、署名押印者を議長のみとしていたが、1983年改正法は、議事録の記載が正確であることを作成者以外の者に確認させるために、集会に出席した区分所有者の2人の署名押印を要することとした。この署名押印者2人は、集会に出席した区分所有者であれば誰でもよく（マンション標準管理規約は議長の指名した者としている〔同規約（単棟型）49条2項〕）、区分所有者の代理人であってもよい。33条1項の文言と対比すれば、代理人は明示されていないが、これを排除する特段の理由はない。なお、議長が区分所有者であるときでも、他の区分所有者の2人の署名押印を必要とする。集会に出席した区分所有者が一人の場合には、その者のみが署名押印すれば足りる。「署名押印」とは、自署した上で印章を押すことである。

なお、1983年の本法の改正に際して、法制審議会の「改正要綱」は、「議事録には、議長のほか、管理者及び集会に出席した区分所有者の2人以上がこれに署名押印しなければならないものとすること」としていたが、結局、本条においては、集会に出席した区分所有者の署名押印については2人とされ、また、管理者

の署名押印については規定しなかった。管理者の署名押印を不要とした点について、法務省立法担当者は、「管理者は原則として議長になる者であり（41条）、管理者以外の者が議長になる場合を想定すると、管理者の署名押印を得られないことも少なくないと考えられる。すなわち、管理者に署名押印を義務づけることは、その必要性がないか、又は相当でないことが多いと考えられるため、その義務づけをしないこととされたのである」と述べる（濱崎・解説276）。

〔5〕 **電磁的記録により作成された議事録の署名押印**

議事録が電磁的記録で作成されている場合には、議長および集会に出席した区分所有者の2人は、法務省令で定める署名押印に代わる措置をとらなければならない。この署名押印に代わる措置については、区分所有法施行規則4条は、「電子署名及び認証業務に関する法律（平成12年法律第102号）第2条第1項の電子署名とする」と規定している。同法の2条1項によると、同法の「電子署名」とは、電磁的記録に記録することができる情報についての措置であって、次の要件のいずれにも該当するものをいうとされ、その要件として、「当該情報が当該措置を行った者の作成に係るものであることを示すためのものであること」および「当該情報について改変が行われていないかどうかを確認することができるものであること」が挙げられている。法務省立法担当者によると、「現在は、数百桁の数字を羅列した『公開鍵』を使用する公開鍵暗号方式という方式を活用したデジタル署名が広く用いられている」とのことである（吉田・一問一答51）。

〔6〕 **議事録の保管および閲覧**（33条の規定の準用）

議事録は、管理者が保管しなければならない。ただし、管理者がないときは、建物を使用している区分所有者またはその代理人で規約または集会の決議で定めるものが保管しなければならない（33条1項の準用。同条の注釈〔3〕を参照）。

規約と同様に、議事録についても利害関係人はその閲覧を請求することができる。利害関係人の請求があったときは、議事録の保管者は、正当な理由がある場合を除いて、議事録の閲覧を拒んではならない（33条2項の準用。同条の注釈〔4〕を参照）。また、議事録がどこに保管されているかを建物内の見やすい場所に掲示しなければならない（33条3項の準用。同条の注釈〔5〕を参照）。なお、管理組合法人については、47条11項・12項および同条の注釈〔14〕〔15〕を参照のこと。

管理者または理事が議事録を保管しなかったとき、または正当な理由なしに議事録の閲覧を拒絶したときは、20万円以下の過料に処せられる（71条1号・2号）。

第1章　建物の区分所有　第5節　規約及び集会

管理者または理事以外の者が議事録の保管者となる場合には、保管義務に違反しても、また、保管していないため議事録の閲覧を拒絶しても、過料に処せられない（71条1号）。ただ、議事録を保管しているときには、その閲覧を拒絶すれば過料に処せられる（同条2号）（71条の注釈〔3〕〔4〕参照）。

（事務の報告）
第43条　管理者は、集会において、毎年一回一定の時期に、その事務に関する報告をしなければならない。

〔1〕　本条の趣旨

区分所有者は、全員で建物等の管理を行うための団体を構成し、集会を開いて管理に関する事項を決定し、規約を定めることができる（3条）が、集会の決議を実行し、規約で定めた行為をする権利を有し義務を負うのは、管理者である（26条1項）。管理者は、その職務に関して、区分所有者を代理する（同条2項）。本条は、このような権限と責任を有する管理者に対して、集会において毎年一回一定の時期にその事務の報告を行うことを義務づけた規定である。

本条は、1962年法19条に改正を加えた上（改正点については後記〔2〕(1)）で、規定の位置を管理者に関する規定群（1962年法）から集会に関する規定群に移した。

本条は、強行規定であり、規約をもってしてもその適用を排除することができない。

〔2〕　管理者の事務の報告

(1)　集会における報告

管理者は、その事務に関する報告を、「集会において」しなければならない。1962年法19条は、「管理者は、毎年一回一定の時期に、区分所有者に対し、その事務に関する報告をしなければならない」と定めており、必ずしも集会においてその報告をする必要はなかった。本条は、これをもっぱら集会においてなすべきものと改めた。したがって、区分所有者に対して書面による報告を送付するという方法をとることは許されない。管理者が集会において報告し、区分所有者がこれに対して質問をすることによって、管理者の事務執行に対する監督をよりよく行うことができるようにした（濱崎・解説277）。

本条の規定に違反して管理者が報告義務を怠り、または虚偽の報告をしたとき

は、20万円以下の過料に処せられる（71条4号）。

(2) 毎年一回一定の時期における報告

管理者は、その事務に関する報告を、「毎年一回一定の時期に」しなければならない。「一定の時期」については、必ずしもその日が何月何日と確定していることを必要としないが、ある程度幅のある一定の時期を定めておく必要があり、実務的には、規約で定めておくことが望ましい。

（占有者の意見陳述権）
第44条[1] 区分所有者の承諾を得て専有部分を占有する者[2]は、会議の目的たる事項につき利害関係を有する場合には[3]、集会に出席して意見を述べることができる[4]。
2 前項に規定する場合には、集会を招集する者は、第35条の規定により招集の通知を発した後遅滞なく、集会の日時、場所及び会議の目的たる事項を建物内の見やすい場所に掲示しなければならない[5]。

〔1〕 **本条の趣旨**

本法においては、専有部分の賃借人など、区分所有者以外の専有部分の占有者も、建物の管理または使用に関して共同の利益に反する行為をしてはならず（6条1項・3項、57条4項、60条）、また、建物、敷地、附属施設の使用方法について、区分所有者が規約または集会の決議に基づいて負う義務と同一の義務を負う（46条2項）。そのため、本条は、区分所有者の承諾を得て専有部分を占有する者は、利害関係を有する事項について集会で意見を述べることができるものとした。本条は、1983年改正法によって6条1項・3項、46条2項、57条4項、60条の規定が設けられた際に新設されたものである。

なお、その際の法制審議会小委員会の検討の過程においては、集会での議決権行使に当たって占有者を区分所有者の代理人とみなすものとすることの当否が問題とされた。しかし、議題によっては占有者に代理権を認めるのが適当でない事項も多く存在するし、また、占有者を区分所有者の代理人であるとする以上、占有者は本人たる区分所有者の意思に従わなければならないことから占有者の意思が決議に反映することにはならないとの理由で、この案は採用されるには至らず、結局、占有者には本条の限度での集会の議事への関与が認められるものとされた

(濱崎・解説279)。

〔2〕 **意見陳述権を有する占有者**

本条によって集会に出席して意見を述べることができる者は、「区分所有者の承諾を得て専有部分を占有する者」である（区分所有者の承諾は黙示によるものも含む）。すなわち、専有部分の賃借人および使用借人（区分所有者から専有部分を無償で借りる者）など占有について権原を有する者である。無権原占有者には、本条に定める意見陳述権は認められない。無権原占有者は、そもそも占有権原がないため、建物等の使用に関する事項について法律上直接的に利害関係を有することがないからである。

家族など区分所有者と同居する者は、本条の「区分所有者の承諾を得て専有部分を占有する者」ではない。同居人は、区分所有者の代理人として議決権を行使するために集会に出席することがあるにとどまる（39条2項参照）。

〔3〕 **利害関係を有する場合**

区分所有者の承諾を得て専有部分を占有する者が、集会に出席して意見を述べることができるのは、「会議の目的たる事項につき利害関係を有する場合」である。「利害関係を有する場合」とは、一般的には、占有者が直接の義務を負うことになる「建物又はその敷地若しくは附属施設の使用方法」（46条2項）に関して集会の決議をする場合（建物等の使用方法に関して規約の設定・変更・廃止の決議をする場合も含む）である（濱崎・解説279参照）。たとえば、専有部分の居住目的以外の使用の禁止やペットの飼育の禁止について集会で決議をする場合がこれに当たる。これに対して、たとえば共用部分の大規模修繕や管理費の増額について集会で決議する場合は、これには該当しない。賃借人たる占有者はこれらの決議によって賃料の増額が生ずるという影響を受ける可能性はあるが、それは間接的な影響に過ぎず、「利害関係を有する場合」には当たらないからである。

それでは、共同利益背反行為をした占有者に対して当該行為の停止等を請求するため訴訟を提起する場合に、その集会の決議に際して（57条4項において準用する同条2項）、当該占有者に本条にいう「利害関係を有する場合」に該当するとして意見陳述権を認めるべきか。この点については、解釈が分かれており、占有者は訴訟手続内で防御をなし得るのであるから、この決議によって受ける占有者の影響は反射的なものに過ぎず、本条に規定する場合に該当しないものと解すべきとの見解（濱崎・解説280）もあるが、占有者にとってその行為の停止等の請求

を訴訟によって受けることは、まさに本条にいう「利害関係を有する場合」に該当すると解され、また、集会の決議に当たって当該占有者の意見陳述が区分所有者の判断に影響することも考えられることから、肯定すべきである（57条の注釈〔8〕(2)参照）。なお、占有者に対する引渡請求および契約の解除を目的とする訴訟の提起のための決議については、当該占有者に弁明の機会を与えなければならない（60条1項・2項、58条3項）。

〔4〕 **意見陳述権**

区分所有者の承諾を得て専有部分を占有する者（本条の以下の記述においては、単に「占有者」という）に本条によって認められる権利は、「集会に出席して意見を述べることができる」権利（意見陳述権）である。占有者は議決権（38条参照）を有するものではなく、また、集会の決議は、占有者の意見陳述に拘束されるものではない。

占有者は、「集会に出席して」意見の陳述ができるので、集会の招集者が、占有者の意見陳述について文書の提出のみを認め、占有者の集会への出席を認めないことは許されない。この場合を含め、占有者に対して本条による意見陳述の機会が与えられずになされた集会の決議の効力については、後記〔5〕(2)を参照のこと。

マンション標準管理規約（30条の注釈〔4〕参照）は、以上に関して「区分所有者の承諾を得て専有部分を占有する者は、会議の目的につき利害関係を有する場合には、総会に出席して意見を述べることができる。この場合において、総会に出席して意見を述べようとする者は、あらかじめ理事長にその旨を通知しなければならない」（同規約〔単棟型〕45条2項）と定めると共に、「組合員のほか、理事会が必要と認めた者は、総会に出席することができる」（同条1項）と定めている。

〔5〕 **集会開催に関する掲示および本条に違反する決議の効力**

(1) 集会開催に関する掲示

占有者が会議の目的たる事項について利害関係を有する場合には、集会を招集する者は、35条の規定によって招集の通知を発した後遅滞なく、集会の日時、場所および会議の目的たる事項を建物内の見やすい場所に掲示しなければならない。本条1項によって占有者に意見陳述権を認めても、この権利を行使し得る集会について占有者が知ることができないならば、実際には、この権利を認めたことにならないからである。区分所有者には、35条の規定に従って通知がなされるが、

第1章　建物の区分所有　第5節　規約及び集会

占有者には個別に集会の開催を知らせる方法がないために、掲示による方法が設けられた。なお、掲示に当たっては、占有者を特定する必要はない。区分所有者全員の同意があるときでも、この手続を経ないで集会を開くことはできない（36条参照）。

掲示すべき会議の目的たる事項は、占有者が利害関係を有する事項（前記〔3〕）をもって足りると解すべきである。この掲示においては、当該事項について占有者が集会に出席して意見を述べることができる旨を明示することは法定されていないが、占有者としては、単に会議の目的たる事項として当該集会での決議事項を示されただけでは当該事項が意見陳述権を行使し得る事項か否かを必ずしも認識できないことから、それが可能である事項についてはその旨を明示しておくことが望ましい。

「招集の通知を発した後遅滞なく」というのは、掲示のタイムリミットを定めたものであるから（濱崎・解説281）、必ずしも、35条の規定により招集の通知を発した後でなくてもよく、通知と同時でも、通知を発する前でもよい。

35条4項の規定によって区分所有者に対する通知が掲示によってなされた場合には、その掲示をもって本条の掲示を兼ねることができる。「建物内の見やすい場所」とは、たとえば、所定の掲示板、建物の出入口などである（33条参照）。

(2)　本条に違反する決議の効力

集会を招集する者が本条2項の集会開催に関する掲示を怠ったり、集会において議長が占有者に意見陳述の機会を与えなかった場合など、集会の招集手続または議事手続に本条の違反がある場合には、その決議の効力はどうなるか。この点については、集会の決議の瑕疵一般（34条から41条の規定に違反してなされた決議）の場合（その決議は無効）とは異なり、本条に違反する決議であってもその決議は区分所有者を拘束するものとして有効な決議と解すべきである。占有者の意見陳述は、直接的に決議に影響を与えるものではないからである。したがって、本条に従った掲示がなされず、または、占有者の申出にもかかわらず占有者に意見陳述の機会が与えられなかった場合でも、各区分所有者の側からはその決議の無効を主張することはできない。これに対して、当該決議に基づき義務を負担することになる占有者との関係では、46条2項の規定にかかわらず、その決議の効力をその占有者に直接及ぼすことはできない（区分所有者をして、間接的にその効力を及ぼさしめることになる）。

（書面又は電磁的方法による決議）
第45条　この法律又は規約により集会において決議をすべき場合において[1]、区分所有者全員の承諾があるときは、書面又は電磁的方法による決議をすることができる[3]。ただし、電磁的方法による決議に係る区分所有者の承諾については、法務省令で定めるところによらなければならない[4]。
2　この法律又は規約により集会において決議すべきものとされた事項については、区分所有者全員の書面又は電磁的方法による合意があったときは、書面又は電磁的方法による決議があったものとみなす[5]。
3　この法律又は規約により集会において決議すべきものとされた事項についての書面又は電磁的方法による決議は、集会の決議と同一の効力を有する[6]。
4　第33条の規定は、書面又は電磁的方法による決議に係る書面並びに第1項及び第2項の電磁的方法が行われる場合に当該電磁的方法により作成される電磁的記録について準用する[7]。
5　集会に関する規定は、書面又は電磁的方法による決議について準用する[8]。

〔1〕　**本条の趣旨**

　本条の1項・3項および5項の規定は、2002年改正法により新設されたものである。2項および4項の規定は、これらの規定の新設に伴い旧規定1項および2項に修正を加えたものである。

　建物等の管理または使用等に関する事項については、区分所有者が集会を開催して意見交換ないし討議した上で、決議したり規約を定めたりすることが本法の原則である。しかし、区分所有者の数が少なく全員に異議がないことが明らかである場合等においては、あえて集会を招集して決議するまでもないと考えられることから、旧規定45条1項においては「区分所有者全員の合意があったときは、集会の決議があったものとみなす」とされていた（川島・解説(下)1250参照）。同規定は、1962年法で設けられ（34条）、1983年改正法に引き継がれ、さらに、修正の上、本条2項に引き継がれた。

　本条1項は、これをさらに押し進め、区分所有者全員の承諾があるときは、集会を開催せずに書面または電磁的方法により普通決議または特別多数決議が行え

るものとし、区分所有者全員の合意を要しないものとした。

このような制度を新設した趣旨について法務省立法担当者は、次のように説明する。「集会において決議を要する事項は多岐にわたっており、また、緊急を要する場面もあると考えられる反面、規模が大きく相当数の区分所有者を擁しているなどの事情により集会の開催場所を確保するのも容易でない建物も少なくないと考えられる。このような場合に、区分所有者全員の合意による現行法の書面決議の制度によるか、必ず集会を開催するか、どちらかによらなければ、区分所有者の意思を問えないとするのは、適正な管理を機動的に実施することの阻害要因になると考えられる。そこで、改正法では、区分所有者全員の承諾があるときは、集会を開催することなく、区分所有者の書面または電磁的方法による議決権行使のみをもって決議が行えるようにしたものである」（吉田ほか・概要(上)72。なお、吉田・一問一答53参照）。マンション標準管理規約（30条の注釈〔4〕参照）は、確認的に本条とほぼ同様の規定を設けている（同規約〔単棟型〕50条）。

なお、本条の書面または電磁的方法による決議は、集会の決議に代わるものであり（本条3項）、集会を開催した上で、その議決権行使を書面または電磁的方法で行う制度（39条2項・3項）とは異なる。また、本条1項で定める「書面又は電磁的方法による決議」と本条2項で定める「区分所有者全員の書面又は電磁的方法による合意」とは異なる。前者は、一定の事項につき集会を開催しないで「書面又は電磁的方法による決議」（普通決議または特別多数決議）を行うことについて、あらかじめ区分所有者全員の承諾を得る必要があるのに対して、後者は、このような手続を経なくても、一定の事項につき「区分所有者全員の書面又は電磁的方法による合意」（全員一致）が得られれば「書面又は電磁的方法による決議」があったものとみなすものである。

〔2〕 **法律または規約により集会において決議すべき場合**

本項により書面または電磁的方法により決議をすることができるのは、「この法律又は規約により集会において決議すべき場合」のすべてを含む。建替え決議（62条）もこの方法によって行うことができる。このように書面または電磁的方法により決議をすることができる決議事項について制限を加えなかったことについて、法務省立法担当者は、次のように説明する。「書面または電磁的方法による決議を行う場合には、討議を省略することによって各区分所有者に不利益が及ぶおそれがないように、区分所有者全員の承諾を必要とすることにしており、区

分所有者間で大きく意見が分かれ、十分な議論を尽くすことが必要な決議事項については、討議を省略して書面または電磁的方法による決議を行うことについて区分所有者全員の承諾が通常得られないと考えられます。逆に、この承諾が得られるのであれば、管理組合の自治の尊重という観点から、あえて書面または電磁的方法による決議を禁ずる必要もないと考えられます。そこで、書面または電磁的方法による決議をすることができる決議事項について特段の制限は加えないことにしたものです」（吉田・一問一答54）。

「この法律……により集会で決議をすべき場合」とは、必要的規約事項（規約によらなければその事項に関する定めをすることができない事項。30条の注釈〔3〕(1)にその一覧を掲げた。これらの事項は、規約によって定める必要があるので、集会の決議によってしなければならない〔31条1項〕）および任意的規約事項（規約によるほか集会の決議によっても当該事項を定めることができる事項。30条の注釈〔3〕(2)参照）について決議すべき場合のほか、規約で定めることは許されず、集会の決議によらなければならない次の場合がある（なお、39条の注釈〔2〕参照）。

① 共用部分等の変更（17条1項本文、21条）
② 規約の設定・変更・廃止（31条1項）
③ 管理組合法人の成立（47条1項）
④ 管理組合法人の解散（55条1項3号・2項）
⑤ 共同利益背反行為の停止等の請求（57条2項～4項）
⑥ 共同利益背反行為をした区分所有者に対する使用禁止の請求（58条2項・4項）
⑦ 共同利益背反行為をした区分所有者に対する区分所有権の競売の請求（59条1項・2項）
⑧ 共同利益背反行為をした占有者に対する引渡請求（60条1項・2項）
⑨ 建物の一部が滅失した場合の復旧（61条3項・5項）
⑩ 建替え決議（62条1項）
⑪ 団地内の区分所有建物につき団地の規約を定めるについての各区分所有建物の承認決議（68条1項2号）
⑫ 団地内の建物の建替え承認決議（69条）
⑬ 団地内の建物の一括建替え決議（70条）

第1章　建物の区分所有　第5節　規約及び集会

　以上の事項のほか、「規約により集会で決議すべき場合」についても、区分所有者全員の承諾があるときは、書面または電磁的方法による決議をすることができる。

〔3〕　**書面または電磁的方法による決議**
(1)　区分所有者全員の承諾

　集会を開催することなく書面または電磁的方法（電磁的方法については、39条の注釈〔6〕参照）による決議を行うためには、区分所有者全員の承諾が必要である。専有部分が数人の共有に属するときは、その共有者全員の承諾は必要ではなく、議決権を行使すべき共有者の一人（40条参照）の承諾で足りると解するべきである。なお、この承諾は、個々の決議についてその議案を提示してそれぞれ得る必要があり、あらかじめ決議全般について包括的に承諾を得ることはできない。

　集会を招集する者（管理者等。34条）が区分所有者全員の承諾を得るためには、集会を開催せずに、①電磁的方法により決議を実施すること、②書面による決議を実施すること、または③書面または電磁的方法で決議を実施することのうち、どの方法による決議を実施するかを示して承諾を得る必要がある。③の方式は、区分所有者が書面または電磁的方法のうちのいずれかを任意に選択して議決権を行使するものである。書面も電磁的方法も意思伝達の手段であり、いずれによっても決議を管理する者（議長）にとっては各区分所有者の意思を明確に把握することができることから、この両者の方法を併用する決議の方式も許されると解すべきである。

　集会を招集する者が、区分所有者に対して、①②または③の点について承諾を求める通知をしたところ、区分所有者の全部または一部からこれを拒む申出があったときは、当該方法による決議を行うことはできない（後記法務省令5条3項の類推）。

(2)　書面による決議の方式

　本項では、書面による決議を実施するために区分所有者の承諾を得る方法について特に規定を設けていない。ただ、本項ただし書および法務省令（「建物の区分所有等に関する法律施行規則」〔平成15年法務省令第47号〕。本条においては、法務省令という。同省令については本書555頁以下）で定める電磁的方法による決議に係る区分所有者の承諾を得る場合（後記〔4〕参照）に準じて、区分所有者全員の承諾があったことが確認できるように、各区分所有者から口頭によって承諾を得るのでは

なく、書面または電磁的方法により承諾を得ることが望ましい。区分所有者の全部または一部から書面または電磁的方法により書面による決議を拒む申出があったときは、書面による決議をしてはならない。ただ、当該申出をしたすべての区分所有者が再び承諾をした場合には、改めて区分所有者全員から承諾を得なくても、書面による決議を実施することができる（法務省令5条3項〔後記〔4〕〕の類推）。

書面による決議を実施することについて区分所有者全員の承諾を得た後に、書面による決議をどのように実施するかに関しては、本条5項により集会に関する規定が準用されることから、集会を招集すべき者（管理者等。34条）が、各区分所有者に決議すべき事項を通知して（35条）、各区分所有者が議長（管理者。41条）のもとに賛否等を記した書面を提出する方法等が考えられる。

〔4〕 **電磁的方法による決議に係る法務省令**

電磁的方法による決議に係る区分所有者の承諾については、法務省令で定めるところに従う。法務省令5条は、次のように定める。

第5条 集会を招集する者は、法第45条第1項の規定により電磁的方法による決議をしようとするときは、あらかじめ、区分所有者に対し、その用いる電磁的方法の種類及び内容を示し、書面又は電磁的方法による承諾を得なければならない。
2 前項の電磁的方法の種類及び内容は、次に掲げる事項とする。
一 第3条第1項各号に規定する電磁的方法のうち、送信者が使用するもの
二 ファイルへの記録の方式
3 第1項の規定による承諾を得た集会を招集する者は、区分所有者の全部又は一部から書面又は電磁的方法により電磁的方法による決議を拒む旨の申出があったときは、法第45条第1項に規定する決議を電磁的方法によってしてはならない。ただし、当該申出をしたすべての区分所有者が再び第1項の規定による承諾をした場合は、この限りでない。

(1) 電磁的方法による決議に係る区分所有者の承諾

集会を招集すべき者（管理者等。34条）は、本項の規定により電磁的方法による決議をしようとするときは、あらかじめ、区分所有者に対し、その用いる電磁的方法の種類および内容を示し、書面または電磁的方法による承諾を得なければ

ならない（法務省令5条1項）。

　集会を招集すべき者が、電磁的方法による決議を実施することについての承諾を求めるために、各区分所有者に対して、どのような手段により通知をするかについては、特に制限はない。ただ、このような通知を発したこと、および、どのような事項について電磁的方法による決議をしようとしたかについて後に確認できるような手段（書面または電磁的方法）が用いられることが望ましい。

　電磁的方法による決議についての承諾は、本項の定めにより、書面または電磁的方法によらなければならない。区分所有者全員から承諾を得たことを明らかにするためである。

(2)　電磁的方法の種類および内容

　集会を招集すべき者（管理者等。34条）は、本項の規定により電磁的方法による決議をしようとするときは、あらかじめ、区分所有者に対し、その用いる《電磁的方法の種類および内容》を示さなければならない（法務省令5条1項）。この電磁的方法の種類および内容については、上記法務省令5条2項1号および同2号に掲げられている。

　決議に用いる《電磁的方法の種類》について、法務省令5条2項1号は、「第3条第1項各号に規定する電磁的方法のうち、送信者が使用するもの」と定める。「第3条第1項各号に規定する電磁的方法」とは、「送信者の使用に係る電子計算機と受信者の使用に係る電子計算機とを電気通信回線で接続した電子情報処理組織を使用する方法であって、当該電気通信回線を通じて情報が送信され、受信者の使用に係る電子計算機に備え付けられたファイルに当該情報が記録されるもの」（法務省令3条1項1号）および「第1条に規定するファイルに情報を記録したものを交付する方法」（同条項2号）である。具体的には、①電子メールの送信、②ウェブサイト（ホームページ）への書込みの利用、または③フロッピーディスクやCD-ROM等の交付よる方法等である（吉田・一問一答52）。なお、法務省令3条1項2号の「第1条に規定するファイル」とは、「磁気ディスクその他これに準ずる方法により一定の情報を確実に記録しておくことができる物をもって調製するファイル」（法務省令1条）をいう。具体的には、フロッピー・ディスク等の磁気的方式によるもの、CD-ROM等のように光学的方式によるもの、ICカード等のように電子的方法によるものなどによって調製するファイルである（吉田・一問一答49）。

法務省令5条2項1号は、「第3条第1項各号に規定する電磁的方法のうち、送信者が使用するもの」と定めるので、集会を招集すべき者（送信者）は、電磁的方法による決議のために用いる電磁的方法として、前記の、①電子メールの送信、②ウエブサイト（ホームページ）への書込みの利用、または③フロッピーディスクやCD-ROM等の交付等のうちのどの方法（一つまたは複数の方法）かを示す必要がある。

決議に用いる《電磁的方法の内容》については、ファイルへの記録の方式（添付ファイルを使用する場合の使用ソフトの形式やバージョン等）が示される必要がある（吉田・一問一答55）。

(3) 電磁的方法による決議を拒む申出

集会を招集すべき者は、区分所有者の全部または一部から書面または電磁的方法により電磁的方法による決議を拒む旨の申出があったときは、本項に規定する電磁的方法による決議をしてはならない。ただし、拒否の申出をしたすべての区分所有者が再び承諾をした場合には、あらためて区分所有者全員から承諾を得なくても、電磁的方法による決議を実施することができる（法務省令5条3項）。

(4) 電磁的方法による決議の方式

電磁的方法による決議の方式については、本条5項により集会に関する規定が準用されることから、集会を招集すべき者（34条）が、電磁的方法による決議を実施することについて区分所有者全員の承諾を得た後に、各区分所有者に決議すべき事項を通知して（35条）、各区分所有者が、議長（管理者等。41条）に対し、あらかじめ示された方法により、決議に係る内容（議案の賛否等）を送信または交付し、それが議長の使用に係る電子計算機に備え付けられたファイルに記録されることになる。なお、議長は、この記録について議事録を作成し（42条4項の準用）、また、管理者等は、これを保管し、利害関係人からの請求があったときは、正当な理由がある場合を除いて、議事録の閲覧を拒んではならない（42条5項および33条の準用）。

〔5〕 書面または電磁的方法による合意

本項で定める「区分所有者全員の書面又は電磁的方法による合意」は、前述（〔1〕(1)）のように、本条1項で定める「書面又は電磁的方法による決議」とは異なる。後者は、一定の事項につき、あらかじめ区分所有者全員の承諾を得て、集会を開催しないで「書面又は電磁的方法による決議」（普通決議または特別多数

決議）を行うものであるのに対し、これは、一定の事項につき「区分所有者全員の書面又は電磁的方法による合意」（全員一致）が成立したことにより、「書面又は電磁的方法による決議」があったものとみなして、集会の決議と同一の効力を認めるものである。

(1) 書面または電磁的方法による合意の対象となる事項

書面または電磁的方法による合意の対象となる事項は、「この法律又は規約により集会において決議すべきものとされた事項」である。その事項は、本条１項に基づく書面または電磁的方法による決議において対象とされるべき事項と同じであり、個々の事項についてそれぞれ議案が提示されなければならない。この点に関して、前記〔２〕参照。

(2) 区分所有者全員の合意

区分所有者全員の書面または電磁的方法による合意に関し、本法は、その手続および方式については特に定めていない。その手続または方法については特に制約を受けないものと解される。本条５項で定める、集会に関する規定の準用は、書面または電磁的方法による合意を対象としていないものと解される（後記〔８〕参照）。たとえば、ある事項について区分所有者の一人が区分所有者全員を個別に訪問して書面により合意を得るような方式も許されると解される。ただ、区分所有者全員の合意の成立は、書面または電磁的方法によって明らかにされなければならない。なお、専有部分が数人の共有に属するときは、その共有者全員の合意は必要ではなく、議決権を行使すべき共有者の一人（40条参照）の合意で足りると解すべきである。

(3) 書面または電磁的方法による合意の効果

区分所有者全員の書面または電磁的方法による合意があったときは、書面または電磁的方法による決議があったものとみなされる。この決議は、本条３項により、集会の決議と同一の効力を有する。ただし、これは、集会が招集ないし開催されたものとしているわけではない。したがって、書面または電磁的方法による合意がなされた場合でも、管理者は、毎年一回の集会の招集（34条２項）を免れることにはならないと解すべきである（後記〔６〕参照）。

(4) 原始規約の設定手続

分譲マンションの原始規約の設定手続においては、分譲業者が規約案を作成し、分譲の際に各購入者にこれを示して書面による同意を得て、全区分所有者の同意

書面が得られた時に規約を成立させるという方式が一般に広く用いられているが、そのような規約の設定も本条3項によって有効と認められる。ところで、裁判例として、マンションの建設・分譲をした会社が入居後各区分所有者は管理組合に管理費および補修積立金を支払う旨の規約を作成し、分譲に際して区分所有者の一人を除き全員がこれを異議なく承認した場合について、同規約は反対者に対しても規範的効力を有するとしたものがある（東京地八王子支判平5・2・10判タ815-198）。しかし、区分所有者全員の合意がない以上、分譲会社が作成した規約に本条3項による効果を認めることはできないであろう（本判決が本件規約が規範的効力を有するとした理由は明らかでない。管理組合が本件反対者に対して管理費等の支払いを請求する根拠は、本マンションで後日なされた集会の決議または本法19条に求めるべきである）。

〔6〕 書面または電磁的方法による決議の効力

本条1項の「書面又は電磁的方法による決議」および本条2項の「区分所有者全員の書面又は電磁的方法による合意」（この合意は、同項により、「書面又は電磁的方法による決議」があったものとみなされる）は、集会の決議と同一の効力を有する。したがって、区分所有者に対してだけでなく、その特定承継人に対してもその効力を生ずる（46条1項）。

本項では、「集会の決議と同一の効力を有する」と規定しており、集会が招集ないし開催されたものとみなしているわけではない。ところで、本法34条2項は、「管理者は、少なくとも毎年一回集会を招集しなければならない」と規定し、43条は、「管理者は、集会において、毎年一回一定の時期に、その事務に関する報告をしなければならない」と規定している。この両規定からは、管理者は、毎年一回集会を招集をして、その集会において、事務報告をしなければならないと解される（34条の注釈〔3〕参照）。それでは、管理者は、集会を招集することなく、本条1項の「書面又は電磁的方法による決議」または本条2項の「区分所有者全員の書面又は電磁的方法による合意」をもって、この集会における事務報告に代えることができるか。管理者に対して集会における事務報告を義務づけた趣旨は、区分所有者がこれに対して質問することによって管理者の事務執行に対する監督をよりよく行うことができるようにすることにあると考えられること（43条の注釈〔1〕〔2〕参照）、また、「事務報告」自体は、必ずしも「決議」（本条1項）または「合意」（本条2項）とはいえないことから、否定的に解すべきである。

第1章　建物の区分所有　第5節　規約及び集会

〔7〕　**書面または電磁的記録の保管および閲覧**（33条の規定の準用）
　33条1項は、管理者等の規約の保管義務を定め、同条2項は、規約保管者の規約の閲覧義務を定める。これらの規定は、本条1項および2項に係る書面および電磁的記録について準用する。
　本項の「書面又は電磁的方法による決議に係る書面」とは、①本条1項で定める「書面又は電磁的方法による決議」において書面による決議が行われる場合の当該書面（各区分所有者から議長に提出等がなされた書面）、および、②本条2項で定める「書面又は電磁的方法による合意」において書面による合意がある場合（この場合には、同項により「書面又は電磁的方法による決議」があったものとみなされる）の当該書面を指す。
　本項の「第1項及び第2項の電磁的方法が行われる場合に当該電磁的方法により作成される電磁的記録」とは、③本条1項で定める「書面又は電磁的方法による決議」において電磁的方法による決議が行われる場合に当該電磁的方法により作成される電磁的記録、および、④本条2項で定める「書面又は電磁的方法による合意」において電磁的方法による合意がある場合（この場合には、同項により「書面又は電磁的方法による決議」があったものとみなされる）に当該電磁的方法により作成される電磁的記録を指す。
（1）　書面または電磁的記録の保管
　上の①～④の書面または電磁的記録については、管理者が保管しなければならない。ただし、管理者がないときは、建物を使用している区分所有者またはその代理人を規約または集会の決議で保管者として定め、その者が区分所有者全員のために保管しなければならない（33条1項の準用）。
（2）　書面または電磁的記録の閲覧
　上の①～④の書面または電磁的記録を保管する者は、利害関係人の請求があったときは、正当な理由がある場合を除いて、それらの閲覧を拒んではならない。③および④の電磁的記録については、当該電磁的記録に記録された情報の内容を法務省令で定められる方法（当該電磁的記録に記録された情報の内容を紙面または出力装置の映像面に表示する方法〔法務省令2条〕）により表示したものの当該電磁的記録の保管場所における閲覧を拒んではならない（33条2項の準用）。なお、本項は「保管場所における閲覧」と定めるが、規約の定めまたは集会の決議により、たとえば請求権者に対して当該電磁的記録に記録された情報の内容を電子メール

にて添付して送信する方法も認められるものと解する。

　書面または電磁的記録をどこに保管しているかは、建物内の見やすい場所に掲示しなければならない（33条3項の準用）。また、閲覧の仕方についても掲示しておくことが好ましい。なお、管理組合法人については、47条11項・12項および同条の注釈〔14〕〔15〕を参照のこと。

　管理者または理事が上記書面または電磁的記録を保管しなかったとき、または正当な理由なしにこれらの閲覧を拒絶したときは、20万円以下の過料に処せられる（71条1号・2号）。管理者、理事以外でこれらを保管すべき者は、保管義務に違反しても過料に処せられることはないが、その者がこれらを保管している場合において、正当な理由なくその閲覧を拒んだときには過料に処せられる（71条の注釈〔3〕〔4〕参照）。

〔8〕　**集会に関する規定の準用**

　集会に関する規定は、書面または電磁的方法による決議について準用する。

(1)　書面または電磁的方法による合意についての不準用

　本項に定めるところによって、集会に関する規定が準用されるのは、本条1項の「書面又は電磁的方法による決議」についてのみであり、本条2項の「書面又は電磁的方法による合意」には準用されないと解される。同項は、同合意があったときには「書面又は電磁的方法による決議」があったものとみなすとしているが、同合意が成立するに至るまでは同決議と同一に扱う必要はなく、また、区分所有者全員の合意を得る手段については、本法で定める集会の招集手続等に従う必要はないと考えるべきであるからである（たとえば、〔5〕(2)で述べたように、ある事項について区分所有者の一人が区分所有者全員を個別に訪問して書面により合意を得るような方式も許されると解される）。

(2)　書面または電磁的方法による決議についての集会に関する規定の準用

　本法は、34条から46条まで集会に関する規定を置いている。このうち、書面または電磁的方法による決議について、34条2項（毎年1回の集会の招集）および43条（事務の報告）を除く各規定が準用されると解される（34条2項および43条の規定が除外されることについては、前記〔6〕参照）。

　その概要を示すと次のようになる。書面または電磁的方法による決議を行うために、集会を招集すべき者（34条の準用）は、本条1項の区分所有者全員の承諾を得た後に、35条の規定に準じて、回答期日より少なくとも1週間前に、議案を

第1章　建物の区分所有　第5節　規約及び集会

通知して各区分所有者に発する。この方法による決議においても、原則として、あらかじめ通知された事項についてのみ決議をすることができる（37条の準用）。区分所有者全員の同意があるときは、35条で準用される手続を経ないで決議することも許される（36条の準用）。各区分所有者の議決権は、規約に別段の定めがない限り、14条に定める割合（共用部分の持分の割合）による（38条の準用）。書面または電磁的方法による決議に係る議事は、本法または規約に別段の定めがない限り、区分所有者および議決権の過半数で決する（39条1項の準用）。

　ところで、書面または電磁的方法による決議において、議決権を代理人によって行使することができる否かについては問題となる（39条2項の準用）。書面または電磁的方法による決議においては、区分所有者本人が集会に出席する必要がなく容易に議決権を行使することができることから、代理人による行使を否定すべきであると解する余地もあるが、たとえば、区分所有者本人が占有者たる賃借人等に議決権を行使させるほうが適当であると考えて、この者に代理権を授与する場合も考えられることから、この場合においても39条2項の準用を認め、代理人による議決権の行使を認めるべきである。区分所有者が電磁的方法による決議において代理人に議決権を行使させる場合には、議長に対してあらかじめ書面または電磁的方法によって代理権の付与を通知する必要がある。なお、39条2項の書面による議決権行使および同条3項のこれに代わる電磁的方法による議決権行使については、集会が開催される場合を前提とする規定であるから、書面または電磁的方法による決議の場合には準用されないことはいうまでもない。

　書面または電磁的方法による決議においても、専有部分が数人の共有に属するときは、共有者は、議決権を行使すべき者一人を定めなければならない（40条の準用）。規約に別段の定めがある場合および別段の決議をした場合を除いて、管理者または集会を招集した区分所有者の一人が議長となる（41条の準用）。区分所有者は、議長に対して、書面または電磁的方法による決議に係る回答をすることになる。議長は、書面または電磁的記録により、書面または電磁的方法による決議に係る議事録を作成し、保管し、また、閲覧させなければならない（42条の準用）。

　区分所有者の承諾を得て専有部分を占有する者は、書面または電磁的方法による決議の目的たる事項につき利害関係を有する場合には、意見を述べることができる（44条1項の準用）。書面または電磁的方法による決議においても、同条項の

占有者の意見陳述権が否定されるべきではない。ただし、集会において意見を陳述することはできないことから、占有者が議長に対して陳述した意見を、議長が区分所有者全員に対し通知するなどの方法がとられることになろう。占有者に意見陳述権が認められる場合には、集会の招集者は、書面または電磁的方法による決議に係る議案の通知を発した後に遅滞なく、書面または電磁的方法による決議が行われる旨、議案等を、建物内の見やすい場所に提示しなければならない（44条2項の準用）。

　書面または電磁的方法による決議は、集会の決議と同一の効力を有し（本条3項）、区分所有者の特定承継人に対しても、その効力を生ずる（46条1項の準用）。占有者は、建物またはその敷地もしくは附属施設の使用方法につき、区分所有者が書面または電磁的方法による決議に基づいて負う義務と同一の義務を負う（46条2項の準用）。

（規約及び集会の決議の効力）
第46条　規約及び集会の決議は、区分所有者の特定承継人に対しても、その効力を生ずる。
2　占有者は、建物又はその敷地若しくは附属施設の使用方法につき、区分所有者が規約又は集会の決議に基づいて負う義務と同一の義務を負う。

〔1〕　**本条の趣旨**
(1)　規定の内容

　本条は、規約および集会の決議の効力がいかなる者に及ぶかについて定めた規定である。一般に、合意の効力は、当該合意をした当事者およびその包括承継人（相続人等）にのみ及ぶのが原則である。この原則からすれば、規約および集会の決議は、区分所有者相互間の事項について区分所有者のみの意思によって定めたものであるから、区分所有者以外の者にはその効力が及ばないことになる。

　しかし、区分所有者の特定承継人は、区分所有権を取得すると当然に当該区分所有者の団体の構成員となることから（3条）、その団体の規範たる規約および特定承継の時に効力を有する既往の集会決議に拘束される。本条1項は、このことを規定したものである（1962年法の規定との関係については、後記〔2〕参照）。

　また、区分所有者以外の専有部分の占有者は、区分所有者の団体（3条）の構

第1章　建物の区分所有　第5節　規約及び集会

成員ではないが、建物等を占有し使用する以上、その使用方法については規約または集会の決議で定める規範に従う必要があり、また、占有者（区分所有者から専有部分を占有するにつき承諾を得ている占有者）は、区分所有者が建物等の使用方法について受けている制約に自らも服することを前提として占有している（すなわち、区分所有建物にあっては、占有者は、区分所有者が建物等を使用できる範囲でしか占有権限を有しない）と見るべきであるから、この者にも建物等の使用方法についての規約または集会の決議の効力が及ぶと考えるべきである（なお、占有権原のない占有者については、その者にはそもそも使用自体が許されていないのであるから、この点を問題とする必要はない）。このような理由から、1983年改正法によって、本条2項が新設された。なお、マンション標準管理規約（30条の注釈〔4〕参照）は、「区分所有者は、同居する者に対してこの規約及び総会の決議を遵守させなければならない」（同規約〔単棟型〕3条2項）と定め、また、「区分所有者は、その専有部分を第三者に貸与する場合には、この規約及び使用細則に定める事項をその第三者に遵守されなければならない」（同19条1項）、「前項の場合において、区分所有者は、その貸与に係る契約にこの規約及び使用細則に定める事項を遵守する旨の条項を定めるとともに、契約の相手方にこの規約及び使用規則に定める事項を遵守する旨の誓約書を管理組合に提出させなければならない」（同条2項）と定める。

　区分所有者の特定承継人や専有部分の賃借人等の占有者は、事前に規約および集会の議事録を閲覧することができる（33条、42条5項、45条4項）ので、これらの者に規約または集会の決議の効力が及んでも、それらの者が不測の不利益を受けることはない。また、権原のある占有者には、集会における意見陳述権が認められている（44条）。

(2)　標準管理規約との関係

　本条は、マンション標準管理規約に同一内容の規定が設けられている（同規約〔単棟型〕5条1項・2項）。

〔2〕　**特定承継人に対する効力**

　規約および集会の決議は、区分所有者の特定承継人に対してもその効力を生ずる。1962年法25条は、「規約は、区分所有者の特定承継人に対しても、その効力を生ずる」と規定していたが、1983年改正法によって3条で区分所有者全員による団体の存在が明らかにされたことから、その意思決定機関としての集会の決議

についても、決議当時の区分所有者のみでなく、その特定承継人をも拘束する旨が本条によって明文化された。法務省立法担当者は、1962年法のもとでも、集会という制度を設け多数決をもって議事を決する以上、もちろん解釈によりその決議が区分所有者の特定承継人をも拘束すると解されたが、明文規定がないことから集会については反対解釈の余地もあり疑義を生ずるおそれなしとしないので、この点を明文化した、と述べる（濱崎・解説283）。

(1) 特定承継人

特定承継人とは、区分所有権を売買、贈与など個別の法律行為によって取得した者である。区分所有権についての買主、受贈者、競売の買受人などがこれに当たる。包括承継人（相続、法人の合併等によって区分所有者の権利・義務を一括して承継取得する者）に対して、規約および集会の決議が効力を生ずることはいうまでもない。

区分所有者の特定承継人に対しては、占有者に対する場合（本条2項）とは異なり、規約および集会の決議の効力が全面的に生ずる。すなわち、規約および集会の決議のうち、建物、敷地、附属施設の使用方法についてだけではなく、それらの管理および使用のすべてにわたってその効力を生ずる（たとえば、管理費の額の改定や大規模修繕の計画・実行等についても）。

ところで、やや特殊な事例として次のような裁判例がある。1階部分の101号室は当初屋内駐車場として設計・建設されていたが、後に同室は店舗用に改造され店舗兼事務所として使用されてきたところ（原始規約では専有部分を居住目的以外の「飲食店舗」に使用することは禁止されていた）、規約の変更がなされ専有部分を居住目的以外の店舗・事務所・倉庫等の用途に供してはならない旨の定めがなされた。本マンションの管理組合は、同規約に基づいて、その後101号室を取得した特定承継人に対して同専有部分は居住目的以外の用途に供してはならないことを通知したのに対し、101号室の特定承継人たる区分所有者は、店舗兼事務所として使用されてきた同室の用途を居住目的以外の用途に供してはならないとする規約は無効であると主張し同専有部分の使用目的の確認を訴求した。第二審裁判所は、101号室の区分所有権は、原始規約にその旨の明文の規定が置かれていたわけではないが、当初から屋内駐車場として使用するという制限された内容で成立したものであり、その制限は客観的に見ても明らかであるから対物的なものと解すべきであり、本条1項の規定の趣旨を類推して、特定承継人にも効力が及

第1章　建物の区分所有　第5節　規約及び集会

ぶとした（東京高判平3・9・26判タ780-194。ただし、本判決は、上記の改正規約の趣旨について、101号室は本来駐車場に戻すべきものであるが、既に店舗に改造されている現状からしてこれを強制するのはいささか過当な負担を強いることになるので住宅として使用するならばこれを認めるものであると解した）。これに対して、最高裁は、特定承継人をも拘束し得る制限条項を設けるためには規約にこれを明記しておくことが求められ、分譲当初の当事者間の合意をこれと同視することは許されないとした上で、一切の店舗・事務所としての使用を禁止する規約への改正にはその当時の当該部分を所有している区分所有者（本件では当初の所有者からの譲受人）の承諾が必要であり（31条1項後段）、この承諾が存しない本件では、いずれにしろ同区分所有者からの同専有部分の譲受人である現区分所有者は上記用途制限に拘束されることはない、と判示した（最判平9・3・27判時1610-72・判タ947-204）。

(2)　規約および集会の決議

本条でいう規約には、公正証書による規約（32条）も含まれる。また、本条でいう集会の決議には、「区分所有者全員の書面又は電磁的方法による合意」によって決議があったものとみなす場合（45条2項）も含まれる（45条1項の場合も同様）。

〔3〕　専有部分の占有者に対する効力

(1)　占有者

本条でいう占有者は、規定中には明示されていないが、区分所有者の承諾を得て専有部分を占有する者である。すなわち、専有部分の賃借人、使用借人などである。前述（〔1〕）のように、占有権原のない占有者は、専有部分の使用自体が許されていない（当然、共用部分、建物の敷地および附属の施設の使用も許されない）のであるから、本条の適用外と解される（原田・基本コンメ88は、本条の占有者は、44条1項の規定との対比から、必ずしも適法な占有者に限らないとする）。

(2)　占有者の義務の範囲

占有者が本条により義務を負うのは、建物、敷地、附属施設の「使用方法」についての義務に限られる。規約や集会の決議においては、区分所有者相互間の所有権に関わるもの（専有部分、共用部分等の範囲および権利など）や管理に関わるもの（費用の負担、管理者の選任・解任および職務など）が少なくないが、それらの効力は占有者には及ばない。したがって、たとえば、賃借人に対して管理費等の支払義務を規約や集会の決議で義務づけても、その効力は生じない。

建物等の「使用方法」についての義務は、専有部分の使用方法についての義務のほか、たとえば廊下・階段室・エレベータ・駐車場・集会室などの共用部分、敷地および附属施設の使用方法についての義務が含まれる。また、ペットの飼育の禁止や夜間の楽器の演奏の禁止など建物等での共同生活上の義務も含まれる（原田・基本コンメ89）。

(3) 30条4項との関係

30条4項は、規約を定める場合には、「区分所有者以外の者の権利を害することができない」と規定している。そこで、たとえば、賃借人が専有部分を店舗として使用しているとき（または店舗として使用する予定で賃貸借契約をしているとき）に、その後の規約の改正によって居住目的以外での専有部分の使用が禁止された場合に、本条2項によって規約で定めた義務が占有者に及ぶとすると、賃借人の賃借権が害され、30条4項に違反するのではないか、という問題が生じる。このような場合には、30条4項の規定が本項に優先し、その規約の定めは当該賃借人に対しては効力を有しないと考えるべきである（法務省・マンション法48、濱崎・解説284、原田・基本コンメ89）。もっとも、この例においては、規約の変更は31条1項後段の場合に該当するから、賃貸人たる区分所有者の承諾を得なければならず、その承諾がないときは、このような問題は生じない。

第1章　建物の区分所有　第6節　管理組合法人

第6節　管理組合法人

（成立等）
第47条　第3条に規定する団体は、区分所有者及び議決権の各4分の3以上の多数による集会の決議で法人となる旨並びにその名称及び事務所を定め、かつ、その主たる事務所の所在地において登記をすることによって法人となる。

2　前項の規定による法人は、管理組合法人と称する。

3　この法律に規定するもののほか、管理組合法人の登記に関して必要な事項は、政令で定める。

4　管理組合法人に関して登記すべき事項は、登記した後でなければ、第三者に対抗することができない。

5　管理組合法人の成立前の集会の決議、規約及び管理者の職務の範囲内の行為は、管理組合法人につき効力を生ずる。

6　管理組合法人は、その事務に関し、区分所有者を代理する。第18条第4項（第21条において準用する場合を含む。）の規定による損害保険契約に基づく保険金額並びに共用部分等について生じた損害賠償金及び不当利得による返還金の請求及び受領についても、同様とする。

7　管理組合法人の代理権に加えた制限は、善意の第三者に対抗することができない。

8　管理組合法人は、規約又は集会の決議により、その事務（第6項後段に規定する事項を含む。）に関し、区分所有者のために、原告又は被告となることができる。

9　管理組合法人は、前項の規約により原告又は被告となったときは、遅滞なく、区分所有者にその旨を通知しなければならない。この場合においては、第35条第2項から第4項までの規定を準用する。

10　一般社団法人及び一般財団法人に関する法律（平成18年法律第48号）第4条及び第78条の規定は管理組合法人に、破産法（平成16年法律第75

号）第16条第2項の規定は存立中の管理組合法人に準用する[13]。

11　第4節及び第33条第1項ただし書（第42条第5項及び第45条第4項において準用する場合を含む。）の規定は、管理組合法人には、適用しない[14]。

12　管理組合法人について、第33条第1項本文（第42条第5項及び第45条第4項において準用する場合を含む。以下この項において同じ。）の規定を適用する場合には第33条第1項本文中「管理者が」とあるのは「理事が管理組合法人の事務所において」と、第34条第1項から第3項まで及び第5項、第35条第3項、第41条並びに第43条の規定を適用する場合にはこれらの規定中「管理者」とあるのは「理事」とする[15]。

13　管理組合法人は、法人税法（昭和40年法律第34号）その他法人税に関する法令の規定の適用については、同法第2条第6号に規定する公益法人等とみなす。この場合において、同法第37条の規定を適用する場合には同条第4項中「公益法人等（」とあるのは「公益法人等（管理組合法人並びに」と、同法第66条の規定を適用する場合には同条第1項及び第2項中「普通法人」とあるのは「普通法人（管理組合法人を含む。）」と、同条第3項中「公益法人等（」とあるのは「公益法人等（管理組合法人及び」とする[16]。

14　管理組合法人は、消費税法（昭和63年法律第108号）その他消費税に関する法令の規定の適用については、同法別表第三に掲げる法人とみなす[17]。

〔1〕　**本条の趣旨**

　本条は、管理組合法人の成立要件、設立手続、管理組合法人成立前の集会決議や規約等の同法人成立後の効力、管理組合法人成立後における民法および本法第5節までの規定の適用関係等、管理組合法人に関する基本的事項を定める。

　管理組合法人に関する本節の規定（本条から56条まで）は、1983年改正法によって新設され、2002年改正法により、管理組合法人となるための区分所有者の人数要件の撤廃などの改正が行われた。また、2006年には一般法人法（「一般社団法人及び一般財団法人に関する法律」〔平成18年法律第48号〕）の成立に伴い所要の改正がなされた（現行の本節の規定は本条から56条の7まで。同改正については後記〔13〕

第1章　建物の区分所有　第6節　管理組合法人

参照)。

(1) 管理組合法人制度の趣旨

区分所有者は、全員で、建物等の管理を行うための団体を当然に構成する（3条）。区分所有法が区分所有者は当然に団体を構成するとしたのは、区分所有者全員に団体的拘束を及ぼすためであって、この団体が、当然に権利・義務の主体となるわけではない。また、区分所有者は、本法の定めるところに従って管理者を置くことができる（25条）が、この管理者は、区分所有者の団体を代理ないし代表するものではなく、区分所有者を代理するにとどまる（26条2項）。

このような区分所有者の団体も、本法の定める集会、規約、管理者等に関する規定に従って運営されている限りにおいては、「権利能力なき社団」と見ることが可能である（3条の注釈〔4〕(1)参照）。しかし、法律上の性質を社団（権利能力なき社団）としただけでは、たとえば社団名義の登記が認められないなど実務上さまざまな不都合が残る。そこで、区分所有者が団体として行うべき建物等の管理を円滑に実施させるため、この団体に法人格を与え、理事を選任して同法人を代表させ、一元的に管理行為をなさしめるべきであるという要請が管理の実務にたずさわる者の側からなされていた。管理組合法人の制度は、このような要請に応えて創設されたものである（濱崎・解説287。もっとも、同書によるとこの要請の裏には、法人格を取得すれば金融機関からの融資を容易に受けられるようになるとか、税法上有利な取扱いを受けることができるのではないかといった感覚的で論理必然性のない期待も混じっていたとのことである）。

区分所有者の団体が法人格を取得するメリットとして、次の点が挙げられている（濱崎・解説287、森泉・基本コンメ90参照）。

① 区分所有者の団体が法人として権利・義務の主体となることによって、当該団体が社団型団体か組合型団体かを問う必要はなく（3条の注釈〔4〕(1)参照）、対外的関係（第三者との取引関係）においても、対内的関係（団体と区分所有者との関係）においても、法律関係が明確になる。

② 法人格を取得することによって、団体財産と個人財産との区分が明確になる。すなわち、団体財産の存在が法的に認められることにより、不動産登記、電話加入、預金等の行為すべてが管理組合法人名義でできる。

③ 法人登記をすることによって当該管理組合法人の存在および代表者等が公示されることになり、第三者としては不安なくその団体と取引することができる。

(2) 設立の実績

管理組合法人は、その施行後1年間で50余り設立登記がなされた（濱崎・解説291）。国土交通省住宅局市街地建築課マンション政策室『平成25年度マンション総合調査結果報告書』（平成26年4月）によると、平成25年12月時点で12.0％の管理組合が法人化されているという（平成11年度の調査では5.5％、平成15年度の調査では10.0％、平成20年度の調査では10.8％であったという）。

(3) 2002年改正法

2002年改正法による改正点は、次のとおりである。

①　改正前は、区分所有者の団体（管理組合）の区分所有者の数が30人以上のものに限って、管理組合法人になることができたが、このような人数要件を撤廃した（1項関連）。

②　2002年改正法により、管理者の権限を、共用部分等について生じた損害賠償金および不当利得による返還金の請求および受領に拡張したこと（26条2項）に伴い、管理組合法人の事務についても、同様の拡張をした（6項関連）。

③　管理者の代理権に加えた制限は善意の第三者に対抗することができない旨の規定（26条3項）と同旨の規定を管理組合法人について新設した（7項関連）。

④　管理者は、規約または集会の決議により、その職務に関し区分所有者のために原告または被告となることができる（26条4項）。これと同旨の規定を管理組合法人について新設した（8項関連）。

⑤　管理者は、規約により、その職務に関し区分所有者のために原告または被告となったときは、遅滞なく、区分所有者にその旨を通知しなければならない（26条5項）。これと同旨の規定を管理組合法人について新設した（9項関連）。

〔2〕　**構成員に関する要件**

管理組合法人になることができるものは、2002年改正前においては、3条に規定する団体（区分所有者の団体）で区分所有者の数が30人以上のものに限られた。

区分所有者の数が30人以上である団体に限って法人となることができるとしたのは、区分所有者の数が多い団体に法人格取得の必要性が大きいと考えられること、反面、その必要性が乏しい区分所有者の数が少ない団体にまでこれを認めると法人登記を取り扱う登記所の事務上の負担が増大することからであると説明されていた（濱崎・解説289、293）。このような人数要件は、2002年改正法によって撤廃された。

第1章　建物の区分所有　第6節　管理組合法人

(1)　人数要件の撤廃

　管理組合法人化のための人数要件が撤廃された結果、すべての管理組合（3条の団体）は、本条に定める手続により管理組合法人となることができる。人数要件を撤廃した理由について、法務省立法担当者は、「近年、比較的小規模な分譲マンションが増加していますし、管理組合が法人化した場合のメリットは、小規模な管理組合についても等しく認められることから、その法人化の途を閉ざすのは合理的でないと考えられます。また、現実に、区分所有者の数が30人未満の管理組合から、法人化の要望が寄せられていました」（吉田・一問一答41）と説明する。

(2)　一部共用部分に関する管理組合法人

　3条後段は、一部の区分所有者のみの共用に供されるべきことが明らかな共用部分（一部共用部分）をそれらの区分所有者が管理するときは、その区分所有者全員で一部共用部分の管理を行うための団体を構成する旨を規定するが、この一部区分所有者の団体も、本条1項の要件を満たせば、管理組合法人となることができる。

〔3〕　**議決要件**

　管理組合法人となるためには、区分所有者および議決権の各4分の3以上の多数による集会の決議で、法人となる旨、法人の名称、法人の事務所を定めなければならない（議決権については、38条を参照のこと）。

　区分所有者の団体（3条）として当然に存在している団体が、法人となることは、管理の方法に関する重要事項であるから、これを4分の3以上の特別多数決議によることとした。

(1)　定款不作成

　一般的に、法人（社団法人）の設立に当たっては定款の作成が必要とされ、その必要的記載事項として、目的、名称、主たる事務所の所在地、設立時社員の氏名または名称および住所、社員たる資格の得喪に関する規定、公告方法、事業年度が要求される（一般法人法10条、11条参照）。しかし、管理組合法人の制度は、設立手続によって初めて形成される団体に法人格を与えようとするものではなく、すでに存在している区分所有者の団体に法人格を付与するものなので、定款の作成は必要とされない。集会の決議では、法人となる旨のほかに、法人の名称、法人の事務所を定めれば足りる。法人の目的、資産に関する事項、理事の任免に関する事項、社員たる資格の得喪に関する事項などの基本的事項に関しては、本法

によって定められている（3条、49条、53条等参照）。

(2) 法人の名称および事務所

法人となる旨だけではなく、法人の名称および法人の事務所を定めることも、特別多数決議による。他方、理事および監事は必須の機関である（49条1項、50条1項）が、その選任については、特別多数決議による必要はない（49条8項、50条4項、25条1項）。

法人の名称および事務所は、集会の特別多数決議で定めることとされているのに対して、その変更の手続については、特に規定が設けられていない。このことから、変更手続については、①特別多数決議をもって定められた事項の変更は同様に特別多数決議によらなければならないとする考え方と、②法人の名称および事務所は法人となる旨を定める決議と同一の決議をもって定めることとしたのに伴って特別多数決議とされたのに過ぎず、本来一般的な「管理組合法人の事務」に過ぎないから、52条1項本文によって集会の普通決議をもって変更することができるとする考え方があり得る（濱崎・解説300）。

本法では、当該事項の重大性を基準として、法人となる旨の決議（本条1項）および解散の決議（55条1項・2項）については集会の特別多数決議とし、数人の理事がある場合の代表に関する定めや理事の選任については集会の普通決議とした（49条5項・8項、25条）と解されるところから、それとの均衡上、法人の名称または事務所の変更については、52条1項本文によって集会の普通決議をもってすることができると解すべきである（法人の名称および事務所の定めは、上記②で指摘されているように、法人となる旨の決議と同一の決議をもって定めることとしたのに伴って特別多数決議とされたに過ぎない）。しかし、登記実務は、これを集会の特別多数決議によるものと解して、その変更の登記の申請書には、その集会の議事録の添付を求めている（昭和58年11月10日民四第6402号民事局長通達第二の二5）。なお、後記〔6〕(3)参照。

法人の事務所は、当該区分所有建物を所在地としてもよく、それ以外の場所でもよい。法人の事務所は数個でもよいが、数個を置く場合には、その内の一つを主たる事務所と定め、他のものを従たる事務所と定める。

(3) 行政庁の許可・監督の不存在

管理組合法人の法人格の取得については、行政庁の許可は必要でなく、行政庁の監督も予定されていない。

第1章　建物の区分所有　第6節　管理組合法人

(4) 中間法人

　管理組合法人は、区分所有建物、敷地、附属施設の管理を目的とするものであって、営利法人・公益法人のいずれでもなく、本法に基づくいわゆる中間法人（一般法人）である。また、区分所有者全員を構成員とする社団法人である。

〔4〕　法人設立の登記

　管理組合法人となるためには、その主たる事務所の所在地において設立の登記をすることが必要である。

　管理組合法人は、集会の特別多数決議があった後に、その主たる事務所の所在地においてその設立の登記をした時に初めて成立する。すなわち、その登記は、成立要件である。したがって、設立登記前においては、本来は、管理組合法人から区分所有者に対して管理費納入等の請求をすることができないし、理事に選任された者が管理組合法人を代表して取引行為をすることもできない（ただし、そのような行為は、本条5項によって有効となり、管理組合法人について効力が生ずると解される場合が多いであろう）。

　なお、設立の登記については、後記〔6〕を参照のこと。

　管理組合法人の登記は、法人の成立要件であるが、登記すべき事項については、登記は対抗要件として機能する。これについては後記〔7〕を参照のこと。

〔5〕　「管理組合法人」を称する義務

　本条1項の規定による法人は、本法上、管理組合法人と称する。2項で、「管理組合法人」と称すると規定したのは、①民法上の法人ではないことを明確にするためであり、また、②一般には任意に設立される管理組合が法人になる（「法人成り」）ために、その名称として妥当であり、さらに、③本項にこのように明記することによって、48条以下で「管理組合法人」というときには本条1項の法人であることを示すためである。

　法人の名称については、その名称中に管理組合法人という文字を用いて定めなければならない（48条1項）。

〔6〕　登記事項・手続

　管理組合法人の登記に関して必要な事項は、本法に規定するもの（具体的には本条4項）のほか、政令で定める。

　ここでいう政令とは、組合等登記令（昭和39年政令第29号）である。同令は、管理組合法人（団地管理組合法人を含む。以下同じ）に関する登記の登記事項およ

び設立等の登記手続について定める（同令1条参照）。

(1) 登記事項

管理組合法人の設立の登記において登記すべき事項（登記事項）は、目的および業務、名称、事務所、代表権を有する者の氏名・住所および資格、共同代表の定めがあるときはその定めである（組合等登記令2条。なお、同条5号は、登記事項として、存立時期または解散の事由を定めたときはその時期または事由を定めているが、管理組合法人の解散事由は本法55条に規定されており、管理組合法人の存立時期または解散事由を別個に定めることはできないから、同号は適用の余地がない）。

管理組合法人の登記記載例については、巻末（本書698頁）に掲げる。

(2) 登記の時期

管理組合法人の設立の登記は、設立に必要な手続が終了した日から2週間以内に主たる事務所の所在地においてしなければならない（組合等登記令3条1項）。設立に必要な手続が終了した日とは、本条1項の規定による集会の決議での定めがなされ、かつ、理事となるべき者の選任が終了した日である（昭和58年11月10日民四第6402号民事局長通達第二の一1）。理事として選任された者が、この登記の申請をする（同令16条1項）。

(3) 登記事項の変更の登記

登記事項（上記(1)参照）に変更が生じたときは、2週間以内にその変更の登記をしなければならない（組合等登記令3条1項）。なお、前記〔3〕(2)参照。

(4) 解散の登記

管理組合法人が解散したとき（55条1項・2項）は、2週間以内に解散の登記をしなければならない（組合等登記令7条）。解散後に清算手続が開始され、その清算手続が結了したとき（管理組合法人はこの時をもって消滅する）は、清算結了の日から2週間以内に清算結了の登記をしなければならない（同令10条）。これらの登記の申請は、清算人がする。

(5) 罰則

管理組合法人を代表して登記の申請をすべき理事または清算人が、本条3項の規定に基づく政令（組合等登記令）で定める登記の申請を怠ったときは、20万円以下の過料に処せられる（71条5号）。

〔7〕 対抗力

管理組合法人に関して登記すべき事項は、登記をした後でなければ第三者に対

抗することができない。たとえば、理事が解任（49条8項、25条）されたにもかかわらず、退任の登記がまだなされていない場合には、管理組合法人は、その理事が解任後に法人を代表してなした取引行為の相手方に対して、その取引行為の効果が法人に及ばないことを主張することができない。

「第三者に対抗することができない」とは、管理組合法人からは、管理組合法人に関して登記すべき事項を第三者に主張することができないという意味であり、上記の例において、取引行為の相手方が当該取引行為をその理事個人の取引行為と見て、理事個人に効果が及ぶことを認めることは妨げない。なお、上記の例において、理事の退任の登記前に、区分所有者が後任の理事を選任することができることはいうまでもない。

〔8〕 従前の集会決議・規約の承継

管理組合法人の成立前における区分所有者の集会の決議または規約は、管理組合法人が成立した後は、管理組合法人における集会の決議または規約と同一の効力を有する。また、管理者の職務の範囲内の行為は、管理組合法人の成立前には、その効果が区分所有者全員に帰属するが、管理組合法人の成立後は、管理組合法人に帰属する。なお、管理組合法人の成立後は、管理者の職務権限は当然に消滅する（本条11項、26条）。

本条5項が設けられたのは、管理組合法人はすでに存在していた区分所有者の団体（3条）が同一性をもって法人格を取得したものであり、また、管理組合法人の目的および事務の執行等については従前と異なるところがないからである。

〔9〕 管理組合法人の代理権

(1) 本項前段

管理者は、その職務に関し、区分所有者を代理する（26条2項。同条の注釈〔5〕参照）が、管理組合法人の成立後は、管理者に代わって、管理組合法人が、その事務に関し、区分所有者を代理して、この権利を行使する。2002年の改正前においてもこのように解されていたが、特にこれを明示する規定が存在しなかった。2002年改正法は、本項前段において、この点につき明文規定を設けた。

(2) 本項後段

管理者は、区分所有者を代理して18条4項（21条において準用する場合を含む）の規定による損害保険契約に基づく保険金額ならびに共用部分等について生じた損害賠償金および不当利得による返還金（以下では、保険金額等という）を請求し

受領することができる(26条2項後段)が、管理組合法人の成立後は、管理者に代わって、管理組合法人が区分所有者を代理して、この権利を行使する(本項後段)。本項の「並びに共用部分等について生じた損害賠償金及び不当利得による返還金」の部分は、2002年改正法により追加されたものである(前記〔1〕(3)②参照)。

管理組合法人の成立後は、管理組合法人が集会の決議に基づき、区分所有者を代理して共用部分ないし区分所有者の共有に属する建物の敷地・共用部分以外の附属施設について損害保険契約を締結するが、その効果は本人たる各区分所有者に帰属し、各区分所有者が保険金額等の請求および受領の権限を有する。また、共用部分等(共用部分ならびに当該建物の敷地および附属施設〔26条1項参照〕)について損害が生じ、または第三者が不当利得を得た場合には、各区分所有者が損害賠償金または不当利得による返還金の請求および受領の権限を有する。したがって、管理組合法人が全区分所有者を代理して保険金額等の請求および受領をするには、そのための特別の授権(規約の定め、集会の決議または各区分所有者による授権)が必要となるはずであるが、本条6項後段ではこのような授権を不要とした。すなわち、管理組合法人は、本項後段により、26条2項後段の規定にならって、特別の授権がなくても、保険金額等の請求および受領について当然に区分所有者を代理する権限を与えられた(ちなみに、本条11項によって第4節の管理者に関する規定の適用を排除した結果、本項の規定が必要となった)。なお、26条の注釈〔6〕を参照のこと。

〔10〕 **管理組合法人の代理権に加えた制限**

2002年の改正前において、管理者については、その代理権に加えた制限は善意の第三者に対抗することができない旨の規定が存在していた(26条3項)が、これに相当する規定は、管理組合法人の理事についてのみ存在し(49条の2)、管理組合法人については存在していなかった。そこで、2002年改正法により、本項でそのような規定を新設した。

管理組合法人は、その事務に関し、区分所有者を代理する(本条6項)が、この代理権について、規約または集会の決議によって制限を加えることができる。たとえば、規約で、特定の共用部分については、管理組合法人は代理権を有せず、一部の区分所有者がこれを有すると定めることができる。しかし、代理権に加えた制限は、善意の第三者に対抗することができない。ここでいう善意の第三者と

は、区分所有者以外の者で、代理権に加えた制限について知らず、かつ、その制限によって利益を害される者をいう。たとえば、上の例において、当該共用部分について工事を請け負った者などがこれに該当する。

〔11〕 管理組合法人の訴訟追行権

2002年の改正前において、管理者については、規約または集会の決議により、その職務に関し区分所有者のために原告または被告となることができる旨の規定が存在していた（26条4項）が、これに相当する規定が管理組合法人については存在していなかった。そこで、2002年改正法により、本項でそのような規定を新設した。すなわち、管理組合法人は、規約または集会の決議により、その事務（本条6項後段に規定する事項〔「損害保険契約に基づく保険金額並びに共用部分等について生じた損害賠償金及び不当利得による返還金の請求及び受領についても、同様とする」〕を含む）に関して、区分所有者のために原告または被告となることができる。なお、この点に関しては、26条の注釈〔9〕参照。

〔12〕 区分所有者への通知

2002年の改正前において、管理者については、規約により、その職務に関して区分所有者のために原告または被告となったときは、遅滞なく、区分所有者にその旨を通知しなければならない旨の規定が存在していた（26条5項）が、これに相当する規定が管理組合法人については存在していなかった。そこで、2002年改正法により、本項でそのような規定を新設した。

管理組合法人は、規約による事前の授権に基づいて原告または被告となったときは、遅滞なく、その旨を各区分所有者に通知しなければならない。管理組合法人が訴訟追行について規約によって一般的に授権されている場合には、管理組合法人がそれに基づいて、いつ原告または被告となったかを明らかにするために、その旨を各区分所有者に通知する必要がある。これに対して、集会の決議により管理組合法人に授権がなされ原告または被告となったときは、各区分所有者はその旨を容易に知ることができるので、通知の必要はない。通知の手続等については、集会の招集の通知に関する35条2項から4項までの規定が準用される。なお、以上の点に関して26条の注釈〔10〕参照。

〔13〕 一般法人法等の規定の準用

一般社団法人及び一般財団法人に関する法律（以下、「一般法人法」という）4条（住所）および78条（代表者の行為についての損害賠償責任）の各規定は、管理

組合法人に準用される。また、破産法の破産手続開始原因に関する16条2項の規定は、存立中の管理組合法人に準用される。
(1) 一般法人法の成立に伴う本条項の改正

　2006年6月2日に一般法人法が成立し（施行2008年12月1日）、民法の法人に関する規定は、法人の権利能力に関する民法34条（旧規定43条）など5カ条の規定のみとなり（33条〜37条）、法人に関する規定の多くは一般法人法に移行した。一般法人法の制定に伴い、本項は改正された。改正前の本項においては、民法の43条（法人の権利能力）、44条（法人の不法行為能力＝代表者の行為についての損害賠償責任）、50条（住所）および51条（財産目録、社員名簿）の規定は管理組合法人準用されると定められていたが、改正によって、一般法人法の4条（住所）および78条（代表者の行為についての損害賠償責任）の規定が管理組合法人に準用されると改められた。すなわち、民法の旧50条の規定が一般法人法4条に移行し、民法の旧44条の規定が一般法人法78条に移行したことから、改正後の本項は、これによって、これらの規定を管理組合法人に準用すると定めた。

　これに対して、民法の旧51条（財産目録、社員名簿）の規定については、同旨の規定が一般法人法には設けられなかったことから、これと同旨の規定が本法の48条の2の規定に設けられた。また、民法の旧43条（法人の権利能力）の規定については、同旨の規定が民法34条として存続したが、本項の改正に際して、本項は、同規定を準用しなかった。これは、民法の法人に関する規定（法人全般に関する基本的な規定）が33条2項に定めるように公益法人、営利法人以外の「その他の法人」（管理組合法人は、これに該当する）についても視野に入れることを明確に定めたことから（改正前は、旧34条の公益法人に関する規定と旧35条の営利法人の規定しか存在しなかった）、法人法定主義を定める民法33条1項と同様に法人の権利能力を定める民法34条を特に管理組合法人に準用しなくても、法人に関する基本を定める民法の同規定が存在するため、これを適用することで足りるとしたものと解される。

　なお、破産法16条2項の規定の準用については、上記2006年の本項の改正前のままである。

(2) 住所（一般法人法4条の準用）

　管理組合法人の住所については、一般法人法4条が準用され、管理組合法人の主たる事務所の所在地にあるものとされる。主たる事務所は、管理組合法人の登

第1章　建物の区分所有　第6節　管理組合法人

記に記載されている（前記〔6〕(1)参照）。住所（民法22条）は、債務履行の場所（民法484条）、手形行為の場所（手形法2条3項）、裁判管轄（民訴法4条2項）等において意味を有する。

(3)　代表者の行為についての損害賠償責任（一般法人法78条の準用）

　代表理事その他の代表者の不法行為についての管理組合法人の損害賠償責任（管理組合法人の不法行為能力）に関しては、一般法人法78条の規定が準用される。同条の準用によって、管理組合法人は、「代表理事その他の代表者がその職務を行うについて第三者に加えた損害を賠償する責任を負う」。この場合には、当該不法行為について、当該不法行為をした「代表理事その他の代表者」は、民法709条に基づき個人責任を負うと共に、管理組合法人は、当該不法行為は法人の機関による「職務を行うについて」の加害行為であることから、本項に基づいて責任を負う。この両者は、連帯責任（不真正連帯債務）であると解されている（被害者は、両者を相手に、またはいずれかを選択して、損害額全額の賠償を請求することができる〔民法432条参照〕）。

　本項において、「代表理事その他の代表者」とは、本法49条3項でいう理事（理事が一人のとき）、同条4項でいう各理事（理事が数人のとき）、および、同条5項でいう理事が数人のときの代表理事・共同代表理事・互選により選任された代表理事をいうものと解される。その他、仮理事（49条の4）、清算人（55条の3、55条の4）および監事（51条）も、管理組合を代表することから、「その他の代表者」に含まれると解される。

　代表者以外の理事による不法行為については、当該理事には管理組合法人を代表する職務権限がないことから、管理組合法人が本項により責任を負うことはない。ただ、当該理事が民法709条に基づき個人責任を負うと共に、当該理事の行為が管理組合法人の業務の執行について第三者に損害を加えたときには、管理組合法人が民法715条に基づいて使用者責任を負うものと解する（この場合においては、理事の選任・監督について管理組合法人に過失がないときには免責される〔民法715条1項ただし書〕）。そのほか理事によって特定の行為の代理を委任された者（49条の3）や管理組合法人の被用者の不法行為についても同様に解する。

　なお、(1)で述べたように、一般法人法の制定に伴う本項の改正により一般法人法78条が準用される前は、民法旧44条（1項および2項）が本項において準用されていたが、同条1項のみが一般法人法78条に移行し、2項（「法人の目的の範囲

を超える行為によって他人に損害を加えたときは、その行為に係る事項の決議に賛成した社員及び理事並びにその決議を履行した理事その他の代理人は、連帯してその損害を賠償する責任を負う」）は、移行しなかった。それでは、管理組合法人の業務の範囲外の行為によって第三者に損害を加えたときは、その決議に賛成した区分所有者、理事およびこれを履行した代表理事その他の代表者は、連帯して賠償責任を負うか。改正前と同様に肯定的に解すべきであるが（濱崎・解説305参照）、その根拠については、民法719条1項に基づく共同不法行為として、これらの者が連帯責任（不真正連帯債務）を負うものと解する（一般法人法78条に係る解釈として近江・講義(1)136等参照）。

以上の不法行為責任に関しては、法人格を有していない権利能力なき社団に当たる管理組合においても、本項の類推により同様に解するべきであろう。

(4) 破産法

破産法16条2項の規定が存立中の管理組合法人に準用される。破産法15条1項は、「債務者が支払不能にあるときは、裁判所は、第30条第1項の規定に基づき、申立てにより、決定で、破産手続を開始する」と一般的な破産手続開始原因を定め、法人については、同法16条1項が、「債務者が法人である場合に関する前条第1項の規定の適用については、同項中『支払不能』とあるのは、『支払不能又は債務超過（債務者が、その債務につき、その財産をもって完済することができない状態をいう。）』とする」と規定している。ただし16条2項は、「前項の規定は、存立中の合名会社及び合資会社には、適用しない」と規定する。合名会社および合資会社の存立中においては、社員が無限責任を負うため単なる債務超過は破産手続開始の原因とならないからである。管理組合法人の債務についても、合名会社および合資会社と同様、構成員である区分所有者が無限責任を負う（53条）ために、同条2項が準用される。

〔14〕 「管理者」の規定の不適用

第4節「管理者」の規定（25条から29条まで）および33条1項ただし書（42条5項および45条4項において準用する場合を含む。後記〔15〕において同じ）の規約等の保管に関する規定は、管理組合法人には適用しない。

(1) 理事による職務執行

管理組合法人の成立によって、共用部分等を保存し、集会の決議を実行し規約で定めた行為をするという管理者の職務（26条1項）は、法人の機関たる理事に

よって行われる（49条3項）。したがって、区分所有者全員の代理人である管理者（26条2項前段）の存在は、管理組合法人とは相容れないものとなる。そこで、本条11項は、第4節「管理者」の規定（25条から29条まで）は管理組合法人には適用しないとした。もっとも、理事および監事の選任・解任については25条の規定が準用され（49条8項、50条4項）、第三者に対する区分所有者およびその特定承継人の責任については29条と同趣旨の規定が53条および54条に置かれている。

(2) 管理者の権限の消滅

管理組合法人の成立後においては、理事と法人成立前の管理者とは両立し得ないので、管理者の権限（26条）は管理組合法人の成立と共に当然に消滅する。共用部分の管理者による管理所有（27条）も消滅する（なお、管理組合法人による管理所有という制度は設けられていない）。訴訟追行権（26条4項参照）は、管理組合法人に属する（なお、26条の注釈〔9〕(1)参照）。

(3) その他の規定の適用

管理組合法人が成立した場合にも、原則として、第4節「管理者」の規定以外の本法の規定は適用される。規約は、管理組合法人の根本規則であり、集会は、管理組合法人の意思決定機関であって、第5節「規約及び集会」の規定（30条から46条まで）は当然に適用される。なお、33条1項本文で規約の保管者とされる管理者は理事と読み替えられる（本条12項）。管理者がないときの同項ただし書の規定は、管理組合法人に適用される余地がない。管理組合法人にあっては、理事は必置の機関である（49条1項）。理事が任期の満了または辞任によって退任した場合には、新たに選任される理事が就任するまで旧理事がなおその職務を行うか（同条7項）、あるいは仮理事の選任がなされる（49条の4）。

〔15〕 法文の読替え

前述のように、管理組合法人においても第5節「規約及び集会」の規定（30条から46条まで）が適用されるが、その適用に当たっては、「管理者」を「理事」と読み替える必要が生じる。本条12項は、その読替えについて具体的に定めている。

(1) 規約の保管

管理組合法人について、33条1項本文（42条5項および45条4項において準用する場合を含む）の規定を適用する場合には、33条1項本文中「管理者が」とあるのは「理事が管理組合法人の事務所において」と読み替える。すなわち、「規約は、理事が管理組合法人の事務所において保管しなければならない」。33条1項

ただし書の規定が適用されないことについては、前記〔11〕(3)参照。

　管理組合法人の事務所は、法人の成立に当たって定められ（本条1項）、かつ、登記される（組合等登記令2条3号）。

(2) その他

　集会の招集に関する34条1項から3項までおよび5項の規定、招集の通知に関する35条3項の規定、議長に関する41条の規定ならびに事務の報告に関する43条の規定を適用する場合には、これらの規定中「管理者」とあるのは「理事」と読み替える。

〔16〕　法人税法上の取扱い

　管理組合法人も法人（講学上、一般法人ないし中間法人とされる）であるから、一般の法人と同様に、法人税の課税問題が生じる。1983年改正法によって管理組合法人が法制化されたのに伴ってこの問題が生じた。そこでは、法人税法自体の改正の手法によらないで、本法の本条項によって管理組合法人につき法人税法上の特別の取扱いを定めた〔他方、地方税については、地方税法自体に改正が加えられた〔同法24条5項、72条の5第1項8号、294条7項、701条の34第2項参照〕〕が、このことは、もっぱら立法技術上の理由による〔濱崎・解説309〕）。

(1) 非収益事業所得の非課税

　管理組合法人は、法人税法その他法人税に関する法令（同法施行令、同法施行規則等）の規定の適用については、同法2条6号に規定する「公益法人等」とみなす（「公益法人等」の一覧については同法別表第二で掲げられている）。公益法人等の非収益事業所得については課税されない（同法7条）ので、管理組合法人の所得のうち非収益事業所得については課税されない。したがって、管理組合法人が収益事業を営まない場合には、各区分所有者から徴収する管理費や修繕積立金等については、その預金利息に対して所得税が源泉徴収される以外は課税されない（これに対して、管理組合法人が、たとえば敷地を駐車場として第三者に賃貸するなどして使用料を徴収し管理組合法人の収入とするような収益事業を営む場合には課税される）。

(2) 寄付金の損金算入の不適用

　法人税法37条および66条の適用に当たっては、管理組合法人は、公益法人等としてではなく、普通法人（同法2条9号）として取り扱われる。すなわち、同法37条の規定を適用する場合に同条4項中「公益法人等」とあるのは「公益法人等

（管理組合法人並びに別表第二に掲げる一般社団法人及び一般財団法人を除く。……）」とすることによって、寄付金の損金算入は公益法人等については認めるが、管理組合法人については認めないことを明らかにした。

(3) 収益事業所得普通法人並み課税

法人税法66条の規定を適用する場合に同条1項および2項中「普通法人」とあるのは「普通法人（管理組合法人を含む。）」と、同条3項中「公益法人等」とあるのは「公益法人等（管理組合法人及び一般社団法人等を除く。）」とすることによって、管理組合法人については、収益事業所得に対する課税税率を普通法人並みとすることが明らかにされた。

(4) 権利能力なき社団への課税

法人格を取得していない区分所有者の団体（3条）が代表者または管理者を置く場合であって、かつ、収益事業を営んだ場合には、法人格のない社団等（法人税法2条8号）の収益事業として法人税が課税されることがある。社団としての実体があれば、法人格の有無により課税上の差異が生じることはない。

〔17〕 消費税

管理組合法人は、1988（昭63）年の消費税法の施行により消費税法その他消費税に関する法令（消費税法施行令、消費税法施行規則等）の規定の適用を受けることになった。その適用に当たって、管理組合法人は、同法別表第三に掲げる法人とみなす。これによって、管理組合法人は、国、地方公共団体等に対する特例に関する規定の適用を受ける（同法60条3項・4項・8項）。

（名称）
第48条[1] 管理組合法人は、その名称中に管理組合法人という文字を用いなければならない。[2]
2 管理組合法人でないものは、その名称中に管理組合法人という文字を用いてはならない。[3]

〔1〕 本条の趣旨

区分所有者の団体（3条）が47条1項の規定で定めるところに従って法人となるときは、その法人は「管理組合法人」と称する（同条2項）。本条は、これを受けて、管理組合法人の名称について定めるものである。

〔2〕 「管理組合法人」の文字の使用

　管理組合法人は、その名称中に「管理組合法人」という文字を用いなければならない。たとえば、「管理組合法人〇〇〇〇」、「〇〇〇〇管理組合法人」等となろう。「管理組合法人」という文字は一体的に用いるべきで、「管理組合〇〇〇〇法人」とか「法人〇〇〇〇管理組合」というように、分割して用いることは許されない（濱崎・解説311）。この名称は、集会の決議で定められ（47条1項）、登記事項となる（組合等登記令2条）。名称中に「管理組合法人」の文字を用いていない設立登記の申請は、受理されない。

　なお、管理組合法人が名称中にその文字を用いて登記をしたものの、この名称を用いずに単に「管理組合」の名称を用いている場合について、罰則規定はない（72条参照）。

〔3〕 非法人団体による「管理組合法人」の名称の使用禁止

　区分所有者が管理のための任意の団体（いわゆる管理組合）を設立したような場合に、その名称中に「管理組合法人」という文字を用いてはならない。また、民法その他本法以外の法令に基づく法人においても同様である。管理組合法人でないものがその名称中にこの文字を用いると、第三者が管理組合法人と誤信し損害を蒙るおそれがあるからである。管理組合法人でないものについてその名称中に管理組合法人という文字を用いた場合には、10万円以下の過料に処せられる（72条）。

（財産目録及び区分所有者名簿）
第48条の2　管理組合法人は、設立の時及び毎年1月から3月までの間に財産目録を作成し、常にこれをその主たる事務所に備え置かなければならない。ただし、特に事業年度を設けるものは、設立の時及び毎事業年度の終了の時に財産目録を作成しなければならない。
2　管理組合法人は、区分所有者名簿を備え置き、区分所有者の変更があるごとに必要な変更を加えなければならない。

〔1〕 本条の趣旨

　本条は、管理組合法人の財産目録および区分所有者名簿に関する規定である。本条は、47条の注釈〔13〕(1)で述べたように、2006年の一般法人法の成立に伴う本

第1章　建物の区分所有　第6節　管理組合法人

法の改正の際に、それまで47条10項により準用されていた民法旧51条（財産目録、社員名簿）と同趣旨の規定を本法に設けたものである。

　法人化されていない管理組合にあっては、財産目録および区分所有者名簿の作成および保管は義務づけられていないが、管理組合法人においては、これらは法人にとって不可欠なものとして本条によって義務づけられた。ただ、法人化されていない管理組合についても、マンション標準管理規約（30条の注釈〔4〕参照）では、区分所有者（組合員）に対してその資格の取得および喪失の届出を義務づけ（同規約〔単棟型〕31条）、また、理事長に対して財産目録（会計帳簿、什器備品台帳等）および区分所有者名簿（組合員名簿）の作成および保管を義務づけている（同64条。なお、飯田・コンメ管理規約233以下参照）。

〔2〕　**財産目録および区分所有者名簿**

　本条1項によって、管理組合法人の設立の時および毎年初めの3カ月内に財産目録を作り、常にこれを事務所に備え置くことを要する。ただし、特に事業年度（会計年度）を設けるものは、設立の時およびその年度の終りにおいて財産目録を作ることを要する。これに違反して、財産目録を作成せず、または財産目録に不正の記載をしたときは、理事は、20万円以下の過料に処せられる（71条6号）（濱崎・解説305）。

　本条2項によって、管理組合法人は、区分所有者名簿を備え置き、区分所有者の変更があるたびにこの名簿を訂正することを要する（ただし、これに違反しても過料に処せられることはない）。

（理事）
第49条[1]　管理組合法人には、理事を置かなければならない。[2]
2　理事が数人ある場合において、規約に別段の定めがないときは、管理組合法人の事務は、理事の過半数で決する。[3]
3　理事は、管理組合法人を代表する。[4]
4　理事が数人あるときは、各自管理組合法人を代表する。[5]
5　前項の規定は、規約若しくは集会の決議によつて、管理組合法人を代表すべき理事を定め、若しくは数人の理事が共同して管理組合法人を代表すべきことを定め、又は規約の定めに基づき理事の互選によつて管理組合法人を代表すべき理事を定めることを妨げない。[6]

6　理事の任期は、2年とする。ただし、規約で3年以内において別段の期間を定めたときは、その期間とする。[7]
7　理事が欠けた場合又は規約で定めた理事の員数が欠けた場合には、任期の満了又は辞任により退任した理事は、新たに選任された理事（第49条の4第1項の仮理事を含む。）が就任するまで、なおその職務を行う。[8]
8　第25条の規定は、理事に準用する。[9]

〔1〕 **本条の趣旨**
　本条は、管理組合法人の理事について定める。法人は、その目的に従って事務を執行し、対外的に法人を代表する機関を必要とする。このような執行機関および代表機関として、理事が置かれる。
　なお、削除された民法52条2項および54条から56条までの規定を準用していた本条旧7項（これらの規定と共に本法25条および旧非訟事件手続法の〔2006年改正前〕35条1項の規定を準用）に関連して、2006年の一般法人法の成立（47条の注釈〔13〕参照）に伴い、本条に所要の改正が加えられた。すなわち、民法の旧52条2項の規定は、本条2項に直接規定されることになり、それに伴って、本条の旧2項から7項までの規定が1項ずつ繰り下げられた（現3項～8項）。このうち、7項は、括弧書が追加され、8項は、本条旧7項が準用していた本法25条のみの準用規定となった。本条旧7項の他の準用規定については、民法旧54条は本法49条の2に、民法旧55条は本法49条の3に、民法旧56条は本法49条の4第1項に、旧非訟事件手続法の（2006年改正前）35条1項（同改正により削除）は本法49条の4第2項に、それぞれ直接定められた。

〔2〕 **理　事**
　管理組合法人には、理事を置かなければならない。理事は、前述のように、内部的には法人の事務執行機関であり、対外的には法人の代表機関であって、法人にとって必須の機関である。理事は一人でもよいが、役職および担当業務を定めて複数の理事が選任されるのが一般的である（マンション標準管理規約〔単棟型〕35条参照）。理事が、法人の代表機関であることについては本条3項で規定するが、法人の事務執行機関であることについては、民法上の法人の旧規定におけると同様に、当然のこととして特に規定を設けていない（濱崎・解説312）が、本条2項はこのことを前提としている（なお、一般法人法76条1項参照）。理事は、管理組

合法人の設立登記をする際の登記事項である（組合等登記令2条4号）。

なお、管理組合法人の成立後は、従前の区分所有者の団体（3条）の管理者は、当然にその職務権限を喪失する（47条11項、26条）。

(1) 理事の選任

理事の選任は、規約に別段の定めがない限り、集会の決議によってなされる（本条8項、25条1項）。この決議は普通決議、すなわち区分所有者および議決権の各過半数で決する（39条）。

(2) 理事になり得る資格

理事になり得る資格については、本法で特に定められていない。管理組合法人の目的から、また、一般の法人に準じて次のように考えるべきであろう（森泉・旧基本コンメ77参照）。

① 理事は、自然人に限られ、法人は理事になることができないと解される（本条2項、組合等登記令2項参照）。法人たる理事が「管理組合法人を代表する」（本条3項）ことは不適切だからである。理事は区分所有者である必要があるか。実際には区分所有者が選任されることが多いであろうが、法律上その必要はない。区分所有者以外の者で管理について専門的な知識を持つ者を理事として選任することを妨げない。

② 成年被後見人は理事になることができない。未成年者および被保佐人は、法定代理人・保佐人の同意を得た上で理事になることができると解される。

③ 破産者が理事になり得るかについては問題がある。受任者の破産が委任の終了原因であり（民法653条）、代理人の破産が代理権の消滅事由である（民法111条1項2号）こと、管理組合法人の理事は区分所有者または第三者からその職務の執行について損害賠償責任を追及されることがあり、また、過料に処せられる場合があること（本法71条）などから考えて消極的に解すべきであろう。

なお、理事になり得る資格について上記①②③以外の定めを規約によってすることができる。たとえば、規約によって、理事の資格を区分所有者に限るとすることは適法である。このような規約のもとでは、理事が区分所有者でなくなると、その者は理事の資格を失う。

〔3〕 理事による議決の要件

管理組合法人の事務は、本法に定めるもののほか、すべて集会の決議によって行うが、規約で、理事その他の役員が決するものとすることができる（52条1項）。

理事その他の役員（52条の注釈〔3〕(3)参照）が数人あり、かつ、規約に別段の定めがないときは、理事その他の役員の過半数をもって決定する。通常、複数の理事がいるときは、理事会を設けて管理組合法人の業務執行に関する意思決定を行わせることを規約で定めているが、本項は、そのような場合における議決の方法について定めている。なお、マンション標準管理規約（30条の注釈〔4〕参照）は、「理事会は、理事をもって構成する」（同規約〔単棟型〕51条1項）と定めた上で、「理事会の会議は、理事の半数以上が出席しなければ開くことができず、その議事は出席理事の過半数で決する」（同53条1項）と定めている。

〔4〕 **理事の代表権**

理事は、管理組合法人を代表する。本条3項は、一般社団法人の理事に関する一般法人法77条1項本文（「理事は、一般社団法人を代表する」）に対応する規定である。

(1) 理事の行為の法人への帰属

法人格のない区分所有者の団体（3条）にあっては管理者がその職務に関して区分所有者を代理する（26条2項）のに対して、管理組合法人にあっては、理事が法人の機関として法人を代表する。すなわち、理事の行為（職務権限内の行為）が法人の行為となり、その行為（法律行為だけではなく、事実行為、不法行為を含む）の効果は法人に帰属する。

(2) 代表の範囲

本条3項は、「理事は、管理組合法人を代表する」とだけ規定し（前掲の一般法人法77条1項も同様）、民法の旧53条本文（「理事は、法人のすべての事務について、法人を代表する」）のように、何について代表するかは、特に定めていない。また、同条ただし書（「ただし、定款の規定又は寄附行為の趣旨に反することはできず、また、社団法人にあっては総会の決議に従わなければならない」）に相当する規定も置いていない。しかし、本項は、同条と異なる趣旨を定めたものと解することはできず、同条の趣旨に則ってより簡潔な表現にしたものと解される（濱崎・解説312は、理事の代表行為も、内部的には事務の執行にほかならないから、内部的に規約または集会の決議に拘束されるのは当然であると考えられたために、民法旧53条ただし書に相当する規定が置かれなかったと説明する）。

理事が規約の定めに違反して代表行為をなし、または集会の決議に従わずに代表行為をなした場合には、その行為の効力は生じない。ただし、この場合に、善

第1章　建物の区分所有　第6節　管理組合法人

意の第三者に対抗することはできず、その行為は管理組合法人の行為として有効となる（49条の2。本条の旧7項が準用する民法の旧54条に関する森泉・基本コンメ95参照）。

(3)　利益相反事項

管理組合法人と理事との利益が相反する事項については、理事は代表権を有しない（51条および同条の注釈参照）。

〔5〕　理事の数と代表権

理事の数については、制限はない。規約で理事の員数を2人以上の定数をもって定めた場合（この場合には、この定めに拘束される〔本条7項参照〕）、または集会において数人の理事を選任した場合には、数人の理事が各自管理組合法人を代表する。すなわち、各理事が単独で管理組合法人を代表して対外的に行為をすることができ、その効果は管理組合法人に帰属する。ただし、数人の理事があるときでも、規約または集会の決議で、別段の定めをすることも可能である。このことについては、本条5項（後記〔6〕）参照。

〔6〕　代表理事・共同代表

理事が数人あるときは、それぞれが管理組合法人を代表する（本条4項）が、規約または集会の決議によって、管理組合法人を代表すべき理事（代表理事）を定め、または数人の理事が共同して管理組合法人を代表すべきこと（共同代表）を定めることを妨げない。また、規約の定めに基づいて理事の互選により管理組合法人を代表すべき理事（代表理事）を定めることを妨げない。民法上の法人に関する旧規定（現在は削除）では、このような代表理事制または共同代表制に関する規定は存在しなかった（ただし、定款等でこのような定めをすることは可能である。なお、一般法人法77条1項ただし書および3項は代表理事制を定める）が、管理組合法人については、従来の法人格なき社団としての管理組合にあって、規約により代表理事制を定める例が多かったこと等を考慮して本条5項が設けられた（濱崎・解説313）。マンション標準管理規約は代表理事制をとっている（同規約〔単棟型〕35条3項）。なお、管理組合法人を代表すべき理事を「代表理事」と呼ぶ定めはない。一般的には、「理事長」という名称がよく用いられるが、理事長が選任される場合でも必ずしも代表理事制が定められている、ということはできない。理事長の代表権限について争いが生ずることが少なくないので、理事長が管理組合法人を代表する場合には、規約または集会の決議によってその旨を明確

に定める必要がある（マンション標準管理規約〔単棟型〕38条1項参照）。マンション標準管理規約では、理事長が管理組合を代表するとし（同規約〔単棟型〕38条1項）、理事は管理組合の業務を担当する（同40条1項）と定める。

(1) 代表理事を定めた場合

規約もしくは集会の決議によって、または規約の定めに基づき理事の互選によって代表理事を定めた場合には、代表理事以外の理事は、代表権を有しない。代表理事を定めたときは、その者のみが登記される（組合等登記令2条4号）。

代表理事がある場合において、代表権のない理事が管理組合法人を代表して行為をしたときは、当該行為は法人の行為としては無効である。それでは、当該行為の相手方が善意のときにも、当該行為の無効を対抗することができるか。代表理事の登記を経由していれば（47条4項参照）、当該行為の無効を第三者（善意の第三者も含む）に対抗することができると解すべきである（濱崎・解説313は、代表理事の登記がある場合には、民法旧54条〔代表権の制限〕の適用がないという）。反対に、代表理事の登記がなされていないときは、善意の第三者には対抗できず、当該行為は法人の行為として有効であると解すべきであろう。

(2) 共同代表の定めをした場合

共同代表の定めをした場合は、各理事は、単独では代表権を有しない。共同代表の定めをしたときは、その旨が登記される（組合等登記令2条6号、別表一）。

共同代表の定めをした場合において、理事の一人が単独で代表行為をしたときは、善意の第三者との関係については上記(1)の場合と同様に、共同代表についての登記の有無によって決するものと解すべきである（なお、森泉・基本コンメ95は、この場合は、権限踰越による表見代理〔民法110条〕となるのが通常であろう、という）。

〔7〕 理事の任期

理事の任期については規約で定められるのが通常であるが、その定めがない場合には、任期は2年である。ただし、2年とした立法理由は明らかではない（なお、株式会社の取締役の任期は2年以内である〔会社法332条1項参照〕）。

規約で理事の任期を定める場合には、3年以内の期間を定めなければならない。3年を超える期間が定められたときは、3年に短縮されると解すべきであろう。

〔8〕 理事が欠けた場合

理事が欠けた場合または規約で定めた理事の員数が欠けた場合には、任期の満了または辞任によって退任した理事は、新たに選任された理事（仮理事を含む）

第1章 建物の区分所有 第6節 管理組合法人

が就任するまで、なおその職務を行う。
　(1)　後任者の選任
　理事が欠けた場合または規約で定めた理事の員数が欠けた場合には、遅滞なく後任者の選任手続をとらなければならない。規約に別段の定めがない限り後任者は集会の決議で選任されるから、まず、そのための集会の招集手続がとられるべきである。この手続は、任期の満了または辞任によって退任した理事が行う（47条12項、34条1項。ただし、47条12項、34条5項、36条参照）。この手続を怠った理事は、20万円以下の過料に処せられる（71条7号）。
　(2)　退任理事による職務執行
　後任者が就任するまでは、任期の満了または辞任によって退任した理事が、なおその職務を行う。すなわち、なお理事としての職務を行う権利を有し義務を負う。これに対して、解任（本条8項、25条）された理事は、この権限を有しない。また、規約で定める欠格事由に該当するようになって退任した理事（たとえば、規約で理事の資格について区分所有者に限ると定められていた場合に、理事就任後に区分所有権を喪失した理事）も、この権限を有しない。
　本条7項は、規約で定めた理事に欠員が生じた場合に、残りの理事だけで理事の職務を行うとしないで、任期の満了または辞任によって退任した理事も、新たに選任された理事が就任するまではなおその職務を行う、としている。残りの理事だけで理事の職務を全うできる場合には、任期の満了または辞任により退任した理事になおその職務を行わせる必要はないとも考えられるが、本項は、残りの理事だけで理事の職務を全うできるか否かを問題とせずに、一律に、なおその職務を行うべきものとした。
　理事が欠けた場合において、本項で対応できないようなケース（理事が解任されたときなど）については、本法49条の4（仮理事）参照。
　〔9〕　**理事の選任および解任**
　管理者の選任および解任に関する本法25条の規定は、理事に準用する（25条の注釈参照）。すなわち、区分所有者は、規約に別段の定めがない限り集会の決議によって、理事を選任し、または解任することができる。また、理事に不正な行為その他その職務を行うに適しない事情があるときは、各区分所有者は、その解任を裁判所に請求することができる。ところで、数人の理事を集会の決議によって選任し、規約の定めに基づいて理事の互選によって代表理事（理事長）を選任

している場合に（マンション標準管理規約は、管理組合法人ではない管理組合についてこのような定めをする〔同規約（単棟型）35条2項・3項〕）、理事長の代表理事としての解任決議または解任請求と理事としての解任決議または解任請求は、それぞれどのような手続を要するか。まず、解任決議については、理事会における理事の決議によって理事長に選任されたのであるから、理事からの信頼を失ったこと等による代表理事の職の解任についても同様に理事会の決議によるべきである。ただ、このことよって当然に理事の職を失うものではないので、理事としての解任決議は、所定の手続（34条、51条）を経て招集された集会において行うべきであると解する（なお、理事会における理事長の解任決議がなされていない場合でも、当該理事についての集会における解任決議によって同時に理事長の職も解任されることになる）。これに対して、理事長（または理事）に対する解任請求（25条2項）は、各区分所有者が裁判所に対して請求することができる（以上につき、25条の注釈〔5〕(3)参照）。

（理事の代理権）
第49条の2 理事の代理権に加えた制限は、善意の第三者に対抗することができない。[2]

〔1〕 **本条の趣旨**
　理事が一人であるときは、その者が管理組合法人を代表し（49条3項）、理事が数人あるときは、各自管理組合法人を代表する（49条4項）。ただし、後者のときに、規約もしくは集会の決議によって、管理組合を代表すべき理事（代表理事）を定め、もしくは数人の理事が共同して管理組合法人を代表すべきこと（共同代表）を定め、または規約の定めに基づき理事の互選によって管理組合を代表すべき理事を定めることを妨げない（49条5項）。代表権を有する者は、その氏名、住所および資格が登記されることにより公示される（組合等登記令2条2項4号）。本条は、管理組合法人の理事、代表理事、共同代表理事（代表理事および共同代表理事とする定めについては、49条の注釈〔6〕を参照）の代表権（49条3項）に対して規約または集会の決議によって制限が加えられた場合に、その制限は、善意の第三者に対抗することができないことを定める。

〔2〕 規約または集会の決議による代表権の制限

本条の「理事の代表権に加えた制限」としては、まず、理事が数人あるときに、規約もしくは集会の決議によって、管理組合を代表すべき理事（代表理事）を定め、もしくは数人の理事が共同して管理組合法人を代表すべきこと（共同代表）を定め、または規約の定めに基づき理事の互選によって管理組合を代表すべき理事を定めたにもかかわらず、理事の中での代表権を有する者の登記がなされず、真実の代表権者が公示されていない場合が考えられる。このような場合には、数人の理事の各自が管理組合法人を代表することとなり（49条4項）、この点について善意の第三者（代表権のない理事と取引をした相手方）に対抗することができない。

次に、たとえば、①理事が代表権を行使するには理事会の決議を経ることを要する、②管理費等の収納・保管・運用・支出等の会計業務は会計担当理事のみに代表権がある、③100万円以上の取引に係る行為はそのつど集会の決議を経なければ理事がすることができない場合など、規約の定めなどによって代表権の行使につき制限が加えられている場合が考えられる。このような制限は、法人の内部で効力を有するのは当然である（理事が制限に反する代表行為をした場合には、区分所有者はその責任を問い得る〔49条8項、25条〕）が、対外的には、善意の第三者に対抗することができない。「善意の第三者」とは、規約の定めなど法人内部の制限を知らなかった、法人の内部関係者以外の者（理事と取引をする相手方等）をいう。「対抗できない」とは、理事の代表行為が制限に反して無効であることを第三者に対し主張できないことをいう。その結果、理事の当該行為は、法人の行為として有効となる。

（理事の代理行為の委任）
第49条の3[1]　理事は、規約又は集会の決議によつて禁止されていないときに限り、特定の行為の代理を他人に委任することができる[2]。

〔1〕　本条の趣旨

管理組合法人の理事は、規約または集会の決議によって禁止されていないときに限り、特定の行為の代理を他人に委任することができる。他人に委任することができるのは、特定の行為についての代理に限られ、理事が有する代表権を包括

的に委任することはできない。代表権を包括的に委任することは、当該理事を選任した区分所有者と理事との信任関係を損なうことになるからである。なお、特定の行為についての代理であっても、監事に委任することはできないと解する。

〔2〕 **理事会の代理出席**

本条に関しては次の最高裁判決がある。管理組合法人であるリゾートマンションにおいて、規約で、代表権のある理事とその他の複数の理事を定め、「理事に事故があり、理事会に出席できないときは、その配偶者又は一親等の親族に限り、これを代理出席させることができる」との条項（以下、「本件条項」という）が設けられていた場合について、本件条項は管理組合法人と理事との間の信頼関係を破らないか否かが争われた。最高裁は、「規約において、代表権を有する理事を定め、その事務の執行を補佐、監督するために代表権のない理事を定め、これらの者による理事会を設けることも、理事会における出席及び議決権の行使について代理の可否、その要件及び被選任者の範囲を定めることも、可能というべきである。そして、本件条項は、理事会への出席のみならず、理事会での議決権の行使の代理を許すことを定めたものと解されるが、理事に事故がある場合に限定して、被選任者の範囲を理事の配偶者又は一親等の親族に限って、当該理事の選任に基づいて、理事会への代理出席を認めるものであるから、この条項が管理組合の理事への信頼関係を害するものということはできない」とし、本件条項は、本法の2006年の改正（49条の注釈〔1〕参照）前の49条7項の規定により準用される民法旧55条に違反するものではないと判示した（最判平2・11・26民集44-8-1137〔控訴審大阪高判平1・12・27判時1344-142・判タ717-215〕）。

（仮理事）
第49条の4 理事が欠けた場合において、事務が遅滞することにより損害を生ずるおそれがあるときは、裁判所は、利害関係人又は検察官の請求により、仮理事を選任しなければならない。
2 　仮理事の選任に関する事件は、管理組合法人の主たる事務所の所在地を管轄する地方裁判所の管轄に属する。

〔1〕 **本条の趣旨**

理事に欠員が生じた場合において、通常は、49条7項の規定で対処することが

第1章　建物の区分所有　第6節　管理組合法人

でき、または、区分所有者が直ちに集会を招集・開催して後任理事を選任することができる（47条12項、34条5項、36条）が、それらによって対処することができないときは（たとえば、理事が解任されたとき、理事が規約で定める欠格者となったとき、退任した理事が病気のとき、直ちに集会を招集ないし開催できない事情があるとき、など）、仮理事の選任を裁判所に請求することができる。

〔2〕　**仮理事の選任**

裁判所に対して仮理事の選任を請求することができるのは、理事が欠けたことによって「事務が遅滞することにより損害を生ずるおそれがあるとき」であり、また、その申請人は、「利害関係人又は検察官」であって、必ずしも区分所有者である必要はない。裁判例として、いわゆる地上げ屋から大半の専有部分が買い占められた結果、理事が辞任し、また、管理組合から管理業務を受託していた管理会社が撤退したこと等から、管理費も徴収されなくなり、電気料金や光熱水費も支払われなくなって、ゴーストタウン寸前の状況となった権利能力なき社団である管理組合において、地上げ屋に対し滞納管理費の支払いを直ちに請求したり、地上げ屋によって建物が取り壊されることを阻止するために、同マンションの区分所有者や賃借人が仮理事長の選任を請求した事案について、民法旧56条の類推適用によって同請求を認めたものがある（大阪地決昭63・2・24判時1293-124・判タ679-181）。本条は、民法の旧56条の規定を引き継いだものである（この点につき49条の注釈〔1〕参照）。なお、本条は、法人化していない管理組合についても類推されると解する。

仮理事は、理事と同じ権限を有するが、後任の理事の選任によって当然にその資格を失う。

〔3〕　**管轄裁判所**

仮理事の選任に当たっての管轄裁判所は、管理組合法人の主たる事務所所在地の地方裁判所である。

（監事）
第50条　管理組合法人には、監事を置かなければならない。
2　監事は、理事又は管理組合法人の使用人と兼ねてはならない。
3　監事の職務は、次のとおりとする。
　一　管理組合法人の財産の状況を監査すること。

二　理事の業務の執行の状況を監査すること。
三　財産の状況又は業務の執行について、法令若しくは規約に違反し、又は著しく不当な事項があると認めるときは、集会に報告をすること。
四　前号の報告をするため必要があるときは、集会を招集すること。
4　第25条、第49条第6項及び第7項並びに前条の規定は、監事に準用する。[5]

〔1〕　**本条の趣旨**

本条は、管理組合法人の監査機関としての監事について定める。本条は、2006年の一般法人法の成立（47条の注釈〔13〕参照）に伴って、民法の法人に関する他の多くの規定と共に削除された同法56条および59条の規定を準用していた本条旧3項（これらの規定と共に本法25条および49条5項・6項〔現49条6項・7項〕ならびに旧非訟事件手続法の〔2006年改正前〕35条1項の規定を準用）に関して所要の改正がなされた。すなわち、本条においては、民法旧56条および旧非訟事件手続法の（2006年改正前）35条1項の規定（同改正により削除）は、同改正の際に新設された本法49条の4（仮理事）を準用するものと改められ（本条4項）、民法旧59条の規定は、本条3項に直接規定されることとなった。なお、本法25条および49条5項・6項（現49条6項・7項）の規定は、改正前（本条旧3項）と同様に、本条4項において準用されている。

〔2〕　**監　事**

管理組合法人には、監事を置かなければならない。監事は、理事と同様に法人に必須の機関であり、管理組合法人の財産の状況および理事の業務状況を監視する内部機関（本条3項）である。管理組合法人において監事を必須の機関としたのは、法人の業務執行が理事によって適正に行われないときは区分所有者の利益が害されること、および管理組合法人については行政上の監督が加えられないことによる（濱崎・解説314）。監事の数については、制約はない。

なお、理事と異なり、監事は、登記事項ではない（組合等登記令2条参照）。

(1)　監事の選任

監事の選任は、規約に別段の定めがない限り、集会の決議によってする（本条4項、25条1項）。この決議は普通決議、すなわち区分所有者および議決権の各過半数で決する（39条）。

(2) 監事になり得る者

監事になり得る資格に関しては、本条2項（後記〔3〕参照）に規定がある。その他の監事の資格要件については、理事の場合と同様と考えるべきであろう（49条の注釈〔2〕(2)参照）。

〔3〕 **監事の兼務禁止**

監事は、理事の業務執行の状況を監査する地位に立つから、理事またはその監督下にある管理組合法人の使用人と兼ねてはならない。

監事を理事に選任することはできるが、その場合には、監事を辞任するか、または解任（本条4項、25条1項）されることなしには、理事たる地位を取得しない。また、監事は管理組合法人の使用人になることはできるが、その場合にも、監事を辞任するか、または解任（本条4項、25条1項）されることなしには、使用人としての職務を行うことはできない。さらに、理事または管理組合法人の使用人を監事に選任することもできるが、その場合には、理事を辞任するかまたは解任（49条8項、25条1項）されることなしには監事の職務を行うことはできず、また、使用人に関する雇用契約を解約した後でなければ監事の職務を行うことはできない。

〔4〕 **監事の職務**

管理組合法人の監事の職務は、①法人の財産状況の監査、②理事の業務執行状況の監査、③財産の状況または業務の執行につき不整の事実を発見したときの集会への報告、④その報告をなすために必要があるときの集会の招集、である。

〔5〕 **準用規定**

25条、49条6項および7項ならびに49条の4の規定は、監事に準用される。

(1) 25条の準用

管理者の選任および解任に関する本法25条の規定は、監事に準用する（25条の注釈参照）。

(2) 49条6項の準用

監事の任期については、本法49条6項の規定が準用される。すなわち、その任期は2年とされるが、規約で3年以内において別段の期間を定めたときは、その期間とする（49条の注釈〔7〕参照）。

(3) 49条7項の準用

監事が欠けた場合または規約で定めた監事の員数が欠けた場合には、本法49条

7項の規定が準用される。すなわち、これらの場合には、任期の満了または辞任により退任した監事は、新たに選任された監事が就任するまで、なおその職務を行う（49条の注釈〔8〕参照）。

(4) 49条の4の準用

監事が欠けた場合の仮監事の選任に関しては、49条の4が準用される。すなわち、監事が欠けた場合において、遅滞のため損害を生ずるおそれがあるときは、裁判所は、利害関係人または検察官の請求によって仮監事を選任する（49条の4の注釈参照）。その管轄裁判所は、管理組合法人の主たる事務所所在地の地方裁判所である（49条の4第2項の準用）。

（監事の代表権）
第51条 管理組合法人と理事との利益が相反する事項については、監事が管理組合法人を代表する。

〔1〕 本条の趣旨

管理組合法人と理事との利益が相反する事項について、理事の代表権を認めることは、理事の利益において法人の利益、ひいてはその構成員である区分所有者の利益が犠牲にされるおそれがある。そこで、管理組合法人と理事との利益が相反する事項についての何らかの措置を定める必要があり、具体的な措置としては、特別代理人を選任する制度（民法旧57条）や法人の機関等の承認を要するとする制度（一般法人法84条等）等が考えられる。しかし、管理組合法人には理事の業務状況を監視する必置機関である監事が存在するので、本条では、農業協同組合法の旧規定33条（「組合が理事と契約するときは、監事が、組合を代表する。組合と理事との訴訟についても、また同様とする」）等の例にならって、監事が管理組合法人を代表するものとした。

〔2〕 監事の代表権

管理組合法人と理事との利益が相反する事項については、理事は代表権を有せず、監事が管理組合法人を代表する。

(1) 利益の相反

管理組合法人と理事との利益が相反する事項であるか否かは、当該行為の外形から判断されるべきである。外形上利益が相反する可能性があれば、実際に管理

組合が不利益を蒙むるかどうかを問題とすることなく、利益相反事項となる。たとえば、管理組合法人所有の土地を理事が買うという場合には、その売買価格が適正なものであっても、当該取引は利益相反事項となる。

利益相反事項としては、①理事個人と管理組合法人との間で法律行為をする場合（自己契約。たとえば、上記の例のような理事と管理組合法人との売買契約）、②理事が代表し、または代理する第三者と管理組合法人との間で法律行為をする場合（双方代表・双方代理。たとえば、理事が、マンションの補修工事を自己が経営している会社に請け負わせるような場合）、③管理組合法人が理事個人の債務について保証をする場合（たとえば、理事の有する専有部分についての補修工事の代金について管理組合法人が保証人となるような場合）、などが考えられる。

これに対して、上記①②③に該当する場合であっても、外形上利益が相反する可能性がなければ、すなわち外形上管理組合法人に不利益を与える可能性がなければ、本条でいう利益相反事項には当らない。たとえば、理事が管理組合法人に対して負担の伴わない贈与をする場合、理事が経営する会社が無償で補修工事をする場合、理事個人が管理組合法人の債務の保証人となる場合などには、利益相反事項とはならない。

(2) 訴訟の追行

理事と管理組合法人との間の訴訟の追行は利益相反事項に該当するので、監事の代表権は、訴訟行為にも及ぶ。

(3) 利益相反事項について理事が管理組合法人を代表した場合の効果

管理組合法人と理事との利益が相反する事項について、理事が管理組合法人を代表した場合には、その行為は無効である。それでは、この無効は絶対的無効か、それとも追認の余地を認める相対的無効か。学説上、「理事が利益相反行為をなしても、それが必ずしも法人にとって不利益でない場合もありうるのだから、絶対無効と解することなく、監事あるいは理事会等の追認によって有効となりうる余地を残している無権代理説が妥当である」（森泉・基本コンメ97）として相対的無効とするものがある。しかし、監事は、理事の業務執行の状況を監査し、また、業務の執行について不整の事実があることを発見したときはこれを集会に報告しなければならない立場にあることから（50条3項3号）、監事による追認を認めるべきではないと解する。なお、森泉・前掲97は、「監事による事後の追認が是認される以上、監事の事前の同意による利益相反行為の有効化を認めても差し支

ない」とするが、監事による事後の追認を認めない以上、事前の同意による利益相反行為の有効化は認めるべきではない。管理組合法人の集会の決議による追認を認めるべきか否かについては、別個に問題が存在するが、肯定的に解すべきであろう。

(4) 代表権を有する理事

本条でいう理事とは、管理組合法人との間で利益が相反する可能性のある、代表権を有する理事であって、これには代表権のない理事（49条5項参照）は含まれない。したがって、代表権のない理事と管理組合法人とが取引する場合には、代表権のある理事が法人を代表するのであって、監事が法人を代表することはない。

なお、監事と管理組合法人とが取引をする場合には、監事は本条の場合を除いて代表権を有しないので、利益相反行為となることはない。

各自代表権を有する理事が数人ある場合において、理事の一人と管理組合法人との間に利益相反事項があるときは、監事ではなく、他の理事が法人を代表すると解すべきである（濱崎・解説316）。これに対して、数人の理事が共同して管理組合法人を代表する場合（49条5項参照）において、理事の一人と管理組合法人との間に利益相反事項があるときは、監事が法人を代表すると解すべきである。

(事務の執行)
第52条[1] 管理組合法人の事務は、この法律に定めるもののほか、すべて集会の決議によって行う。[2] ただし、この法律に集会の決議につき特別の定数が定められている事項及び第57条第2項に規定する事項を除いて、規約で、理事その他の役員が決するものとすることができる。[3]
2 前項の規定にかかわらず、保存行為は、理事が決することができる。[4]

〔1〕 **本条の趣旨**

本条は、民法上の法人に関する民法旧63条の規定（「社団法人の事務は、定款で理事その他の役員に委任したものを除き、すべて総会の決議によって行う」）と同趣旨の規定であり、集会が管理組合法人の最高の意思決定機関であることを定めたものである（一般法人法35条1項参照）。管理組合法人の事務には、共用部分の管理（17条1項、18条1項本文）や理事・監事の選任・解任（49条8項、50条4項、25条

第1章　建物の区分所有　第6節　管理組合法人

1項）などのような内部的な事務と、損害保険契約の締結や第三者に対する訴訟の提起などのような対外的事務とがあるが、これら管理組合法人の事務は、原則として、集会の決議に基づかなければならない（本条1項本文）。集会の決議は、理事によって執行される（49条参照）。

　管理組合法人の事務は、原則として集会の決議に基づかなければならないが、本条1項ただし書は、一定の事項を除いて、規約で、管理組合法人の事務を理事その他の役員が決するものとすることができるとし、また本条2項は、保存行為は、理事が決することができるとする。

〔2〕　事務の決定・執行

　管理組合法人の事務は、この法律に定めるもののほか、すべて集会の決議によって行う。

　(1)　管理組合法人の事務

　「管理組合法人の事務」とは、建物、敷地、附属施設の管理を行う上で区分所有者の団体として必要な一切の事務をいう（「事務」については、後記(3)参照）。その範囲は、法人格を有するか否かによって基本的に変わるところはない。

　(2)　「この法律に定めるもの」

　「この法律に定めるもの」とは、以下の(ｱ)(ｲ)(ｳ)の3つである。

　(ｱ)　本法で個別的に集会の決議事項として定めている事項

　具体的には、次の①から⑱までの事項である（以下の①～⑪は特別多数決事項であり、⑫～⑱は普通決議事項〔39条1項参照〕である。なお、法人格を取得していない区分所有者の団体にあっては、管理者がいない場合の規約等の保管者の選任についても普通決議事項である〔33条1項ただし書、42条5項、45条4項〕が、管理組合法人については、47条11項によって33条1項ただし書の適用を除外している）。

　①　共用部分の変更（17条1項本文）

　②　共有に属する敷地・附属施設の変更（21条、17条1項本文）

　③　規約の設定・変更・廃止（31条1項前段）

　④　管理組合の法人化（47条1項）

　⑤　管理組合法人の解散（55条1項3号・2項）

　⑥　義務違反者に対する使用禁止等の請求（58条、59条、60条）

　⑦　大規模一部滅失の場合の復旧（61条5項）

　⑧　建替え（62条1項）

⑨　団地の規約を定めるについての各棟の承認（68条1項2号）
⑩　団地内の建物の建替え承認決議（69条1項・7項）
⑪　団地内の建物の一括建替え決議（70条1項）
⑫　共用部分の狭義の管理に関する事項（18条1項本文）
⑬　共有に属する敷地・附属施設の狭義の管理に関する事項（21条、18条1項本文）
⑭　議長の選任（41条）
⑮　理事・監事の選任・解任（49条8項、50条4項、25条1項）
⑯　理事が数人ある場合の代表理事の選任または共同代表の定め（49条5項）
⑰　共同利益背反行為の停止等の請求（57条2項・4項）
⑱　小規模一部滅失の場合の復旧（61条3項）

以上の事項は、本条項の適用を待つまでもなく、管理組合法人にあっても集会の決議で決する。

法人格を取得していない区分所有者の団体にあっては、以上の事項以外の事項（たとえば、決算、予算、管理費・使用料等の額・徴収方法、長期修繕計画、修繕積立金の取崩し、管理者等の活動費の額、管理業務委託契約の締結など）についても、規約で集会の決議事項と定めることができる（45条1項参照。なお、マンション標準管理規約〔単棟型〕48条参照。もっとも規約で集会の決議事項と定めていない事項についても、建物等の管理に関する事項〔3条参照〕であれば、集会で決議することができる〔なお、37条1項参照〕）。これに対して、管理組合法人においては、法人の事務に含まれる事項は、規約で特別の定めをするまでもなく、集会の決議で決する。本条1項本文の規定の意義は、この点にあると説明されている（濱崎・解説317）。

　(イ)　本法で、規約でのみ定めることを認め、集会で決することができないとされている事項

次の事項等がこれに当たる（下記以外の事項については、30条の注釈〔3〕(1)の①〜⑳の事項〔一部重複〕参照。ただし⑩〜⑬を除く〔47条11項参照〕）。

①　規約共用部分（4条2項）
②　規約敷地（5条1項）
③　共用部分の持分割合（14条4項）
④　共用部分等の負担または利益取取の割合（19条、21条）
⑤　集会の招集請求権等の区分所有者の定数の引下げ（34条3項・5項）

⑥　議決権の割合（38条）
⑦　集会の普通決議の要件（39条1項）
⑧　理事の互選による代表理事の決定（49条5項後段）
⑨　解散した管理組合法人の残余財産の帰属の割合（56条）
⑩　小規模一部滅失の場合の処置（61条4項）

これらの事項については、管理組合法人にあっても、集会の決議で決することはできない。

㋒　本法で、管理組合法人にあっては規約をもってしても定めることができないとされている事項

管理所有（11条2項、27条1項）がこれに当たる。管理所有については、管理組合法人にあっては規約をもってしても定めることができない（47条11項は、第4節は管理組合法人には適用しないとする）。

なお、本法の強行規定（規約をもってしても排除できない規定）に反する事項については、法人格を取得していない区分所有者の団体の場合と同様に、管理組合法人にあっても集会の決議で決することはできない。たとえば、理事がその事務について集会で報告する義務を定める規定（47条12項、43条）に反して、このような報告義務を免除する旨を集会の決議で決することはできない。

(3)　「集会の決議によって行う」

「管理組合法人の事務は、……集会の決議によって行う」というのは、管理組合法人の事務は、集会の決議を介して、その決議の内容に従って行うという意味である。「事務」には、決定と執行の2つの側面があるが、本条は、この2つの側面について集会の決議によって行うものとした。事務の執行は、決議の実行として、理事が行う。法人格のない区分所有者の団体において管理者が集会の決議を実行すること（26条1項）と基本的に異なるところはない。

(4)　管理組合法人の集会

管理組合法人の集会は、法人格のない区分所有者の団体における集会と基本的に異なるところはない。すなわち、47条12項による読替えの上で、34条から46条までの集会に関する規定が適用される。

〔3〕　理事その他の役員で決する旨の規約による定め

管理組合法人の事務は、集会の決議で決するのが原則であるが、本法に集会の決議について特別の定数が定められている事項および57条2項に規定する事項

(以下〔3〕において、この両事項を併せて「特別多数決事項等」という）を除いて、規約で、理事その他の役員が決するものとすることができる。民法上の法人の場合に、社団法人の事務につき定款をもって理事その他の役員に委任することができる（民法旧63条）のと同じ趣旨である。

なお、法人格を取得していない区分所有者の団体においても、本条1項と同様、団体の事務は、特別多数決事項等を除いて、規約で、管理者その他の役員が決するものとすることができる、と解すべきである（26条1項の「管理者は、……規約で定めた行為をする権利を有し、義務を負う」の文言参照）。

(1)　「この法律に集会の決議につき特別の定数が定められている事項」

この法律において特別の定数が定められている集会決議事項（特別多数決事項）については、規約で理事その他の役員が決するものとすることはできない。前記〔2〕(2)で掲げた①から⑪までの事項が、「この法律に集会の決議につき特別の定数が定められている事項」である。これらの事項は、集会の特別多数決議によってのみ決することができ（これらの事項に関する各規定は強行規定である）、規約で集会の決議以外の方法で決するものとすることは許されない。

また、特別多数決事項ではないが、57条2項に規定する事項（共同の利益に反する区分所有者の行為の停止等についての訴訟提起）については、同条項で、「集会の決議によらなければならない」としていることから、同様に、規約で集会の決議以外の方法で決するものとすることは許されない。

なお、特別多数決事項等であっても、当該事項のすべての部分についてまで集会で決定する必要はない。たとえば、共用部分の変更（17条1項）について主要な部分を集会で決議すれば、その詳細（細部につきどのように変更するかなど）およびその執行方法（どの業者に工事を発注するかなど）については理事その他の役員に委ねることができる。

(2)　規約による定め

管理組合法人の事務を理事その他の役員が決すべきものとするためには、「規約で」、すなわち31条1項前段の手続に従ってしなければならない。これを集会の決議ですることは許されない。

規約では、管理組合法人の事務のうち、理事その他の役員に委ねるべき事務を特定する必要がある。特別多数決事項等を除いた、管理組合法人のすべての事務を一括して、規約で理事その他の役員に委ねることは、認められない。

(3)　「その他の役員」

「その他の役員」とは、規約で任意に定める役員（たとえば、評議員、代議員）を指す。理事以外の法定の役員として監事が存するが、監事に委任することは、監査機関たる監事の職責上、51条に規定する場合を除いては許されないと解されている（濱崎・解説319）。

規約で、理事会、評議員会、代議員会のような合議体を定め、これに決定を委ねることもできる（濱崎・解説319）。規約で理事以外の者に委任された場合には、当該事務について、理事には決定権がない。

なお、規約で理事その他の役員が決するものとした場合でも、当該事項を集会の決議で決することが許されると解されている（濱崎・解説319）。規約で理事その他の役員に決定を委ねられた事項について、集会で決定することができ、また、理事その他の役員によって既になされた決定と異なる決議を後に集会で行った場合には集会での決議によって理事その他の役員による決定が変更されたものと考えるべきである。

〔4〕　**保存行為についての決定**

管理組合法人の事務のうち、保存行為については、法律上当然に、理事が決することができる。管理組合法人の事務は、基本的に、集会の決議に基づいて行われるべきであり（本条1項本文）、また理事その他の役員が決することができる場合にも規約による特別の委任があるときに限られる（同項ただし書）が、保存行為については、法人格を取得していない区分所有者の団体にあっても管理者にその権限が認められていること（26条1項）、また、その性質上、特段の事情のない限り、その執行が区分所有者の意思に反することは少なく、理事の専決に委ねても区分所有者に損失を及ぼすおそれがないこと、さらに、理事に権限を認めることによって管理等が迅速になされ得ると考えられることなどから、法律上当然に理事に決定権限が認められた。

(1)　保存行為

「保存行為」とは、共用部分ならびに建物の敷地および附属施設の保存行為（18条1項ただし書、21条）をいう（管理組合法人の債権その他の財産を保存する行為等も含む〔濱崎・解説320〕）。

保存行為は、本来、各区分所有者が単独で行うことができ（18条1項ただし書、21条）、それに要する費用は19条の規定に従って区分所有者全員の負担とされる。

本条2項の規定は、管理組合法人の事務としての保存行為を理事の当然の権限として認めたものである。

(2) 理事が数人ある場合
理事が数人ある場合には、49条2項により、規約に別段の定めがない限り、理事の過半数をもって決定する。

(区分所有者の責任)
第53条[1] 管理組合法人の財産をもってその債務を完済することができないときは、区分所有者は、第14条に定める割合と同一の割合で、その債務の弁済の責めに任ずる。ただし、第29条第1項ただし書に規定する負担の割合が定められているときは、その割合による[2]。
2 管理組合法人の財産に対する強制執行がその効を奏しなかったときも、前項と同様とする[3]。
3 前項の規定は、区分所有者が管理組合法人に資力があり、かつ、執行が容易であることを証明したときは、適用しない[4]。

〔1〕 **本条の趣旨**
本条は、管理組合法人の債務について、法人が第一次的にこれを負担することを前提とした上で、区分所有者の責任に関して定める。

29条1項は、法人格を取得していない区分所有者の団体（3条）において、管理者がその職務の範囲内において第三者との間でした行為について、各区分所有者が分割して責任を負う旨を定めるが、区分所有者の団体が管理組合法人となった場合でも団体としての実体は法人格取得前と異ならず、各区分所有者の責任も基本的に変わるところはない。ただし、管理組合法人が権利・義務の主体と認められることによって、団体の債務が第一次的には法人に帰属することとなる。

本条は、管理組合法人の債務に対する区分所有者の責任について、商法旧80条の合名会社の社員の責任に関する規定（「①会社財産ヲ以テ会社ノ債務ヲ完済スルコト能ハザルトキハ各社員連帯シテ其ノ弁済ノ責ニ任ズ、②会社財産ニ対スル強制執行ガ其ノ効ヲ奏セザルトキ亦前項ニ同ジ、③前項ノ規定ハ社員ガ会社ニ弁済ノ資力アリ且執行ノ容易ナルコトヲ証明シタルトキハ之ヲ適用セズ」）にならって設けられたものである（濱崎・解説322参照。なお、持分会社の社員の責任に関する規定として会社法580

条参照)。合名会社において社員に別人格たる会社の債務の責任を負わせる理由は、合名会社が社員個人の人的信用を基礎としているからであり、比較的少数の社員と少額の資本とによって組織される合名会社と取引をする会社債権者を保護するためである、と説明されている（大塚・注釈会社273）。なお、商法旧80条と本条との違いは、合名会社の社員の責任が連帯責任であるのに対して区分所有者の責任が分割責任であるという点である。

〔2〕 **区分所有者の責任**

管理組合法人の財産をもってその債務を完済することができないときは、区分所有者は、債務の額を分割して弁済の責任を負う。分割の割合は、14条に定める割合と同一の割合である。ただし、規約でこれと異なる負担の割合が定められているときは、その割合による（29条1項ただし書）。

(1) 「管理組合法人の財産」

「管理組合法人の財産」とは、交換価値を有する管理組合法人の一切の積極財産をいう。管理組合法人が管理費、修繕積立金、組合費、専用使用料等の名目で区分所有者または第三者から収授した金銭およびその法定果実ならびに法人が有する不動産、動産その他の財産権がこれに該当する。

各区分所有者に属する専有部分および共用部分、区分所有者の共有に属する敷地・附属施設は、ここでいう管理組合法人の財産ではない。

(2) 「その債務を完済することができないとき」

「その債務を完済することができないとき」とは、管理組合法人の財産と債務を対照して、その債務が法人の財産を超過するときをいう。このことが、本条1項の権利行使の要件である。管理組合法人の財産に対する強制執行（本条2項参照）を完了することは必要でないが、単に法人が債務の弁済をしないという事実だけでは足りない。管理組合法人の債務超過の立証責任は、債権者にある（大塚・注釈会社275、277参照）。

(3) 「その債務」

「その債務」は、管理組合法人の債務を指す。発生の原因は問わず、契約上の債務、その不履行による債務、不法行為・不当利得・事務管理上の法定債務、租税等の公法上の債務、区分所有者に対する債務など管理組合法人のすべての債務を含む（大塚・注釈会社276参照）。

(4)　「第14条に定める割合と同一の割合」

「第14条に定める割合と同一の割合」については、29条の注釈〔4〕参照。

(5)　「第29条第1項ただし書に規定する負担の割合」

「第29条第1項ただし書に規定する負担の割合」とは、規約で建物、敷地、附属施設の管理に要する経費について定めた負担の割合である。なお、29条の注釈〔5〕参照。

(6)　区分所有者の弁済額

区分所有者が弁済すべき額は、管理組合法人の当該債務の全額である。計数上、法人の財産から完済を受け得ない不足額ではない。本条1項の「管理組合法人の財産をもってその債務を完済することができないとき」という文言は、区分所有者に対する権利行使の要件に過ぎず、責任額を定めたものではない（大塚・注釈会社286参照）。各区分所有者は、当該債務の全額について、原則として14条に定める割合と同一の割合で、弁済の責任を負う。

〔3〕　**強制執行の不奏効**

管理組合法人の財産に対して強制執行がなされたが、当該債権がその財産によっては満足を得られないとき（強制執行の不奏効）は、各区分所有者は、本条1項と同様、14条に定める割合と同一の割合でその債務を弁済する責任がある。ただし、29条1項ただし書に規定する負担の割合が定められているときは、その割合による。

本条が1項のほかに2項を設けた理由は、管理組合法人の財産に対する強制執行によって現実に満足を得られないような場合に、あらためて法人の完済不能（本条1項）の立証を債権者に要求することは妥当ではないからである（大塚・注釈会社277参照）。なお、後記〔4〕参照。

強制執行の不奏効の立証責任は、請求権者たる債権者にある。強制執行の不奏効は法人の財産状態の悪化の事実を示すものであるから、強制執行は、当該債権者が申し立てた場合に限らず、誰が申し立てた場合であってもよいと解すべきである（大塚・注釈会社278参照）。なお、本条3項の場合には、本項の適用は排除される。

〔4〕　**区分所有者の抗弁**

管理組合法人の財産に対する強制執行の不奏効の場合に、区分所有者が管理組合法人に資力があり、かつ、執行が容易であることを証明したときは、区分所有

者は責任を負わない。民法453条の保証人の検索の抗弁権の規定（「債権者が前条の規定に従い主たる債務者に催告をした後であっても、保証人が主たる債務者に弁済をする資力があり、かつ、執行が容易であることを証明したときは、債権者は、まず主たる債務者の財産について執行をしなければならない」）と類似する。民法453条についてなされる解釈が本条3項についても妥当しよう。

(1) 資力があることの証明

管理組合法人に資力があることの証明については、執行が容易な相当程度の財産を有することを証明すれば足り、必ずしも債務の全額を弁済する資力があることを要しないと解される（大判昭8・6・13民集12-1472）。

(2) 執行が容易なことの証明

管理組合法人の財産の執行が容易であるか否かの判断基準は、執行をするための法律上の手続が容易であるか否かではなく、現実に弁済を受けることが容易であるか否かである（大判昭5・4・23新聞3122-10）。結局はそれぞれの場合について個別に判断するほかないが、一般的には、たとえば、管理組合法人の銀行預金などは執行が容易であるといえよう。

(3) 区分所有者の抗弁が認められた場合

債権者が管理組合法人の財産に対する強制執行の不奏効を理由に区分所有者に対して弁済の請求をした（本条2項）のに対して、区分所有者が本条3項の抗弁によって勝訴した場合でも、債権者に区分所有者の抗弁に応じた強制執行の義務を生じさせるものではない。また、この場合でも、債権者が直ちに執行したならば弁済を得たであろう範囲で区分所有者が免責されるわけでもない（民法455条対照）。債権者が区分所有者の抗弁に応じて執行したが効を奏しなかったときは、再び区分所有者に対して直接に請求することができる（大塚・注釈会社278参照）。

（特定承継人の責任）
第54条　区分所有者の特定承継人は、その承継前に生じた管理組合法人の債務についても、その区分所有者が前条の規定により負う責任と同一の責任を負う。

〔1〕　**本条の趣旨**

本条は、管理組合法人の債務について、その債務の発生後に区分所有権を譲り

受けた者など区分所有者の特定承継人の責任に関して定める。

29条2項は、区分所有者の団体が法人格を取得していない場合に管理者と取引をした第三者が区分所有者に対して有する債権を区分所有者の特定承継人に対しても行使することができる旨を定めるが、本条は、この規定と同様に、管理組合法人の債務について、区分所有者の特定承継人がその区分所有者が53条の規定によって負う責任と同一の責任を負う旨を規定する。ただし、管理組合法人にあっては、その債務はまず法人に帰属するので、特定承継人の責任は、53条の規定によって負う区分所有者の責任と同様、補充的な責任である。

なお、本条の立法理由は、29条2項の立法理由と同様であるので、同条項の注釈〔6〕(1)参照。

〔2〕 **特定承継人の責任**

区分所有者の特定承継人は、その承継前に生じた管理組合法人の債務についても、その区分所有者が前条の規定によって負う責任と同一の責任を負う。

(1) 「その区分所有者が前条の規定により負う責任」

「その区分所有者が前条の規定により負う責任」とは、区分所有者が、管理組合法人の債務について、法人が完済不能のとき（53条1項）または強制執行の不奏効（同条2項・3項）のときに、53条1項の規定で定める割合に従って負う責任をいう。なお、詳細は、53条の注釈参照。

(2) 前区分所有者の責任

前区分所有者も、引き続き責任を負う。本条に定める特定承継人の責任は前区分所有者と不真正連帯の関係に立つ。この点に関しては、29条の注釈〔6〕(2)参照。

（解散）

第55条 管理組合法人は、次の事由によって解散する。

一 建物（一部共用部分を共用すべき区分所有者で構成する管理組合法人にあっては、その共用部分）の全部の滅失

二 建物に専有部分がなくなったこと。

三 集会の決議

2 前項第3号の決議は、区分所有者及び議決権の各4分の3以上の多数でする。

第1章 建物の区分所有 第6節 管理組合法人

〔1〕 本条の趣旨

本条は、管理組合法人の解散に関して定める。1項で解散事由を定め、2項で解散をする旨の集会決議の議決要件について定める。

本条は、2006年の一般法人法の成立（47条の注釈〔13〕参照）に伴う改正前においては、3項において以下に掲げる民法および旧非訟事件手続法（2006年改正前）の諸規定を管理組合法人の解散および清算に準用するとしていた。一般法人法の成立に伴い民法の法人に関する当該諸規定が削除されたために、これらと同旨の規定が本法の55条の2以下に直接に定められた。また、旧非訟事件手続法（2006年改正前）の当該諸規定についても、これらと同旨の規定が本法の56条の3以下に直接に定められた。それらの対応関係を示すと、①民法旧73条は、本法55条の2に、②同旧74条は、本法55条の3に、③同旧75条は、本法55条の4に、④同旧76条は、本法55条の5に、⑤同旧78条は、本法55条の6に、⑥同旧79条は、本法55条の7に、⑦同旧80条は、本法55条の8に、⑧同旧81条は、本法55条の9に、⑨同旧82条は、本法56条の2に、⑩旧非訟事件手続法の（2006年改正前）35条2項は、本法56条の3に、⑪同40条は、本法56条の7に、⑫同37条は、本法56条の4に、⑬同38条は、本法56条の5に、⑭同39条は、本法56条の6に、それぞれ定められた（ただし、本法56条の6〔即時抗告〕の規定は、2011年に削除された）。

〔2〕 管理組合法人の解散

管理組合法人は、一般の法人のように設立手続を経て新たな団体が創設されるのとは異なり、すでに存在する区分所有者の団体（3条）がその構成員の集会の決議に基づいて法人格を取得したものである。このような法人の特質から、管理組合法人は、区分所有の関係が消滅して、区分所有者の団体自体が存在しなくなった場合には当然に解散する（本条1項1号・2号）。また、いったんは法人格を取得した区分所有者の団体が、集会によりその法人格を失わせる旨の決議があった場合にも解散する（同項3号）。

管理組合法人は、解散したときおよび清算が結了したときは、その旨の登記をしなければならない。これらの登記は、組合等登記令7条および10条によりなされる。

(1) 破　産

一般法人法の規定（148条6号）や持分会社に関する会社法の規定（641条6号）と異なって、本条1項は、破産を管理組合法人の解散事由としていない。この点

について、法務省立法担当者は、「管理組合法人にあっては、構成員たる区分所有者が無限責任を負う（53条）ばかりでなく、破産宣告を受けた場合であっても、区分所有建物が存在する限りは、法人の基礎たる3条の団体はなお存続し、かつ活動を続けなければならないのであり、仮にいったんは法人格を失わせても、破産手続が終了すれば再び47条の規定により法人格を取得するみちをふさぐわけにはいかない。このような理由で、破産宣告がされ、破産手続が終了しても、管理組合法人はなお存続することとしたのである」と説明する（濱崎・解説327）。

(2) 区分所有者の欠亡

本条1項で解散事由とされていないが、管理組合法人の構成員たる区分所有者が欠亡したとき（たとえば、区分所有者全員が相続人なくして死亡したとき）は、法人の基礎たる区分所有者の団体は存在し得ないから、管理組合法人は当然に解散すると解すべきである（一般法人法148条4号、会社法641条4号参照）。

これに対して、専有部分の全部が一人に帰属することになった場合には、合名会社の社員が一人となったとき（商法旧94条4号）と異なって、区分所有建物が存在する限り、複数の区分所有者が生じることが予定されているのであるから、区分所有者の団体は存続し、管理組合法人は解散しないと解すべきである（濱崎・解説326。なお、同規定を受け継ぐ持分会社の解散に関しては会社法641条4号）。

〔3〕 **建物の全部滅失**

建物（一部共用部分を共用すべき区分所有者で構成する管理組合法人にあっては、その共用部分）の全部が滅失した場合には、区分所有者の団体（3条）が存在しなくなるので、管理組合法人は、当然に解散する。

建物の全部が滅失した場合には、3条前段の区分所有者全員の団体が消滅し、その団体に依拠して存在していた管理組合法人は当然に解散する。

一部共用部分（3条後段）の全部が滅失した場合には、一部共用部分を共有する区分所有者で構成する団体が消滅し、その団体に依拠して存在していた管理組合法人は当然に解散する。

(1) 建物の一部滅失

建物（または一部共用部分）の全部が滅失した場合だけが、管理組合法人の解散事由であって、建物（または一部共用部分）の大半が滅失してもその一部が残存していれば、解散事由にはならない。建物（または一部共用部分）の一部でも残存していれば、たとえ自己の専有部分の全部を失った区分所有者でも、残存し

ている共用部分についてなお所有権（共有）があり、61条1項・3項・5項に基づいて、滅失した共用部分や自己の専有部分を復旧する余地がある。したがって、区分所有者の団体に当然の変動なく、管理組合法人の基盤たる団体はなお存続する（濱崎・解説327注(2)参照）。

建物（または一部共用部分）の全部が滅失した場合には、建物の敷地および附属施設が残存していても、区分所有者の団体は消滅するので、管理組合法人は当然に解散する。

(2) 「滅失」

「滅失」については、61条の注釈〔3〕参照。

62条の規定による建替えの決議に基づいて建物を取り壊した場合も、「滅失」に該当する。この場合には、区分所有者の団体は消滅する（63条の注釈〔1〕(1)参照）ので、管理組合法人も当然に解散する。

(3) 一部共用部分の管理組合法人

一部共用部分を、それを共有する区分所有者からなる管理組合法人で管理していたが、規約によって、それを区分所有者全員が管理すべきものとした場合には、本条1項1号が準用され、当該管理組合法人は解散すると解すべきである（濱崎・解説325参照）。これには、11条2項本文の規定による別段の定めによって一部共用部分を区分所有者全員の共有とする旨を定めた場合および16条に従って規約により一部共用部分の管理を区分所有者全員で行うべきものと定めた場合（31条2項、30条2項）とがある。

〔4〕 **専有部分の喪失**

「建物に専有部分がなくなったこと」とは、建物自体は存在しているが建物が区分所有建物（1条参照）でなくなったことをいう。専有部分間の隔壁を除去するなどして物理的に専有部分の構造上の独立性が存在しない建物となった場合や、専有部分の全部を所有する者が専有部分の利用上の独立性を確定的に失わせるような建物とした場合（典型的には、専有部分につき合併の登記をした場合）がこれに当たる。この場合には、区分所有者の団体（3条）は存在しないこととなり、管理組合法人は当然に解散する。

〔5〕 **集会の決議**

集会の決議によって、管理組合法人は解散する。規約によって任意の解散事由を定めること（一般法人法148条1号・2号、会社法641条1号・2号参照）はできず、

法人の構成員の任意の意思に基づいて解散するためには常に集会の決議を必要とする。
　集会の決議によって解散したときは、本条1項1号および2号の事由によって解散する場合と異なって、区分所有者の団体（3条）はなお存続し、団体としての建物等の管理を引き続き行う必要がある。そのために、必要があれば、区分所有者は、25条の規定により集会の決議によって管理者を選任することができる（解散前の管理組合法人の理事が当然に管理者になるのではない）。
　区分所有者の団体が法人格を取得した場合と同様に、管理組合法人の集会の決議や規約は、法人に特有の事項を除いて、法人解散後の区分所有者の団体の集会の決議や規約として効力を有するものと解される（47条5項参照。濱崎・解説326）。

〔6〕　特別決議
　管理組合法人を解散する旨の集会の決議は、法人格取得の場合（47条1項）と同様に、区分所有者および議決権の各4分の3以上の特別多数決議による。

（清算中の管理組合法人の能力）
第55条の2　解散した管理組合法人は、清算の目的の範囲内において、その清算の結了に至るまではなお存続するものとみなす。

〔1〕　本条の趣旨
　本条は、清算中の管理組合法人の能力について定める。本条は、2006年の一般法人法の成立（47条の注釈〔13〕参照）に伴い、それまでは本法に準用されていた民法旧73条が削除されたために、同旨の規定が本条に直接定められたものである（55条の注釈〔1〕参照）。

〔2〕　清算法人
　法人は、解散してもその財産関係の清算事務が残るため、法人格をそのまま存続させる必要がある。このことは、管理組合法人についても同様である。したがって、解散した管理組合法人は、清算の目的の範囲内においてはその清算の結了に至るまでなお存続するものとみなされる（解散して清算の段階に入った法人を「清算法人」という）。
　55条1項1号・2号の解散事由によって解散する場合には、法人の基礎たる区分所有者の団体（3条）は消滅しているが、解散時の区分所有者を構成員とする

第1章　建物の区分所有　第6節　管理組合法人

　管理組合法人が清算法人として存続するものとみなされる。同項3号の解散事由による場合には、区分所有者の団体はなお存続することから、清算法人としての管理組合法人は、清算の結了に至るまではこの団体と重なって存在することになる。清算手続の対象になる法人の財産は、解散後の区分所有者の団体の財産と区分され、清算手続に従って処理される。

（清算人）
第55条の3[1]　管理組合法人が解散したときは、破産手続開始の決定による解散の場合を除き、理事がその清算人となる。ただし、規約に別段の定めがあるとき、又は集会において理事以外の者を選任したときは、この限りでない。[2]

　〔1〕　**本条の趣旨**
　本条は、清算人について定める。本条は、2006年の一般法人法の成立（47条の注釈〔13〕参照）に伴い、それまでは本法に準用されていた民法旧74条が削除されたために、同旨の規定が本条に直接定められたものである（55条の注釈〔1〕参照）。
　〔2〕　**清算人**
　一般の法人の場合と同様に、解散した管理組合法人の清算事務は、清算人によって行われる（55条の6参照）。清算人には、解散前の管理組合法人の理事が当たる。ただし、規約に別段の定めがあるとき、または集会で理事以外の者を清算人に選任したときは、その限りでない。
　解散前の管理組合法人において、理事が数人あって代表理事または共同代表の制度（49条5項）を採用していた場合に、清算人となる理事にもその制限は及ぶか。これについては、本法49条5項が明文で準用されていないことから、理事の全員がそれぞれ代表権を有する清算人となると解されている（濱崎・解説329参照）。それによれば、代表理事のみを清算人としたり、数人の者が共同して代表権を有するような清算人とするためには、規約または集会の決議でその旨を定める必要がある。

(裁判所による清算人の選任)
第55条の4 前条の規定により清算人となる者がないとき、又は清算人が欠けたため損害を生ずるおそれがあるときは、裁判所は、利害関係人若しくは検察官の請求により又は職権で、清算人を選任することができる。

〔1〕 **本条の趣旨**
　本条は、裁判所による清算人の選任について定める。本条は、2006年の一般法人法の成立（47条の注釈〔13〕参照）に伴い、それまでは本法に準用されていた民法旧75条が削除されたために、同旨の規定が本条に直接定められたものである（55条の注釈〔1〕参照）。

〔2〕 **裁判所による清算人の選任**
　清算手続中の管理組合法人にとって、清算人は、必須の機関である。55条の3の規定によって清算人となる者がないとき、または清算人が欠けたために損害が生ずるおそれがあるときは、裁判所は、利害関係人もしくは検察官の請求によって、または職権をもって清算人を選任することができる。利害関係人としては、区分所有者（55条1項3号の事由によって解散した場合）、解散時に区分所有者であった者（55条1項1号・2号の事由によって解散した場合）、管理組合法人の債権者・債務者等が考えられる。
　裁判所が清算人を選任したときは、管理組合法人にその報酬を支払わせることができる（56条の5）。

(清算人の解任)
第55条の5 重要な事由があるときは、裁判所は、利害関係人若しくは検察官の請求により又は職権で、清算人を解任することができる。

〔1〕 **本条の趣旨**
　本条は、清算人の解任について定める。本条は、2006年の一般法人法の成立（47条の注釈〔13〕参照）に伴い、それまでは本法に準用されていた民法旧76条が削除されたために、同旨の規定が本条に直接定められたものである（55条の注釈〔1〕参照）。

〔2〕 裁判所による清算人の解任

重要な事由があるときは、裁判所は、利害関係人もしくは検察官の請求によって、または職権をもって清算人を解任することができる。重要な事由とは、清算人がその職務（55条の6）の任に耐えられない、またはその任に適しない重要な事由をいう。利害関係人としては、清算人の選任の請求の場合と同様である（55条の4の注釈〔2〕を参照のこと）。

（清算人の職務及び権限）
第55条の6[1]　清算人の職務は、次のとおりとする。[2]
一　現務の結了
二　債権の取立て及び債務の弁済
三　残余財産の引渡し
2　清算人は、前項各号に掲げる職務を行うために必要な一切の行為をすることができる。

〔1〕 本条の趣旨

本条は、清算人の職務および権限について定める。本条は、2006年の一般法人法の成立（47条の注釈〔13〕参照）に伴い、それまでは本法に準用されていた民法旧78条が削除されたために、同旨の規定が本条に直接定められたものである（55条の注釈〔1〕参照）。

〔2〕 清算人の職務権限

清算人の職務は、現務の結了、債権の取立ておよび債務の弁済、ならびに残余財産の引渡しである（本条1項）。清算人は、これらの職務を行うために必要な一切の行為をすることができる（本条2項）。「現務の結了」とは、現に継続中の事務を完了させることをいう。

弁済期の到来していない債権や条件付債権は、直ちに取り立てることができないので、譲渡その他の方法によって換価することが必要である。

（債権の申出の催告等）
第55条の7[1][2]　清算人は、その就職の日から2月以内に、少なくとも3回の公告をもって、債権者に対し、一定の期間内にその債権の申出をすべき

旨の催告をしなければならない。この場合において、その期間は、2月を下ることができない。
2 前項の公告には、債権者がその期間内に申出をしないときは清算から除斥されるべき旨を付記しなければならない。ただし、清算人は、知れている債権者を除斥することができない。
3 清算人は、知れている債権者には、各別にその申出の催告をしなければならない。
4 第1項の公告は、官報に掲載してする。

〔1〕 **本条の趣旨**
本条は、清算人による債権の申出の催告等について定める。本条は、2006年の一般法人法の成立（47条の注釈〔13〕参照）に伴い、それまでは本法に準用されていた民法旧79条が削除されたために、同旨の規定が本条に直接定められたものである（55条の注釈〔1〕参照）。なお、本条は、一般法人法233条および238条1項とほぼ同趣旨の規定である。

〔2〕 **債権の申出の催告等**
清算人の職務の一つとしての債務の弁済（55条の6の注釈〔2〕）については、債権者の利害に大いに関わるので、詳細な手続が定められている。すなわち、清算人は、その就職の日より2カ月以内に少なくとも3回の公告（官報に掲載することを要する〔本条4項〕）をもって、債権者に対して一定の期間内（その期間は2カ月を下ることができない）にその請求の申出をすべき旨を催告しなければならない（本条1項）。この公告には、債権者が期間内に申出をしないときはその債権は清算手続から除斥される旨を附記することを要し（ただし、知れたる債権者を除斥することはできない）（本条2項）、知れたる債権者には各別に、その申出を催告することを要する（本条3項）。債権者が所定の期間内に申出をした場合には、逐次に弁済が行われる（大判昭9・1・24民集13-64参照）。

以上のように、管理組合法人の解散前に、たとえば当該法人に対して請負工事代金債権を有していたが弁済を受けていない債権者で、清算人に知れていない債権者は、本条1項に従い債権の申出をしなければ（当該債権が存在することの主張・立証責任は当該債権者が負う）、清算から除斥される（本条2項）。これに対して、管理組合法人の解散前に、たとえば当該法人から管理を委託されていた管理業者

が当該法人に対して受託業務に係る債権を有していたが弁済を受けていないことを清算人が知っていたときは、清算人から当該管理業者に対して債権の申出を催告しなければならない（本条3項）。

（期間経過後の債権の申出）
第55条の8[1]　前条第1項の期間の経過後に申出をした債権者は、管理組合法人の債務が完済された後まだ権利の帰属すべき者に引き渡されていない財産に対してのみ、請求をすることができる[2]。

〔1〕　本条の趣旨
　本条は、55条の7第1項に基づく清算人の催告により提示された期間の経過後の債権の申出について定める。本条は、2006年の一般法人法の成立（47条の注釈〔13〕参照）に伴い、それまでは本法に準用されていた民法旧80条が削除されたために、同旨の規定が本条に直接定められたものである（55条の注釈〔1〕参照）。

〔2〕　期間経過後の債権の申出
　55条の7第1項に基づく清算人の催告により提示された期間の経過後に請求の申出をした債権者は、管理組合法人の債務を完済した後、56条の規定による帰属権利者（56条の注釈〔2〕）に引き渡されずに残存している財産に対してでなければ、請求することができない（本条）。
　なお、清算から除斥された債権者が残存財産から債権全額の弁済を受けられなかったときは、53条の規定によって各区分所有者に対してその請求をすることができる。

（清算中の管理組合法人についての破産手続の開始）
第55条の9[1][2]　清算中に管理組合法人の財産がその債務を完済するのに足りないことが明らかになつたときは、清算人は、直ちに破産手続開始の申立てをし、その旨を公告しなければならない。
2　清算人は、清算中の管理組合法人が破産手続開始の決定を受けた場合において、破産管財人にその事務を引き継いだときは、その任務を終了したものとする。
3　前項に規定する場合において、清算中の管理組合法人が既に債権者に

支払い、又は権利の帰属すべき者に引き渡したものがあるときは、破産管財人は、これを取り戻すことができる。
4　第1項の規定による公告は、官報に掲載してする。

〔1〕　本条の趣旨
　本条は、清算中の管理組合法人についての破産手続の開始に関して定める。本条は、2006年の一般法人法の成立（47条の注釈〔13〕参照）に伴い、それまでは本法に準用されていた民法旧81条が削除されたために、同旨の規定が本条に直接定められたものである（55条の注釈〔1〕参照）。

〔2〕　破産手続の開始
　管理組合法人の債務については、区分所有者が無限責任を負う（53条）ことから、管理組合法人の存続中はその債務を完済することができない場合でも破産原因とはならない（47条10項による破産法16条2項の準用）が、管理組合法人が解散し清算手続に入った場合には、債務超過が明らかになった以上、清算は破産手続によって行う。すなわち、清算中に管理組合法人の財産がその債務を完済するに足りないことが明らかになったときは、清算人は、直ちに破産手続開始の申立てをして、その旨を公告しなければならない（本条1項）。公告は官報に掲載してする（本条4項）。破産手続開始の決定を受けて破産管財人が選任されると、清算人は、その事務を破産管財人に引き渡し、これによって、任務を終了する（本条2項）。清算中の管理組合法人がすでに債権者に支払い、または帰属権利者（56条の注釈〔2〕）に引き渡したものがあるときは、破産管財人は、これを取り戻すことができる（本条3項）。

（残余財産の帰属）
第56条　解散した管理組合法人の財産は、規約に別段の定めがある場合を除いて、第14条に定める割合と同一の割合で各区分所有者に帰属する。

〔1〕　本条の趣旨
　本条は、管理組合法人が解散し清算手続を終えた後になお残余財産がある場合に、それが誰にどのような割合で帰属するかについて定める。

第1章 建物の区分所有 第6節 管理組合法人

〔2〕 残余財産の帰属

解散した管理組合法人の残存財産の帰属権利者は、規約に定めがあればそれによるが、その定めがないときは、区分所有者である。その帰属の割合は、規約に定めがあればそれによるが、その定めがないときは、14条に定める割合（原則として、専有部分の床面積の割合）である。

管理組合法人が55条1項1号または2号の事由によって解散した場合には、残存財産は、各区分所有者に分割されて帰属するが、同項3号の事由によって解散した場合には、なお区分所有者の団体が存続するから、規約に別段の定めがない限り、区分所有者に合有的に帰属するものとし、各区分所有者の分割請求を許さないと解すべきである（濱崎・解説332参照）。

（裁判所による監督）
第56条の2[1][2] 管理組合法人の解散及び清算は、裁判所の監督に属する。
2 裁判所は、職権で、いつでも前項の監督に必要な検査をすることができる。

〔1〕 本条の趣旨

本条は、管理組合法人の解散および清算の裁判所の監督について定める。本条は、2006年の一般法人法の成立（47条の注釈〔13〕参照）に伴い、それまでは本法に準用されていた民法旧82条が削除されたために、同旨の規定が本条に直接定められたものである（55条の注釈〔1〕参照）。

〔2〕 解散・清算の監督

管理組合法人の解散および清算は、裁判所の監督に属する（本条1項）。裁判所は、いつでも、職権をもって監督に必要な検査をすることができる（本条2項）。

（解散及び清算の監督等に関する事件の管轄）
第56条の3[1][2] 管理組合法人の解散及び清算の監督並びに清算人に関する事件は、その主たる事務所の所在地を管轄する地方裁判所の管轄に属する。

〔1〕 本条の趣旨

本条は、管理組合法人の解散および清算の監督等に関する事件の管轄裁判所に

ついて定める。本条は、2006年の改正（47条の注記〔13〕参照）の際に、それまでは本法に準用されていた旧非訟事件手続法の（2006年改正前）35条2項について、それと同旨の規定を直接定めたものである（55条の注釈〔1〕参照）。

〔2〕 管轄裁判所

管理組合法人の解散および清算の監督ならびに清算人に関する事件の管轄裁判所は、その主たる事務所の所在地を管轄する地方裁判所である。

（不服申立ての制限）
第56条の4[1][2]　清算人の選任の裁判に対しては、不服を申し立てることができない。

〔1〕 本条の趣旨

本条は、清算人の選任の裁判に対する不服申立ての制限について定める。本条は、2006年の改正（47条の注記〔13〕参照）の際に、それまでは本法に準用されていた旧非訟事件手続法の（2006年改正前）37条について、それと同旨の規定を直接定めたものである（55条の注釈〔1〕参照）。

〔2〕 不服申立ての制限

清算人の選任の裁判に対しては、不服を申し立てることができない。裁判所による清算人の選任は、清算人となる者がないとき、または清算人が欠けたため損害を生ずるおそれがあるときに、利害関係人もしくは検察官の請求により、また職権によりなされるところ（55条の4）、この場合には清算人による迅速な職務の遂行が要請されること、および上記のように裁判所の職権でも清算人の選任が可能なことから、このように定められたものと解される。

（裁判所の選任する清算人の報酬）
第56条の5[1][2]　裁判所は、第55条の4の規定により清算人を選任した場合には、管理組合法人が当該清算人に対して支払う報酬の額を定めることができる。この場合においては、裁判所は、当該清算人及び監事の陳述を聴かなければならない。

第1章　建物の区分所有　第6節　管理組合法人

〔1〕　本条の趣旨

　本条は、裁判所の選任の清算人の報酬について定める。本条は、2006年の改正（47条の注釈〔13〕参照）の際に、それまでは本法に準用されていた旧非訟事件手続法の（2006年改正前）38条について、それと同旨の規定を直接定めたものである（55条の注釈〔1〕参照）。

〔2〕　裁判所の選任する清算人の報酬

　裁判所は、55条の4の規定により清算人を選任した場合には、管理組合法人が当該清算人に対して支払う報酬の額を定めることができる（本条前段）。この場合においては、裁判所は、当該清算人および監事の陳述を聴かなければならない（本条後段）。清算人の陳述を聴かなければならないのは、清算人の選任に当たって、実際上、清算人は、支払われる報酬の額によってその職務を引き受けるかどうかを判断することが考えられるからであり、監事の陳述を聴かなければならないのは、裁判所が、管理組合法人にどの程度の支払い資力があるかを把握しなければならないため等であると解される。

　これに対し、55条の3の規定により理事等が清算人になる場合には、本条の適用（準用）はなく、清算人に対する報酬の支払いやその額等については規約の定めまたは集会の決議によるものと解される。

〔即時抗告〕

第56条の6　　削　　除　〔平23法53〕

（検査役の選任）

第56条の7　　裁判所は、管理組合法人の解散及び清算の監督に必要な調査をさせるため、検査役を選任することができる。

2　第56条の4及び第56条の5の規定は、前項の規定により裁判所が検査役を選任した場合について準用する。この場合において、同条中「清算人及び監事」とあるのは、「管理組合法人及び検査役」と読み替えるものとする。

〔1〕　本条の趣旨

　本条は、検査役の選任について定める。本条は、2006年の改正（47条の注釈〔13〕

§§56の5〔1〕〔2〕・56の6・56の7〔1〕〜〔3〕

参照）の際に、それまでは本法に準用されていた旧非訟事件手続法の（2006年改正前）40条について、それと同旨の規定を直接定めたものである（55条の注釈〔1〕参照）。

〔2〕 **検査役の選任**

裁判所は、職権で、いつでも管理組合法人の解散および清算の監督について必要な検査をすることができる（56条の2第2項）が、そのために検査役を選任して、必要な調査をさせることができる（本条1項）。この場合に、検査役は、管理組合法人の解散および清算に対する裁判所の監督のための機関（履行補助者）であり、その調査については裁判所の指揮・命令下にある。

〔3〕 **不服申立ての制限および検査役の報酬**

裁判所が検査役を選任した場合に、その選任の裁判に対しては不服を申し立てることができず（56条の4の準用）、また、管理組合法人が当該検査役に対して支払う報酬の額を定めることができる（56条の5前段の準用）。後者の場合においては、裁判所は、当該管理組合法人および検査役の陳述を聴かなければならない（56条の5後段の準用）。以上については、56条の4の注釈〔2〕および56条の5の注釈〔2〕を参照。

第7節　義務違反者に対する措置

（共同の利益に反する行為の停止等の請求）
第57条　区分所有者が第6条第1項に規定する行為をした場合又はその行為をするおそれがある場合には、他の区分所有者の全員又は管理組合法人は、区分所有者の共同の利益のため、その行為を停止し、その行為の結果を除去し、又はその行為を予防するため必要な措置を執ることを請求することができる。
2　前項の規定に基づき訴訟を提起するには、集会の決議によらなければならない。
3　管理者又は集会において指定された区分所有者は、集会の決議により、第1項の他の区分所有者の全員のために、前項に規定する訴訟を提起することができる。
4　前3項の規定は、占有者が第6条第3項において準用する同条第1項に規定する行為をした場合及びその行為をするおそれがある場合に準用する。

〔1〕　**本条の趣旨**
　6条1項は、「区分所有者は、建物の保存に有害な行為その他建物の管理又は使用に関し区分所有者の共同の利益に反する行為をしてはならない」と規定し、同条3項は、「第1項の規定は、区分所有者以外の専有部分の占有者（以下「占有者」という。）に準用する」と規定する。本条は、他の区分所有者の全員または管理組合法人が、これらの条項で禁止されている共同の利益に反する行為（以下「共同利益背反行為」という）に対してその行為の停止等を請求することができることを定めると共に、そのための訴訟の要件および手続について定める。
　(1)　本条の立法の経緯
　本条（から60条まで）の規定は、1983年改正法によって新設された。1962年法においては、1962年法5条1項（本法6条1項と同じ。なお、1962年法には1983年改

正法6条3項に相当する規定は存在しなかった)の共同利益背反行為に対して本条に相当する規定がなかったことから、各区分所有者が個々にその行為の停止等を請求することができると解されていた(川島・注民(7)373)。しかし、区分所有者または占有者の共同利益背反行為に対しては、他の区分所有者の全員が団体的に対処するほうが、区分所有者の共同利益の回復を図るという点からも、また訴訟の費用分担という点からも望ましいことであった。

1983年の改正の際の「改正要綱」では、共同利益背反行為に対する当該行為の停止等の請求権は、管理者および管理組合法人の権限とされた(同要綱は、管理者の権限として、「管理者は、……(旧)法第5条第1項に規定する行為または規約で定めた義務に違反する行為を停止し、又は予防するため必要な行為をする権限を有するものとすること」および「管理者は、規約又は集会の決議に基づき、その職務に関し、区分所有者のために、訴訟を追行する権限を有するものとすること」〔第四・一・1、3〕と定めると共に、これらの定めを管理組合法人について準用した〔第九・六・1〕)。

これに対して、後の「法律案」においては、これに重要な変更が加えられた。変更の第1は、共同利益背反行為に対する当該行為の停止等の請求権の帰属主体が、管理者または管理組合法人から「他の区分所有者の全員又は管理組合法人」(第八・1)に改められた。その理由について、法務省立法担当者は、「〔「改正要綱」の〕構成では、個々の区分所有者の個別の権利と管理者等の権限とが併存することになって、管理者等の訴訟担当の位置づけを説明することが困難であり、その前にまず、6条1項、3項の行為に対する差止請求権〔引用者注:行為の停止等の請求権〕の帰属主体及び性質を規定上明らかにする必要があると考えられたことである」と説明する(濱崎・解説334)。

変更の第2は、第1の変更点とも関連するが、共同利益背反行為の停止等を求める訴訟の提起は集会の決議に基づくものとし、規約の一般的規定に基づいて行うことは認めないこととなった(「法律案」八・1)。その主たる理由は、日弁連から反対意見が表明されていたように、共同利益背反行為に対する当該行為の停止等の訴訟を、規約による事前の包括的授権に基づいて管理者が随時に提起することができるとしてよいかという点であった(濱崎・解説334)。

本条は、このような観点に立って、6条1項および3項に規定する共同利益背反行為に対する当該行為の停止等の請求権の帰属主体および内容について定め(1項・4項)、また、その訴訟提起の意思決定方法および訴訟担当(この意味につ

第1章　建物の区分所有　第7節　義務違反者に対する措置

いては26条の注釈〔9〕(1)参照）について定めた（2項～4項）。
　(2)　本条と58条以下の規定との関係
　本節（57条から60条まで）は、共同利益背反行為者（義務違反者）に対する措置として、①本条による行為の停止等の請求、②58条による専有部分の使用禁止の請求、③59条による区分所有権および敷地利用権の競売の請求、④60条による占有者に対する専有部分の引渡請求を規定している。①の請求は必ずしも訴えをもってする必要はない（後記〔3〕(1)参照）が、②から④までの請求は訴えをもってしなければならない。区分所有者の共同利益背反行為に対しては、まず①の請求をすることが多いであろうが、当初から①の請求によっては共同生活の維持を図ることができないと認められるときは、①の訴訟を経ることなく②または③の訴訟を提起することが認められる（これらの各請求権相互の関係については、58条の注釈〔1〕(3)で詳しく述べる）。
　(3)　標準管理規約
　マンション標準管理規約（30条の注釈〔4〕参照）は、共同利益背反行為に対しては本法57条から60条までの規定に基づき必要な措置をとることができると定める（同規約〔単棟型〕66条）と共に、区分所有者が規約等に違反したときは、理事長は理事会の決議を経てその区分所有者等に対し、勧告、指示または訴訟の提起等を行うことができると定めている（同67条1項・3項1号）。

〔2〕**共同利益背反行為**

　本条の請求が認められるのは、区分所有者が6条1項に規定する行為をした場合またはその行為をするおそれがある場合である。すなわち、区分所有者が「建物の保存に有害な行為その他建物の管理又は使用に関し区分所有者の共同の利益に反する行為」（共同利益背反行為）をした場合またはその行為をするおそれがある場合である。共同利益背反行為には、ニューサンス（他人の財産や健康にとって有害、迷惑、不快となるような生活妨害〔ごみの放置など〕、騒音、臭気、振動などがその例である）を含むと解されている（6条の注釈〔3〕(1)、濱崎・解説336等）。
　区分所有者の共同利益背反行為またはそのおそれがある行為とは、一般的には共用部分の通常の使用を害する行為をいうが、専有部分の使用に関する行為であっても当該行為が相当範囲の区分所有者の生活利益に影響を及ぼすときは、これに該当する。単なる隣人間でのニューサンスやプライバシー侵害などは、これに該当しない。

324

共同利益背反行為の意義および内容については、6条の注釈〔2〕参照。なお、この点に関する最高裁判決として最判平24・1・17（判時2142-26・判タ1366-99）がある（6条の注釈〔2〕(2)(イ)(b)参照）。

〔3〕 **請求主体**

共同利益背反行為をした区分所有者に対してその停止等を請求することができる主体は、当該違反者を除く区分所有者の全員または管理組合法人である。共同利益背反行為に対して保護されるべき権利は、当該違反者を除く区分所有者の全員に団体的に属し、かつ、団体的に行使されるべき権利だからである（前記〔1〕(1)参照）。

(1) 区分所有者の全員

3条の区分所有者の団体（管理組合）が法人格を取得していない場合には、本条1項の共同利益背反行為の停止等の請求権は、当該違反者を除く区分所有者の全員に個別的に帰属するのではなく、総有的に帰属する。したがって、各区分所有者が個別に本項の権利を行使することはできない（ただし、訴訟上の請求についてこのようであって、事実上の請求〔勧告〕は個別に権利の行使が可能である〔濱崎・解説339注(6)〕）。もっとも、各区分所有者が共同利益背反行為をした区分所有者に対して自己の物権（区分所有権、共用部分共有持分）や人格権に基づいて個別に当該行為の停止等の請求をすることは可能である（6条の注釈〔3〕(1)(2)参照）。

(2) 管理組合法人

3条の区分所有者の団体（管理組合）が法人格を取得している場合には、本条1項の請求権は、管理組合法人が行使することができる（当該違反者を除く区分所有者の全員において行使することも妨げないと解する）。ところで、本項の請求を管理組合法人が行う場合に、その請求権は区分所有者の全員に帰属するのであるが、その行使の権限を管理組合法人に帰属させたものと見て、管理組合法人の訴訟追行は、区分所有者の全員が有する請求権を区分所有者の全員のために行使するもの（いわゆる法定訴訟担当を認めたもの）とする見解（法務省・マンション法290、大西・基本コンメ103）と、本項の請求権は6条1項の義務に対応する区分所有者の団体的権利であり、本条は、それが管理組合法人に帰属する旨を創設的に定めたものであると見る見解（濱崎・解説338）とがある。前者の見解が妥当と思われるが、具体的効果の面において両者で異なるところはない。

第1章　建物の区分所有　第7節　義務違反者に対する措置

〔4〕　区分所有者の共同の利益

　共同利益背反行為をした区分所有者に対して、当該違反者を除く区分所有者の全員または管理組合法人は、「区分所有者の共同の利益のため」に、その行為の停止等を請求することができる。

　本条の請求権（58条以下の請求権も同じ）は、区分所有者の共同の利益の侵害またはそのおそれがある場合に認められるが（前記〔2〕）、当該行為の停止等の共同利益の回復のための措置も、「区分所有者の共同の利益のため」にのみ講じることが許される。本条の請求権（58条以下の請求権も同じ）は、共同利益背反行為をした区分所有者に対して村八分的に処する目的で悪用されてはならない。たとえば、営業行為は禁止されてはいないが主として住居用のマンションにおいて、カラオケ営業に伴う騒音によって他の区分所有者の共同の利益が侵害された場合に、侵害者が防音工事をするなどして現に被害が止んでいるにもかかわらず、カラオケの全面禁止を請求したり、営業の停止を請求することは許されない（これに対して営業行為が許されない住居専用マンションにおいては、カラオケによる被害の有無を問わず、営業すること自体が共同利益背反行為となり、「区分所有者の共同の利益のため」に本条の請求が認められよう）。

〔5〕　行為の停止等の請求

　本条1項の権利の行使においては、「その行為を停止すること」、「その行為の結果を除去すること」、または「その行為を予防するため必要な措置を執ること」を請求することができる。

（1）　行為の停止

　「行為を停止すること」とは、現在している行為を止め、将来においてその行為をしないことである（たとえば、騒音または悪臭の原因となる行為を止めること。主として居住用のマンションの1階店舗部分におけるカラオケスタジオについて夜間の一定時間帯の使用禁止が認められたものとして東京地決平4・1・30判時1415-113、午後11時以降の居酒屋の営業禁止が認められたものとして神戸地尼崎支判平13・6・19判時1781-131がある。また、住居以外の使用を規約で禁止されているマンションにおいて、税理士事務所としての使用停止を認めたものとして東京高判平23・11・24判タ1375-215、幼児による騒音等の被害が少なくないとして保育室または託児所としての使用禁止が認められたものとして横浜地判平6・9・9判時1527-124・判タ859-199、東京地判平18・3・30判時1949-55がある。他方で多数の用途違反を行っている区分所有者の決議

§57〔4〕〔5〕

により被告の治療院としての使用禁止を求めるのは権利の濫用であるとして、請求を棄却したものとして東京地判平17・6・23判タ1205-207がある。なお、ペットの飼育の禁止を認めた判例については31条の注釈〔3〕(3)に掲げた東京高判平6・8・4判時1509-71・判タ855-301等を、また猫への餌やり行為の差止めを認めた判例については6条の注釈〔2〕(2)(イ)(b)に掲げた東京地判平22・5・13判時2082-74を参照）。

「行為の結果を除去すること」とは、侵害物を撤去したり原状回復のための措置を講ずることによって、侵害状況を取り除くことである（裁判例として、共用部分たるピロティ部分に外壁を設置して物置としていた場合に、その区分所有者および賃借人に対して外壁の撤去請求、その部分の明渡請求が認められたものとして東京高判平7・2・28判時1529-73、ガス風呂釜を設置するため構造上の共用部分である壁柱の部分に穴を開けて配管をした区分所有者に対して復旧工事を命じた東京地判平3・3・8判時1402-55・判タ765-207、ルーフテラスに設置したサンルームの撤去請求が認められたものとして京都地判昭63・6・16判時1295-110・判タ683-148、バルコニー上に存在する増築部分の撤去請求が認められたものとして東京地判平21・1・29判タ1334-213、区分所有者から賃借して居酒屋を営業している者が設置した厨房ダクト、造作、看板等の撤去請求が認められたものとして前掲神戸地尼崎支判平13・6・19判時1781-131等がある。なお撤去請求を否定したものとして6条の注釈〔2〕(2)(イ)(a)に掲げた東京地判平18・8・31判タ1256-342等がある）。

「行為を予防するため必要な措置を執ること」とは、侵害行為が発生するおそれがある場合にそれを予防するための措置をとることである（たとえば、専有部分を改装しようとしている場合に躯体部分である耐力壁の除去・加工を禁止したり、営業行為は禁止されていないが主として住居用のマンションにおいてカラオケ営業が予定されている場合に防音工事をさせることである）。なお、6条の注釈〔3〕(1)(ア)参照。

(2) 請求の内容

本条1項の規定に基づいて、2項の集会の決議を経て訴訟を提起するに当たっては、共同利益背反行為の態様に応じて、「行為の停止」、「行為の結果の除去」または「行為の予防措置」を内容とする請求をする必要がある。その請求の内容に応じて判決の内容が異なり、また、勝訴判決に基づく強制執行の方法も異なる。

強制執行の方法については、一般の強制執行の場合と異なるところはない。すなわち、それが代替的債務を命ずるもの（たとえば、防音装置の設置を命ずるものや廊下に常時私物を置いて廊下を不当使用していた場合にその私物の除去を命ずるもの）

第1章　建物の区分所有　第7節　義務違反者に対する措置

であるときは、代替執行の方法（債権者の請求により裁判に基づいて、第三者の手により債務者に代わって債権の内容を実現させ、その費用については強制的に債務者から徴収するという強制執行の方法〔民法414条2項本文・3項、民執法171条〕）によって実現される（債権者の申立てがあるときは、後記の間接強制の方法による〔民執法173条1項〕）。他方、不代替的債務を命ずるもの（たとえば、騒音や悪臭を発散させないことを命ずる債務）であるときは、間接強制の方法（債務の履行を確保するために相当と認める一定額の金銭の支払いを命じることによって債務者を心理的に強制し、債務の内容を実現する強制執行の方法〔民執法172条〕）によって実現される。

〔6〕　**集会の決議**

本条1項の規定に基づく共同利益背反行為の停止等を請求する訴訟の提起は、集会の決議によらなければならない。1項の区分所有者の全員または管理組合法人は、集会の決議によって初めて訴訟を提起することができる。規約により、訴訟の提起を管理者または理事その他の機関に訴訟提起の権限を授権しておくことはできない。

(1)　普通決議

集会の決議は、普通決議すなわち区分所有者および議決権の各過半数による決議（39条1項）で行う。この決議においては、当該共同利益背反行為者も議決権を行使することができる（大西・基本コンメ103は、この点を問題視する。たとえば共同利益背反行為者が議決権の半分以上を有している場合などを考えると、58条〜60条の規定も含めて何らかの立法措置が必要とされよう）。58条の使用禁止の請求や59条の競売の請求の場合の集会の決議が特別多数決議（区分所有者および議決権の各4分の3以上の多数による決議）を要することと比べその要件が緩やかである。これは、本条の請求は本来的に管理に関する事項について行使されるものであって、使用禁止の請求や競売の請求が区分所有権の享受を実質的に否定してしまうのとは異なるからである（丸山・改正区分所有法26、大西・基本コンメ103）。

(2)　決議の方法

本条2項の集会の決議は、請求の相手方および共同利益背反行為に該当する行為を特定して、個別の事案ごとにしなければならない。

58条以下の請求の場合における集会の決議に当たっては、あらかじめ相手方たる区分所有者または占有者に対して弁明する機会を与えなければならない（58条3項、59条2項、60条2項）が、本項の集会の決議に当たっては、このことは要求

されない。これは、(1)で述べたように、本条の請求は、58条以下の請求が区分所有権を実質的に奪ってしまうのとは異なるからである（丸山・改正区分所有法26、大西・基本コンメ103）。

(3) 規　約

規約によって、共同利益背反行為に関する訴訟の提起について抽象的に定めておくこと（たとえば、共同利益背反行為一般について訴訟の提起の決定を管理者、理事等に委任することを定めておくこと）はできない（前記〔1〕(1)参照。52条1項ただし書は、管理組合法人の事務について、本条2項に規定する事項は、規約で理事その他の役員が決するものとすることはできない、とする）。これに対して、規約により、具体的に建物・敷地・附属施設の使用規制（たとえば、敷地内における駐車場以外での駐車禁止、犬猫等のペットの飼育禁止、ベランダに洗濯物・布団を干すことの禁止など）について定め、その事務を管理者、理事等に委任した上で、訴訟の提起は集会の決議を経て行うという定めは許される。

規約によって建物・敷地・附属施設の使用規制等について定められていない場合にも、当該行為が6条1項の共同利益背反行為に該当するときは、本条の規定が適用される。

(4) 共同利益背反行為に該当しない規約義務違反行為

規約によって建物・敷地・附属施設の使用規制等について定めた場合に、規約に定めた行為が6条1項の共同利益背反行為に該当しないときには（上記の例において、ベランダに洗濯物・布団を干すことの禁止などは必ずしも6条1項の共同利益背反行為〔57条から60条までの法律効果が予定されている行為〕に該当するとはいえないであろう）、誰がどのような根拠に基づいて行為の停止等を請求する訴訟を提起するか、また、訴訟の提起に当たって個別に集会の決議を要するかについて、本法には明文の規定が存在しない。

このような場合にも、規約上の義務に対応する区分所有者の権利は団体的な権利であるから、各区分所有者は義務違反者に対して個別に行為の停止等の請求ができると考えるべきではなく、その請求は団体的に行使すべきものと解すべきである。したがって、団体的な事務として、管理組合法人にあっては法人がその名においてその訴訟を提起することができ、法人格を有しない団体にあっては管理者（あらかじめ規約で管理者に訴訟追行権が授権されている場合〔26条4項〕。授権がない場合には本条に準じて規約義務違反行為をした者を除く他の区分所有者の全員の同

意を得て) がこれを提起することができると解すべきである。
　それでは、単なる規約上の義務違反行為について、管理組合法人や管理者がその行為の停止等を請求する訴訟を提起するには、本条2項のように個別の集会の決議による必要があるか、それとも規約で理事または管理者等の決定によるものとする旨の定めがあればそれで足りるか。法務省立法担当者は、管理組合法人にあっては、訴訟の提起も含めた法人の事務について、52条1項ただし書で「規約で、理事その他の役員が決するものとすることができる」と規定していることを根拠に、また、法人格を取得していない団体については26条4項で管理者は規約によって「規約で定めた行為」(同条1項) の実行に関して訴訟を提起できる旨を規定していることを根拠に、本項のように個別の集会の決議による必要はないとする (なお、管理組合法人につき47条8項)。さらに、法人格を取得していない団体について、規約上、区分所有者の義務が定められているが管理者が訴訟を提起できる旨の明文の定めがない場合でも、同様に解している (濱崎・解説342、343)。しかし、単なる規約上の義務違反行為は、その内容があらかじめ個別的に明示されているものの (これに対して共同利益背反行為 [6条1項] の要件は抽象的である)、それを共同利益背反行為と比べたときその違法性は一般的に小さいことから、これに対する行為の停止等を求める訴訟の提起に当たっては、常に、本条2項を準用して、個別に集会の決議を必要とすると解すべきである。言い換えれば、規約には、その違反が絶対的に許されない事項だけでなく、区分所有者間で可能な限り守るべき事項も併せて定めているものが少なくないことから、訴訟の提起に当たっては、あらためて個別の集会決議を要すると考えるべきである。

〔7〕　**管理者等による訴訟の提起**

　法人格を取得していない区分所有者の団体 (3条) においては、共同利益背反行為をした者を除く他の区分所有者の全員の名において訴訟を提起することになるが、それでは実際上著しく不便であるので、本条3項では、管理者または集会において指定された区分所有者は、集会の決議によって、他の区分所有者の全員のために訴訟を提起することができるものとした。この場合の集会の決議は、普通決議 (39条1項) で足りる。この訴訟追行権は、26条4項の場合と異なって、あらかじめ規約で管理者に授権しておくことはできないが、規約でこれを管理者の事務と定め集会の決議を経て行使するものとすることは可能である。裁判例として、給湯管を通す配管工事により内壁を破損した区分所有者に対して、管理者

が26条4項にいう規約に基づき修復工事請求の訴えを提起した場合について、本条2項にいう集会の決議を経ていないとして訴えを却下したものがある（東京地判平6・2・14判時1515-91・判タ856-219）。

本条2項の決議に基づく訴訟は、管理組合法人にあっては法人がその名において提起するので、その限りにおいて本条3項の規定の適用はない。ただし、管理組合法人がある場合でも、共同利益背反行為をした者を除く他の区分所有者の全員で訴訟を提起することができると解し得るから（前記〔3〕(2)参照）、その場合には本項の規定が適用される（集会において指定された区分所有者は、集会の決議によって、他の区分所有者の全員のために訴訟を提起することができる）。

本項の規定は、58条から60条までの規定に従って提起される訴訟に準用される（58条4項、59条2項、60条2項）。

〔8〕 **占有者に対する措置**

「占有者が第6条第3項において準用する同条第1項に規定する行為をした場合及びその行為をするおそれがある場合」とは、区分所有者以外の専有部分の占有者（以下「占有者」という）が、建物の保存に有害な行為その他建物の管理または使用に関し区分所有者の共同の利益に反する行為をした場合およびその行為をするおそれがある場合をいう。本条1項から3項までの規定は、占有者がこのような共同利益背反行為をした場合およびその行為をするおそれがある場合に準用する。占有者も建物の管理または使用に関して他の区分所有者の共同の利益に反する行為をしてはならず、建物の管理または使用に関する団体的拘束は占有者にも及ぶからである（46条2項参照）。なお、6条の注釈〔8〕〔9〕参照。

(1) 共同利益背反行為をした占有者に対する措置

占有者が共同利益背反行為をした場合およびその行為をするおそれがある場合には、他の区分所有者の全員または管理組合法人は、区分所有者の共同の利益のために、その行為を停止し、その行為の結果を除去し、またはその行為を予防するため必要な措置をとることを請求することができる（本条4項による1項の準用）。

(2) 訴訟の提起

他の区分所有者の全員または管理組合法人が、共同利益背反行為をした占有者に対してその行為の停止等を求めて訴訟を提起するには、集会の決議（普通決議〔39条1項〕）によらなければならない（本条4項による2項の準用）。

占有者を相手とする訴訟の提起について集会で決議をしようとする場合に、当

該占有者（区分所有者の承諾を得て専有部分を占有する者）は、44条1項の規定に基づいて、集会に出席して意見を述べることができるか。この点については、解釈が分かれている（法務省・マンション法240、289および大西・基本コンメ104はこれを肯定し、濱崎・解説280、339はこれを否定する）。区分所有者を相手とする訴訟の提起に関する集会の決議については、当該区分所有者に弁明する機会を与えることが法律上要求されていないので（58条3項、59条2項、60条2項の諸規定に対応する規定は、本条には存在しない）、それとの均衡上は否定的に解すべき余地があるが、区分所有者には集会において議決権が与えられている（その集会において意見を述べることも許されよう）のに対して、占有者には議決権がなく、また、本条4項の集会の決議事項である当該占有者に対する訴訟の提起は、まさに44条1項の「会議の目的たる事項につき利害関係を有する場合」に該当することから、肯定的に解すべきであろう。実際上、本項の集会の決議に当たっては、当該占有者の意見陳述が各区分所有者の判断に影響することも考えられる。

(3) 請求主体

占有者を相手とする訴訟について、管理組合法人が訴えを提起する場合には法人が法人の名において行うが（区分所有者の全員において行使することも妨げない。前記〔3〕(2)参照）、法人格を取得していない場合には区分所有者全員が訴訟を追行する。しかし、区分所有者の全員が訴訟を追行することは不便なので、管理者または集会の決議で指定された区分所有者が他の区分所有者の全員のために訴えを提起することができるものとした（本条4項による3項の準用）。

（使用禁止の請求）
第58条 前条第1項に規定する場合において、第6条第1項に規定する行為による区分所有者の共同生活上の障害が著しく、前条第1項に規定する請求によってはその障害を除去して共用部分の利用の確保その他の区分所有者の共同生活の維持を図ることが困難であるときは、他の区分所有者の全員又は管理組合法人は、集会の決議に基づき、訴えをもって、相当の期間の当該行為に係る区分所有者による専有部分の使用の禁止を請求することができる。
2 前項の決議は、区分所有者及び議決権の各4分の3以上の多数でする。
3 第1項の決議をするには、あらかじめ、当該区分所有者に対し、弁明

する機会を与えなければならない。[8]
4　前条第3項の規定は、第1項の訴えの提起に準用する。[9]

〔1〕　**本条の趣旨**

　本条は、6条1項に規定する行為（共同利益背反行為）をした区分所有者に対して、他の区分所有者の全員または管理組合法人が訴えによって当該専有部分の使用禁止を請求できることを定めるものである。

(1)　本条の立法の経緯

　57条から60条までの規定は、1983年改正法によって新設された。共同利益背反行為をした者またはその行為をするおそれのある者に対しては、他の区分所有者の全員または管理組合法人は、57条の規定によって、その行為の停止等を請求することができる。しかし、この請求が裁判上認められ判決が執行された場合でも、侵害された区分所有者の共同利益を回復したり、または共同利益の破壊を防止することが困難なことがある。すなわち、共同利益背反行為の停止や共同利益背反行為の結果の除去について判決があり、それに基づいて強制執行がなされた場合でも、強制執行が実質上効を奏しない場合がある。たとえば、騒音や悪臭を発散させないことを命ずる判決に基づき間接強制の方法によって強制執行がなされたにもかかわらず、依然として騒音や悪臭を発散しつづけたり、共用部分に常時置いてある私物の除去を命ずる判決に基づいて代替執行の方法により強制執行がなされたにもかかわらず除去後再び共用部分に常時私物を置くようになった場合等である。また、多様な共同利益背反行為を繰り返す区分所有者に対していちいち停止等の請求によって対応することができない場合がある。そのため、共同利益背反行為をした区分所有者またはこれをするおそれがある区分所有者を当該専有部分から強制的に立ち退かせるための措置が必要となる。

　1983年改正法は、このような趣旨から、57条の共同利益背反行為の停止等の請求に加えて、①本条による専有部分の使用禁止の請求、②59条による区分所有権および敷地利用権の競売の請求、および、③60条による占有者に対する専有部分の引渡請求の諸規定を設けた。

　1983年の改正の過程において、「改正要綱」（第一〇・一、二）は上記②と③のみを置いていたが、「法律案」では、これらに加えて①を設けた。すなわち、共同利益背反行為者の所有権に対する措置として、①による一段軽度な使用禁止の

制度を介在させ、これによってもなお共同利益の維持が困難な場合にのみ②の措置をとり得るという二段構成をとることとして、本条が設けられた。

二段構成を採用した理由については、区分所有権および敷地利用権の競売請求の制度が、「区分所有関係の維持のため不可欠の制度であるとしても、わが法制上これまで類を見ないドラスティックなものであることに鑑み、慎重を期するため、二段構成を採用することとされた」と説明される（濱崎・解説72）。

(2) 本条についての議論

専有部分の使用禁止の請求に関しては、1983年の改正前において、1962年法5条1項（現行6条1項）の規定を根拠に共同利益背反行為をした区分所有者に対してその専有部分および共用部分の使用禁止を請求し得るかが問題とされた。これについては、専有部分の使用禁止は当該区分所有者に権利を残しながらその権利行使としての使用をさせないというのであって、このことはその区分所有者の権利を失わせることによって使用させないというよりも苛酷ではないかとの疑問も出された（玉田・注解238）。

改正後においても、本条の規定は、充分な立法過程での議論を経ないまま突然出てきた感があり、内容的にも特異なもので実効性がそれほど期待できないのではないかと評された（丸山・理論と動態50）。

本条による専有部分の使用禁止の請求は、当該区分所有者に権利を残すが、相当の期間その使用をさせないというのであって、一種の教育罰的意味を有する。判決によって定められた「相当の期間」が経過すれば、共同利益背反行為者は専有部分の使用が可能となるが、それ以前においても、何らかの使用禁止の解除の手続が立法上考慮されるべきであろうか。

(3) 共同利益背反行為に関する各請求権（57条から60条まで）の相互関係

本法は、共同利益背反行為者（義務違反者）に対する措置として、①57条による行為の停止等の請求、②本条による専有部分の使用禁止の請求、③59条による区分所有権および敷地利用権の競売の請求、④60条による占有者に対する専有部分の引渡請求を認めている。①の請求は必ずしも訴えをもってする必要はない（57条の注釈〔1〕(2)、〔3〕(1)参照）が、②から④までの請求は訴えをもってしなければならない。

区分所有者の共同利益背反行為に対しては、まず①の当該行為の停止等の請求をすることが多いであろうが、当初から①の請求によっては共同生活の維持を図

ることができないと認められるときは、①の訴訟を経ることなく②の専有部分の使用禁止の請求または③の区分所有権および敷地利用権の競売請求について訴訟を提起することが認められる（57条の注釈〔１〕(2)参照）。

②と③の請求の関係については、③の請求は、①および②の請求をもってしても共同利益の維持・回復が困難である場合に認められるものであるが、必ずしも②の請求を経た上でなければ認められないのではない。

同様に、①と④の請求の関係についても、④の請求は、①の請求では共同利益の維持・回復が困難である場合に認められるものであるが、必ずしも①の請求を経た上でなければ認められないのではない。なお、占有者に対しては、②に相当する専有部分の使用禁止の請求（本条）は認められていない。占有者に対し、その賃借権等の権利を残し、そのために賃料支払債務を維持しながら専有部分を使用させないのは妥当ではないと考えられることから、このような請求については、規定を設けなかったと思われる。

①ないし④の請求は、実質上相互に関連するものではあるが、訴訟においてはそれぞれが独立した別個の請求であり、訴訟物である。裁判所は、たとえば、③の請求に対してそれを②または①の請求と見て判決をすることは許されない（もっとも、原告が、①②③の請求またはその内の２つの請求を予備的に併合して訴えを提起することはできる）。

〔２〕 **共同利益背反行為**

「前条第１項に規定する場合」とは、57条１項でいう「区分所有者が第６条第１項に規定する行為をした場合又はその行為をするおそれがある場合」をいう。すなわち、区分所有者が「建物の保存に有害な行為その他建物の管理又は使用に関し区分所有者の共同の利益に反する行為」（共同利益背反行為〔６条１項参照〕）をした場合またはその行為をするおそれがある場合である。これについては、57条の注釈〔２〕および６条の注釈〔２〕を参照のこと。

〔３〕 **本条の請求が認められるための実体的要件**

共同利益背反行為をした区分所有者またはこれをするおそれのある区分所有者に対して専有部分の使用禁止の請求が認められるためには、①６条１項に規定する行為（共同利益背反行為）による区分所有者の共同生活上の障害が著しく、②57条１項に規定する請求によってはその障害を除去して共用部分の利用の確保その他の区分所有者の共同生活の維持を図ることが困難であることが必要である。

第1章 建物の区分所有 第7節 義務違反者に対する措置

本条の請求が認められるためには、57条の請求（共同利益背反行為の停止等の請求）の場合と異なって、単に共同利益背反行為やそのおそれが存在するだけでは足りず、①および②の要件を満たすことを必要とする。

(1) 共同生活への重大な影響

①の要件は、共同利益背反行為が現に行われ、または行われるおそれがある場合に、それによる区分所有者の共同生活への影響が重大である場合に限定する趣旨である。別の角度からいえば、共同利益背反行為の違法性が大きいことである（濱崎・解説354参照）。

(2) 57条1項の請求によっては障害を除去することが困難であるとき

①の要件を満たす場合であっても、57条に規定する請求（当該行為の停止等の請求）によってその障害を除去し共同生活を回復・維持できるときは、本条の請求は認められない。共同利益背反行為があった場合に、一般的には、まず57条による請求をし、その請求を認容する判決があったにもかかわらず当該区分所有者がこれに服さず、また、強制執行をしても実効性がないとき等に、②の要件が満たされると考えることができる。

しかし、57条による請求を経ない場合であっても、①および②の要件を満たしていれば、本条の請求は認められる。たとえば、当該区分所有者の専有部分の使用が他の区分所有者の人身や財産に回復しがたい被害を及ぼすおそれがある場合や、57条の請求による裁判をしても実効性がないと認められる場合には（現に各地で他の暴力団と対立・抗争を繰り返している暴力団が専有部分を実質上その拠点たる事務所として使用する場合等）、57条の請求を経ないでも本条の請求をすることが認められる（福岡地判昭62・5・19判タ651-221参照）。

(3) 「区分所有者の共同生活の維持を図ることが困難であるとき」

「共用部分の利用の確保」は、「区分所有者の共同生活の維持」の例示である。たとえば、当該区分所有者の専有部分の使用が他の区分所有者の人身や財産に回復しがたい被害を及ぼすおそれがある場合（上記の例のように専有部分を暴力団事務所として使用する場合等）には、「区分所有者の共同生活の維持を図ることが困難であるとき」に該当する。

なお、本条1項では、「区分所有者の共同生活」との文言が用いられているが、これは、区分所有者が共同でする行為（たとえば集会の開催）に限定する趣旨ではなく、各区分所有者は、区分所有建物の構造上必然的に、共用部分および専有

部分の使用・管理に関して他の区分所有者と共同していることを意味するものである。

〔4〕 請求主体

本条による使用禁止の請求権は、当該共同利益背反行為者を除く他の区分所有者の全員が有し、管理組合法人にあっては法人が有する。この点は、57条の請求権の場合と同様である（57条の注釈〔3〕を参照）。

〔5〕 本条の請求が認められるための手続的要件

本条による使用禁止の請求は、集会の決議に基づき、訴えをもってしなければならない。訴えをもってすることのみが認められるのは、この請求が当該行為者の所有権に与える影響の重大性のゆえに、司法審査を経て初めてその法律関係が形成されることが適当であると考えられるためである（濱崎・解説355）。本条の訴えは形成の訴えであり、裁判は、判決によってなされる。管轄裁判所は、当該背反行為者の住所地たる当該区分所有建物の所在地を管轄する地方裁判所である。

集会の決議については、後記〔7〕を参照のこと。

〔6〕 請求の内容

本条の請求の内容は、共同利益背反行為者に対して相当の期間その者の専有部分を自ら使用することを禁止することである。この判決の確定によって、当該区分所有者は他の区分所有者の全員または管理組合法人に対して所定の期間自己の専有部分を自ら使用しないという義務を負う。なお、専有部分を複数の区分所有者で共有している場合（区分所有権の共有）において、その内の一人が共同利益背反行為者であるときは、もっぱらその者に対して相当の期間専有部分の使用が禁止されるのであって、他の区分所有者の使用には影響を与えない。

(1) 「相当の期間」

「相当の期間」とは、共同生活の維持を図るため当該区分所有者による専有部分の使用を禁止することが必要かつ相当と客観的に認められる期間である。法務省立法担当者によると、本条は、「当該区分所有者の区分所有権を前提としつつ、その本来的権能たる自己使用権を封ずるのであるから、その性質上、あまりに長期間の使用禁止を命ずることは不適当であ」るが、「逆に、この使用禁止は、当該行為に対する単なる制裁措置ではないのであるから、あまりに短期間の使用禁止を命ずることも、制度の趣旨に沿わない」として、数カ月程度を下限とし数年間程度を一応の上限と解すべきであろうとする（濱崎・解説357）。この期間は、

第1章　建物の区分所有　第7節　義務違反者に対する措置

原告の請求の範囲内において判決によって定められる。専有部分を暴力団事務所として使用していた区分所有者に対して3年間の使用禁止を命じた判決がある（前掲〔3〕(2)福岡地判昭62・5・19判タ651-221）。

(2)　専有部分の使用禁止

「当該行為に係る区分所有者による専有部分の使用の禁止」とは、当該区分所有者が専有部分の所有権は維持しつつ、自らはそれを使用することができないことである。専有部分の使用が禁止されることに伴って、専有部分の使用に附随する共用部分や附属施設の使用も禁止されると解される。

「当該行為に係る区分所有者」による使用の禁止とは、当該区分所有者自身による使用だけでなく、その家族や使用人等の占有補助者・占有機関（区分所有者の指図に従って区分所有者のために専有部分を所持するに過ぎない者）による使用も禁止される。専有部分を複数の区分所有者で共有している場合（区分所有権の共有）には、使用禁止の判決を受けた区分所有者の使用のみが禁止される。他の区分所有者の使用には影響はない。

本条によって使用禁止の判決を受けた区分所有者は、当該専有部分の使用を禁止されるのであって、当該専有部分を第三者に譲渡することができることはもちろん（この場合に、当該専有部分の使用禁止は一身専属的義務であるので、譲受人にこの義務が及ぶことはない。しかし、譲渡後に再び当該区分所有者が賃借して自ら使用しようとする場合には、判決による使用禁止の効果に変わりはない）、第三者に賃貸して使用させることもできる。使用貸借についても同様に解すべきである。

本条によって使用禁止の判決を受けた区分所有者は、区分所有権は失わないのであるから、専有部分の使用が禁止されている間も、管理費の負担など区分所有者としての義務を免れることはできない。使用禁止中でも、たとえば、空気を入れ替えたり、防かび・防虫の措置を講じるなど専有部分の維持・管理のために必要な範囲での専有部分への立入りは「使用」に当たらず、許されると解する。それでは、家財道具を置いたままにして、当該専有部分をその置場として使用することは許されるか。法務省立法担当者は、家具付きで他に賃貸する予定で賃貸するまでの間暫定的にこれを置いておくような場合を除いて、原則として「使用」に当たり許されないとしている（濱崎・解説358、法務省・マンション法317も同様）が、本条の請求の趣旨は、共同生活の維持を図るために共同利益背反行為者に対し専有部分の使用を一時禁止することで共同生活関係から一時排除するものであ

ることから、新たに家財道具を搬入するのではなく家財道具を従前の状態で置いたままにしておくことであれば、共同生活の維持を図る上で一般的には支障がないと考えられるので、許されると解すべきである。

なお、管理費の滞納に関する裁判例として、第一審（大阪地判平13・9・5判時1785-59）は本条に基づく専有部分の使用禁止を認めたが、第二審（大阪高判平14・5・16判タ1109-253。なお、マンション法172〔折田泰宏〕参照）は、滞納管理費の回収については59条に基づく競売も考えられること、本条に基づく使用禁止の請求は管理費の滞納解消とは関連性がないこと等を理由に、専有部分の使用禁止請求を否定した。

(3) 強制執行

当該区分所有者が専有部分の使用禁止の判決に任意に服さない場合には、その判決を債務名義として強制執行をすることができる。当該区分所有者の義務は、専有部分の引渡義務ではなく不使用義務であって、不代替的な不作為義務であるから、間接強制の方法（民執法172条）による。

なお、共同利益背反行為者に対して専有部分の使用禁止を請求するに当たり、その請求と共に損害賠償の請求をすることも妨げない。共同利益背反行為を除去するために理事会の頻繁な開催、仮処分の申請、訴訟の提起など多大の労力と出費を余儀なくされたとして300万円の損害賠償請求をした事件について、これを認めた判決がある（前掲福岡地判昭62・5・19判タ651-221）。

〔7〕 **特別決議**

共同利益背反行為者を除く他の区分所有者の全員または管理組合法人が共同利益背反行為者に対して専有部分の使用禁止を請求する訴えの提起は、集会の決議に基づかなければならない。その決議は、当該区分所有者の区分所有権の本来的機能である自己使用権を一時的にであれ奪うものであるから、その重大性のゆえに特別多数決議すなわち区分所有者および議決権の各4分の3以上の多数でしなければならない。マンション標準管理規約（30条の注釈〔4〕参照）もこのことを確認的に定める（同規約〔単棟型〕47条3項3号）。

この決議においては、当該共同利益背反行為者も議決権を行使することができる。したがって、当該共同利益背反行為者たる区分所有者が4分の1を超える議決権を有するときは、本条の訴えの提起は、事実上不可能である。

第1章　建物の区分所有　第7節　義務違反者に対する措置

〔8〕　弁明の機会の提供

　共同利益背反行為者に対し専有部分の使用禁止を訴求するか否かについて集会で決議をするには、あらかじめ当該行為者に対して弁明の機会を与えなければならない。

　弁明の方法について、法務省立法担当者は、集会の招集者が集会前にあらかじめ聴取して区分所有者全員に伝達する方法と、集会の席上で決議前にさせる方法のいずれによっても差し支えないと説く（濱崎・解説356）。しかし、原則として、集会の席上で決議前に当該行為者に弁明させる方法によるべきであり（大西・基本コンメ105も同旨）、やむを得ない事由がある場合には、集会の招集者が集会前にあらかじめ聴取し、決議に先立ってその内容を伝達する方法によるべきである。

〔9〕　57条3項の準用

　57条3項の規定（「管理者又は集会において指定された区分所有者は、集会の決議により、第1項の他の区分所有者の全員のために、前項に規定する訴訟を提起することができる」）は、本条1項による共同利益背反行為者に対する専有部分の使用禁止の訴えの提起に準用される。すなわち、訴えの提起および訴訟の追行は、集会の決議によって、管理者またはそのために指定された区分所有者に委ねることができる。

　なお、前述（〔1〕(3)）のように、57条4項に規定する占有者による共同利益背反行為の場合には、本条1項～4項の規定は準用されない。

（区分所有権の競売の請求）

第59条　第57条第1項に規定する場合において[1]、第6条第1項に規定する[2]行為による区分所有者の共同生活上の障害が著しく、他の方法によってはその障害を除去して共用部分の利用の確保その他の区分所有者の共同生活の維持を図ることが困難であるときは、他の区分所有者の全員又は[3]管理組合法人[4]は、集会の決議に基づき、訴えをもって[5]、当該行為に係る区分所有者の区分所有権及び敷地利用権の競売を請求することができる[6]。

2　第57条第3項の規定は前項の訴えの提起に[7]、前条第2項及び第3項の規定は前項の決議に準用する[8]。

3　第1項の規定による判決に基づく競売の申立ては、その判決が確定した日から6月を経過したときは、することができない[9]。

340

4　前項の競売においては、競売を申し立てられた区分所有者又はその者の計算において買い受けようとする者は、買受けの申出をすることができない。[10]

〔1〕　**本条の趣旨**

　本条は、6条1項に規定する行為（共同利益背反行為）をした区分所有者に対して、他の区分所有者の全員または管理組合法人が、その者の有する区分所有権（および敷地利用権）の競売を請求することができることを定める。

　57条から60条までの規定は、1983年改正法によって新設されたものである。この改正では、区分所有者がした共同利益背反行為に対して、①57条による当該行為の停止等の請求、②58条による専有部分の使用禁止の請求、③本条による区分所有権および敷地利用権の競売の請求、の各規定が設けられた。58条の請求が共同利益背反行為をした区分所有者に対する区分所有関係からの一時的な排除であるのに対して、本条の請求は、行為者の区分所有権を剥奪するものであり、行為者を区分所有関係から終局的に排除するものである。

　1962年法の制定過程において、すでに本条の趣旨の規定が採用の方向で検討されていたが、最終的には、村八分的に悪用されるおそれがある等の理由によって採用が見送られた。しかし、1983年の改正にあっては、区分所有権の剥奪は、裁判を通して達せられるのであるから村八分的運用を懸念する必要はないし、区分所有権の特質に伴う内在的制約として許容されるべきものと考えられ、本条の立法に至った（濱崎・解説345、346）。

　なお、共同利益背反行為者に対する57条から60条までの各請求の相互関係については、58条の注釈〔1〕(3)を参照のこと。

〔2〕　**共同利益背反行為**

　「第57条第1項に規定する場合」とは、57条1項でいう「区分所有者が第6条第1項に規定する行為をした場合又はその行為をするおそれがある場合」をいう。すなわち、区分所有者が「建物の保存に有害な行為その他建物の管理又は使用に関し区分所有者の共同の利益に反する行為」（共同利益背反行為〔6条1項参照〕）をした場合またはその行為をするおそれがある場合である。これについては、57条の注釈〔2〕および6条の注釈〔2〕を参照のこと。

第1章 建物の区分所有 第7節 義務違反者に対する措置

〔3〕 **本条の請求が認められるための実体的要件**

共同利益背反行為をした区分所有者またはこれをするおそれのある区分所有者に対し競売の請求をすることが認められるためには、①6条1項に規定する行為（共同利益背反行為）による区分所有者の共同生活上の障害が著しく、かつ、②他の方法によってはその障害を除去して共用部分の利用の確保その他の区分所有者の共同生活の維持を図ることが困難であること、が必要である。

(1) 58条の規定との対比

これらの要件は、58条の使用禁止の請求のための要件とほぼ同様である（58条の注釈〔3〕参照）が、②の要件について58条では、「第57条第1項の規定する請求〔共同利益背反行為の停止等の請求〕によっては」と規定されているのに対して、本条では「他の方法によっては」と規定されており、この点で異なっている。すなわち、58条の専有部分の使用禁止の請求をするためには、共同利益背反行為の停止等の請求（57条）によっては共同生活の維持を図ることができないことをもって足りるのに対し、本条の専有部分の競売請求をするためには、共同利益背反行為の停止等の請求のほか、58条の専有部分の使用禁止の請求によっても共同生活の維持を図ることができないときでなければならない。専有部分の使用禁止の請求が当該区分所有者の区分所有関係からの一時的排除であるのに対して、専有部分の競売の請求は、当該区分所有者の区分所有関係からの終局的排除であることから、58条の請求による一時的排除で足りる場合には、本条の請求をすることはできない。なお、「他の方法によっては」との規定は、58条の請求を経た上でなければ本条の請求ができないということを意味するものではない（58条の注釈〔1〕(3)を参照のこと）。

(2) 「他の方法」

「他の方法」は、民事上の他の法的方法（57条、58条の請求のほか、後述の7条に基づく先取特権の実行としての専有部分の競売等）に限定され、民事上以外の方法は含まないと解される（濱崎・解説360）。たとえば、区分所有者が区分所有建物内で犯罪行為を繰り返している場合に告訴（刑訴法230条）、告発（同239条）等によって当該区分所有者が逮捕され共同生活の回復・維持を図ることが可能なときや、または、精神障害がある区分所有者が共同利益背反行為をしている場合に精神保健福祉法上の入院措置を求める（同法22条、29条）ことによって当該区分所有者が入院し共同生活の回復・維持を図ることが可能なときであっても、民事上

他にとり得る方法がなく、目的の達成のためには最終的に第三者機関の判断に依存せざるを得ない場合には、本条の請求が認められる。

(3) 判例等

具体的にどのような場合に、上記①②の要件を満たすものとして本条の請求が認められるか。マンションの専有部分を暴力団組事務所として使用し、頻繁に外部の暴力団関係者が出入し、定期的に自己の組織の会合が開かれる一方、他の暴力団組員との乱闘・抗争もすでに同マンションで発生している事案について、「被告は、自己及びその配下の組員らの行動を介して当該マンションの保存、管理、使用に関し、区分所有者の共同の利益に反する行為をなし、これによる他の区分所有者らの共同生活上の障害は著しい程度に至っていると認めることができ、かつ使用禁止等の他の方法によっては、その障害を除去して共用部分の利用の確保その他の区分所有者らの平穏な共同生活の回復、維持を図ることが困難と認められる」として、本条の競売請求を認めた判例がある（札幌地判昭61・2・18判時1180-3・判タ582-94。同旨のものとして名古屋地判昭62・7・27判時1251-122・判タ647-166、京都地判平4・10・22判時1455-130・判タ805-196）。また、区分所有者が集会決議に反対して電気供給契約の切換えに応じないため同決議が実行できない場合に本条の競売請求を認めたものがある（横浜地判平22・11・29判タ1379-132）。

このほか、本条の請求が認められる場合として、専有部分の使用禁止の判決を得たが当該区分所有者がその判決に従わず、強制執行も効を奏しない場合が考えられる。

区分所有者が管理費や修繕積立金等を長期間支払っていない場合に、このことが共同利益背反行為に該当し本条による当該専有部分の競売請求の理由となるか。このような管理費等の支払いをめぐる区分所有者間の債務不履行の関係については、本来は、7条の先取特権の規定によって解決がなされるべきである。

法務省立法担当者は、「一般的には、〔7条により〕他の区分所有者の全員又は区分所有者の団体が当該不払の区分所有者の区分所有権の上に先取特権を有し、その実行として競売をすることができる。したがって、『他の方法によっては、……困難』という要件を満たすためには、その先取特権の実行又はその他の財産に対する強制執行によってもその債権の満足を得ることができない場合であることを要するものといわなければならない」としている（濱崎・解説360、361）。このような場合には、債務額との関係で区分所有権自体に価値がないということが

第1章　建物の区分所有　第7節　義務違反者に対する措置

多いであろうが、競落価格が下がることによって競売による買受人を得ることができる限り、なお競売請求には一定の意味があるというべきである。立法担当者も、買受人は未払いの管理費等の支払義務を承継する（8条）から買受人が現われることは期待しがたく、その実効性には疑問があるとしながら、「しかし、他の区分所有者又は区分所有者の団体が右のような負担を覚悟してあえて買受けることによって、事態を解決することも考えられるから、本条の規定の適用を肯定することは、全く無意味ではないであろう」と述べる（濱崎・解説361）。これを認めた裁判例として、東京地判平17・5・13（判タ1218-311）、東京地判平19・11・14（判タ1288-286）、東京地判平22・11・17（判時2107-127）がある。なお、本条の要件を満たさないとして請求を棄却したものとして東京地判平18・6・27（判時1961-65）がある。

〔4〕　**請求主体**

本条による専有部分の競売の請求権は、当該共同利益背反行為者を除く他の区分所有者の全員が有し、管理組合法人にあっては法人が有する。この点は、57条および58条の請求権の場合と同様である（57条の注釈〔3〕を参照のこと）。

〔5〕　**本条の請求が認められるための手続的要件**

本条の請求は、必ず、集会の決議に基づき、訴えをもってしなければならない。訴えをもってのみ認められるとしたのは、58条および60条の場合と同様、この請求が当該行為者の所有権に与える影響の重大性を考慮して、司法審査を経て初めてその法律関係が形成されることが適当であると考えられたためである。本条の訴えは形成の訴えであり、裁判は、判決によってなされる。管轄裁判所については58条の注釈〔5〕を、集会の決議については後記〔8〕を参照のこと。

〔6〕　**請求の内容**

本条の訴えの内容は、共同利益背反行為者の区分所有権および敷地利用権の競売の請求である。当該区分所有者が敷地利用権を有するときは、両者の競売を併せて請求しなければならない。ただし、敷地利用権を有しないときは、区分所有権のみの競売を請求するほかない。

(1)　判決の前提

競売の請求に対して判決をするには、口頭弁論終結時において共同利益背反行為者が当該区分所有権を有していることが必要であり、すでにこれを第三者に譲渡していた場合には当事者適格を欠き、訴えは却下される。

(2) 競売の申立て

判決の確定によって、競売権が形成される。原告は、この判決に基づき、民事執行法の定めるところによって執行裁判所に競売の申立てをすることができる。この競売は、民事執行法195条に規定する「民法、商法その他の法律の規定による換価のための競売」に当たり、いわゆる形式的競売（担保権の実行としての競売のように目的物の強制処分を行うことによって自己の債権の満足を図るというものではなく、特定の財産を換価する必要がある場合に、それを適切な手続に委ねて当該財産権者を保護するため、裁判所または執行官の手続によって換価を行う競売をいう）である。なお、競売代金は、競売のための費用を控除した後に、当該区分所有者に渡される。

法務省立法担当者の見解では、判決の確定後に、共同利益背反行為者が当該区分所有権を任意に第三者に譲渡した場合（このこと自体は妨げられない）には、判決の効力は譲受人に及ばず、競売の申立てをすることはできない（濱崎・解説362、法務省・マンション法320）。この点についての近年の最高裁判所の決定（最決平23・10・11判時2136-36・判タ1361-128）は、区分所有法59条1項の区分所有権競売請求訴訟の口頭弁論終結後に管理費滞納者である共同利益侵害者から当該区分所有権等を譲り受けた者に対しては、確定判決の効力に基づく競売の申立てはできないと判断した。しかし、区分所有法59条1項の競売請求に係る訴訟およびその認容判決に基づく競売の申立てにおいては、あくまでも、当該共同利益背反行為の結果およびそのおそれの除去如何、すなわち区分所有者の共同利益の回復の実現の見直しを請求または申立ての認否の判断基準とすべきであり、共同利益背反行為者自らが区分所有権等を譲渡することによっては通常、共同利益の回復は実現できない（同法59条4項はこのことを端的に定めている）ことから、このような場合についても、原則として、確定判決の効力に基づく競売の申立てを認めるべきであると考える（鎌野・市民と法79-2以下）。

競売開始決定に基づく差押えの登記がなされた後に第三者への譲渡があった場合には、形式的競売手続における差押登記に処分制限の効力を認めるか否かによって見解が分かれる（濱崎・解説362）。

〔7〕 **57条3項の準用**

57条3項の規定（「管理者又は集会において指定された区分所有者は、集会の決議により、第1項の他の区分所有者の全員のために、前項に規定する訴訟を提起することが

第1章　建物の区分所有　第7節　義務違反者に対する措置

できる」）は、本条1項（区分所有権および敷地利用権の競売請求）の訴えの提起に準用される。すなわち、訴えの提起および訴訟の追行は、集会の決議によって、管理者またはそのために指定された区分所有者に委ねることができる。

〔8〕　58条2項および3項の準用

58条2項の規定（「前項の決議は、区分所有者及び議決権の各4分の3以上の多数でする」）は、本条1項（区分所有権および敷地利用権の競売請求）の決議に準用される。この点については、58条の注釈〔7〕を参照のこと。

また、58条3項の規定（「第1項の決議をするには、あらかじめ、当該区分所有者に対し、弁明する機会を与えなければならない」）は、本条1項（区分所有権および敷地利用権の競売請求）の決議に準用する。この点については、58条の注釈〔8〕を参照のこと。

〔9〕　競売の申立期間

共同利益背反行為者の区分所有権および敷地利用権の競売を認める判決に基づく競売の申立ては、その判決が確定した日から6カ月を経過したときは、することができない。当該区分所有者の地位を長期間不安定な状態にしておくことは相当でないからである。また、判決によって共同利益背反行為が治癒されることがあり、そのような場合には、相当の期間（判決が確定した日から6カ月）経過後に競売の申立てをすることは許されないからである。

なお、本条に基づく競売においては建物の最低売却価額で手続費用を弁済することすらできないと認められる場合でない限り、売却を実施したとしても民事執行法63条の趣旨（無益執行の禁止および優先債権者の保護）に反するものではないとした裁判例（東京高決平16・5・20判タ1210-170）がある。

〔10〕　買受けの申出の禁止

共同利益背反行為者の区分所有権および敷地利用権の競売においては、当該行為者である区分所有者またはその者の計算において買い受けようとする者は、買受けの申出をすることができない。このような者の買受けを認めたのでは、本条の目的を達することができないからである。「その者〔区分所有者〕の計算において」とは、第三者が自己の名をもって買受けの申出をするのがもっぱら当該区分所有者のためである場合をいい、その者が、買受代金を買受申出人に提供したり、あらかじめ買受申出人から転売の約束を得ているなど、実質的な買受人が区分所有者である場合がこれに該当する。

(占有者に対する引渡し請求)
第60条[1]　第57条第4項に規定する場合において[2]、第6条第3項において準用する同条第1項に規定する行為による区分所有者の共同生活上の障害が著しく、他の方法によってはその障害を除去して共用部分の利用の確保その他の区分所有者の共同生活の維持を図ることが困難であるときは、区分所有者の全員又は管理組合法人は[4]、集会の決議に基づき、訴えをもって[3]、当該行為に係る占有者が占有する専有部分の使用又は収益を目的[5]とする契約の解除及びその専有部分の引渡しを請求することができる[6]。

2　第57条第3項の規定は前項の訴えの提起に[7]、第58条第2項及び第3項の規定は前項の決議に準用する[8]。

3　第1項の規定による判決に基づき専有部分の引渡しを受けた者は、遅滞なく、その専有部分を占有する権原を有する者にこれを引き渡さなければならない[9]。

〔1〕　**本条の趣旨**

本条は、区分所有者以外の専有部分の占有者が共同利益背反行為（6条3項において準用する同条1項に規定する「建物の保存に有害な行為その他建物の管理又は使用に関し区分所有者の共同の利益に反する行為」）をした場合に、その占有者に対して、区分所有者の全員または管理組合法人が、当該専有部分の引渡しを請求できることを定めるものである。

(1)　1983年改正法

専有部分の占有者は、区分所有建物における共同の生活関係の一員という点では区分所有者自身が専有する場合と何ら異なるものではなく、共同の利益に反する行為を禁止してしかるべきである。しかし、1962年法においては、本法6条1項に当たる規定（5条1項）は存在したが、同条3項に当たる規定は存在しなかった。そこで、1983年改正法は、6条3項を設けると共に、57条4項（占有者による共同利益背反行為の停止等の請求）および本条を設けた（なお、6条の注釈〔9〕(1)参照）。

(2)　占有者に対する措置

占有者による共同利益背反行為に対してとることができる手段としては、区分所有者による共同利益背反行為の場合と異なって、57条4項の規定による当該行

為の停止等の請求と本条による当該専有部分の引渡しの請求のみが認められている。すなわち、58条で規定する使用禁止の請求および59条で規定する区分所有権の競売請求は認められていない。後者の請求が認められない理由は、この場合には占有者のみを排除すれば足り、区分所有者までを排除する必要はないからである（前者の請求が認められない理由については、58条の注釈〔1〕(3)参照)。

なお、57条4項の規定による当該行為の停止等の請求と本条による当該専有部分の引渡しの請求との関係については、58条の注釈〔1〕(3)を参照のこと。

〔2〕 共同利益背反行為

「第57条第4項に規定する場合」とは、占有者が共同利益背反行為（6条3項において準用する同条1項に規定する「建物の保存に有害な行為その他建物の管理又は使用に関し区分所有者の共同の利益に反する行為」）をした場合およびその行為をするおそれがある場合をいう。

〔3〕 本条適用の実体的要件

共同利益背反行為をした占有者またはこれをするおそれがある占有者に対してその専有部分の引渡しの請求をすることが認められるためには、①6条3項において準用する同条1項に規定する行為（共同利益背反行為）による区分所有者の共同生活上の障害が著しく、かつ、②他の方法によってはその障害を除去して共用部分の利用の確保その他の区分所有者の共同生活の維持を図ることが困難であること、が必要である。

(1) 59条との対比

これらの要件は、59条の要件と同じである（59条の注釈〔3〕および58条の注釈〔3〕参照)。ただし、②の要件に関し、59条の場合と異なって、共同利益背反行為者たる占有者に対してとることができる民事上の方法としては、57条4項の規定による当該行為の停止等の請求だけである（前記〔1〕(2)）から、「他の方法」とはその請求を指す。

(2) 判 例

具体的には、どのような場合に上記①②の要件が満たされ、本条の請求が認められるか。最高裁は、区分所有建物の一室を暴力団事務所として賃借して占有している暴力団組長に対する引渡請求について、その暴力団が現に他の暴力団と対立抗争中でありその身辺には常に暴力的抗争の生じる危険性が存在すること、ならびに同占有者およびその関係者はこれまで区分所有者の共同生活に種々の障害

を与えてきたこと（無断駐車、対立暴力団の襲撃に備えての玄関ホールや廊下での組員による見張りや威嚇等）を理由に、このような障害は単なる警告あるいは共同利益背反行為の停止等の請求によっては除去することはできないとして、原告の請求を認めた原審（東京高判昭61・11・17判時1213-31・判タ623-70）の判断を相当とした（最判昭62・7・17判時1243-28・判タ644-97〔第一審横浜地判昭61・1・29判時1178-53・判タ579-85〕。同旨のものとして、福岡地判昭62・7・14判タ646-141、京都地判平4・10・22判時1455-130・判タ805-196）。また、下級審判決として、住居専用部分と店舗専用部分からなり両者の区画が明確になされている複合用途型マンションにおいて、賃借人が住居専用部分を会社の事務所として使用している事例について、これを放置すると当該マンションにおいて両者の区画が曖昧になり、やがては居住環境に著しい変化をもたらす可能性が高いとして、当該事務所使用は上記①②の要件を満たすと判示したもの（東京地八王子支判平5・7・9判時1480-86・判タ848-201。また、東京地判平7・11・21判時1571-88・判タ912-188参照）、賃借人である宗教団体が多数の信者を当該専有部分内に出入りさせたり修行をさせたりして明らかに宗教施設として当該部分を使用している場合には上記①②の要件を満たすとしたもの（横浜地判平12・9・6判時1737-90・判タ1105-246）、マンション居住者が騒音・振動を発したり他の居住者の悪口を叫ぶ等の迷惑行為をした場合に、同居住者と専有部分所有者との間の使用貸借契約の解除および専有部分の引渡請求を認容して両者の一体性から専有部分の競売の申立請求を認めたもの（東京地判平17・9・13判時1937-112・判タ1213-163）等がある。

なお、共同利益背反行為をしている賃借人との賃貸借を解除しないまま存続させている賃貸人に対して、区分所有者は、不法行為を理由として損害賠償請求をすることができよう（同請求権の行使については26条2項）。

〔4〕 **請求主体**

本条による占有者に対する専有部分の引渡請求権は、区分所有者の全員の名において有し、管理組合法人にあっては法人の名において有する。この点は、57条ないし59条の請求権の場合と同様である（57条の注釈〔3〕を参照のこと）。請求の相手方は、当該占有者が賃借人などの占有権原のある占有者であるときは当該専有部分の区分所有者と占有者の両者であり、占有者が無権原占有者であるときは占有者のみである（後記〔6〕参照）。

57条ないし59条の各1項では「他の区分所有者の全員」としているのに対して、

本条1項では「区分所有者の全員」としている。これは、請求の相手方が占有者のみのときは区分所有者の全員が請求の主体となるからである。

占有者が専有権原を有するために、請求の相手方を占有者と区分所有者の両者とする（区分所有者には契約の解除を請求し、占有者にはその専有部分を原告に引き渡すことを請求する）ときは、当該区分所有者は、請求の主体（原告）たる「区分所有者の全員」の中から当然に除外される。法務省立法担当者は、条文上でこのことを示さなくても、性質上当然にこのような解釈を導くことができるものとして本項のような文言にした、と説明する（濱崎・解説366）。

〔5〕 **本条適用の手続的要件**

本条の請求は、集会の決議に基づいて、訴えをもってしなければならない。もっぱら訴えをもって行うべきものとしたのは、58条および59条の場合と同様に、この請求権が当該行為者の権利ないし利益に与える影響の重大性を考慮して、司法審査を経て初めてその法律関係が形成されることが適当であると考えられたためである。本条の訴えは、形成の訴えであり、裁判は、判決によってなされる。管轄裁判所は、当該区分所有建物所在地を管轄する地方裁判所である。なお、集会の決議については、後記〔7〕〔8〕を参照のこと。

〔6〕 **請求の内容**

本条の請求の内容は、共同利益背反行為をした占有者が占有する専有部分の使用または収益を目的とする契約を解除し、その専有部分の引渡しを求めることである。したがって、この訴えに基づく裁判の判決は、使用または収益を目的とする契約（転貸借の場合には転貸借契約）の解除を宣言し、かつ、当該専有部分の原告への引渡しを命ずるものである。判決の確定によって、契約解除の効果と専有部分の引渡義務が形成されると共に、引渡しの命令について執行力を生ずる。

当該専有部分の占有者に賃借権等の占有権原があるときは、貸主たる区分所有者と借主たる占有者とを共同被告としてその契約の解除を求めると共に、占有者に対して当該専有部分を原告たる区分所有者に引き渡すことを求める。占有者に占有権原がないときには、当該占有者のみを被告として当該専有部分の引渡しを求めれば足りる。なお、当該占有者が転借人であるときには、転貸人と転借人を共同被告とすべきであり、原貸主たる区分所有者は、被告とはならない。

〔7〕 **57条3項の準用**

57条3項の規定（「管理者又は集会において指定された区分所有者は、集会の決議に

より、第1項の他の区分所有者の全員のために、前項に規定する訴訟を提起することができる」）は、本条1項の訴えの提起（契約の解除および占有者に対する引渡請求〔以下、「引渡請求等」という〕）に準用する。訴えの提起および訴訟の追行には、管理者が当たる。管理者がいない場合には、集会の決議によって指定された区分所有者に委ねる。この点については、57条の注釈〔7〕を参照のこと。

〔8〕 58条2項および3項の準用

58条2項（「前項の決議は、区分所有者及び議決権の各4分の3以上の多数でする」）および3項の規定（「第1項の決議をするには、あらかじめ、当該区分所有者に対し、弁明する機会を与えなければならない」）は、本条1項の決議（引渡請求等を決する集会の決議）に準用される。

(1) 特別決議

引渡請求等を決する集会の決議は、区分所有者および議決権の各4分の3以上の多数でする。その決議は、当該占有者の占有権を奪うものであるから、その重大性を考慮して4分の3以上の特別多数決議を要するとした。当該専有部分の区分所有者も、共同被告となっているかどうかを問わず（前記〔6〕参照）、議決権を有する。

(2) 弁明の機会の提供

引渡請求等を決する集会の決議においては、あらかじめ、当該占有者に対して、弁明の機会を与えなければならない。それでは、当該専有部分の区分所有者を共同被告とする場合に、当該区分所有者にも弁明の機会を与えることを必要とするか。この決議において準用される58条3項の規定が、「第1項の決議をするには、あらかじめ、当該区分所有者に対し、弁明する機会を与えなければならない」としていることから問題となる。法務省立法担当者（濱崎・解説366）および学説（丸山・判例研究(3)、大西・旧基本コンメ93）は、当該区分所有者に弁明の機会を与える必要はないとする。判例も同様である（前掲〔3〕(2)最判昭62・7・17判時1243-28・判タ644-97。なお、この原審〔前掲〔3〕(2)東京高判昭61・11・17判時1213-31・判タ623-70〕は、「弁明の機会は違反者たる占有者に与えれば足り、違反行為者でもなく、排除の対象者でもない区分所有者に弁明の機会を与える必要はないというべきである」と述べる）。

〔9〕 判決後の専有部分の引渡し

原告は、本条1項の規定による判決に基づいて、民事執行法168条により専有

部分の引渡命令を執行させることができる。まず、占有者をして当該専有部分を原告に対して引き渡させるが、引渡しを受けた原告は、その後遅滞なく、それを占有する権原を有する者、すなわち当該専有部分の所有者（転貸借の場合は転貸人）に引き渡さなければならない。占有する権原を有する者に対して直接に引き渡すようにしなかったのは、占有権原者がこの引渡しを懈怠する場合も想定され、その場合には共同利益背反行為者たる占有者の区分所有関係からの排除という本条の目的を実現することができなくなるからである。

§61

第8節　復旧及び建替え

（建物の一部が滅失した場合の復旧等）
第61条　建物の価格の2分の1以下に相当する部分が滅失したときは、各区分所有者は、滅失した共用部分及び自己の専有部分を復旧することができる。ただし、共用部分については、復旧の工事に着手するまでに第3項、次条第1項又は第70条第1項の決議があったときは、この限りでない。
2　前項の規定により共用部分を復旧した者は、他の区分所有者に対し、復旧に要した金額を第14条に定める割合に応じて償還すべきことを請求することができる。
3　第1項本文に規定する場合には、集会において、滅失した共用部分を復旧する旨の決議をすることができる。
4　前3項の規定は、規約で別段の定めをすることを妨げない。
5　第1項本文に規定する場合を除いて、建物の一部が滅失したときは、集会において、区分所有者及び議決権の各4分の3以上の多数で、滅失した共用部分を復旧する旨の決議をすることができる。
6　前項の決議をした集会の議事録には、その決議についての各区分所有者の賛否をも記載し、又は記録しなければならない。
7　第5項の決議があった場合において、その決議の日から2週間を経過したときは、次項の場合を除き、その決議に賛成した区分所有者（その承継人を含む。以下この条において「決議賛成者」という。）以外の区分所有者は、決議賛成者の全部又は一部に対し、建物及びその敷地に関する権利を時価で買い取るべきことを請求することができる。この場合において、その請求を受けた決議賛成者は、その請求の日から2月以内に、他の決議賛成者の全部又は一部に対し、決議賛成者以外の区分所有者を除いて算定した第14条に定める割合に応じて当該建物及びその敷地に関する権利を時価で買い取るべきことを請求することができる。

353

第1章　建物の区分所有　第8節　復旧及び建替え

8　第5項の決議の日から2週間以内に、決議賛成者がその全員の合意により建物及びその敷地に関する権利を買い取ることができる者を指定し、かつ、その指定された者（以下この条において「買取指定者」という。）がその旨を決議賛成者以外の区分所有者に対して書面で通知したときは、その通知を受けた区分所有者は、買取指定者に対してのみ、前項前段に規定する請求をすることができる。[16]

9　買取指定者が第7項前段に規定する請求に基づく売買の代金に係る債務の全部又は一部の弁済をしないときは、決議賛成者（買取指定者となったものを除く。以下この項及び第13項において同じ。）は、連帯してその債務の全部又は一部の弁済の責めに任ずる。ただし、決議賛成者が買取指定者に資力があり、かつ、執行が容易であることを証明したときは、この限りでない。[17]

10　第5項の集会を招集した者（買取指定者の指定がされているときは、当該買取指定者）は、決議賛成者以外の区分所有者に対し、4月以上の期間を定めて、第7項前段に規定する請求をするか否かを確答すべき旨を書面で催告することができる。[18]

11　前項に規定する催告を受けた区分所有者は、前項の規定により定められた期間を経過したときは、第7項前段に規定する請求をすることができない。[19]

12　第5項に規定する場合において、建物の一部が滅失した日から6月以内に同項、次条第1項又は第70条第1項の決議がないときは、各区分所有者は、他の区分所有者に対し、建物及びその敷地に関する権利を時価で買い取るべきことを請求することができる。[20]

13　第2項、第7項、第8項及び前項の場合には、裁判所は、償還若しくは買取りの請求を受けた区分所有者、買取りの請求を受けた買取指定者又は第9項本文に規定する債務について履行の請求を受けた決議賛成者の請求により、償還金又は代金の支払につき相当の期限を許与することができる。[21]

本条の細目次

〔1〕 本条の趣旨 356
　(1) 1962年法 356
　(2) 1983年改正法 356
　(3) 2002年改正法 357
　(4) 17条および18条との関係 358
　(5) 被災区分所有建物再建等特別措置法との関係 358
〔2〕 建物の価格の2分の1以下に相当する部分の滅失 359
〔3〕 滅　失 360
　(1) 滅失の意義 360
　(2) 毀損・損傷 360
　(3) 建物の一部の滅失 361
　(4) 朽　廃 362
　(5) 全部の滅失 363
〔4〕 単独復旧 364
　(1) 小規模一部滅失 364
　(2) 専有部分・共用部分の別不問 365
〔5〕 専有部分の復旧 365
　(1) 単独復旧 365
　(2) 集会の決議との関係 365
　(3) 滅失専有部分の放置 366
〔6〕 復　旧 366
〔7〕 集会の決議がある場合の単独復旧の禁止 366
　(1) 復旧・建替え決議が否決された場合 367
　(2) 招集後決議前の復旧 367
　(3) 復旧工事着手後の決議 368
　(4) 着手後に決議があった場合の費用償還請求 368
〔8〕 費用償還請求 368
　(1) 規約により共用部分の所有者とされない区分所有者の場合 368
　(2) 期限の許与 369
〔9〕 復旧の決議 369
　(1) 単独復旧工事着手後の場合 369
　(2) 議決要件 369
　(3) 決議による復旧工事の実施と費用負担 370
　(4) 決議後の単独復旧の効果 370
〔10〕 規約による別段の定め 370
　(1) 専有部分 370

(2) 2項の償還請求権を認めない旨の定め 370
〔11〕 建物の価格の2分の1を超える部分の滅失 371
〔12〕 特別多数による議決の必要 371
　(1) 共用部分単独復旧の禁止 371
　(2) 部分的建替えの許容 372
　(3) 復旧工事の実施と費用負担 372
　(4) 復旧決議がない場合の個別復旧の可否 372
　(5) 経過措置 373
〔13〕 議事録の記載・記録事項 373
〔14〕 決議があった場合の買取請求権 373
　(1) 買取請求制度の機能 373
　(2) 買取請求権の行使 373
　(3) 買取請求の相手方 374
　(4) 買取請求の目的物 374
　(5) 時　価 374
　(6) 形成権 375
　(7) 対抗要件 375
　(8) 買取請求後の請求者の地位 376
〔15〕 再買取請求 376
　(1) 趣　旨 376
　(2) 再買取請求の行使期間 377
　(3) 再買取請求の相手方 377
　(4) 再買取請求の目的物 378
　(5) 形成権 379
　(6) 再買取請求の目的物の共有関係 380
〔16〕 買取指定者の指定 380
　(1) 買取指定者となるべき者 381
　(2) 買取指定者の指定の方法 381
　(3) 買取指定者の指定および通知の期間 382
　(4) 全員の合意による指定 383
　(5) 買取指定者による通知 383
〔17〕 決議賛成者の責任 384
　(1) 趣　旨 384
　(2) 決議賛成者間の連帯責任 384
　(3) 決議賛成者の保証人に準ずる責任 385
〔18〕 買取指定者の催告権 386
　(1) 本項および次項の趣旨 386

第1章　建物の区分所有　第8節　復旧及び建替え

(2) 催告権者　387
(3) 催告の内容・方法および確答期限　387
〔19〕買取請求権の消滅　388
〔20〕復旧・建替え決議がない場合の買取請求権　388
(1) 買取請求権を認める趣旨　389
(2) 6カ月経過後の復旧・建替え決議の可否　389
(3) 買取請求権の行使態様　390
(4) 立法上の課題　391
(5) 買取請求に関する事前調整の必要性　392
(6) その他　392
〔21〕期限の許与　392
(1) 相当の期限　393
(2) 期限の許与の効果　393

〔1〕　本条の趣旨

　本条は、建物の一部が滅失した場合の建物の復旧をめぐる法律関係について、滅失の程度が①建物の価格の2分の1以下である場合（小規模一部滅失）と、②2分の1を超える場合（大規模一部滅失）とに分けて規定する。建物の一部が滅失した場合に、区分所有者は、区分所有権と敷地利用権を売却等によって処分しない限りは、それをそのままの状態にしておくか、復旧するか、建替えをするかのいずれかを選択することになる。本条は、このうちの復旧について規定し、建替えについては、62条以下に規定する。

(1)　1962年法

　1962年法においては、上記①と②の場合に分け、①については、各区分所有者に滅失した共用部分および自己の専有部分を復旧する固有の権利を認め（1962年法35条1項）、共用部分を復旧した場合には他の区分所有者に対して費用の償還を請求することができるとしていた（同条2項）。

　②については、区分所有者全員に建物の再建について協議することを義務づけ（1962年法35条3項）、協議が不能または不成立（全員一致の合意が得られない）の場合には、各区分所有者が他の区分所有者に対して建物および敷地に関する権利の買取りを請求することができるものとし（同条4項）、これらの規定に対して、規約で別段の定めをすることができるものとしていた（同条5項）。なお、②の場合に、区分所有者が協議することを義務づけられていた「建物の再建」とは、建物の復旧、改築または全部を取り壊して新たに建築し直すことであった（川島・解説(下)1251）。

(2)　1983年改正法

　1983年改正法においては、上記①②のいずれの場合にも、区分所有者の集会に

§61〔1〕

おいて共用部分の復旧を決議することができるものとした（本条3項・5項）。建物の一部が滅失した場合の共用部分の復旧は、広義においては「管理」に属する事項と見られるため集会の決議によって定められてしかるべきだ、という考えによる（濱崎・解説369）。ただし、①と②では復旧費用の負担等に大きな差異が生じるため、本条は、議決要件に一定の格差を設けた。

①の小規模一部滅失にとどまる場合には、集会において通常の「管理」事項と同一の議決要件に従って共用部分の復旧を決議し（3項）、その費用を区分所有者全員に負担させることができるのに対して、②の大規模一部滅失に相当する場合には、復旧の決議は特別の議決要件によるものとした（5項）。さらに、②については復旧に賛成しない少数者には買取請求による区分所有関係からの離脱の自由を認めた（7項）のに対して、①についてはそれを免れるための特別の手段は存在しない。

他方、①の場合には規約で別段の定めをすることができるが（4項）、②の場合には復旧費用の負担を考慮して本条に詳細な規定を設け（5項以下）、規約で別段の定めをすることを認めないこととした。なお、議決要件については、後記〔12〕で述べる。

このように、一部滅失建物の復旧について、1983年改正法は、①の小規模一部滅失の場合には復旧によって建物の効用を回復させることに重点を置き、②の大規模一部滅失の場合には建物の効用の回復よりも復旧のための費用負担に重点を置いた法律構成とした。この法律構成は2002年改正法のもとでも維持された。

(3) 2002年改正法

2002年改正法は、本条7項（の前段）を修正すると共に同項後段を追加し、8項から11項までを新設した。また、電磁的記録による議事録の作成を認めたこと（42条1項）に伴う必要な修正を行うと共に（6項において、「記載し」の後に「又は記録し」の文言を加えた）、団地内の建物の一括建替え制度の導入（70条1項）に伴う必要な修正を加えた（1項および12項において、「次条第1項」の後に「第70条第1項」の文言を加えた）。その他、8項から11項までの新設に伴い、改正前の8項を12項とし、9項を13項とすると共に、13項については裁判所による期限の許与の範囲を広げた（改正前は「第2項及び前2項」とされていたのを「第2項、第7項、第8項及び前項」と改めるなどした）。

2002年改正法の主要な改正点は、大規模一部滅失による復旧の決議があった場

第1章　建物の区分所有　第8節　復旧及び建替え

合（本条5項以下）についての次の3つである（各制度を設けた趣旨については、以下の注釈を参照のこと）。

①　復旧決議の日から2週間以内に、決議に賛成した区分所有者全員の合意により買取指定者を指定し、その旨を書面で通知したときは、決議に賛成しなかった区分所有者は当該買取指定者に対してのみ買取請求をすることができるものとした（8項）。

②　上記の手続で買取指定者が指定されなかった場合には、決議に賛成しなかった区分所有者は決議に賛成した区分所有者に対して買取請求をすることができるが、この請求を受けた区分所有者は、その請求の日から2カ月間、決議に賛成した他の区分所有者に対し、その共用部分共有持分に応じて再買取請求をすることができるものとした（7項後段）。

③　さらに、復旧決議を行った集会の招集者（買取指定者が指定されたときは、その買取指定者）が、決議に賛成しなかった区分所有者に対して4カ月以上の期間を定めて催告を行った場合には、その期間が経過した後は、買取請求をすることができないものとした（10項・11項）。

(4)　17条および18条との関係

専有部分の滅失の復旧は、基本的に当該専有部分の区分所有者のみに関わる問題であるが、共用部分の滅失の復旧は、区分所有者全員の問題であり、前述のように、広義において管理に関する事項である。

本法では、共用部分の管理に関して、①共用部分の変更（その形状または効用の著しい変更を伴わないものを除く）については集会の特別決議で決し（17条1項）、②それ以外の通常の管理については集会の普通決議で決し、③保存行為は各共有者がすることができる（18条1項）と規定している。

これに対して、共用部分の一部が滅失（消滅）した場合には、上記のような通常時の管理（共用部分の維持・利用・改良）とは状況が異なり、非常時の管理として対処する必要がある。そのため、17条、18条とは別に、本条が設けられた（ただし、本条1項～4項〔前記(2)①の場合〕は18条の法律構成に準じた内容となっている）。

(5)　被災区分所有建物再建等特別措置法との関係

本条は、災害によって全部滅失し被災区分所有建物再建等特別措置法の対象となる建物の再建については、適用の余地がない（特別措置法については、後記〔3〕(5)、〔20〕で触れるほか、本書557頁以下で解説する）。

§61〔2〕

〔2〕 建物の価格の2分の1以下に相当する部分の滅失

　「建物の価格の2分の1以下に相当する部分」が滅失したときとは、一部滅失の時を基準として、滅失の程度が滅失前の状態における建物全体の価格の2分の1以下である場合、すなわち、一部滅失前の状態における建物全体の価格と一部滅失後の状態における建物全体の価格とを比較して後者が前者の2分の1以上である場合である。たとえば、建物全体の価格が滅失前の状態において10億円である場合には、一部滅失後において、なお5億円を上まわる価格を有する場合である。

　建物の滅失の程度が軽微で、本条1項の場合に該当することが明白であるときには問題は生じない。しかし、本条では、1項に該当する場合と5項に該当する場合とを「建物の価格」を基準にして分けていることから、どちらに該当するかについて直ちに判断することができない場合も生じる（建物の物理的滅失部分は2分の1以下であっても、滅失の程度が「建物の価格」の2分の1を超える場合が考えられる）。1983年の改正の際に、法務省立法担当者は、「建物の価格の2分の1以下に相当する部分の滅失」という基準に代わるより明確な基準がないか、という点について検討したが、適切な基準が見当たらないため旧規定の区分方法が維持された、と説明している（濱崎・解説370）。

　阪神・淡路大震災で被災したマンションの復旧に関して、「建物の価格の2分の1以下に相当する部分」であるか否かの判定方法がしばしば問題となった。上記の「一部滅失前の状態における建物全体の価格」および「一部滅失後の状態における建物全体の価格」はいずれも、不動産鑑定評価の手法によって算定すべきであるが、その目的が単に本条1項と5項のいずれが適用されるかを知るために滅失の程度を判定するに過ぎない場合には、本格的な鑑定評価を求める必要はなく、また復旧の事業を迅速に進める上で適切ではない。そのため、日本不動産鑑定協会カウンセラー部会によって簡易の判定マニュアルが作成されている（『区分所有法第61条による1/2滅失判定手法について』平成8年2月）。その要旨は、建物の再調達価格から経年減価を差し引いた額をもって「一部滅失前の状態における建物全体の価格」に代え、復旧に必要な補修費用の見積額をもって「滅失した部分の価格」に代えて両者を比較し、後者が前者の2分の1以下であれば本条1項以下に定める復旧の手続によるものとする、というものである。

第1章　建物の区分所有　第8節　復旧及び建替え

〔3〕　滅　失
(1)　滅失の意義
「滅失」とは、火災、地震、津波、風水害、土砂崩れ、ガス爆発、自動車の飛込み等、偶発的な事故によって生じる物の消滅である。偶発的事故であれば、それが自然力によるか人為的な力によるかを問わない。そして、この場合の滅失は、必ずしも物理的消滅を意味せず、またそれを必要としない。建物としての使用上の効用を確定的に失ったため社会通念上建物の部分と見られなくなったことで足りる。

本条でいう建物の滅失は正しくは一棟の建物の部分の滅失である。それを旧に復するにはその部分を新たに作り直す必要がある場合がこれに当たる。

(2)　毀損・損傷
「滅失」は「毀損」ないし「損傷」を含むか。「毀損」とは目的物の効用の一部が失われることをいう。「滅失」と「毀損」は法律上は別個の概念であるが、実定法上、「滅失又は毀損」として同一の法律効果を認めている場合（たとえば民法534条1項）と法律効果を区別している場合（たとえば民法535条）がある。ところで、1983年改正法では、「復旧及び建替え」（本節）に関して「毀損」の語を用いず、62条1項で「損傷」の語を用いていた（2002年改正法により建替えのための客観的要件が不要とされたことに伴い削除された）。

「損傷」とは、建物の部分がその本来の効用を確定的に失っていないが、破損・汚損・不具合・機能低下などが生じていることをいい、物の消滅に至る「滅失」とは区別される。

「損傷」は、法律上は「毀損」とほぼ同義と解される。つまり、それによって建物の部分としての使用上の効用は確定的には失われず、建物の部分として社会通念上認められる状態にとどまる。したがって、復旧に当たっては当該建物部分を作り直すことを要せず、部品・材料・装飾・造作・イメージ等を更新（修補）することによって効用を回復することができるのを通例とする。

それでは、偶発的な事故によって建物の共用部分に「損傷」ないし「毀損」が生じた場合には、その修補について本条が適用されるか。共用部分が損傷・毀損した場合の修補に関して、本法では、共用部分の管理に関する一般規定として18条（および17条）が存在していることから、この規定との関係が問題となる。「損傷」、「毀損」の場合には、建物の部分は失われずに存在していること、また一般

的には「損傷」、「毀損」によって建物価格が2分の1未満に減少することはなく、したがって、その修補に著しく多額の費用を要することもないと想定されるので、「損傷」ないし「毀損」のレベルの事故については基本的に18条の適用によって対処すべきである。

これに対して、「損傷」ないし「毀損」によって建物価格が従前の2分の1未満に減少し、損傷した部分の修補に多額の費用を要するという例外的な場合も想定される。そのような場合には建物の建替えによって対処することもできるが、建替えか復旧かは単に被害の程度や費用の多寡によって客観的に決まるのでなく、区分所有者の多数の意向によって選択される。

その結果、被害の状況は「損傷」ないし「毀損」のレベルにあるが効用の維持・回復には多額の費用を要するという場合に、区分所有者が建物の建替えではなく復旧を望むという場合も現実には少なくない。そのような場合にまで18条の手続に委ねることは適切でないので、本条5項を類推適用して、大規模一部滅失の復旧手続に準じた決定方法をとるべきであろう。

(3) 建物の一部の滅失

本条は、建物の一部の滅失のみを適用対象とし（1項および5項参照）、建物の全部の滅失は適用対象としていない。マンションの火災によって建物の一部が焼失した場合には、焼失した部分であってもなお専有部分または共用部分として土地所有権とは別個の権利の目的となり復旧の対象となる（区分所有関係が建物の一部の滅失にかかわらず全体として存続する）が、建物全体が焼失しわずかに躯体部分が残ったという場合には、建物全体が滅失して建物でなくなり、躯体部分は土地に附合して復旧の対象でなくなる。この点については(5)で述べる。

一部滅失と全部滅失を区分する法律上の基準は何か。両者の差異は単に物理的に捉えるべきではなく（たとえば、建物の90パーセントが瓦礫化し、5パーセントが居室として残存し寝起き可能であるという場合は、すでに「全部滅失」と見るべきで、これを「一部滅失」と捉えるべきではない）、滅失していない残存部分があることによってなお建物としての効用を社会的に認められるか、という観点から総合的に判断すべきである。また、建物を旧に復するためには建物の全体を作り直す以外にないという場合には、残存部分の使用価値が取引上の価格に反映することはないであろうから、そのような建物は現実の利用可能性にかかわらず、「全部滅失」と判定して「復旧」の手続にのせないことが必要である。

第1章　建物の区分所有　第8節　復旧及び建替え

　これに対して、建物の効用がいまだ全面的には失われていず、その価値が取引上多少とも認められている場合には一部滅失、認められない場合には全部滅失と考えるべきである（半田・復旧再建113）。
　本条でいう「一部滅失」には、一棟の建物の特定部分が建物としての効用を確定的に喪失した場合だけではなく、地震等によって一棟の建物の効用が全体として低下したと見られる場合も含まれる。たとえば、地震によって建物の外壁表面の随所にひび割れが生じたという場合には、特定部分の建物としての効用が失われたというよりも、建物としての効用が全体として低下したというべきであるが、そのような建物であっても利用可能であって、そのことが取引上多少とも価格を維持していると認められるときは、「一部滅失」として本条の適用があるものと考えるべきである。
　なお、阪神・淡路大震災によって被災したマンションについて、敷地の所有権（共有持分権）を有していない区分所有者が建物の補修工事に着手したことに対して、敷地の所有権（共有持分権）者が当該マンションは全部滅失したとして、敷地共有持分権に基づき補修工事の差止めおよび土地明渡しを求めた事例について、当該建物の躯体部分が新築工事の約4分の1の費用で修復されたこと等を認定し当該建物は全部滅失したものではないとして、補修工事続行禁止等の仮処分申立てを却下した裁判例がある（神戸地決平7・10・17判時1560-127・判タ880-165）。
　(4)　朽　廃
　建物の一部が朽廃した場合に、本条が適用されるか。建物の「朽廃」とは、建物が偶然の事故によってではなく、物理的社会的な耐用の限度を超えることによって建物としての効用を確定的に失うことをいう。偶発的事故としての「滅失」と異なり、予測と対策が一定の範囲で可能である。
　建物の共用部分の一部が朽廃した場合の復旧について、本条の適用があるかどうかが問題となる。1962年法のもとにおいて、これを肯定する学説が存在した（半田・復旧再建114）。一部朽廃は、一部滅失や損傷とは異なり建物の部分に内在する原因によって自然に生じるものであるが、その復旧を必要とし、復旧によって建物の効用が回復する点では一部滅失等と変わるところがないと考えられるからである。
　本法下では、一部朽廃については、一般的には18条の適用を考えるべきであるが、一部朽廃した建物について建替えを選択せず、多額の費用をかけて復旧（修

§61〔3〕

補)するという場合もあり、そのような場合には、「損傷」ないし「毀損」について先に述べたところと同様に、本条5項以下の類推適用を認めるべきか。一部朽廃を一部減失と峻別して多数(区分所有者および議決権の各4分の3以上)による決定を否定すべき理由はないと思われる。

(5) 全部の減失

建物全部が減失した場合についての固有の規定は、本法にはない。建物価格の2分の1を超える減失の場合に関する本条5項は、「建物の一部が減失したときは」と規定しているので文理上適用の可能性はなく、類推適用ないし拡張適用のみが問題となる(なお、建替えについての62条の規定は、建替えの前提として元の建物の存在が必要であることから、元の建物が全部減失した場合には適用されないことは明白である)。

法務省立法担当者は、1962年法のもとにおいても区分所有建物の全部減失の場合の再建について規定がなかったことから、本法の立法過程において、「建物の一部が減失した場合のほかに、建物の全部が減失した場合の再建についても措置を講ずるべきかも検討されたが、全部減失の場合は、区分所有関係が解消し、敷地又は敷地利用権の共同所有関係が残るだけであるから、土地の共同所有の場合一般と違った特段の措置を講ずるまでの必要はないものと考えられた」と述べており(濱崎・解説370)、これを否定的に解している。区分所有建物が消滅した後、なお区分所有権に基づく特別の強制(一般の共有関係とは異なる土地の共有持分等敷地利用権の買取請求)を認めることは困難であることから、否定的に解すべきである。

したがって、たとえば災害によって建物が全壊(全部減失)した場合には、区分所有関係は解消し(なお、建物の全部減失は管理組合法人の解散事由である〔55条1項1号〕)、敷地または敷地利用権の共有関係が残るだけである(民法上の共有ないし準共有)から本条の適用はない。したがって、建物を再建するためには、敷地利用権の共有者全員の合意が必要となる。なお、建物が全部朽廃した場合についても、全部減失の場合と同様に考えるべきであろう(1962年法のもとにおいて、区分所有建物の全部朽廃の場合を全部減失の場合と同様に扱って、一部減失に関する規定〔1962年法35条〕の類推適用を否定したものとして、半田・復旧再建114)。

建物の全部減失の場合の上記のような帰結は、区分所有者の団体が存在する限りで団体的拘束(多数決による決定)を肯定し、民法の規定の適用を排除する本

法の論理構造に由来するものであって、本来、理由のあることである。しかし、そのような帰結が大規模な災害において区分所有建物の再建を著しく困難にすることもまた明らかである。この問題は、阪神・淡路大震災を経験して緊急の対応を迫られることとなった。

阪神・淡路大震災で被災したマンションのうちには、建物としての効用を全面的かつ確定的に失い、建物の全部が滅失したと見るべきものが少なくない（賃貸マンションにつき全部滅失を認定した裁判例として大阪高判平7・12・20判時1567-104）。そのような被災マンションにおいては、本法の復旧および建替えの規定を適用することができないので、マンションの建替えに準じた「再建」を多数決によって実現することができるように、新たな立法措置が要請され、「被災区分所有建物の再建等に関する特別措置法」（平成7年3月24日法律第43号。以下「再建特別措置法」という）が制定された。旧区分所有者が敷地利用権を共有または準共有している関係に団体的拘束の根拠を求めることには理論上の矛盾が存在するが、同法は、震災復興という公共的目的から適用対象災害を限定して、多数決による「再建」の手続を創設した。同法については、本書557頁以下で詳説する。

〔4〕 **単独復旧**

各区分所有者は、滅失した共用部分を単独で復旧することができ、その費用の償還を他の区分所有者に対して請求することができる（本条2項）。これは、本条1項の小規模一部滅失の場合に限られる。

(1) 小規模一部滅失

滅失した共用部分の復旧は、特に当該部分と密接な関係にある専有部分の区分所有者にとって緊急・不可欠であるが、法律上は、広義の管理に関する事項であり、本来、区分所有者の集会で決定することである。そこで、本条1項では、各区分所有者は、建物の価格の2分の1以下に相当する部分が滅失した場合（小規模一部滅失の場合）で、かつ、集会の決議がなされる前までに復旧工事に着手した場合（同項ただし書）に限って、滅失した共用部分を復旧することができる、と規定した。建物の価格の2分の1以下に相当する部分が滅失した場合に限るとしたのは、これを超える滅失の場合には、復旧に多額の費用を要することから、共用部分を復旧するか否かについては、個別の判断ではなく、集会における特別の判断に委ねることが適当であると考えたからである。

(2) 専有部分・共用部分の別不問

建物の価格の2分の1以下に相当する部分が滅失した場合であれば、専有部分と共用部分がどのような比率で滅失したかは問わない。そのため、たとえば、価格比において専有部分70・共用部分30の建物のうち、専有部分20・共用部分25が滅失した場合には、各区分所有者が単独で共用部分の復旧をすることができるが、専有部分50・共用部分5が滅失した場合には、集会の特別決議によってのみ共用部分の復旧をすることができ、各区分所有者が単独で復旧をすることはできない。前者の場合は特に問題はないが、後者の場合については共用部分の滅失の程度が低いことから疑問の余地もあろう。しかし、後者の場合、共用部分の復旧のための費用負担額はそれほどではないとしても、滅失した専有部分の復旧に著しく多額の費用を要することから、当該区分所有者が自己の専有部分の復旧を望まず、したがって共用部分の復旧（すなわち建物全体の復旧）の費用負担も望まない可能性が多分に存在する。そこで、この場合も共用部分の復旧は、集会の特別決議によってのみなすべきであって、各区分所有者が単独ですることはできないものとした。

〔5〕 **専有部分の復旧**

各区分所有者は、滅失した自己の専有部分の復旧をすることができる。

(1) 単独復旧

滅失した建物部分のうち専有部分の復旧は、もっぱら当該区分所有者が自己の費用負担において行うことができる。建物全体における滅失の程度を問わず（本条5項の大規模一部滅失の場合も、専有部分の復旧は当該区分所有者が行うことを当然の前提としている）、また、滅失部分における専有部分の比率も問わない。また、一個の専有部分の全部が滅失した場合であってもよい。この場合には、その専有部分を所有していた者は、形式上「区分所有権を有する者」（2条2項）ではなくなるが、これに伴って共用部分の持分まで失うと解すべきではなく、なお区分所有者として取り扱われる（濱崎・解説371。なお、前記〔3〕(3)の集合住宅が焼失した場合の具体例参照）。

なお、専有部分の復旧工事に当たっては、必要に応じて他の区分所有者の専有部分を使用することができる（6条2項）。

(2) 集会の決議との関係

共用部分の復旧または建替えについて決議が存在しても、専有部分の復旧につ

いては、それに拘束されない（石田・建替え33）。集会の決議が専有部分の復旧にわたる場合には、その決議に賛成した区分所有者のみが自己の専有部分の復旧について拘束を受ける。

(3) 滅失専有部分の放置

滅失した専有部分をその区分所有者がそのままに放置して復旧しようとしない場合に、他の区分所有者がその区分所有者に対し復旧することを請求することができるか。本来、専有部分の復旧については、当該区分所有者のみがなし得るものであって、他の区分所有者がこれに介入することはできない。しかし、その放置が区分所有者の共同の利益に反すると見られる場合には、6条1項に基づき、建物全体の保全上必要な措置についてのみ例外的に請求が許されると見るべきである（半田・復旧再建116）。すなわち、専有部分の復旧がなされないために建物の安全性が確保されないなど区分所有者の共同の利益が害される場合には、当該区分所有者に対して、他の区分所有者の全員または管理組合法人は、57条に基づき復旧等の必要な措置をとることを請求することができると解すべきである。

〔6〕 復　旧

「復旧」とは、滅失部分を原状（滅失前の状態）に回復することをいう。滅失を機会にその部分を滅失前とは別の状態にすることは「変更」であって、「復旧」ではない（この点については後記〔9〕(2)参照）。

〔7〕 **集会の決議がある場合の単独復旧の禁止**

滅失した共用部分の復旧は、特に当該部分と密接な関係にある専有部分の区分所有者にとっては不可欠で急を要することであるが、他方、これは広義の管理に関する事項であり、区分所有者の集会で決定することが望ましい（前記〔4〕(1)参照）。小規模一部滅失の場合でも、共用部分の各区分所有者が復旧のための費用負担をすることに変わりなく、また、復旧を各区分所有者が個別の判断で行うと復旧の方法や程度に不一致が生じ費用負担方法が複雑になるおそれがあるからである。そこで、本条1項ただし書は、集会の決議があればそれに従うこととし、各区分所有者は決議後は個別に共用部分の復旧工事をすることができないこととした。すなわち、各区分所有者は、滅失した共用部分の復旧工事に着手する前までに、集会において、本条3項の決議（滅失した共用部分を復旧する旨の決議）または62条1項（69条1項による場合も含む。以下同じ。）もしくは70条1項の建替え決議があった場合には、それに拘束され、個別に復旧工事を行うことはできない。

本条3項の決議がなされた場合にはその決議による復旧の方法に拘束されることから個別の復旧が禁止され、62条1項または70条1項の建替え決議がなされた場合には現建物が取り壊されるのに、なお個別の復旧がなされ、その費用負担を他の区分所有者もしなければならないとするのは不合理であることから、個別の復旧が禁止される。

(1) 復旧・建替え決議が否決された場合

集会において、滅失した共用部分を復旧する旨の決議や建替え決議が否決された場合（または復旧しない旨の決議がなされた場合）に、各区分所有者は、個別に共用部分の復旧工事をすることができるか。建替え決議案が否決された場合に、これが可能なことは当然だが、復旧決議案が否決された場合には問題となる。本条1項ただし書では、「第3項の決議〔滅失した共用部分を復旧する旨の決議〕があったときは、この限りでない」と規定するので、文理上は、復旧決議案が否決された場合には、各区分所有者はなお個別に共用部分の復旧工事をすることができ、その費用の償還を他の区分所有者に請求することができる（本条2項）と解する余地もある。しかし、復旧の決議案が否決されたということは、特段の事情がない限り、区分所有者の過半数の意思が、復旧（そのための費用の分担）を拒否しているものと解することができ、この意思は区分所有者全員に対し効力を生じるから（46条参照）、各区分所有者は個別に復旧工事をすることはできず、本条2項の請求もすることができないと解すべきである。ただし、18条で規定する保存行為に準ずる行為（使用に不可欠な共用部分の復旧）は、各区分所有者は個別にすることができると解すべきであり、その費用の償還を他の区分所有者に対して請求することができる（19条）。

(2) 招集後決議前の復旧

「復旧の工事に着手するまでに……決議があったときは、この限りでない」と規定されていることとの関係で、復旧を議題とする集会の招集の通知または集会の開催はなされたが決議までには至っていない場合に、各区分所有者は個別に滅失した共用部分の復旧工事に着手することができるかが問われる。議決に至るまでになお相当の日数を要することが想定され、かつ、滅失した共用部分の復旧が当該区分所有者にとって急を要するような場合に限り、復旧工事に着手することが許されると解すべきである。

第1章　建物の区分所有　第8節　復旧及び建替え

(3)　復旧工事着手後の決議

　区分所有者がすでに復旧に着手したが、その完成前に決議があった場合に、そのまま復旧を完成することができるか。決議の当時復旧工事が完成に近い状態にある場合や工事の性質上途中で中断することができないような場合を除いて否定的に解すべきであろう。すなわち、建替えの決議があったときは、条理上、復旧工事を中止すべきであり、復旧の決議があったときも、その決議において定める復旧の方法等に拘束されると解すべきである（濱崎・解説372）。

(4)　着手後に決議があった場合の費用償還請求

　区分所有者が個別に共用部分の復旧工事に着手した後または復旧工事を終えた後に、復旧に関する決議または建替え決議がなされた場合には、当該区分所有者は、本条2項に基づいて他の区分所有者に対して費用の償還を請求することができるか。すでになされた復旧工事は、結果的には、過半数または5分の4以上の区分所有者の意思に反することになったり、無用の工事となったりする可能性があるが、復旧工事をした区分所有者は、なお本条2項に基づいて他の区分所有者に対して費用の償還を請求することができると解すべきである。

〔8〕　**費用償還請求**

　本条1項によって、滅失した共用部分を復旧した者は、他の区分所有者に対して、復旧に要した費用を14条に定める割合（共用部分共有持分）に応じて償還すべきことを請求することができる。これは、各共有者は、その持分に応じて共用部分の負担に任じるという原理（19条、民法253条1項参照）から認められるものである。

(1)　規約により共用部分の所有者とされない区分所有者の場合

　共用部分は、原則として区分所有者全員の共有に属するが（11条1項）、これについては規約で別段の定めをすることもできる（同条2項）。たとえば、共用部分の所有者を区分所有者の一部に限定することができる。それでは、滅失した共用部分がこのような全員の共有に属さない共用部分であった場合に、その部分の所有権（共有持分権）を有しない者は、これを復旧することができるか、またその復旧費用の償還を請求することができるか。規約によって共用部分の所有者を区分所有者の一部に限定した場合には、その共用部分の所有者が区分所有者全員のためにその共用部分を管理する義務を負う（20条1項）と共に、管理についての権限を有するものと解することができるから、復旧の権限は所有者にあり、

所有者でない者は所有者に対して復旧を請求することができるにとどまると解すべきであろう。ただし、所有者がこの請求に応じない場合には、所有者でない区分所有者が自ら復旧することができ、その復旧費用の償還を所有者に対して請求することができる（民法608条1項類推）。したがって、本条2項の償還請求権の相手方は、その共用部分を11条1項の規定によって共有すべき関係にある者に限ると解すべきである（川島・解説(下)1251参照）。

(2) 期限の許与

共用部分を復旧した区分所有者から他の区分所有者に対して復旧費用の償還が請求された場合には、裁判所は、償還の請求を受けた区分所有者の請求に基づき、償還金の支払いについて相当の期限を許与することができる（本条13項）。償還義務者の訴えに基づいて、判決をもって許与の裁判がなされる。なお、後記〔21〕参照。

〔9〕 **復旧の決議**

本条1項本文に規定する場合（建物の価格の2分の1以下に相当する部分が滅失した場合）には、集会において、滅失した共用部分を復旧する旨の決議をすることができる。これは1962年法では認められていなかったものである（前記〔1〕(1)(2)参照）。

(1) 単独復旧工事着手後の場合

区分所有者がすでに共用部分の復旧の工事に着手している場合に、集会を開いて復旧する旨の決議をすることができるか。本条1項ただし書は、このことを否定していない。滅失した共用部分の復旧に関しては、広義の管理に関する事項に属し、本来は集会で決定することが望ましく、また、すでに工事に着手していても、集会の決議に基づいてなお工事の方法等について注文をつけられる可能性もあることから、肯定的に解すべきである。ただし、復旧工事に着手した者が本条2項に基づく費用の償還を請求することはできる。なお、前記〔7〕(4)参照。

(2) 議決要件

集会における復旧の決議は、区分所有者および議決権の各過半数によって行う（39条1項参照）。ただし、復旧の決議の内容が共用部分の構造や用途において従前と確定的に異なるため共用部分の変更に相当すると見られる場合には、区分所有者および議決権の各4分の3以上の多数によって決議することが必要である（17条。なお、本条5項の適用される場合ではないので、本条7項の適用はない）。

(3) 決議による復旧工事の実施と費用負担

集会の決議があると、復旧は区分所有者全員が団体として行うことになるから、管理者が選任されている場合には管理者が（26条1項）、管理組合法人にあっては理事が（47条11項、49条）その実施に当たり、その費用は19条に従って区分所有者全員が負担する。復旧の決議は、これに反対した者に対しても効力を生ずるから（46条1項参照）、この者も費用を負担する。各区分所有者は、その支払いについて、裁判所に期限の許与を請求することはできない（本条13項参照）。

(4) 決議後の単独復旧の効果

集会の決議があると、各区分所有者はこれに拘束され、単独で共用部分の復旧をすることはできず（本条1項ただし書）、これに違反して復旧したとしても、本条2項に基づいて費用の償還を請求することはできない。ただし、他の区分所有者に対して、「現に受ける利益」につき、民法上の事務管理（702条3項）または不当利得（703条）の規定に基づいて償還を請求することはできると見るべきである（濱崎・解説372は、事務管理の規定を根拠とする）。

〔10〕 **規約による別段の定め**

小規模一部滅失の場合においては、その各規定（本条1項～3項）について規約で別段の定めをすることが認められる（大規模一部滅失の場合は認められない）。別段の定めの例示として、法務省立法担当者は、集会の決議を要せずに当然に区分所有者全員で（団体として）復旧することができる旨の定め（濱崎・解説372）や小規模一部滅失の場合には復旧はすべて集会の決議による旨の定め（高柳・改正182）を挙げている。

(1) 専有部分

専有部分に関しては、区分所有者の共同の利害に関係する限度を超えては、規約で拘束することはできないと解すべきである（濱崎・解説372）。

(2) 2項の償還請求権を認めない旨の定め

本条2項の償還請求権を認めない旨の定めをすることができるか。小規模一部滅失の場合には復旧はすべて集会の決議によるという意味で、このような規約を定めた場合は有効であろう。しかし、このような規約があっても、共用部分を復旧した者については、不当利得等に基づく償還請求が認められることは前述のとおりである（〔9〕(4)参照）。

〔11〕 建物の価格の２分の１を超える部分の滅失

「第１項本文に規定する場合を除いて、建物の一部が滅失したとき」とは、建物の一部が滅失して、その滅失部分の価格割合が２分の１を超える場合（大規模一部滅失）である。たとえば、建物の価格が滅失前は10億円であったものが滅失後には５億円未満になった場合である。滅失部分における専有部分と共用部分との比率は問題とはされない。前記〔１〕〔２〕を参照のこと（「滅失」については〔３〕参照）。

この場合は、一般的には、そのままでは建物としての効用を維持できず、復旧か建替えを必要とする状態である。区分所有者としては、復旧か、建替えか、そのままの状態をつづけるか等の選択を迫られることになる（一般的には、復旧も建替えもせずにそのままの状態を継続するということは少ないであろう）。

建物の価格の２分の１を超える部分の滅失があったかの判定については、前記〔２〕で述べた簡易の判定マニュアルが参考となる。

〔12〕 特別多数による議決の必要

滅失部分の価格割合が２分の１を超える場合（大規模一部滅失）には、共用部分の復旧のための集会の決議は、区分所有者および議決権の各４分の３以上の多数によって行うことを必要とする（マンション標準管理規約〔30条の注釈〔４〕参照〕はこのことを確認的に定めている〔同規約（単棟型）47条３項４号〕）。この議決要件を規約によって変更することは可能か。法文上、別段の定めを許容する記述がないので、規約によって議決要件を変更することは許されないとも考えられるが、すでに述べたところ（17条の注釈〔５〕、31条の注釈〔２〕(1)参照）に従って、団体的拘束を強化する方向での議決要件の緩和は許されないが、逆の方向で議決要件を厳格化することは許される、と解する。法律上、４分の３以上の特別多数を必要としているのは、復旧（費用負担）よりも区分所有関係そのものの解消（敷地利用権の処分）を望む者の立場を考慮したためであるから、これを規約によってたとえば５分の４以上の特別多数を要するものと改めることは認められてよい。なお、この点については、31条の注釈〔２〕(1)を参照のこと。

(1) 共用部分単独復旧の禁止

大規模一部滅失の場合には、各区分所有者が独自に滅失した共用部分の復旧をすることはできない（復旧しても、本条２項に基づく費用償還請求権はない）。これに対して、専有部分の復旧は、当該専有部分の区分所有者のみが行う。

第1章 建物の区分所有 第8節 復旧及び建替え

(2) 部分的建替えの許容

区分所有者および議決権の各4分の3以上の多数を集める以上、復旧の内容は、共用部分を従前の状態に復せしめるだけでなく、その構造や用途を変えるもの（共用部分の変更に相当するもの）であってもよい（17条参照）。

(3) 復旧工事の実施と費用負担

復旧の決議がなされた場合には、共用部分の復旧は区分所有者全員が団体として行うことになるから、管理者が選任されている場合には管理者が（26条1項）、管理組合法人にあっては理事が（47条11項、49条）、その実施に当たる。決議によって賛成者と賛成者以外の者が明確になり、賛成者以外の者は買取請求権の行使（区分所有関係からの離脱）が可能となる（本条7項）。賛成者は後に翻意して買取請求権を行使することはできない（髙柳・改正182）。なお、決議についての各区分所有者の賛否は議事録に記載または記録される（本条6項）。

復旧の費用は、19条に従って、買取請求をした者を除く区分所有者全員が負担する。決議に賛成した区分所有者以外の区分所有者も、買取請求をして区分所有関係から離脱しない限り、復旧決議に拘束され、団体として行う復旧に参加することになるから、その費用を負担することになる。決議に賛成した区分所有者以外の区分所有者がその支払いについて裁判所に期限の許与を請求することができるかについては明文の規定がないが、復旧の団体的性格（決議の拘束力と復旧による受益）を考慮すれば、否定的に解すべきであろう。

(4) 復旧決議がない場合の個別復旧の可否

復旧についての決議がない場合に、個別に区分所有者が共用部分の復旧を行い、その費用を他の区分所有者に負担させることができるか。本条5項の文意はこの点について消極的であると見られるが、他方、大規模一部滅失の場合でも専有部分の復旧は各区分所有者が行うことができるのであり、また自己の専有部分には何ら損傷がない区分所有者が存在し得る以上、それらの者が自己の専有部分の利用に必要な共用部分の復旧を個別の判断によって行うことを妨げることはできない。したがって、自己の費用負担で共用部分の復旧を行うことは認められるべきである。ただし、その場合にも、他の受益者との求償関係は残る。一般の不当利得（民法703条）または事務管理（民法702条3項）の法理によって解決することになろう。

(5) 経過措置

2002年改正法の施行（2003年6月1日）前に1983年改正法61条7項の規定による買取請求があった建物および敷地に関する権利に関する2002年改正法の施行後にする買取請求については、なお従前の例による（2002年改正法附則2条2項）。

〔13〕 **議事録の記載・記録事項**

本条5項の決議をした集会の議事録には、その決議についての各区分所有者の賛否をも記載または記録しなければならない（記載と記録の区別については前記〔1〕(3)参照）。通常は、議事録には議事の経過の要領およびその結果を記載または記録することとされている（42条）が、本条6項は、議事録の特別記載・記録事項として、決議についての各区分所有者の賛否を記載または記録することとした。これは、本条7項以下での買取請求権の主体と相手方を明確にするためである。

〔14〕 **決議があった場合の買取請求権**

(1) 買取請求制度の機能

本条7項の買取請求権の機能は、12項の買取請求権（後記〔20〕(1)参照）とは異なり、次のようにいうことができる。

「61条7項の買取請求は、大規模滅失の場合における建物区分所有関係の将来的解決として復旧を選ぶことを欲しない区分所有者が、区分所有者の団体の意思形成に参画する権利を放棄するかわりに、復旧事業に要する費用を清算して爾後の負担を免れることを可能ならしめる制度である」（山野目・時報16）。

(2) 買取請求権の行使

大規模一部滅失について復旧の決議があった場合に、本条8項で定めるところにより、決議の日から2週間以内に買取指定者が指定され、その者からの買取指定者となった旨の通知がないときは、復旧の決議に賛成した区分所有者（およびその承継人〔包括承継人・特定承継人の双方を含む〕。以下「決議賛成者」という）以外の区分所有者は、決議賛成者に対して建物およびその敷地に関する権利を時価で買い取ることを請求することができる。決議賛成者以外の区分所有者とは、集会で反対投票をした者または議決権を行使しなかった者およびそれらの包括承継人である。請求権者およびその相手方となり得る者は、集会の決議への各区分所有者の賛否が集会の議事録に記載または記録されるので、それによって確認することができる（本条6項、前記〔13〕参照）。

(3) 買取請求の相手方

本条8項で定める買取指定者が存在しない場合には、本項により、「決議賛成者の全部又は一部」が買取請求の相手方となり得る。たとえば、議決権の等しいＡＢＣＤの区分所有者からなるマンションにおいて、4人のうちＡＢＣが復旧に賛成しＤが反対した場合には復旧決議が成立するので、Ｄは、ＡＢＣ3人に対して共同的に買取請求権を行使してもよく、任意の1人または2人に対して行使してもよい。1983年改正法では、買取請求の相手方について、「決議に賛成した区分所有者（その承継人を含む。）に対し」と規定されていたことに対し、上記のように解していた（本書第1版314頁）が、2002年改正法では「決議賛成者の全部又は一部」と定められたので、上記の点が明らかになった。

復旧に参加しない決議賛成者以外の区分所有者が複数いる場合には、その各人が別個に買取請求権を行使するため、その相手方も異なり得る。

なお、決議賛成者以外の区分所有者が決議賛成者の全部や複数の者に対し買取請求をした場合には、決議賛成者以外の区分所有者の建物等の権利が買取請求を受けた者の共有（ないし準共有）となるが、ここでの共有関係については後記〔15〕(6)参照。

(4) 買取請求の目的物

買取請求の目的物である「建物及びその敷地に関する権利」とは、専有部分、共用部分に対する共有持分、専有部分を所有するための敷地に関する権利等をいう。買取請求権の行使に当たっては、その全部の買取りを請求すべきであり、その一部のみの買取りを請求することは許されない（川島・解説(下)1251）。建物の一部滅失によって専有部分を失った区分所有者も、共用部分共有持分および専有部分を所有するための敷地に関する権利はなお有しているものと解すべきである。なお、売渡請求権等を定めた他の条項（59条1項、63条4項等）において、その目的物を「区分所有権及び敷地利用権」と表現しているのに対して、本条7項ではこれと異なる表現を用いているのは、当該区分所有者の専有部分が滅失している場合があることを考慮したものである（濱崎・解説376）。

(5) 時　価

「時価」とは、買取請求権行使時における一部滅失の状態での価格であって、その具体的評価方法についてはさまざまな方法が考えられる。裁判例として、阪神・淡路大震災により被災したマンションの復旧の事案について、買取請求にお

ける時価は、「買取請求時において被災しなかったものとした場合の価格」（ａ）から「復旧工事費」（ｂ）を控除して基本的に算定されるべきであるとしたものがある（大阪地判平10・8・25判時1668-112・判タ1029-276、同控訴審大阪高判平14・6・21判時1812-101および同上告審最決平14・12・6〔判例集未登載〕も同旨）。しかし、被災前の状態まで回復するためにｂの金額を費やしても、買取請求を受けた相手方が必ずしもａの額で売却できるとは限らないので、ここでの時価については、買取請求時に仮に復旧がなされたと想定しての「復旧後の想定評価額」から「復旧工事費（専有部分復旧費用額及び共用部分復旧費用分担額）」（ｂ）を控除して算定される額と考えるべきである（鎌野・時価43以下。同旨、荒木・買取価格282）。

(6) 形成権

本条7項の買取請求権は、形成権の性質を有するから、請求権者の一方的意思表示によって相手方との間に売買契約が成立する。相手方は、その建物および敷地に関する権利を取得し、その引渡しおよび登記移転の請求権を取得すると共に、時価による売買代金の支払義務を負う。相手方は、自己の意思によることなく時価による代金の支払いを求められることになるため、それについては裁判所に期限の許与を請求することが認められる（本条13項）。この許与の裁判の確定によって、代金支払義務と登記請求権等との同時履行関係が解消される（民法533条ただし書）。なお、後記〔21〕参照。

買取請求権の行使によって売買契約が成立するが、目的物の所有権等は、相手方との関係ではいつ移転するか。売買契約の効果に関する一般論に加えて、ここでは、(1)で述べたような買取請求制度に期待される機能を考慮して次のように考えるべきである。買取請求に対して相手方が代金を支払った場合に権利が移転することは当然として、買取請求をした者が目的物の引渡しをし、またはその提供をした場合には、請求者の利益において権利の移転が生ずる。相手方が代金の支払いをしない場合に、買取請求者が売買契約を解除して移転した権利を回復し、あらためて他の区分所有者に買取りを請求することができることはいうまでもない（山野目・時報17〜18）。

(7) 対抗要件

買取請求権の行使による区分所有権等の物権変動は、登記をもって対抗要件とする（民法177条）。上記(2)での例示のように、決議反対者Ｄが賛成者ＡＢＣのうちＡとＢにそれぞれ個別に買取請求をした場合には、ＡＢのうち登記を経由した

者が権利を取得する。なお、ＤがＡＢに対して共同で買取りを請求した場合にはＡＢの共有として所有権移転の登記が行われる。

(8) 買取請求後の請求者の地位

買取請求権を行使した区分所有者は、その行使によって区分所有者の団体から離脱する。したがって、団体との関係において請求者が請求権の行使を明確にする方法があってしかるべきであるが、法律上特段の定めがない。したがって、復旧の決議において、買取請求権の行使を管理者または理事に通知することを義務づけ、この通知をもって団体からの離脱を確認することが望ましい（通知を要する理由等について、山野目・時報18）。

〔15〕 **再買取請求**

大規模一部滅失があり復旧決議があった場合において、前述（〔14〕(2)）のように、決議の日から２週間以内に買取指定者が指定された上でその者からの通知がないときは、決議賛成者以外の区分所有者は、決議賛成者に対して買取請求をすることができる。このような経緯で、買取請求がなされた場合において、買取請求を受けた決議賛成者は、その請求を受けた日から２カ月以内に、他の決議賛成者に対し、その者の共有持分の割合に応じて、再び買取請求をすることができる。

(1) 趣　旨

1983年改正法のもとにおいては、買取請求を受けた決議賛成者は、本条８項（2002年改正法12項）の買取請求の場合とは異なり、他の決議賛成者に対し、再び買取請求をすることはできなかった。買取請求を受けた決議賛成者としては、買い受けた権利を自らがとどめる場合以外は、第三者に任意に処分するほかなかった。このことは、買取請求を受けた者がその権利を自己で取得する用意がない場合には、事実上、その者に多大の負担（買い受けた権利の処分、代金支払いにつき期限の許与を得るための訴えの提起など）がかかることになった。また、特定の決議賛成者に買取請求が集中する場合も考えられた（現に、阪神・淡路大震災後の復旧に関する裁判例〔前掲〔14〕(5)大阪地判平10・８・25判時1668-112・判タ1029-276〕では、決議賛成者以外の区分所有者14戸〔16人〕全員が特定の決議賛成者１人〔区分所有者である法人〕に対して買取請求権を行使した）。そこで、2002年改正法は、買取りに対応できない決議賛成者が不意打ち的に買取請求を受けたり、特定の決議賛成者に買取請求が集中したりする上記のような場合において決議賛成者間の負担の衡平を確保するために、買取請求を受けた決議賛成者が、他の決議賛成者に対し、

買い取るべき区分所有権等の再買取りを請求できることとした（吉田・一問一答59）。

ところで、2002年改正法が再買取請求を導入したことを現実に即して考えてみた場合に、同改正前においては、決議賛成者以外の区分所有者の区分所有関係からの離脱の自由をこの者から買取請求を受けた者のみの負担（買い受けた権利の処分等）によって保障していたのに対し、同改正は、一方では、決議賛成者以外の区分所有者の離脱に伴う対価の獲得を実質的に保障するために特定の決議賛成者に対する不意打ち的な買取請求を認めたが、他方ではこれに伴う不利益を最終的には決議賛成者の全部で分担する方向での措置を講じたものと考えることができる。すなわち、買取請求を受けた者（この者が当該目的物を自己で取得し使用することは多くないであろう）は、実際上、不意打ち的に他の特定の決議賛成者のみに転嫁することには抵抗があろうし、また、自己の負担を最小化するためにも、他の決議賛成者の全部に再買取請求権を行使することが一般的となろう。買取請求を受けた者は、2カ月間に限り再買取請求権の行使が認められていることからも、不利な場合には本条13項による期限の許与を得た上で他の決議賛成者の全部に再買取請求権を行使することになると思われる。

(2) 再買取請求の行使期間

買取請求を受けた決議賛成者が他の決議賛成者の全部または一部に対して再買取請求をするには、買取りの「請求を受けた日から2月以内に」する必要がある。この期間を経過した場合には、もはや再買取請求をすることができない。2カ月以内という短期の期間を定めたのは、再買取請求権は一方的な意思表示のみによって法的効果が生じる形成権である（前記〔14〕(6)、後記(5)参照）から、他の決議賛成者に対する負担の有無を早期に確定させる必要があると考えたためであると思われる。他方、買取請求を受けた決議賛成者にとっては、再買取請求権は、買取請求権と同様の形成権として、他の決議賛成者の全部または一部に対し行使できるのであるから、この程度の期間内に行使すべきものとしても保護に欠けることはないと思われる。

(3) 再買取請求の相手方

買取請求を受けた決議賛成者は、「他の決議賛成者の全部又は一部」に対し、再買取請求をすることができる。たとえば、議決権の等しいＡＢＣＤの区分所有者から成るマンションにおいて、4人のうちＡＢＣが復旧に賛成しＤが反対した

第1章　建物の区分所有　第8節　復旧及び建替え

場合には復旧決議が成立するので、Dは、ABC3人に対して共同的に買取請求権を行使することもできるが、任意の1人または2人に対して行使することもできる。DがAに対して行使した場合は、その請求権行使の日から2カ月以内に、Aは、Dの建物等の権利を共有持分の割合（後記(4)参照）で、Bに対し、またはBCに対し、買い取るべきことを請求できる。ところで、AがBに対して再買取請求をした場合に、Aは、Dからの買取請求の日から2カ月以内であれば、その後、Cに対して再買取請求をすることもできる。このように、BCに対して同時ではなく、順次に再買取請求をすることも認められる。

なお、この例のように、Aが、Dの建物等の権利を共有持分の割合（後記(4)参照）で、BもしくはCに対し、またはBC2人に対し、再買取請求をすることができる（Aのみに再買取請求権がある）のであって、たとえば、Bのみに対して再買取請求がなされた場合において（この場合には、次に述べるように、Dの建物等の権利のうち3分1がBに帰属、3分の2がAに帰属）、Bが、Cに対して、自らが取得したDの建物等の権利につき買取請求をすることはできない。

(4)　再買取請求の目的物

再買取請求の目的物は、「決議賛成者以外の区分所有者を除いて算定した第14条に定める割合に応じ」た「当該建物及びその敷地に関する権利」である。たとえば、議決権の等しいABCDの区分所有者のうちABCが復旧に賛成しDが反対して復旧決議が成立した前掲の事例において、DがAに対して買取請求をした後に、AがBに対して再買取請求をした場合に、ABCDの第14条に定める割合（共用部分の持分の割合）が等しいときは、Dを除いて算定したABCの第14条に定める割合は3分の1ずつであり、Bの有する割合も3分の1であるから、Aは、Bに対し、Dの有する「建物及びその敷地に関する権利」の3分の1を買い取るべきことを請求することができる。したがって、Dの有する「建物及びその敷地に関する権利」については、DからAに対する買取請求があった時点では、そのすべてがAに帰属することになるが、その後、AからBに対する再買取請求があった時点では、そのうちの3分1がBに帰属（3分の2はAに帰属）することになり、Dの有する建物等の権利につきABの共有（ないし準共有）となる。Aは、BC両人にそれぞれ再買取請求をすれば、ABCがDの有する建物等の権利を3分の1ずつ取得するが、Bに対してのみ請求するときは、以上のように、Aが3分の2、Bが3分の1を取得する。

再買取請求の目的物は、「当該建物及びその敷地に関する権利」であり、上記の例において、DはAに対して、当該建物とその敷地を分離して買取請求をすることはできず、また、AはBに対して、当該建物とその敷地を分離して再買取請求をすることはできない。さらに、買取請求または再買取請求においては、当該建物とその敷地とは共に、「決議賛成者以外の区分所有者を除いて算定した第14条に定める割合に応じ」たものでなければならない（22条1項本文）。ただ、専有部分とその専有部分に係る敷地利用権との分離処分を認める規約がある場合（同項ただし書）は問題となる。たとえば、当該建物およびその敷地に関する権利を有するDが、当該建物のみについてAに対して買取請求をしたり、当該建物についてはAに対して買取請求をし、その敷地についてはBに対して買取請求をすることは認められるか。本項の「当該建物及びその敷地に関する権利」の文理に従い、共に認められないと解する。しかし、分離処分を認める規約があるためすでにDが当該建物の権利のみしか有していない場合（その敷地の権利は第三者が有している場合）もあろう。その場合には、Dは、当該建物に関する権利のみ買取請求の対象とせざるを得ず、その敷地の権利については買取請求の対象とすることができない（従前どおり第三者に留保される）と解さざるを得ない。

　共用部分の負担の割合（19条）は、必ずしも共用部分の持分の割合（14条）と同一ではない（なお、19条の注釈〔2〕(1)参照）。本項の規定において「第14条に定める割合に応じ」るものとしたのは、復旧の場面での決議賛成者以外の区分所有者からの当該権利の買取請求については、共用部分の管理に派生する決議賛成者の負担（分担）と見るよりも、財産権としての共用部分自体が負うべき負担（分担）と見るべきであると考えたためであると思われる。すなわち、この場面での決議賛成者の負担は、一般の管理（たとえば共用部分の修繕や復旧）の場面での負担（19条）とは異なる。

(5)　形成権

　再買取請求権は、本項前段の買取請求権と同じ形成権の性質を有する。すなわち、買取請求を受けた決議賛成者の一方的意思表示によって相手方である他の決議賛成者との間に売買契約が成立する。相手方は、14条に定める割合に応じて当該建物およびその敷地に関する権利（前記(4)参照）を取得し、共有持分の移転の登記を請求できると共に、時価による売買代金の支払義務を負う。ここでの「時価」は、「第14条に定める割合に応じ」た「当該建物及びその敷地に関する権利」

第1章　建物の区分所有　第8節　復旧及び建替え

の価格であり、具体的には、本項前段の買取請求における「時価」に対して「第14条に定める割合に応じ」た価額である。前記(4)で用いた事例において、たとえば、DのAに対する買取請求における時価が1200万円であるとすると、AのBに対する再買取請求における時価は、その3分の1すなわち400万円である。ところで、「時価」の算定時期については買取請求権行使時と解される（前記〔14〕(5)参照）。買取請求権行使時と再買取請求権行使時とは異なるが、決議賛成者間の法律関係を一元的に処理すべきであり、前述のように、再買取請求における「時価」は、基本的に、「第14条に定める割合に応じ」た「当該建物及びその敷地に関する権利」の価格であり、具体的には、本項前段の買取請求における「時価」に対して「第14条に定める割合に応じ」た価額であると解すべきである。

　再買取請求を受けた者は、自己の意思によることなく時価による代金の支払いを求められることになるため、それについては、買取請求の場合と同様に、裁判所に期限の許与を請求することが認められる（本条13項、後記〔21〕参照）。

(6)　再買取請求の目的物の共有関係

　再買取請求がなされた場合には、買取請求をした決議賛成者以外の区分所有者に帰属していた「当該建物及びその敷地に関する権利」は、買取請求を受けた者（再買取請求をした者）と再買取請求を受けた者との共有（または準共有）となる（上記(4)参照）。ここでの共有（または準共有）については、民法の規定（249条以下）に服することになる。

　ところで、上記(1)のように、買取請求を受けた者は、再買取請求を他の決議賛成者の全部に対してすることが現実には少なくないと考えられる。そこでは、当該目的物である専有部分は決議賛成者全員の共有となる。そこで、実際には、一方では、決議賛成者が団体的にそれを第三者に売却して、買取請求をした決議賛成者以外の区分所有者に対する支払いに充てる必要があろうが、他方ではそれを規約共用部分として団体的に使用・活用（会議室として使用または賃貸する等）することも考えられよう（この点に関しては、鎌野・中間試案8）。

〔16〕　買取指定者の指定

　大規模一部滅失について復旧の決議（本条5項の決議）があった場合に、その決議の日から2週間以内に、決議賛成者がその全員の合意により買取指定者を指定したときは、その者から通知を受けた区分所有者は、買取指定者に対してのみ、前項前段に規定する買取請求をすることができる。

1983年改正法のもとでは、買取請求権の相手方については、復旧決議に賛成しなかった区分所有者の意思に委ねられていたので、特定の決議賛成者に買取請求が集中したり、買取りに対応できない決議賛成者が不意打ち的に買取請求を受けたりすることがあり、決議賛成者間の負担の衡平を欠いていた。そこで、2002年改正法により、上記の買取指定者の制度を導入することによって、このような不都合を解消することが図られた（吉田ほか・概要(上)73参照）。

　復旧決議の日から2週間以内に本項により買取指定者が指定され、その者から決議賛成者以外の者に対しその旨の通知がなかった場合には、本条7項によって、復旧決議に賛成しなかった各区分所有者の一方的な意思表示により買取請求の相手方が決定され、現実には決議賛成者（不意打ち的に買取請求を受けた決議賛成者およびその者から再買取請求を受けた他の決議賛成者）にとって混乱が生じるおそれがある。そこで、集会の招集者の側では、復旧決議に際してあらかじめ買取指定者を予定しておくことが望ましい。

(1)　買取指定者となるべき者

　買取指定者は、区分所有者（決議賛成者）でも区分所有者以外の者でもよい。複数の者を指定することもでき、たとえば、決議賛成者全員を指定することも可能である（吉田ほか・概要(上)73）。自然人であっても法人であってもよい。区分所有者以外の者としてはディベロッパー等が想定できる。また、区分所有者の団体（管理組合）が管理組合法人である場合には、これを指定することができると解する。

　買取指定者の指定のためには決議賛成者の全員の合意が必要であるほか、買取指定者本人の承諾を要する（もっとも、通常は、事前に買取指定する相手方の承諾をとっておくことになろう。吉田・一問一答58）。買取指定者の承諾については、現実には、買取指定者から決議賛成者以外の者に対し本人が買取指定者に指定された旨の通知がなされることから知ることができる。

(2)　買取指定者の指定の方法

　本項は、買取指定者の指定の方法については、「第5項の決議の日から2週間以内に、決議賛成者がその全員の合意により建物及びその敷地に関する権利を買い取ることができる者を指定」するとのみ規定し、それ以外の具体的な指定の手続に関しては特に定めをしていない。決議賛成者の全員の合意は、必ずしも集会において行う必要はない。実際には、買取指定者の決定に当たっては、復旧を決

第1章　建物の区分所有　第8節　復旧及び建替え

議すべき集会の前において、あらかじめ、集会を招集する者（管理者等。34条）が、区分所有者の中で買取指定者となることを希望する者にその旨を申し出させ、また、区分所有者以外の者で買取指定者となることが適当と思われる者がある場合には、その申出を受けておくことが望ましい。このような方法によって、復旧を決議すべき集会の開催前に買取指定者の候補者を選定しておき（申出等がなく買取指定者の候補者を得られなかった場合には、決議賛成者全員または管理組合法人を候補者とすることも考えられる）、その上で、復旧決議がなされた後に、同一の集会において決議賛成者の全員の合意を得ることが考えられる。もっとも、反対者があることが予想されない場合には、復旧決議の日から2週間以内に買取指定者を選定して持回り等により決議賛成者全員の合意を得ることもできよう。

　ところで、買取指定者は、復旧に賛成しない特定の区分所有者の買取請求のみに応じること（たとえば、滅失が軽微な特定の住戸、自己の隣の住戸、または、転売が期待できる1階部分の買取請求のみに応じること）や、一定数まで（たとえば、1住戸のみとしたり、3住戸までとすること）の買取請求にのみ応じることは許されないと解すべきである。ただし、買取指定者が複数指定された場合においては、買取指定者間の合意によって、複数の買取指定者全員で、決議賛成者以外の区分所有者全員の建物およびその敷地に関する権利をすべて買い取ることを前提として、各買取指定者に帰属すべき権利を配分・調整することを妨げない。その調整の結果に基づいて、各買取指定者が、決議賛成者以外の特定の区分所有者に対して、自己に対しその権利の買取請求を行う旨の通知（この点につき後記(5)参照）をすることができるものと解する。ここにおいては、決議賛成者以外の区分所有者は、通知を受けた買取指定者以外の買取指定者に対しては買取請求をすることができなくなるが、本来、買取指定者の制度が設けられた趣旨は、決議賛成者以外の区分所有者に区分所有関係からの離脱の機会を保障するため、買取指定者が決議賛成者全員に代わって買取請求に応じて復旧を行うことにあるから、このこと自体は不合理なものではないと解される。

(3)　買取指定者の指定および通知の期間

　買取指定者は、復旧決議の日から「2週間以内に」指定され、かつ、その者が決議賛成者以外の区分所有者に対しその旨の通知をしなければならない。本項が復旧決議の日から「2週間以内」というような極めて短い期間を定めた理由は、復旧に賛成せずこれに参加することを欲しない区分所有者のためには、復旧決議

が成立した以上、できるだけ早期に買取請求をすべき相手方を確定させて買取請求権を行使できる状態を作り出す必要があり、他方、決議賛成者のためにはこれによって早期に負担の有無等の法律関係を確定させる必要があるからであると思われる。復旧決議の日から2週間以内に、決議賛成者全員の合意により買取指定者を指定し、その者が決議賛成者以外の区分所有者に対しその旨を通知するに至ることは実際上困難な場合が多いと考えられることから、前述のように、復旧決議の前に措置を講じておくことが望ましい。

(4) 全員の合意による指定

買取指定者は、決議賛成者の「全員の合意」により指定されなければならない。買取指定者の指定については、2002年改正法の「中間試案」に対する意見照会などにおいて決議賛成者の全員の合意ではなく、多数決による指定ができるようにすべきであるとの意見もあった。しかし、このような意見について法務省立法担当者は、法制審議会（区分所有法部会）の審議において次のように説明している。「任意の相手方を選択して買取請求をすることができた復旧決議に反対する区分所有者のこれまでの地位にかんがみると、一部の決議賛成者に債務の弁済の責めを全く負わせないのは相当でないため、買取請求を受けた買取指定者が債務を弁済しない場合には、買取指定者の指定に反対する者にも支払いの責任を負わせる必要があると思われます〔引用者注：本条9項参照〕が、一方で指定自体に反対していたにもかかわらず、その不払いにつき、保証人に準ずるような責任を負わせるのは相当ではないことから」多数決による指定については採用しないこととした、と説く（法制審議会建物区分所有法部会第13回会議議事録5頁。なお、吉田・一問一答57）。また、法務省立法担当者は、「復旧決議を行う際に、これと併せて、決議賛成者から買取指定者の指定の合意を取り付けることにすれば、比較的容易に決議賛成者全員の合意を得ることも可能ですから、決議賛成者全員の合意を要求しても、買取指定者の指定が困難になることはないものと思われます」と述べる（吉田・一問一答58）。

(5) 買取指定者による通知

買取指定者が、復旧決議の日から2週間以内に、自己が買取指定者となった旨を決議賛成者以外の区分所有者に対して書面で通知したときは、その通知を受けた区分所有者は、当該買取指定者に対してのみ、本条7項前段に規定する請求（「建物及びその敷地に関する権利を時価で買い取るべきこと」の請求）をすることが

第1章　建物の区分所有　第8節　復旧及び建替え

できる。

　ここでの通知は、復旧決議の日から2週間以内に書面にて発信しなければならない（2週間以内に同書面が到達する必要はない〔なお35条1項参照〕）。通知の内容は、自己が買取指定者であり、自己に対して買取請求をすべき旨の通知である。買取請求権の行使の期限については特に通知する必要はない。ただし、本条10項および11項により、復旧決議の集会を招集した者（買取指定者の指定がされているときは、当該買取指定者）は、4カ月以上の期間を定めて買取請求をするか否かを確答すべき旨を書面で催告でき、催告を受けた区分所有者は、提示された期間を経過したときは買取請求をすることができない、と定められていることから、買取指定者は、4カ月以上の期間を設定し、これを経過したときは買取請求をすることができないとして、これをもって買取請求権の行使の期限とすることができるものと解される。

〔17〕　決議賛成者の責任

(1)　趣　旨

　2002年改正法により本項を設けたことについて、法務省立法担当者は、次のように述べる。「買取指定者の制度を導入したことにより、決議に賛成しなかった区分所有者は、買取指定者の指定があると買取請求の相手方を選択できなくなり、例えば、買取指定者に資力が乏しい場合等に不利益を被るおそれがないわけではない。そこで、買取指定者が買取請求にかかる債務を弁済しないときは、買取指定者以外の決議賛成者は、お互いに連帯してその債務を弁済する責任を負うものとしている（法61条9項本文）。ただし、買取指定者に資力があり、かつ、執行が容易であることを証明したときは、買取指定者以外の決議賛成者はこの責任を負わないこととされている（同項ただし書）ので、その責任は買取指定者の保証人に準ずるものということができる」(吉田ほか・概要(上)73。なお、吉田・一問一答60）。

　本項の定める買取指定者等の責任の構造は、まず、買取指定者とそれ以外の決議賛成者の間については主たる債務者と保証人との関係（民法446条以下）に準ずるものと解され、次に、決議賛成者の間については連帯債務（民法432条以下）に準ずる関係にあるものと解される。

(2)　決議賛成者間の連帯責任

　買取指定者が本条7項前段に規定する請求（決議賛成者以外の区分所有者からの

買取請求）に基づく売買の代金に係る債務の全部または一部の弁済をしないときは、決議賛成者（買取指定者となったものを除く）は、連帯してその債務の全部または一部を弁済する責任がある。したがって、決議賛成者以外の区分所有者が買取指定者に対し買取請求をした場合に、売買代金の全部または一部の弁済がないときは、決議賛成者以外の当該区分所有者は、決議賛成者の一人に対し、または同時もしくは順次にその全員に対して、同代金の全部または一部を請求することができる（連帯債務に関する民法432条参照）。ただし、この請求を受けた決議賛成者が、買取指定者に資力があり、かつ、執行が容易であることを証明したときは、当該決議賛成者はこの責任を負わず、買取指定者のみが責任を負う。

　決議賛成者以外の区分所有者からこの請求を受けた決議賛成者が、買取指定者に資力があり、かつ、執行が容易であることを証明できなかった場合には、当該決議賛成者が請求を受けた代金債務につき弁済をしなければならない。弁済をしたときは、買取指定者に資力がある限りは買取指定者に対し求償権を有するが（受託保証人の求償権に関する民法459条1項）、これに資力がないときは、他の決議賛成者に対してその各自の負担部分（本条7項に準じて「決議賛成者以外の区分所有者を除いて算定した14条に定める割合」）について求償権を有するものと解する（連帯債務者間の求償に関する民法442条1項。なお、償還無資力者のある場合に関する民法444条も参照）。

(3)　決議賛成者の保証人に準ずる責任

　上記(2)のように、買取指定者が買取請求に応じられない場合は、決議賛成者（買取指定者となったものを除く）は、連帯してその債務の全部または一部を弁済する責任があるが、この請求を受けた決議賛成者が、買取指定者に資力があり、かつ、執行が容易であることを証明したときは、当該決議賛成者はこの責任を負わない。このときには、買取請求をした決議賛成者以外の区分所有者は、まず買取指定者の財産について執行することを要する。

　このように、買取指定者とそれ以外の決議賛成者の間について主たる債務者と保証人との関係に準ずるものとしたことに関して、法務省立法担当者は、「中間試案補足説明」において、買取指定者以外の決議賛成者に連帯責任を負わせるとすると買取指定者への請求に先立って代金支払いが求められることも予想され、買取指定者の制度を設けるメリットが減殺されること、および、買取請求をする者に連帯債務に準じた履行の請求を認めてその利益を保護するまでの必要はない

と考えられることから、いわゆる検索の抗弁権（民法453条）に準じた主張を認めることについて提案したと説明している（別冊NBL76-143）。なお、本条8項は、決議賛成者以外の区分所有者は、第一に買取指定者に対して買取請求をするべき旨を定めていることから、買取指定者以外の決議賛成者に対していわゆる催告の抗弁権（民法452条）を認めているといえよう。

ところで、決議賛成者以外の区分所有者が買取指定者に対し買取請求をした場合には、買取請求権の行使と同時に決議賛成者以外の区分所有者の建物と敷地に関する権利は買取指定者に移転すると考えられるが、これをもって買取指定者の（執行が容易な）資力を構成すると解すべきではない。売買代金の支払いと、区分所有者の建物・敷地の引渡し・登記の移転とは同時履行の関係に立ち、「時価」による売買代金の支払いがなされない限り（ただし、本条13項によって裁判所から期限の許与を得た場合は除く）、買取指定者の資力に実質的な変更はないと考えるべきだからである。ただし、買取指定者が決議賛成者たる区分所有者である場合においては、当該決議賛成者固有の建物と敷地に関する権利は、一般的には、執行が容易な資力を構成し得ると考えてよい。

〔18〕 **買取指定者の催告権**

本項は、催告を受けた区分所有者が確答期間経過後には買取請求をすることができない旨を定める本条11項の前提として、大規模一部滅失による復旧の決議があったときに、その集会招集者（買取指定者が指定されているときは当該買取指定者）が、決議賛成者以外の区分所有者に対して買取請求をするか否かについて催告をすることができることを定めるものである。

(1) 本項および次項の趣旨

2002年改正法が本項および次項を新設した趣旨について、法務省立法担当者は、復旧決議後に復旧工事が相当程度進捗してから買取請求権の行使を認めることは法律関係を長期間不安定な状態に置くことになり、ひいては復旧工事の円滑な実施の妨げになるところ、権利関係の早期安定を確保する趣旨から設けた、と説明する（吉田ほか・概要(上)73）。この催告期間が4カ月以上と定められたことについては、「まず、復旧決議に基づく工事費用を負担して区分所有権を保持する途を選ぶか、その負担を免れて区分所有権の買取りを求める途を選ぶか、その検討に必要な期間が保障される必要があります。また、後者の途を選んだ場合には、次の住居を確保するのに十分な期間の猶予も必要となります。そこで、今回の改正

法は、建替え決議の場合における売渡請求権の行使期間が最長で催告の日から4カ月であること（第63条第2項、第4項参照）との均衡をも考慮して、催告期間を4カ月以上と定めたものです」と述べる（吉田・一問一答61）。

(2) 催告権者

本項での催告権を有する者は、「第5項の集会を招集した者（買取指定者が指定されているときは、当該買取指定者）」である。すなわち、復旧決議の日から2週間以内に、買取指定者が指定され（、その者から決議賛成者以外の区分所有者に対して自己に買取請求をする旨の通知がなされ）なかった場合には、本条5項の集会（大規模一部滅失による復旧の決議を行った集会）を招集した管理者等（34条1項・3項～5項参照）が催告権者となり、買取指定者が指定され（、その者から決議賛成者以外の区分所有者に対して自己に買取請求をする旨の通知がなされ）た場合には、「当該買取指定者」である。

(3) 催告の内容・方法および確答期限

本項により上記(2)の催告権者が決議賛成者以外の区分所有者に対して4カ月以上の期間を定めて行う催告は、本条7項前段に規定する請求（決議賛成者以外の区分所有者が、決議賛成者に対して、または買取指定者が指定されている場合には当該買取指定者に対して行う買取請求）をするか否かの確答を求めるものであり、この催告は、書面によってなさなければならない。

「4月以上の期間」は、決議賛成者以外の区分所有者が本項の催告を受けた日の翌日から起算すべきである（到達主義を定める民法97条1項および期間の初日不算入を定める民法140条参照）。したがって、催告の書面については、たとえば、「本催告を受けた日の翌日から4カ月以内に、買取請求をするか否かを確答せよ」といった記載となる。期間の定めのない催告または4カ月未満の期間を定めた催告は効力を生じない。

催告を受けた決議賛成者以外の区分所有者が買取請求をする旨を返答するに当たり、買取指定者から本条8項の通知を受けている場合には、当該買取指定者である催告者に買取請求をすることになるから、特に買取請求の相手方を示す必要はないが、買取指定者から本条8項の通知を受けていないときには、買取請求の相手方（決議賛成者の全部または一部）を具体的に示して、催告者に対し確答することになろう。

第1章　建物の区分所有　第8節　復旧及び建替え

〔19〕　**買取請求権の消滅**

　本条10項に規定する催告を受けた区分所有者は、本条9項の規定より定められた期間（4カ月以上の期間）を経過したときは、本条7項前段に規定する請求（決議賛成者以外の区分所有者が、決議賛成者に対して、または買取指定者が指定されている場合には当該買取指定者に対して行う買取請求）をすることができない。たとえば、「本催告を受けた日の翌日から4カ月以内に、買取請求をするか否かを確答せよ」と記載された前項の催告を受けた場合において、決議賛成者以外の区分所有者は、催告者に対して、遅くとも催告を受けた日の翌日から起算した4カ月目の日までに、買取請求をする旨の意思表示をする必要がある。

　この意思表示（確答）は、これを発信すれば、これが催告をした者に到達しなくても効力が生ずるものと解される（民法526条1項）。これは、必ずしも書面である必要はないが、意思表示の日付を明示した書面で行うことが望ましい。この日を経過したときは、当該催告を発した者に対してだけでなく、もはや誰に対しても買取請求をすることはできない。

　決議賛成者以外の区分所有者により買取請求をする旨の意思表示（買取請求をする旨の確答）が催告者に対してなされた場合に、催告者が買取指定者であるときには、この一方的な意思表示によって、決議賛成者以外の当該区分所有者の建物および敷地に関する権利についての売買が成立する。これに対して、催告者が買取指定者以外のときには、決議賛成者以外の区分所有者により買取請求をする旨の意思表示を受けた催告者は、直ちに、決議賛成者以外の区分所有者により示された買取請求の相手方に対して、その旨を通知する必要があると解される。この通知が買取請求の相手方とされた者に到達することによって、決議賛成者以外の当該区分所有者の建物および敷地に関する権利についての売買が成立するものと解される。もっとも、催告を受けた決議賛成者以外の区分所有者が、催告のときから4カ月以内に、催告者に対してではなく、直接に買取請求の相手方である決議賛成者に対して買取請求をする旨の意思表示をしたときは、本条7項の規定による買取請求がなされたものとして、そのときに売買が成立すると考えてよい。

〔20〕　**復旧・建替え決議がない場合の買取請求権**

　大規模一部滅失の場合において、「建物の一部が滅失した日から6月以内に」復旧の決議（本条5項の決議）も建替えの決議（62条1項または70条1項の決議）もないときは、各区分所有者は、他の区分所有者に対して、建物および敷地に関す

る権利を時価で買い取ることを請求することができる。

なお、政令によって指定された災害によって被災した区分所有建物については、「再建特別措置法」12条によって、「政令の施行の日から起算して1年以内に」復旧の決議または建替えの決議のほか、同法による建物敷地売却、建物取壊し敷地売却、取壊し、一括建替え等決議の各決議がないときに、買取請求権を行使することができることに改められた。これについては、同条の注釈（本書626頁以下）を参照のこと。

(1) 買取請求権を認める趣旨

復旧の決議または建替えの決議がないときとは、それらのために集会が開かれなかった場合か、または、集会は開かれたがそれらの決議がなされなかった場合である。

このような場合に何らかの法的措置をとらないとすれば、①復旧を望む区分所有者、②建替えを望む区分所有者、③復旧も建替えも望まない区分所有者（これにも、自己の区分所有権の処分を望む者と、滅失した共用部分をそのままの状態にして区分所有関係の継続を望む者とがある）の三者のうち、①および②の区分所有者にとっては、自己の区分所有権を各自任意に処分する以外にこの状態から脱却することができず、多大の不利益を蒙る状態が継続することになる。また、大規模一部滅失の状態で、残存する共用部分や敷地の有効な共同利用ができないまま、区分所有関係をいたずらに継続させることは社会的見地からも妥当ではない。そこで、このような状態を打開するために区分所有関係を解消する権利を各区分所有者に認めることを相当とする立場（濱崎・解説374、高柳・改正182）から、本条12項では、各区分所有者は相互に買取請求権を行使することができるとした。

本条11項の買取請求と異なって、本項の場合には、将来の解決に向けての多数派がいまだ形成されていない状態である。したがって、「この買取請求は、一方において、買取請求権を行使する者からみれば、そのような紛糾した建物区分所有関係から離脱する機会を保障するとともに、他方、残留する区分所有者の側からみれば、特定の将来的解決を志向する区分所有者に複数の専有部分を集約して帰属させることにより多数派の形成を間接に促す作用をもつ」（山野目・時報16）。

(2) 6カ月経過後の復旧・建替え決議の可否

買取請求権は、一部滅失の日から6カ月以内（再建特別措置法による場合には1年以内〔同法12条〕）に復旧の決議も建替えの決議も行われなかったときに成立す

第1章 建物の区分所有 第8節 復旧及び建替え

るが、買取請求権が区分所有者のいずれかによって実際に行使されるまでは、復旧および建替え決議を行うことはなお許される（その決議後はもはや買取請求権は行使できない）。買取請求権が行使された後も、これらの決議を行うことを原則として妨げないが、買取請求権の行使を受けた者が復旧等のため過大の負担を負うことになることを考慮するならば、これらの決議に当たってその行使を受けた区分所有者の同意を要するものと解される（濱崎・解説375参照）。買取請求権の行使による区分所有関係からの離脱を認めるのは復旧等に賛成する者の比重を高めて議決要件を満たすことを可能とするためでもあるから、買取請求権の行使を受けた区分所有者の同意があるときは、当該買取請求によって区分所有者が変動したのちあらためて復旧等の決議をすることは当然に認められよう。

(3) 買取請求権の行使態様

買取請求権はどのように行使されるべきか。議決権の等しいＡＢＣＤの4人の区分所有者のうちＡＢが復旧に賛成しＣＤが反対したため復旧の決議が成立しない場合に、ＣがＡまたはＡＢに対して行使し得ることは争いがない。問題となるのは、①ＣがＤに対して行使し得るか、②ＡがＢに対して行使し得るか、さらに、③ＡがＣに対して行使し得るかである。

この問題は、1962年法35条4項が復旧について全員の協議が成立しない場合に各区分所有者に同様の買取請求権を認めていたことからすでに議論のあるところであり、請求権者を復旧賛成者、相手方を復旧反対者に限定する（したがって、①②③のいずれの場合にも買取請求を認めない）説が有力であった（半田・復旧再建120）。ＣがＤに対して行使してもＤはあらためてＡまたはＢに対して行使するであろうから、輻輳を避けるために①を認めるべきでなく、他方、②③の場合には行使の利益がないと考えられるからである。

しかし、復旧の決議が成立した場合には議事録に記載または記録されて賛否の別が明確となり、強制を受ける少数者の保護が特別に必要になるのに対して、復旧決議が成立せず、さらには集会自体が開催されない場合には、賛否を知ることも、それを権利行使の要件として確認することも不可能である。法文が、「各区分所有者は、他の区分所有者に対し……請求することができる」と述べ、特別の限定を置いていないのはそのためであって、復旧決議が成立しない限り各区分所有者は対等の立場で相互に買取請求権を行使することができる、といわざるを得ないだろう。したがって、復旧の決議が成立した場合と異なって、この場合には、

決議（不成立）に賛成した区分所有者が買取請求権を行使すること（③のケース）も可能である。決議が成立しなかった以上復旧も建替えも行われないのであるから、買取請求権を行使することは何ら信義則に反することにならない。

買取請求権の行使を受けた区分所有者が他の区分所有者に対して買取請求権を再度行使することも法律上制約がない。たとえば、AがBに対して買取りを請求した後Bが自己の権利と共にAから買い受けた権利についてもCに対して買取りを請求することができる。この場合に、BがAから買い受けた権利についてのみCに対して買取請求をすることも妨げない。

(4) 立法上の課題

本条12項の買取請求による権利の移転に関しては、次のような点について立法上の課題があろう。第1に、たとえば、Dから買取請求を受けたAがDから買い受けた権利について自己の権利と共にBに買取りを請求するためには、Aは、DA間の移転登記を経由していることを必要とするか。DA間の移転登記なくして買取請求を受けた場合には、Bは、自己への所有権の移転を否定することができるのか。買取請求が区分所有者相互間で相次いで行われる場合に、権利の最終的な帰属については登記によって明らかにされるとしても、それは、買取請求権の行使が適法に行われた場合のことであって、買取請求権の行使が不適法であるがゆえに権利の移転が生じないという危険は本項の買取請求においては極めて大きく、何らかの方法を特別に講じなければそれを回避することはできないであろう。

第2に、本項によれば、買取請求の相手方は、「他の区分所有者」である。そのため、たとえば、AがBに対して買取請求権を行使する前にBがCに対して買取請求権を行使していたとすれば、Bはすでに区分所有者の団体を離脱しているので「他の区分所有者」でなく、したがって、AのBに対する買取請求は要件を欠いて不適法となるのか。ここでは、買取請求権を行使しようとする区分所有者Aが相手方を区分所有者として確知する方法と、買取請求権を行使した者Bがもはや買取請求の相手方として適格を有しないことを区分所有者に確知せしめる方法を講ずる必要がある。

この点について立法上の解決がなされるまでは、買取請求権を行使した者からの管理者または管理組合法人の理事への通知と買取請求の相手方の適格についての管理者等への照会による確認によって混乱を避けることが必要であろう。大規模一部滅失が生じた場合には、区分所有者が集会を開いて、最低限この点につい

第1章　建物の区分所有　第8節　復旧及び建替え

ての規約を定め、または決議をすることが望ましい。この点でも、本項の買取請求には前項のそれと異なる困難がある。

(5)　買取請求に関する事前調整の必要性

復旧決議が成立しない限り各区分所有者は区分所有者である者を相手として買取請求権を行使することができることから、買取請求を受けた各区分所有者が、順次、裁判所から期限の許与（後記〔21〕参照）を受けつつ、別の区分所有者に買取請求をするという状態が生じる。そのため、他の区分所有者の権利を取得する意思のない区分所有者にとっては、事実上多大の負担（裁判所への期限の許与の請求など）を負わされることになりかねない。さらに、最後の被請求者が、第三者に売却して旧区分所有者への買取代金の清算を行うという負担を負わされる立場に立つこともあり得る。

そこで、買取請求権が行使可能となる以前に、区分所有者の集会によって、買取請求をする意向のある者と買取りの用意のある者とを可及的に明らかにした上で、建物と敷地の権利に関する処理を計画的に行うことが望ましい。

買取請求が順調に行われることが見通される場合には、復旧であれ、建替えであれ、さらには第三者への譲渡であれ、大規模一部滅失建物の復興を促進することとなる。特に、最後の被請求者＝権利帰属者として予定される者は、処分を目的として当該一部滅失建物とその敷地利用権の信託を受ける立場に立ち、それらの権利を自ら取得するか第三者に売却して旧区分所有者への買取代金の清算を一括して行うことになろう。買取代金の支払いについて裁判所が期限を許与する（後記〔21〕参照）実益が最も大きいのは、このような場合である（本条13項）。

(6)　その他

法文中の「建物及びその敷地に関する権利」および「時価」については、前記〔14〕(4)(5)参照。

復旧等についての決議がない場合に、個別に区分所有者が共用部分の復旧を行い、その費用を他の区分所有者に負担させることができるかについては、前記〔12〕(4)参照。

〔21〕　期限の許与

復旧費の償還請求（本条2項）または建物およびその敷地に関する権利の買取請求（本条7項・12項）を受けた者は、請求の時から償還金または売買代金の支払義務を負う。2002年改正法以前は、裁判所に期限の許与を請求することができ

る者として①「償還又は買取りの請求を受けた区分所有者」のみを定めていたが、同改正法によって②「買取りの請求を受けた買取指定者」および③「9項本文に規定する債務について履行の請求を受けた決議賛成者」が加えられた。特に、①の買取請求については、一人または数人から時価による代金の支払いを求められることになるため、自己の意思によることなく多額の金銭支出を強いられることになりかねない。形成権の行使によって突然に債務の履行を求められるこれらの者を保護する必要から（高柳・改正183）、裁判所に期限の許与を請求することが認められる（本条13項）。裁判所は、これらの者の請求に基づいて、償還金または売買代金の支払いについて相当の期限を許与することができる。期限の許与の請求は、訴えを提起してしなければならない。この訴えは形成の訴えであるから、裁判所は、期限の許与が相当であると認められるときは、判決で相当の期限の許与を命ずることになる。なお、前記〔8〕(2)、〔14〕(6)、〔20〕(5)参照。

(1) 相当の期限

「相当の期限」として、具体的にどのくらいの期限が許与されるべきか。復旧費の償還請求（本条2項）の場合には特に問題とならないが、建物およびその敷地に関する権利の買取請求（本条7項・12項）の場合には問題となる。すなわち、買取請求を受けた者に対して売買代金の支払いにつき期限の許与が認められるとして、それは、その者が取得した権利を処分して実際にその対価を得ると通常考えられるまでの間、期限の許与が認められるべきであるか否かである。肯定的に解すべきである。

(2) 期限の許与の効果

建物およびその敷地に関する権利の買取請求（本条7項・12項）の場合、期限の許与の裁判の確定によって、被請求者の代金支払義務と請求者の引渡義務・登記移転義務との同時履行関係が解消され、後者が先履行となる。

（建替え決議）
第62条 集会においては、区分所有者及び議決権の各5分の4以上の多数で、建物を取り壊し、かつ、当該建物の敷地若しくはその一部の土地又は当該建物の敷地の全部若しくは一部を含む土地に新たに建物を建築する旨の決議（以下「建替え決議」という。）をすることができる。
2　建替え決議においては、次の事項を定めなければならない。

第1章 建物の区分所有　第8節　復旧及び建替え

　　一　新たに建築する建物（以下この項において「再建建物」という。）の設計の概要
　　二　建物の取壊し及び再建建物の建築に要する費用の概算額
　　三　前号に規定する費用の分担に関する事項
　　四　再建建物の区分所有権の帰属に関する事項
3　前項第3号及び第4号の事項は、各区分所有者の衡平を害しないように定めなければならない。
4　第1項に規定する決議事項を会議の目的とする集会を招集するときは、第35条第1項の通知は、同項の規定にかかわらず、当該集会の会日より少なくとも2月前に発しなければならない。ただし、この期間は、規約で伸長することができる。
5　前項に規定する場合において、第35条第1項の通知をするときは、同条第5項に規定する議案の要領のほか、次の事項をも通知しなければならない。
　　一　建替えを必要とする理由
　　二　建物の建替えをしないとした場合における当該建物の効用の維持又は回復（建物が通常有すべき効用の確保を含む。）をするのに要する費用の額及びその内訳
　　三　建物の修繕に関する計画が定められているときは、当該計画の内容
　　四　建物につき修繕積立金として積み立てられている金額
6　第4項の集会を招集した者は、当該集会の会日より少なくとも1月前までに、当該招集の際に通知すべき事項について区分所有者に対し説明を行うための説明会を開催しなければならない。
7　第35条第1項から第4項まで及び第36条の規定は、前項の説明会の開催について準用する。この場合において、第35条第1項ただし書中「伸縮する」とあるのは、「伸長する」と読み替えるものとする。
8　前条第6項の規定は、建替え決議をした集会の議事録について準用する。

本条の細目次
- 〔1〕 本条の趣旨 396
  - (1) 建替え制度の概要 396
  - (2) 団体的解決の必要 396
  - (3) 多数決による建替え 397
  - (4) 立法措置の先行 397
  - (5) 建物全体の朽廃・滅失 398
- 〔2〕 1983年改正法と2002年改正法 399
  - (1) 1983年改正法による建替え制度の新設 399
  - (2) 1983年改正試案に現われた構想 399
  - (3) 2002年改正法による建替えの円滑化 400
  - (4) 2002年改正法による客観的要件の削除 401
  - (5) 2002年改正法の審議過程 402
  - (6) 既存の区分所有建物への適用 404
  - (7) 敷地の有効利用のみを目的とする建替え 405
  - (8) マンション建替え等円滑化法 405
- 〔3〕 議決要件 406
  - (1) 規約による別段の定めの可否 406
  - (2) 通知の要件 407
- 〔4〕 既存建物の取壊し 407
- 〔5〕 再建建物の敷地 407
  - (1) 1983年改正法の敷地の同一性 407
  - (2) 2002年改正法による再建建物の敷地 408
  - (3) 2002年改正法による敷地の同一性の緩和 409
  - (4) 現在の建物の敷地と重ならない敷地での再建 410
- 〔6〕 使用目的の無制約性 411
- 〔7〕 建替え決議の要素および効果 412
  - (1) 建替え決議の要素 412
  - (2) 建替え決議の効果 412
    - (ア) 専有部分の賃借人との関係 412
    - (イ) 敷地の賃貸人との関係 412
    - (ウ) 専有部分上の抵当権者との関係 413
  - (3) 建替え決議の無効 413
- 〔8〕 建替え計画の概要 414
- 〔9〕 再建建物の設計の概要 414
- 〔10〕 建替え費用の概算額 415
- 〔11〕 建替え費用の分担に関する事項 415
- 〔12〕 再建建物の区分所有権の帰属に関する事項 416
  - (1) 専有部分の配分方法 416
  - (2) 清算 416
  - (3) 建替え費用の分担との関係 416
  - (4) 敷地利用権の割合の変更 417
- 〔13〕 衡平の確保 417
  - (1) 効力規定か訓示規定か 418
  - (2) 決議自体が無効となる場合 418
- 〔14〕 建替え決議を目的とする集会の招集手続 418
  - (1) 手続の概要 419
  - (2) 2002改正法による新設の趣旨 419
- 〔15〕 建替え集会の招集通知の発信時期 419
  - (1) 2ヵ月以上前の通知の発信 420
  - (2) 規約による伸長 420
- 〔16〕 通知事項 421
  - (1) 建替えの賛否を判断するための情報の提供 421
  - (2) 2002年改正法による新設の趣旨 421
- 〔17〕 建替えを必要とする理由 422
- 〔18〕 建物の効用の維持・回復費用 423
  - (1) 建物の効用の維持・回復のための費用の額および内訳 423
  - (2) 建物が通常有すべき効用の確保のための費用 423
- 〔19〕 建物の修繕計画の内容 424
- 〔20〕 修繕積立金の額 425
- 〔21〕 説明会の開催 425
  - (1) 趣旨 425
  - (2) 説明会の招集者および会日 426
  - (3) 説明会の目的および内容 426
  - (4) 説明会が開催されない場合 426
- 〔22〕 説明会の開催の手続 427
- 〔23〕 議事録の記載事項 427
  - (1) 各区分所有者ごとの賛否の記載 428
  - (2) 賛否を記載しなかった場合 428

第1章 建物の区分所有 第8節 復旧及び建替え

〔1〕 本条の趣旨

本条は、区分所有建物の建替えについて、一定の要件を満たすときは、特別の多数決をもって建替えの決議をすることができる旨を規定する。

(1) 建替え制度の概要（63条、64条との関連）

本条の規定によって建替え決議が行われた場合に、建替えを実現するためには、所定の手続によって建替え参加者と不参加者を区分し、不参加者を従前の区分所有関係から排除しなければならない。このために、63条では、建替え参加者が不参加者にその区分所有権および敷地利用権を売り渡すことを請求することができる旨を定める。これによって、参加者のみが区分所有者であるという状態を形成することができる。64条では、参加者間に建替え決議の内容に従って建替えを行う旨の合意が成立したものとみなし、その結果、参加者はこの合意に拘束されて建替え（建物の取壊しと再建）を実現させる。

なお、本条から64条までに規定されている建替え制度は、特別の多数決をもって現在の区分所有建物を新たな区分所有建物（本条2項4号参照）に建て替えるものであって、現在の建物を取り壊してその敷地を新たな建物の敷地以外のものとすることはできない。また、本条の決議をもって、新たに建設された区分所有建物の売却を目的としたり、もっぱら賃貸することを目的とすることはできない。これらは区分所有者全員の合意でのみ可能である。

(2) 団体的解決（多数決）の必要

区分所有の集合住宅がたとえば老朽化して居住に適さなくなる場合に区分所有者がとる対応は、①共同で新規の区分所有建物に建て替える、②個別に売却して他の住宅に買い換える、③一括して売却し分配金によって他の住宅を取得する、などさまざまであり得る。しかし、②は必ずしも最終的な解決にはならない（新たに区分所有者となった者が同様の問題の対応に迫られる）。①③は区分所有者全員の合意を必要とする限り、その実現はしばしば困難となる。区分所有集合住宅の歴史の浅いわが国でも、初期の建物についてはすでに老朽化が見られ、その対策を迫られるようになった。

ところで、区分所有建物およびその敷地に関する権利が区分所有者に私的に属するものである以上、地上の建物を取り壊してそれに代わる新規の建物を建築することは、区分所有者の全員の同意がある限り、常に可能である（地上建物の状態や新規建物の再建のための合意の方法など一切を問わない）。これを逆にいえば、

地上建物の状態がどのようであっても、区分所有者全員の同意がなければ、それを取り壊して新規建物を再建することはできない。1962年法のもとでは、建替えについて特別の規定を置いていなかったため、この一般原則がそのまま適用され、区分所有者が一人でも反対する場合には、建替え自体が不可能であった。そのような場合には、区分所有関係自体が極めて不合理な状態にあるものと見なければならない（濱崎・解説377以下参照）。すなわち、物理的に相互に拘束力のある集合住宅等において一定の事由によって利用上の大きな支障が生じた場合に、区分所有者全員の合意がなければこのような事態を打開することができないとすると、一部の区分所有者の反対によって多数の区分所有者が多大な費用負担等を強いられることになりかねず、適切ではない。そこで、このような状態を打開するための措置が必要とされた。

(3) 多数決による建替え

本法は、1983年改正法により上記①の方法を選択し、本条（および63条、64条）によって多数決による建替え決議の制度を創設し、少数の反対がある場合にも反対者を区分所有関係から排除して建替えを実現することを可能とした。③の方法のほうが制度の簡明さや実行の容易さという面からすぐれているとも考えられる（アメリカ統一共同所有不動産法の採用する方法である。同法の邦訳として、民事月報36-1-95以下がある）が、1983年の改正の際に、法務省立法担当者は、「このような方法は、わが国の区分所有者の意識に必ずしも合致しないと考えられたため、賛成区分所有者による同一場所への再建という形での調整方法の制度化が検討されたのである。建替えに参加しない区分所有者にとっては、……自己の権利を他の区分所有者によって時価で買い取られるのであるから、実質的には、この一括売却処理によった場合と同じことになる、ということができる」と説明している（濱崎・解説378）。なお、建替えは、61条に定める一部滅失の場合の復旧と異なり、現存建物全体の更新であって、その是非ないし要否を客観的一義的に定めることには困難がある。そのため、多数者の決定による少数者の排除が不当な権利侵害をもたらさないように配慮しなければならず、立法技術上も難しい問題が少なくない。

(4) 立法措置の先行

1983年改正法による建替え制度の新設（本条および63条、64条）について、法務省立法担当者は、「この建替えの制度の新設は、将来その建替えをめぐる紛争が一般化するであろうことを予測し、かつ、この制度が所有権に対する制限という

性格を色濃く帯びることにかんがみると、その紛争が一般化した段階でこれを立法化することは著しく困難になると考えられるため、未だそれが一般化していない現段階においてこそその立法化を実現しておくべきである、との考慮の下に実現されたものである」と述べ、また、建替え制度の新設に伴って、公的な介入や援助等の措置が併せてとられなかったことについては、「社会政策的な諸施策は、民事立法と異なり、この問題が社会的に問題となった時点で検討されても、遅くはない」と述べる（濱崎・解説379）。

(5) 建物全体の朽廃・滅失

建物全体が朽廃した場合や滅失した場合をどう処理するかは問題である。この場合にも、本条以下の「建替え」の制度を類推適用すべきであるとする学説がある（石田・建替え31、荒川・建替え286、288）。同説は、全部滅失について、本法に何らの規定がない以上、民法の一般原則によって区分所有権は消滅すると見るのが素直であろうとしながらも、しかし、多くの場合、区分所有建物は堅固な構造物であるから物理的滅失はほとんど考えられないのであって、一部滅失の場合に関する61条か、「建替え」に関する62条以下によって解決されるのが一般的と思われる、という。そして、「たとえば、地震や火災などによって、住居としての用をなさなくなったときは、『その他の事由により、建物の価額その他の事情に照らし、建物がその効用を維持し、又は回復するのに過分の費用を要するにいったとき』に該当する、とみることができよう」（石田）と説く。さらに、他方で、「そうはいっても、全部滅失の場合もありうる。そこで、かかる場合にも、再築の動きがあるとすれば、それは『建替え』に類比しうると考えて、62条以下を類推するのが、穏当ではあるまいか。極度の損傷と社会観念上の『全部滅失』との明確な区別をすることが困難だとすれば、このような見解に支柱を加えることとなろう」と述べる（石田・建替え31。荒川・建替え288も同旨）。

建物の全部滅失についても本条以下の規定を類推適用すべしとの見解に対しては、建物が存在しなくなった後に建物の効率化を図る特別の強制を認めることは望ましくないと考える。すなわち、建替えは、（再築により）建物を存続させ、かつ、その利用を効率的にするための制度であって、現に利用可能な建物が存在していることを前提とする。建物の全部滅失の場合には、被災区分所有建物再建等特別措置法（本書557頁以下）の適用（政令による災害の指定）がある場合を除いて、敷地利用権者としての合意を普通法（民法）上の原則に従って成立させる以外に

ないであろう。

　さらに、学説には、区分所有建物の全部滅失によって、「今や更地となった敷地を再建建物の敷地として利用するかどうかは、共有物の『管理』に関する事項として、共有者の過半数によって決することができ、この過半数があれば、反対者を除外して一部の者のみの区分所有建物の再建が可能になる（民法252条本文——これに反する共有者は、共有地の分割を請求するか、自己の持分を譲渡して、共有関係から離脱することになる）と解することになろう」（荒川・建替え286、なお288参照）との見解もある。しかし、共有地上の建物の築造を共有物の管理に関する事項と見ることは到底できず、この見解は支持できない。

　なお、建物の滅失について、それが全部滅失に当たるか否かの判定は、時として困難を伴うが、物理的・機能的状況を勘案して社会通念に従って判断するほかない。本条で規定する建替え決議は、建物が全部滅失していないことが前提である。

〔２〕　**1983年改正法と2002年改正法**

(1)　1983年改正法による建替え制度の新設

　1983年改正法によって建替え制度が新設された。1983年改正法においては、建替えの実質的要件（客観的要件）として、「老朽、損傷、一部の滅失その他の事由により、建物の価額その他の事情に照らし、建物がその効用を維持し、又は回復するのに過分の費用を要するに至ったとき」という要件（後の説明のために、この要件をａとする）が必要とされていた。建替えは、区分所有者の多数による強制を含むものであるため、このような建替えを相当とする一定の客観的状況があることが必要とされた。建替え決議がこの実質的要件を満たさずになされた場合には無効である、とされた。

(2)　1983年改正試案に現われた構想

　1983年改正法の立法に先立って法務省民事局参事官室が起案した「試案」（第八・一・1）では、上記の要件ａと並べて「又は付近の土地の利用状況の変化その他の事情により、建物の建替えをすればこれに要する費用に比較して著しくその効用を増すこととなるに至ったとき」といういわゆる「効用増」の要件（この要件をｂとする）を併記し、それに関する注記として、①「効用増」ｂの要件を削除する、②「効用増」ｂの要件をさらに緩和し、「付近の土地の利用状況の変化その他の事情により建物の効用を増すためこれを建替えることを相当とするに至ったとき」とする、③議決要件を5分の4ではなく10分の9とすることによっ

てa・bいずれの要件も不要とする、の3点を検討事項として掲げた。「試案の説明」によれば、要件aは「建物をそのまま使用すること自体が著しく不合理となった場合」であり、要件bは「敷地の有効利用の見地から現在の建物を維持することが著しく不経済となった場合」である。その後に、「改正要綱」(第一三・1)は注記①に従って「効用増」bを外し、1983年改正法もそれに従った。

法務省立法担当者によると、③については、「10分の9以上という圧倒的多数者の賛成によって、その建替えの合理性は担保されるとする考え方であって、制度として簡明であり、運用上も、建替えの決議の効力をめぐる紛争を残さないし、他方、建替えという重大な事項の実現のためには、この程度の多数決要件を要求することは、実務運用上の支障にもならないであろうと考えられるところから、有力な考え方であろうと思われた。しかし、形式的には、何らの理由もなしに多数者の意思により少数者の区分所有権の売却を強制することになるため、そこまで踏み切ることは、ちゅうちょされたのである」と説明され、要件bないし②については、「敷地の有効利用のためにも多数決による建替えの制度を利用しうるようにすべきとの要請は、かなり強いものであったが、この点についても、まだ使用に耐えうる建物について、資産の積極的な有効利用の観点から多数の意思によってその取り壊しを強行することに対しては、なお慎重論が根強かったため、その採用も見送られたのである」と説明されていた(濱崎・解説384、385)。

(3) 2002年改正法による建替えの円滑化

2002年改正法では、1983年改正法について、建替えの円滑化の観点から次の3点について改正がなされた。

① 集会において、区分所有者および議決権の各5分4以上の多数が得られれば、建替え決議をすることができるものとされ、多数決以外の客観的要件は要求しないものとされた(本条1項)。

② 1983年改正法では、建替え決議により新たに建物を建築する場合には現在の建物の敷地と同一の土地に建築しなければならず(敷地の同一性)、その建物は現在の建物と主たる使用目的を同一とする建物でなければならなかった(使用目的の同一性)が、2002年改正法では、同様の場合に、現在の建物の敷地もしくはその一部の土地またはその敷地の全部もしくは一部を含む土地に(敷地の同一性の緩和)、使用目的の如何を問わず(使用目的の同一性の撤廃)新たに建物を建築することができるものとされた(本条1項)。この点については後記[5][6]を

参照。

　③　1983年改正法では、建替え決議に関しては、本条2項および3項の規定のみが設けられていたが、2002年改正法により、新たに4項〜7項が追加され、建替え決議の手続の整備が図られた。これらの点については、後記〔14〕〜〔22〕を参照。

　なお、8項は、1983年改正法の4項の規定とほぼ同一であるが、前述のように2002年改正法により4項〜7項が追加されたことに伴って、その条数が変更された。

　⑷　2002年改正法による客観的要件の削除

　1983年改正法では、建替え決議の要件として、区分所有者および議決権の各5分の4以上の特別多数決が得られることに加えて、客観的要件（費用の過分性の要件）を必要としていたが、2002年改正法は、これを削除した。

　この点について、法務省立法担当者は次のように説明する。「建物の効用の維持や回復に要する費用が具体的にどの程度に達すれば『過分』であると言えるかという点において明確性を欠いていることは否定できない。この点に関しては、建築後年数を経て老朽化が進んだ分譲マンションが相当数に上がっており、その建替えが現実的な課題となっているところ、この費用の過分性の要件が区分所有者間の意思決定の基準として十分に機能しておらず、決議後においても要件を充たしていないことを理由として決議の効力が争われる可能性が残り、仮に訴訟が提起されるなどして紛争が長期化すれば、建替えの実施が遅れることになるなど、建替えの実施を阻害する要因になっているとの指摘があったところである。実際にも、これまでの実施例はわずかな数にとどまる一方、建替え決議の効力が争われて裁判に持ち込まれ、その解決までに長期間を要した事例も報告されている。このように、現行法の建替え決議の制度が有効に機能しているとは言えないことから、改正法では、費用の過分性の要件を廃止し、建替えをすべきか否かの判断を専ら区分所有者の自治に委ねることとして、建替え決議の要件の合理化を図ったものである」（吉田ほか・概要㊦34。なお、吉田・一問一答62）。

　費用の過分性をめぐって争われた裁判例としては、いわゆる老朽化マンション（団地型マンション）に係る事案と、阪神・淡路大震災による被災マンションに係る事案とがある。

　前者の事案は、建築後30年を経過した建物につき建替え決議がなされたところ、建替えに賛成しなかった区分所有者が同決議は建物が老朽化しておらずその効用の維持・回復に過分の費用を必要としないにもかかわらずなされたもので無効で

第1章　建物の区分所有　第8節　復旧及び建替え

あると主張したものである。大阪地判平11・3・23（判時1677-91・判タ1038-275）は、一住戸当たりの建物価額を300万円としその補修費用を500万円と認定した上で、結論として、同建物は費用の過分性の要件を満たすものとして建替え決議を有効とした。第二審（大阪高判平12・9・28判時1753-65・判タ1073-216。評釈として山野目・判タ51）および最高裁（最決平13・6・8〔判例集未登載〕）も同結論を支持した。

　後者の事案は、阪神・淡路大震災により被災マンションについて建替え決議がなされたところ、建替えに賛成しなかった区分所有者が同決議は費用の過分性を満たしていないから無効であるとしたものである。神戸地判平11・6・21（判時1705-112・判タ1035-254）は、補修工事の費用約10億6955万円に杭および基礎の調査費用を加えた金額が本件マンションの効用回復に必要な補修費用であり、他方、本件マンションの被災建物価格は約8億5000万円であると認定し、費用の過分性について次のように述べて本件建替え決議を有効とした。「区分所有建物が物理的な効用の減退により建物の使用目的に応じた社会経済的効用を果たすために社会通念上必要とされる性能を損ない、その効用を維持、回復するために必要な費用が相当の範囲を超えるに至ったことをいうものと解すべきである。また、同条文の文理及び趣旨からすれば、効用の維持、回復に必要な費用が相当な範囲を超えるに至ったか否かは、建替え決議当時における当該建物の時価と建物の維持、回復費用の比較のみによって判断するのではなく、建物の利用上の不具合その他の建物の現状、土地の利用に関する四囲の状況等、建替えの要否の判断に際して社会通念上検討されるべき諸般の事情を総合考慮し、区分所有者が当該建物を維持することが合理的といえるかどうかによって判断すべきものと解される。そして、建物の効用の維持、回復に必要な費用は、建物の使用目的や効用の要求水準という区分所有者の主観的な価値判断に左右されるものであるから、右費用の認定にあたって、建物がその効用を果たすべき性能水準についての多数の区分所有者らの主観的判断は可及的に尊重されるべきである」。控訴審（大阪高判平12・7・13〔判例集未登載〕）および上告審（最判平15・6・24〔判例集未登載〕）もこれを支持した。

　(5)　2002年改正法の審議過程

　この建替えの客観的要件を削除することについては、立法の過程において大いに議論があり、法制審議会建物区分所有法部会の審議においても大きく議論が分

かれたところであった。同部会が2002（平14）年３月に取りまとめた「建物区分所有法改正要綱中間試案」（別冊NBL76-133参照）では、客観的要件について、次のように、ア（老朽化の場合）とイ（損傷、一部の滅失その他の場合）に分け、それぞれにつき甲案と乙案を掲げていた（なお、同試案に付された注記の引用は省略する）。

　ア（老朽化の場合）
　　〔甲案〕　建物が新築された日から〔30年〕〔40年〕を経過したとき。
　　〔乙案〕　建物が新築された日から〔30年〕〔40年〕を経過したとき。ただし、一定期間の経過ごとに行う修繕の計画及びそれに要する費用として修繕積立金を積み立てておくことをあらかじめ集会で決議し、又は規約で定めていた場合であって、区分所有者に新たに費用の負担を求めることなく当該計画に基づく修繕を行うことができるときを除く。
　イ（損傷、一部の滅失その他の場合）
　　〔甲案〕　損傷、一部の滅失その他の事由により、建物の効用の維持又は回復をするのに、現在の建物の価額を超える費用を要するに至ったとき。
　　〔乙案〕　損傷、一部の滅失その他の事由により、建物の効用の維持又は回復をするのに、現在の建物と同等の建物の建築に要する費用の２分の１を超える費用を要するに至ったとき。

ついで2002（平14）年８月に取りまとめられた「建物の区分所有等に関する法律の一部を改正する法律案要綱案」では、最終的に法案および改正法（本条の規定）となった区分所有者および議決権の５分の４以上の多数決のみで建替え決議ができるものとする案のほかに、この多数決に加えて、①建物が新築された日から30年を経過したことか、②損傷、一部の滅失その他の事由により、建物の効用の維持または回復（建物が通常有すべき効用の確保を含む）をするのに当該建物の価額を超える費用を要するに至ったことのいずれかを満たすことを必要とする案が併記されていた。その後、2002（平14）年９月の法制審議会総会で決定された「建物の区分所有等に関する法律の一部を改正する法律案要綱」においては、後者の案については、このような意見があったと記されることとなった（別冊NBL76-129参照）。客観的要件をある程度明確化した形で存続させるべきか、それとも削除すべきかについては、学説等においても意見が分かれていた（基本的に存置すべきであるとする見解として、鎌野・中間試案10、折田・ジュリ18、石川・ジュリ25、山野目・ひろば16等があった〔なお山野目・ひろばの見解については、鎌野・私

第1章　建物の区分所有　第8節　復旧及び建替え

法149も参照。また、法務省民事局参事官室「建物区分所有法改正要綱中間試案補足説明」別冊 NBL76-144参照)。これに対して、削除すべきであるとする見解としては、久米・エコノ54、福井・税経1 があった。このほか、多数決要件〔ただし10分の9以上〕のみとすることもあり得るとしていたものとして鎌野・序説（2・完）223)。前述のように、最終的には削除案が採用された（この点を含む改正法の評価については、座談会・ジュリ6以下、山野目・ジュリ44、千葉・ジュリ51)。

後者の存置案（客観的要件明確化）が採用されなかった理由について法務省立法担当者は次のように説明する。「後者の案は、建物を維持するのが客観的に見て不合理となった場合にのみ建替え決議を認めるものとする現行法の枠組みを保ちつつ、費用の過分性の要件に代わる具体的かつ明確な客観的基準の定立を試みたアプローチということができる。しかし、①の要件については、物理的構造や管理の状況等は建物ごとに様々であって、老朽化の進行の度合いも個々の建物で著しく異なる場合があることから、すべての区分所有建物について一律に30年という形式的基準を適用することの合理性を説明するのが困難であるという指摘が、②の要件については、建物の効用の維持等に要する費用や建物の価額については評価要素が含まれているので、これを画一的に算定するのは容易なことではなく、依然として基準として明確性を欠き紛争の発生が懸念されるのではないかという指摘があったことから、後者の案は法制審議会総会が決定した要綱では採用されず、法案にも採り入れられるに至らなかった」(吉田ほか・概要(下)35)。

なお、①の要件については、上記の指摘のほか、次のような指摘もあったと述べられている。「法律で区分所有建物の耐用期間を定めたものと誤解されるおそれがあり、その年数の経過が迫ってくると、維持補修に多額の費用を振り向けようとする意欲が薄れるなど、区分所有者の管理に対する意識に悪影響を及ぼすのではないか、あるいは、その年数経過後に建て替えられることを前提とした品質の劣る建物の建築を助長しかねないのではないか、その年数の経過が迫ったマンションについては中古市場での価格が下落してしまうのではないかという問題点の指摘もありました」(吉田・一問一答67)。

(6) 既存の区分所有建物への適用

本条は、2002年改正法の施行後に建築・分譲された新規の区分所有建物だけではなく、施行前の既存の区分所有建物にも適用される。

この点に関しては、2002年改正法の立法の過程において、費用の過分性という

厳格な客観的要件を定めた1983年改正法（その立法の経緯に関しては上記(1)(2)参照）を、客観的要件を必要とせず5分の4以上という特別多数決のみで建替えが実施できるものに改める場合には、既存の建物について区分所有者の権利を不当に侵害するおそれがあるのではないかということが問題とされた（この点に関し、鎌野・中間試案8、鎌野・私法149）。これについて法務省立法担当者は次のように説明する。「今回の改正法は、多数決のみで建替えを実施できるものとして、建替え決議の要件の明確化の要請に応えつつ、各区分所有者が適切・合理的な判断をすることができるよう建替え決議に至るまでに十分な時間と情報を提供するための手続についても整備しており、現行法の比較において、全体としてより高い合理性を備えた制度を整備するものであるから、これを既存の区分所有建物に適用することにしても、区分所有者の権利を不当に侵害することにはならないと考えられる。なお、既存の建物の区分所有者の信頼の保護という観点からは、建替え決議の要件の変更も必要最小限にとどめるべきであり、多数決以外の客観的要件についてもこれを削除するのではなく、費用の過分性の要件に替わる客観性・明確性を備えたものに改めようとする立場も考えられる。しかし、前記要綱案に併記された①、②の要件に対する批判を見ても明らかなように、こうしたアプローチに基づいて合理性を備えた制度を構築することはきわめて困難であることから、制度が全体としてより高い合理性を備えたものとするために必要であり、かつ、変更された権利の内容が内在的制約の範疇にとどまるものであれば、建替え決議の要件について大きな変更を加えることも立法措置として許容されているものということができよう」（吉田ほか・概要(下)35～36。なお、吉田・一問一答70）。

(7) 敷地の有効利用のみを目的とする建替え

2002年改正法により、区分所有者および議決権の各5分の4以上の賛成があれば、どのような理由で建替えを行うかは問われないこととなった。敷地の有効利用を図ることのみを目的として建替え決議を行うことも可能である。もっとも、法務省立法担当者は、これまでの建替えの事例に照らすと、建築後わずかな年数しか経過しておらず、使用上何らの支障もない建物について、敷地の有効利用を図ることのみを目的として建替えを実施することは通常は起こり得ないと述べる（吉田・一問一答69）。

(8) マンション建替え等円滑化法

本条に基づく区分所有建物の建替え決議が成立した後に、63条に規定する手続

を経て、また64条の規定に基づいて、建替え参加者が、実際に建替え事業を行うには、いくつかの法的な問題が生じる。このような法的問題を解消するために、マンション（専有部分が居住の用に供される区分所有建物）については、同事業を円滑に行うために、2002年に「マンションの建替えの円滑化等に関する法律」が制定された。さらに、同法の2014年の改正法（「マンションの建替え等の円滑化に関する法律」と改称）では、耐震性の不足するマンションについての特例として、特別多数によるマンション敷地売却決議の制度を新設し、同決議に基づく事業を円滑に行うための特別な措置が講じられた。それらの詳細については、本書における同法の解説（683頁以下）を参照されたい。

〔3〕 議決要件

建替え決議は、集会において、区分所有者および議決権の各5分の4以上の多数でしなければならない。事柄の重大性にかんがみ、他の特別多数決議の場合の要件である4分の3以上よりも一段と厳しい要件とした（濱崎・解説386）。

1983年改正法の立法過程では、「5分の4以上」か「10分の9以上」かが争われたが、建替えの要件を上記a（前記〔2〕参照）に絞ることによって「5分の4以上」案にまとめられた（衆議院法務委員会議録〔昭和58年4月15日3頁〕中島政府委員答弁）。2002年改正法も「5分の4以上」を引き継いだ（この点に関して、吉田・一問一答68参照）。

なお、区分所有者の数は、登記簿の記載によるべきであるとし、3戸および2戸の区分所有権を有する2名を各1人として計算して、当該決議は「区分所有者の5分の4以上の多数」に達せず無効であるとした裁判例（神戸地判平13・1・31判時1757-123）がある。

(1) 規約による別段の定めの可否

この議決要件を規約その他の合意によって緩和することはできない。それでは、「5分の4」を「10分の9」または全員一致とする旨の規約その他の合意は有効か。1983年改正法の際の「試案」（第八・一・4）では、規約による強化は可能とされていたが、本法ではそれを認める規定はない。この点については、すでに述べた（17条の注釈〔5〕、31条の注釈〔2〕(1)、61条の注釈〔12〕）ように、議決要件を緩和して区分所有者間の団体的拘束を強化する方向での規約の定めは許されないが、反対に議決要件を厳格化して団体的拘束を区分所有法に定めるところよりも緩和する規約の定めは、許されると見るべきである。区分所有者が規約によって議決

要件を厳格化した後それをあらためて緩和することについても、本法が定める議決要件を超えて緩和するのでない限り、許されるべきである。

このような区分所有者間の集団的自治の適正な運行を保障するには、規約の設定・変更・廃止に関する議決要件を定める31条を強行規定として、これを規約によって変更することを認めないものとすべきである。建替えの決議の議決要件を「5分の4以上」から「10分の9以上」に規約によって厳格化した後も、「10分の9以上」を「5分の4以上」の水準にまで再び緩和するための規約の変更を「4分の3以上」の議決によってすることが常に可能であればよい（議決要件に関する本法の諸規定のうち、31条が両面的強行規定であることによって、他の規定はすべて片面的強行規定で足りることとなる）。

なお、マンション標準管理規約（30条の注釈〔4〕参照）は、「建替え決議は、……組合員総数の5分の4以上及び議決権総数の5分の4以上で行う」（同規約〔単棟型〕47条4項）と本条の規定を確認的に定めている。

(2) 通知の要件

建替えの決議のための集会には、通常の集会の手続とは異なる規定が2002年改正法によって新設された（本条4項～7項、後記〔14〕～〔21〕参照）。集会の招集の通知をするに当たっては、議案の要領も通知しなければならない（35条5項、本条5項）。議案の要領としては、本条2項および5項に掲げる事項の要点を示すことを必要とする。

〔4〕 **既存建物の取壊し**

建替え決議の前提としては、区分所有建物が現に存在していることを必要とする。既存の建物が全部滅失または朽廃している場合には本条の適用はない（前記〔1〕(5)参照）。他方、既存の建物の一部が滅失または朽廃して61条に定める復旧の対象となる場合であっても、本条の適用はある。なお、建物の再建を伴わない単なる取壊しは、多数決によっては決することができず、区分所有者全員の合意によって決定する他はない。

〔5〕 **再建建物の敷地**

(1) 1983年改正法の敷地の同一性

1983年改正法では、建替え決議により新たに建物を建築する場合、現在の建物の敷地と同一の土地に建築しなければならなかった（敷地の同一性）。これを満たさないとして建替え決議が否定された裁判例として、東京地判平9・12・11（判

タ970-280）がある。その事案では、区分所有者および議決権の各5分の4以上の多数決によって建物の建替え決議を行った際に、同建替えは再開発事業の一環として等価交換方式によって行われるのに伴いその敷地を変更するため敷地の変更の決議も同様の多数決で行った。裁判所は、敷地権の譲渡については21条の敷地変更に当たらず区分所有者全員の同意が必要である旨、および、再建建物の敷地が従前の建物の敷地上にない場合には62条の前提を欠くため建替え決議は無効である旨判示した。

2002年改正法によって、前述（〔2〕(3)の②）のように敷地の同一性が緩和された。1983年改正法が敷地の同一性を要求したのは、建物および敷地について権利を有する区分所有者がこれらを共同で管理すべきところ（3条）、いわば管理の延長上の問題として3条の区分所有者の団体が多数決をもって決することができるのは、《建物の更新》（建替え）のみであって、《土地の更新》までは含まれないと考えたものと思われる。すなわち、《土地の更新》は、3条の区分所有者の団体による「敷地」についての管理から外れるものと考えたものと思われる（鎌野・序説（2・完）239）。

(2) 2002年改正法による再建建物の敷地

本項で定める新たに建築する建物（以下「再建建物」という）の敷地は、次のいずれかでなければならない。

① 現在の建物の敷地（「当該建物の敷地」）。

「当該『建物の敷地』」とは、「建物が所在する土地」および「第5条第1項の規定により建物の敷地とされた土地」をいう（2条5項）。

② 現在の建物の敷地の一部の土地（「その一部の土地」）。たとえば現在の建物の敷地の一部を売却し、残った敷地に再建建物を建築するような場合がこれに当たる。

なお、敷地の一部の売却を建替え決議の前にする場合には、敷地共有者である区分所有者全員の同意を必要とするが、（たとえば、建替え決議の前に、建替え決議の成立を停止条件として買主との間で売買契約を締結しておいて）建替え決議に当たり決議後に敷地の一部を売却することを含めて多数決による決議（5分の4以上の特別多数決議）をすることは可能であると解される。売却がなされる一部の敷地の売却代金は、従前の各区分所有者に敷地の共有持分に応じて帰属するが、建替え決議に賛成せず建替えに参加しない各区分所有者に帰属すべき代金相当額に

ついては、売渡請求の「時価」に算入し得るものと考えることができる。

③　現在の建物の敷地の全部を含む土地（「当該建物の敷地の全部……を含む土地」）。現在の建物の敷地の周囲の土地を購入または借用して敷地を拡張し、その拡張された敷地に再建建物を建築する場合がこれに当たる。

なお、新たな土地の購入または借用を建替え決議の前にする場合には、区分所有者全員の同意を必要とするが、たとえば、建替え決議の前に、建替え決議の成立を停止条件として売主または借地権設定者との間で売買契約または賃貸借契約等を締結し、建替え決議に当たり決議後に新たに土地を購入または借用することを含めて多数決による決議（5分の4以上の特別多数決議）をすることは可能であると解される。新たな土地の購入または借用の費用は、建替えに参加する者が負担する。

④　現在の建物の敷地の一部を含む土地（「当該建物の敷地の……一部を含む土地」）。現在の建物の敷地に隣接する土地を購入または借用して敷地を拡張し、その拡張された敷地に再建建物を建築する場合がこれに当たる。

以上の①〜④を簡潔に述べれば、再建建物の敷地となり得る土地は、現在の建物の敷地（①）か、または、現在の建物の敷地と一部または全部が重なる土地（②〜④）である。

なお、現在1棟である建物を新たな2棟の建物に建て替えることは可能である。また、現在、敷地を共有している2棟の建物を1棟の建物に建て替えることも可能である（ただし、69条および70条参照）。

(3)　2002年改正法による敷地の同一性の緩和

2002年改正法が敷地の同一性を緩和したことについて、法務省立法担当者は次のように述べる。「敷地の同一性の要件については、敷地に余裕がある場合には、建替えに要する費用を捻出するために敷地の一部を売却することも考えられるし、建築規制の変更等に伴い同じ敷地に現在と同一規模の建物の建築が不可能（いわゆる既存不適格）であったり、さらには、規模の大きな建物に建て替えたりするために、敷地の買増しが必要な場合も考えられるところであり、現在の建物と全く同じ敷地に新たに建物を建築しなければならないとすると、建替えにおける計画の自由度を制約し、区分所有者が希望する建替えが実施できないという指摘があった」。「そこで、建替え決議により新たに建築する建物の敷地は、現在の建物の敷地と同一である必要はなく、それと一部でも重なっている土地であればよい

ものとして、敷地の同一性の要件を緩和することにし」た（吉田ほか・概要㊦36。なお、吉田・一問一答72）。本法が建替えを多数決によって認めている以上、実質的に再建建物のあり方に密接に関わる所在場所（敷地）についても、多数決によって決定できるものと考えるべきである。言い換えれば、1983年改正法は、《建物の更新》（建替え）とは異なり、《土地の更新》については民法の共有の規定（251条）に依拠して全員一致の原則を採用していたが、《建物の更新》（建替え）に伴う《土地の更新》については別に考えるべきで、そうしないと、再建建物の相当性が土地（敷地）によって不当に制約されることになる（鎌野・序説（2・完）243）。このような意味で2002年改正法による上記の改正は評価できよう。

(4) 現在の建物の敷地と重ならない敷地での再建

前述（(2)④）のように、現在の建物の敷地の一部を含む土地、すなわち、現在の建物の敷地に隣接する土地を購入または借用して敷地を拡張し、その拡張された敷地に再建建物を建築することはできるが、現在の建物の敷地とまったく重ならない土地を新たに取得して、ここに再建建物を建築することは認められない。

このように2002年改正法が敷地の同一性を緩和したにとどまり撤廃までに至らなかったことについて、法務省立法担当者は次のように説明する。「なお、現在の建物の敷地との重なりを要件とせず、新たな建物を建てる場所を自由に定めることができるとすると、例えば、現在の建物の所在地から遠く離れた場所に新たな建物を建て替えることも可能になってしまい、一般的な建替えの概念とかけ離れてしまうこと、その場合には、同一の場所での建物の所有や使用の継続を希望する区分所有者の利益を不当に損なう恐れがあること、反対者の権利を買い取った上で現在の建物を取り壊すことを内容とする建替え決議の制度の枠組みをそのまま妥当させる合理性があるか、なお慎重な検討を要すると考えられること等から、敷地の同一性の要件については緩和するにとどめることにし、既存の建物の敷地と離れた土地のみを新たな建物の敷地とする建替えまでは認めないことにしたものである」（吉田ほか・概要㊦36、吉田・一問一答73）。このように、2002年改正法は、3条でいう団体的規制に服するのは《建物の更新》（建替え）までであり、《土地の更新》にはこの規制は及ばないとする1983年改正法の立場を基本的には維持したものといえる。

なお、新たに取得する土地は、一般的には現在の敷地と地続きの土地であるが、敷地として一体的な利用が想定される土地であれば、通路や水路等で隔てられた

土地であっても、これを新しい建物の敷地に取り込むことは認められてよいであろう（吉田・一問一答72）。

新たに建築する建物は、取り壊される建物の敷地と一部または全部が重なる敷地に建築されなければならない。A地上の建物を取り壊し更地として売却した代金でB地を取得し、その上に新規の建物を建築することを目的とする場合は、建替えに当たらない（なお、土地区画整理事業によって換地が定められる場合には、従前の土地と換地とは同一とみなされるので、換地上で建替えを行うこととなる）。

これに対して、A地に建物を再建するとして建替え決議を行い、売渡請求によって反対者を排除した後A地を売却してB地に建築した場合には、反対者はA地を取得した第三者に対して自己の権利を主張することができるかが問題となろう。結論的には、建替え決議が詐欺による場合を除いて、否定的に解すべきである。この問題については、63条の注釈〔12〕(5)を参照。

〔6〕 **使用目的の無制約性**

建替え決議により新たに建物を建築する場合の再建建物の使用目的については、特に制約はない。1983年改正法では、その建物は、現在の建物と「主たる使用目的を同一とする建物」でなければならないとされていた（使用目的の同一性）。2002年改正法は、このような使用目的の同一性を撤廃した。法務省立法担当者は、この点について次のように説明する。「使用目的の同一性については、どのような場合であれば、『主たる使用目的』が同一であると言えるか必ずしも明確でなく、その解釈をめぐって紛争が生ずる可能性があるし、周囲の土地の利用状況等によっては従前と異なる使用目的の建物に建て替えること、例えば、居住用のマンションを商業ビルに建て替える方が合理的であり、それを多くの区分所有者が希望する場合も考えられ、やはり建替えの実施を阻害する要因になっているのではないかという指摘があった」。そこで、「新たに建築する建物の使用目的は既存の建物の使用目的と異なってもよいことにして、使用目的の同一性の要件を廃止することにしたのである」（吉田ほか・概要(下)36、吉田・一問一答74）。

再建建物の使用目的については制約がないので、居住用のマンションを商業ビル（または両者の複合型マンション）に建て替える旨の決議や、逆に、商業ビルを居住用のマンション（または両者の複合型マンション）に建て替える旨の決議が可能となった。なお、建替え決議においては、再建建物の設計の概要および再建建物の区分所有権の帰属に関する事項を定めなければならないことから（本条2項

1号・4号)、そこにおいては、再建建物の使用目的がある程度具体的に示される必要がある。また、再建建物の使用目的は、区分所有者が建替えの賛否を判断するための重要な要素であると考えられることからも、建替え決議においてある程度具体的に示される必要がある。

〔7〕 **建替え決議の要素および効果**
(1) 建替え決議の要素

建替え決議の要素は、「建物を取り壊し、かつ、当該建物の敷地若しくはその一部の土地又は当該建物の全部若しくは一部を含む土地に新たに建物を建築する旨」である。この決議においては敷地を特定し、かつ、本条2項の事項も定めなければならない。

(2) 建替え決議の効果

建替え決議の効果は、当該建物の区分所有者およびその承継人に及び、第三者には及ばない。

建替え決議の法律上の効果は、①売渡請求権の成立 (63条)、②建替え賛成者間での合意の擬制 (64条) の2つであって、それ以外ではない (濱崎・解説395)。

すなわち、建替え決議は、区分所有者の団体がその集会において直接に建替えを決定しそれを全員に強制する決議ではなく、期限付きの売渡請求権の成立という法律状況を作り出すための決議である。売渡請求権が期限内に行使されて反対者が存在しなくなったときに初めて建替えの合意が成立したものとみなされ、この合意が以後合意当事者と擬制された建替え賛成者を拘束することになる。建替え決議も集会の決議であるから区分所有者の団体としての意思決定であることに変わりないが、その直接の効果は上記のように限定されている。

建替え決議がなされた場合には、区分所有者と次の者との関係が問題となる。

(ア) 専有部分の賃借人との関係

専有部分の賃借人との関係では、建替え決議が賃貸借の更新拒絶または解約申入れの正当事由の要素として考慮される (借家法1条ノ2、借地借家法28条)。

(イ) 敷地の賃貸人との関係

敷地の賃貸人との関係では、建替えが借地条件の変更に当たる場合または無断改築禁止の特約がある場合に借地借家法17条の適用の余地があるほか、建物の取壊しによって借地権の法定更新が問題となる (借地借家7条、借地7条。任意の取壊しに同条の適用があることについては、最判昭38・5・21民集17-4-545)。旧借地法

§62〔7〕

適用下の借地である場合には、従前の例（借地法7条）により、賃貸人が遅滞なく異議を述べないときは、借地権は取壊しの日から30年存続する（堅固建物の場合）。また、借地借家法7条が適用される場合には、その建物を築造するについて借地権設定者の承諾があるときに限り、借地権は、承諾のあった日または建物が築造された日のいずれか早い日から20年存続する（借地借家法7条1項本文）。借地契約の更新後の建替えについては、借地借家法18条の適用を受ける。なお、敷地利用権が定期借地権である場合には、建替えによる存続期間の延長はない（借地借家法22条）。

　(ウ)　専有部分上の抵当権者との関係

　専有部分上の抵当権者との関係では、①取壊しに対する差止請求等物権的請求権の成否、②増担保請求の可否、③再建建物において取得する専有部分への物上代位の成否などが問題となる。理論上差止請求を排除することはできず、したがって実務上は増担保の提供によってそれを回避することが必要となる。建替えに参加する区分所有者については、建替え決議の内容として再建建物の区分所有権の帰属が定められている以上、抵当物件と再建建物において取得する専有部分との牽連関係は明確であり、したがって、それへの物上代位を認めてしかるべきである。建替えに参加しない区分所有者についても、売渡請求権者に対する代金債権への物上代位が認められるべきである。

　なお、建替え決議が成立しても、建物を取り壊して新たな建物を再建するためには、以上の(ア)(イ)(ウ)の点が問題となり建替え事業を円滑に実施する上で阻害要因となる。そこでこれらの点について一定の措置を講ずることなどにより建替え事業を円滑に実施させることを目的として、「マンションの建替えの円滑化等に関する法律」（平成14年法律第78号）が2002年6月に制定された（同月19日公布、同年12月18日施行。なお、2014年の改正で「マンションの建替え等の円滑化に関する法律」と改称）。同法の概要および建替え決議との関係については、本書683頁以下参照。

　(3)　建替え決議の無効

　集会において形式的に建替え決議がなされても、本条1項の議決要件（前記〔3〕参照）を欠く決議、まったく別の敷地上に建物を建築する旨の決議（前記〔6〕参照）および本条2項で掲げる4つの事項のいずれかの定めを欠く決議（後記〔8〕参照）は、いずれも無効である。また、本条3項～7項に違反する決議も同様と解される（後記〔13〕(2)参照）。

第1章　建物の区分所有　第8節　復旧及び建替え

　これらの無効な建替え決議は、63条に基づく売渡請求権等を発生させない（売渡請求権が行使されても、その効力を生じない）し、64条に規定するみなし合意の効力も生じさせない。その無効は、売渡請求権が行使された場合または売渡請求後の専有部分明渡請求の訴えがなされた場合にその効力を争う前提問題として主張することもできるが、建替え決議の無効確認の訴えを提起することもできると解される（濱崎・解説392）。なお、1983年改正法の「試案」（第八・一・1・注(3)）では、建替え決議を裁判所の事前の判断に服せしめるという考えも注記されていたが、「改正要綱」には取り入れられずに終わった。

〔8〕　**建替え計画の概要**

　建替え決議においては、本条2項1号から4号までの建替え計画の概要を定めなければならない。すなわち、「建物を取り壊し、かつ、当該建物の敷地若しくはその一部の土地又は当該建物の敷地の全部若しくは一部を含む土地に新たに建物を建築する旨の決議」（本条1項）をするに当たっては、それだけにとどまらず、この点についても建替え決議の内容としなければならない。1983年改正法の法務省立法担当者は、「その趣旨の第1は、区分所有者が賛否の意思決定をするには、その概要が示される必要があることである。その2は、この決議が単なる建物の取壊しの手段として利用されることがないようにすることにある。すなわち、建替え決議が成立した以上は、決議において定められた概要について建替え参加者の合意を擬制する（64条）ことにより、建物の再建の実現を確保することが相当であると考えられたのである」と説明している（濱崎・解説389）。建替えの決定と新築建物についての決定とは必要な合意当事者の範囲が異なるなど本来別個の問題であるが、建替えの決定において新築建物についての定めを併せて行うものとしたのは、新築建物について後に合意が成立しないために建替えの決定自体が無意味となるおそれがあるからである。合意の擬制（64条）は、これを避けるための制度である。

　建替え決議に当たって、本項1号から4号までのいずれかを欠く場合には、決議は無効である（前記〔7〕(3)参照）。

〔9〕　**再建建物の設計の概要**

　建替え決議の内容において、再建建物について具体的にその設計の概要を示すことが必要である。その具体性の程度は、建築費用の算定（本条2項2号）および区分所有権の帰属に関する事項の決定（同項4号）が可能な程度であることが

必要である。1983年改正法の法務省立法担当者は、「建物の全体についてのみならず、どのような専有部分に区分するかについても定める必要がある。一棟の建物全体の用途、構造、材料、階数、建築面積、延べ床面積、各階ごとの床面積等を定め、各専有部分ごとにその用途、配置、構造、床面積等を定めるべきである」と説明する（濱崎・解説389）。なお、再建建物の使用目的を定める必要があることについては前記〔6〕を参照。

　本号に関する裁判例として、再建建物の敷地が現在の敷地面積を大幅に越えるにもかかわらず、敷地の特定等がなされていない建替え決議は、本号の要件を満たさず無効であるとしたものがある（東京高判平19・9・12判タ1268-186〔第一審東京地判平19・1・24判時1984-46・判タ1268-188〕）。

〔10〕　**建替え費用の概算額**

　建物の取壊しおよび再建建物の建築に要する費用の概算額は、各区分所有者がその費用を分担（本条2項3号）するための前提となる。実際の費用の算定においては、建物の取壊し費用と再建建物の建築費用とが別個になされるであろうが、建替え決議においては、必ずしも両者を区分して定める必要はない。建替え決議の時点での見積額の総額（ある程度幅のある定め方をすることも許される）が示されれば足りる。現実に要する費用が、やむを得ない事情の変更によって決議で定めた概算額を超えることになっても、これにより決議の拘束力（64条参照）が失われることにはならない（濱崎・解説390）。

〔11〕　**建替え費用の分担に関する事項**

　建替え費用の概算額（本条2項2号）が示されただけでは、各区分所有者が自分がどれだけ費用を分担することになるのかは必ずしも明らかではなく、建替え決議の賛否を決定しかねることにもなる。そこで、建替えの結果、新築建物について区分所有者となる者（すなわち、64条に規定する賛成区分所有者、参加の回答をした区分所有者および買受指定者として区分所有権等を買い受けた者ならびにこれらの者の承継人）が、建替えの費用をどのように分担するかに関する事項を定める必要がある。分担額そのものを示す必要はないが、費用分担の方法または基準について建替え決議後にあらためて参加者間で合意しなくてもよいように、あらかじめ明示されなければならない。費用分担の方法または基準は、分担額が再建建物において取得すべき専有部分に比例し、かつ、現存建物および敷地について有する権利の価格を考慮して定められることになる。なお、本条3項（後記〔13〕）参照。

第1章　建物の区分所有　第8節　復旧及び建替え

〔12〕　再建建物の区分所有権の帰属に関する事項

　再建建物の設計の概要（本条2項1号）において示される各専有部分が誰に帰属することになるか、帰属の結果その対価をどのように清算することになるかについて、その決定の仕方または基準を定めなければならない。

（1）　専有部分の配分方法

　再建建物の各専有部分を誰が取得するかを決定する方法としては、たとえば、希望により決定することとし、希望が競合したときは抽選によるとする方法が考えられる（濱崎・解説390）。また、再建建物の各専有部分の帰属は、基本的に既存の専有部分の状態（面積、階数、配置など）に対応するという方法も考えられる。いずれの方法によるにしろ、各区分所有者の衡平を害しないように定めなければならない（本条3項）。

　余剰の専有部分が生じる場合には、他に売却（分譲）するものと定めることになろうが、その分を原始的に誰が取得することになるのか（全員で共有するのか、特定の参加者または第三者が原始取得するものとするのか）を定めておくことが必要である（濱崎・解説390）。

（2）　清　算

　再建建物の各専有部分が帰属の決定に従って区分所有者に取得される場合に、建替え費用の分担（本条2項3号）との関係で清算をどのようにするべきか、についても定めておく必要がある。また、専有部分が他に売却された場合の代金の分配方法についても、定めることになろう（濱崎・解説390）。

（3）　建替え費用の分担との関係

　建替え費用の分担（本条2項3号）と再建建物の区分所有権の帰属（同項4号）に伴う代価の清算とは密接に関連する。1983年改正法の法務省立法担当者は、「必ずしも各別にこれを定めることを要するものではなく、結果的にそれが定まることとなるように、適宜の定めをすることができる。例えば、現存建物の区分所有権の評価額と再建建物のそれとを定め、再建建物の専有部分を取得する者はその差額を出捐し、これを取得しない者は現存建物の評価額に相当する金銭を受けるものとするとともに、余剰分を売却するまでの資金計画とこれについての各参加者の負担及び売却代価の分配の割合（通常は、現存建物の区分所有権の価額の割合によることになろう）を定める、といった方法が考えられる」（濱崎・解説391）と述べる。

(4) 敷地利用権の割合の変更

　建替えに伴い、各専有部分に対応する敷地利用権の割合の変更（敷地利用権の一部移転）を必要とする場合が多いであろうが、敷地利用権の帰属については、建替え決議の際に明示されることは要求されていない。その理由について、1983年改正法の法務省立法担当者は、「法律的には、敷地利用権の再配分は建替えのため必要不可欠なこととはいえないため、多数決処理に親しまないと考えられたからである」と説明し、さらに、敷地利用権の再配分について、「その処理は、決議とは別に参加者間の合意によってする必要がある。そこで、決議はその処理を含まない形でするとともに、集会の決議に接着した時期に、別にその処理をも織り込んだ内容の合意を参加者間で形成するといった工夫が要請されることになる。もっとも、建替え決議が、敷地利用権の再配分をも織り込んでされたとしても、その内容において衡平を害しないものであり（本条3項参照）、かつ、〔本条2項1号ないし4号〕の事項を定めるべきとの要請が満たされる限り、建替え決議としての効力が左右されることはないし、また、その再配分に関する決議部分は、決議賛成者間の合意としての効力を有する（決議後に参加する者との間では、その参加の時に合意が形成される）ものと解することが可能であろう」と述べる（濱崎・解説392）。

　このように、法務省立法担当者も建替え決議と敷地利用権のあり方とが密接な関係にあることを認めているが、専有部分の帰属の決定が敷地利用権の変更を必要とする場合には、建替えの決議においてそれを定めるべきものと解すべきである。

〔13〕 **衡平の確保**

　本条2項3号（建替え費用の分担に関する事項）および4号（再建建物の区分所有権の帰属に関する事項）については、各区分所有者の衡平を害しないように定めなければならない。

　いかなる定めが各区分所有者の衡平を害するものとなるかについては、個別的に判断するほかはない。特別の事情がない限り、再建建物において取得すべき専有部分の床面積は現存建物において当該区分所有者が有する専有部分のそれに比例する方向で、また建替え費用の分担は再建建物において取得すべき専有部分の床面積の比率に従う方向で定めることが一般的に衡平に適うが、それに加えて、具体的な費用分担額、専有部分の床面積、その位置等の特定について各区分所有者の事情を考慮して合意すべき旨を定めることも必要であろう。

第1章　建物の区分所有　第8節　復旧及び建替え

(1) 効力規定か訓示規定か

　本条3項が効力規定か訓示規定かが問題となる。1983年改正法の法務省立法担当者は、本条2項3号または4号に関する定めが衡平を害するものであるときは決議の無効を招来すると解すべきであるとして本項を効力規定とする（濱崎・解説392、高柳・改正188）。学説は、「衡平」を特別多数決議といった手続によってのみ担保することは妥当ではないとして、これを支持する見解もある（荒川・建替え291）が、他方、本項違反を決議の無効原因と見るときは、不利益な扱いを受けた者が、計画の変更を求め得るのか、損害賠償を請求し得るのか、また、その請求を決議に賛成した者全員を相手にすべきか、管理者を相手にすべきか、などの点につき本項違反の法的サンクションが明らかでないために、無用の紛争を惹起するおそれがあり、したがって、本項は訓示規定でしかなく、そうだとすれば本項は有害無益であると説く見解もある（石田・建替え33）。

(2) 決議自体が無効となる場合

　本条2項3号または4号に関する事項につき少数の区分所有者にとって客観的に不利益となる定めがなされた状態でも5分の4以上の賛成を得れば建替え決議が有効であるとするならば、少数の区分所有者は、事実上、建替えに参加する機会を奪われ（このような決議には反対せざるを得ない）、区分所有権を喪失することになりかねない。このような場合には、決議そのものを無効と見るべきであろう。また、たとえば、建替え決議には賛成したが、決議の定めに従うと、個別の区分所有者につき建替え費用として負担する額が取壊しによって失う権利の価額と再建建物について得る権利のそれとの差額と均衡しない場合に、その者が費用負担額の修正を求める権利を有することは否定されるべきではなく、建替え決議をもって抗弁とすることは認められるべきではない。以上の意味で、本条3項は効力規定と解すべきである（稲本＝鎌野・基本コンメ122の記述を多少修正して以上のように考える）。

〔14〕　建替え決議を目的とする集会の招集手続

　「第1項に規定する決議事項を会議の目的とする集会」とは、建替え決議を会議の目的とする集会である。建替え決議を会議の目的とする集会を招集する場合には、他の事項を会議の目的とする集会の招集手続とは異なり、本条4項から7項までに規定する手続を経なければならない。

(1) 手続の概要

建替え決議を会議の目的とする集会の手続の概要を示すと、次のようになる。次の手続のいずれかがなされない場合には、たとえ本条1項の特別多数決によって建替え決議が成立しても、その決議は無効である。

① 当該集会の会日（開催日）の2カ月以上前に、集会の招集通知を発する（本条4項）。

② 集会の招集通知をするときには、その議案の要領（35条5項）のほかに、(ア)建替えを必要とする理由、(イ)建物の効用の維持または回復をするのに要する費用の額およびその内訳、(ウ)建物の修繕計画が定められているときは、その計画の内容、および(エ)修繕積立金として積み立てられている金額をも通知しなければならない（本条5項1号～4号）。

③ 当該集会の会日より1カ月以上前に、②の通知事項に関する説明会を開催する（本条6項・7項）。

マンション標準管理規約（単棟型）は、以上の①～③について、43条1項括弧書・4項～6項で確認的に定めている。

(2) 2002改正法による新設の趣旨

本条4項から7項までの建替え決議の手続に関する規定は、2002年改正法によって新設されたものである（前記〔2〕(3)参照）。これらの規定を新設した趣旨について法務省立法担当者は、次のように述べる。「今回の改正では、建替え決議の要件を区分所有者および議決権の各5分の4以上の特別多数決のみとし、建替えをすべきか否かの判断を区分所有者の自治に委ねることにしているが、区分所有建物の建替えは、多額の費用負担を伴い、反対者にとっては区分所有建物の売却が強制される場合がある（法63条4項）など、きわめて重大な効果を生じさせるものであることにかんがみれば、区分所有者の自治が有効に機能し、合理的な判断がされることを担保するための措置を講ずるのが相当であると考えられる。そこで、建替え決議の要件の合理化と併せて、建替え決議の手続を整備し、区分所有者に対する手続保障を充実することにしたものである」（吉田ほか・概要(下)37、吉田・一問一答76）。

〔15〕 **建替え集会の招集通知の発信時期**

建替え決議を会議の目的とする集会を招集するときの通知は、当該集会の会日（開催日）より少なくとも2カ月前に発しなければならない（本条4項本文）。ただ

し、この期間は、規約で伸長することができる（同項ただし書）。

(1) 2カ月以上前の通知の発信

35条1項本文は、「集会の招集の通知は、会日より少なくとも1週間前に、会議の目的たる事項を示して、各区分所有者に発しなければならない」と規定する。これに対して、建替え決議を会議の目的とする集会においては、集会の招集通知は、同規定で定める「会日より少なくとも1週間前」ではなくて、「会日より少なくとも2月前」に発しなければならない。本条4項は、2002改正法によって新設されたものであるが、同改正法がこのように会日（開催日）の2カ月以上前に繰り上げることにした理由について、法務省立法担当者は、「建替えというきわめて重大な事項について、1週間という短い期間でその適否を判断して賛否を決するのは困難であり、そうした判断をするのに必要な相当程度の期間を保障しておく必要がある」と考えたためであると説明する（吉田ほか・概要(下)37）。

建替え決議を会議の目的とする集会の招集の通知を「会日より少なくとも2月前」に発しなかった場合には、当該集会の決議は無効となる。もっとも、この場合でも、もとより区分所有者全員の同意があるときには招集の手続を経ないで集会を開くことも可能であるので（36条）、決議の前に、区分所有者全員の同意を得て、集会が有効に開催されたことを認めた上で、特別多数による決議を成立させることは可能であると解される。

なお、建替え決議を会議の目的とする集会の招集に関するその他の点、すなわち、招集者（34条）、招集を通知すべき相手（35条1項・2項）・場所（35条3項・4項）、通知すべき事項（35条1項・5項）、招集手続の省略（36条）については、建替え決議以外の事項を会議の目的とする集会の場合と異なるところはない（上記の各条項の注釈を参照）。

(2) 規約による伸長

集会の招集通知の発信から会日までの期間は、建替え決議以外の事項を会議の目的とする集会の招集の場合には、「規約で伸縮することができる」（35条1項ただし書）ものとされている。しかし、建替え決議を会議の目的とする集会の招集の場合には、「規約で伸長すること」のみが認められる。2002年改正法がこのように定めたのは、通知の発送時期について2カ月以上前という特則を置いた趣旨（上記(1)で示した法務省立法担当者の説明参照）から、これを規約で短縮することは認めるべきではないと考えたからである。

したがって、集会の招集通知の発送時期に関して、規約で、すべての集会について5日（または1カ月）前までに通知を発すると定めたときには、当該規約は、建替え決議以外の事項を会議の目的とする集会の招集については有効であるが、建替え決議を会議の目的とする集会の招集については無効である。

〔16〕 **通知事項**

35条1項（本文）は、「集会の招集の通知は、会日より少なくとも1週間前に、会議の目的たる事項を示して、各区分所有者に発しなければならない」と規定し、同条5項は、「第1項の通知をする場合において、会議の目的たる事項が……第62条第1項……に規定する決議事項であるときは、その議案の要領をも通知しなければならない」と規定する。すなわち、62条1項に規定する決議事項である建替え決議においては、集会の招集の通知として、会議の目的たる事項（たとえば「建替えについて」）だけでは足りず、議案の要領（建替え決議の内容〔62条2項に定める事項を含む〕についての議案の要約）をも示さなければならない。本項は、さらに、これに加えて「次の事項をも通知しなければならない」として、1号から4号までの4つの事項を通知しなければならないとした。

(1) 建替えの賛否を判断するための情報の提供

議案の要領の中で示される62条2項に定める事項（新たに建築する建物の設計の概要、建物の取壊しおよび再建のための費用の概算額とその分担、再建建物の区分所有権の帰属）は、建替えを実施した場合に関する情報であるが、本項で定められている通知事項は、建替えを必要とする理由（1号）のほかは建替えを実施せず建物を維持した場合に関する情報（2号～4号）である。区分所有者は、本項で定められている事項に関する通知を受けることで、より広範な見地から建替えの是非についての判断をすることができる。

(2) 2002年改正法による新設の趣旨

本条5項は、2002年改正法によって新設された規定である。同改正によって、本項に定める事項についても通知を義務づけたことについて、法務省立法担当者は、次のように説明する。「建替えを実施した場合に関する情報については、議案の要領の通知が要求されていることによって、現行法上も区分所有者に対して事前に相当程度通知されることが保障されているということができる。しかしながら、区分所有者が建替えをすべきか否かを判断する場合に必要な情報はこれらの事項に限られるものではなく、その判断の合理性を担保するためには、建替え

第1章　建物の区分所有　第8節　復旧及び建替え

に関する広範な情報を提供することが必要であると考えられる。とくに、区分所有者は、現在の建物を維持することと、これを取り壊して新たな建物に建て替えることとの利害得失を比較して、建替えに賛成するか否かの最終的な決断を下すのが通常であり、建替えを実施せず建物を維持した場合に関する情報についても、区分所有者に対して事前に提供することが必要であると考えられる。そこで、改正法では、建替えをすべきか否かを判断するために必要と考えられる事項として」、議案の要領に加えて、本項に定める事項についても集会の招集通知をする際に通知しなければならないこととした（吉田ほか・概要(下)37）。

〔17〕　**建替えを必要とする理由**

集会の招集者が建替え決議を会議の目的とする集会の招集の通知をする際には、「建替えを必要とする理由」を通知しなければならない。この点に関し、法務省立法担当者は、「建替えについて5分の4以上という圧倒的多数の賛成を得るためには、一般的には、建替えの必要性・合理性が存することが必要であり、その点を明らかにした上で全区分所有者に対して建替えを提案すべきものと考えられるので、この点を通知事項に掲げているものである」（吉田ほか・概要(下)37〜38）と述べる。すなわち、建替えを必要とする理由としては、建物の老朽、損傷、一部の滅失その他の事由が考えられるが、集会の招集者が、建替えを提案するに当たって、建替えが必要であると考えた理由をまずは明示する必要があるとしたのである。

「建替えを必要とする理由」の記載としては、単に「建物の老朽化のため」、「建物の損傷および一部の滅失のため」、「購入時の建築上の瑕疵のため」「耐震基準を満たしていないため」「居室の面積拡大」「敷地の有効利用（いわゆる効用増）のため」（敷地の有効利用については、前記〔2〕(7)参照）等の抽象的なものでは足りず、できる限り具体的な事実に基づいて、建替えを必要とする理由を示す必要があると解される（吉田ほか・概要(下)38参照）。たとえば、老朽化を理由とする場合には、建物の築後の年数だけではなく、建物のどの部分にどの程度の老朽化が見られるかなどについて、その場所を特定しその程度を具体的に示す必要があろう。なお、たとえば、「建物の老朽化、ならびに、建物の損傷および一部の滅失のため」として、複数の理由を挙げることもできる。

2002年改正法により建替えのための費用の過分性の要件は削除されたため（前記〔2〕(4)参照）、招集者によって本号を含む本項に掲げられた4つの事項に関し通

知された内容が、建替えの合理性を客観的に担保するかどうかは直接には問題とされず、招集者は本項の通知においてこの点を示す必要はない。その判断は、区分所有者に委ねられる。

なお、2002年改正法の前の費用の過分性の要件のもとでは、建物の効用の物理的減退の程度を測るための重要な基準であった《現在の建物の価格》については、本号の「建替えを必要とする理由」の記載に当たっては、必ずしも示す必要はない。

〔18〕 **建物の効用の維持・回復費用**

建替え決議に当たって、多くの区分所有者は、建替えをした場合と、建替えをしないで建物の効用を維持していく場合との利害得失を比較して判断を下すものと思われる。そこで、その判断を的確になすためには、建替えを実施した場合に関する情報（本条2項、35条5項）だけではなく、建替えを実施せず建物の効用を維持した場合に関する情報が必要となる。本号は、この場合に必要となる修繕等に要する費用の額とその内訳について通知することを集会の招集者に対し義務づけたものである。

(1) 建物の効用の維持・回復のための費用の額および内訳

本号により通知すべき事項とされているのは、「当該建物の効用の維持又は回復（建物が通常有すべき効用の確保を含む。）をするのに要する費用の額及びその内訳」である。建物の効用の維持・回復のために必要な費用は、建物の性質や使用目的等に応じて差異がある。たとえば、同じ程度の老朽化が進行している場合に、いわゆるインテリジェントビルや高級マンションにおいて必要とされるそのための費用と、一般の商業ビルやマンションにおいて必要とされるそのための費用とは、その程度が異なり得る。集会の招集者は当該建物について上記の点を踏まえて、その費用の額を算出し、その内訳を通知することになる。当該建物において、規約または集会の決議によって、いわゆる長期修繕計画が定められている場合には、基本的に、その計画に沿った修繕を実施したときに要する費用の額およびその内訳を示すことになる。

(2) 建物が通常有すべき効用の確保のための費用

本号により通知すべき建物の維持・回復のための費用には、「建物が通常有すべき効用の確保」のための費用を含む。集会の招集者は、この点の費用の額および内訳をも通知しなければならない。この点について、法務省立法担当者は、「一般的な社会通念に従い当然に要求される居住水準を充たすためには、厳密な

第1章　建物の区分所有　第8節　復旧及び建替え

意味での現状維持にとどまらず、例えば、中層程度の建物でエレベータを設置することや現在の法令に沿った耐震工事を実施することなど積極的に価値を増進させるような改修を行う場合もある。『建物が通常有すべき効用の確保を含む』とあるのは、こうした改修を必要とする場合には、その費用の額とその内訳を通知することにして、建替えを実施した場合との比較対照の資料とできるようにすべきことを明らかにしたものである」と説明する（吉田ほか・概要(下)38）。上記の例を用いれば、当該建物について現実にエレベータを設置すべきか否かではなく、まず、「建物が通常有すべき効用の確保」の観点から当該建物にとってエレベータの設置が必要か否かを判断し、もし必要であると判断をした場合には、その旨および設置に必要な費用の額を通知することになる。ここで重要なことは、一方では、区分所有者が建替えを実施した場合と実施しない場合との比較対照の資料とできるように、「建物が通常有すべき効用の確保」に関わる費用についてはできる限り盛り込むことが必要であるが、他方では、この点に関しては、建替えが認められるか否かを判断する客観的資料ではなく、区分所有者が判断するに当たって参照すべき資料であるから（区分所有者によっては当該建物ではエレベータの設置は不要と判断することもあろう。その判断は最終的に各区分所有者に委ねられる）、費用の額等について、たとえば見積書を添えて計算の根拠を示せば足りるであろう（後日、説明会の後などに、この点に関する資料の追加・修正は許されるものと解される）。

　以上のことから、「建物が通常有すべき効用の確保」のための費用も含めて、本号の「費用の額及びその内訳」については、できるだけ具体的に記載される必要がある。

〔19〕　**建物の修繕計画の内容**

　建物の修繕に関する計画が定められているときは、当該計画の内容を通知しなければならない。当該計画が定められていないときには、その必要はない。ただし、そのことを区分所有者に認識させるために、計画が定められていない旨が通知されることが望ましい。本号が設けられた趣旨は、区分所有者が建替えの是非を判断する際には、現に定められている修繕計画をも参考にしてその決定を行うものと考えられるので、この情報の提供を集会の招集者に義務づけたものである。

　本号での「建物の修繕に関する計画が定められているとき」とは、建物の修繕に関する計画（当面の計画および長期の計画を含む）が集会の決議または規約によ

って定められていることが必要であると解するべきである。たとえば、区分所有者の団体（管理組合）の理事会において修繕計画案を定めているだけでは、これに該当しないと解される。

なお、修繕計画が集会決議または規約によって定められている場合に、建替え決議が本条の手続に従って成立したときは、当該修繕計画は当然に失効するものと考える。これとは別にその失効のための集会決議または当該規約の廃止手続は必要ない。

〔20〕 **修繕積立金の額**

建物につき修繕積立金として積み立てられている金額があるときは、集会の招集者は、それについて通知しなければならない。これがないときには、通知の必要はない。ただ、そのことを区分所有者に認識させるために、修繕積立金（またはその残額）がない旨が通知されることが望ましい。本号が設けられた趣旨は、区分所有者が建替えの是非を判断する際には、現に積み立てられている金額をも参考にしてその決定を行うものと考えられるので（たとえば、本項2号の通知事項と考え併せて、現存する修繕積立金によって当該建物の効用の維持・回復ができるかどうかによって、建替えの是非を判断する）、この情報の提供を集会の招集者に義務づけたものであると考えられる。

〔21〕 **説明会の開催**

建替え決議を会議の目的とする集会を招集した者は、当該集会の会日（開催日）より少なくとも1カ月前までに、説明会を開催しなければならない。

(1) 趣　旨

本条6項は、2002年改正法で新設された規定である。本項により、建替え決議の前に説明会の開催を義務づけたことについて、法務省立法担当者は、次のように説明する。「現行法に明文の規定はないが、集会に出席した区分所有者が議案について説明を求めた場合には、会議体の一般原則から、集会の招集者は合理的な範囲で説明を行わなければならないものと考える。しかし、建替え決議の内容の重大性にかんがみれば、区分所有者の判断の合理性を担保するためには、区分所有者に対して、集会の会日より相当程度前の時期に、招集者から建替えの要否を検討するために必要な事項に関する説明を受けるとともに、招集者に対する質問をすることができる機会を保障することが必要であると考えられる。そこで、改正法は、……説明会を開催することを招集者に義務づけている」（吉田ほか・概

要(下)38)。以上の説明のように、説明会は、建替え決議の成立を前提とするものではなく、建替えの要否をあらかじめ検討する機会を区分所有者に提供するためのものである。

(2) 説明会の招集者および会日

本項および次項に基づき説明会を招集し開催する者は、「第4項の集会を招集した者」、すなわち、建替え決議を会議の目的とする集会を招集した者（管理者等。34条参照）である。

説明会は、建替え決議を会議の目的とする集会の会日より少なくとも1カ月前までに開催されなければならない。すなわち、建替え決議を目的とする集会は、説明会の開催後少なくとも1カ月の期間を置いて開催されなければならない。これは、説明会から建替え決議を目的とする集会までの期間を一定程度確保することによって、各区分所有者に建替えの是非を判断するための相当な期間（熟慮期間）を与えたものと考えることができる。「少なくとも1カ月前」であるから、たとえば、説明会を建替え決議を目的とする集会の2週間前に開催することは許されないが、1カ月以上前であればいつ開催してもよい。

(3) 説明会の目的および内容

説明会の目的は、建替え決議を会議の目的とする集会の「招集の際に通知すべき事項について区分所有者に対し説明を行うため」である。「招集の際に通知すべき事項」とは、建替え決議の内容（本条2項1号〜4号に定める事項を含む）についての議案の要領および本条5項1号〜4号に定める事項である。

説明会においては、集会の招集者が区分所有者に対しこれらの通知事項について説明を行う。説明会に出席した区分所有者は、集会の招集者の行った説明について質問できるものと考えられるが、説明者が回答するために調査等が必要であるときには、説明会の会場の場で回答する必要はなく、調査等をした後に適宜の方法で回答すれば足りるものと解される。また、必要に応じて、説明を補助するために、たとえば、新たに建てる建物の設計の概要に関してその作成に関与した建築専門家等を同席させることは認められるものと解される（吉田ほか・概要(下)38)。

(4) 説明会が開催されない場合

本項および次項に基づく説明会が開催されないで、本条1項の建替え決議がなされた場合には、当該決議は無効であると解される。その場合には、説明会を経

た上で、改めて建替え決議を行う必要がある。

〔22〕 **説明会の開催の手続**

説明会の開催の手続については、集会の招集の手続の規定（35条1項〜4項、36条）が準用される。すなわち、説明会の招集者（管理者等。前記〔21〕(2)、34条参照）が、説明会の招集の通知を、その会日（開催日）より少なくとも1週間前に、会議の目的たる事項を示して、各区分所有者に発しなければならない（35条1項本文参照）。ただし、この場合において、この期間は、規約で伸長することができる（35条1項ただし書では、規約により「伸縮することができる」と定められているが、本項は、伸長のみを認める）。その他、通知をすべき相手方、通知をすべき場所等については、35条2項から4項までを参照のこと。

説明会は、区分所有者全員の同意があるときは、招集の手続を経ないで開くことができる（36条参照）。

35条5項は準用されていないことから、通知においては、前述のように会議の目的たる事項（たとえば、「建替え決議を目的とする集会に先立つ説明会」である旨）を示せば足り、説明されるべき事項の要領まで示す必要はない。なお、その通知については、当該説明会が、たとえば管理組合の理事会が作成した建替え計画案について単に説明をするための集会ではなく、本条6項に基づく、建替え決議が成立するための手続要件としての集会であることが区分所有者に理解されるようなものでなければならない。この通知が、建替え決議を目的とする集会の招集通知と共に発せられる場合には特に問題は生じないと思われるが、そうでない場合には、この点についての注意が必要である。

また、本項では42条は準用されていないことから、説明会についての記録の作成やその保管は、本法では特に要求されていない。

なお、説明会を開催せずに書面等の交付をもってこれに代えることはできない。45条に定める書面または電磁的方法による決議（1項）または区分所有者全員の書面または電磁的方法による合意（2項）は、「集会において決議すべき事項」に限られるため、この場合の説明会で説明されるべき事項には当てはまらない。

〔23〕 **議事録の記載事項**

61条6項の規定（「集会の議事録には、その決議についての各区分所有者の賛否をも記載し、又は記録しなければならない」）は、建替え決議をした集会の議事録に準用する。

第1章　建物の区分所有　第8節　復旧及び建替え

(1)　各区分所有者ごとの賛否の記載
　集会において議事録を作成すべきことは通常の場合と異ならない（42条）が、建替えの決議をした場合には、集会の議事録には一般の記載事項（同条2項）のほか、その決議についての各区分所有者ごとの賛否を記載しておかなければならない。これは、この議事録を63条に定める売渡請求権に関して請求権者とその相手方を確定するための手段とするためである。

(2)　賛否を記載しなかった場合
　議事録に決議の賛否を記載しなかった場合はどうか。決議の効力には影響を与えないが、集会の招集者が63条1項の催告をするには、それに先立って議事録の更正の手続を経ることが必要となる。賛否の記載を欠いたまま催告が行われても、同条2項の期間は進行しない。

（区分所有権等の売渡し請求等）
第63条　建替え決議があったときは、集会を招集した者は、遅滞なく、建替え決議に賛成しなかった区分所有者（その承継人を含む。）に対し、建替え決議の内容により建替えに参加するか否かを回答すべき旨を書面で催告しなければならない。
2　前項に規定する区分所有者は、同項の規定による催告を受けた日から2月以内に回答しなければならない。
3　前項の期間内に回答しなかった第1項に規定する区分所有者は、建替えに参加しない旨を回答したものとみなす。
4　第2項の期間が経過したときは、建替え決議に賛成した各区分所有者若しくは建替え決議の内容により建替えに参加する旨を回答した各区分所有者（これらの者の承継人を含む。）又はこれらの者の全員の合意により区分所有権及び敷地利用権を買い受けることができる者として指定された者（以下「買受指定者」という。）は、同項の期間の満了の日から2月以内に、建替えに参加しない旨を回答した区分所有者（その承継人を含む。）に対し、区分所有権及び敷地利用権を時価で売り渡すべきことを請求することができる。建替え決議があった後にこの区分所有者から敷地利用権のみを取得した者（その承継人を含む。）の敷地利用権についても、同様とする。

5　前項の規定による請求があった場合において、建替えに参加しない旨を回答した区分所有者が建物の明渡しによりその生活上著しい困難を生ずるおそれがあり、かつ、建替え決議の遂行に甚だしい影響を及ぼさないものと認めるべき顕著な事由があるときは、裁判所は、その者の請求により、代金の支払又は提供の日から１年を超えない範囲内において、建物の明渡しにつき相当の期限を許与することができる。[11]

6　建替え決議の日から２年以内に建物の取壊しの工事に着手しない場合には、第４項の規定により区分所有権又は敷地利用権を売り渡した者は、この期間の満了の日から６月以内に、買主が支払った代金に相当する金銭をその区分所有権又は敷地利用権を現在有する者に提供して、これらの権利を売り渡すべきことを請求することができる。ただし、建物の取壊しの工事に着手しなかったことにつき正当な理由があるときは、この限りでない。[12]

7　前項本文の規定は、同項ただし書に規定する場合において、建物の取壊しの工事の着手を妨げる理由がなくなった日から６月以内にその着手をしないときに準用する。この場合において、同項本文中「この期間の満了の日から６月以内に」とあるのは、「建物の取壊しの工事の着手を妨げる理由がなくなったことを知った日から６月又はその理由がなくなった日から２年のいずれか早い時期までに」と読み替えるものとする。[13]

〔１〕　**本条の趣旨**

本条は、建替え決議（62条）の効果として、建替えに参加する区分所有者（以下「建替え参加者」という）が建替えに参加しない区分所有者（以下「建替え不参加者」という）に対して売渡請求権を行使することができること等を定める。本条１項から３項までにおいては、売渡請求権の前提として売渡請求の当事者を確定するため、建替え参加者と建替え不参加者とを分別する手続を定めている。

(1)　建替えに賛成する区分所有者の集団

区分所有建物の建替えを区分所有者の多数決によって進める場合には、区分所有者全員によって当然に構成される従前からの団体（3条）と、建替えに賛成してそれを実施する区分所有者の集団とは一致しない。そのため、両者を切断し、その間を一定の法的手続によって整序することが必要となる。端的にいえば、①

第1章　建物の区分所有　第8節　復旧及び建替え

少数者を排除し、②そのことによって従前の団体を消滅させ、③多数者を別個の目的を有する集団に組み替えることが建替えの組織的側面である。

(2)　従前の団体との峻別

建替え決議後も、建物が取り壊されるまでは、区分所有者全員によって当然に構成される従前からの団体が存続し建物等の管理を行うが、建替えの実行は、従前からの団体が行うのではなく、それとは別個の集団が行う。この点について、「試案」の注記（第八・一・9・注(2)）においては、従前からの団体（管理組合）が、建替え決議後、再建建物が完成するまで建物の再建に関する事業を行うことを目的として存続するという構成が検討された。この構成は採用されなかったが、これについて、1983年改正法の法務省立法担当者は、「もし建替えの実行のためのこの団体の運営及びその団体と再建された建物に関する新たな3条の団体との関係に関する規定を別途に用意するとすれば、更に慎重な検討を要するとともに、法律をいたずらに複雑にするおそれがあると考えられる。そこで、そのような構成は採らないこととされたのである」（濱崎・解説395）と説明する。

(3)　試案に現われた構想

建替え決議の効果として、建替え参加者のために、建替え不参加者に対する売渡請求権が発生する。建替えの成否は、この売渡請求権の行使に全面的に依存することとなる。所定の期限内に建替え不参加者の全員に対して売渡請求をしない場合には、62条以下に定める多数決による建替えは不適法となり、もはや建替えのための手続を続けて行うことができない。「試案」（第八・一・5～7）では、建替え不参加者を離脱させる手続として、まず建替え不参加者が建替え参加者全員に対して買取請求権を行使することを認め、その行使がない場合に建替え参加者各自から建替え不参加者に対して売渡請求権を行使すべきものとしていたが、本法では買取請求を省略して売渡請求のみとした。

(4)　被災区分所有建物再建等特別措置法との関係

本条1項～3項・4項前段・6項・7項は、被災区分所有建物の再建について準用されるが、4項後段および5項は、準用されない（特別措置法4条9項参照）。

〔2〕　2カ月の再考期間

本条1項は、建替え決議の後、賛成者が反対者に対して売渡請求権を行使するに先立ち、2カ月の再考期間（本条2項）を設けて、建替え決議に賛成しなかった区分所有者にあらためて建替えに参加する機会を与えた。

(1) 催告をする者

　参加するか否かの回答を催告するのは、「集会を招集した者」(34条参照)である。管理者とせず、「集会を招集した者」としたのは、本法において、建替えの実行の主体を、区分所有者全員によって当然に構成される従前の団体(3条)ではなく、それとは別個の、建替えに賛成してそれを実施する区分所有者の集団であると構成したことによる(濱崎・解説396注(1))。「改正要綱」(第一三・3)では、管理者または理事としていたが、立案の段階でこのように改めた。

　このような立法趣旨に従えば、集会を招集する者は建替えに賛成する者ということになる。多くの場合にはこの点について齟齬はないと思われるものの、集会の招集をした後、招集者の一人が建替えに参加しないことを決めた場合には、その区分所有者の意思を尊重することになるが、そのような場合には、反対者もまた催告の手続を進める立場に立つと考えるべきである。

(2) 遅滞なき催告

　集会を招集した者は、「遅滞なく」催告しなければならない。これは、決議があった以上は建替え事業が遅延することなく進むように、建替え決議に賛成した区分所有者の利益に配慮して設けられた訓示的な文言である。

(3) 催告の相手方

　催告の相手方は、建替え決議に賛成しなかった区分所有者またはその承継人(包括承継人または特定承継人)である。建替え決議に賛成しなかった区分所有者とは、決議不参加者、集会で反対の意思表示をした区分所有者および賛成を留保した区分所有者である。建替え決議をした集会の議事録には各区分所有者の賛否が記載されている(62条8項、61条6項)ので、これによって催告の相手方を確認することができる。

〔3〕 催告に対する回答

　催告を受けた者(前記〔2〕(3)参照)は、催告を受けた日から2カ月以内に建替えに参加するか否かについて、催告をした者(集会を招集した者)に対して回答をしなければならない。回答は、口頭でも書面でもよい。

　いったん不参加の回答をした者も、上記の期間内であればこれを撤回して新たに参加の回答をすることができるが、いったん参加の回答をした者は、集会において建替え決議に賛成した者がその後に不参加の意思表示をすることができないのと同様に、参加の回答を撤回することはできないと解される(濱崎・解説397)。

第1章 建物の区分所有 第8節 復旧及び建替え

この場合に、いったん建替え決議に賛成した者やいったん参加の回答をした者は、建替え決議に拘束され、事業に協力する義務を負うが、自己の区分所有権等を第三者に譲渡することは自由である。

〔4〕 回答がない場合

催告を受けた者（前記〔2〕(3)参照）が催告を受けた日から2カ月以内に建替えに参加するか否かについて回答しなかった場合には、その者は、建替えに参加しない旨を回答したものとみなされる。その結果、区分所有者は、以後、建替え参加者と建替え不参加者の二群のいずれかに分かれることになる。

上記の期間の経過後に参加の回答をすることはできない。もっとも、参加者全員との合意によって建替えに加わることは可能と解される（濱崎・解説397）。

〔5〕 売渡請求

建替え参加者（建替え決議に賛成した区分所有者および建替え決議の内容によって建替えに参加する旨を回答した各区分所有者〔前記〔4〕参照〕）およびその承継人は、各自でまたは共同して催告期間の満了から2カ月以内に、建替え不参加者（建替えに参加しない旨を回答した区分所有者）またはその承継人に対して区分所有権および敷地利用権を売り渡すべきことを請求することができる。さらに、建替え参加者全員が同意する場合には、第三者たる買受指定者が、建替え不参加者またはその承継人に対して区分所有権および敷地利用権の売渡しを請求することができる。買受指定者としては、一般に当該建替え事業に参加するデベロッパー（法人）が想定される。

(1) 買受指定者

買受指定者は、建替え参加者を助けて建替え事業を推進する主体の一つであって、建替え参加者の代理人としてではなく、本人として売渡請求権を行使するのである。買受指定者は、もっぱら建替え参加者の利益においてその全員の合意によって決定されるべきであるから、建替え参加者が確定する以前に、たとえば建替え決議と同時に、その内容の一つとして決定することはできない。それは、もはや従前の区分所有者団体の意思（集会の決議）によって決定すべきことがらではないからである（なお、「改正要綱」〔第一三・5〕では買受指定者は集会の決議をもって指定するものとされていたが、立案の段階で本条4項のように修正された）。

買受指定者の制度を認めた理由は、1983年改正法の法務省立法担当者によると、「建替え参加者だけで不参加者の権利を買い取ることが資力の点で無理がある場

合があること等にかんがみ、資力のある第三者を売渡請求権行使の主体として建替えに参加させる余地を認めることが、建替えの実現を容易にするため適当であり、反面これによりとりたてて不都合を生ずるおそれがあるとは考えられない（参加者が建替え決議後に区分所有権等を第三者に譲渡することは禁じられておらず、この場合には、譲受人が64条により決議の内容に拘束される。）からである」（濱崎・解説398）。実際上も、買受指定者を定めるときは、不参加者の権利の多くが買受指定者によって買い取られるように運営されるであろう。なお、買受指定者が複数であることも可能と解される。

(2) 買受指定者の指定と売渡請求権の行使

買受指定者を指定した場合にも、建替え参加者は売渡請求権を各自行使することができる。売渡請求権はいわゆる形成権の性質を有するので、数人の建替え参加者および買受指定者が競合して請求権を行使しても、その行使の先後を確認することができれば権利の帰属を決定することができる（売渡請求の意思表示が先に相手方に到達した者が優先する）。

〔6〕 除斥期間

売渡請求権を行使することができる時期は、本条2項の規定による催告が到達した日から2カ月を経過した後2カ月以内である。

(1) 計算例

たとえば、某年1月10日に本条1項の規定による催告が到達したときは、2項の期間の満了日は同年3月10日であり、売渡請求権を行使できるのは、同年3月11日から5月10日までである（民法140条～143条参照。なお、濱崎・解説399、404参照）。なお、この期間は、催告の到達の日が相手方ごとに異なり得るから、各売渡請求権者によって同じではない。

(2) 不参加者全員に対する売渡請求権の行使がない場合

この期間内に不参加者全員に対して売渡請求権が行使されないと、不参加者が区分所有者として残ることになり、もはやその者には売渡しを求めることはできず、建替え自体を強制することももとよりできないため、多数決による建替え手続は不適法となる。そのような場合には、すでに売渡請求によって区分所有権および敷地利用権を譲渡した者にその権利を回復する機会が与えられてしかるべきであるが、本法は、そのような事態については何ら規定していない。なお、1983年改正法の法務省立法担当者は、このような場合になお建替え計画を実現するに

は、当該不参加者との間で合意による解決を図る以外にないと述べている（濱崎・解説399）。

〔7〕 **売渡請求権の相手方**

売渡請求権の相手方は、建替え不参加者またはその承継人である。承継人には包括承継人と特定承継人との双方が含まれ、特定承継人には、不参加者から任意に区分所有権等を譲り受けた者はもとより、公売・競売によりこれを取得した者も含まれる（濱崎・解説398）。建替えの決議の後、建替えに参加しない区分所有者から敷地利用権のみを取得した者がいる場合にも、その者に対して当該敷地利用権を売り渡すことを請求することができる（本条4項後段）。

〔8〕 **売渡しの対価**

売渡請求は、「時価」によって行われる。「時価」とは、売渡請求権を行使した当時における区分所有権および敷地利用権の客観的取引価額である。

(1) 時　価

「時価」は、物理的な建替えを相当とする状態での建物および敷地の価格ではなく、「建替え決議の存在を前提としての時価」、つまり、建替えによって実現されるべき利益を考慮した価格である。その評価は、たとえば、再建建物が建築された状態における建物および敷地利用権の価額とそれに要する経費との差額、または、再建建物の敷地とすることを予定した敷地の更地価格と現在の建物の取壊しの費用との差額（濱崎・解説400）を基準として算定されよう（この点に関し、鎌野・売渡請求267以下参照）。

ところで、建替えの決議がされても建替えが実現されるかどうかは未確定であるから、その不安要素は、時価の算定上マイナス要素として考慮され得るが、建替え実現のために不参加者の権利を強制的に買い取るものであることを考えると、衡平上、この点は考慮すべきではない（濱崎・解説401）。また、1983年改正法の法務省立法担当者によると、ごく稀には、「建替え決議の存在を前提としての時価」の評価のほうが建替えを相当とする状態での建物および敷地の価格の評価よりも低くなる場合（たとえば、建築基準法などの改正等によって現存の建物よりかなり小さな建物しか再建できなくなった場合）も考えられるが、この場合には、建替え不参加者に対しては、少なくとも既存の価値を確保する趣旨から、後者の評価による価額を時価と解すべきであろうと説かれている（濱崎・解説401）。このような配慮は、少なくとも建物については必要であろう。

(2) 当事者間の協議不調の場合

時価について当事者間に協議が調わないときは、訴訟（代金支払請求もしくは代金額確認の訴訟または専有部分の明渡訴訟中における代金と引換給付の主張）によって決定される（濱崎・解説401）。

(3) 時価の算定に当たっての問題点

次の各場合において、時価の算定が問題となる。

(ア) 抵当権等の負担がある場合

専有部分または敷地利用権が抵当権その他の担保の目的となっている場合、またはそれらの目的物について所有権に関する仮登記がある場合において、時価の算定上それらの事情を考慮すべきか。1983年改正法の法務省立法担当者は、それらの点を考慮することはできない（被担保債権額を控除すべきではない）として、次のように説明する。「これら売渡し請求の目的物につき先取特権、質権又は抵当権の登記があるときは、買受人はその負担に服するが、これに対して滌除をすることができ（民法378条以下、先取特権につき同法341条、不動産質権につき同法361条）、その手続が終わるまでは代金の支払を拒むことができる（民法577条本文）と解される。これに対して相手方は、買受人に対して、遅滞なく滌除をすべきことを請求し（同条ただし書）、また代金の供託を請求する（民法578条）ことができる。これらの請求に応じて滌除又は供託をしないときは、買受人は、代金支払拒絶権を失う。買受人が滌除により担保権者に代価を支払ったときは、相手方に対しその償還を請求することができる（民法567条2項）から、その金額を控除して売買代金を支払えば足りる。目的物につき所有権に関する仮登記がある場合も、買受人は、仮登記に基づく本登記により区分所有権等を失うおそれがなくなる時まで代金の支払を拒むことができ（民法576条）、また、時価の算定上仮登記の存在を斟酌すべきものではないと解される。もとより、買受人と相手方の協議により、被担保債権額を控除して代金額を定める（この場合には、買受人が被担保債務を引き受けることになろう。）ことができ、そうすれば、右のような複雑な法律関係を生じない」（濱崎・解説402。なお、2003年の民法改正により滌除制度は抵当権消滅請求制度に改められ所定の改正〔378条以下〕がなされたが、上の説明は改正後の状況においても当てはまる）。

(イ) 専有部分が賃貸借の目的となっている場合

専有部分が賃貸借の目的となっている場合に、いわゆる借家権価格を控除すべ

きか。解約申入れ等の正当事由が肯定される限度で考慮され得ると説くもの（濱崎・解説402）もあるが、端的に、買受人が借家契約を承継した上で更新の拒絶ないし解約の申入れをする際には正当事由を主張し、相応の立退料を提供して借家人の立退きを求めることになるから、不参加者への売渡価格から借家権価格を控除すべきであると考えるべきである。

(ウ) 専有部分が店舗である場合

店舗用建物および敷地利用権の時価の評価に当たっては「営業権」の価額を考慮すべきかが問題となる。議会審議での政府委員の説明では否定的であった（衆議院法務委員会議録〔昭和58年4月15日3頁〕中島政府委員答弁）が、店舗賃借人の立退きに際しては「営業権」の補償を避けられないこととの権衡上、疑問の余地があろう（売渡請求権の行使によって店舗賃貸借を承継した後、賃借人の立退きを求めるには、営業権の補償が必要となる）。

〔9〕 売買契約の成立

本条4項の売渡請求権は形成権であるから、その行使の意思表示が相手方に到達すると直ちに、相手方の区分所有権および敷地利用権を目的とする時価による売買契約が成立する。売買契約の効果として、区分所有権および敷地利用権が相手方から請求権行使者に移転し、相手方は専有部分の引渡義務およびその登記移転義務を負い、請求権行使者は時価による売買代金支払義務を負う。この両者の義務は、同時履行の関係に立つ（民法533条）が、本条5項の規定による場合（後記〔11〕参照）には、代金支払先履行義務を負う。その場合、区分所有権および敷地利用権が当事者間でいつ移転するかは別個に検討されてよいことがらである。61条の買取請求権行使の場合と異なり、ここでは、請求権行使者による代金の支払いまたはその提供の時に移転すると考えるべきであろう。

なお、売渡請求がなされた場合に、当該区分所有者は区分所有建物から借家人を退去させた上で同建物を引き渡す義務および敷地利用権が賃借権であるときにはその譲渡について賃貸人の承諾を得る義務があるとした裁判例がある（東京地判平16・7・13金法1737-42）。そして別の裁判例は、敷地利用権が賃借権である場合に、賃借人が賃貸人の承諾を得ることができなかったときに、売渡請求権行使者は、借地借家法20条の類推適用により譲渡の承諾に代わる許可を裁判所に求めることができ、また、そのときに賃貸人も同条2項（同法19条3項の準用）により区分所有権を優先的に自分が譲り受ける旨を裁判所に申し立てることができる

が、区分所有法64条により建替え決議の内容に拘束されるとする（東京地決平17・7・19判時1918-22）。

売渡請求権行使後、請求権行使者が専有部分等について移転登記を受けるまでの間に相手方がこれを第三者に譲渡すると、請求権行使者は第三者と対抗関係に立つ（民法177条）ことになるので、そのおそれがあるときは、あらかじめ処分禁止の仮処分を得てその登記をしておく必要がある（濱崎・解説400）。

〔10〕 **区分所有者でない敷地利用権者の存在**
　専有部分とその専有部分に係る敷地利用権の分離処分を規約で例外的に許容している場合（22条1項ただし書）には、敷地利用権のみを有し、専有部分を有しない者が生じ得る。その者は区分所有者でないため、区分所有者の集会で行った建替え決議に拘束されず、したがって、その者に対して売渡請求権を行使することはできない（任意の売買等によって建替えに協力することを求めることになろう。なお、区分所有者と敷地利用権者が別となった場合に、区分所有者のために賃借権が設定され、または法定地上権があるときには、当該賃借権または地上権が売渡請求の目的となる）。しかし、本条4項後段の規定によって、建替え決議の後に建替え不参加の区分所有者が敷地利用権のみを譲渡した場合には、譲受人（またはその承継人）に対して敷地利用権の売渡しを請求することができる。不参加者による売渡請求の妨害を防止するためである。

〔11〕 **期限の許与**
　売渡請求権の行使後、売渡代金の支払いまたはその提供をもって区分所有権および敷地利用権が請求権行使者に移転し、相手方は売渡代金の支払いと同時履行の関係において建物の明渡義務を負う（前記〔9〕参照）。そのため、建替え不参加者は建替え決議後わずかの期間内に代金の提供と引換えに明渡しを迫られることになる。

　本条5項は、即時明渡しの強制によって現実の利益が著しく損なわれるおそれがあることを考慮して、裁判所が、建替え不参加者の申立てに基づいて、明渡しにつき代金の支払いまたは提供の日から1年を超えない範囲で期限を許与することができるものとした。1983年改正の際の法制審議会の「要綱」にはなかった制度であるが、法律案の立案の段階で導入された（濱崎・解説403）。期限の許与が認められる場合には、当該明渡義務者は、期限までに使用を継続しながら移転先を探し、売渡請求者から先に支払いを受けた代金を用いて移転先取得等の費用に

第1章　建物の区分所有　第8節　復旧及び建替え

充てることが可能となる。
　(1)　期限の許与の要件
　明渡期限の許与が認められるためには、①建替え不参加者が「建物の明渡しによりその生活上著しい困難を生ずるおそれがあり」、かつ、②「建替え決議の遂行に甚だしい影響を及ぼさない」ことが明確に認められる場合に限られる。①の要件については、生活上の支障に限られ、単なる営業上の支障等は考慮されないと解される（濱崎・解説403）。本条が高齢者や病弱者などを顧慮して設けられたこと、また、期限の許与が1年を超えないことから、①の要件がある以上、②の要件はできる限り緩かに解すべきであろう（石田・建替え33参照）。
　(2)　請求権者
　期限の許与の裁判を請求できるのは、建替えに参加しない旨を回答した区分所有者（本条3項によりその旨の回答をしたものとみなされた者も含む）で売渡請求の相手方となった区分所有者である。当該区分所有者の包括承継人を含むが、特定承継人は含まないと解されている（濱崎・解説403）。
　この裁判の手続および性質は、61条13項（同条の注釈[21]参照）に定める期限の許与の裁判と同じ（民法196条2項ただし書、299条2項ただし書等とも同じ）で、その請求は、売渡請求の相手方からの訴えまたは請求権者からの明渡請求訴訟の反訴として提起され、その裁判は形成判決である（濱崎・解説403）。この裁判の確定によって専有部分の明渡期限が裁判所が定めた期間について延長され（専有部分の移転登記については期限の許与は認められない）、買受人は代金支払いを先履行しなければならない。
　(3)　期限の上限
　許与される期限は、代金の支払いまたは提供の日から1年を超えない範囲内において、裁判所によって定められる。「支払又は提供」としているのは、代金の受領を拒否される場合を想定しているからである（石田・建替え33）。1983年改正法の法務省立法担当者は、「いかなる金額の提供をもって代金の提供があったとみるかは、弁済の提供一般の解釈問題である」（濱崎・解説403）と述べるが、代金の提供があったというためには「時価」による代金全額の提供でなければならず、「時価」について争いがあるときは、訴訟により決定されることになろう。

[12]　再売渡請求
　建替え決議後2年以内に、建物の取壊しの工事の着手がない場合において、売

渡請求によって区分所有権等を譲渡した者は、その権利を現に有する者に対して、再売渡しの請求（以下「再売渡請求」と呼ぶ）をすることができる。本条6項の規定は、売渡請求権を行使して不参加者の区分所有権等を強制的に買い取ったままいつまでも建替えの実行に着手しないで放置することを許容することは、衡平を欠き、制度の趣旨に合致しない、ということから設けられた（濱崎・解説406）。

(1) 再売渡請求の相手方

再売渡請求の相手方は、当該区分所有権を現に有する者である。したがって、本条4項の規定による売渡請求権を行使した者が区分所有権または敷地利用権を他に譲渡したときは、その譲受人が再売渡請求の相手方となる。1983年改正法の法務省立法担当者によると、建替え決議の存在は、その公示がなくても譲受人にとって容易に知ることができ、この者に不測の不利益を及ぼすおそれは一般的には存しない、という（濱崎・解説407）。

(2) 売買契約の成立

再売渡請求権は、形成権の性質を有する。本条4項による売渡請求権が行使された場合（前記〔9〕参照）と同様に、その行使の意思表示が相手方に到達した時に、相手方の区分所有権等を目的とする売買契約が成立する。この再売渡しの代金は、本条4項の規定によって売り渡した代金と同額である（代金受領後の利息は計算しない）。

(3) 取壊し工事の着手

「取壊し工事に着手」とは、取壊しの現実の作業に着手することを指し、単に取壊し工事計画の立案に着手し、または業者に取壊し工事の申込みをするだけでは足りない（濱崎・解説407）。

取壊し工事に着手した後は、再売渡請求権は行使することができない。2年以内に取壊し工事に着手しなかった場合でも、再売渡請求権が行使される前にその工事に着手したときは、もはや再売渡請求権の行使は許されないと解される。逆に、再売渡請求権が行使されたときは、建替え参加者（64条に規定する者）以外の者が区分所有権等を有することになるから、建物の取壊しをすることができず、建替え計画を実現することはできなくなる（濱崎・解説407）。このような場合になお建替え計画を実現しようとすれば、当該区分所有者との間で、合意による解決を図るほかはない。

第1章　建物の区分所有　第8節　復旧及び建替え

(4)　正当な理由による不着手

建替え決議後2年以内に取壊しの工事に着手しない場合であっても、それが正当な理由に基づくときは、再売渡請求権は成立しない（本条6項ただし書）。「正当な理由」とは、たとえば、本条4項による売渡請求権の行使を受けた者が任意に専有部分の明渡しをしないため、確定判決を得て強制執行をしない限り明渡しを実現できず、取壊しの工事に着手することができない場合などである。そのほか、建替えについて近隣住民との交渉が長引いた場合、急激な経済変動によって資金の見込み違いが生じ資材の欠乏が生じた場合などが、事情によっては「正当な理由」に該当する、と1983年改正法の法務省立法担当者は述べている（濱崎・解説407）。なお、本条7項参照（後記〔13〕参照）。

(5)　再売渡請求権の行使が認められない場合

本条6項の再売渡請求権の行使は、取壊し工事未着手のまま2年が経過した場合に限って認められるにとどまり、取壊し後敷地が第三者に売却され所定の建替えが不可能となった場合や、取壊しはしたが再建建物が何ら建築されないまま2年以上の期間が経過した場合などにおいて、敷地利用権を取り戻す手段として用いることはできない。

(7)　取壊し後売却の場合

取壊し後敷地を一括売却した場合の建替え参加者、建替え不参加者、敷地の譲受人間の法律関係については、どう考えるべきか。

(a)　第1に、建替え決議の効力が問題となる。仮に決議の内容が取壊し後売却することであれば、そもそも建替えには当たらないから多数決による決定は許されない。そのような決議は無効であり、反対者は取壊し後権利を取得したと主張する第三者に対して自己の敷地利用権（持分）を主張することができるのは当然である。

これに対して、建替えを目的として決議が行われたにもかかわらず、反対者を排除した後建替え参加者全員が計画を中止し敷地を売却することを決定するに至った場合はどうか。建替え決議が賛成者の詐欺によって行われた場合、すなわち当初から取壊し後の売却を目的としながら反対者を排除するために建替え決議を行った場合には、反対者は、売渡請求による権利移転を詐欺による売買に準じて取り消し、民法96条3項の適用を留保して、敷地の譲受人に対し自己の権利を主張することが認められてしかるべきである。

問題は、詐欺が介在しない真正の計画変更の場合である。この場合には、建替え決議自体の効力は否定されず、むしろ有効な建替え決議と、それに基づく建替え合意に反する処分が行われたことになる。建替え決議はもとより、それに基づく建替え合意も敷地について何ら処分禁止の物権的制限を課すものではないから、その処分が建替え参加者全員によって行われた場合には建替え参加者と第三者の間で敷地に関する権利の全体が適法に譲渡されたことになり、建替え不参加者は、それを争うことができない。

　(b)　第2に、建替え決議の効果として売渡請求を受け、敷地利用権を失った建替え不参加者は当該処分が建替え決議に反していることを理由としてその無効を主張することができるか。以下の2つの理由によって消極的に解すべきであろう。

　①　建替え決議と建替えの合意（64条）はその効果において明確に区別される。建替えを実現する義務は、前者ではなく後者によって、その合意当事者間で成立するにとどまる。それ以外の者には、建替えを強制することはできない。他方、建替え決議は建替えの不実施によって効力を失わず、したがって、売渡請求による権利移転は確定的に生じる。これに対する唯一の例外が、本項所定の場合（2年以上取壊し工事未着手）である。

　②　取壊し前に建物および敷地に関する建替え参加者の権利が任意の譲渡によって一人に集中し、さらに第三者に売却された場合に、本項の再売渡請求が認められる場合を別として、建替え不参加者はもちろん、譲渡した建替え参加者もそれを争うことはできない。当該第三者が取り壊して転売した場合はもとより、最後の一人となった建替え参加者が取り壊して売却した場合にも同様に解せざるを得ない以上、建替え参加者全員による取壊し後の売却の効力を否定することはできない。

　(ｲ)　取壊し後未建築の場合

　取壊しはしたが再建建物が何ら建築されないまま2年以上の期間が経過した場合においても、上記①のとおり、建替え決議の内容に従った再建建物を建築する義務は建替え合意のみから生じ、他方、売渡請求による権利移転は確定的に生じているので、建替え不参加者は、本項の規定する再売渡請求に基づいて敷地利用権を取り戻すことはできない。

〔13〕　正当の理由が消滅した場合

　建替え決議後2年以内に取壊しの工事に着手しない場合であっても、それが正

当の理由に基づくときは再売渡請求権は生じない（本条6項ただし書、前記〔12〕(4)参照）が、取壊し工事の着手を妨げる正当な理由がなくなった場合において、その理由がなくなった日から6カ月以内にその工事に着手しないときは、再売渡しの請求が可能となる（本条7項前段）。この場合の再売渡請求権の行使は、再売渡請求権者が取壊しの工事を妨げる理由がなくなったことを知った日から6カ月またはその理由がなくなった日から2年以内のうちいずれか早い時期までにしなければならない（本条7項後段）。

（建替えに関する合意）
第64条 建替え決議に賛成した各区分所有者、建替え決議の内容により建替えに参加する旨を回答した各区分所有者及び区分所有権又は敷地利用権を買い受けた各買受指定者（これらの者の承継人を含む。）[2]は、建替え決議の内容により建替えを行う旨の合意をしたものとみなす。[3][4]

〔1〕 **本条の趣旨**

　建替えに参加する区分所有者が建替えに参加しない区分所有者に対して売渡請求権を行使すると、建替え参加者のみが区分所有者であるという状態が形成される。しかし、この状態のままでは当然にこれらの者の間に建替えを行う旨の合意が成立したことにはならないので、本条は、建替え参加者間に建替え決議の内容に従って建替えを行う旨の合意が成立したことを擬制する。建替え（建物の取壊しと再建）は、この擬制された合意の履行として実現されることになる。

　(1)　建替え事業の主体

　建替えの事業は、建替え参加者の集団によって実施される。この集団は、従前の建物の区分所有者団体（3条）とは次元を異にする別個の存在である。従前の建物の区分所有者団体は、売渡請求権の行使（63条）によって建替えに参加しない区分所有者を排除したときに消滅し（荒川・建替え295は、区分所有者団体は建物の取壊し時に消滅するとするが、疑問である）、建替えに賛成する者のみを集めるという意味で任意の団体である「建替え参加者の集団」に変わる。

　この「建替え参加者の集団」の構成員は、事実上は建替え決議に賛成し、または63条1項で定める催告に対する参加の回答によって建替え計画に同意しているが、それだけではいまだ集団を形成したとはいえない。そのため、建替え不参加

者の全員が売渡請求によって排除され、建替え参加者のみが建物および敷地の権利者となったときに、それらの者の間に建替えについての合意が集団的に成立したとみなすことが必要となる。本条は、この合意の成立を擬制するための規定である。

(2) 1983年改正法の「試案」

1983年改正法の「試案」の段階では、団体の存在によって建物取壊し後も建替え決議後一定期間を経過するまでは区分所有者であった者に対して決議の効力が及ぶものとする考え方（第八・一・9・注(1)）や、管理組合を建物の再建が完成するまで再建事業を行うことを目的として存続させるという考え方（同注(2)）があったが、この問題は、本条を設けて区分所有者団体と「建替え参加者の集団」を峻別したことによって解消された。

(3) 全員参加の建替えの場合

建替え決議と建替え合意の峻別ないし区分所有者団体と建替え参加者集団の峻別は、建替え不参加者が存在しない場合には現実化しない。しかし、全員参加の建替えにおいても、建替え決議によって法律関係の性質が変わり、以後は擬制された建替え合意による組合的結合となる（後記〔3〕参照）と見るべきである。

(4) 被災区分所有建物再建等特別措置法との関係

本条は、被災区分所有建物の再建について準用される（特別措置法4条9項参照）。

(5) マンション建替え等円滑化法

本条で建替えに関する合意が擬制された後、実際に現建物を取り壊し新たな建物を再建するためには「建替え事業」が必要となる。この点に関して本法は何ら規定を設けていない。そこで、マンションに関して円滑に建替え事業が実施できることを目的として、2002年に「マンションの建替えの円滑化等に関する法律」が制定された（2014年の改正で「マンションの建替え等の円滑化に関する法律」と改称）。同法の詳細については、本書683頁以下を参照。

〔2〕 **合意当事者**

本条の規定によって合意したとみなされる当事者は、①建替え決議（62条1項）に賛成した区分所有者（集会の議事録によって確認される）、②集会で反対もしくは留保し、または集会に出席しなかった区分所有者で催告（63条1項）に対して建替え決議の内容により建替えに参加する旨を回答した者（同条2項）、および、③これらの者の全員の合意によって買受指定者として指定された者（同条4項）

第1章 建物の区分所有 第8節 復旧及び建替え

で区分所有権および敷地利用権または敷地利用権のみの売渡しを受けた者と、①②③の者の承継人（特定承継人を含む）である。

〔3〕 **合意事項**

合意当事者（前記〔2〕参照）間で擬制される合意事項は、建替え決議の内容（62条1項・2項）によって建替え（建物の取壊しと再建）を行うことである。

(1) 合意の成立時期

合意は、建替え不参加者およびその承継人の全員に対して売渡請求がなされ、それによって建物および敷地に関する権利のすべてが〔2〕に掲げた者に帰属したときに最終的に成立する。1983年改正法の法務省立法担当者は、「この合意は、まず建替え決議がされた時にその賛成者間で成立し、次いで参加の回答がされる都度その回答者を含めて成立し、さらに買受指定者が売渡請求権を行使するとその時にその買受指定者を含めて成立する、というように、順次その構成員を拡張していく」（濱崎・解説409）と説明する。

(2) 買受指定者の当事者性

63条の注釈（〔5〕(1)）で述べたように、買受指定者の決定は、区分所有者団体の意思によって行われるべきものではなく、建替え参加者の意思として行われるべきものであるから、その合意は、性質上、本条で擬制される合意に属する。そのメカニズムを見れば、建替え参加者およびその承継人の合意によって決定された買受指定者が現実に売渡請求権を行使して区分所有権または敷地利用権を取得すると、あらためて、その者を含めて「建替え決議の内容により建替えを行う」旨の合意が行われたものとみなすのである。

(3) 合意擬制の効果

本条で合意が擬制されることによって、従前の区分所有関係は消滅し、建替え参加者間に組合的関係が成立する。

(ｱ) 区分所有関係の消滅

建替え不参加者の排除＝建替え合意の成立によって、清算手続を残して区分所有関係は消滅する（従前の区分所有者の団体は、清算のために必要である限りで存続し、清算手続を経て初めて消滅する）。その結果、専有部分と敷地利用権の分離処分はもとより、共用部分共有持分のみの処分も可能となるが、共用部分のみの分割請求は建物の取壊しまではなお許されないものと解すべきである（取壊し後は無意味となる）。区分所有関係を前提として行われた建替え決議の効力も、63条6

項の再売渡請求を除いて終了し、建替え不参加者は、以後、建物および敷地に関する権利の帰趨について何らの利害関係も有しない。なお、建物の取壊しまでの過渡的な期間、建替え参加者のみの区分所有建物という実体が存在することは認めてよく、その限りで、区分所有法および従前の規約の規定中暫定的管理に適用することが可能なものの適用は認められてよい。具体的には、合意当事者の意思解釈として、取壊しまでの建物および敷地の管理は、建替えの合意に反しない限り区分所有法および従前の規約の定めによるものと解すべきである。

区分所有者団体の消滅に当たって、上記のように清算手続が行われる。従前の区分所有者の団体が、組合の性質を有する団体については組合の清算に関する規定（民法685条以下）が類推適用され、社団の性質を有する団体については社団法人の清算に関する規定（一般法人法206条以下）が類推適用されるべきであろう（森泉・基本コンメ16。なお、これらの点について、3条の注釈〔4〕(3)参照）。管理組合法人については、56条の適用がある。

(イ) 組合的関係の成立

本条の規定によって合意をしたものとみなされる者は、相互にその合意によって拘束され、それに従って建替えの事業を進める義務を負う。合意当事者の関係は、「建替えという共同事業を目的とする組合契約に類似した契約」（濱崎・解説409）と説明されているように、組合契約の一種と見るべきであろう（玉田・概要(下)7は、「建替えを共同の目的とする組合が、法律上当然に成立したことを意味する」と述べる）。そこにおいては、構成員の全員が区分所有権または敷地利用権の現在の権利者であることを特徴とする。これらの権利を譲渡した場合には、構成員の地位も共に移転する。したがって、たとえば、構成員相互間の任意譲渡によってすべての権利が一人に帰属した場合には、合意は法律上無意味となり、建替えの事業を進める義務も消滅することとなる（その者は、任意の建物に建て替えることができるし、建物を取り壊して敷地を売却することもできる）。

この合意が擬制されることによって、建替えに関する事項については、区分所有法の規定も従前の区分所有者団体の規約も適用を排除される（取壊しまでの暫定的管理については、上記(ア)のとおり）。建替え参加者は、建替えの事業の遂行に当たって集会を開催して意思決定を行い、場合によっては建替え決議の内容を敷衍して規約を定め、管理者を置いて業務の執行者に当たらせるなど、集団としての組織や活動原則を明確にしていく必要があるが、その場合に準拠すべき法理は

区分所有法上のそれではなく、むしろ組合に関する民法のそれである（高柳・改正199は、建替えについての主要な内容はすでに建替え決議において定められているので民法の組合に関する規定を類推適用する余地はないとするが、疑問である）。

〔4〕 組合に関する民法の規定の類推適用

建替え参加者が組合的結合において建替えの共同事業を遂行する場合には、民法の組合の規定が次のように類推適用されることになろう。以下では、その概要を示す。

(1) 業務執行

建替え決議の内容に従った建替えの業務執行については、各建替え参加者がこれに当たる場合と、参加者全員の合意により委任を受けた業務執行者がこれに当たる場合とがある。前者の場合には、建替え参加者の団体（以下では「建替え参加者団体」という）の意思決定は構成員の過半数で行う（民法670条1項。従前の区分所有者団体は消滅したので、従前の各区分所有者の議決権の割合は意味をもたない）。

これに対して、建替え決議の内容の変更または追加については全員の合意によることが必要である（この点について、63条の注釈〔12〕(5)参照）。

その他、業務執行に関しては、民法670条2項・3項、671条ないし673条の規定が類推適用されると解される（濱崎・解説410）。また、組合の財産関係については、民法668条、669条、674条から677条までの規定が類推適用されると解される。

(2) 建替え参加者団体からの脱退

建替え参加者は、本条の合意から任意に脱退することはできない。ただし、自己の区分所有権等を他に譲渡することは禁止されていないから（本条の括弧書参照）、これによって本条の合意（建替え参加者団体）から離脱することができる。すなわち、区分所有権等を有している限りは建替え参加者団体から脱退することはできず、また、区分所有権等を譲渡した場合には建替え参加者団体にとどまることはできない。

1983年改正法の法務省立法担当者は、組合員の脱退・除名に関する民法の規定（678条、679条、680条）の類推適用の余地はない（濱崎・解説410）とする。しかし、建替え参加者の破産（679条2号。建替えの費用の出捐が不可能となり得る）および除名（同条4号）は脱退事由と解する余地もある。除名については、民法680条を類推適用して、正当の事由がある場合（たとえば、建替えの費用の出捐をしない場合など）に限り、他の建替え参加者全員の一致があるときに認められる（除名さ

れた者は681条2項により、金銭でもって持分の払戻しを受けることになる)。

なお、建替え参加者が自己の区分所有権および敷地利用権を譲渡できることは前述（〔3〕(3)(ア)）のとおりであるが、区分所有権または敷地利用権を譲り受けた者その他の承継人は、当然に本条によって擬制された合意の拘束を受ける。この点について、法務省立法担当者は、「建替え決議の存在について特段の公示の手段は講じられていないが、その存在は、区分所有権等の譲渡を受けようとする者にとって容易に知り得るところと思われるから、これにより譲受人が不測の不利益を受けるおそれを懸念する必要はないであろう」と述べ、さらに、「区分所有権等の承継に伴い、この合意に基づく組合員としての地位も当然に承継人に移転すると考えてよい。したがって、譲渡人が既に建替え費用等につき出捐をしているときは、その出捐に係る持分は、当然に譲受人に承継され、持分の払戻しということを観念する必要はない」と説く（濱崎・解説410）。

(3) 建替え参加者団体への加入

建替え参加者以外の者が、建替え事業に加入することは、建替え参加者全員の合意があれば可能である（濱崎・解説411）。

(4) 建替え参加者団体の解散

建替え事業の成功またはその成功の不能が確定したときは、建替え参加者団体は解散する（民法682条参照）。建替え事業の成功が確定したときとは、再建建物が完成したときで、再建建物においては、建替え参加者団体とは別個の新しい区分所有者の団体が成立する（3条参照）。

建替え事業の実現が著しく困難となった場合には、民法683条の類推によって、各建替え参加者は、その団体の解散を請求することができると解される（濱崎・解説411）。その他、建替え参加者全員の合意があった場合や建替え参加者が一人になった場合には、建替え参加者団体は解散すると解される。なお、解散に当たっての組合財産の清算については、民法685条ないし688条の規定を類推適用すべきである。

第2章 団　　地

（団地建物所有者の団体）
第65条[1]　一団地内に数棟の建物があって[2]、その団地内の土地又は附属施設（これらに関する権利を含む。）がそれらの建物の所有者（専有部分のある建物にあっては、区分所有者）の共有に属する場合には[3]、それらの所有者（以下「団地建物所有者」という。）は、全員で、その団地内の土地、附属施設及び専有部分のある建物の管理を行うための団体を構成し[4]、この法律の定めるところにより、集会を開き、規約を定め、及び管理者を置くことができる[5]。

〔1〕　**本条の趣旨**

本法は、第1章で「建物の区分所有」について定めた後、第2章で「団地」（65条から70条まで）について定める。立法当時は、数棟の戸建建物がその敷地または附属施設を共有している場合に、建物の区分所有に関する規定（第1章）の一部を準用することを考えていたが（後記(1)で引用する1962年法36条参照）、今日では、むしろ数棟のマンションが敷地等を共有している場合を想定して第2章の規定の解釈・運用がなされている。

本条は、団地建物所有者の団体が成立する要件について規定すると共に、団地建物所有者の団体が成立した場合には、この法律の定めるところによって、集会を開き、規約を定め、および管理者を置くことができる旨を定める。

はじめに、団地に関する規定全体を概説する。

(1)　団地に関する規定（65条～70条）と立法の経緯

1962年法は、団地について36条のみを置き、「(旧) 第17条から第19条まで及び第22条から第34条までの規定は、一団地内に数むねの建物があって、その団地内の土地又は附属施設（これらに関する権利を含む。）がそれらの建物の所有者の共

有に属する場合に準用する。この場合において、……と読み替えるものとする」と規定していた。すなわち、一団地内に数棟の建物があって、その団地内の土地または附属施設（これらに関する権利を含む）がそれらの建物の所有者の共有に属する場合について、建物の区分所有関係における管理者、規約および集会に関する規定を準用するとしていた。しかし、旧規定では、団地内の区分所有者等建物所有者全員の共有物たる土地または附属施設についての共同管理を実現することはできても、団地内にある区分所有建物自体（主としてその共用部分）や一棟の建物の区分所有者のみの共有に属する土地等を団地建物所有者全員が共同で管理することができるかどうかについては不明確であった。また、一棟の建物における規約共用部分のように、団地においても、団地内に存する区分所有建物の専有部分たり得る部分や団地内の附属施設たる独立の建物を、団地の管理事務室や集会場等として団地内の建物所有者全員で共有し共用する必要が生ずるが、これを規約で団地共用部分とするための明文規定を欠いていた。

そこで、1983年改正法では、団地について4カ条の規定が設けられ、次のような構成がとられることになった。

① まず、本条において、一団地内に数棟の建物があって、その団地内の土地または附属施設（これらに関する権利を含む）がそれらの建物の所有者の共有に属する場合には、団地内の土地、附属施設および区分所有建物の管理を行うための団体がその数棟の建物の所有者全員によって、当然に構成されるものとした。

② 次に、団地建物所有者の団体が当然に管理すべき物は、その共有に属する土地、附属施設であるとし、団地内の区分所有建物およびその一棟の建物所有者のみが共有する土地または附属施設については、原則として、各棟の区分所有者（各棟の団体）で管理すべきものとして、基本的に1962年法の構造を維持した。

③ しかし、他方で、団地内の区分所有建物およびその一棟の建物所有者のみが共有する土地等についても、団地全体の管理に服させることを可能とした（68条、66条。なお、団地内の建物であっても区分所有建物でない建物〔いわゆる戸建て〕およびそのような建物の所有者のみの共有に属する土地、附属施設は、団地の共同管理の対象とはならない）。

④ さらに、一団地内の附属施設たる建物（1条に規定する建物の部分を含む）を団地規約によって団地共用部分とすることができるとした（67条）。

一団地内にＡＢＣの区分所有建物とＤＥＦの戸建ての建物があり、ＡからＦま

第2章　団　　地

での建物所有者がその団地内の土地（団地敷地または団地内にある通路など）を共有している場合を考えてみよう。まず、AからFまでの建物所有者は、全員で、共有する土地の管理を行うための団体を当然に構成し、この団体が、共有する土地について管理を行う（上記①）。

次に、団地内のABCの各区分所有建物（主としてその共用部分）の管理は、各棟の区分所有者の団体が行う。また、一棟（たとえばA棟）の区分所有者のみが共有する土地または附属施設については、当該棟の区分所有者の団体で管理を行う（上記②）。

ただし、これらについても、規約の定めによって、団地全体の管理に服させることができる。これに対して、団地内の建物であっても、区分所有建物でないDEFの建物およびこれらの建物所有者のみの共有に属する土地または附属施設（たとえば、DとEとの共有の通路や、EとFとの共有の車庫）は、団地の共同管理の対象とはならない（上記③）。

ところで、A棟内の専有部分や団地内にある附属施設たる独立の建物Gが、たとえば団地全体の集会所、倉庫、車庫等として利用されるような場合には、当然に上記①の団体の管理に服することはないが、団地規約によって、上記①の団体の管理に服する団地共用部分とすることができる（上記④）。

(2) 第1章（建物の区分所有）の規定と第2章（団地）の規定の適用関係

団地内に存する区分所有建物についても、第1章の規定が適用される。したがって、その建物ならびに敷地および附属施設の管理は、第1章の規定によって、各棟ごとにその区分所有者全員の団体によって行われる。ただし、団地内の区分所有建物または一棟の区分建物所有者のみが共有する土地または附属施設を規約によって団地全体の管理に服させる場合（上記③参照）には、第2章の規定によって団地建物所有者全員が団体を構成して管理を行うことになり、各建物ごとの団体での管理対象から除外される。

なお、第1章第3節「敷地利用権」、第7節「義務違反者に対する措置」および第8節「復旧及び建替え」等の規定は、団地という単位では適用がなく、団地内の各建物ごとに適用される（これらの規定については、66条において準用されていない）。

(3) 2002年改正法による団地内建物の建替え規定の新設

2002年改正法以前においては、団地内の建物の建替えに関する規定は特に設け

られていなかった。この点は、1995年の阪神・淡路大震災後の団地内建物の復興の過程で問題とされ、また、老朽化を迎える団地においても問題とされた。そこで、2002年改正法は、団地内の建物の建替えに関する2カ条の規定（69条、70条）を新設した〔詳細は69条の注釈〔1〕参照〕。

〔2〕 **一団地内における数棟の建物の存在**

団地建物所有者の団体が成立し団地に関する規定が適用されるためには、「一団地内に数棟の建物があ」ることが必要である。

(1) 「団地」

「団地」とは、立法関係者の解説などでは、数棟の建物がその土地内に通常は計画的設計に基づいて建設されているような、客観的に一区画をなしていると見られる土地の区域であると定義されている（濱崎・解説418参照）。その概念は必ずしも明確ではないが、本法上は、数棟の建物の所有者がそれらが建っている土地の区域内において土地または附属施設を共有することによって関係づけられている（以下では、このような関係を「団地関係」という）。

(2) 「建物」

「建物」は、区分所有建物であっても、それ以外の建物（いわゆる戸建て）であってもよい。したがって、団地関係は、区分所有建物のみで構成される場合、それ以外の建物のみで構成される場合、およびその両者が混在して構成される場合がある。

〔3〕 **団地内の土地または附属施設の共有**

団地建物所有者の団体が成立し、団地に関する規定が適用されるためには、一団地内に数棟の建物がある（前記〔2〕参照）だけではなく、「その団地内の土地又は附属施設（これらに関する権利を含む。）がそれらの建物の所有者（専有部分のある建物にあっては、区分所有者）の共有に属する」ことが必要である。

(1) 数棟の建物所有者の共有

団地内の土地または附属施設が一棟の区分所有建物の区分所有者のみの共有に属するだけでは、本条でいう団地関係は成立しない。「数棟の建物」の所有者の共有に属することが必要である。「数棟の建物」は、区分所有建物のみで構成されていても、それ以外の建物（戸建て）のみで構成されていても、または、その両者が混在して構成されていてもよい（前記〔2〕(2)参照）。「数棟の建物の所有者」という場合に、区分所有建物にあってはその区分所有者を指すことから、本条で

第2章　団　　地

は括弧書でこのことを明示した。
　団地内の土地または附属施設を共有している「数棟の建物」は、団地内に存するすべての建物である必要はない。たとえば、団地内にＡＢＣの３棟の建物がある場合に、Ａ棟とＢ棟とが団地内の附属施設たる車庫を共有しているときは、その共有関係で結ばれたＡ棟およびＢ棟の所有者のみを構成員として、当該車庫の管理について団地関係が成立する。
　(2)　権利の共有
　数棟の建物が、団地内の土地または附属施設を共有している場合だけでなく、これらに関する権利（たとえば、土地についての賃借権や地上権、または附属施設についての賃借権）を準共有している場合にも、本条の適用がある。本条において、「その団地内の土地又は附属施設」について、括弧書で「これらに関する権利を含む」と規定しているのはこの趣旨である。
　(3)　具体例
　以下では、団地関係のいくつかの典型例を図で示すことにする。
　図１は、団地内の敷地全体をＡＢＣの３棟の所有者で共有する場合で、敷地全体を結合の核として、ＡＢＣ棟の建物所有者全員で団地関係を形成している。
　図２は、駐車場部分（土地）、通路部分（土地）、および附属施設を、ＡＢＣの３棟の所有者が共有する場合で（各棟の敷地については、各棟が単独で所有している〔区分所有建物であれば各棟の区分所有者が共有している〕）、駐車場部分、通路部分および附属施設を核として、ＡＢＣ棟の建物所有者全員で団地関係を形成している。
　図３は、通路部分（土地）を、ＡＢの２棟の所有者が共有する場合で（各棟の敷地については、各棟が単独で所有している〔区分所有建物であれば各棟の区分所有者が共有している〕）、通路部分を核として、ＡＢ棟の建物所有者で団地関係を形成している。Ｃ棟は、事実上、一団地内に存する建物であるが、その所有者は団地関係を構成する者ではない。
　図４は、通路の北側の敷地全体をＡＢ棟が共有し、通路の南側の敷地全体をＣＤ棟が共有し、通路についてはＡＢＣＤ棟が共有する場合である。この場合には、通路部分（土地）を核としてＡＢＣＤ棟の所有者全員を構成員とする団地関形が形成されると共に、ＡＢ棟の敷地およびＣＤ棟の敷地を核としてそれぞれＡＢ棟の建物所有者間およびＣＤ棟の建物所有者間に団地関係が形成される。このよう

§65〔3〕

図1

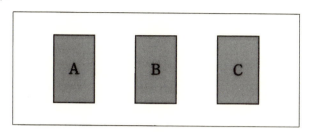

図2

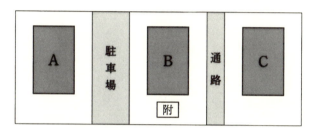

図3

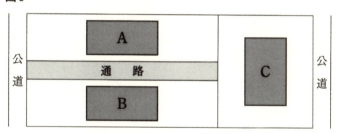

図4

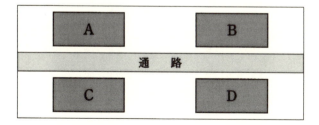

に、団地関係は、一団地内において重層的に成立することがある。

(4) 共有物の共有者と建物所有者とが合致しない場合

図1における敷地や図2ないし図4における通路部分のように団地関係を形成するための核となる共有物の共有者が、数棟の建物の所有者（ことに区分所有者）とは完全には合致しない場合がある。建物の区分所有者の中で敷地利用権を有しない者がいるときや、団地内の土地または附属施設が団地内の数棟の建物の所有者と第三者との共有になっているときが、このような場合に当たる。このような場合が、本条にいう「その団地内の土地又は附属施設（これらに関する権利を含む。）がそれらの建物の所有者（専有部分のある建物にあっては、区分所有者）の共有に属する場合」に該当するかどうかが問題となる。この点について、法務省立法担当者は、「21条に関する解釈と同様、これらの場合にも、それらの建物の所有者全員を構成員とする団地関係が構成され、本章の規定の適用があるものと解すべきである。これらの場合に本章の規定の適用を受けないと解したり、共有持分を有しない建物所有者は団地関係の構成員から除外されると解することは、団地関係における共同管理を著しく不便にすることになる……からである」と述べる（濱崎・解説419）。ただし、団地内の土地または附属施設が団地内の数棟の建物の所有者と第三者との共有になっている場合に、その共有物の管理について団地建物所有者の定めた規約や集会の決議が第三者を拘束するものではなく、第三者との関係では民法の共有に関する規定に従って処理される。なお、21条の注釈〔2〕(4)を参照。

〔4〕 **団地建物所有者の団体**

団地内の土地または附属施設を共有する団地内の数棟の建物の所有者（団地建物所有者）は、全員で、その団地内の土地、附属施設および専有部分のある建物（区分所有建物）の管理を行うための団体を構成する。

(1) 共同で管理するための団体

一棟の区分所有建物において区分所有者が共用部分等の管理を行うために当然に団体を構成する（3条）のと同様に、団地建物所有者は、その共有する団地内の土地または附属施設を共同で管理するために当然に団体を構成する。団地建物所有者である限りは、当然に当該団地の団体的拘束に服し、これから離脱することはできない。なお、このような規定を設けた理由および本条の団体の性格等については、一棟の区分所有建物における団体と同様であるので、3条の注釈〔1〕

から〔4〕までを参照。

(2) 団地管理関係の成立

いわば一団地として最終的には数棟の区分所有建物の所有者によって共有されることとなる土地上に、順次、建物が建築され分譲される計画のもとにおいて、建物の一部は完成して分譲されているが、残部の建物はいまだ分譲が開始されていないという場合に（このような場合につき検討するものとして、松岡・注解381および玉田・団地768-45）、未分譲の建物の敷地部分に関しても、既分譲の建物の敷地部分およびその附属施設を対象とする同一の団地関係が成立し、既分譲の建物の区分所有者で構成される区分所有者の団体（管理組合）の管理の対象となるかが問題となる。

この点に関しては、旧住宅・都市整備公団（現独立行政法人都市再生機構）が分譲した団地型マンションにおいて、1号棟ないし7号棟を購入した区分所有者で構成されている管理組合Xが、建築工事完了後未分譲の8号棟および9号棟を所有している同公団Yに対して、同2棟の敷地についても本条所定の団地関係が成立すると主張して、管理費等の支払いを訴求したことから特に問題とされた。

この事案について、裁判所（福岡高判平15・2・13判時1828-36）は、「区分所有法65条による団地関係成立の法意、すなわち、同条は団地建物所有者全員にとって利害関係を共通にする事項の管理の便宜上団地関係の成立を認めたものと解されること、及び本件マンションがすべて一筆の土地上にあるとはいえ、完成したマンションの住戸部分の所有者と施主であるYとは、本件土地の管理上工事区域部分については利害関係を共通にするとはいえないことに照らして考えると、本件の場合には各棟の建物の建築が完了してそれぞれの分譲が開始されるまでは、分譲開始前の建物敷地部分に関して、区分所有法65条の適用の前提となる既存のマンション住戸部分の所有者とYとの間の共有に属するという要件を実質的に充足せず、団地関係は成立しない」と判示して、XのYに対する管理費等の請求を棄却した。学説も、「団地と団地関係が形成されるには、単に、核となる共有関係が住棟所有者間に存在するだけでは足りず、その目的物である土地・附属施設の共同管理を相互に有用・有益とする事情（実態）つまり共通の利害関係があることが要件として必要である」と述べ、上記判決の立場を支持する（玉田・団地770-58）。上記事案について、Yに対して、1号棟ないし7号棟の敷地部分を含む共有敷地の負担（管理費の支払い）を伴う管理をさせるためには、単に共有関

係にあるという形式的な団地関係では足りず、Yが、他の共有者（1号棟ないし7号棟の区分所有者）と同様に、当該共有敷地から生ずる利益を収受できる状況にあり、また、団地管理組合の集会決議や規約の設定等に参画できる地位になければならない。一部の棟につき分譲開始前の状態にあるYは、このような状況や地位にはないと考えられるから、共有敷地に関し実質的な団地管理関係にあるとはいえず、したがって、上記の判例および学説の立場が妥当であると考える。

(3) 団地管理組合法人

本条の団体も、3条の団体と同様の要件と手続に従って（団地建物所有者および議決権の各4分の3以上の多数による団地の集会の決議を経て登記をすることによって）、法人となることができる（66条による47条から56条までの準用）。

(4) 管理対象物

本条の団体の管理の対象物は、「その団地内の土地、附属施設及び専有部分のある建物」であるが、そのすべてが当然に団体の管理の対象となるものではない。

団地内の数棟の建物の所有者が共有（または準共有）する土地および附属施設は、当然に本条の団体の管理の対象となるが、団地内の区分所有建物、および団地内の数棟の建物の所有者の共有（または準共有）ではない土地および附属施設は、68条の規定に従って定める団地規約に基づいて初めて本条の団体の管理の対象物となる。

(5) 棟ごとの区分所有者の団体との関係

本条の団体が成立した場合であっても、団地内の区分所有建物にあっては棟ごとの区分所有者の団体（3条の団体）はなお存続する。本条の団体の管理対象となっていない物の管理を行うと共に、66条において準用されていない規定に係る規約の設定・変更・廃止や集会の決議（専有部分と敷地利用権の一体性に関する規約の設定・変更・廃止〔22条〕や復旧・建替えに関する集会の決議〔61条から64条まで〕など）を行う。

〔5〕 **集会の開催、規約の設定、管理者の選任**

団地建物所有者の団体は、本法の定めるところによって、集会を開き、規約を定め、管理者を置くことができる。すなわち、団地建物所有者の団体は、66条の準用規定によって、その管理に服すべき対象物の管理については原則として団地の集会の決議によって決する（17条、18条の準用）が、団地の規約で定めることもできる（30条1項の準用）。マンション標準管理規約（30条の注釈〔4〕参照）は、

「単棟型」「複合用途型」と並んで、数棟の区分所有建物の区分所有者が敷地を共有する一般的な団地の場合について「団地型」の規約を定めている（68条の注釈〔5〕参照）。集会の決議および規約はこの団体の構成員たる団地建物所有者全員を拘束する（46条1項の準用）。また、団地建物所有者の団体は、その集会により団地の管理者を選任（または解任）することができ（25条1項の準用）、管理者は当然に法定の権限を有する（26条の準用）。

なお、本条の団地の団体においては、その構成員が極めて多数となる場合もあることから、現実の問題として集会の運営に困難をきたすおそれがあることが指摘されており、そのための処置として、たとえば、区分所有建物ごとに評議員を選出し、団地の集会を通常は評議員会をもって充てることとし、各棟の区分所有者は、あらかじめ評議員に個々の事項ごとに、代理権を授与しておく方法等が提案されている（丸山・基本コンメ132。なお、ここでの「評議員」「評議員会」は、一般法人法で定める一般財団等の評議員・評議員会〔170条〕ではなく、「代議員」「代議員会」をいうものであろう）。

（建物の区分所有に関する規定の準用）
第66条 第7条、第8条、第17条から第19条まで、第25条、第26条、第28条、第29条、第30条第1項及び第3項から第5項まで、第31条第1項並びに第33条から第56条の7までの規定は、前条の場合について準用する。この場合において、これらの規定（第55条第1項第1号を除く。）中「区分所有者」とあるのは「第65条に規定する団地建物所有者」と、「管理組合法人」とあるのは「団地管理組合法人」と、第7条第1項中「共用部分、建物の敷地若しくは共用部分以外の建物の附属施設」とあるのは「第65条に規定する場合における当該土地若しくは附属施設（以下「土地等」という。）」と、「区分所有権」とあるのは「土地等に関する権利、建物又は区分所有権」と、第17条、第18条第1項及び第4項並びに第19条中「共用部分」とあり、第26条第1項中「共用部分並びに第21条に規定する場合における当該建物の敷地及び附属施設」とあり、並びに第29条第1項中「建物並びにその敷地及び附属施設」とあるのは「土地等並びに第68条の規定による規約により管理すべきものと定められた同条第1項第1号に掲げる土地及び附属施設並びに同項第2号に掲げる建物の

第2章 団　地

共用部分」と、第17条第2項、第35条第2項及び第3項、第40条並びに第44条第1項中「専有部分」とあるのは「建物又は専有部分」と、第29条第1項、第38条、第53条第1項及び第56条中「第14条に定める」とあるのは「土地等（これらに関する権利を含む。）の持分の」と、第30条第1項及び第46条第2項中「建物又はその敷地若しくは附属施設」とあるのは「土地等又は第68条第1項各号に掲げる物」と、第30条第3項中「専有部分若しくは共用部分又は建物の敷地若しくは附属施設（建物の敷地又は附属施設に関する権利を含む。）」とあるのは「建物若しくは専有部分若しくは土地等（土地等に関する権利を含む。）又は第68条の規定による規約により管理すべきものと定められた同条第1項第1号に掲げる土地若しくは附属施設（これらに関する権利を含む。）若しくは同項第2号に掲げる建物の共用部分」と、第33条第3項、第35条第4項及び第44条第2項中「建物内」とあるのは「団地内」と、第35条第5項中「第61条第5項、第62条第1項、第68条第1項又は第69条第7項」とあるのは「第69条第1項又は第70条第1項」と、第46条第2項中「占有者」とあるのは「建物又は専有部分を占有する者で第65条に規定する団地建物所有者でないもの」と、第47条第1項中「第3条」とあるのは「第65条」と、第55条第1項第1号中「建物（一部共用部分を共用すべき区分所有者で構成する管理組合法人にあっては、その共用部分）」とあるのは「土地等（これらに関する権利を含む。）」と、同項第2号中「建物に専有部分が」とあるのは「土地等（これらに関する権利を含む。）が第65条に規定する団地建物所有者の共有で」と読み替えるものとする。

〔1〕　本条の趣旨

　一団地内に数棟の建物があって、その団地内の土地または附属施設（これらに関する権利を含む）がそれらの建物の所有者（専有部分のある建物にあっては、その区分所有者）の共有に属する場合には、それらの所有者は、全員で団体を構成し、その団地内の土地、附属施設および専有部分のある建物の管理を行う（65条）。本条は、このような団地内の建物所有者の団体で管理を行うに当たって、本法第1章（建物の区分所有）の規定中団地について準用される規定を掲げ、それと共に各準用規定についての読替えを行ったものである。

団地内の建物所有者の団体で管理を行う場合において準用される第1章中の規定は、第1節「総則」中の7条、8条、第2節「共用部分等」中の17条から19条まで、第4節「管理者」中の25条、26条、28条、29条、第5節「規約及び集会」中の30条1項および3項から5項まで、31条1項ならびに33条から46条まで、第6節「管理組合法人」中の47条から56条の7までの規定である。

これに対して、第3節「敷地利用権」(22条から24条まで)、第7節「義務違反者に対する措置」(57条から60条まで)、および第8節「復旧及び建替え」(61条から64条まで)中の各規定は準用されていない。第3節「敷地利用権」の各規定が準用されないのは、団地内の区分所有建物以外の建物（戸建て）については、分離処分を禁止することはできないからである。第7節「義務違反者に対する措置」の各規定（および区分所有者の権利・義務に関する6条の規定）が準用されないのは、義務違反者に対してその者の財産の使用禁止や競売まで請求し得るのは、一棟の建物内においては区分所有者が相互に密接な関係を持たざるを得ないということを根拠としているからであって、このことを団地内の区分所有者間にまで及ぼすのは適当ではないからである。第8節「復旧及び建替え」の各規定が準用されないのは、建物の復旧および建替えについては、当該一棟の建物の区分所有者のみの決定に委ね、また、その費用の負担もその者だけにさせるのが適当であるからである。なお、2002年改正法により、69条を新設して一棟の建物の建替えについては団地内の土地を共有する団地内建物所有者の承認決議を要するものとし、また70条を新設して団地内の建物の一括建替え決議を認めた。

〔2〕 **先取特権および特定承継人の責任**（7条、8条の準用）

共同管理関係から生ずる債権の履行の確保のための先取特権に関する7条の規定および特定承継人の責任に関する8条の規定は、団地関係に準用される。

(1) 7条の規定の読替え

本条後段の規定によって、7条の規定は、次のように読み替えられる（なお、「区分所有者」は、正確には、「第65条に規定する団地建物所有者」と読み替えられるが、文章を簡略化するために、単に「団地建物所有者」と置き換えた。本条における以下の読替えにおいても同じ）。

第7条 団地建物所有者は、第65条に規定する場合における当該土地若しくは附属施設（以下「土地等」という。）につき他の団地建物所有者に対して有する

第2章 団　地

債権又は規約若しくは集会の決議に基づき他の団地建物所有者に対して有する債権について、債務者の土地等に関する権利、建物又は区分所有権（共用部分に関する権利及び敷地利用権を含む。）及び建物に備え付けた動産の上に先取特権を有する。管理者又は団地管理組合法人がその職務又は業務を行うにつき団地建物所有者に対して有する債権についても、同様とする。

2　前項の先取特権は、優先権の順位及び効力については、共益費用の先取特権とみなす。

3　民法（明治29年法律第89号）第319条の規定は、第１項の先取特権に準用する。

先取特権によって担保される団地建物所有者の債権は、①65条に規定する場合における当該土地または附属施設について他の団地建物所有者に対して有する債権、および②規約または集会の決議に基づき他の団地建物所有者に対して有する債権である。①の債権は、団地建物所有者が団地共用部分について保存行為をした場合に要した費用の償還を求める債権や団地共用部分についての公租公課などの立替えによって生じる債権（66条で準用する18条１項ただし書、19条）などである。②の債権は、規約または集会の決議によって定められる管理費・修繕積立金などの債権である。また、管理者または団地管理組合法人（後記〔7〕参照）がその職務または業務を行うにつき団地建物所有者に対して有する債権についても、先取特権によって担保される。

先取特権の目的物は、債務者である団地建物所有者の有する①「土地等」に関する権利、②建物または区分所有権（共用部分に関する権利および敷地利用権を含む）、③建物に備え付けた動産である。

以上の点および本条で準用する７条２項・３項に関しては、７条の注釈を参照されたい。

(2)　8条の規定の読替え

本条後段の規定によって、8条の規定は、次のように読み替えられる。その趣旨および解釈については、8条の注釈を参照されたい。

第8条　前条第１項に規定する債権は、債務者たる団地建物所有者の特定承継人に対しても行うことができる。

〔3〕 **団地管理対象物の管理**（17条から19条までの準用）

　建物の区分所有関係における建物の共用部分の管理等に関する17条から19条までの規定は、団地関係における団地の団体（65条）の管理物の管理に準用される。

(1) 17条から19条までの各規定の読替え

　本条後段の規定によって、17条から19条までの各規定は、次のように読み替えられる。

　第17条　土地等並びに第68条の規定による規約により管理すべきものと定められた同条第1項第1号に掲げる土地及び附属施設並びに同項第2号に掲げる建物の共用部分の変更（その形状又は効用の著しい変更を伴わないものを除く。）は、団地建物所有者及び議決権の各4分の3以上の多数による集会の決議で決する。ただし、この団地建物所有者の定数は、規約でその過半数まで減ずることができる。

　2　前項の場合において、土地等並びに第68条の規定による規約により管理すべきものと定められた同条第1項第1号に掲げる土地及び附属施設並びに同項第2号に掲げる建物の共用部分の変更が建物又は専有部分の使用に特別の影響を及ぼすべきときは、その建物又は専有部分の所有者の承諾を得なければならない。

　第18条　土地等並びに第68条の規定による規約により管理すべきものと定められた同条第1項第1号に掲げる土地及び附属施設並びに同項第2号に掲げる建物の共用部分の管理に関する事項は、前条の場合を除いて、集会の決議で決する。ただし、保存行為は、各共有者がすることができる。

　2　前項の規定は、規約で別段の定めをすることを妨げない。

　3　前条第2項の規定は、第1項本文の場合に準用する。

　4　土地等並びに第68条の規定による規約により管理すべきものと定められた同条第1項第1号に掲げる土地及び附属施設並びに同項第2号に掲げる建物の共用部分につき損害保険契約をすることは、土地等並びに第68条の規定による規約により管理すべきものと定められた同条第1項第1号に掲げる土地及び附属施設並びに同項第2号に掲げる建物の共用部分の管理に関する事項とみなす。

　第19条　各共有者は、規約に別段の定めがない限りその持分に応じて、土地等並びに第68条の規定による規約により管理すべきものと定められた同条第1項

第2章 団　地

1号に掲げる土地及び附属施設並びに同項第2号に掲げる建物の共用部分の負担に任じ、土地等並びに第68条の規定による規約により管理すべきものと定められた同条第1項第1号に掲げる土地及び附属施設並びに同項第2号に掲げる建物の共用部分から生ずる利益を収取する。

(2) 団地管理対象物

団地建物所有者の団体が管理する対象となる物は、①65条に規定する場合における当該土地または附属施設（「土地等」）、②68条の規定による規約によって管理すべきものと定められた同条1項1号に掲げる土地および附属施設、③68条の規定による規約によって管理すべきものと定められた同条1項2号に掲げる建物の共用部分である。①は、法律上当然の管理の対象物であり、②および③は、いわば任意的な管理の対象物である。これらは、一部の団地建物所有者の共有に属するものであるが、規約で団地の団体において管理すべきものとされた以上、規約に別段の定めがない限り、その管理については、団地建物所有者全員の集会で決定する。

なお、一団地内の附属施設たる建物（1条に規定する建物の部分も含む）のうち規約によって団地共用部分とされたもの（67条）は、①に含まれて、団地の管理対象物となる。

以上の団地管理対象物の管理・変更に関する集会での決定手続等については、17条から19条までの注釈を参照されたい。

〔4〕　**団地の管理者**（25条、26条、28条、29条の準用）

団地建物所有者の団体は管理者を置くことができる（65条）が、この団地の管理者については、区分所有建物の管理者に関する規定（25条、26条、28条、29条）が準用される。

(1)　25条等の規定の読替え

本条後段の規定によって、25条、26条、28条、29条の各規定は、次のように読み替えられる。団地の管理者の選任・解任、権限等に関するこれらの条項の解説については、25条、26条、28条、29条の各注釈を参照されたい。

第25条　団地建物所有者は、規約に別段の定めがない限り集会の決議によって、管理者を選任し、又は解任することができる。

2 管理者に不正な行為その他その職務を行うに適しない事情があるときは、各団地建物所有者は、その解任を裁判所に請求することができる。

第26条 管理者は、土地等並びに第68条の規定による規約により管理すべきものと定められた同条第1項第1号に掲げる土地及び附属施設並びに同項第2号に掲げる建物の共用部分（次項及び第47条第6項において「共用部分等」という。）を保存し、集会の決議を実行し、並びに規約で定めた行為をする権利を有し、義務を負う。

2 管理者は、その職務に関し、団地建物所有者を代理する。第18条第4項（第21条において準用する場合を含む。）の規定による損害保険契約に基づく保険金額並びに共用部分等について生じた損害賠償金及び不当利得による返還金の請求及び受領についても、同様とする。

3 管理者の代理権に加えた制限は、善意の第三者に対抗することができない。

4 管理者は、規約又は集会の決議により、その職務（第2項後段に規定する事項を含む。）に関し、団地建物所有者のために、原告又は被告となることができる。

5 管理者は、前項の規約により原告又は被告となったときは、遅滞なく、団地建物所有者にその旨を通知しなければならない。この場合には、第35条第2項から第4項までの規定を準用する。

第28条 この法律及び規約に定めるもののほか、管理者の権利義務は、委任に関する規定に従う。

第29条 管理者がその職務の範囲内において第三者との間にした行為につき団地建物所有者がその責めに任ずべき割合は、土地等（これらに関する権利を含む。）の持分の割合と同一の割合とする。ただし、規約で土地等並びに第68条の規定による規約により管理すべきものと定められた同条第1項第1号に掲げる土地及び附属施設並びに同項第2号に掲げる建物の共用部分の管理に要する経費につき負担の割合が定められているときは、その割合による。

2 前項の行為により第三者が団地建物所有者に対して有する債権は、その特定承継人に対しても行うことができる。

(2) 26条2項の規定の準用

26条2項の規定の準用に当たって、「（第21条において準用する場合を含む。）」と

第2章 団　地

いう部分の準用は、団地関係には21条の規定の準用はないから、無意味である（濱崎・解説428、吉田・一問一答179）。

(3)　27条の規定の不準用

管理所有についての27条の規定は、団地の管理者には準用されない。したがって、団地管理対象物である団地内の区分所有建物の共用部分を、団地の管理者の所有とすることはできない。

〔5〕　**団地の規約**（30条1項・3項～5項、31条1項、33条の準用）

団地建物所有者の団体は、規約を定めることができる（65条）が、その団地の規約については、区分所有建物についての規約の規定（30条1項・3項～5項、31条1項、33条）が準用される。

本条後段の規定によって、30条1項・3項から5項まで、31条1項、33条の各規定は、次のように読み替えられる。これらの条項の解説についてはそれぞれ、30条1項・3項から5項まで、31条1項、33条の注釈を参照されたい。

第30条　土地等又は第68条第1項各号に掲げる物の管理又は使用に関する団地建物所有者相互間の事項は、この法律に定めるもののほか、規約で定めることができる。

3　前項に規定する規約は、建物若しくは専有部分若しくは土地等（土地等に関する権利を含む。）又は第68条の規定による規約により管理すべきものと定められた同条第1項第1号に掲げる土地若しくは附属施設（これらに関する権利を含む。）若しくは同項第2号に掲げる建物の共用部分につき、これらの形状、面積、位置関係、使用目的及び利用状況並びに団地建物所有者が支払った対価その他の事情を総合的に考慮して、団地建物所有者間の利害の衡平が図られるように定めなければならない。

4　第1項の場合には、団地建物所有者以外の者の権利を害することができない。

5　規約は、書面又は電磁的記録（電子的方式、磁気的方式その他人の知覚によっては認識することができない方式で作られる記録であって、電子計算機による情報処理の用に供されるものとして法務省令で定めるものをいう。以下同じ。）により、これを作成しなければならない。

第31条　規約の設定、変更又は廃止は、団地建物所有者及び議決権の各4分の3以上の多数による集会の決議によってする。この場合において、規約の設定、

変更又は廃止が一部の団地建物所有者の権利に特別の影響を及ぼすべきときは、その承諾を得なければならない。

第33条 規約は、管理者が保管しなければならない。ただし、管理者がないときは、建物を使用している団地建物所有者又はその代理人で規約又は集会の決議で定めるものが保管しなければならない。

2 前項の規定により規約を保管する者は、利害関係人の請求があったときは、正当な理由がある場合を除いて、規約の閲覧（規約が電磁的記録で作成されているときは、当該電磁的記録に記録された情報の内容を法務省令で定める方法により表示したものの当該規約の保管場所における閲覧）を拒んではならない。

3 規約の保管場所は、団地内の見やすい場所に掲示しなければならない。

〔6〕 **団地の集会**（34条から46条までの準用）

団地建物所有者の団体は、集会を開くことができる（65条）が、その集会については、区分所有建物の集会についての規定（34条から46条まで）が準用される。

(1) 読替え

本条後段の規定によって、34条から46条までの各規定は、次のように読み替えられる。

第34条 集会は、管理者が招集する。

2 管理者は、少なくとも毎年一回集会を招集しなければならない。

3 団地建物所有者の5分の1以上で議決権の5分の1以上を有するものは、管理者に対し、会議の目的たる事項を示して、集会の招集を請求することができる。ただし、この定数は、規約で減ずることができる。

4 前項の規定による請求がされた場合において、2週間以内にその請求の日から4週間以内の日を会日とする集会の招集の通知が発せられなかったときは、その請求をした団地建物所有者は、集会を招集することができる。

5 管理者がないときは、団地建物所有者の5分の1以上で議決権の5分の1以上を有するものは、集会を招集することができる。ただし、この定数は、規約で減ずることができる。

第35条 集会の招集の通知は、会日より少なくとも1週間前に、会議の目的たる事項を示して、各団地建物所有者に発しなければならない。ただし、この期間

第2章 団　　地

は、規約で伸縮することができる。
2　建物又は専有部分が数人の共有に属するときは、前項の通知は、第40条の規定により定められた議決権を行使すべき者（その者がないときは、共有者の一人）にすれば足りる。
3　第1項の通知は、団地建物所有者が管理者に対して通知を受けるべき場所を通知したときはその場所に、これを通知しなかったときは団地建物所有者の所有する建物又は専有部分が所在する場所にあててすれば足りる。この場合には、同項の通知は、通常それが到達すべき時に到達したものとみなす。
4　団地内に住所を有する団地建物所有者又は前項の通知を受けるべき場所を通知しない団地建物所有者に対する第1項の通知は、規約に特別の定めがあるときは、団地内の見やすい場所に掲示してすることができる。この場合には、同項の通知は、その掲示をした時に到達したものとみなす。
5　第1項の通知をする場合において、会議の目的たる事項が第17条第1項、第31条第1項、第69条第1項又は第70条第1項に規定する決議事項であるときは、その議案の要領をも通知しなければならない。

第36条　集会は、団地建物所有者全員の同意があるときは、招集の手続を経ないで開くことができる。

第37条　集会においては、第35条の規定によりあらかじめ通知した事項についてのみ、決議をすることができる。
2　前項の規定は、この法律に集会の決議につき特別の定数が定められている事項を除いて、規約で別段の定めをすることを妨げない。
3　前2項の規定は、前条の規定による集会には適用しない。

第38条　各団地建物所有者の議決権は、規約に別段の定めがない限り、土地等（これらに関する権利を含む。）の持分の割合による。

第39条　集会の議事は、この法律又は規約に別段の定めがない限り、団地建物所有者及び議決権の各過半数で決する。
2　議決権は、書面で、又は代理人によって行使することができる。
3　団地建物所有者は、規約又は集会の決議により、前項の規定による書面による議決権の行使に代えて、電磁的方法（電子情報処理組織を使用する方法その他の情報通信の技術を利用する方法であって法務省令で定めるものをいう。以下同じ。）によって議決権を行使することができる。

第40条　建物又は専有部分が数人の共有に属するときは、共有者は、議決権を行使すべき者一人を定めなければならない。

第41条　集会においては、規約に別段の定めがある場合及び別段の決議をした場合を除いて、管理者又は集会を招集した団地建物所有者の一人が議長となる。

第42条　集会の議事については、議長は、書面又は電磁的記録により、議事録を作成しなければならない。

2　議事録には、議事の経過の要領及びその結果を記載し、又は記録しなければならない。

3　前項の場合において、議事録が書面で作成されているときは、議長及び集会に出席した団地建物所有者の2人がこれに署名押印しなければならない。

4　第2項の場合において、議事録が電磁的記録で作成されているときは、当該電磁的記録に記録された情報については、議長及び集会に出席した団地建物所有者の2人が行う法務省令で定める署名押印に代わる措置を執らなければならない。

5　第33条の規定は、議事録について準用する。

第43条　管理者は、集会において、毎年一回一定の時期に、その事務に関する報告をしなければならない。

第44条　団地建物所有者の承諾を得て建物又は専有部分を占有する者は、会議の目的たる事項につき利害関係を有する場合には、集会に出席して意見を述べることができる。

2　前項に規定する場合には、集会を招集する者は、第35条の規定により招集の通知を発した後遅滞なく、集会の日時、場所及び会議の目的たる事項を団地内の見やすい場所に掲示しなければならない。

第45条　この法律又は規約により集会において決議をすべき場合において、団地建物所有者全員の承諾があるときは、書面又は電磁的方法による決議をすることができる。ただし、電磁的方法による決議に係る団地建物所有者の承諾については、法務省令で定めるところによらなければならない。

2　この法律又は規約により集会において決議すべきものとされた事項については、団地建物所有者全員の書面又は電磁的方法による合意があったときは、書面又は電磁的方法による決議があったものとみなす。

3　この法律又は規約により集会において決議すべきものとされた事項について

第2章 団　　地

　　の書面又は電磁的方法による決議は、集会の決議と同一の効力を有する。
　4　第33条の規定は、書面又は電磁的方法による決議に係る書面並びに第1項及び第2項の電磁的方法が行われる場合に当該電磁的方法により作成される電磁的記録について準用する。
　5　集会に関する規定は、書面又は電磁的方法による決議について準用する。
第46条　規約及び集会の決議は、団地建物所有者の特定承継人に対しても、その効力を生ずる。
　2　建物又は専有部分を占有する者で第65条に規定する団地建物所有者でないものは、土地等又は第68条第1項各号に掲げる物の使用方法につき、団地建物所有者が規約又は集会の決議に基づいて負う義務と同一の義務を負う。

(2)　「建物又は専有部分」
　本条後段の規定による読替えにおいて、35条2項等の「専有部分」を「建物又は専有部分」と読み替えているが、これは、団地内の区分所有建物以外の建物（戸建て）については当該建物自体を、区分所有建物についてはその専有部分を指す趣旨である。
(3)　35条5項の規定の準用
　35条5項の規定の準用に当たって、同条項の「第61条第5項、第62条第1項、第68条第1項又は第69条7項」という部分は、団地関係においてはこれらの条項に規定する決議は存しないから無意味であり、準用されない。
　なお、以上読替えをした各条項の解説については、34条から46条の注釈を参照されたい。

〔7〕　**団地管理組合法人**（47条から56条の7までの準用）
　団地建物所有者の団体も、区分所有者の団体と同様に、法人となることができ（「団地管理組合法人」と称される）、この法人については、管理組合法人についての規定（47条から56条の7まで）が準用される。
(1)　読替え
　本条後段の規定によって、47条から56条の7までの各規定は、次のように読み替えられる。

第47条　第65条に規定する団体は、団地建物所有者及び議決権の各4分の3以上

の多数による集会の決議で法人となる旨並びにその名称及び事務所を定め、かつ、その主たる事務所の所在地において登記をすることによって法人となる。
2　前項の規定による法人は、団地管理組合法人と称する。
3　この法律に規定するもののほか、団地管理組合法人の登記に関して必要な事項は、政令で定める。
4　団地管理組合法人に関して登記すべき事項は、登記した後でなければ、第三者に対抗することができない。
5　団地管理組合法人の成立前の集会の決議、規約及び管理者の職務の範囲内の行為は、団地管理組合法人につき効力を生ずる。
6　団地管理組合法人は、その事務に関し、団地建物所有者を代理する。第18条第4項（第21条において準用する場合を含む。）の規定による損害保険契約に基づく保険金額並びに共用部分等について生じた損害賠償金及び不当利得による返還金の請求及び受領についても、同様とする。
7　団地管理組合法人の代理権に加えた制限は、善意の第三者に対抗することができない。
8　団地管理組合法人は、規約又は集会の決議により、その事務（第6項後段に規定する事項を含む。）に関し、団地建物所有者のために、原告又は被告となることができる。
9　団地管理組合法人は、前項の規約により原告又は被告となったときは、遅滞なく、団地建物所有者にその旨を通知しなければならない。この場合においては、第35条第2項から第4項までの規定を準用する。
10　一般社団法人及び一般財団法人に関する法律（平成18年法律第48号）第4条及び第78条の規定は管理組合法人に、破産法（平成16年法律第75号）第16条第2項の規定は存立中の団地管理組合法人に準用する。
11　第4節及び第33条第1項ただし書（第42条第5項及び第45条第4項において準用する場合を含む。）の規定は、団地管理組合法人には適用しない。
12　団地管理組合法人について、第33条第1項本文（第42条第5項及び第45条第4項において準用する場合を含む。以下この項において同じ。）の規定を適用する場合には第33条第1項本文中「管理者が」とあるのは「理事が団地管理組合法人の事務所において」と、第34条第1項から第3項まで及び第5項、第35条第3項、第41条並びに第43条の規定を適用する場合にはこれらの規定中「管

第2章 団　地

理者」とあるのは「理事」とする。

13　団地管理組合法人は、法人税法（昭和40年法律第34号）その他法人税に関する法令の規定の適用については、同法第2条第6号に規定する公益法人等とみなす。この場合において、同法第37条の規定を適用する場合には同条第4項中「公益法人等（」とあるのは「公益法人等（団地管理組合法人並びに」と、同法第66条の規定を適用する場合には同条第1項及び第2項中「普通法人」とあるのは「普通法人（団地管理組合法人を含む。）」と、同条第3項中「公益法人等（」とあるのは「公益法人等（団地管理組合法人及び」とする。

14　団地管理組合法人は、消費税法（昭和63年法律第108号）その他消費税に関する法令の規定の適用については、同法別表第三に掲げる法人とみなす。

第48条　団地管理組合法人は、その名称中に団地管理組合法人という文字を用いなければならない。

2　団地管理組合法人でないものは、その名称中に団地管理組合法人という文字を用いてはならない。

第48条の2　団地管理組合法人は、設立の時及び毎年1月から3月までの間に財産目録を作成し、常にこれをその主たる事務所に備え置かなければならない。ただし、特に事業年度を設けるものは、設立の時及び毎事業年度の終了の時に財産目録を作成しなければならない。

2　団地管理組合法人は、団地建物所有者名簿を備え置き、団地建物所有者の変更があるごとに必要な変更を加えなければならない。

第49条　団地管理組合法人には、理事を置かなければならない。

2　理事が数人ある場合において、規約に別段の定めがないときは、団地管理組合法人の事務は、理事の過半数で決する。

3　理事は、団地管理組合法人を代表する。

4　理事が数人あるときは、各自団地管理組合法人を代表する。

5　前項の規定は、規約若しくは集会の決議によって、団地管理組合法人を代表すべき理事を定め、若しくは数人の理事が共同して団地管理組合法人を代表すべきことを定め、又は規約の定めに基づき理事の互選によって団地管理組合法人を代表すべき理事を定めることを妨げない。

6　理事の任期は、2年とする。ただし、規約で3年以内において別段の期間を定めたときは、その期間とする。

7　理事が欠けた場合又は規約で定めた理事の員数が欠けた場合には、任期の満了又は辞任により退任した理事は、新たに選任された理事（第49条の4第1項の仮理事を含む。）が就任するまで、なおその職務を行う。

8　第25条の規定は、理事に準用する。

第49条の2　理事の代理権に加えた制限は、善意の第三者に対抗することができない。

第49条の3　理事は、規約又は集会の決議によつて禁止されていないときに限り、特定の行為の代理を他人に委任することができる。

第49条の4　理事が欠けた場合において、事務が遅滞することにより損害を生ずるおそれがあるときは、裁判所は、利害関係人又は検察官の請求により、仮理事を選任しなければならない。

2　仮理事の選任に関する事件は、団地管理組合法人の主たる事務所の所在地を管轄する地方裁判所の管轄に属する。

第50条　団地管理組合法人には、監事を置かなければならない。

2　監事は、理事又は団地管理組合法人の使用人と兼ねてはならない。

3　監事の職務は、次のとおりとする。

　一　団地管理組合法人の財産の状況を監査すること。

　二　理事の業務の執行の状況を監査すること。

　三　財産の状況又は業務の執行について、法令若しくは規約に違反し、又は著しく不当な事項があると認めるときは、集会に報告をすること。

　四　前号の報告をするため必要があるときは、集会を招集すること。

4　第25条、第49条第6項及び第7項並びに前条の規定は、監事に準用する。

第51条　団地管理組合法人と理事との利益が相反する事項については、監事が団地管理組合法人を代表する。

第52条　団地管理組合法人の事務は、この法律に定めるもののほか、すべて集会の決議によって行う。ただし、この法律に集会の決議につき特別の定数が定められている事項及び第57条第2項に規定する事項を除いて、規約で、理事その他の役員が決するものとすることができる。

2　前項の規定にかかわらず、保存行為は、理事が決することができる。

第53条　団地管理組合法人の財産をもってその債務を完済することができないときは、団地建物所有者は、土地等（これらに関する権利を含む。）の持分の割

合と同一の割合で、その債務の弁済の責めに任ずる。ただし、第29条第１項ただし書に規定する負担の割合が定められているときは、その割合による。
2　団地管理組合法人の財産に対する強制執行がその効を奏しなかったときも、前項と同様とする。
3　前項の規定は、団地建物所有者が団地管理組合法人に資力があり、かつ、執行が容易であることを証明したときは、適用しない。

第54条　団地建物所有者の特定承継人は、その承継前に生じた団地管理組合法人の債務についても、その団地建物所有者が前条の規定により負う責任と同一の責任を負う。

第55条　団地管理組合法人は、次の事由によって解散する。
一　土地等（これらに関する権利を含む。）の全部の滅失
二　土地等（これらに関する権利を含む。）が第65条に規定する団地建物所有者の共有でなくなったこと。
三　集会の決議
2　前項第３号の決議は、団地建物所有者及び議決権の各４分の３以上の多数でする。

第55条の2　解散した団地管理組合法人は、清算の目的の範囲内において、その清算の結了に至るまではなお存続するものとみなす。

第55条の3　団地管理組合法人が解散したときは、破産手続開始の決定による解散の場合を除き、理事がその清算人となる。ただし、規約に別段の定めがあるとき、又は集会において理事以外の者を選任したときは、この限りでない。

第55条の4　前条の規定により清算人となる者がないとき、又は清算人が欠けたため損害を生ずるおそれがあるときは、裁判所は、利害関係人若しくは検察官の請求により又は職権で、清算人を選任することができる。

第55条の5　重要な事由があるときは、裁判所は、利害関係人若しくは検察官の請求により又は職権で、清算人を解任することができる。

第55条の6　清算人の職務は、次のとおりとする。
一　現務の結了
二　債権の取立て及び債務の弁済
三　残余財産の引渡し
2　清算人は、前項各号に掲げる職務を行うために必要な一切の行為をすること

ができる。

第55条の7 清算人は、その就職の日から2月以内に、少なくとも3回の公告をもつて、債権者に対し、一定の期間内にその債権の申出をすべき旨の催告をしなければならない。この場合において、その期間は、2月を下ることができない。

2 前項の公告には、債権者がその期間内に申出をしないときは清算から除斥されるべき旨を付記しなければならない。ただし、清算人は、知れている債権者を除斥することができない。

3 清算人は、知れている債権者には、各別にその申出の催告をしなければならない。

4 第1項の公告は、官報に掲載してする。

第55条の8 前条第1項の期間の経過後に申出をした債権者は、団地管理組合法人の債務が完済された後まだ権利の帰属すべき者に引き渡されていない財産に対してのみ、請求をすることができる。

第55条の9 清算中に団地管理組合法人の財産がその債務を完済するのに足りないことが明らかになつたときは、清算人は、直ちに破産手続開始の申立てをし、その旨を公告しなければならない。

2 清算人は、清算中の団地管理組合法人が破産手続開始の決定を受けた場合において、破産管財人にその事務を引き継いだときは、その任務を終了したものとする。

3 前項に規定する場合において、清算中の団地管理組合法人が既に債権者に支払い、又は権利の帰属すべき者に引き渡したものがあるときは、破産管財人は、これを取り戻すことができる。

4 第1項の規定による公告は、官報に掲載してする。

第56条 解散した団地管理組合法人の財産は、規約に別段の定めがある場合を除いて、土地等（これらに関する権利を含む。）の持分の割合と同一の割合で各団地建物所有者に帰属する。

第56条の2 団地管理組合法人の解散及び清算は、裁判所の監督に属する。

2 裁判所は、職権で、いつでも前項の監督に必要な検査をすることができる。

第56条の3 団地管理組合法人の解散及び清算の監督並びに清算人に関する事件は、その主たる事務所の所在地を管轄する地方裁判所の管轄に属する。

第2章　団　　地

　第56条の4　清算人の選任の裁判に対しては、不服を申し立てることができない。

　第56条の5　裁判所は、第55条の4の規定により清算人を選任した場合には、団地管理組合法人が当該清算人に対して支払う報酬の額を定めることができる。この場合においては、裁判所は、当該清算人及び監事の陳述を聴かなければならない。

　第56条の7　裁判所は、団地管理組合法人の解散及び清算の監督に必要な調査をさせるため、検査役を選任することができる。

　2　第56条の4及び第56条の5の規定は、前項の規定により裁判所が検査役を選任した場合について準用する。この場合において、同条中「清算人及び監事」とあるのは、「団地管理組合法人及び検査役」と読み替えるものとする。

(2) 47条6項および52条1項の規定の準用

　47条6項の規定の準用に当たって、「(第21条において準用する場合を含む。)」という部分の準用は、団地関係には21条の規定の準用はないから、無意味である(濱﨑・解説433)。

　また、52条1項ただし書の規定の準用に当たって、「第57条第2項に規定する事項」という部分の準用は、そもそも団地関係には57条(～60条)の規定の準用はなく57条2項に規定する事項については団地管理組合法人の事務に属しないから、無意味である(濱﨑・解説435)。

　以上、読替えをした各条項の解説についてはそれぞれ、47条から56条までの注釈を参照されたい。

(団地共用部分)

第67条　一団地内の附属施設たる建物(第1条に規定する建物の部分を含む。)は、前条において準用する第30条第1項の規約により団地共用部分とすることができる。この場合においては、その旨の登記をしなければ、これをもって第三者に対抗することができない。

2　一団地内の数棟の建物の全部を所有する者は、公正証書により、前項の規約を設定することができる。

3　第11条第1項本文及び第3項並びに第13条から第15条までの規定は、団地共用部分に準用する。この場合において、第11条第1項本文中「区

分所有者」とあるのは「第65条に規定する団地建物所有者」と、第14条第1項及び第15条中「専有部分」とあるのは「建物又は専有部分」と読み替えるものとする。[7]

〔1〕 **本条の趣旨**

団地関係（65の注釈〔2〕(1)参照）においては、団地内に存在する附属施設たる独立の建物や区分所有建物の専有部分たり得る部分を、団地建物所有者全員が管理事務所、集会室、倉庫、車庫等として共有し共用する必要が実際上生じる。本条は、建物の区分所有関係における規約共用部分の制度（4条2項）にならって、団地内に存する附属施設たる独立の建物や区分所有建物の専有部分たり得る部分を、団地の規約によって団地共用部分とすることができる旨を定めたものである。

1962年法下では本条に該当する規定は存在しなかったが、実務上の取扱いにおいては、数棟の区分所有建物の附属施設としての集会室を当該数棟の建物の区分所有者全員の規約によって全員が共有する共用部分とした登記先例（昭和41年8月2日民事甲第1927号民事局長通達）があった。しかし、このような実務上の取扱いは、明文の根拠規定を欠くもので理論的には疑問の余地があったことから、1983年改正法によって本条が新設された（濱崎・解説449）。

〔2〕 **団地共用部分の対象**

団地共用部分とすることができるものは、「一団地内の附属施設たる建物（第1条に規定する建物の部分を含む。）」（以下、特別の表記がないときでも本条の注釈について同じ）である。すなわち、団地内に存在し、かつ、附属施設たる独立した建物または区分所有建物の専有部分たり得る部分である。

(1) 「附属施設」たる建物

65条は、団地内の附属施設が団地建物所有者の共有に属する場合には、団地建物所有者は、全員で、その附属施設の管理を行うための団体を構成すると規定し、そのような附属施設を団地の法律上当然の管理対象物とした。本条は、団地のこのような法律上当然の管理対象物たる附属施設のうち、建物（1条に規定する建物の部分を含む）について規約により団地共用部分とすることができるとした。団地共用部分とすることができるのは、このような団地建物所有者全員の共有に属する附属施設たる建物に限られるから、たとえば、A棟の一部の区分所有者とB棟の一部の区分所有者の共有に属する附属施設たる建物やA棟のみの区分所

者の共有に属する附属施設たる建物は、団地共用部分とすることはできない（なお、本条3項は、11条1項本文のみを準用し、同項ただし書〔一部共用部分〕を準用していない）。

なお、ABC3棟が共有する敷地内に附属施設たる建物があり、ABC3棟の区分所有者全員がこれを共有する場合には、ABC3棟の団地規約で定めるべきであるが、これがABC3棟で共有する敷地外にある場合、たとえばAB2棟の共有する敷地にある場合には、それを共有する棟でそのための規約を定めるべきである。

(2) 共同従属関係

本条は、団地共用部分とすることができるものについて、「附属施設」たる建物（1条に規定する建物の部分を含む）と規定していることから、団地共用部分とすることができるものは、団地建物所有者の所有する建物（または専有部分）のすべてとにおいて用途上従属する関係にあることが必要である。この従属性は、当該建物において構造上具わっている必要はなく、用途上具わっていれば足りる（濱崎・解説450参照）。したがって、たとえば、A棟内にある専有部分たり得る部分（一住戸）がABC3棟の区分所有者全員の共有に属する場合には、この部分はABC3棟すべての専有部分と共同で従属する関係にあるから、規約により団地共用部分とすることができる。

〔3〕 **団地規約による定め**

団地共用部分を定めるには、「前条において準用する第30条第1項の規約」によってすることを必要とし、かつ、それをもって足りる。

(1) 団地共用部分となるための要件

団地内の附属施設たる建物が団地建物所有者の共有に属する場合には、団地建物所有者は、全員で、当然にその附属施設の管理を団体として行う（65条）が、このことをもって当然に当該附属施設たる建物が団地共用部分となるものではない。団地規約で定めることによって初めて団地共用部分となるのである（団地共用部分と定めた場合の効果については後記〔4〕および〔7〕参照）。

(2) 「前条において準用する第30条第1項の規約」

「前条において準用する第30条第1項の規約」と表記されているのは、ここでいう規約が30条1項の通常の規約と同じであること、および、それを66条の規定を介して団地共用部分に適用することを明らかにするためである。この規約の設

§67〔3〕～〔5〕

定は、団地建物所有者およびその議決権の各4分の3以上の多数による集会の決議によってする（66条による31条の準用。66条の注釈〔5〕参照）。

〔4〕 **団地共用部分と定めた場合の効果**

団地内の附属施設たる建物が団地規約によって団地共用部分と定められた場合には、本条3項によって、区分所有建物における共用部分に関する規定（11条1項本文および3項ならびに13条から15条までの規定）が読替えの上で準用される。

団地内の附属施設たる建物が団地建物所有者の共有に属する場合には、団地建物所有者は、全員で、当然にその附属施設の管理を団体として行う（65条）が、その管理においては、区分所有建物の共用部分の管理等に関する17条から19条までの規定が準用されるに過ぎない（66条。同条の注釈〔3〕参照）。すなわち、団地内の附属施設たる建物が規約によって団地共用部分とされていない段階では、当該建物についての共有者の持分はなお各共有者の有する専有部分と分離して処分することができる（66条は、共用部分の持分の処分に関する15条の規定は準用していない）。附属施設たる建物が団地共用部分とされることによって初めて、当該建物についての共有者の持分は、各共有者の有する専有部分と分離して処分することができなくなる（本条3項による15条の準用）。この点を含めて、団地共用部分と定めた場合の諸効果については、後記〔7〕で詳述する。

〔5〕 **団地共用部分たる旨の登記**

規約によって団地共用部分を定めた場合においては、その旨の登記をしなければ、これをもって第三者に対抗することができない。建物の区分所有関係における規約共用部分の場合と同様である（4条2項後段）。

(1) 登記による公示

団地共用部分である旨の登記によって、本条3項により準用される14条に定めるところに従って当該附属施設たる建物が団地建物所有者全員の共有に属することおよびその持分割合が公示される。また、本条3項により準用される15条に定めるところに従って、その共有持分の処分はその有する建物または専有部分の処分に従い、当該建物または専有部分と分離して処分することができないものであることが公示される。

(2) 登記手続

団地共用部分に関する登記手続については、建物の区分所有関係における規約共用部分に関する登記手続と同様に（4条の注釈〔5〕参照）、不動産登記法に定め

るところによる（同法44条1項6号、51条、53条、54条、58条）。

　団地共用部分である旨の登記は、表題部に記載した所有者（所有権の登記がない場合）または所有権の登記名義人（所有権の登記がある場合）の申請によってなされる（不登法58条2項）。なお、団地共用部分である旨の登記は、当該団地共用部分である建物に所有権等の登記以外の権利に関する登記があるときは、当該権利に関する登記に係る権利の登記名義人の承諾あるときでなければ、申請することができない（同条3項）。団地建物所有者の集会の決議によって団地共用部分を定める規約を設定する場合には、団地共用部分とすべき建物の所有者は団地建物所有者全員であるから、その全員で申請することになる。しかし、団地の管理者が置かれているときは、管理者が全員を代理して（66条によって準用される26条2項前段）その登記申請をすることができる（団地管理組合法人の場合は、理事が登記申請をすることができる）。その申請は保存行為と見ることができるから、管理者は、集会の決議を要せずにこの申請が可能であると解すべきである（濱崎・解説454は、登記申請につき保存行為ではない管理行為であると解釈する余地もあるとしながら、これを保存行為と解するときは、集会の決議を要しないという）。

　この登記の申請に当たっては、団地共用部分たる旨を定めた規約を証する書面（集会の議事録等）を添付する（旧不登法99条ノ4第1項参照）。団地共用部分である旨の登記は、建物（区分所有建物にあっては専有部分）の表題部に団地共用部分たる旨を記載してする。

〔6〕　公正証書による規約の設定
　団地共用部分を定める規約は、団地建物所有者の集会の決議等によって（66条により準用する31条1項、45条）設定するのが原則であるが、一団地内の数棟の建物の全部を所有する者は、公正証書によって単独でこの規約を設定することができる。その趣旨は、一団地内に数棟の建物を建築してその全部を所有する者が、その分譲前に単独で管理事務所、車庫等の団地共用部分を定め、その旨の登記をし、これを前提として分譲することを可能にすることにある。

〔7〕　建物の共用部分に関する規定の準用
　団地共用部分と定められた場合には、11条1項本文および3項ならびに13条から15条までの規定が読替えの上準用される。これによって、附属施設である当該建物（1条に規定する建物の部分を含む）については、以下の効果が生ずる。

(1) 11条1項本文等の準用

　11条1項本文の規定の準用によって、団地共用部分は、団地建物所有者全員の共有に属する。

　その共有持分は、原則として各共有者の有する建物、区分所有建物にあっては専有部分の床面積の割合による（本条3項による読替えの上での14条1項の準用）。この場合において区分所有建物の一部共用部分で床面積を有するものがあるときは、その一部共用部分の床面積は、これを共用すべき区分所有者の専有部分の床面積の割合により配分して、それぞれの区分所有者の専有部分の床面積に算入する（14条2項の準用。この準用は、団地内の区分所有建物の専有部分の床面積の計算に関してのみ認められる）。以上の床面積は、壁その他の区画の内側線で囲まれた部分の水平投影面積による（14条3項の準用）。これら共用部分の持分については、団地の規約で別段の定めをすることができる（14条4項の準用）。

(2) 共有持分の割合

　規約で団地共用部分と定める際において、団地共用部分と定められる前の共有持分の割合と14条1項から3項までの準用による共有持分の割合とが合致しない場合（たとえば、規約で団地共用部分と定める際において、当該附属施設たる建物について団地建物所有者は均一に共有持分を有しているが団地建物所有者の専有部分の床面積は均一でないような場合）がある。この場合には、団地共用部分を定めるに当たり、本条3項で準用される14条4項の規約によって、団地共用部分と定められる前の共有持分の割合と合致する持分割合を定めることができる（14条1項から3項までの準用による共有持分の割合と異なる割合を定めるには、本条3項で準用される14条4項の規約に従って、規約によって別段の持分割合を定める必要がある。なお、濱崎・解説452参照）。

(3) 13条の準用

　団地建物所有者は、団地共用部分をその用法に従って使用することができる（13条の準用）。

(4) 持分の処分

　共有者は、この法律に別段の定めがある場合を除いて、その有する建物または専有部分と分離して団地共用部分についての持分を処分することができない（本条3項による読替えの上での15条1項および2項の準用。濱崎・解説453および上記(2)参照）。なお、この法律に別段の定めがある場合とは、本条3項において準用す

第2章 団　地

る14条4項の規約によって共有持分の割合を変更するのに伴い、その持分の一部の移転が行われる場合を指す。

(5) 11条3項の準用

　団地共用部分についての共有者の持分は、団地建物所有者の有する建物または専有部分といわば一体となっており、これに関する権利関係の公示は建物または専有部分の登記によってなされていることから、独自の公示手段を必要としない。したがって、団地共用部分とする旨の登記がなされることで足り、民法177条の規定は、団地共用部分には適用されない（11条3項の準用）。

（規約の設定の特例）
第68条　次の物につき第66条において準用する第30条第1項の規約を定めるには、第1号に掲げる土地又は附属施設にあっては当該土地の全部又は附属施設の全部につきそれぞれ共有者の4分の3以上でその持分の4分の3以上を有するものの同意、第2号に掲げる建物にあってはその全部につきそれぞれ第34条の規定による集会における区分所有者及び議決権の各4分の3以上の多数による決議があることを要する。
　一　一団地内の土地又は附属施設（これらに関する権利を含む。）が当該団地内の一部の建物の所有者（専有部分のある建物にあっては、区分所有者）の共有に属する場合における当該土地又は附属施設（専有部分のある建物以外の建物の所有者のみの共有に属するものを除く。）
　二　当該団地内の専有部分のある建物
2　第31条第2項の規定は、前項第2号に掲げる建物の一部共用部分に関する事項で区分所有者全員の利害に関係しないものについての同項の集会の決議に準用する。

〔1〕　**本条の趣旨**

　一団地内に数棟の建物があって、その団地内の土地または附属施設がそれらの団地建物所有者の共有に属する場合には、団地建物所有者は、当然に、全員で、その共有に属する土地または附属施設を管理する（65条）。これに対して、団地内の一部の建物所有者の共有に属する団地内の土地または附属施設および団地内の専有部分のある建物は、当然には団地建物所有者全員の管理対象物とならない。

しかし、これらについても、実際上、団地建物所有者全員の管理対象物として団地全体で管理を行う必要が生ずる。

そこで、本条は、団地内の一部の建物所有者の共有に属する団地内の土地または附属施設（本条1項1号）および団地内の専有部分のある建物（同項2号）について、規約によって団地建物所有者全員の管理対象物とすることができるものとし、その規約の設定手続について特則を定めた。

団地建物所有者全員の共有に属する団地内の土地または附属施設に関する規約の設定等については、団地建物所有者全員を構成員とする集会の所定の多数決議によることとして何ら問題は生じない。これに対して、団地内の一部の建物所有者の共有に属する団地内の土地または附属施設および団地内の専有部分のある建物について団地の規約をもってその管理または使用に関して定めるには、特に、当該物件について権利を有する者の多数意思を尊重することが必要である。そこで、団地内の一部の建物所有者の共有物について団地の規約を定めるためには、66条において準用する31条1項に規定する手続に従い団地全体の集会の決議によってするほか、本条は、これに加えて、当該物件につき権利を有する者の決議（特別多数決議）を必要とすることとした。

〔2〕「当該土地の全部又は附属施設の全部につき」

本条1項1号に掲げる土地または附属施設（後記〔6〕を参照のこと）の管理または使用について全体の団地規約（66条において準用する30条1項の規約）で定めるには、66条において準用する31条1項の規定によって、団地建物所有者全員の集会での特別多数決議（団地建物所有者およびその議決権の各4分の3以上の多数による決議）を得る必要があるが、それに加えて、一部の建物所有者の共有に属する「土地の全部又は附属施設の全部につき」それぞれ共有者およびその持分の各4分の3以上を有するものの同意を得る必要がある。

たとえば、A棟とB棟（共に区分所有建物）で敷地を共有する団地において、敷地上に、A棟の区分所有者のみで倉庫を共有し、またB棟の区分所有者のみで車庫を共有している場合において、その倉庫および車庫の管理等についてAB棟全体の団地規約で定めるには、AB棟の区分所有者全員で構成される集会で区分所有者およびその議決権の各4分の3以上の多数による決議を得ることが必要であるが、それに加えて、倉庫についてはA棟の区分所有者およびその持分の各4分の3以上を有するものの同意を得る必要があり、車庫についてはB棟の区分所

有者およびその持分の各4分の3以上を有するものの同意を得る必要がある。

　それでは、倉庫についての同意と車庫についての同意が共に成立することが必要か。すなわち、どちらか一方の同意を得られなかった場合には、両方とも団地全体の管理の対象とすることはできなくなるか。この点について、法務省立法担当者は、両者の同意が共に成立することが必要であるとの立場に立ち、本条1項において、「附属施設の全部につきそれぞれ」と規定しているのは、この趣旨であるという（本項1号に該当する土地が複数あるときも同様）。そして、本項が「当該土地の全部又は附属施設の全部につきそれぞれ」としたのは、たとえば、上記の例のA棟の倉庫やB棟の車庫のような団地内にある附属施設について、全体の団地規約でその管理または使用に関して定めるのであれば、その全部について定めるのが相当であって、附属施設ごとに別個の取扱いをすることは団地内の管理の仕組みを複雑にするおそれがあると説く（濱崎・解説466参照）。

　しかし、上記の例において、団地全体の集会でA棟の倉庫およびB棟の車庫について団地規約の対象とする旨の決議があった場合において、どちらか一方の同意を得られないときには、他方についても団地規約の対象（団地全体での管理の対象）とすることができないと考えることは妥当ではない。本項が、「附属施設の全部につきそれぞれ」と規定しているのは、一棟の建物に複数の附属施設があるような場合には、これらを一括してのみ団地全体の管理に委ねることができるという趣旨であると解すべきである（本項1号に該当する土地が複数あるときも同様に解すべきである）。

　本項1号に該当する「土地又は附属施設」は、「土地」と「附属施設」との相互間において共通の取扱いをする必要はない（たとえば、附属施設のみを全体の団地規約に服させることとしてもよい）。また、たとえば、すべての附属施設を全体の団地規約に服させる場合にも、そのすべてについて同一内容の規約を定める必要はない（A棟の倉庫とB棟の車庫は用途が異なるために、規約の内容も異なり得る）。

〔3〕　**当該土地または附属施設の共有者の「同意」**

　本条1項が当該土地または附属施設についてそれぞれの共有者の「同意」を要すると表記したのは、それらの物の共有が民法上の共有になる場合もあり（たとえば、上記の例におけるA棟の倉庫は区分所有法上の共有である〔21条〕が、その倉庫が仮にA棟の建物所有者の一部の者とB棟の建物所有者の一部の者との共有である場合には、民法上の共有となる）、その場合については、本来、区分所有法上の集会の

§68〔3〕〜〔5〕

決議によることにはなじまないからである。なお、この同意を得るには、必ずしも、団地建物所有者全員の集会での特別多数決議と別個である必要はなく、その集会での特別多数決議において同時に本項でいう同意の要件が満たされればよい。

〔4〕 **「第2号に掲げる建物にあってはその全部につき」**

本条1項1号に掲げる土地および附属施設の場合とは異なって（前記〔2〕参照）、当該団地内に2号に掲げる数棟の建物（区分所有建物）があるときには、棟単位の集会決議がすべて成立しなければ、区分所有建物に関する団地の規約を定めることができない。このように解するのは、団地内に存する区分所有建物の管理を団地全体で行い、そのために規約を定めるというのであれば、その全部について一律に定めるのが相当であって、建物ごとに別個の取扱いをすることは、団地における管理の仕組をいたずらに複雑にし適当でない、と考えるからである（濱崎・解説466参照）。

〔5〕 **団地内の区分所有建物についての集会の決議**

(1) 団地内の区分所有建物の全体管理

当該団地内の区分所有建物の管理または使用について全体の団地規約（66条において準用する30条1項の規約）で定めるには、66条において準用する31条1項の規定によって団地建物所有者全員の集会での特別多数決議（団地建物所有者およびその議決権の各4分の3以上の多数による決議）を得る必要があるが、それに加えて、当該区分所有建物の全部についてそれぞれ34条の規定による集会（棟単位の集会）における区分所有者および議決権の各4分の3以上の多数による決議を必要とする。

本条1項の手続に従って団地内の区分所有建物の管理または使用に関して全体の団地規約で定めた場合には、その規約で定めた事項については、団地の規約の変更または廃止の手続によらない限り、各区分所有建物の区分所有者の集会（「棟別集会」または「棟総会」）または規約（「棟別規約」）で別個に定めることはできない。

(2) 標準管理規約

マンション標準管理規約（30条の注釈〔4〕参照）は、「単棟型」、「複合用途型」と並んで、「団地型」を別個に設けているが、これは、本条1項2号に基づいて、団地内の区分所有建物の管理を団地全体の規約の定めに従って行うことを前提としているものである。すなわち、マンション標準管理規約（団地型）のコメントでは、「本規約の対象としては、団地型として最も一般的な前者の形態〔筆者注：

483

第2章 団　　地

「団地内の土地全体が全団地建物所有者の共有となっている形態」であり、特に、ア）団地内にある数棟の建物の全部が区分所有建物であること、イ）ア）の敷地……がその団地内にある建物の団地建物所有者の共有に属していること、ウ）団地管理組合において、団地内にある区分所有建物全部の管理又は使用に関する規約が定められていることの三つの要件を満たしている団地とした」（全般関係③）と述べ、また、「この規約では、団地建物所有者の共有物である団地内の土地、附属施設及び団地共用部分のほか、それぞれの棟についても団地全体で一元的に管理するものとし、管理組合は団地全体のものを規定し、棟別のものは特に規定していない。ただし、区分所有法で棟ごとに適用されることになっている事項（義務違反者に対する措置、復旧、建替え）については、棟ごとの棟総会で決議するものである」（全般関係⑤）と述べる（同規約では、基本的に上記3つの事項の決議のみが行われる棟総会について、68条から76条までの規定〔「第8章 棟総会」〕を設けている）。

〔6〕　団地内の一部の建物所有者の共有に属する土地または附属施設

一団地内の土地または附属施設（それらに関する権利を含む）が当該団地内の全部の建物の所有者（専有部分のある建物にあっては、区分所有者）の共有に属する場合には、当該土地または附属施設は、団地建物所有者全員の当然の管理対象物であり（65条）、これについては66条において準用する30条1項の規約を定めることができる。これに対し、「第1号に掲げる土地又は附属施設」すなわち「一団地内の土地又は附属施設（これらに関する権利を含む。）が当該団地内の一部の建物の所有者（専有部分のある建物にあっては、区分所有者）の共有に属する場合における当該土地又は附属施設（専有部分のある建物以外の建物の所有者のみの共有に属するものを除く。）」については、66条において準用する30条1項の規約を定めるためには本条の手続に従わなければならない。

(1)　団地内の土地または附属施設

本条1項1号に掲げる「土地」とは、たとえば、65条の注釈〔3〕(3)で掲げた図4（本書453頁）の例において、A棟とB棟で共有する敷地や、C棟とD棟で共有する敷地をいう。これらの敷地は、本条の規定に従い全体の団地規約（66条において準用する30条1項の規約）をもってその管理または使用に関して定めることができる。

本条1項1号に掲げる「附属施設」とは、たとえば、上記図4の例において、仮に、A棟とB棟で車庫や倉庫を共有していた場合の車庫や倉庫をいう。これら

の施設については、本条の規定に従い全体の団地規約（66条において準用する30条1項の規約）をもってその管理または使用に関して定めることができる。

(2) 一部の建物所有者の共有物

本条の適用を受けるには、当該「土地又は附属施設」が、当該団地内の「一部の建物の所有者の共有に属する場合」でなければならない。この場合の共有関係は、一棟の区分所有建物の区分所有者の共有であってもよい。たとえば、65条の注釈〔3〕(3)で掲げた図2の例において、A棟の敷地はA棟が所有しているが、A棟が区分所有建物である場合には、本号でいう土地が「一部の建物の所有者の共有に属する場合」に該当する。

ただし、「専有部分のある建物以外の建物」（区分所有建物以外の建物）、すなわち、いわゆる戸建ての所有者のみの共有に属する土地または附属施設は、「一部の建物の所有者の共有に属する場合」から除外される（本項1号末尾の括弧書）。このようなものを団地全体の管理に服させる必要性に乏しいと考えられるからである（濱崎・解説414）。

〔7〕 団地内の区分所有建物

本条1項は、団地内の建物のうち2号に掲げる建物、すなわち当該団地内の専有部分のある建物（区分所有建物）について、団地全体の管理の対象とすることができるとする。これに対して、いわゆる戸建ての建物は、その対象とすることができない。この点について、法務省立法担当者は、「区分所有建物は、本来本法上の団体的管理の対象であり、団地関係の形成を契機にこれを団地全体の管理の対象にすべき要請があり、かつ、相当性があるのに対し、一戸建建物の管理は、その各所有者が自らすべきものであって、右のような要請及び相当性がないと考えたからである」と説明する（濱崎・解説464）。

〔8〕 団地内の区分所有建物の一部共用部分に関する事項

31条2項は、一部共用部分に関する事項で区分所有者全員の利害に関係しないものについて区分所有者全員で規約を設定・変更・廃止しようとする場合において、当該一部共用部分を共用すべき区分所有者の4分の1を超える者またはその議決権の4分の1を超える者が反対したときは、規約の設定等をすることができない旨を規定する。本条2項は、31条2項の規定が団地内の区分所有建物（「前項第2号に掲げる建物」）の集会（「同項の集会」）の決議に準用されるものとした。

団地内の区分所有建物の管理または使用について団地全体の規約で定めるには、

第2章　団　　地

棟単位の集会における特別多数決議を必要とする（前記〔5〕参照）が、当該区分所有建物の一部共用部分に関する事項について当該決議をする場合に、その事項が当該区分所有者全員の利害に関係しないもの（たとえば、上層階の住戸部分の専用に供される出入口、階段、エレベータなどの管理維持費用。この点については16条の注釈〔3〕〔4〕、30条の注釈〔5〕参照）であるときは、当該一部共用部分を共用すべき区分所有者の4分の1を超える者またはその議決権の4分の1を超える議決権を有する者の反対があるときは、その決議をすることができない。このような反対があるときは、当該区分所有建物の一部共用部分に関する当該事項についてのみ決議をすることができないのであって、当該区分所有建物の管理または使用に関する事項について団地全体の規約で定めること自体を否定するものではない。

（団地内の建物の建替え承認決議）
第69条[1]　一団地内にある数棟の建物（以下この条及び次条において「団地内建物」という。）の全部又は一部が専有部分のある建物であり、かつ、その団地内の特定の建物（以下この条において「特定建物」という。）の所在する土地（これに関する権利を含む。）が当該団地内建物の第65条に規定する団地建物所有者（以下この条において単に「団地建物所有者」という。）の共有に属する場合においては[2]、次の各号に掲げる区分に応じてそれぞれ当該各号に定める要件に該当する場合であって当該土地（これに関する権利を含む。）の共有者である当該団地内建物の団地建物所有者で構成される同条に規定する団体又は団地管理組合法人の集会において議決権の4分の3以上の多数による承認の決議（以下「建替え承認決議」という。）を得たときは、当該特定建物の団地建物所有者は、当該特定建物を取り壊し、かつ、当該土地又はこれと一体として管理若しくは使用をする団地内の土地（当該団地内建物の団地建物所有者の共有に属するものに限る。）に新たに建物を建築することができる[4]。
一　当該特定建物が専有部分のある建物である場合　その建替え決議又はその区分所有者の全員の同意があること[5]。
二　当該特定建物が専有部分のある建物以外の建物である場合　その所有者の同意があること[6]。
2　前項の集会における各団地建物所有者の議決権は、第66条において準

用する第38条の規定にかかわらず、第66条において準用する第30条第1項の規約に別段の定めがある場合であっても、当該特定建物の所在する土地（これに関する権利を含む。）の持分の割合によるものとする。

3　第1項各号に定める要件に該当する場合における当該特定建物の団地建物所有者は、建替え承認決議においては、いずれもこれに賛成する旨の議決権の行使をしたものとみなす。ただし、同項第1号に規定する場合において、当該特定建物の区分所有者が団地内建物のうち当該特定建物以外の建物の敷地利用権に基づいて有する議決権の行使については、この限りでない。

4　第1項の集会を招集するときは、第66条において準用する第35条第1項の通知は、同項の規定にかかわらず、当該集会の会日より少なくとも2月前に、同条第5項に規定する議案の要領のほか、新たに建築する建物の設計の概要（当該建物の当該団地内における位置を含む。）をも示して発しなければならない。ただし、この期間は、第66条において準用する第30条第1項の規約で伸長することができる。

5　第1項の場合において、建替え承認決議に係る建替えが当該特定建物以外の建物（以下この項において「当該他の建物」という。）の建替えに特別の影響を及ぼすべきときは、次の各号に掲げる区分に応じてそれぞれ当該各号に定める者が当該建替え承認決議に賛成しているときに限り、当該特定建物の建替えをすることができる。

一　当該他の建物が専有部分のある建物である場合　第1項の集会において当該他の建物の区分所有者全員の議決権の4分の3以上の議決権を有する区分所有者

二　当該他の建物が専有部分のある建物以外の建物である場合　当該他の建物の所有者

6　第1項の場合において、当該特定建物が2以上あるときは、当該2以上の特定建物の団地建物所有者は、各特定建物の団地建物所有者の合意により、当該2以上の特定建物の建替えについて一括して建替え承認決議に付することができる。

7　前項の場合において、当該特定建物が専有部分のある建物であるときは、当該特定建物の建替えを会議の目的とする第62条第1項の集会にお

いて、当該特定建物の区分所有者及び議決権の各 5 分の 4 以上の多数で、当該 2 以上の特定建物の建替えについて一括して建替え承認決議に付する旨の決議をすることができる。この場合において、その決議があったときは、当該特定建物の団地建物所有者（区分所有者に限る。）の前項に規定する合意があったものとみなす。[14]

〔1〕 **団地内建物の建替え**
(1) 本条（69条）と70条との関係
本法は、団地内にある建物の建替えについて、2002年改正法前には特に規定を設けていなかったが、2002年改正法によって本条（69条）と70条の規定が新設された。本条は、団地内の建物各棟が建替えの発議を行い、これについて団地の敷地を共有する団地内の建物所有者の特別多数決議（4分の3以上の特別多数決議）による承認を得るべきことを規定する。これに対して、70条は、団地の敷地を共有する団地内の建物所有者全員による特別多数決議（5分の4以上の特別多数決議）がなされ、かつ、その場合に各棟において3分の2以上の賛成があれば、団地内の建物を一括して建て替えることができることを規定する。団地の敷地を共有する団地内の建物のすべてが区分所有建物である場合には、上のいずれの方法によっても建替えを行うことができるが、団地の敷地を共有する団地内の建物のうち一部のみが区分所有建物である場合には、各棟の建替えは、本条に基づいて行うことになり、70条による建替えを行うことはできない。なお、団地の敷地を共有する団地内の建物のすべてが区分所有建物以外の建物である場合（単独所有の建物のみで構成されている団地の場合）には、上のいずれの方法によっても建替えを行うことはできず（本条および70条の適用はなく）、民法の規定により、当該敷地を共有する建物所有者全員の合意によってのみ建替えを行うことになる。
(2) 本条（69条）の趣旨
本条は、団地の敷地を共有する団地内の建物所有者の4分の3以上の承認をもって決議するときは、団地内の各棟の建物の建替えができるものとしている。2002年改正法により本条を新設したことについて、法務省立法担当者は、次のように説明する。「現行法には、こうした団地内の各棟の建物の建替えについて特段の規定が置かれてない。このため、敷地の利用関係に関しては、民法の一般原則に従うことになるが、共有土地上の建物の建替えは共有物の変更に当たると解

されるので、共有者全員、すなわち、建替えを実施する建物以外の建物の所有者（区分所有者）については、その全員の同意が必要となり（民法251条参照）、建替えの実施がきわめて困難なものになっているという指摘があった。そこで、改正法では、区分所有建物の敷地や団地内の敷地に変更を加える場合に4分の3以上の特別多数決が必要とされている（法21条、17条、66条）ことに準じて、敷地の共有者で構成される団地管理組合の集会で議決権の4分の3以上の承認を得たときは、団地内の建物の建替えが実施できることにしたものである」（吉田ほか・概要(下)38～39。なお、吉田・一問一答91）。もっとも、団地内の建物の建替えについて特段の規定が置かれていなかった2002年改正法の前においても、民法の一般原則に従って共有土地上の建物の建替えを共有物の変更に当たるとして土地共有者全員（建替えを実施する区分所有建物の所有者を含む）の同意を必要とすると解することは、本法において5分の4以上の特別多数決による建替えが認められている趣旨と相容れないこと、および、このように解すると事実上、団地内の建物においては建替えができないと考えられること（土地共有者全員の同意を必要と解するときはもちろん、建替え決議があった建物以外の土地共有者全員の同意を必要と解するときにおいても同様である）から、建替え棟以外の建物の利益を害さないことを条件に当該建物の建替えを認めるべきであるとの学説があった（稲本＝鎌野・ハンドブック19、鎌野・ひろば25）。しかし、この点については立法的に解決されることが望まれていたところ、本条の新設によりこの点が立法的に解決された。

(3) 建替え棟に団地共用部分がある場合

建替え棟に集会室・管理事務所等の団地建物所有者全員が所有する団地共用部分がある場合において、当該建替え棟と団地全体との議決要件がどのようになるのかについて、2002年改正法は特別の規定を設けなかった。基本的には立法を待つべきであるが、当該建替え棟の建替え決議と共に当該団地共用部分の共有者である団地内建物所有者および議決権の各4分の3以上の多数の承認を要するものと解すべきであろうか（66条により準用される17条本文および69条1項の類推）。

〔2〕 **区分所有建物および敷地の共有**

本条は、団地内にある数棟の建物のうち少なくとも一棟が区分所有建物で、かつ、団地の敷地が数棟の建物所有者の共有に属する場合についての規定である。

(1) 全部または一部が区分所有建物であること

本条による建替えが認められるためには、一団地内にある数棟の建物の「全部

又は一部が専有部分のある建物」、すなわち、少なくとも一棟が区分所有建物である必要がある。少なくとも一棟が区分所有建物であれば、他棟の建物はいわゆる戸建ての建物や賃貸型の集合建物であってもよい。たとえば、団地内にＡＢＣＤの４棟の建物がある場合に、Ａ棟とＢ棟だけが区分所有建物で、Ｃ棟は賃貸マンション、Ｄ棟は戸建ての建物であってもよい。このような場合においては、これらの建物の所有者で団地の敷地を共有する限り、どの棟の建物の建替えについても本条の適用がある。

(2) 敷地の共有

本条による建替えが認められるためには、団地内の特定の建物（本条では、建て替えられるべき建物を「特定建物」という）の所在する土地が、当該団地内にある数棟の建物の所有者（本条では、これを「団地建物所有者」という）の共有に属する場合でなければならない。上に掲げた例においては、ＡＢＣＤの４棟の敷地が、各建物所有者（上の例では、Ａ棟、Ｂ棟では各区分所有者、Ｃ棟では賃貸マンションの所有者、Ｄ棟では戸建て建物の所有者）の共有である必要がある。たとえば、Ｄ棟の戸建て建物の敷地部分がＤ棟所有者の単独の所有であるような場合には、Ｄ棟は本条の規定からは除外され（ただし、Ｄ棟が団地内の附属施設を共有しているときには、その限りでは、Ｄは、ＡＢＣの３棟と団地関係にある）、ＡＢＣの３棟のみが本条の適用を受ける。

団地内の敷地の「共有」については、当該敷地を共有する場合だけではなく、当該敷地の権利（地上権、賃借権、使用借権）を共有（準共有）する場合を含む。

本条の「……の所在する土地（これに関する権利を含む。）」のうちの括弧書は、この趣旨を定めたものである。なお、敷地の権利（地上権、賃借権、使用借権）を共有（準共有）する場合においては、敷地の所有者との関係は、借地借家法または民法の定めるところに従う（借地借家法７条〔なお借地法７条（借家借家法附則７条１項）〕、民法597条等）。

なお、本条でいう「第65条に規定する団地建物所有者」とは、65条で「一団地内に数棟の建物があって、その団地内の土地又は附属施設（括弧内略）がそれらの建物の所有者（括弧内略）の共有に属する場合には、それらの所有者（以下「団地建物所有者」という。）」と定めているところの「団地建物所有者」である。ただ、上で掲げた例を用いて説明すると、ＡＢＣＤの４棟の建物所有者は、65条の括弧書でいう「団地建物所有者」であり、本条でいう「当該団地内建物の第65条に規

定する団地建物所有者」ではあるが、前述のようにD棟は敷地を共有していないことから、本条の規定する建替え承認決議を行う者からは除外される（本条2項参照）。本条は、土地（敷地）のみの共有を問題とするので、実質的には、敷地の共有関係にある者（ABCの3棟の所有者）のみが本条での「団地建物所有者」である。

〔3〕 **建替え承認決議**

(1) 建替え承認決議の目的

本条で定める建替え承認決議の目的は、本条1項の1号または2号に基づく決議または同意のある団地内に所在する特定建物の建替えについての承認である。承認または不承認の判断は、敷地を共有する団地建物所有者の集会（後記(2)）における特別多数決議のみによって決せられ、それ以外の客観的要件は必要とされない。

(2) 団地建物所有者の集会

本条で定める建替え承認決議は、「当該土地（これに関する権利を含む。）の共有者である当該団地内建物の団地建物所有者で構成される同条に規定する団体又は団地管理組合法人の集会において」なされる。前記〔2〕の例のように、たとえば、ABCDの4棟の建物所有者で附属施設を共有し、ABCの3棟の建物所有者で敷地を共有している場合において、ここでの集会は、ABCDの4棟で構成される団体の集会ではなく、ABCの3棟で構成される団体の集会である。本規定は「同条に規定する団体」（65条に規定する団体）と定めているが、これは、「当該土地（これに関する権利を含む。）の共有者である当該団地内建物の団地建物所有者で構成される」との文言で限定されている。

団地建物所有者の集会において建替え承認決議が成立するためには、議決権の4分の3以上の賛成が必要である（この点については後記〔7〕参照）。

なお、本項の団地建物所有者の集会の招集手続に関しては、本条4項に規定がある（後記〔9〕参照）。

(3) 建替え承認決議の前提としての各棟の建替え決議等

建替え承認決議は、団地内の建替えを予定している建物（特定建物）が区分所有建物である場合には、その建替え決議またはその区分所有者の全員の同意（以下「建替え決議等」という）があることが必要であり（本項1号。後記〔5〕参照）、特定建物が区分所有建物以外の建物である場合にはその所有者の同意があること

が必要である（本項2号。後記〔6〕参照）。本項において、「次の各号に掲げる区分に応じてそれぞれ当該各号に定める要件に該当する場合」とは、このような必要な条件が整っている場合をいう。

それでは、建替え承認決議をこれら各棟の建替え決議等の前に行うことは許されるか。すなわち、各棟の建替え決議の前に、同決議等がなされることを停止条件として、本条で定める手続に従って建替え承認決議を行うことはできるか。建替えを予定している建物（特定建物）が、そのための集会を招集する前に、まず団地全体の特別多数決による承認を得た上で、建替え決議を行う場合である。この点に関し、本法は特に規定を設けていない。法務省立法担当者は、「通常は、建替え決議が先に行われるものと考えられます」とのみ述べる（吉田・一問一答97）。

本条が規定する建替えの方式は、各棟が自らで建替えを決定し、その決定に対して団地全体で「承認」（または不承認）をするものと解されること、また、本条3項では、特定建物の団地建物所有者が建替え承認決議においてはこれに賛成する旨の議決権を行使したものとみなすと定めていることから、否定的に解されるようにも思われる。さらに、これを肯定的に解した場合には、たとえば、建替え承認決議では区分所有者一人分の議決権の差で4分の3に達しなかったときでも、その後に特定建物の建替え決議が実施され、これが成立すると、本条3項の適用を認めることにより（この適用の可否については議論があろう）、建替え承認決議が成立したことになる場面があり得ることになり、複雑な法律関係を生じさせることになる。

ところで、本条1項は、建替えを予定している団地内の建物（特定建物）が建替えを行うためには、当該特定建物が「専有部分のある建物」（区分所有建物）である場合には、建替え承認決議と共に、当該特定建物において、「その建替え決議又はその区分所有者の全員の同意があること」が必要である、と定めている。「その建替え決議」とは、62条に規定するところに従った決議である（45条1項の「書面又は電磁的方法による決議」も含む）。そして、「その区分所有者の全員の同意があること」とは、建替えについて、45条2項で定める「区分所有者全員の書面又は電磁的方法による合意」があることを指すものと解されないこともないが、もしこのことを指すのであれば、法文上そのことを明示するものと思われる。

以上において見たように、建替え承認決議を各棟の建替え決議の前に行うこと

が許されると解することには、いくつかの難点はあるが、どれも決定的な難点ではなく、各棟の建替え決議の方式についてはできるだけ私的自治を尊重すべきものと考え、このような方式も許されるものと解する。すなわち、建替え決議を先行させることについて「その区分所有者の全員の同意」（本条1項1号）があれば、建替え承認決議を先行させることができ、その決議後に、当該特定建物の建替え決議を行うことは許されると考える。

(4) 特別多数決議

上記(1)のように、本項の建替え承認決議は、敷地を共有する団地建物所有者の集会における議決権の多数（特別多数決）のみによって決せられ、それ以外の客観的事由は必要ない。団地内の敷地の共有者である特定建物以外の団地建物所有者は、一般的には、特定建物の建替えによって、自己の所有する建物の敷地の管理や使用に特別の影響はないか、また、将来なされる自己の建物の建替えに特別の影響はないか（本条5項参照）といった観点から、特定建物の建替えの是非を判断するものと思われる。ただ、本項では、この判断については全面的に団地内の敷地の共有者である特定建物以外の団地所有者の裁量に任されている。

〔4〕 **特定建物の取壊しと再築**

建替えを予定している建物（特定建物）において建替え決議等がなされ、その後に団地全体での建替え承認決議がなされた場合には、当該特定建物の所有者は、当該建物を取り壊し、かつ、当該土地またはこれと一体として管理もしくは使用をする団地内の土地（当該団地内建物の団地建物所有者の共有に属するものに限る）に新たに建物を建築することができる。なお、当該土地と「一体として管理もしくは使用をする……土地」の文言に関しては、規約敷地に関する5条1項の文言を参照のこと。

(1) 再築建物の敷地

特定建物の再築されるべき土地、すなわち、再築建物のために現実に使用される土地は、「当該土地又はこれと一体として管理若しくは使用をする団地内の土地（当該団地内建物の団地建物所有者の共有に属するものに限る。）」である。これは、現建物の所在する土地（「当該土地」）に限定されることなく、「これと一体として管理若しくは使用をする団地内の土地」であり、かつ、「当該団地内建物の団地建物所有者の共有に属するもの」（特定建物の所有者の共有に属するもの）であれば、その場所に再築することが可能である。

第2章 団　　地

　以下では、たとえば、ＡＢＣの3棟で敷地を共有し団地を構成している場合について具体的に検討してみよう。建替え棟であるＡ棟（特定建物）がその建物のための敷地として使用し得る土地は、「当該土地又はこれと一体として管理若しくは使用をする団地内の土地」であるから、現建物Ａ棟の所在する土地（「当該土地」）を使用できることは当然として、Ａ棟の所在する土地と「一体として管理若しくは使用をする団地内の土地」を使用できる。ただし、他方で、Ｂ棟またはＣ棟の所在する土地「又はこれと一体として管理若しくは使用をする団地内の土地」を使用することは許されないと解される。Ｂ棟またはＣ棟の敷地の管理・使用に影響を及ぼさない程度でのＡ棟の再築建物の所在する敷地の変更は許されることになろう。いずれにしろ、この点については、本項での建替え承認決議において、Ａ棟の団地内における位置が示された上で（本条4項括弧書）、多数決議（4分の3以上の特別多数決議）により決定される。また、Ａ棟の敷地の使用は、本条5項により、Ｂ棟またはＣ棟の建替えに特別の影響を及ぼすか否かの観点からも制約を受ける。

　なお、Ａ棟とＢ棟との建替えに当たり、各棟が現に所在している各土地を、一棟の再築建物の敷地するような場合や、Ａ棟とＢ棟とが再築建物のために相互に敷地の一部とするような場合にも（これらに関しては本条6項参照）、本項でいう「当該土地又はこれと一体として管理若しくは使用をする団地内の土地（当該団地内建物の団地建物所有者の共有に属するものに限る。）」における再築に該当するものと解される。

　(2)　特定建物の区分所有者のみで所有する土地

　特定建物の再築されるべき土地については、団地内の土地（当該団地内建物の団地建物所有者の共有に属するもの）と一体として、特定建物の区分所有者のみで所有する土地をもその敷地とすることができると解される。たとえば、上で掲げたＡＢＣの3棟で敷地を共有し団地を構成している場合において、Ａ棟の所有者のみで団地内に、または団地に接して土地を共有しているとき（Ａ棟専用の庭、通路、駐車場、テニスコート等とされているとき）に、このようなことがあり得る。また、Ａ棟の建替えの承認決議については、Ａ棟の建替え決議を前提とするところ、Ａ棟の建替え決議の内容として敷地に関する62条1項の規定に従い（この点に関し後記〔5〕参照）、たとえば、Ａ棟が団地外の隣接する土地について敷地の買増しをして建替えをすることができ、このような場合においても、上記のことが

あり得る。本来、A棟の区分所有者のみで所有する土地の利用に関しては、当該土地を共有していないB棟およびC棟の建物所有者の承認を必要とするものでなく、したがって、そのこと自体については本項の対象ではない（このような土地は、本項でいう「当該土地又はこれと一体として管理若しくは使用をする団地内の土地（当該団地内建物の団地建物所有者の共有に属するものに限る。）」ではない）が、特定建物の再築されるべき土地（敷地）に、本項の対象としている土地（「当該土地又はこれと一体として管理若しくは使用をする団地内の土地（当該団地内建物の団地建物所有者の共有に属するものに限る。）」）が一体として含まれる以上、なお本項の適用を受け、本項で定める手続に従うことになると解される。

(3) 再建建物の規模・用途等

特定建物の所有者が、それを取り壊したのち新たに建築すべき建物について、その敷地部分の面積（敷地面積）や位置のほか、建物の規模（総床面積）、階数、用途、形状、色調等をどのようなものとするかは、特定建物の建替え決議によって決定される。そして、この点についての判断も含めた当該特定建物の建替えの是非が、建替え承認決議において、敷地を共有する団地建物所有者の議決権の多数（特別多数決）により決定される。なお、前記〔3〕(4)参照のこと。

〔5〕 **団地内建物が区分所有建物である場合**

建替えを予定している団地内の建物（特定建物）が建替えを行うためには、当該特定建物が「専有部分のある建物」（区分所有建物）である場合には、建替え承認決議と共に、当該特定建物において、「その建替え決議又はその区分所有者の全員の同意があること」が必要である。「その建替え決議」とは、62条に規定するところに従った決議である（45条1項の「書面又は電磁的方法による決議」も含む）。

建替え承認決議は、一般的には、区分所有建物の建替え決議またはその区分所有者の全員の同意があった後になされるものと解すべきである（ただし前記〔3〕(3)）。

〔6〕 **団地内建物が区分所有建物以外の建物である場合**

建替えを予定している団地内の建物（特定建物）が「専有部分のある建物以外の建物」、すなわち、いわゆる戸建ての建物や賃貸集合住宅である場合には、建替え承認決議の前提として、特定建物において、「その所有者の同意があること」が必要である。このような建物の建替えについては、その建物所有者（一戸建ての建物の所有者、賃貸集合住宅の賃貸人たる所有者）のみの判断によって決定される。

第2章 団　　地

〔7〕　団地建物所有者の議決権

　本条1項で定める建替え承認決議のための集会における議決権の割合は、土地の共有持分割合である。これは、共有地上にある特定建物を取り壊して、当該共有地に新たに建物を建築することは、もっぱら土地の共有持分権に関わる事項であるからである。この場合には、区分所有建物の管理に関する事項ではないので、区分所有者（の頭数）および団地建物所有者（の頭数）は問題とされない。

　「第66条において準用する第38条の規定」においては、「各団地建物所有者の議決権は、規約に別段の定めがない限り、土地等（これらに関する権利を含む。）の持分の割合による」（66条による読替え〔本書466頁参照〕）。なお、ここでの「土地等」とは、土地もしくは附属施設をいう〔66条〕）と定めているが、前述のように、特定建物の建替えの承認決議における議決権の割合が、この基準に従うことは合理的でない。このことから、本項では、「第66条において準用する第38条の規定にかかわらず」と定めた。

　「第66条において準用する第30条第1項の規約」においては、団地建物所有者で共有する敷地または68条1項各号に掲げる物の管理または使用に関する団地建物所有者相互間の事項を定めることができ（本書464頁参照）、各団地建物所有者の議決権についても原則として自由に定めることができる。しかし、特定建物の建替えの承認決議における議決権については、規約による別段の定めによることは認めるべきでないと考えられる。そこで、本項では、「第66条において準用する第30条第1項の規約に別段の定めがある場合であっても」と定めた。

〔8〕　みなし承認

　建替えを予定する建物（特定建物）において建替え決議（区分所有者および議決権の各5分の4以上の特別多数決）が成立した場合には、その建物所有者（区分所有者）は、建替え承認決議においては、いずれもこれに賛成する旨の議決権を行使したものとみなす。すなわち、当該特定建物の建替え決議においては反対または無回答の者も、建替え承認決議においては賛成したものとみなされる。この規定を設けた趣旨について、法務省立法担当者は、「建替え決議によって建替えを実施するという意思決定を経ているにもかかわらず、その意見が退けられた反対者が敷地共有者の立場で改めて建替えに反対できるものとするのは必ずしも合理性がないと考えられるからである」と説明する（吉田ほか・概要(下)39）。

　ただし、たとえば、団地内のA棟とB棟とに区分所有権を有し、それぞれに応

じた敷地利用権（団地の敷地についての共有持分権）を有している者は、A棟の建替え決議においてこれに反対しても、その建替え承認決議において、A棟の敷地利用権に基づいて有する議決権の行使については賛成したものとみなされるが、B棟の敷地利用権に基づいて有する議決権の行使については、この限りでない。本項のただし書の規定は、このことを定めたものである。

〔9〕 建替え承認決議を目的とする集会の招集手続

建替え承認決議を目的とする集会については、事柄の重要性にかんがみ、建替え決議を目的とする集会の手続（62条4項以下）に準じて、その招集通知は2カ月以上前に発しなければならず（ただし、この期間は、規約で伸長することができる）、また、その通知において議案の要領のほか、新たに建築する建物の設計の概要（当該建物の当該団地内における位置も含む）をも示さなければならない。

(1) 集会の招集者等

建替え承認決議を目的とする集会は、団地の敷地を共有する団地建物所有者の団体の集会であるので（前記〔3〕(2)参照）、その集会の招集者は、当該団体の管理者である。また、団地建物所有者の5分の1以上で議決権の5分の1以上を有するものは、管理者に対し、会議の目的たる事項を示して、集会の招集を請求することができる。管理者がないときは、団地建物所有者の5分の1以上で議決権の5分の1以上を有するものは、集会を招集することができる（以上、66条において準用する34条1項・3項本文・5項本文）。

管理者等が招集の通知を発すべき相手方は、団地の敷地を共有する団地建物所有者である。

(2) 招集通知の発信時期

66条において準用する35条1項本文は、「集会の招集の通知は、会日より少なくとも1週間前に、会議の目的たる事項を示して、各区分所有者に発しなければならない」と規定する。しかし、本条1項の建替え承認決議を会議の目的とする集会においては、その招集通知は、同規定で定める「会日より少なくとも1週間前」ではなくて、「会日より少なくとも2月前」に発しなければならない。これは、建替え決議を目的とする集会の手続（62条4項以下）に準じたものである。この通知を「会日より少なくとも2月前」に発しなかった場合には、当該集会の決議は無効となる。もっとも、この場合でも、もとより区分所有者全員の同意があるときには招集の手続を経ないで集会を開くことも可能であるので（66条で準

第2章　団　地

用する36条）、決議の前に、区分所有者全員の同意を得て、集会が有効に開催されたことを確認した上で、当該決議を成立させることは可能であると解される。

(3)　規約による伸長

集会の招集通知の発信から会日（開催日）までの期間は、一般的には「規約で伸縮することができる」（66条で準用する35条1項ただし書）。しかし、建替え承認決議を会議の目的とする集会の招集の場合には、「規約〔66条において準用する33条1項の規約〕で伸長すること」のみが認められる（本項ただし書）。

(4)　通知事項

66条において読み替えて準用される35条5項は、「第1項の通知をする場合において、会議の目的たる事項が……第69条第1項……に規定する決議事項であるときは、その議案の要領をも通知しなければならない」と規定する。すなわち、69条1項に規定する決議事項である建替え承認決議においては、集会の招集の通知として、会議の目的たる事項（たとえば「建替えの承認について」）だけでは足りず、議案の要領（具体的に特定建物を明示し、その建替えの実施について、団地の敷地を共有する団地建物所有者の集会において承認・不承認を決議する旨）をも示さなければならない。

本項は、これに加えて「新たに建築する建物の設計の概要（当該建物の当該団地内における位置を含む。）」をも通知しなければならないとした。新たに建築する建物およびその建物の所在する土地は、その建築後において、団地建物所有者の団体で管理する対象となることから（65条の注釈〔4〕参照）、この点は、特定建物の建替えを承認するか否かを判断する重要な事項である。

なお、特定建物の建替え決議内容に関するその他の事項（62条2項2号～4号）、および特定建物の建替え決議を目的とする集会を招集する際の通知事項（62条5項1号～4号）は、特定建物の区分所有者にとっては建替えの是非を判断するための重要な事項ではあるが、他棟の建替えについて敷地の共有持分権者としての判断を求められる建替え承認決議においては、これらは重要な事項であるとはいえないと考えられることから、これらの事項を通知する必要はない。また、建替え決議の場合とは異なり、建替え承認決議の前に説明会を開催することは義務づけられていない。ただ、実際には、「新たに建築する建物の設計の概要（当該建物の当該団地内における位置を含む。）」等（なお、本条5項参照）については、任意に説明会を開催するなどして、団地の敷地の共有持分権者が適切な判断を行える

ように十分な情報提供がなされていることが望ましい。

　なお、建替え承認決議を会議の目的とする集会の招集に関するその他の点については、一般の集会の招集の手続に準じて考えればよい。66条の規定において準用する34条から37条までの各規定（および各条項の注釈）参照。

〔10〕　**建替えが特別の影響を及ぼすべきとき**

　建替えを予定する建物（特定建物）が団地内の他の建物（本条5項では「当該他の建物」という）の建替えに特別の影響を及ぼすときは、当該他の建物の区分所有者全員の議決権の4分の3以上の議決権を有する者（当該他の建物が単独所有にあってはその所有者）が建替え承認決議に賛成しているときに限り、特定建物の建替えをすることができる。

(1)　本条5項の趣旨

　本項を設けた趣旨について、法務省立法担当者は次のように説明する。「例えば、団地内の一部の建物の建替えが先行して実施される場合には、他の建物に割り付けられるべき容積を浸食するような建替えが行われ、他の棟の所有者（区分所有者）の利益を不当に損なうおそれがないわけではないことから、こうした事態を避けるために、団地管理組合全体の4分の3以上の賛成に加えて、将来の建替えに特別な影響の及ぶ棟の4分の3以上の賛成が得られていることを別途要件に定めることにしたものである」（吉田ほか・概要(下)39。なお、吉田・一問一答100）。

　このように団地内の建物の建替えがその建物以外の建物の建替えに特別の影響を及ぼすときは、団地管理組合全体の4分の3以上の賛成に加えて、将来の建替えに特別な影響の及ぶ棟の4分の3以上の賛成を得なければならない。このような《二重の多数決》を必要としているのは、建替え棟以外の建物の将来の建替えに特別に配慮したものであるが、その反面、「特別の影響」については、建替え棟以外の建物によって明確に示される必要がある。

(2)　他棟の建替えへの特別の影響

　本項では、特定建物が団地内の他の建物の《建替え》に特別の影響を及ぼすときに限定される。他の建物の《建替え》は、当該特定建物の建替えと同時期になされる場合と、将来なされる場合とを含む。他の建物に対し《建替え》以外の事由で特別の影響を及ぼす場合、たとえば、建替え工事の実施に伴う騒音・振動、工事用車両の出入り、再建建物によるそれ以外の建物の区分所有者（特別の影響の及ぶ他の建物が単独所有にあってはその所有者）に対する日照・眺望・通風の影

第2章　団　　地

響などについては、本項の対象ではない。この点について、法務省立法担当者は、本項によって「日照、通風、採光といった生活利益の侵害が生じる場合の利害調整が図られることは予定されていません。こうした人格的利益にかかわる事柄を多数決で決定するのは無理がありますし、そもそも敷地の共有者によって構成される団地管理組合の集会の権限に属さない事柄といえるからです」と述べる（吉田・一問一答101）。ただし、たとえば、特定建物が従前より高層化して建替えをするために、日照等の点で、他の現に存する建物の区分所有者についてだけでなく、将来の建替えに当たってその区分所有者に特別の影響を及ぼすような場合には、本項の適用が認められる場合があると考える。

　なお、現に存する建物の区分所有者の人格的利益については、団地管理組合全体の建替え承認決議（本条1項の決議）において考慮されるべき問題となり得るほか、当該特別の影響を受ける区分所有者（単独所有にあってはその所有者。以下同じ）の利益に関わる事項として別途解決がなされるべき問題である。当該特別の影響を受ける区分所有者の利益に関わる事項については、特定建物の当該内容での建替えの必要性および合理性と、特別の影響を受ける区分所有者の不利益とを比較して、特別の影響を受ける区分所有者等が受忍すべき程度を超える不利益を受けると認められるときには、損害賠償または新たに建築される建物の建築の差止めないし変更が認められるべきものと考える（吉田・一問一答101参照。なお、この点に関しては、31条の注釈〔3〕(3)参照）。

　(3)　特別の影響

　たとえば、団地内にあるＡＢＣの3棟が同一形態の区分所有建物であり、共に公法上の建築法規に適合する建物である場合には、将来の団地全体の法定容積率を現在の現況使用容積率と比較すれば、各棟に《割り付けられるべき容積》は明らかであると考えられる（容積率が均等に割り付けられる）。このような場合において、先行して建て替えられる建物（特定建物）が他の建物に《割り付けられるべき容積》を浸食するようなときには、他の建物に「特別の影響」を及ぼすものと解される。

　ただし、上の例で、たとえば、北側に位置するＡ棟（5階建て）のみが既存不適格建物（既存不適格を解消するためには4階建てにしなければならない）であるような場合には、問題が生じ得る。このような場合において、Ｂ棟またはＣ棟（共に5階）が、たとえば、従前の敷地に、従前と同一形態の建物（または、従前より

も容積率を減少させた建物）に建て替えても、A棟の既存不適格は解消されずA棟は将来、容積率を減少させた4階建ての建物しか建築できないが、ABC棟が同時に建て替えれば既存不適格を解消できるような配置計画が可能であるとき（ABCの各棟共に従前の容積率を確保できるとき）に、B棟またはC棟が従前の敷地において建替えを実施することが、A棟の建替えに「特別の影響」を及ぼすものと解するか否かが問題となる（大西・管理ジャーナル67）。

また、団地内に高層、中層、低層の区分所有建物がある場合に、たとえば、低層棟が高層化するが敷地の使用面積は縮小するときのように、先行して建て替えられる建物（特定建物）が、敷地の利用面積、その高さ、容積率等に関し、その各要素およびそれら全体について、どの程度に至れば、他の建物の建替えに「特別の影響」を及ぼすものと考えるのかが問題となる。

これらについては、結局、従前の団地内の建物等の状況（団地全体の使用容積率・法定容積率、建物の位置関係、各建物の使用容積率・利用土地面積・高さ等）、先行して建て替えられる建物（特定建物）の状況（使用容積率、建物の位置、利用土地面積、高さ等）、および特定建物と他の建物とのこれまでの協議等の経緯などを総合的に勘案して、「特別の影響」を及ぼすものか否かを判断せざるを得ないであろう。なお、「特別の影響」については、単に他の建物に及ぼす影響だけでなく、たとえば他の建物の共同庭など生活環境に及ぼす影響も総合的に勘案すべきである。

以上のことから、現実には、先行して建替えを予定する建物（特定建物）は、その計画の策定に当たっては、他の建物の所有者（区分所有者を含む）と十分な協議の上、これに承認を得られるような内容のものとしておくべきである。言い換えれば、建替え承認決議において、各棟につき本項の各号に掲げる賛成を得ているような場合には、実際には、「特別の影響」が独立して問題とされることはない。

〔11〕 **特別の影響の及ぶ建物が区分所有建物である場合**

先行して建替えをする建物（特定建物）が他の建物の建替えに特別の影響を及ぼすべきときは、当該他の建物が専有部分のある建物（区分所有建物）である場合には、本条1項の集会（特定建物についての建替え承認決議に係る集会）において、当該他の建物の区分所有者全員の議決権の4分の3以上の議決権を有する区分所有者の賛成が必要である（議決権については、本条2項〔前記〔7〕〕参照）。

第2章 団　　地

　このことから、建替え承認決議においては、これに賛成する団地建物所有者全体の議決権の割合を算出するだけでは足りず、現実には、特定建物以外の建物についてその建物ごとにこれに賛成する建物所有者の議決権の割合を算出する必要がある。

〔12〕　特別の影響の及ぶ建物が区分所有建物以外の建物である場合
　先行して建替えをする建物（特定建物）が他の建物の建替えに特別の影響を及ぼすべきときは、当該他の建物が専有部分のある建物以外の建物（区分所有建物以外の建物、すなわち、一戸建ての建物や賃貸集合住宅）である場合には、建替え承認決議を行う集会において、当該他の建物の所有者の賛成を得ることが必要である。

〔13〕　一括付議
　先行して建替えをする建物（特定建物）が2棟以上あるときは、当該2棟以上の特定建物の所有者は、各特定建物の所有者の合意により、当該2棟以上の特定建物の建替えについて一括して建替え承認決議に付することができる。

(1)　一括付議の意義
　たとえば、団地内にＡＢＣの3棟の建物があり、Ａ棟とＢ棟とが先行して建替えを実施しようとする場合に、2つの集会を開催して別々に建替え承認決議に付すよりも、一つの集会において一括して付したほうが効率的であることが少なくない。また、特にＡ棟とＢ棟とが一体の計画のもとに建替えを実施するようなとき（たとえば、Ａ棟とＢ棟とが所在する土地を相互に使用して新たに各棟の建物を建築する場合や、Ａ棟とＢ棟との建物所有者が新たに一棟の建物を建築する場合）には、一つの集会で一括して建替え承認決議に付すべきであると解する場合がある。ただ、《Ａ棟およびＢ棟の建替えについて》という形で一括して議案となりその要領が示されて（本条4項）決議がなされることから、このような決議については、各棟の各建物所有者の利害に大いに関わる事柄である。そこで、本条6項では、このような決議をするためには、「各特定建物の団地建物所有者の合意」（Ａ棟とＢ棟との合意）によることが必要であるとした。したがって、たとえ一つの集会においてでも、《第1号議案：Ａ棟の建替えについて》、《第2号議案：Ｂ棟の建替えについて》という形で決議がなされる場合には、本項に定めるＡ棟とＢ棟の合意は必要ない。
　なお、上に掲げたＡ棟とＢ棟とが一体の計画のもとに建替えを実施するような

場合のうち、A棟とB棟とが所在する土地を相互に使用して新たに各棟の建物を建築する場合には、A棟、B棟が別々の建替え承認決議に付することも妨げないと解される（たとえば、A棟の建替えは承認され、B棟の建替えは承認されないということもあり得る）が、A棟とB棟との建物所有者が新たに一棟の建物を建築する場合においては、基本的に、本項の定めに従って、A棟、B棟が一括して建替え承認決議に付するべきものと考える。

(2) 各特定建物の所有者の合意

一括して建替え承認決議に付するためには、「各特定建物の団地建物所有者の合意」が必要である。上の例において、A棟、B棟とも単独所有の建物である場合には、各所有者の間の合意が必要であり、A棟、B棟の一方または双方が区分所有建物である場合には、その区分所有者を含むA棟、B棟の全員が合意する必要がある。ただし、後者の場合については、本条7項に《みなし規定》がある。

[14] 区分所有建物における一括付議のための合意

本条6項に定める、一括して建替え承認決議に付するための2棟以上の各特定建物の所有者の合意については、当該特定建物が区分所有建物であるときは、当該特定建物の建替えを会議の目的とする集会（62条1項の集会）において、当該特定建物の区分所有者および議決権の各5分の4以上の多数で、一括して建替え承認決議に付す旨の決議をすることができる。この場合において、その決議があったときは、当該特定建物の団地建物所有者（区分所有者に限る）の前項（本条6項）に規定する合意があったものとみなす。

(1) 本項の趣旨

たとえば、[13](2)で掲げたA棟、B棟の一方または双方が区分所有建物である場合においては、当該区分所有建物の建替え決議（62条1項）においては必ずしも全員が賛成しているわけではないから、一括付議のためにその区分所有者の全員の合意を求めることは、事実上困難であると思われる。そこで、この場合には、当該特定建物の建替えを会議の目的とする集会（62条1項の集会）において、一括付議することについて特別多数（当該特定建物の区分所有者および議決権の各5分の4以上の多数）による決議があったときは、当該特定建物の建物所有者につき前項（本条6項）に規定する合意があったものとみなすものとした。

(2) みなし合意のための特別多数決議

本項で定める《みなし合意》のための特別多数決議は、当該特定建物の建替え

第2章 団　　地

を会議の目的とする集会（62条1項の集会）においてなされる。それとは別に、このための集会を開催する必要はない。ただし、当該特定建物の建替えを会議の目的とする集会において建替え決議が成立しても、このことにより当然に本項で定める合意があったものとみなされるわけではない。建替え決議とは別に、一括して建替え承認決議に付す旨の決議がなされなければならない。区分所有者の中には、当該建物の建替えには賛成するが、一括して建替え承認決議に付することには反対する者がいることが考えられるし、そのことは尊重されるべきだからである。

　なお、一括して建替え承認決議に付する旨の決議があったときには、当該決議を行った区分所有建物の所有者の間において合意があったものとみなされるのであって、前項に規定する、当該建物と一括して建替え承認決議に付される相手側の建物との間の合意があったものとみなされるものではない。本項の括弧書である「（区分所有者に限る。）」との規定は、このことを注意的に定めたものと解することができる。

（団地内の建物の一括建替え決議）
第70条[1]　団地内建物の全部が専有部分のある建物であり、かつ、当該団地内建物の敷地（団地内建物が所在する土地及び第5条第1項の規定により団地内建物の敷地とされた土地をいい、これに関する権利を含む。以下この項及び次項において同じ。）が当該団地内建物の区分所有者の共有に属する場合において、当該団地内建物について第68条第1項（第1号を除く。）[2]の規定により第66条において準用する第30条第1項の規約が定められているときは、第62条第1項の規定にかかわらず[3]、当該団地内建物の敷地の共有者である当該団地内建物の区分所有者で構成される第65条に規定する団体又は団地管理組合法人の集会において、当該団地内建物の区分所有者及び議決権の各5分の4以上の多数で、当該団地内建物につき一括して、その全部を取り壊し、かつ、当該団地内建物の敷地（これに関する権利を除く。以下この項において同じ。）若しくはその一部の土地又は当該団地内建物の敷地の全部若しくは一部を含む土地（第3項第1号においてこれらの土地を「再建団地内敷地」という。）に新たに建物を建築する旨の決議（以下この条において「一括建替え決議」

§70

という。)をすることができる。ただし、当該集会において、当該各団地内建物ごとに、それぞれその区分所有者の３分の２以上の者であって第38条に規定する議決権の合計の３分の２以上の議決権を有するものがその一括建替え決議に賛成した場合でなければならない。
2　前条第２項の規定は、前項本文の各区分所有者の議決権について準用する。この場合において、前条第２項中「当該特定建物の所在する土地（これに関する権利を含む。）」とあるのは、「当該団地内建物の敷地」と読み替えるものとする。
3　団地内建物の一括建替え決議においては、次の事項を定めなければならない。
　一　再建団地内敷地の一体的な利用についての計画の概要
　二　新たに建築する建物（以下この項において「再建団地内建物」という。）の設計の概要
　三　団地内建物の全部の取壊し及び再建団地内建物の建築に要する費用の概算額
　四　前号に規定する費用の分担に関する事項
　五　再建団地内建物の区分所有権の帰属に関する事項
4　第62条第３項から第８項まで、第63条及び第64条の規定は、団地内建物の一括建替え決議について準用する。この場合において、第62条第３項中「前項第３号及び第４号」とあるのは「第70条第３項第４号及び第５号」と、同条第４項中「第１項に規定する」とあるのは「第70条第１項に規定する」と、「第35条第１項」とあるのは「第66条において準用する第35条第１項」と、「規約」とあるのは「第66条において準用する第30条第１項の規約」と、同条第５項中「第35条第１項」とあるのは「第66条において準用する第35条第１項」と、同条第７項中「第35条第１項から第４項まで及び第36条」とあるのは「第66条において準用する第35条第１項から第４項まで及び第36条」と、「第35条第１項ただし書」とあるのは「第66条において準用する第35条第１項ただし書」と、同条第８項中「前条第６項」とあるのは「第61条第６項」と読み替えるものとする。

第2章 団　地

〔1〕　団地内建物の一括建替え決議

　本条では、団地内の建物がすべて区分所有建物であり、その敷地が全建物の区分所有者の共有に属する場合であって（後記〔2〕参照）、各建物が敷地の共有者で構成される団地管理組合の規約で管理の対象とされているときは（後記〔3〕参照）、その団地管理組合の集会で団地全体の5分の4以上の賛成（後記〔4〕参照）、各建物ごとに3分の2以上の賛成（後記〔5〕参照）がそれぞれ得られれば、団地内の全部の建物を一括して取り壊し、新たな建物を建築することができるとする（後記〔4〕参照）。

　なお、本条は、69条と共に2002年改正法によって新設された規定であるが、69条とは異なり、法制審議会で決定された法律案要綱にはなかった規定であり、法律案の段階で設けられたものである。

(1)　本条（一括建替え制度）を設けた趣旨

　本条を設けた趣旨について、法務省立法担当者は次のように述べる。「団地内の建物の建替えについては、その全部を一括して建て替えることにより、例えば、①複数の低層の建物をまとめて高層の建物にしたり、建物部分と空き地の共用部分とを入れ替えたりするなど、建物の配置の変更を含んだ敷地全体の利用方法を一体的に見直すことによって敷地の有効活用が可能になる、②容積に余裕のある団地においては、敷地の一部を処分することにより、建替えの費用を捻出することが可能になるなどの大きなメリットが認められる。こうした建替えについて、現行法の規律によれば、団地全体で見れば5分の4以上の圧倒的多数が賛成している場合でも、ごく一部の建物について建替え決議が成立しなければ、団地全体の建替えを実施することができず、その建物を除いた形で建替えの計画を練り直すほかないが、一部の建物を除いた合理的な建替え計画を立てるのは実際上困難な場合がほとんどであり、結局、団地全体として建替えを断念せざるを得なくなるなど建替えを希望する区分所有者にとって酷な事態となりかねないという指摘があった」（吉田ほか・概要(下)40）。

(2)　一括建替え制度が認められる根拠

　団地の敷地をその建物所有者（区分所有者）が共有する場合であっても、建物は棟ごとに独立しており、ある棟の区分所有者は他の棟に共有持分その他の権利を有していないことから、各建物の建替えは、棟ごとの集会決議で行うことが原則であると考えられる。それにもかかわらず、本条においては、団地全体の集会

における多数決議(特別多数決議)によって、団地内のすべての建物を一括して建て替えることができるものとした。その根拠について、法務省立法担当者は次のように説く。「区分所有建物のみで構成されており、各建物が規約で団地管理組合の管理対象とされている団地(法68条1項2号参照)にあっては、建物に関する権利と敷地に関する権利とは分離処分が禁止されるなど強い一体性を有していること、建替えは建物の管理の延長線上に位置する事柄であると言えることから、団地内の全部の建物の建替えを、敷地共有者によって構成される団地管理組合の集会で決定することにも十分な合理性が認められると考えられる。そこで、改正法では、こうした団地にあっては、団地管理組合で区分所有者および議決権の各5分の4以上の賛成が得られたときには、全建物を一括して取り壊し、新たな建物に建て替えられることを内容とする一括建替え決議ができることにしたものである」(吉田ほか・概要(下)40。なお、吉田・一問一答104)。

(3) 一括建替え決議と建替え承認決議とがなされた場合

団地の敷地を共有する団地内の建物のすべてが区分所有建物であり、かつ、団地規約がある場合には、本条による一括建替え決議と69条による棟別建替え決議のいずれもが可能である。

ところで、同じ団地で、一棟の建物の建替えについて建替え承認決議(69条1項)がされた後に一括建替え決議がされた場合に、両者の関係が問題となる。また、逆に、一括建替え決議がされた後に、一棟の建物の建替えについて建替え承認決議がされた場合にも両者の関係が問題となる。

(a) 建替え承認決議の後に一括建替え決議がされた場合

法務省立法担当者は、前者の場合について、次のように説明して一括建替え決議が有効に成立するとする。「団地管理組合で、団地内の一棟の建物について建替え承認決議がされたにもかかわらず、建替え承認決議に係る特定の建物の取壊しがいつまでも行われず、その建替えが事実上頓挫しているような場合には、団地全体での一括建替えが別途計画されることもあると考えられます。そして、建替え承認決議と一括建替え決議のそれぞれの要件に従えば、建替え承認決議に係る建物の区分所有者の3分の2以上が当初の計画に基づく建替えを断念し、団地全体での一括建替えを望んでいる事態に至れば、団地管理組合の集会で、一括建替え決議が成立することも起こりうるものと考えられます。この場合には、先行する一棟の区分所有建物の建替え決議は、目的を達成できないことが確実であり、

その効力を失っているものと考えられますし、これに対する建替え承認決議も同様に考えることができます。区分所有法上も、一括建替え決議に賛成しなかった区分所有者は、賛成した区分所有者（他の建物の区分所有者も含みます。）から売渡請求を受ける立場にあります（第70条第4項、第63条第4項）から、一括建替え決議が成立しても、なお建替え承認決議に係る建替えを個別に実施することを希望し、一括建替えに反対する区分所有者は、最終的には、区分所有関係および団地関係から排除されることが予定されているといえます」（吉田・一問一答111）。

　以上の説明のように、一括建替え決議が有効に成立し得ると考えた場合に、実際に問題となるのは、建替え承認決議がなされた後に、どの時点で一括建替え決議を行うことができるかということである。すなわち、上記の説明にある、「団地管理組合で、団地内の一棟の建物について建替え承認決議がされたにもかかわらず、建替え承認決議に係る特定の建物の取壊しがいつまでも行われず、その建替えが事実上頓挫しているような場合」を具体的にどの時点と解するかである。

　建替え承認決議に係る特定の建物の取壊しに関しては、63条6項により、当該特定建物の建替え決議の日から2年以内に建物の取壊しの工事に着手しない場合には、区分所有権等を売り渡した者（当該建物の建替えに賛成しなかった当該建物の区分所有者であった者）は、この期間の満了の日から6カ月以内に、買主が支払った代金に相当する金銭をその区分所有権等を現に有する者に提供して、これらの権利を売り渡すべきことを請求（再売渡請求）することができる。このような制度が存することから、建替え承認決議に係る特定の建物の取壊しの工事が着手されないままになっている場合において、当該建替え決議がそれに参加する区分所有者を拘束するのは、原則として当該特定建物の建替え決議の日から2年間（63条6項ただし書に規定する理由があるときは別）であると解すべきであり（2年経過後には再売渡請求がなされる可能性があり、そのときにはもはや建替えは困難となる）、それ以後は、当該建替え決議に賛成しそれに参加することを予定していた者についても、別の選択肢（団地全体での一括建替え決議）の可能性を認めるべきであると考える。他面から見れば、当該特定建物の建替え決議の日から2年間は、当該特定建物の建替え参加者に対して、決議に従って建替えがなされることを保障し、また、建替え承認決議を行った団地内の区分所有者全員がこれに拘束されるもの（この間は一括建替え決議を行うことはできない）と考えるべきである。

　他方、当該特定建物の建替え決議に賛成せず、売渡請求権を行使されて当該特

定建物の区分所有関係から排除され、また、団地関係から排除された者については、当該特定建物の建替え決議の日から2年の満了の日から6カ月以内に再売渡請求権を行使することによって、当該特定建物の区分所有関係および団地関係に復帰することができる。団地全体での一括建替え決議は、このような者の復帰を待ってなされるべきであろう。すなわち、当該特定建物の建替え決議の日から2年の満了の日からさらに6カ月経過後に、一括建替え決議を行うことができると考える。この6カ月が経過するまでに再売渡請求がなかった場合に、一括建替え決議を行うことができることはいうまでもない。

(b) 一括建替え決議後に建替え承認決議がされた場合

逆に、一括建替え決議に基づく建物の取壊しがいつまでも行われず、その建替えが事実上頓挫している場合において、個々の建物の管理組合の集会で建替え決議がされ、団地管理組合の集会で建替え承認決議がされる場合についても、上と同様に考えるべきである。法務省立法担当者は、この場合について次のように述べる。「この場合は、建替えを実施する建物以外の建物の区分所有者に対して改めて売渡請求権が行使されることはありませんから、理屈の上では、先行する一括建替え決議に賛成したが、後の建替え承認決議に反対した区分所有者が、引き続き団地管理組合の構成員となっている状態が生じますが、団地管理組合の大多数（4分の3以上）が一括建替えを断念した状況にあるわけですから、一括建替え決議はその効力を失っているものと考えられます。区分所有法上は、一括建替え決議があった場合には、決議賛成者によって民法上の組合が成立するものとされています（第70条第4項、第64条参照）が、こうした状況の下では、その目的たる事業の成功の不能（民法第682条参照）が確定したものとして、組合も解消されたものとみるべきであると考えられます」（吉田・一問一答112）。ここでは、一括建替え決議の日から2年以内に建物の取壊し工事に着手しなかった場合に、当該一括建替え参加者に他の選択肢（棟別の建替え）を認め、さらに、それから6カ月間の、再売渡請求による元の団地内建物の区分所有者の復帰の可能性を待って、個々の建物の管理組合の集会での建替え決議、および団地管理組合の集会での建替え承認決議が可能となると考えるべきである。

〔2〕 区分所有者による敷地の共有

本条による一括建替え決議が可能な団地は、当該団地内の建物がすべて区分所有建物であり、かつ、その敷地全体を区分所有建物の所有者（区分所有者）が共

第2章 団　　地

有する場合に限られる。
　(1)　区分所有建物
　本条による一括建替え決議を行うためには、「団地内建物の全部が専有部分のある建物」、すなわち区分所有建物である必要がある。団地内の敷地を共有する建物の一部が、戸建ての建物や賃貸集合住宅のような単独所有の建物である場合には、本条の適用はなく、一括建替え決議を行うことはできない。このように一括建替え決議を行うことができる団地を区分所有建物のみで構成されている団地に限定したのは、団地管理組合において、団地内にある建物全部について一括して管理を行うために規約を定めることができるのは当該建物が区分所有建物である場合に限られることから（68条1項2号）、建替え決議においてもこのような団地に限定すべきであり、建替え承認決議において対象として認められている区分所有建物と単独所有建物とが混在している形態の団地は除外すべきものと考えたからである（吉田・一問一答105）。
　(2)　敷地の共有
　本条による一括建替え決議を行うためには、その団地内の敷地の全部を団地内の区分所有建物の所有者（区分所有者）が共有していなければならない。この場合の敷地には、「団地内建物が所在する土地」（「団地内建物」とは「一団地内にある数棟の建物」をいう〔69条1項〕）と「第5条1項の規定により団地内建物の敷地とされた土地」とが含まれる（本条1項括弧書）。「団地内建物が所在する土地」とは、団地内の数棟の建物が所在しその所有者（区分所有者）で共有している土地をいい、「第5条1項の規定により団地内建物の敷地とされた土地」とは、団地内建物の所有者が建物および建物が所在する土地と一体として管理または使用する庭、通路その他の土地で、規約（65条および66条で準用する30条1項参照）により建物の敷地とした土地をいう（この点については、2条5項〔同条の注釈〔6〕〕および5条1項〔同条の注釈〔1〕~〔3〕〕を参照）。
　ここでの敷地については、区分所有者が所有権を有している場合のほか、地上権または賃借権を有している場合であってもよい。本項括弧書の「これに関する権利を含む」とは、このことを定めたものである（この点に関しては、2条の注釈〔7〕参照）。また、一部の敷地利用権が所有権でなく、地上権または賃借権の準共有である場合であってもよいと解される。

〔3〕 団地規約

　本条による一括建替え決議を行うためには、団地内の各建物が、敷地の共有者で構成される団体（団地管理組合）の規約によって、その管理の対象とされている必要がある。

　68条1項は、「当該団地内の専有部分のある建物」（2号）について、「第66条において準用する第30条第1項の規約を定めるには」「その全部につきそれぞれ第34条の規定による集会における区分所有者及び議決権の各4分の3以上の多数による決議があることを要する」と定める。すなわち、当該団地内の区分所有建物の管理または使用について団地規約（66条において準用する30条1項の規約）で定めるには、66条において準用する30条1項の規約によって団地建物所有者全員の集会での特別多数決議（団地建物所有者およびその議決権の各4分の3以上の多数による決議）を得る必要があるが、それに加えて、当該区分所有建物の全部についてそれぞれ34条の規定による集会（棟単位の集会）における区分所有者およびその議決権の各4分の3以上の多数による決議を必要とする。本条による一括建替え決議を行うためには、このような規約が定められていなければならない。

〔4〕 一括建替え決議

　前述（〔1〕(2)）のように、団地内の建物は棟ごとに独立しており、各建物の建替えは、棟ごとの集会決議で行うことが原則であると考えられるが、それにもかかわらず（本項では、「第62条第1項の規定にかかわらず」といっている）、本条においては、団地全体の集会における多数決議（特別多数決議）によって、団地内のすべての建物を一括して建て替えることができるものとした。

(1)　団地建物所有者の集会

　本条で定める一括建替え決議は、「当該団地内建物の敷地の共有者である当該団地内建物の区分所有者で構成される65条に規定する団体又は団地管理組合法人の集会において」なされる。本条に定める一括建替えにおいては、この集会においてのみ決議がなされ、これとは別に各棟の集会において決議がなされることはない。

(2)　特別多数決

　本条で定める一括建替え決議は、上記の集会において、「当該団地内建物の区分所有者及び議決権の各5分の4以上の多数で」することができる。この場合の議決権は、69条2項に規定する議決権と同じで、当該団地内建物の敷地の持分の割合による（本条2項）。

(3) 決議の内容

　本条で定める一括建替え決議は、当該団地内建物につき一括して、その全部を取り壊し、かつ、新たに建物を建築する旨の決議である。団地内の建物の一部の棟を残して建て替える旨の決議はできない。建物ごとに建替えの時期を異にする旨の決議は、それが、順番に建物の取壊し工事を行い、建替え決議の日から2年以内に建物の取壊し工事に着手することとして（本条4項、63条6項参照）、順次、新たな建物を建築していく限りにおいては認められるものと解する。

　新たに建築される建物の数は、取り壊される従前の建物の数と一致する必要はない。たとえば、従前3棟の建物を取り壊して1棟の新たな建物を建築してもよいし、反対に、従前3棟の建物を取り壊して5棟の新たな建物を建築してもよい。なお、新たな建物は、区分所有建物でなく単独所有の建物であってもよい。

(4) 建物の取壊しの着手

　一括建替え決議については、団地内のすべての建物の建替えを内容とし、決議の日から2年以内に建物の取壊しに着手する必要があるが、その具体的内容として、一棟でも建物の取壊しに着手すれば足りるのか、あるいは、団地内のすべての建物の取壊しに着手する必要があるのかが問題となる。法務省立法担当者は、「一棟でも建物の取壊しの着手があれば、その建物の区分所有権の買戻し〔引用者注：70条4項、63条6項に規定する再売渡請求。これが行使されれば、建物の取壊しが不可能となり、建替えの実施は不可能となる〕を行うことは不可能となりますから、取壊しに着手していない建物を含めて一律に買戻しを行えなくなるものとするのが、区分所有者の衡平にかなうものと考えられます。したがって、決議の日から2年以内に団地内の一部の建物の取壊しに着手すれば足り、以降は、買戻しの請求はできなくなるものと考えます」（吉田・一問一答110）。このように決議の日から2年以内に一棟でも建物の取壊しに着手すれば足りると解すべきである。

(5) 再建団地内敷地

　従前の建物を取り壊して、新たに建物を建築する土地は、「当該団地内建物の敷地（これに関する権利を除く。以下この項において同じ。）若しくはその一部の土地又は当該団地内建物の敷地の全部若しくは一部を含む土地」である。この点については、62条1項（同条の注釈〔5〕）参照。なお、「当該団地内建物の敷地（これに関する権利を除く。以下この項において同じ。）」における括弧書は、本条においては、すでに「当該団地内建物の敷地（団地内建物が所在する土地及び第5条第

1項の規定により団地内建物の敷地とされた土地をいい、これに関する権利を含む。以下この項及び次項において同じ。)」と定められているところ、ここでの「敷地」には、これに関する権利は含まれないことを注意的に定めたものである。

〔5〕 **各棟の3分の2以上の賛成**

一括建替え決議においては、団地全体で5分の4以上の賛成を得る（前記〔4〕参照）とともに、各建物ごとに3分の2以上の賛成が必要である。団地内の一棟の建物についてだけこの賛成が得られないときには、本条による一括建替え決議は成立せず、当該棟だけでなく団地内のすべての建物は建替えを行うことはできない。

一括建替え決議において、団地全体の5分の4以上の賛成のほか各建物ごとに3分の2以上の賛成が必要であることとした理由について、法務省立法担当者は、次のように説明する。「団地内の建物に一体性が認められるとはいえ、土地と建物は別個の不動産であり、ある棟の区分所有者は他の棟に共有持分その他の権利を有しないのであるから、反対者が多数を占めていたり、あるいは、区分所有者の半数近くが反対している建物がある場合にも、一括建替えが実施できるものとするのは行き過ぎとも考えられる。そこで、団地管理組合の区分所有者および議決権の各5分の4以上の賛成のほか、各棟ごとに区分所有者および議決権の3分の2以上の賛成が得られていることを一括建替え決議の成立要件にすることにしたものである」（吉田ほか・概要(下)40）。最高裁は、この点について、「各建物単位では区分所有者の数及び議決権数の過半数を相当超える議決要件を定めているのであり、同法70条1項の定めは、なお合理性を失うものではな」く、憲法29条（財産権の保障）に違反するものではないと述べる（最判平21・4・23判時2045-116・判タ1299-121。なお、原審では憲法22条1項の居住の自由も問題とされたが、それは公共の福祉により制約を受けるから、本条の規定は違憲ではないと判断された）。本判決について、学説には、70条1項を合憲とする場合にも、実際上、土地共有持分権者の賛成に力点を置き、大切な住生活に関わる建物区分所有者を軽視する判断にはなお問題があり、より適切かつ妥当な解釈理論が形成されるべきであると説くものがある（山野目・多数決要件33、原田・清水追悼318。また、伊藤・所有権法238以下参照）。

各建物の3分の2以上の賛成は、各建物ごとに集会を開催し決議することによって得るものではなく、本条による一括建替え決議において得るべきものである。また、各建物ごとに「一括建替え」についての賛否が問われるのであり、各建物

第2章 団　地

ごとに「当該建物の建替え」についての賛否が問われるのではない。団地全体での5分の4以上の賛成については、「当該団地内建物の区分所有者及び議決権」を基礎とし、ここでの議決権は当該団地内建物の敷地の持分の割合によるものである（前記〔4〕(2)参照）のに対し、各建物の3分の2以上の賛成は、「それぞれの区分所有者の3分の2以上の者であって第38条に規定する議決権の合計の3分の2以上の議決権を有するもの」であるから、ここでの議決権は、「規約に別段の定めがない限り、第14条に定める割合による」（38条）ものである。すなわち、規約で別段の定めのない限り、当該建物の専有部分の床面積の割合によるべきものである（14条）。もっとも、現実には、敷地の持分の割合を当該建物の専有部分の床面積の割合によるものとし、両者を一致させている場合が多い。

〔6〕　団地全体の5分の4以上の賛成における議決権

前述（〔4〕(2)）したように、団地全体の5分の4以上の賛成における議決権（「前項本文の各区分所有者の議決権」）については、69条2項の規定が準用される。すなわち、同条項では、「各団地建物所有者の議決権は、第66条において準用する第38条の規定にかかわらず、第66条において準用する第30条第1項の規約による別段の定めがある場合であっても、当該特定建物の所在する土地（これに関する権利を含む。）の持分の割合によるものとする」と定めているところ、同条項中「当該特定建物の所在する土地（これに関する権利を含む。）」とあるのを、「当該団地内建物の敷地」と読み替えて、準用される。なお、69条2項（同条の注釈〔7〕）参照。

〔7〕　一括建替え決議において定められるべき事項

団地内建物の一括建替え決議においては、本条3項1号から5号までの事項が定められなければならない。本項1号から5号までの事項のうち、2号から5号までの事項は、一棟の建替え決議の場合（62条2項）に準ずるものである。団地内建物の一括建替え決議においては、一棟の建替え決議の場合とは異なり、新たに建築される（各）建物が団地内敷地においてどのように配置されるのかについては一括建替えの是非を判断するに当たり非常に重要な事項であると考えられることから、本項では、1号において「再建団地内敷地の一体的な利用についての計画の概要」が加えられた。

〔8〕　敷地の一体的利用についての計画の概要

団地内建物の一括建替え決議においては、再建団地内敷地の一体的な利用についての計画の概要が定められなければならない（「再建団地内敷地」の意味につい

ては前記〔4〕参照)。「一体的な利用についての計画の概要」については、従前の建物がすべて取り壊された当該団地の敷地が、新たに建築される建物によってどのように利用されるかが具体的に示される必要がある。すなわち、敷地のどの部分に建物が建てられ、どの部分は空地となるのか、また、附属施設(建物の附属物〔たとえば、駐車場や駐輪施設等〕または附属の建物〔たとえば、集会棟や倉庫等〕)が設置・建築される場合には、それらがどの部分に配置されるのかが示される必要がある。その具体性の程度は、各区分所有者が一括建替えの是非を判断できる程度である必要がある。

〔9〕 **再建団地内建物の設計の概要**

新たに建築する建物(「再建団地内建物」)の設計の概要については、建築費用の算定(本条3項3号)および区分所有権の帰属に関する事項(同項5号)の決定が可能である程度に具体性を有していることが必要である。何棟の建物を建築するかを示した上で(その敷地内における位置については同項1号において示される)、各建物について、用途、構造、材料、階数、建築面積、延べ床面積、各階ごとの床面積等を定め、各専有部分ごとにその用途、配置、構造、床面積等を定めるべきものであると考えられる。なお、62条2項1号(同条の注釈〔9〕)参照。

〔10〕 **建替え費用の概算額**

団地内建物の全部の取壊しおよび再建団地内建物の建築に要する費用の概算額は、各区分所有者がその費用の分担(本条3項4号)をするための前提となる。その分担に関し、建物の取壊し費用については、各建物ごとに当該棟の区分所有者が分担するのが原則であると考えられるので、各建物ごとの取壊し費用を算定することが必要であると解される。また、再建団地内建物の建築に要する費用については、再建建物が複数棟建築されるときには各再建建物ごとに当該棟の区分所有者となるべき者が分担するのが原則であると考えられるので、各再建建物ごとの費用を算定することが必要であると解される。これらの費用は、一括建替え決議の時点での見積額(ある程度幅のある定め方をすることも許される)が示されれば足りる。現実に要する費用がやむを得ない事情の変更によって決議で定めた概算額を超えることになっても、これにより決議の拘束力が失われることにはならない。

〔11〕 **費用の分担に関する事項**

本条3項3号により取壊しおよび再建団地内建物の建築に要する費用の概算額

が示されただけでは、各区分所有者が自分がどれだけ費用を分担することになるのかは必ずしも明らかではなく、一括建替え決議の是非を判断しかねることにもなる。そこで、一括建替えの結果、再建団地内建物について区分所有者となる者（建替えに参加する者）が、取壊しおよび再建団地内建物の建築に要する費用をどのように分担するかに関する事項を定める必要がある。分担額そのものを示す必要はないが、費用分担の方法または基準について建替え決議後にあらためて参加者間で合意しなくてもよいように、あらかじめ明示しなければならない。取壊し費用の分担額については、取り壊すべき各建物ごとに当該棟の建替え参加者の専有部分の面積に比例して算定すべきであり、また、再建団地内建物および附属施設の建築に要する費用の分担額については、再建団地内建物および附属施設において取得すべき権利ないし持分に比例し、かつ、現存建物および敷地について有する権利の価格を考慮して、定められるべきであると考えられる。なお、これらの費用の分担は、各区分所有者間の衡平を害しないように定められなければならない（本条4項で準用する62条3項）。

〔12〕 **再建団地内建物の区分所有権の帰属に関する事項**

再建団地内建物の設計の概要（本条3項2号）において示される各専有部分が誰に帰属されることになるのか、帰属の結果その対価をどのように清算することになるかについて、その決定の仕方または基準を定めなければならない。

再建団地内建物の各専有部分の取得者を決定する方法としては、たとえば、希望により決定することとし、希望が競合したときには抽選によるとする方法が考えられる。余剰の専有部分が生ずる場合には、他に売却（分譲）するものと定めることになろうが、その分を原始的に誰が取得することになるのか（全員で共有するのか、特定の参加者または第三者が取得するものとするのか）を定めておくことが必要である。

再建団地内建物の各専有部分が帰属の決定に従って区分所有者に取得される場合に、建替え費用の分担（本項4号）との関係で清算をどのようにするべきか、についても定めておく必要がある。また、専有部分が他に売却された場合の代金の分配方法についても、定めることになろう。

なお、敷地利用権の割合の変更等に関し、62条2項4号（同条の注釈〔12〕）参照。

〔13〕 **一棟の建替え決議に関する規定の準用**

本条の団地内建物の一括建替え決議については、一棟の建物の建替え決議に関

する、62条3項から8項まで、63条および64条の規定が準用される。
(1) 62条3項から8項までの規定の準用
　62条3項から8項までの規定が本条の一括建替え決議に準用されるに当たっては、本条4項で定める読替えがなされる。読替え後の準用規定を示すと、次のようになる。

第62条
3　第70条第3項第4号及び第5号の事項は、各区分所有者の衡平を害しないように定めなければならない。
4　第70条1項に規定する決議事項を会議の目的とする集会を招集するときは、第66条において準用する第35条第1項の通知は、同項の規定にかかわらず、当該集会の会日より少なくとも2月前に発しなければならない。ただし、この期間は、第66条において準用する第30条第1項の規約で伸長することができる。
5　前項に規定する場合において、第66条において準用する第35条第1項の通知をするときは、同条第5項に規定する議案の要領のほか、次の事項をも通知しなければならない。
　一　建替えを必要とする理由
　二　建物の建替えをしないとした場合における当該建物の効用の維持又は回復（建物が通常有すべき効用の確保を含む。）をするのに要する費用の額及びその内訳
　三　建物の修繕に関する計画が定められているときは、当該計画の内容
　四　建物につき修繕積立金として積み立てられている金額
6　第4項の集会を招集した者は、当該集会の会日より少なくとも1月前までに、当該招集の際に通知すべき事項について区分所有者に対し説明を行うための説明会を開催しなければならない。
7　第66条において準用する第35条第1項から第4項まで及び第36条の規定は、前項の説明会の開催について準用する。この場合において、第66において第35条第1項ただし書中「伸縮する」とあるのは、「伸長する」と読み替えるものとする。
8　第61条第6項の規定は、建替え決議をした集会の議事録について準用する。

第3章 罰　則

　以上の各条項に関しては、62条の各条項の注釈参照。なお、上記5項1号および2号の事項に関しては、団地内建物の全般についてだけではなく、現存の各建物ごとについても通知する必要があるものと解する。また、3号および4号についても、各建物ごとに修繕に関する計画が定められ、修繕積立金が積み立てられているときには、各建物ごとについて通知する必要がある。ところで、団地内建物について各建物の取壊しの時期または再建団地内建物の各建物の建築時期があらかじめ計画されている場合には、それらについても通知することが望ましい。

(2)　63条の規定の準用

　本条に基づく一括建替え決議があったときは、63条の規定に準じて、建替え参加者から建替え不参加者に対し、売渡請求がなされる（63条の注釈参照）。この請求は、現存建物においてその棟を異にする区分所有者に対しても許される。

(3)　64条の規定の準用

　本条に基づく一括建替え決議に賛成した各区分所有者等の建替え参加者は、63条の規定に準じて、一括建替え決議の内容により建替えを行う旨の合意をしたものとみなされる。64条の注釈参照。

第3章　罰　　則

第71条　次の各号のいずれかに該当する場合には、その行為をした管理者、理事、規約を保管する者、議長又は清算人は、20万円以下の過料に処する。

一　第33条第1項本文（第42条第5項及び第45条第4項（これらの規定を第66条において準用する場合を含む。）並びに第66条において準用する場合を含む。以下この号において同じ。）又は第47条第12項（第66条において準用する場合を含む。）において読み替えて適用される第33条第1項本文の規定に違反して、規約、議事録又は第45条第4項（第66条において準用する場合を含む。）の書面若しくは電磁的記録の保管をしなかったとき。

二　第33条第2項（第42条第5項及び第45条第4項（これらの規定を第66条において準用する場合を含む。）並びに第66条において準用する場合を含む。）の規定に違反して、正当な理由がないのに、前号に規定する書類又は電磁的記録に記録された情報の内容を法務省令で定める方法により表示したものの閲覧を拒んだとき。

三　第42条第1項から第4項まで（これらの規定を第66条において準用する場合を含む。）の規定に違反して、議事録を作成せず、又は議事録に記載し、若しくは記録すべき事項を記載せず、若しくは記録せず、若しくは虚偽の記載若しくは記録をしたとき。

四　第43条（第47条第12項（第66条において準用する場合を含む。）において読み替えて適用される場合及び第66条において準用する場合を含む。）の規定に違反して、報告をせず、又は虚偽の報告をしたとき。

五　第47条第3項（第66条において準用する場合を含む。）の規定に基づく政令に定める登記を怠ったとき。

第3章 罰　則

　六　第48条の2第1項（第66条において準用する場合を含む。）の規定に違反して、財産目録を作成せず、又は財産目録に不正の記載若しくは記録をしたとき。[8]
　七　理事若しくは監事が欠けた場合又は規約で定めたその員数が欠けた場合において、その選任手続を怠ったとき。[9]
　八　第55条の7第1項又は第55条の9第1項（これらの規定を第66条において準用する場合を含む。）の規定による公告を怠り、又は不正の公告をしたとき。[10]
　九　第55条の9第1項（第66条において準用する場合を含む。）の規定による破産手続開始の申立てを怠ったとき。[11]
　十　第56条の2第2項（第66条において準用する場合を含む。）の規定による検査を妨げたとき。[12]

〔1〕　**本条の趣旨**

　本法上の義務規定は、大別して、区分所有者等がその共同の利益を保持すべき義務（6条、57条〜60条）と、管理者、理事等が建物等の管理に関する事務を行う義務（26条1項等で一般的な義務を規定し、33条等で個別に一定の義務を規定している）に関するものがある。本条は、管理者、理事等の一定の義務規定のうち特に重要なものについて、国家が後見的な立場からその履行を確保する目的をもって、過料（国家によって一定の秩序違反行為に対して科される金銭罰であり、刑罰である罰金および科料とは区別される）の制裁を定めたものである。

　本条の1号から4号は、建物等の管理に関する管理者、理事等の一定の義務違反に対して科される過料事由を掲げ、5号から10号は、管理組合法人に関する特定の義務違反に対して科される過料事由を掲げる。

　1962年法では、規約、議事録等の閲覧の拒絶のみが過料の事由であった（1962年法37条）が、1983年改正法によって管理の適正を促進するために、規約、議事録等の保管義務違反（本条1号）、議事録の作成義務違反（同3号）、事務報告義務違反（同4号）が過料事由に加えられた。また、管理組合法人の制度が新設されたことによって、登記義務の懈怠等の義務違反が過料事由とされた（同5号〜10号）。過料の額は、1983年改正法によって1万円以下から10万円以下に引き上げられ、さらに2002年改正法によって10万円以下から20万円以下に引き上げられ

〔2〕 過料の対象者および過料を科する手続
(1) 過料の対象者

本条によって過料の対象となる者は、その行為をした管理者、理事、規約を保管する者、議長または清算人である。

なお、管理者および理事に対しては、その職務の執行に関して本条で過料の制裁が定められているが、それとは別に、集会の決議による解任および不正行為等を理由とした解任請求の規定が設けられている（25条）。監事は、集会の決議による解任や不正行為等を理由とした解任請求の対象になる（50条4項）が、本条による過料の対象者ではない。

(2) 過料を科する手続

過料を科する手続は、非訟事件手続法（平成23年法律第51号）の規定（119条～122条）による。その管轄裁判所は、過料の裁判がされた場合において、その裁判を受ける者の普通裁判籍の所在地を管轄する地方裁判所である（同119条）。その手続は、管轄裁判所の職権で開始されるが、関係公務員や関係私人からの通知を端緒として開始されるのが一般的である（濱崎・基本コンメ153）。過料についての裁判には、理由を付さなければならない（同120条1項）。当事者および検察官は、過料の裁判に対して即時抗告をすることができる（同120条3項）。過料の裁判は、検察官の命令をもって執行される（同121条1項）。

なお、本条によって科された過料は、本人の義務違反に対するものであるから、それを区分所有者の団体（管理組合）または管理組合法人の財産から支出することはできない。

〔3〕 規約等の保管義務違反

管理者は、規約、集会の議事録および書面決議の書面または電磁的記録を保管する義務を負う（33条1項本文、42条5項、45条4項。団地については、66条によってこれらの規定が準用される）。また、管理組合法人または団地管理組合法人では、理事が、規約、集会の議事録および書面決議の書面または電磁的記録を法人の事務所において保管する義務を負う（47条12項、33条1項本文、42条5項、45条4項。団地については、66条によって47条12項が準用される）。これらの義務に違反した管理者または理事は、過料に処せられる。

なお、管理者が選任されていない場合には、区分所有者等のうちから、規約ま

たは集会の決議で保管者として定められた者がこれらの書面または電磁的記録を保管しなければならない（33条1項ただし書、42条5項、45条4項、66条）が、本条1号は、33条1項の本文のみを掲げ、ただし書は掲げていないことから、その者が保管義務に違反しても過料に処せられることはない。その者の保管義務違反は、過料の制裁をもって臨むほどではないからである。

〔4〕 **規約等の閲覧拒絶**

管理者は、利害関係人の請求があったとき、正当な理由がないのに、その保管する規約、集会の議事録、45条4項の書面または電磁的記録により記録された情報の内容を法務省令で定める方法により表示したもの（33条の注釈〔4〕参照）の閲覧を拒んではならない（33条2項、42条5項、45条4項。団地については、66条によってこれらの規定が準用される）。また、管理組合法人または団地管理組合法人では、理事が、同様の義務を負う（47条12項による33条1項の本文の読替えによって、33条2項にいう「保管する者」は、理事である）。この義務に違反した管理者または理事は、過料に処せられる。

管理者が選任されていないときは、規約は、33条1項ただし書の規定（団地においては、66条によるその準用）によって保管者と定められた者が保管し、かつ、閲覧に供する義務を負う（33条1項ただし書・2項、66条）。その者が保管義務に違反しても過料に処せられることはない（前記〔3〕参照）が、その者が規約を保管している場合において、正当の理由なくその閲覧を拒んだときには過料に処せられる（本条柱書の「規約を保管する者」は、この場合を想定している）。現実に規約を保管しているにもかかわらず、閲覧を拒んだという点を重視したのである。

〔5〕 **議事録の作成義務違反**

集会の議長（41条）は、集会の議事録を作成しなければならず、その議事録には、議事の経過の要領およびその結果を記載しなければならない（42条1項〜4項、66条）。これらの義務に違反して、議事録を作成せず、または議事録に記載し、もしくは記録すべき事項（議事の経過の要領およびその結果）を記載・記録せず、もしくは議事録に虚偽の記載・記録をしたときは、議長は過料に処せられる。

なお、議長および集会に出席した区分所有者の2人が議事録に署名押印しなければならない（42条3項・4項）が、これを怠った場合も、議長は過料に処せられる。議事録署名人がこれを怠った場合には、その者が過料に処せられることはない（本条柱書においてこの者は挙げられていない）。

〔6〕 **事務報告義務違反**

　管理者は、集会において、毎年一回一定の時期に、その事務を報告する義務を負う（43条、66条）。管理組合法人または団地管理組合法人にあっては、理事がその義務を負う（47条12項、43条、66条）。この義務に違反して、事務報告を怠り、または虚偽の報告をした管理者または理事は、過料に処せられる。

〔7〕 **登記義務違反**

　管理組合法人または団地管理組合法人の登記に関して必要な事項は、政令（「組合等登記令」）で定められる（47条3項、66条）が、その政令で定める登記を怠ったときは、同令で登記申請者として定められている理事または清算人が、過料に処せられる。

　その設立の登記は、設立に必要な手続が終了した日（法人となる旨の決議がなされ、かつ理事の選任手続が終了した日）から2週間以内に、代表権を有する理事となるべき者がしなければならない（組合等登記令2条1項、25条、商登法47条1項）。

　登記事項に変更が生じたときは、2週間以内に、代表権を有する理事が変更の登記をしなければならない（同令3条1項、25条、商登法17条2項）。

　法人が解散したとき（55条1項、66条）は、2週間以内に、清算人（55条の3、66条）が、解散の登記（および清算人の就任の登記）をしなければならない（同令7条）。また、清算人は、清算手続が結了したときは、2週間以内に、その旨の登記をしなければならない（同令10条）。

〔8〕 **財産目録作成義務違反**

　管理組合法人または団地管理組合法人においては、その設立の時および毎年または毎事業年度ごとに財産目録の作成が義務づけられている（48条の2第1項、66条）が、理事が、その作成を怠り、またはそれに不正の記載もしくは記録をしたときは、過料に処せられる。

　なお、管理組合法人または団地管理組合法人においては、そのほかに、財産目録を常に事務所に備え置かなければならず、また、区分所有者名簿を備え置き、区分所有者の変更があるたびに訂正をしなければならない（48条の2第1項・2項、66条）が、これらの義務違反は、過料の対象とはされていない。

〔9〕 **理事または監事の選任手続の懈怠**

　管理組合法人または団地管理組合法人においては、理事および監事が置かれなければならない（49条1項、50条1項、66条）から、これらが欠けた場合または規

第3章　罰　則

約で定めたその員数が欠けた場合には、理事は、その選任の手続をとらなければならず、その手続を怠ったときは、過料に処せられる。

理事および監事の選任手続は、規約に別段の定めがない限り、集会の決議による（49条8項、50条4項、66条、25条）から、理事は、遅滞なくその選任のための集会を招集しなければならず（47条12項、34条1項、66条）、その手続を怠ったときは、過料に処せられる。複数の理事がいる場合において、各自が集会招集権を有するときは、すべての理事が過料に処せられる（なお、濱崎・基本コンメ155は、規約で特定の理事のみを招集権者と定めた場合でも、他の理事が、招集権を有する理事に対して集会の招集を求めるなどの措置をとらなかったときには、過料に処せられるとする）。

任期の満了または辞任によって退任した理事も、新たに選任された理事が就任するまで、なおその職務を行う（49条7項、66条）ことから、過料の対象となる（濱崎・基本コンメ155は、退任理事も、本条柱書の「理事」に含まれると解すべきであるとする）。

〔10〕　清算の場合の公告義務違反

管理組合法人または団地管理組合法人が解散した場合には、その清算人は、その就職の日より2カ月内に少なくとも3回の公告をもって、債権者に対し一定の期間内（その期間は2カ月を下ることはできない）にその請求の申出をなすべき旨を催告しなければならない（55条の7第1項、66条）。また、清算中に、法人の財産がその債務を完済するのに不足することが明らかになったときは、清算人は、直ちに破産手続開始の申立てをして、その旨を公告しなければならない（55条の9第1項、66条）。清算人がこれらの公告を怠り、または不正の公告をしたときは、過料に処せられる（破産手続開始の申立ての懈怠については、次号で規定する。後記〔11〕参照）。

〔11〕　清算中の破産手続開始の申立ての懈怠

〔10〕で述べたように、解散した管理組合法人または団地管理組合法人の清算中に、法人の財産がその債務を完済するのに不足することが明らかになったときは、清算人は、直ちに破産手続開始の申立てをしなければならず（55条の9第1項、66条）、清算人が、その申立てを怠ったときは、過料に処せられる。

〔12〕　解散・清算に関する裁判所の検査に対する妨害

管理組合法人または団地管理組合法人の解散および清算は、裁判所の監督に属

し、裁判所は、いつでも職権をもって監督に必要な検査をすることができる（56条の2第2項、66条）。この検査を妨げたときは、清算人は、過料に処せられる。

第72条〔1〕　第48条第2項（第66条において準用する場合を含む。）の規定に違反した者は、10万円以下の過料に処する。〔2〕

〔1〕　**本条の趣旨**

　本条は、名称使用に対する過料を定めた規定である。過料の対象者が71条のように特定の地位にある者でないこと、また過料の額が異なることから、71条と独立して本条が設けられた。なお、2002年改正法によって、過料の額が5万円以下から10万円以下に引き上げられた。

　管理組合法人または団地管理組合法人でないものは、その名称中に管理組合法人または団地管理組合法人という文字を用いてはならない（48条2項、66条）。本条は、この禁止規定の遵守を確保するため、この規定に違反した者に対して、5万円以下の過料を科すものとした。

〔2〕　**名称使用に対する過料**

　管理組合法人または団地管理組合法人でないにかかわらず、その名称中に管理組合法人または団地管理組合法人という文字を用いるおそれがあるのは、一般には、区分所有者の団体（管理組合）であるが、必ずしもこれに限定されない。

　管理組合法人または団地管理組合法人という文字を用いるとは、その名称を官公庁に届け出ることや第三者との取引等に当たりその名称を使用することに限らず、区分所有者の団体の集会においてこの名称を使用する旨の決議をすることや規約により当該団体の名称としてこの名称を使用することを定めることも含む。また、この名称の使用により実際に誰かに不利益が生じることは必要でない。

　過料に処せられる者は、管理組合法人または団地管理組合法人という文字を実際に用いた者であるが、区分所有者の団体の集会においてこの名称を使用する旨の決議をした場合や規約により当該団体の名称としてこの名称を使用することを定めた場合に、過料に処せられるのは誰か。このような場合に過料に処せられる者は、団体自体または区分所有者全員ではなく、このような集会を招集した管理者または理事であると解する。

附　則（抄）
（昭和37年法律第69号[1]）

（施行期日）
第1条　この法律は、昭和38年4月1日から施行する[2]。
2　第17条及び第24条から第34条まで（第36条においてこれらの規定を準用する場合を含む。）の規定は、前項の規定にかかわらず、公布の日から施行する[3]。ただし、昭和38年4月1日前においては、この法律中その他の規定の施行に伴う準備のため必要な範囲内においてのみ、適用があるものとする[4]。

〔1〕　**1962（昭37）年法の附則**
　本法は、1962年4月4日に昭和37年法律第69号として公布され、翌1963（昭38）年4月1日に施行された。ここに掲げる「附則」は、この昭和37年法律第69号の附則として定められたものである。ここでは、同附則7カ条のうち、現行法の適用について関わりがある1条、2条について、簡潔な解説を行う。以下では、これまでと同様に本法（昭和37年法律第69号）を「1962年法」と呼ぶ。

〔2〕　**施行期日**
　1962年法の施行期日は、1963（昭38）年4月1日と定められた。1962年法はその施行前から存在する区分所有の建物についても適用されるため、公布から約1年の期間をおいて施行するものとした。

〔3〕　**管理者、集会、規約に関する規定の繰上げ施行**
　管理者に関する1962年法17条、規約の設定・変更・廃止に関する1962年法24条、特定承継人に対する規約の効力に関する1962年法25条、規約の保管に関する1962年法26条、集会に関する1962年法27条から33条、および、集会の決議に代わる書面による合意に関する1962年法34条は、1962年法36条によってそれらが団地について準用される場合を含めて、公布の日から施行される。

　これらの規定は区分所有者の合意によって区分所有関係を組織し、区分所有者の自治によってそれを運営するための準則を定めるものであるが、本条2項は、1962年法全体の施行に先立って、すでに存在する区分所有の建物についてあらか

じめ集会を開催し、管理者を置き、規約を定めることを認めた。

なお、本項では規約による区分所有者の自治に関する1962年法23条を列挙していないが、それは、同条が規約に関する定義的規定であると共に、繰上げ適用の目的が次に述べるように1962年法施行後に向けての準備でしかなく、そのためには24条以下の個別規定の適用で足りることによる。

〔参照　1962年法〕

第17条　区分所有者は、規約に別段の定めがない限り集会の決議によって、管理者を選任し、又は解任することができる。

2　管理者に不正な行為その他その職務を行なうに適しない事情があるときは、各区分所有者は、その解任を裁判所に請求することができる。

第24条　規約の設定、変更又は廃止は、区分所有者全員の書面による合意によってする。

2　一部の区分所有者のみの共用に供されるべき共用部分に関する規約の設定、変更又は廃止は、それらの区分所有者のみの書面による合意によってすることができる。この場合において、他の区分所有者の権利に特別の影響を及ぼすべきときは、その承諾を得なければならない。

3　第1項及び前項前段の規定は、規約で別段の定めをすることを妨げない。

第25条　規約は、区分所有者の特定承継人に対しても、その効力を生ずる。

第26条　規約は、管理者又は区分所有者若しくはその代理人で建物を使用しているものの一人が保管しなければならない。

2　前項の規定により規約を保管すべき区分所有者又はその代理人は、区分所有者の過半数で定める。

3　第1項の規定により規約を保管する者は、利害関係人の請求があったときは、規約の閲覧をさせなければならない。

第27条　管理者又は区分所有者の4分の1以上で議決権の4分の1以上を有するものは、集会を招集することができる。ただし、この定数は、規約で減じることができる。

第28条　集会を招集するには、会日より少なくとも5日前に、会議の目的たる事項を示して、各区分所有者に通知しなければならない。ただし、その日数は、規約で増減することができる。

1962年法附則

第29条　集会においては、前条の規定によりあらかじめ通知した事項についてのみ、決議をすることができる。ただし、規約に別段の定めがあるときは、この限りでない。

第30条　各区分所有者の議決権は、規約に別段の定めがない限り、第10条に定める割合による。

第31条　集会の議事は、規約に別段の定めがない限り、区分所有者及び議決権の各過半数で決する。

2　議決権は、書面で、又は代理人によって行使することができる。

第32条　集会においては、規約に別段の定めがある場合及び別段の決議をした場合を除いて、管理者又は集会を招集した区分所有者の一人が議長となる。

第33条　集会の議事については、議事録を作成しなければならない。

2　議事録には、議事の経過の要領及びその結果を記載し、議長がこれに署名押印しなければならない。

3　第26条の規定は、議事録に準用する。

第34条　この法律又は規約により集会において決議すべきものとされた事項については、区分所有者全員の書面による合意があったときは、集会の決議があったものとみなす。

2　第26条の規定は、前項の書面に準用する。

〔4〕　準備のための適用

　1962年法の施行前に本条2項が列挙する17条以下の規定を適用するのは、もっぱら1962年法の施行に際して区分所有関係の組織的側面が定まっているようにするためであり、それ以外ではない。本項ただし書が「準備のため必要な範囲内においてのみ」といっているのはその趣旨である。

　したがって、本項によって可能となるのは、1962年法の公布以降施行前に集会を開催して管理者を選任し、規約を設定することである。1962年法の施行前でも、集会においてそれらの決議を行った場合には、集会の招集および議決が所掲の規定に従ってなされている限り、それらの決議は有効に成立し、管理者の選任および規約の設定は、1962年法の施行と同時に同法が定める効果を生ずることとなる。

　なお、1962年法の施行前に規約が効力を生じ、管理者が所定の権限を行使することができるのではないことに注意すべきである。本項の趣旨は、あくまでも、

1962年法施行後直ちに規約が効力を生ずるよう準備することを認め、その準備に必要な手続に本項所掲の規定を適用することにあり、またそこにとどまる。

いったん設定した規約の変更や選任した管理者の解任も、1962年法の施行前にすることができる。しかし、変更された規約自体が効力を生じるのは、1962年法の施行後であることに変わりはない。

（経過措置）
第2条[1]　この法律の施行の際現に存する共用部分が区分所有者のみの所有に属する場合において、第4条第1項の規定に適合しないときは、その共用部分の所有者は、同条第2項の規定により規約でその共用部分の所有者と定められたものとみなす[2]。

2　この法律の施行の際現に存する共用部分が区分所有者の全員又はその一部の共有に属する場合において、各共有者の持分が第10条の規定に適合しないときは、その持分は、第8条ただし書の規定により規約で定められたものとみなす[3]。

3　この法律の施行の際現に存する共用部分の所有者が第4条第1項の規定の適用により損失を受けたときは、その者は、民法第703条の規定に従い、償金を請求することができる[4][5]。

〔1〕　**共用部分の帰属についての経過措置**

1962年法の施行前から区分所有の建物が存在している場合に、建物の共用部分は、必ずしも1962年法（4条1項）に定めるように区分所有者全員の共有または共用する一部区分所有者の共有に属しているとは限らない。いくつかの異なるケースが想定される。

① 区分所有者の内の一人または数人が共用部分の全部を有している場合
② 区分所有者の一部の者が共用部分の一部を有している場合
③ 区分所有者の全員が共用部分の全部を有している場合
④ 区分所有者以外の者が共用部分の一部または全部を有している場合

本条は、1962年法の施行に当たって、従前の所有関係との調整を図ることを目的とする規定である。

1962年法附則

〔2〕 管理所有への転換

　まず、前記〔1〕①の場合には、1962年法の施行によって共用部分は区分所有者全員の共有となるので、本来は、名実共に区分所有者全員の共有とするため所有名義の変更を行うべきであるが、共用部分の管理を目的としてその全部を区分所有者の一人（または数人）が所有する「管理所有」の制度を用いることができるので、これによって引き続き従前の所有者たる区分所有者の所有にとどめ、外部との関係において所有名義の変更をもたらさないことが望ましい。

　本条1項は、「第4項第1項の規定に適合しないときは、その共用部分の所有者は、同条第2項の規定により規約でその共用部分の所有者と定められたものとみなす」と定める。1962年法4項1項は、共用部分が区分所有者の全員に属するか、その共用に供される一部区分所有者の共有に属することを想定しているので、①の場合は、これに「適合しない」。

　このようなケースに対処するために、従前の所有者が共用部分の全部を所有するものとすると共に、そのような所有形式を共用部分の管理のためのものとして肯定し、1962年法4条2項に従い規約によって従前の所有者が所有者として定められたものとみなした。

　これは、共用部分の所有関係が1962年法の想定するところと大きく異なる場合に、従前の所有権を全面的に否定せず、管理所有の観念に依拠して中間的な解決を図ったものである。

　この場合に、実質的な関係においては、従前、一人または数人の区分所有者に属していた共用部分が区分所有者全員にその持分に応じて帰属することとなるので、権利の移転が生ずる。これによって必要となる調整は、本条3項に定めるところに従って行われる。

〔参照　1962年法〕

　第4条1項　共用部分は、区分所有者全員の共有に属する。ただし、一部の区分所有者のみの共用に供されるべきことが明らかな共用部分は、それらの区分所有者の共有に属する。

〔3〕 持分が1962年法の定めと異なる場合

　1962年法の施行前から存在している区分所有の建物が区分所有者全員の共有ま

たはその共用に供される一部区分所有者の共有に属する場合（前記〔1〕②③参照）には、本条1項にいう「第4項第1項の規定に適合」することとなるので、原則として1962年法の規定に服せしめてよいが、持分の点において従前の共有持分と1962年法の定め（10条1項。専有部分の床面積の割合による）が一致しない場合には、従前からの持分に変更を加えないようにする必要がある。

本条2項は、従前からの持分を1962年法施行後も維持するために、1962年法8条ただし書に従い、規約によってその旨の「別段の定め」がなされたものとみなした。

〔参照　1962年法〕
　第8条　共用部分が区分所有者の全員又はその一部の共有に属する場合には、その共用部分の共有については、次条から第15条までに定めるところによる。ただし、第10条及び第12条から第14条までに規定する事項については、規約で別段の定めをすることを妨げない。

〔4〕　**区分所有者以外の者が共用部分を所有する場合**

1962年法の施行前から存在している区分所有の建物の共用部分の全部または一部が区分所有者以外の者の所有に属する場合（前記〔1〕④参照）には、1962年法の施行によって権利関係の大きな変動が生ずることを避けられない。共用部分は、区分所有者の共有に属する（4条1項）ことになるからである。このような場合には、権利の強制的な移転が生ずるので、区分所有者でない所有者が受ける損害を賠償する必要が生じる。本条3項は、この問題を不当利得の法理（民法703条）によって解決するものとした。

民法の適用下において共用部分を留保して専有部分のみを分譲したマンションにおいては、1962年法の施行によって共用部分の所有権を喪失した分譲者は、それによって生じた損失を理由として、専有部分の各所有者に対してそれぞれの床面積に応じた利得の償還を請求することができる。

〔5〕　**管理所有への転換に伴う調整**

このほか、前記〔1〕①の場合においては、従前、区分所有者の一人または数人にのみ属していた共用部分は名目的には「管理所有」として従前の区分所有者の名義にとどまるが、実質的に区分所有者全員の共有となるので、権利の変動が生

1983年改正法附則

ずることとなる。たとえば、区分所有者ABCDEのうちAが従前に共用部分の全部を所有していたとすると、1962年法の施行によってAが管理所有者となってもBCDEが共用部分の持分をそれぞれ取得する限り、AとBCDEとの間に損失と利得の関係が生ずるので、不当利得の法理によって処理すべきこととなる。

第3条から第7条まで[1]　（省略）

〔1〕　**附則3条から7条まで**

　1962年法の附則3条は民法208条の削除とそれに伴う257条の一部削除を、同4条は旧不動産登記法の一部改正（登記用紙の改正、構造上の共用部分の登記の廃止、規約による共用部分の登記に関する特例など）を、同5条は旧不動産登記法の改正に伴う経過措置を、同6条は地方税法の一部改正を、同7条は公共施設の整備に関連する市街地の改造に関する法律の一部改正をそれぞれ定めたものであるが、ここでは条文の掲記および解説を省略する。

附　　則（抄）
（昭和58年法律第51号[1]）

（施行期日）
第1条　この法律は、昭和59年1月1日から施行する[2]。

〔1〕　**1983（昭58）年改正法の附則**
　本法は、1983年5月21日に昭和58年法律第51号として公布され、翌1984年1月1日に施行された「建物の区分所有等に関する法律及び不動産登記法の一部を改正する法律」によって全面的に改正された。以下では、これまでと同様に本法（昭和58年法律第51号）を「1983年改正法」と呼ぶ。
　ここに掲げる「附則」は、1983年改正法の附則として定められたものである。ここでは、同附則18カ条のうち、現行法の適用について関わりがある1条から13条までについて、簡潔な解説を行う。

〔2〕　**施行期日**
　1983年改正法の施行期日は、1984（昭59）年1月1日と定められた。同改正法は、その施行前に1962年法に服していた区分所有の建物についても原則として適用されるので、改正法によって新たに設けられた若干の制度について経過措置を定める規定をこの附則において設けると共に、公布から約7カ月の期間を置いて施行するものとした。

（建物の区分所有等に関する法律の一部改正に伴う経過措置の原則）
第2条　第1条の規定[1]による改正後の建物の区分所有等に関する法律（以下「新法」という。）の規定は、特別の定めがある場合を除いて、この法律の施行前に生じた事項にも適用する[2]。ただし、同条の規定による改正前の建物の区分所有等に関する法律（以下「旧法」という。）の規定により生じた効力を妨げない[3]。

〔1〕　**第1条の規定**
　ここでいう「第1条の規定」とは、「建物の区分所有等に関する法律及び不動

1983年改正法附則

産登記法の一部を改正する法律」(昭和58年法律第51号)附則1条をいう。

〔2〕 遡及適用とその例外

本条では1983年法律第51号による改正後の法を「新法」と呼び、改正前の法を「旧法」と呼んでいるが、本書の解説ではこれまでと同様に前者を「1983年改正法」、後者を「1962年法」と呼ぶ。

本条は、1983年改正法の施行前に生じた法律関係への同改正法の適用関係に関する原則を定めるものである。本条本文の規定の仕方からは、改正法の施行前に生じた事項についても改正法が適用されるという遡及適用を認めたものということができるが、本文中の適用除外およびただし書による留保によって、遡及適用の範囲はかなり限定されている。

遡及適用が認められる規定例としては、1983年改正法によって新たに認められた管理者の権限がある。すなわち、26条2項後段に「第18条第4項……の規定による損害保険契約に基づく保険金額の請求及び受領」が追加された結果、管理者は、1983年改正法施行前に締結された損害保険契約による保険金の請求および受領について権限を有することとなる。また、26条4項によって、管理者は、集会の決議に基づき、その職務に関して区分所有者のために原告または被告として訴訟を追行することができることとなったが、この規定に基づいて、1983年改正法施行前に生じた紛争に関する訴訟についても原告または被告となることが認められる。

1983年改正法の規定は「特別の定めがある場合を除いて」この法律の施行前に生じた事項にも適用する。「特別の定め」とは、この附則における定めをいう。ところで、附則による定めには、①1983年改正法によって創設された新たな制度の遡及適用を否定するもの、②1983年改正法によって創設された新たな制度の適用を改正法の施行にかかわらず後の時期に繰り延べるもの、③1962年法下において一定の要件を満たす合意ないし決定について1983年改正法下において同改正法の規定に従ってなされたものとみなし、そのことによって狭義の遡及適用ではなくしているもの、④1962年法のもとですでに一定の効力(法律効果)を生じているものについて、1962年法の廃止(改正)にかかわらず1983年改正法を適用せず、1962年法下における取扱いを継続するもの、などがある。

①に属するのは、建物の設置または保存の瑕疵に関する推定を定める1983年改正法9条の適用を否定する附則3条と、建物の大規模一部滅失の場合の復旧およ

び建替えに関する61条5項および62条の適用を否定する附則11条である。1983年改正法によって改正された旧不動産登記法の一定の規定について遡及不適用を定めた附則12条も、規定の性質上同一の部類に属する。

②としては、既存の専有部分とそれに係る敷地利用権の関係について1983年改正法22条〜24条の適用を施行の日以後に繰り延べる附則5条（およびそれに関連する6条〜8条）がある。

③としては、共用部分、建物の敷地・附属施設、規約、議事録等の保管者についてした1962年法下の合意ないし決定を1983年改正法の規定によって集会で定められたものとみなす附則4条および1962年法下での規約を1983年改正法の規定によって定められたものとみなす附則9条がある。

④としては、1962年法5条1項に規定する行為につき義務違反者に対してとられる措置および1962年法に定める罰則の適用について、附則10条および13条は、1983年改正法の規定によらずに1962年法下での取扱い（従前の例）によるものとしている。

〔3〕 1962年法下で生じた効力の保存

本条ただし書は、1962年法の規定によってすでに生じている特定の効力について、同法の規定が1983年改正法によって廃止されているにかかわらず、改正法を適用せず、1962年法下で生じた効力を引き続きそのまま認める。

たとえば、1983年改正法施行前に1962年法（6条）のもとで先取特権によって担保されない債権であることが確定していた債権については、1983年改正法7条によって先取特権の被担保債権の範囲が拡大されたにかかわらず、先取特権を援用することはできない。同様に、1983年改正法7条によって先取特権によって担保されることとなった債権は区分所有者を特定承継した者に対しても請求することができることになった（1983年改正法8条）が、1983年改正法施行前に生じた特定承継人の責任については1962年法15条（および民法254条）によって確定されているので、1983年改正法の規定の適用を受けない。これに対して、1983年改正法施行後に生じた特定承継人は、改正法8条によって拡大された責任を負うこととなる。

このほか、管理者が第三者との間でした行為について区分所有者およびその承継人が責任を負う旨を定めた1983年改正法29条1項および2項の規定は、同法施行後に管理者が第三者とした行為に限って適用され、それ以前になされた管理者

の行為についての区分所有者等の法律上の責任については1962年法下の法律解釈に委ねられるにとどまる。

(建物の設置又は保存の瑕疵に関する推定に関する経過措置)
第3条 新法第9条の規定[1]は、この法律の施行前に建物の設置又は保存の瑕疵により損害が生じた場合における当該瑕疵については、適用しない[2]。

〔1〕 **1983年改正法9条の規定**
　区分所有の建物の設置または保存に瑕疵があって損害を生じた場合には、区分所有者に賠償責任が生ずるが、瑕疵が専有部分にあるか共用部分にあるかによって責任の所在が異なるため、1983年改正法9条は、瑕疵が共用部分の設置または保存にあるものと推定して、被害者の救済を容易にした。本条は、この規定が1983年改正法の施行の前後によってどのように適用されるかについて、経過措置を定めた。

〔2〕 **9条の不適用**
　1983年改正法の施行前に建物の設置または保存の瑕疵によって損害が発生した場合には、改正法9条の推定規定は適用されない。したがって、損害を受けた者が区分所有者全員に対して損害の賠償を請求しようとする場合には、その損害が共用部分の設置または保存の瑕疵によって生じたことを立証する必要がある。
　これに対して、建物の設置または保存の瑕疵が1983年改正法の施行前から存在していても損害の発生が施行後である場合には、改正法9条の推定が働くので、損害賠償請求事件における瑕疵の所在に関する立証責任は区分所有者全員の側が負担する。

(共用部分に関する合意等に関する経過措置)
第4条 この法律の施行前に区分所有者が共用部分、新法第21条に規定する場合における当該建物の敷地若しくは附属施設又は規約、議事録若しくは旧法第34条第1項の書面の保管者についてした合意又は決定（民法第251条又は第252条の規定によるものを含む。以下この条において同じ。）は、新法の規定により集会の決議で定められたものとみなす[1]。この法律の施行前に新法第65条に規定する場合における当該土地又は附属

施設に係る同条の所有者がこれらの物又は規約、議事録若しくは旧法第36条において準用する旧法第34条第1項の書面の保管者についてした合意又は決定も、同様とする。[2]

〔1〕 **集会決議の擬制**

1962年法下においては、共用部分の①変更、②改良（著しく多額の費用を要しないもの）、③管理に関する事項はそれぞれ①区分所有者の全員（1962年法12条1項本文）、②持分の4分の3以上（1962年法12条1項ただし書）、③持分の過半数（1962年法13条1項）で決すべきものとしたが、それらを決定する方式（個別署名による書面か、集会の決議か、等）については特段の規定を置かなかった。1983年改正法は、これらについては集会の決議によるべきものとし（17条1項、18条1項）、かつ、議決要件を①については区分所有者および議決権の各4分の3以上（17条1項）、②③については区分所有者および議決権の各過半数（18条1項、39条）と定めた。

第2に、建物の敷地または共用部分以外の附属施設が区分所有者の共有に属する場合については、1962年法では特別の定めはなく、民法251条および252条に従っていたが、1983年改正法21条は、共用部分に関する17条から19条までの規定を準用するものとしたので、これらもまた、上記のように集会の決議によって定められることとなった。

第3に、規約、議事録または書面決議の書面の保管者については、1962年法は、管理者、区分所有者またはその代理人で建物を使用している者の一人と定めるにとどまったが（1962年法26条1項、33条3項、34条）、1983年改正法はそれを管理者または建物を使用している区分所有者またはその代理人で規約または集会の決議で定める者とした（33条1項、42条3項、45条2項）。

このように、本条に掲げる一定の事項については、1983年改正法は、所定の議決要件を満たす集会の決議によって定めるものとしているが、すでに1962年法下においてそれらの事項が旧来の方式で定められている場合には、その定めを維持するため、1983年改正法の規定に従って集会の決議により定められたものとみなした。このみなし規定によって、新たに集会の決議をすることなく1983年改正法での効力を認められることとなる。

1983年改正法附則

〔2〕 団地準用の場合
　本条後段は、団地における土地または附属施設(団地内の建物の所有者の共有に属するもの)、規約・議事録・書面決議の書面の保管者に関する1962年法下の合意または決定は、1983年改正法の規定に従って集会で定められたものとみなしている。その理由等については、〔1〕で述べたところと同じである。
　1962年法下においては、団地内の土地または附属施設については共用部分の変更等に関する規定(1962年法12条、13条)の準用はなく、したがって民法に従って必要な決定が行われていたが、1983年改正法では66条によって17条および18条が準用されるため、集会の決議によって定められることとなった。他方、団地における規約・議事録・書面決議の書面については、1962年法36条で1962年法26条、33条1項・2項、34条1項・2項がすでに準用されていたが、1983年改正法においてはそれらもさらに集会の決議によって定められることとなった。
　本条後段は、1962年法下においてそれらの事項が旧来の方式で定められている場合に、その定めを維持するため、1983年改正法の規定に従って集会の決議により定められたものとしたのである。

(既存専有部分等に関する経過措置――その1)
第5条　新法第22条から第24条までの規定[1]は、この法律の施行の際現に存する専有部分及びその専有部分に係る敷地利用権(以下「既存専有部分等」という。)については、この法律の施行の日から起算して5年を超えない範囲内において政令で定める日[2]から適用する[3]。ただし、次条第1項の指定に係る建物の既存専有部分等については、同項に規定する適用開始日から適用する[4]。

〔1〕 1983年改正法22条から24条までの規定
　1983年改正法22条によれば、敷地利用権が数人で有する所有権その他の権利である場合、つまり、共有または準共有の関係にある場合には、区分所有者は、専有部分とその専有部分に係る敷地利用権を分離して処分することができない(一体性の制度ないし分離処分禁止の原則)。
　これに対して、規約によって別段の定め(分離して処分することができる旨の特約)をした場合には、例外的に専有部分と敷地利用権を分離して処分することが

許される（22条1項）。1983年改正法23条および24条は、それぞれ分離処分の無効の主張および民法255条の適用除外を定めた規定である。

〔2〕 政令で定める日

昭和63年政令第334号によって、昭和63年12月28日と定められた。

〔3〕 繰下げ適用

一体性の制度は1983年改正法によって創設されたもので、これまでの民法および区分所有法には見られなかった新しい考え方に基づくものである。本条以下8条までの規定は、この新しい制度を1983年改正法の施行前から存する区分所有の建物に適用するために必要な経過措置を定める。

本条以下では、1983年改正法の施行の際に現に存する「専有部分及びその専有部分に係る敷地利用権」を「既存専有部分等」という。既存専有部分等については、1983年改正法22条から24条までの規定は、1983年改正法の施行の日からは適用せず、施行の日から5年を超えない範囲内で別に政令で定める日（前記〔2〕参照）から施行するものとした。これが一体性の制度に関する経過措置の原則である。

1983年改正法の施行の日すなわち1984年1月1日現在においていまだ存在せず、または建物としては存在するが専有部分が存在しない建物については、その後それらが専有部分を具えた建物として存在するようになったときから当然に22条以下が適用される。本条以下の規定によって適用が繰り下げられるのは、1983年改正法施行時の「既存専有部分等」についてだけである。

一体性の制度の適用を繰り下げる理由は、主として不動産登記簿上の対応（登記簿の改整）に一定の時間が必要であることにある。実体法上一体性の制度を採用するためには、不動産登記制度上専有部分の表示の登記として敷地権の表示を登記し（旧不登法91条2項4号）、敷地の登記用紙の事項欄に敷地権である旨の登記をする（旧不登法93条ノ4第1項）ことが必要となる（不登法44条1項9号、46条参照）。この登記簿の改整の作業を既存の区分所有建物のすべてについて短期間で行うことは困難であるため、一定の猶予期間を設けることとしたものである。

〔4〕 繰下げ適用の例外

上記の原則に対して、附則6条1項に掲げる建物については、その規模・状況等から繰下げ適用の幅を短縮すべく、適用開始日として別の日を定めることができるものとされている。

1983年改正法附則

　登記簿の改整の作業はその必要がある区分所有建物については必ずしなければならないものであるが、一棟の建物ごとに作業を進めていく手順に従って改整の時期を決めればよく、したがって一体性の制度の適用もそれに応じてなされればよいことになる。繰下げ適用を一律に行うのではなく、6条に定めるように個別の事情に見合った適用開始日を定めることが現実的である。

（既存専有部分等に関する経過措置——その2）
第6条　法務大臣は、専有部分の数、専有部分及び建物の敷地に関する権利の状況等を考慮して、前条本文の政令で定める日前に同条本文に規定する規定を適用する既存専有部分等に係る建物及びこれらの規定の適用を開始すべき日（以下「適用開始日」という。）を指定することができる。[1]
2　法務大臣は、前項の指定をするときは、あらかじめ、その旨を各区分所有者又は管理者若しくは管理組合法人の理事に通知しなければならない。[2]
3　前項の規定による通知を発した日から1月内に4分の1を超える区分所有者又は4分の1を超える議決権を有する区分所有者が法務省令の定めるところにより異議の申出をしたときは、法務大臣は、第1項の指定をすることができない。[3]
4　第1項の指定は、建物の表示及び適用開始日を告示して行う。[4]
5　適用開始日は、前項の規定による告示の日から1月以上を経過した日でなければならない。[5]
6　法務大臣は、区分所有者の4分の3以上で議決権の4分の3以上を有するものの請求があったときは、第1項の指定をしなければならない。この場合には、第2項及び第3項の規定は、適用しない。[6]

〔1〕　**適用開始日の指定**
　1983年改正法22条から24条までの規定は一般的には前条本文の政令で定める日から適用されるが、その日前において区分所有建物ごとに適用を開始する日を指定することが同条ただし書によって認められている。この指定は、法務大臣が告示によって行う。

540

法務大臣は、個別の区分所有建物について、その専有部分の数、専有部分および敷地に関する権利の状況等を考慮して1983年改正法22条から24条までに定める一体性の制度を早目に適用したほうがよいと判断する場合に、それに適した日を定めてこの指定を行う。一般に、専有部分の数が多い建物については指定を早める実益がある。また、一棟の専有部分の数は多くないとしても、数棟からなる団地の場合のように共通の敷地の共有者の数が多い場合にも混乱が生じがちであるので、指定を早める実益がある。これに対して、法務大臣は、適用開始日を政令で定める日後に定めることはできない。

　指定は、区分所有者の側の請求を受けて行われる場合もあれば法務大臣の職権によって行われる場合もあるが、原則として指定権者（法務大臣）の裁量に委ねられる。ただし、区分所有者および議決権の各4分の3以上を有するものの請求があったときは、指定をしなければならない（本条6項）。区分所有者が請求しても、上記の定数に達していない場合には、指定権者にとって適用開始日の指定は任意である。

〔2〕　通　知

　法務大臣は、適用開始日の指定に先立って、当該区分所有建物の各区分所有者または管理者もしくは管理組合法人の理事に通知をしなければならない（本条2項）。通知は、建物を表示し指定予定日を示してなすべきである。この通知は、区分所有者の側から指定に対する異議の申出を事前に受けるためになされるもので、本条3項に定める数を超える異議の申出がある場合には指定をすることができなくなることから、この通知を欠いた適用開始日の指定は無効と解すべきである。通知の形式は問わないが、書面によって行われるべきである。管理者または管理組合法人の理事がいない場合には、各区分所有者に対して通知しなければならない。

〔3〕　異議の申出

　本条2項の通知を発した日から1カ月以内に区分所有者数または議決権において4分の1を超える区分所有者が適用開始日の指定に対して異議の申出をした場合には、法務大臣は、その指定をすることができない（本条3項）。これに対して、異議の申出があっても、1カ月以内に上記の定数に達しない場合には、指定をすることができる。異議の申出は、法務省令で定める形式に従ってしなければならない。

1983年改正法附則

〔4〕 指定の告示

適用開始日の指定は、個別の区分所有建物について一棟単位で行われるべきものであるので、指定の告示は、一棟の建物を表示して行う（本条4項）。

〔5〕 適用開始日

適用開始日の指定は、告示の日から1カ月以上を経過した日を定めて行う（本条5項）。

〔6〕 指定の請求

区分所有者は、適用開始日の指定を法務大臣に請求することができる。請求は、団体的行為ではなく、各区分所有者が個別に行うことができるが、区分所有者および議決権の各4分の3以上を有する者が請求をした場合には、法務大臣は、適用開始日を指定しなければならない。請求は適用開始日とすべき日を示してなされると考えられるが、法務大臣は、政令で定める日前の日を指定すれば足り、請求される日をもって適用開始日と定める必要はない。

(既存専有部分等に関する経過措置―その3)

第7条 法務大臣は、前条第4項の規定による告示をする場合において、区分所有者が数人で有する所有権、地上権又は賃借権に基づき建物及びその建物が所在する土地と一体として管理又は使用をしている土地があるときは、その土地の表示を併せて告示しなければならない。[1]

2　前項の規定により告示された土地は、適用開始日に新法第5条第1項の規定により規約で建物の敷地と定められたものとみなす。[2]

3　前条第2項及び第3項の規定は、第1項の規定による告示について準用する。[3]

〔1〕 一体として管理・使用している土地

附則6条に従って1983年改正法22条から24条までの適用開始日を指定する場合には、指定のための告示において、規約敷地となり得る土地で、区分所有者の共有または準共有に属するものを併せて表示しなければならない。規約敷地とは、「区分所有者が建物及び建物が所在する土地と一体として管理又は使用をする庭、通路その他の土地」であって、「規約により建物の敷地」とされたものである（1983年改正法5条1項）。このような、規約敷地となり得る土地について区分所

有者が所有権、地上権または賃借権を共有または準共有している場合には、法務大臣は、適用開始日を指定する告示においてその土地の表示を併せて告示する（本条1項）。

〔2〕 **みなし規約敷地**

このようにして告示された土地は、適用開始日に「規約敷地」と定められたものとみなされる（本条2項）。1983年改正法5条1項の場合には、そのような「区分所有者が建物及び建物が所在する土地と一体として管理又は使用をする庭、通路その他の土地」を規約によって「建物の敷地」とする旨を特別に定める必要があり、そのような規約上の定めがある場合に限って「建物の敷地」として扱われることになるが、ここでは、共有関係にある区分所有者が規約によって特別に定めることなしに、法律上「規約で建物の敷地と定められたもの」とみなされる（本条2項）。1983年改正法5条1項の場合と要件において異なるのは、当該土地について区分所有者の共有ないし準共有関係が存在することであり、そのような場合には、1983年改正法5条1項の規約制定の手続を経ることなく「規約敷地」となるのである。

このようにして「規約敷地」となった土地については法定敷地と共に一体性の制度が適用されるので、専有部分と分離して処分することはできない。登記制度上も、この土地について登記された権利は、登記簿の改整に当たって「敷地権」として表示されることとなった。

本条による「規約敷地」は法律による「みなし規約敷地」であるが、「規約敷地」の性質を有することは変わりないので、規約によって「規約敷地」であることをやめることができる。すなわち、区分所有者は、その数および議決権の各4分の3以上の多数で本条による「みなし規約敷地」である土地を建物の敷地としない旨を定めることができる。

〔3〕 **通知および異議の申出**

法務大臣が適用開始日を指定する告示において併せて「規約敷地」となり得る土地の表示を告示するに当たっては、あらかじめ土地を特定してその旨を各区分所有者または管理者もしくは管理組合法人の理事に通知しなければならない。当該土地がみなし規約敷地となることに異議を有する区分所有者は、法務省令に定める形式に従って異議の申出をすることができる。上記の通知が発せられた日から1カ月内に4分の1を超える区分所有者または4分の1を超える議決権を有す

1983年改正法附則

る区分所有者が異議を申し出たときは、適用開始日を指定する告示と併せて「規約敷地」となり得る土地の表示を告示することができない（本条3項）。

専有部分を所有するための敷地利用権である旨の登記がなされている権利で一体性の制度に服するものを不動産登記法上「敷地権」と呼ぶ（不登法44条1項9号）。専有部分についてこのような「敷地権」が発生した場合には、所有権の登記名義人は建物の表示の登記の変更の登記を申請する義務を負う（旧不登法93条ノ5第1項）が、この義務の履行を待って適用開始日を定めるのではないことに注意すべきである。

（既存専有部分等に関する経過措置―その4）
第8条 附則第6条第1項の指定に係る建物以外の建物の既存専有部分等は、附則第5条本文の政令で定める日に、新法第22条第1項ただし書の規定により規約で分離して処分することができることと定められたものとみなす。

〔1〕 **みなし分離処分許容規約**

附則6条1項の指定を受けた建物以外の建物については、附則5条に戻って「この法律の施行の日から起算して5年を超えない範囲内において政令で定める日」、具体的には1988（昭63）年12月28日に一体性の制度が適用されることになるはずであるが、本条は、この点についてさらに規定を設け、そのような建物の既存専有部分等は、上記の日に、1983年改正法22条1項ただし書に従って、規約で分離して処分することができることと定められたものとみなされる。

この分離処分許容のみなし規約によって、1983年改正法の施行の際現に存する区分所有の建物においては、法務大臣が適用開始日を政令で定める日前に指定して告示しない限り、政令で定める日に既存専有部分等の分離処分が禁止されることになるのではなく、逆に許容されることになる。

区分所有者がこのような既存専有部分等の分離処分を許容することを望まない場合には、どうすべきか。分離処分許容のみなし規約も集会でその旨の規約が定められた場合と同一の法律関係を形成するから、区分所有者は、規約の設定・変更に必要な多数をもって分離処分を許容しない旨の規約を定めることができる。

§§ 8〔1〕・9〔1〕〔2〕

(規約に関する経過措置)
第9条 この法律の施行の際現に効力を有する規約は、新法第31条又は新法第66条において準用する新法第31条第1項及び新法第68条の規定により定められたものとみなす。[1]
2　前項の規約で定められた事項で新法に抵触するものは、この法律の施行の日からその効力を失う。[2]

〔1〕 **1983年改正法施行前の規約の効力**
　1983年改正法の施行前に定められ、施行の際に効力を有している規約は、原則として、その効力を維持される。それらは、1962年法の廃止にかかわらずなお従前の例によるという扱いではなく、1983年改正法の規定に従って定められたものとみなされ、改正法上の規約として効力を承認される。
　1983年改正法では、規約の設定は、区分所有者および議決権の各4分の3以上の多数で集会の決議によってする。その設定が一部の区分所有者の権利に特別の影響を及ぼすべきときは、その承諾を要する(1983年改正法31条1項)。団地の規約の設定については、1983年改正法66条によって31条1項が準用されるほか、68条の特例に服すべきものとされた。
　これに対して、1962年法では、規約の設定は区分所有者の全員の書面による合意によってするものとしながら、規約で別段の定めをすることができるものとして(1962年法24条1項・3項、36条)、1983年改正法とは異なる議決要件等を定めていたが、本条は、1962年法下の規約も1983年改正法のもとで定められたものとみなして、原則としてその効力を承認した。団地の規約についても、1962年法下においては1983年改正法68条に定める手続・要件は要求されなかったが、改正法のもとで原則としてその効力を維持することとなった。
　このように、1962年法下の規約を、その定め方が1983年改正法下のそれと異なるにかかわらず引き続き効力を有するものとするのは、規約の変更ないし再設定の手続を回避する経過措置としてであり、これを可能とするには他方で1983年改正法に抵触する規約の定めの無効化が必要となる(本条2項)。

〔2〕 **1983年改正法に抵触する既存規約の定めの無効**
　本条2項の法文において「新法に抵触する」とは、1983年改正法が強行規定として定めた規定、すなわち改正法下においてそれと異なる定めを規約によってす

545

1983年改正法附則

ることができない規定に反する、という意味である。1962年法下の規約にそのような内容の定めがある場合には、その定めは、1983年改正法の施行の日から効力を失う（本条2項）。

「新法に抵触する」定めとは、たとえば次のようなものである。

①　共用部分の変更（改良を目的とし、かつ、著しく多額の費用を要しないものを除く）について、1983年改正法17条に定める議決要件を区分所有者の定数に関する同条1項ただし書の特例を超えて軽減する（たとえば、区分所有者および議決権の各3分の2以上の多数によるとする）もの（1962年法8条ただし書、12条1項参照）。1983年改正法17条を21条および66条によって準用する場合についても同じ。

②　管理所有者の権限について1983年改正法20条2項に反する定め（1962年法16条2項参照）。

③　規約の設定・変更・廃止について、1983年改正法31条1項に定める議決要件と異なる（たとえば、区分所有者および議決権の3分の2以上の多数によるとしたり、5分の4以上の多数によるとしたりする）もの（1962年法24条1項・3項参照）。1983年改正法31条1項を66条によって準用する場合についても同じ。

④　特別多数を必要とする事項について、1983年改正法37条2項と異なり、会議の目的を招集の通知に示さずに集会で決議することができる旨の定め（1962年法29条ただし書参照）。1983年改正法37条2項を66条によって準用する場合についても同じ。

⑤　大規模一部滅失の場合に1983年改正法61条5項に定める議決要件を軽減する（たとえば、区分所有者および議決権の3分の2以上の多数によるとする）もの（1962年法35条5項参照）。

（義務違反者に対する措置に関する経過措置）
第10条　この法律の施行前に区分所有者がした旧法第5条第1項に規定する行為に対する措置については、なお従前の例による。[1]

〔1〕　**義務違反者に対する措置**

1962年法5条1項は区分所有者に対して建物の保存に有害な行為その他建物の管理または使用に関して区分所有者の共同の利益に反する行為を禁止したが、違反行為に対する制裁規定は特別に設けていなかった。これに対して、1983年改正

法は、1962年法5条1項をそのまま受け継ぐ（6条1項）と共に、57条以下において違反行為の停止等の請求（57条）、使用禁止の請求（58条）および区分所有権の競売の請求（59条）等の制裁手段を創設した。

本条は、これらの制裁措置を遡及的に適用することを避けるため、附則2条の原則規定の例外として、なお従前の例によるべきものとした。特別の制裁規定を欠いた1962年法下においても、各区分所有者が違反行為の差止めを請求することは認められていた（川島・注民(7)373）ので、1983年改正法施行前の違反行為についてはこの方法によるべきこととなる。

（建物の一部滅失に関する経過措置）
第11条 新法第61条第5項及び第62条の規定は、この法律の施行前に旧法第35条第4項本文の規定による請求があった建物については、適用しない[1]。

〔1〕 **大規模一部滅失の復旧決議および建替え決議の制限**

1962年法下においては、大規模一部滅失（建物の価格の2分の1を超える価格に相当する部分の滅失）の場合に区分所有者の間で「再建」の協議が不可能ないし不調であるときは、区分所有者が相互に建物およびその敷地に関する権利を時価で買い取ることを請求することができるものとされていた（35条4項）。他方、1962年法では、大規模一部滅失の場合に多数によって「再建」の決議をすることは認められていなかった。

本条では、附則2条に従い、1983年改正法施行前に生じた大規模一部滅失にも改正法の規定を適用するものとしながら、1962年法35条4項による買取請求権が行使された後については1983年改正法61条5項および62条の適用を排除し、多数による復旧および建替えの決議を認めないものとした。

区分所有者のいずれからも買取請求権がいまだ行使されない間は、1983年改正法61条5項による復旧の決議および62条による建替えの決議をすることができる。

区分所有者のいずれかが買取請求権を行使した場合にも、1983年改正法61条8項および9項の適用は排除されていないので、1962年法35条4項に代わってそれらの条項が適用されるが、8項にいう「建物の一部が滅失した日から6月以内に（復旧または建替えの）決議がないときは」という要件は不要となるので、一部滅

1983年改正法附則

失後買取請求権を行使する時間的な制約はなくなることとなる。
　1962年法35条5項は、大規模一部滅失の場合の買取請求についても規約で別段の定めをすることを認めていたが、1983年改正法では同旨の規定を欠いているので否定的に解すべきである。

(不動産登記法の一部改正に伴う経過措置)
第12条　第2条の規定[1]による改正後の不動産登記法第93条第3項ただし書、第93条ノ2、第93条ノ7、第100条第2項及び第101条第4項から第6項までの規定は、この法律の施行の際現に存する一棟の建物を区分した建物については、適用しない[2]。

〔1〕　第2条の規定
　ここでいう第2条の規定とは、「建物の区分所有等に関する法律及び不動産登記法の一部を改正する法律」(昭和58年法律第51号) 2条をいう。
〔2〕　旧不動産登記法に関する経過措置
　〔1〕に掲げた法律は、区分所有法の改正と並んで、それに伴って必要となる旧不動産登記法の改正を定めた。本条は、旧不動産登記法上の改正規定の一部について、法律の施行前から存する区分所有建物に適用しないことを定める。その結果、以下のような取扱いとなる。
　①　区分所有の建物であっても、建物の表示の登記において所有者の変更があったときは変更の日から1カ月内にその登記の申請をすべきこと (旧不登法93条3項ただし書、80条3項参照)。
　②　一棟の建物を区分した数個の建物の表示の登記を同時に申請する必要がないこと (同93条ノ2、93条ノ7参照)。
　③　一棟の建物を区分した建物の表題部に記載された所有者の証明書によってその者から所有権を取得したことを証する取得者の保存登記申請を認めないこと (同100条2項、101条4項～6項参照)。

(罰則に関する経過措置)
第13条 この法律の施行前にした行為に対する罰則の適用については、なお従前の例による。

〔1〕 **罰則に関する経過措置**

　1983年改正法の施行前になされた行為については、改正法の罰則を遡及的に適用せず、なお1962年法37条が定めていたところに従って従前の例によるものとした。1983年改正法は過料に処する事由を増大し、かつ、過料の上限額を引き上げたが、それらの規定は、改正法施行後になされた行為についてのみ適用される。

第14条から第18条まで　（省略）

〔1〕 **附則14条から18条まで**

　1983年改正法の附則14条は地方自治法の改正を、同15条は不動産登記法の一部を改正する等の法律（昭和35年法律第14号）の一部改正を、同16条は不動産登記法の一部を改正する法律（昭和39年法律第18号）の一部改正を、同17条は都市再開発法の一部改正を、同18条は大都市地域における住宅地等の供給の促進に関する特別措置法（昭和50年法律第67号）の一部改正をそれぞれ定めたものであるが、ここでは条文の掲記および解説を省略する。

附　則（抄）
（平成14年法律第140号[1]）

（施行期日）
第１条　この法律は、公布の日から起算して６月を超えない範囲内において政令で定める日から施行する。[2]

〔１〕　2002（平14）年改正法の附則
　本法は、2002（平14）年12月11日に平成14年法律第140号として公布され、翌2003（平15）年６月１日に施行された「建物の区分所有等に関する法律及びマンションの建替えの円滑化等に関する法律の一部を改正する法律」によって改正がなされた（１条でいう「この法律」とは、同法を指す）。
　ここで掲げる「附則」は、この平成14年法律第140号の附則として定められたものである。ここでは、同附則９カ条のうち、本法および被災区分所有建物再建特別措置法に関する１条、２条、８条および９条について、簡潔な解説を行う。

〔２〕　施行期日
　本法の施行期日は、2003（平15）年６月１日と定められた。本項において、「公布の日から起算して６月を超えない範囲内において政令で定める日から施行する」と定められていたところ、この施行日を定める政令（「建物の区分所有等に関する法律及びマンションの建替えの円滑化等に関する法律の一部を改正する法律の施行日を定める政令」平成15年政令第228号・平成15年５月21日公布）において、このように定められた。

（建物の区分所有等に関する法律の一部改正に伴う経過措置）
第２条　第１条の規定による改正後の建物の区分所有等に関する法律の規定は、特別の定めがある場合を除いて、この法律の施行前に生じた事項にも適用する。ただし、同条の規定による改正前の建物の区分所有等に関する法律（以下「旧区分所有法」という。）の規定により生じた効力を妨げない。[3]
２　この法律の施行前に旧区分所有法第61条第７項の規定による買取請求

があった建物及びその敷地に関する権利に関するこの法律の施行後にする買取請求については、なお従前の例による[4]。

3　この法律の施行前に招集の手続が開始された集会においてこの法律の施行後にする建替え決議については、なお従前の例による[5]。

〔1〕　第1条の規定

ここでいう「第1条の規定」とは、2003（平15）年6月1日に施行された「建物の区分所有等に関する法律及びマンションの建替えの円滑化等に関する法律の一部を改正する法律」（平成14年法律第140号）附則1条の規定をいう。なお、以下では、「建物の区分所有等に関する法律及びマンションの建替えの円滑化等に関する法律の一部を改正する法律」による改正後の区分所有法をこれまでと同様に「2002年改正法」という。

〔2〕　遡及適用とその例外

本条1項は、2002年改正法の施行前に生じた法律関係への2002年改正法の適用関係に関する原則を定めるものである。本項本文の規定の仕方からは、2002年改正法の施行前に生じた事項についても2002年改正法が適用されるという遡及適用を認めたものということができるが、本文中の適用除外（「特別の定めある場合を除いて」）およびただし書による留保（旧区分所有法「の規定により生じた効力を妨げない」）によって、遡及適用の範囲は限定されている。このうち、ただし書による留保については、〔3〕で述べる。

遡及適用が認められる規定例としては、2002年改正法によって新たに認められた管理者の権限がある。すなわち、26条2項後段で「並びに共用部分等について生じた損害賠償金及び不当利得による返還金」の請求および受領が追加された結果、管理者は、2002年改正法の施行前に生じた共用部分等について生じた損害賠償金および不当利得による返還金の請求および受領について権限を有することとなる。また、2002年改正法によって規約を電磁的記録により作成することが認められた（30条5項）が、2002年改正法の施行前において、電磁的記録により作成された規約も、規約としての効力を有する。

2002年改正法の規定は、「特別の定めがある場合を除いて」この法律の施行前に生じた事項にも適用する。「特別の定め」とは、この附則における定めをいう。本附則では、このような「特別の定め」として、本条2項および3項を設けてい

る（後記〔4〕〔5〕参照）。

〔3〕 「旧区分所有法」下で生じた効力の保存

本項ただし書は、「旧区分所有法」（1983年改正法。以下では、単に「旧法」「旧…条」と表記する）の規定によって生じている特定の効力について、旧法の規定が2002年改正法によって廃止されているにかかわらず、2002年改正法を適用せず、旧法下で生じた効力を引き続きそのまま認める。

たとえば、2002年改正法の施行前に旧法（旧17条1項）のもとで、著しく多額の費用を要する大規模修繕工事について、過半数決議の要件は満たすが特別多数決議の要件は満たしていなかった場合において、2002年改正法によって過半数決議で足りるとされたにもかかわらず、当該決議を有効なものとして大規模修繕工事を実施することはできない。2002年改正法の施行後に、あらためて過半数決議を経なければならない。また、旧法（旧47条1項）のもとで、区分所有者の団体（区分所有法3条に規定する団体。管理組合）で区分所有者の数が30人に満たないものが、2002年改正法の施行前の集会決議で管理組合法人となる旨を定めた場合において、2002年改正法によって人数要件は撤廃されたにもかかわらず、当該決議を有効なものとして、管理組合法人の登記をすることはできない。2002年改正法の施行後に、あらためてその旨の集会決議を経なければならない。建替え決議のために客観的要件を必要とした旧法（旧62条1項）のもとで、客観的要件を満たさないで建替え決議をした場合についても、同様である。

〔4〕 買取請求

2002年改正法の規定は、「特別の定めがある場合を除いて」この法律の施行前に生じた事項にも適用する（本条1項本文）から、「特別の定めがある場合」には、2002年改正法の規定は、この法律の施行前に生じた事項には適用しない。買取請求に関して定めた本条2項が、この「特別の定めがある場合」に該当する。

区分所有建物に大規模一部滅失が生じ復旧決議がされた場合において、2002年改正法の施行前に、決議に賛成しなかった区分所有者のいずれかの者が、旧法61条7項の規定に基づいて、決議に賛成した区分所有者に対して、すでに買取請求権を行使した場合については、2002年改正法の施行後に、決議に賛成しなかった区分所有者が、当該建物およびその敷地に関する権利に関し買取請求権を行使しても、従前の例により、2002年改正法の新規定（61条7項）を適用せず、旧法下における取扱いを継続することとした。その理由について、法務省立法担当者は、

「同じ復旧決議に対して賛成をしなかった区分所有者間で買取請求権の内容に差異が生ずることは公平を欠き、混乱を招くおそれがあることから、こうした経過措置を設けたものです」と説明する（吉田・一問一答15）。

なお、2002年改正法の施行後に大規模一部滅失があった場合には、常に2002年改正法が適用されることはいうまでもない。

〔5〕 **建替え決議**

2002年改正法の規定は、「特別の定めがある場合を除いて」この法律の施行前に生じた事項にも適用する（本条1項本文）から、「特別の定めがある場合」には、2002年改正法の規定は、この法律の施行前に生じた事項には適用しない。2002年改正法の施行前に存在する建物に対しても、2002年改正法の施行後は、2002年改正法の建替え決議に関する規定（62条）が適用されるが、2002年改正法の施行前に建替え決議を会議の目的とする集会の招集手続が開始された場合については、「特別の定めがある場合」として、本条3項で規定を設けている。すなわち、2002年改正法の施行前に、旧法62条の規定に基づいて、建替え決議を会議の目的とする集会の招集手続が開始され（管理者による集会の招集の通知がなされ）、その後、集会の決議の前に、2002年改正法の施行された場合には、なお従前の例により、旧62条の規定によって建替え決議がなされる。したがって、そこでは、建替え決議の成立のためには、旧規定の「老朽、損傷、一部の滅失その他の事由により、建物の価額その他の事情に照らし、建物がその効用を維持し、又は回復するのに過分の費用を要するに至ったとき」という客観的要件を必要とする。本項のような経過措置を設けた理由について、法務省立法担当者は、「集会の招集手続を始めた日と集会の開催日との間に改正法の施行日をはさんでいる場合、旧法と改正法いずれの要件や手続にのっとって建替え決議を行うか、区分所有者等に混乱が生ずるおそれがあることから、こうした経過措置を設けたものです」と説明する（吉田・一問一答16）。

第3条から第7条まで　　（省略）

附則3条は、マンションの建替えの円滑化等に関する法律の一部改正に伴う経過措置を、同4条は、地方自治法の一部改正を、同5条は、地方税法の一部改正を、同6条は、租税特別措置法の一部改正を、同7条は、被災区分所有建物の再

2002年改正法附則

建等に関する特別措置法の一部改正をそれぞれ定めたものであるが、ここでは条文の掲記および解説を省略する。

なお、7条は、2002年改正法による区分所有法の条項の変更に伴う、被災区分所有建物の再建等に関する特別措置法の関連条項の改正である。これについて、本書では、同特別措置法の関連する条項において必要な解説がなされている。

（被災区分所有建物の再建等に関する特別措置法の一部改正に伴う経過措置）
第8条 この法律の施行前に招集の手続が開始された再建の集会においてこの法律の施行後にする再建の決議については、なお従前の例による[1]。

〔1〕 再建の決議

本条は、本附則2条3項と類似の規定である。2002年改正法の施行前に、被災区分所有建物の再建等に関する特別措置法2条の規定に基づいて、再建を会議の目的とする集会の招集手続が開始され（集会の招集の通知がなされ）、その後、集会の決議の前に、2002年改正法の施行された場合には、なお従前の例により、旧法の規定（2条・3条）によって再建の決議がなされる。したがって、そこでは、旧規定3条の「建物の敷地に主たる使用目的を同一とする建物」を建築する旨の決議を必要とする。

（罰則に関する経過措置）
第9条 この法律の施行前にした旧区分所有法又は附則第7条の規定による改正前の被災区分所有建物の再建等に関する特別措置法の規定に違反する行為に対する罰則の適用については、なお従前の例による[1]。

〔1〕 罰則に関する経過措置

2002年改正法の施行前になされた行為については、2002年改正法の罰則を遡及的に適用せず、なお旧法69条および70条ならびに旧被災区分所有建物の再建等に関する特別措置法6条が定めていたところに従って従前の例によるものとした。2002年改正法（被災区分所有建物の再建等に関する特別措置法の改正を含む）は、過料の上限額を引き上げたが、それらの規定は、その施行後になされた行為についてのみ適用される。

建物の区分所有等に関する法律施行規則
（平成15年5月23日法務省令第47号）

　建物の区分所有等に関する法律（昭和37年法律第69号）第30条第5項、第33条第2項、第39条第3項、第42条第4項及び第45条第1項の規定に基づき、建物の区分所有等に関する法律施行規則を次のように定める。

（電磁的記録）
第1条　建物の区分所有等に関する法律（昭和37年法律第69号。以下「法」という。）第30条第5項に規定する法務省令で定める電磁的記録は、磁気ディスクその他これに準ずる方法により一定の情報を確実に記録しておくことができる物をもって調製するファイルに情報を記録したものとする。

（電磁的記録に記録された情報の内容を表示する方法）
第2条　法第33条第2項に規定する法務省令で定める方法は、当該電磁的記録に記録された情報の内容を紙面又は出力装置の映像面に表示する方法とする。

（電磁的方法）
第3条　法第39条第3項に規定する法務省令で定める方法は、次に掲げる方法とする。
　一　送信者の使用に係る電子計算機と受信者の使用に係る電子計算機とを電気通信回線で接続した電子情報処理組織を使用する方法であって、当該電気通信回線を通じて情報が送信され、受信者の使用に係る電子計算機に備えられたファイルに当該情報が記録されるもの
　二　第1条に規定するファイルに情報を記録したものを交付する方法
2　前項各号に掲げる方法は、受信者がファイルへの記録を出力することにより書面を作成することができるものでなければならない。

（署名押印に代わる措置）
第4条　法第42条第4項に規定する法務省令で定める措置は、電子署名及び認証業務に関する法律（平成12年法律第102号）第2条第1項の電子署名とする。

（電磁的方法による決議に係る区分所有者の承諾）
第5条　集会を招集する者は、法第45条第1項の規定により電磁的方法による決

議をしようとするときは、あらかじめ、区分所有者に対し、その用いる電磁的方法の種類及び内容を示し、書面又は電磁的方法による承諾を得なければならない。
2 　前項の電磁的方法の種類及び内容は、次に掲げる事項とする。
　一　第3条第1項各号に規定する電磁的方法のうち、送信者が使用するもの
　二　ファイルへの記録の方式
3 　第1項の規定による承諾を得た集会を招集する者は、区分所有者の全部又は一部から書面又は電磁的方法により電磁的方法による決議を拒む旨の申出があったときは、法第45条第1項に規定する決議を電磁的方法によってしてはならない。ただし、当該申出をしたすべての区分所有者が再び第1項の規定による承諾をした場合は、この限りでない。

　　附　則

　この省令は、平成15年6月1日から施行する。

被災区分所有建物再建等特別措置法

被災区分所有建物の再建等に関する特別措置法
1995（平成7）年3月24日法律第43号　公布・施行

改正　2013（平成25）年6月26日法律第62号

第1章 総　則

（目的）
第1条[1]　この法律は、大規模な火災、震災その他の災害[2]により、その全部が滅失した区分所有建物の再建及びその敷地の売却[3]、その一部が滅失した区分所有建物及びその敷地の売却並びに当該区分所有建物の取壊し等[4]を容易にする特別の措置を講ずることにより、被災地の健全な復興に資することを目的とする[5]。

〔1〕　**本条の趣旨**

　本条は、「被災区分所有建物の再建等に関する特別措置法」（以下「本法」という）の目的を掲げる。本法は、阪神淡路大震災（1995〔平成7〕年1月）後の1995年に制定され（以下「1995年法」という）、東日本大震災（2011〔平成23〕年3月）後の2013（平成25）年に改正された（以下「2013年改正法」という）。

(1)　1995年法の目的

　「建物の区分所有等に関する法律」（以下、本法の解説においては、「区分所有法」という）は、数個の専有部分を含む一棟の建物において区分所有者の共有に属する共用部分等共同の管理に服すべきものが存在する場合に、区分所有者が全員で団体を構成する（区分所有法3条）ものとし、所要の事項を多数決によって決定することを可能とすることを目的として制定された。したがって、区分所有法がそれと異なる民法の規定を排除して適用されるのは、上記のような区分所有の建物が存在する場合に限られ、それ以外の場合には同法の適用はないこととなる。

　建物の全部が滅失した場合には、もはや法律上「建物」は存在せず、瓦礫等が土地の一部として存在するだけとなるが、区分所有の建物の全部が災害によって滅失した場合も同様であって、もはや建物はなく、共用部分等共同の管理に服すべきものが存在しない以上、法律上区分所有者もその団体も存在しない。したがって、民法の特別法としての区分所有法を適用する余地がないこととなる。

　1983年改正法によって区分所有法が改正され、区分所有の建物の一部が滅失した場合の復旧（区分所有法61条）や建物が老朽、損傷、一部の滅失等によって効用の維持・回復に過分の費用がかかる場合の建替え（区分所有法旧62条以下）につ

いて規定が整備され、多数決の法理が確立されたが、それらはいずれも共同の決定に服すべき建物の全部または一部が存在している場合に適用されるべきものであって、建物の全部が滅失した場合は区分所有法の適用外とされ、民法の適用に服すべきものとされた。これは、区分所有法の改正時において災害による全部滅失という事態を想定していなかったからではなく、むしろ、全部滅失の場合に区分所有法を適用することはできないと考えられていたからである。

　阪神・淡路大震災によって多くの区分所有の建物が被災したが、被災の程度は、一棟の区分所有建物のすべてが建物としての効用を確定的に失った「全部滅失」から、建物の一部の滅失または損傷にとどまるものまでさまざまであった。それらのうち、建物がその一部を残して滅失した場合には、残存部分を除去して新たな建物に建て替えることを区分所有者の多数決によって決定することができるが、建物の全部が滅失して瓦礫と化した場合には建物の再建について多数決によって決することができない。前述のように、論理上、区分所有者はもはや存在せず、その団体も存在しないからである。

　このように、被災の程度の差異が物理的には相対的なものであっても、全部滅失か一部滅失かの定義上の区別に基づく法律上の差異は絶対的であるため、現実的に妥当でない結果が生じる。さらに、「被災地の健全な復興」という観点からすれば、建物の全部が滅失した場合にも、旧区分所有者である敷地利用権の共有者または準共有者が区分所有法62条以下に定める建替えに準じた手続によってその再建を行うことができるようにすることが望ましい。

　1995年法は、「大規模な火災、震災その他の災害により滅失した区分所有建物の再建等を容易に」するために、敷地利用権の共有者または準共有者間に区分所有者間と同様の団体が存在するものと理論上想定し、民法（特に251条、264条）および区分所有法の特別法として、多数決による決定等の手続を導入した。

(2)　1995年法の立法の経緯

　1995（平成7）年1月17日の阪神・淡路大震災の発生後ほどなく、法務省民事局において検討が開始され、全部滅失の区分所有建物について建替えに準じた多数決による再建の手続を特別措置法の形式で創設することとなった。法律案は、関係省庁等との調整の後、第132回国会に提出され、次のような経過をたどって法律として成立し、公布され、施行された。

　　平成7年3月14日　閣議決定（閣法89号）

3月15日　衆議院法務委員会全会一致で可決
3月17日　衆議院本会議全会一致で可決、参議院へ送付
3月17日　参議院法務委員会全会一致で可決
3月17日　参議院本会議全会一致で可決成立
3月24日　公布（平成7年法律第43号）・即日施行

本法2条1項による政令＝「被災区分所有建物の再建等に関する特別措置法第2条第1項の災害を定める政令」

3月22日　閣議決定
3月24日　公布（平成7年政令第81号）・即日施行

(3) 1995年法の主要な規定内容

1995年法は、民法および区分所有法の特別法として、一定の災害（後記〔2〕）によって区分所有の建物の全部または一部が滅失した場合について、次の3つの特例措置を規定した。

(ア) 全部が滅失した建物の敷地利用権が数人で有する所有権その他の権利（敷地共有持分または借地権準共有持分）であった場合に、本法の適用を定める政令の施行の日から起算して3年以内に、敷地共有者等が集会において敷地共有持分等の価格の割合による議決権の5分の4以上の多数で建物を再建することを決議することができるものとすること（旧2条、3条〔現2条、4条〕）。

(イ) 全部が滅失した建物の敷地共有者等は、本法の適用を定める政令の施行の日から起算して1月を経過する日の翌日以降当該政令の施行の日から起算して3年を経過する日まで、敷地および敷地に関する権利の分割を請求することができないものとすること（旧4条〔現6条〕）。

(ウ) 一部が滅失した建物について区分所有法61条12項によって各区分所有者が他の区分所有者に対して建物およびその敷地について有する権利を時価で買い取るべきことを請求することができる期間を「滅失した日から6月以内」ではなく、本法の適用を定める「政令の施行の日から起算して1年以内」に改めること（旧5条〔現12条〕）。

(4) 2013年改正法の目的と立法の経緯

2011年3月11日に発生した東日本大震災においては、全部滅失に至る区分所有建物はほとんど存在しなかったことから、1995年法は適用されなかった（岡山・被災二法41）。ただ、同震災により重大な被害を受けたために、区分所有者の全

被災区分所有建物再建等特別措置法

員の同意によって取壊しがなされたマンションは数例あった。この場合には、民法の原則に従い、建物の取壊しについて区分所有者全員の同意が必要であると共に、取壊し後の当該敷地での建物の再建または敷地の売却について区分所有者全員の同意が必要とされる。このことは、多大の労力を要し、被災地の健全な復興を妨げることになる。この点は、東日本大震災の場合にとどまらず今後発生すると想定される大規模な地震等の場合にも同様であることから、1995年法を見直して必要な法制を整備することは喫緊の課題であった。

　そこで、2012（平成24）年9月以降、法務省は、法務大臣からの諮問を受け、罹災都市借地借家臨時処理法の見直しと共に本法の見直しについて、法制審議会被災関連借地借家・区分所有法制部会において調査・審議を重ね、2013年2月、「被災区分所有建物の再建等に関する特別措置法の見直しに関する要綱」が法務大臣に答申され、同要綱に基づき、「被災区分所有建物の再建等に関する特別措置法の一部を改正する法律案」が、「大規模な災害の被災地における借地借家に関する特別措置法案」と一括で、第183回国会に提出された。その後、次のような経緯をたどって法律として成立し、公布され、施行された。なお、東日本大震災に関しては、区分所有者全員の同意での建物の取壊しがなされた後において、当該敷地での建物の再建または敷地の売却を特別多数決議で行えるようにする必要があったことから、2013年改正法2条の災害として東日本大震災を定める旨の政令（平成25年政令第231号）が、平成25年7月31日に公布され、施行された。

　　　平成25年5月8日　　衆議院法務委員会付託
　　　　　　5月21日　　衆議院法務委員会全会一致で可決、衆議院へ送付
　　　　　　5月23日　　衆議院本会議全会一致で可決、参議院へ送付
　　　　　　6月12日　　参議院法務委員会付託
　　　　　　6月18日　　参議院法務委員で可決、衆議院へ送付
　　　　　　6月19日　　参議院本会議で可決
　　　　　　6月26日　　公布・施行
　　　　　　7月31日　　東日本大震災を2条の災害として定める旨の政令（平成25年政令第231号）が公布・施行

(5)　2013年改正法の主要な規定内容

　2013年改正法は、政令で指定された災害において、1995年法の3つの主要な規定内容（上記(3)(ア)〜(ウ)）に加えて、次の(エ)〜(キ)の4つを可能にした。

(エ)　区分所有建物の全部が滅失した場合に、その敷地の売却を集会の特別多数で決議することができること（5条。後記〔3〕参照）。
(オ)　区分所有建物の一部が滅失（大規模一部滅失）した場合に、当該区分所有建物および敷地の売却を集会の特別多数で決議することができること（9条。後記〔4〕参照）。
(カ)　(オ)の場合に、当該区分所有建物の取壊し、および、その建物の敷地の売却を集会の特別多数で決議することができること（10条。後記〔4〕参照）。
(キ)　(オ)の場合に、当該区分所有建物の取壊しを集会の特別決議で行うこと（11条。後記〔4〕参照）。なお、その後に、その敷地に建物を再建したり（4条1項）、その敷地を売却する旨の集会の特別決議で行うことも可能である（5条1項）。

　ところで、上記(ア)(エ)(オ)(カ)および(キ)について、それらの各決議がなされた後の各事業を円滑に実施するためのマンション建替え等円滑化法は用意されていない（折田・改正被災104は、その必要性を説く）。

〔2〕　**大規模な火災、震災その他の災害**
(1)　政令による指定
　本法は、「大規模な火災、震災その他の災害により」全部または一部が滅失した区分所有建物について適用される。したがって、区分所有建物の全部または一部が滅失したすべての場合に適用されるのではない。他方、阪神・淡路大震災または東日本大震災に限って適用されるのではなく、大規模な火災、震災その他の災害で、政令で定めるものに限ってそのつど適用される（2条）。〔1〕(2)に掲げた平成7年政令第81号は、「被災区分所有建物の再建等に関する特別措置法第2条第1項の災害として、阪神・淡路大震災を定める」と規定し、平成25年政令第231号は、改正後の本法2条の災害として東日本大震災を定めると規定した。

〔3〕　**区分所有建物の全部が滅失した場合**
　大規模な火災、震災その他の災害によって区分所有建物の全部が滅失した場合に、本法は、被災地の健全な復興に資するために2つの特別な措置を講じた。一つは、その敷地上に区分所有建物を再建することを容易にする措置（再建決議）であり、もう一つは、その敷地を売却することを容易にする措置（敷地売却決議）である。前者の措置は、1995年法により設けられたものであり、2013年改正法にも引き継がれた。後者の措置は、2013年改正法によって新たに設けられたものである。

被災区分所有建物再建等特別措置法

　前者の措置（再建決議）は、区分所有建物の全部が滅失した敷地の共有者（準共有者を含む）が、敷地共有者等の集会において、敷地共有者等の議決権の5分の4以上の多数で、「滅失した区分所有建物に係る建物の敷地若しくはその一部の土地又は当該建物の敷地の全部若しくは一部を含む土地に」（この点に関しては、62条の注釈〔5〕参照）、建物を建築する旨の決議をすることができるというものである（4条1項）。

　後者の措置（敷地売却決議）は、区分所有建物の全部が滅失した敷地の共有者（準共有者を含む）が、敷地共有者等の集会において、敷地共有者等の議決権の5分の4以上の多数で、敷地共有持分等に係る土地を売却する旨の決議をすることができるというものである（5条1項）。

　なお「区分所有建物」の語は、区分所有法2条3項に定める専有部分が属する一棟の建物をいうが、この語は区分所有法にはなく、本法で初めて用いられる。これについては、本法2条の注釈〔2〕を参照のこと。

〔4〕　区分所有建物の一部が滅失した場合

　区分所有建物が滅失した場合に、その滅失の程度が建物の価格の2分の1を超えるときに（大規模一部滅失のとき）、区分所有法は、集会において、区分所有者および議決権の各4分の3以上の多数で、滅失した共用部分を復旧することができる（61条5項）。また、建替えについては、滅失があったこととは無関係に、集会における区分所有者および議決権の各5分の4以上の多数で行うことができる。これに対して、本法は、政令で指定する大規模な火災、震災その他の災害によって、区分所有建物の大規模一部滅失した場合に、被災地の健全な復興に資するために3つの特別な措置を講じた。本条の規定では、「その一部が滅失した区分所有建物」と定めているが、本法2条において、「区分所有建物の一部が滅失した場合（区分所有法第61条第1項本文に規定する場合を除く。以下同じ。）」と規定されていることから、本法において特別の措置が講じられているのは、「第61条第1項本文に規定する場合」すなわち「小規模一部滅失の場合」を除く場合であるから、大規模一部滅失の場合に限られる。

　本法において特別に講じられた3つの特別の措置とは、〔1〕(5)に挙げた(オ)〜(キ)である（(キ)に挙げた措置に関して、後記(ク)および(ケ)を含めると5つの措置となる)。それぞれの措置を詳述すると以下のようになる。本条の規定では、これらの措置について、「その一部が滅失した区分所有建物及びその敷地の売却並びに当該区分

所有建物の取壊し等」と定め、以下の㈵の「建物敷地売却決議」のほか、㈻㈼に関しては「当該区分所有建物の取壊し等」としている。

　㈵　政令で定める災害により区分所有建物の一部が滅失（大規模一部滅失）した場合において、当該区分所有建物に係る敷地が区分所有者の共有（準共有を含む）であるときは、区分所有者の集会（「区分所有者集会」）において、区分所有者、議決権および当該敷地の共有等の持分の価格の各5分の4以上の多数で、当該区分所有建物およびその敷地を売却する旨の決議（「建物敷地売却決議」）をすることができる（9条1項。詳細は同条の注釈参照）。

　㈻　㈵の場合においては、区分所有者集会において、区分所有者、議決権および当該敷地の共有等の持分の価格の各5分の4以上の多数で、当該区分所有建物を取り壊し、かつ、その建物の敷地を売却する旨の決議（「建物取壊し敷地売却決議」）をすることができる（10条1項。詳細は同条の注釈参照）。

　㈼　㈵の場合においては、区分所有者集会において、区分所有者、議決権の各5分の4以上の多数で、当該区分所有建物を取り壊す旨の決議（「取壊し決議」）をすることができる（11条1項。詳細は同条の注釈参照）。なお、取壊し決議の後に、敷地共有者等集会において、敷地共有者等の議決権の5分の4以上の多数で、㈽その敷地に建物を建築する旨の決議（「再建決議」）をしたり（4条1項）、㈾その敷地を売却する旨の決議（「敷地売却決議」）をすることを妨げない（5条1項）。

〔5〕　**本法の公益的性格——被災地の健全な復興**

　本法は、「大規模な災害で政令で定めるもの」に限って適用される。したがって、火災によって一棟の区分所有建物が滅失しても、火災の地域的な規模が小さければ焼失建物の再建等は区分所有者等関係者の個別的協力によってなされればよく、特別の措置を必要としない。これに対して、被災の範囲が広汎である場合には、地域としての被災地の健全な復興を促進するという公益的目的から、私法の領域においても一定の強行的規定を導入し、滅失建物の敷地の共有者等の一部に反対があっても被災建物の再建等ができるようにすべきだというのが本法制定の理由である。したがって、社会政策的性格を帯びた立法といってよい。

　この法律の適用がない一般の場合（個別災害）には、全部が滅失した区分所有建物の旧区分所有者のうち一人でも再建等に反対すれば、同一敷地上に同一の区分所有建物の再建等をすることはできない。また、一部が滅失した区分所有建物の区分所有者の一人が反対すれば、区分所有建物およびその敷地の売却等をする

ことはできない。前者の場合には、他方で本法が定める分割請求の禁止の適用はないので、共有物分割請求の訴えにより敷地の一部を分与する現物分割、競売により土地を売却してその代金を分ける代金分割（民法258条）、請求者に補償金を支払う補償分割等（一部または全面的価格賠償。最判平8・10・31民集50-9-2563）の方法で権利の調整を図ることとなろう。

第2章　区分所有建物の全部が滅失した場合における措置

（敷地共有者等集会等）
第2条[1]　大規模な火災、震災その他の災害で政令で定めるものにより[2]建物の区分所有等に関する法律（昭和37年法律第69号。以下「区分所有法」という。）第2条第3項に規定する専有部分が属する一棟の建物（以下「区分所有建物」という。）[3]の全部が滅失した場合（その災害により区分所有建物の一部が滅失した場合（区分所有法第61条第1項本文に規定する場合を除く。以下同じ。）において、当該区分所有建物が第11条第1項の決議又は区分所有者（区分所有法第2条第2項に規定する区分所有者をいう。以下同じ。）全員の同意に基づき取り壊されたときを含む。）において、[4]その建物に係る敷地利用権（区分所有法第2条第6項に規定する敷地利用権をいう。以下同じ。）が数人で有する所有権その他の権利であったときは、その権利（以下「敷地共有持分等」という。）を有する者（以下「敷地共有者等」という。）[5]は、その政令の施行の日から起算して3年が経過する日までの間は、この法律の定めるところにより、集会を開き、及び管理者を置くことができる。[6]

〔1〕　本条の趣旨

本条は、大規模な災害で本法の適用を定める政令によるものによって全部が滅失した区分所有の建物の敷地利用権が数人で有する所有権その他の権利（敷地共有持分または借地権準共有持分）であった場合に、敷地共有者等が建物の再建または敷地の売却の決議を行うために集会を開き、および管理者を置くことができることを定める。

滅失した建物の旧区分所有者は、その敷地および敷地に関する権利を共有また

§2〔1〕〔2〕

は準共有する関係にある限り、一つの団体を構成するものと想定して、集会における多数決で再建または敷地の売却の決議をすることが認められる。また、このための集会を招集し、集会の決議を実行するための管理者を置くことが認められる（この点は、1995年法には規定がなく2013年改正法によって新たに規定が設けられた）。ただし、この集会はもっぱら、滅失した建物の再建または敷地の売却を決議するためのものであるから、区分所有法の管理者および集会に関する規定（区分所有法第1章第4節、第5節）のすべてが準用されるのでなく、本法3条に掲げられた規定が準用されるにとどまる。

〔2〕 **政令で定める大規模な災害**

本法は、大規模な火災、震災その他の災害によって区分所有建物の全部または一部が滅失した場合のうち、政令で指定した災害の場合に限って適用される。これまでに政令による指定があり本法が適用されたものとして、阪神・淡路大震災（1995〔平成7〕年1月17日）について、政令（平成7年政令第81号、同年3月24日公布・施行）による指定があり改正前の本法（1995年法）が適用された例と、東日本大震災（2011〔平成23〕年3月11日）について、政令（平成25年政令第231号、同年7月31日公布・施行）による指定があり本法（2013年改正法）が適用された例とがある。なお、後者に関しては、東日本大震災により区分所有建物の一部が滅失したために区分所有者全員の同意により取壊しの決議がなされた事例が数件が存在したところ、その後に、「被災区分所有建物の再建等に関する特別措置法第2条の災害として、東日本大震災（平成23年3月11日に発生した東北地方太平洋沖地震及びこれに伴う原子力発電所の事故による災害をいう。）を定める。」とする上記政令が制定された。これによって、それらの区分所有建物には、本法の適用があることになり、本法第2章で定める区分所有建物の全部が滅失した場合に該当し、本条による敷地共有者等集会によって、特別多数による再建決議（4条）および敷地売却決議（5条）が可能とされた。

2013年改正法制定後においては、政令による指定された災害により区分所有建物の一部が滅失（大規模一部滅失に限る）した場合であっても、本法の7条以下の規定により特別多数決議により区分所有建物の取壊し（11条）等が可能であり（ただし、本条により政令の施行の日から起算して3年を経過するまでの間に限る）、それによる取壊し後において、本法により、本法第2章で定める区分所有建物の全部が滅失した場合に該当することになり、本条で定める敷地共有者等集会によっ

て、特別多数による再建決議（4条）および敷地売却決議（5条）が可能となる。

〔3〕 **区分所有建物**

本法では、「区分所有法第2条第3項に規定する専有部分が属する一棟の建物」を「区分所有建物」と呼ぶ。区分所有法では用いられていない表現である。専有部分とは、区分所有法2条3項によれば区分所有権の目的となる建物の部分であるから、本条でいう「一棟の建物」とは、結局、区分所有法1条に定める「構造上区分された数個の部分で独立して住居、店舗、事務所又は倉庫その他建物としての用途に供することができるもの」を含む一棟の建物ということになる。本法4条の再建決議、5条の敷地売却決議、6条の分割請求の禁止等の規定は、本法の適用を定める政令で定める災害によって被災した「区分所有建物」に適用される。

〔4〕 **区分所有建物の全部の滅失の場合**

(1) 全部滅失の原因

本条は、〔1〕で述べたように、区分所有建物の全部が滅失した場合における敷地共有者等集会について規定するが、本法の適用がある区分所有建物の全部の滅失には、政令により指定される災害によって、①直接に全部が滅失した場合だけではなく、それによって一部が滅失（大規模一部滅失）の場合であっても、その後に、②本法11条1項の取壊し決議に基づいて当該区分所有建物の全部が取り壊されたとき、または③区分所有者全員の同意に基づいて当該区分所有建物の全部が取り壊されたときも含む。すなわち、以上の①～③のすべてを含む。①は、1995年法で認められ、②と③は、①に加えて2013年改正法で認められたものである。

なお、区分所有建物の取壊し自体は、全員の合意があれば、災害による滅失の有無など一切の事由を問うことなく（いわゆる平時においても）実行できるが、その後の敷地についての措置（再建や売却）については、本法の適用（政令の指定した災害による滅失）がない場合には、民法の共有の規定に従い、敷地の共有者等の全員の合意が必要である。

(2) 本法での一部滅失

本条においては、「全部が滅失した場合」の括弧書で、「その災害により区分所有建物の一部が滅失した場合」において上記②と③により区分所有建物の取壊しがなされたときも、「全部が滅失した場合」に含むと定めているが、そこでの

「その災害により区分所有建物の一部が滅失した場合」について、さらにその括弧書で、「区分所有法第61条第1項本文に規定する場合を除く。以下同じ」としている。したがって、本法1条の規定を含めて、本法で定める「区分所有建物の一部が滅失した場合」とは、大規模一部滅失（区分所有法61条5項）の場合に限られる。

〔5〕 **敷地共有者等**

区分所有建物において専有部分を所有するための建物の敷地に関する権利を「敷地利用権」という（区分所有法2条6項）。敷地利用権は、土地所有権付きで分譲されるマンションでは所有権の共有持分であり、借地権付きで分譲されるマンションでは借地権の準共有持分であるのが普通である。このように区分所有建物に係る敷地利用権が数人で有する所有権や借地権である場合に、本法では、それらの権利を「敷地共有持分等」と呼ぶ。「等」を付けるのは、土地所有権の「共有」のほかに借地権その他の権利（使用貸借による使用借権など）の「準共有」を含めるという意味である。そして、「敷地共有持分等」を有する者を「敷地共有者等」と呼ぶ。

区分所有法62条の「建替え」においては、建て替えられる区分所有の建物が存在しているので専有部分を現に有する区分所有者が建替えのための集会を開くことになるが、区分所有建物が滅失した後は区分所有権も区分所有者の地位も消滅するので、再建または敷地の売却（以下では「再建等」という）の前提となる法律関係は建替えとはまったく異なったものとなる。

建物の再建等に関して旧区分所有者が法律上の利害関係を有するのは、敷地について共有持分等を持つ場合である。したがって、旧区分所有者は、旧区分所有者としてではなく、もっぱら「敷地共有持分等」を有する「敷地共有者等」という資格で再建等の集会の構成員となる。

本法は、このような法律関係の変化を前提とした上で、敷地の共有者等の間での区分所有建物の再建等を支援するために、多数決による集団的決定の仕組みを、民法および区分所有法の特例として災害と期間を限定して導入した。逆にいえば、土地所有権その他の土地利用権は、本法に定める政令によって指定の災害に限り、かつ、法定の期間（政令の施行の日から3年間）に限って特別の制限を課せられることになる。

〔6〕 敷地共有者等集会

　滅失した区分所有建物の敷地を売却したり、またはその敷地上に再建することができるのは、敷地について権利を有する者のみである。本法は、敷地について共有持分等を有する者がある場合に、区分所有建物の再建等に向けて多数によって集団的決定を行うことができるようにした。再建等の集会は、敷地共有者等（前記〔5〕）にとって区分所有建物の再建等を進める上での最高意思決定機関であり、再建等に関する事項は原則として集会の場でその決議として決定される（例外的に、集会の決議によらない決定方法として、区分所有法45条2項に定める書面または電磁的方法による決議をすることが認められる）。

　このような集会を本法では「敷地共有者等集会」（3条1項および本条の見出し）というが、敷地共有者等集会は、当該災害を指定した政令の施行の日から起算して3年が経過する日までの間に限って認められるものである。したがって、同集会は、この期間内になされる再建または敷地の売却に関する決議およびそれらがなされるまでの間の暫定的な管理を円滑に行うことを目的とするものである。

　敷地共有者等集会においては、管理者を置くことができるが、同集会の主たる目的は、当該敷地の管理一般に関わる決議を行うことにあるのではなくて、上記期間内に、管理者の選任等のための決議を除き、再建または敷地の売却に関する決議を成立させることにあるので、同集会において規約を設定することはできず、（3条1項において、規約に関する区分所有法の規定は準用されていない）、また、建物の滅失前の区分所有建物における規約（敷地に関する事項も含む）は、建物の滅失と共に効力を失うと解される。

　なお、同敷地について駐車場等としての利用など管理一般に関しては、区分所有法の集会に関する規定が読替えの上、準用される（3条の注釈〔2〕(2)参照。なお、敷地の分割請求については、6条1項の規定によって、民法256条1項本文の適用が排除される）。

（敷地共有者等が置く管理者及び敷地共有者等集会に関する区分所有法の準用等）

第3条[1]　敷地共有者等が置く管理者及び敷地共有者等が開く集会（以下「敷地共有者等集会」という。）については区分所有法第1章第4節（第26条第5項、第27条及び第29条第1項ただし書を除く。）及び第5節（第

30条から第33条まで、第34条第2項、第3項ただし書及び第5項ただし書、第35条第1項ただし書及び第4項、第37条第2項、第42条第5項、第43条、第44条、第45条第4項並びに第46条第2項を除く。）の規定を、議事録並びにこの項において準用する区分所有法第45条第1項及び第2項に規定する書面又は電磁的方法による決議に係る書面並びに同条第1項の電磁的方法による決議及び同条第2項の電磁的方法による合意が行われる場合に当該電磁的方法により作られる電磁的記録の保管及び閲覧については区分所有法第33条第1項及び第2項の規定を、それぞれ準用する。この場合において、これらの規定（区分所有法第25条第1項、第33条第1項ただし書、第34条第3項本文及び第5項本文、第35条第3項並びに第39条第1項を除く。）中「区分所有者」とあり、及び区分所有法第33条第1項ただし書中「建物を使用している区分所有者」とあるのは「敷地共有者等」と、区分所有法第25条第1項中「区分所有者」とあるのは「敷地共有者等（被災区分所有建物の再建等に関する特別措置法（平成7年法律第43号。以下「特別措置法」という。）第2条に規定する敷地共有者等をいう。以下同じ。）」と、「規約に別段の定めがない限り集会」とあるのは「敷地共有者等集会（特別措置法第3条第1項に規定する敷地共有者等集会をいう。以下同じ。）」と、区分所有法第26条第1項中「共用部分並びに第21条に規定する場合における当該建物の敷地及び附属施設（次項及び第47条第6項において「共用部分等」という。）」とあるのは「敷地共有持分等（特別措置法第2条に規定する敷地共有持分等をいう。以下同じ。）に係る土地」と、「集会の決議を実行し、並びに規約で定めた行為をする」とあるのは「及び敷地共有者等集会の決議を実行する」と、同条第2項中「第18条第4項（第21条において準用する場合を含む。）の規定による損害保険契約に基づく保険金額並びに共用部分等」とあるのは「敷地共有持分等に係る土地」と、同条第4項並びに区分所有法第33条第1項ただし書及び第39条第3項中「規約又は集会」とあり、並びに区分所有法第46条第1項中「規約及び集会」とあるのは「敷地共有者等集会」と、区分所有法第28条中「この法律及び規約」とあり、並びに区分所有法第39条第1項及び第45条第1項から第3項までの規定中「この法律又は規約」とあるのは「特別措置法」と、区分所

有法第29条第1項本文中「第14条に定める」とあり、及び区分所有法第38条中「規約に別段の定めがない限り、第14条に定める」とあるのは「敷地共有持分等の価格の」と、区分所有法第34条第3項本文及び第5項本文中「区分所有者の5分の1以上で議決権の5分の1以上を有するもの」とあるのは「議決権の5分の1以上を有する敷地共有者等」と、区分所有法第35条第2項及び第40条中「専有部分が数人の共有に属するとき」とあるのは「一の専有部分を所有するための敷地利用権に係る敷地共有持分等を数人で有するとき」と、区分所有法第35条第3項中「区分所有者が」とあるのは「敷地共有者等が」と、「その場所に、これを通知しなかつたときは区分所有者の所有する専有部分が所在する場所」とあるのは「その場所」と、同条第5項中「第17条第1項、第31条第1項、第61条第5項、第62条第1項、第68条第1項又は第69条第7項」とあるのは「特別措置法第4条第1項、第5条第1項、第15条第7項又は第17条第2項」と、区分所有法第37条第3項中「前二項」とあるのは「第1項」と、区分所有法第39条第1項中「区分所有者及び議決権の各過半数」とあるのは「議決権の過半数」と、区分所有法第41条中「規約に別段の定めがある場合及び別段」とあるのは「別段」と読み替えるものとする。[2]

2 　敷地共有者等集会を招集する者が敷地共有者等（前項において準用する区分所有法第35条第3項の規定により通知を受けるべき場所を通知したものを除く。）の所在を知ることができないときは、同条第1項の通知は、滅失した区分所有建物に係る建物の敷地（区分所有法第2条第5項に規定する建物の敷地をいう。以下同じ。）内の見やすい場所に掲示してすることができる。[3]

3 　前項の場合には、当該通知は、同項の規定による掲示をした時に到達したものとみなす。ただし、敷地共有者等集会を招集する者が当該敷地共有者等の所在を知らないことについて過失があったときは、到達の効力を生じない。[4]

〔1〕 **本条の趣旨**

本条は、敷地共有者等が置く管理者および敷地共有者等が開く敷地共有者等集

会に関して準用される区分所有法の規定をその準用に当たっての読替えと共に定め（1項）、また、同集会の招集通知の発信（2項）および到達（3項）に関して定める。

〔2〕 **区分所有法の準用による読替え**

敷地共有者等が置く管理者および敷地共有者等が開く敷地共有者等集会については、以下のように、区分所有法の第1章第4節「管理者」および同章第5節「規約及び集会」の関連する規定が読替えの上で準用される。本法での敷地共有者等の団体は、集会を開き、管理者を置くことはできるが、規約を定めることは予定されていないから（2条の注釈〔6〕）、本条では、区分所有法における規約に関する規定は基本的に準用されていない。

本条1項によって、区分所有法の規定が敷地共有者等が置く管理者および敷地共有者等集会に準用され、かつ準用に当たって字句の読替えがなされている。準用される規定を、字句の読替えを施して、以下に掲げる。下線の部分は準用読替部分、二重下線は読替規定による読替部分、【　】は一つの条のうち準用されない部分を示す。

(1) 管理者に関する規定の準用

（選任及び解任）

第25条　敷地共有者等（被災区分所有建物の再建等に関する特別措置法（平成7年法律第43号。以下「特別措置法」という。）第2条に規定する敷地共有者等をいう。以下同じ。）は、敷地共有者等集会（特別措置法第3条第1項に規定する敷地共有者等集会をいう。以下同じ。）の決議によって、管理者を選任し、又は解任することができる。

2　管理者に不正な行為その他その職務を行うに適しない事情があるときは、各敷地共有者等は、その解任を裁判所に請求することができる。

（権限）

第26条　管理者は、敷地共有持分等（特別措置法第2条に規定する敷地共有持分等をいう。以下同じ。）に係る土地を保存し、及び敷地共有者等集会の決議を実行する権利を有し、義務を負う。

2　管理者は、その職務に関し、敷地共有者等を代理する。敷地共有持分等に係る土地について生じた損害賠償金及び不当利得による返還金の請求及び受領についても、同様とする。

3 管理者の代理権に加えた制限は、善意の第三者に対抗することができない。

4 管理者は、<u>敷地共有者等</u>集会の決議により、その職務（第2項後段に規定する事項を含む。）に関し、<u>敷地共有者等</u>のために、原告又は被告となることができる。

5 【準用しない】

（委任の規定の準用）

第28条 <u>特別措置法</u>に定めるもののほか、管理者の権利義務は、委任に関する規定に従う。

（区分所有者の責任等）

第29条 管理者がその職務の範囲内において第三者との間にした行為につき<u>敷地共有者等</u>がその責めに任ずべき割合は、<u>敷地共有持分等</u>の価格の割合と同一の割合とする。【本項ただし書は準用しない】

2 前項の行為により第三者が<u>敷地共有者等</u>に対して有する債権は、その特定承継人に対しても行うことができる。

（規約の保管及び閲覧）

第33条 <u>議事録等</u>は、管理者が保管しなければならない。ただし、管理者がないときは、<u>敷地共有者等</u>又はその代理人で<u>敷地共有者等集会</u>の決議で定めるものが保管しなければならない。

2 前項の規定により<u>議事録等</u>を保管する者は、利害関係人の請求があったときは、正当な理由がある場合を除いて、<u>議事録等</u>の閲覧（議事録等が電磁的記録で作成されているときは、当該電磁的記録に記録された情報の内容を法務省令で定める方法により表示したものの当該<u>議事録等</u>の保管場所における閲覧）を拒んではならない。

3 【準用しない】

(2) 集会に関する規定の準用

（集会の招集）

第34条 <u>敷地共有者等集会</u>は、管理者が招集する。

2 【準用しない】

3 <u>議決権の5分の1以上を有する敷地共有者等</u>は、管理者に対し、会議の目的たる事項を示して、<u>敷地共有者等集会</u>の招集を請求することができる。【本項

ただし書は準用しない】
4 前項の規定による請求がされた場合において、2週間以内にその請求の日から4週間以内の日を会日とする敷地共有者等集会の招集の通知が発せられなかったときは、その請求をした敷地共有者等は、敷地共有者等集会を招集することができる。
5 管理者がないときは、議決権の5分の1以上を有する敷地共有者等は、敷地共有者等集会を招集することができる。【本項ただし書は準用しない】

(招集の通知)
第35条 敷地共有者等集会の招集の通知は、会日より少なくとも1週間前に、会議の目的たる事項を示して、各敷地共有者等に発しなければならない。【本項ただし書は準用しない】
2 一の専有部分を所有するための敷地利用権に係る敷地共有持分等を数人で有するときは、前項の通知は、第40条の規定により定められた議決権を行使すべき者(その者がないときは、共有者の1人)にすれば足りる。
3 第1項の通知は、敷地共有者等が管理者に対して通知を受けるべき場所を通知したときはその場所にあててすれば足りる。この場合には、同項の通知は、通常それが到達すべき時に到達したものとみなす。
4 【準用しない】
5 第1項の通知をする場合において、会議の目的たる事項が特別措置法第4条第1項、第5条第1項、第15条第7項又は第17条第2項に規定する決議事項であるときは、その議案の要領をも通知しなければならない。

(招集手続の省略)
第36条 敷地共有者等集会は、敷地共有者等全員の同意があるときは、招集の手続を経ないで開くことができる。

(決議事項の制限)
第37条 敷地共有者等集会においては、第35条の規定によりあらかじめ通知した事項についてのみ、決議をすることができる。
2 【準用しない】
3 第1項の規定は、前条の規定による敷地共有者等集会には適用しない。

(議決権)
第38条 各敷地共有者等の議決権は、敷地共有持分等の価格の割合による。

(議事)

第39条 敷地共有者等集会の議事は、特別措置法に別段の定めがない限り、議決権の過半数で決する。

2 　議決権は、書面で、又は代理人によって行使することができる。

3 　敷地共有者等は、敷地共有者等集会の決議により、前項の規定による書面による議決権の行使に代えて、電磁的方法（電子情報処理組織を使用する方法その他の情報通信の技術を利用する方法であって法務省令で定めるものをいう。以下同じ。）によって議決権を行使することができる。

(議決権行使者の指定)

第40条 一の専有部分を所有するための敷地利用権に係る敷地共有持分等を数人で有するときは、共有者は、議決権を行使すべき者1人を定めなければならない。

(議長)

第41条 敷地共有者等集会においては、別段の決議をした場合を除いて、管理者又は敷地共有者等集会を招集した敷地共有者等の1人が議長となる。

(議事録)

第42条 敷地共有者等集会の議事については、議長は、書面又は電磁的記録により、議事録を作成しなければならない。

2 　議事録には、議事の経過の要領及びその結果を記載し、又は記録しなければならない。

3 　前項の場合において、議事録が書面で作成されているときは、議長及び敷地共有者等集会に出席した敷地共有者等の2人がこれに署名押印しなければならない。

4 　第2項の場合において、議事録が電磁的記録で作成されているときは、当該電磁的記録に記録された情報については、議長及び敷地共有者等集会に出席した敷地共有者等の2人が行う法務省令で定める署名押印に代わる措置を執らなければならない。

5 　【準用しない】

(規約及び集会の決議の効力)

第46条 敷地共有者等集会の決議は、敷地共有者等の特定承継人に対しても、その効力を生ずる。

2 　【準用しない】

(3) 議事録等の保管および閲覧に関する規定の準用

　議事録ならびに本条１項において準用する区分所有法第45条１項〈区分所有者全員の承諾による書面または電磁的方法による決議〉および２項〈区分所有者全員の書面または電磁的方法による合意による書面または電磁的方法による決議〉に規定する書面または電磁的方法による決議に係る書面ならびに同条１項の電磁的方法による決議および同条２項の電磁的方法による合意が行われる場合に当該電磁的方法により作られる電磁的記録の保管および閲覧の準用については、以下のとおりである。

（書面又は電磁的方法による決議）
第45条 　特別措置法により敷地共有者等集会において決議をすべき場合において、敷地共有者等全員の承諾があるときは、書面又は電磁的方法による決議をすることができる。ただし、電磁的方法による決議に係る敷地共有者等の承諾については、法務省令で定めるところによらなければならない。

２　特別措置法により敷地共有者等集会において決議すべきものとされた事項については、敷地共有者等全員の書面又は電磁的方法による合意があったときは、書面又は電磁的方法による決議があったものとみなす。

３　特別措置法により敷地共有者等集会において決議すべきものとされた事項についての書面又は電磁的方法による決議は、敷地共有者等集会の決議と同一の効力を有する。

４　【準用しない】

５　敷地共有者等集会に関する規定は、書面又は電磁的方法による決議について準用する。

〔３〕　**敷地共有者等の所在が不明な場合**

　敷地共有者等集会を招集する者（〔２〕(2)に掲げた34条１項・４項および５項に定める者。以下、「管理者等」という）が敷地共有者等集会の招集を敷地共有者等に対して通知するについては、区分所有建物が滅失していることから、従前のように区分所有建物内に所在する各専有部分に宛てて通知することはできない。敷地共有者等が管理者等に対して通知を受けるべき場所を通知したときはその場所に宛ててすれば足りる（本条１項において準用する区分所有法35条３項）が、通知がない場合には、管理者等の集会招集者においてこれを調査しなくても、滅失した

区分所有建物に係る建物の敷地内の見やすい場所に掲示してすることで足りる。集会の招集の通知をこのように掲示した場合でも、管理者等に対して通知を受けるべき場所を通知した敷地共有者等に対しては、個別に通知しなければならない（本項の括弧書は、「通知を受ける場所を通知したものを除く。」と定めている）。

〔4〕 **掲示された通知の効力の発生時期**

　本条2項の規定により、管理者等が、敷地共有者等から集会の招集通知を受けるべき場所についての通知を受けない場合には、滅失した区分所有建物に係る建物の敷地内の見やすい場所に敷地共有者等集会を招集する旨の通知を掲示すれば足りるが、当該通知は、同項の規定による掲示をした時に到達したものとみなす（本条3項本文）。したがって、管理者に対して集会の招集通知を受けるべき場所について通知しない敷地共有者等がこの掲示を見なかったとしても、その者に対して当該通知は掲示をした時に到達したものとされる（本項本文。なお、管理者に対して集会の招集通知を受けるべき場所について通知した敷地共有者等については、当該通知が通常到達すべき時に到達したものとされる〔本条1項において準用する区分所有法35条3項〕から、たとえ当該通知が通常到達すべき時にその者に到達しなかったとしても、到達の効力は生じる）。

　ところで、敷地共有者等集会に参加して再建等の議事について議決権を行使することは敷地共有者等の権利であるから、管理者等の敷地共有者等集会を招集する者は、当該敷地共有者等の所在について社会通念上必要とされる捜索をする義務がある。所在を知ると思われる他の敷地共有者等や関連機関（近隣の避難所等を含む）に問い合わせること等が考えられる。敷地共有者等集会を招集する者が、この義務を尽くさないことにより、当該敷地共有者等の所在を知らないことについて過失があったときは、到達の効力を生じない（本条3項ただし書）。ただし、ここでの敷地共有者等集会を招集する者の過失の有無は、敷地共有者等が管理者に対して通知を受けるべき場所を通知することとの相関において判断すべきであると解する。

（再建決議等）

第4条　敷地共有者等集会においては、敷地共有者等の議決権の5分の4以上の多数で、滅失した区分所有建物に係る建物の敷地若しくはその一部の土地又は当該建物の敷地の全部若しくは一部を含む土地に建物を建

築する旨の決議（以下「再建決議」という。）をすることができる[3]。
2　再建決議においては、次の事項を定めなければならない[4]。
　一　新たに建築する建物（以下この項において「再建建物」という。）の設計の概要
　二　再建建物の建築に要する費用の概算額
　三　前号に規定する費用の分担に関する事項
　四　再建建物の区分所有権（区分所有法第2条第1項に規定する区分所有権をいう。第18条第3項第5号において同じ。）の帰属に関する事項
3　前項第3号及び第4号の事項は、各敷地共有者等の衡平を害しないように定めなければならない[5]。
4　第1項に規定する決議事項を会議の目的とする敷地共有者等集会を招集するときは、前条第1項において準用する区分所有法第35条第1項本文の通知は、同項の規定にかかわらず、当該敷地共有者等集会の会日より少なくとも2月前に発しなければならない[6]。
5　前項に規定する場合において、前条第1項において準用する区分所有法第35条第1項本文の通知をするときは、同条第5項に規定する議案の要領のほか、再建を必要とする理由をも通知しなければならない[7]。
6　第4項の敷地共有者等集会を招集した者は、当該敷地共有者等集会の会日より少なくとも1月前までに、当該招集の際に通知すべき事項について敷地共有者等に対し説明を行うための説明会を開催しなければならない[8]。
7　前項の説明会の開催については、前条第1項において準用する区分所有法第35条第1項本文、第2項及び第3項並びに第36条並びに前条第2項及び第3項の規定を準用する[9]。
8　再建決議をした敷地共有者等集会の議事録には、その決議についての各敷地共有者等の賛否をも記載し、又は記録しなければならない[10]。
9　再建決議があった場合については、区分所有法第63条第1項から第3項まで、第4項前段、第6項及び第7項[11]並びに第64条の規定を準用する[12]。この場合において、区分所有法第63条第1項中「区分所有者」とあるのは「敷地共有者等（被災区分所有建物の再建等に関する特別措置法（以

下「特別措置法」という。）第2条に規定する敷地共有者等をいう。以下同じ。）」と、同項並びに同条第3項及び第4項前段並びに区分所有法第64条中「建替えに」とあるのは「再建に」と、区分所有法第63条第2項、第3項及び第4項前段並びに第64条中「区分所有者」とあるのは「敷地共有者等」と、区分所有法第63条第4項前段中「区分所有権及び敷地利用権を買い受ける」とあるのは「敷地共有持分等（特別措置法第2条に規定する敷地共有持分等をいう。以下同じ。）を買い受ける」と、「区分所有権及び敷地利用権を時価」とあるのは「敷地共有持分等を時価」と、同条第6項及び第7項中「建物の取壊しの工事」とあるのは「建物の再建の工事」と、同条第6項及び区分所有法第64条中「区分所有権又は敷地利用権」とあるのは「敷地共有持分等」と、同条中「建替えを行う」とあるのは「再建を行う」と読み替えるものとする。[13]

〔1〕 **本条の趣旨**

本条は、本法の1995年法3条を引き継ぐ規定であり、2013年改正法によって所要の改正（4項～7項の新設等）がなされたものである。

本条は、区分所有建物の全部が滅失した場合に、その建物の敷地（規約によって建物の敷地とされた土地を含む）に建物を再建することを容易にするため、敷地共有者等が議決権の5分の4以上の多数をもって再建の決議をすることを認めるものである。区分所有建物が滅失したことによって区分所有者の団体が消滅した後、一定の期間を限定して（2条参照）、敷地共有者等の間に建物の再建を目的とした団体的関係が存在するものと擬制し、全員一致によらない「再建の決議」を行うことを可能とした。

〔2〕 **議決要件**

議決権の5分の4以上の多数による（本条1項）。議決権は、各敷地共有者等の敷地共有持分等の価格の割合による（3条1項で準用する区分所有法38条〔本書226頁以下参照〕）。5分の4以上という割合は、建替えの決議の議決要件（区分所有法62条1項）に準じたもので、本来、大規模一部滅失を理由とする再築（＝建替え）は5分の4以上の多数によって決することができるのに、同一の災害において全部滅失後の再築（＝再建）は全員一致の同意を要するとすれば権衡を失するということが本法（1995年法）の立法理由であり、同一の議決要件とした。

§4〔1〕〜〔4〕

〔3〕 再建される建物の敷地および使用目的

区分所有法2002年改正法以前においては、敷地の同一性および再建される建物の使用目的の同一性が要件とされていたが、同改正法によって、敷地の同一性については緩和され（下記参照）、再建される建物の使用目的の同一性については撤廃された（区分所有法62条1項）。本法でも同改正に合わせて、敷地の同一性については「建物の敷地若しくはその一部の土地又は当該建物の敷地の全部若しくは一部を含む土地に建物を建築する」とされ、再建される建物の同一性については要件とされていない。

〔4〕 決議において定めるべき事項

再建の決議に当たっては、各敷地共有者等が再建に参加するか否かを明確に判断することができるように、その計画が具体的に作成され、その要点が再建の集会に先立って敷地共有者等に通知される必要がある。本条2項に掲げる4つの事項はいずれも、集会の招集に当たってあらかじめ敷地共有者等に通知する議案の要領に掲げられるべきものである。

再建の決議は、これら4つの事項を明示してなされなければならない。

(1) 再建建物の設計の概要

再建すべき建物の全体の用途、構造、階数、建築面積、専有部分と共用部分の延べ面積、各階ごとの床面積、専有部分の数とおおよその位置・用途・構造・床面積、共用部分に属する主たる施設・設備など、再建建物の概要を定める。従前の建物の使用目的と異なる専有部分を含む場合には、その使用目的、位置、面積などの概要を必ず掲げる。

(2) 再建費用の概算額

再建建物の建築に要する費用の概算額を定める。再建の決議の段階では、必ずしも費用額を確定的に提示することはできないので、概算額を定めることになる。これについては、事業の実施に至るまでの変動を想定して額の上・下限を掲げることも許されよう。建替えに関する区分所有法62条2項では「建物の取壊し及び再建建物の建築」としているのに対して、本項では単に「再建建物の建築」といっているが、滅失して建物でなくなった瓦礫の処理の費用が本項では除外されているのではなく、「建築に要する費用」として含まれるものと解すべきである。

なお、再建に現実に要する費用が決議での概算額を超えることになっても、その増額がやむを得ない事情によるのであれば、一般的にはその費用での再建決議

が効力を生ずるものと解される（岡山・一問一答101参照）。

　(3)　再建費用の分担

　再建費用の分担を定める方法を明らかにする。たとえば、新たに配分される専有部分の床面積に応じて分担すると定めることや、最終的に帰属すべき敷地共有持分等の価格の割合に従って分担すると定めることなど。いずれにしても、再建の決議の段階では再建参加者が未確定であるので、計算の方法等として定めることとなる。

　(4)　再建建物の区分所有権の帰属

　再建の決議の段階では、必ずしもどの専有部分を誰にという具体的な形での帰属は決定できないので、再建建物の専有部分をどのような基準ないし方法で再建に参加する敷地共有者等に帰属せしめるかという、配分の基準ないし方法を定める。また、再建に参加する敷地共有者等の数より多い専有部分がある場合のその処分の方法、その対価の充当方法についても、そのような可能性がある限り定めておくことが望ましい。

　再建建物の区分所有権の帰属と再建費用の分担および清算は相互に密接な関係にあるので、その関係が明らかになるような内容の決議を行うべきである。詳しくは、区分所有法62条の注釈を参照のこと。

〔5〕　**衡平の確保**

　決議事項のうち、再建費用の分担と再建建物の区分所有権の帰属については、各敷地共有者等の間の衡平を害しないように定めなければならない（本条3項）。本項はそれ自体は、決議に当たっての訓示的規定であるが、再建の方法で紛争が生じた場合には、本項に違反した再建計画であることを理由として無効の主張がなされ、再建決議が無効となる可能性がある（岡山・一問一答102）。再建費用の分担および再建建物の区分所有権の帰属が特定の敷地共有者等に不利益とならないように定めることが肝要である。

〔6〕　**再建集会の招集通知の発信時期**

　区分所有法35条1項本文は、集会の招集の通知は、会日（開催日）より少なくとも1週間前に発しなければならないと規定しているが（本法3条1項において準用）、本条1項に規定する再建決議を会議の目的とする敷地共有者等集会を招集するときは、1週間前ではなく、当該敷地共有者等集会の会日より少なくとも2カ月前に招集の通知を発しなければならない。これは、区分所有法62条4項本文

に規定する建替え決議の場合にならったもので（なお、同法62条4項ただし書は、「この期間は、規約で伸長することができる」と規定するが、同規定は、再建決議の通知に関しては準用されない。敷地共有者等集会では、規約を設定することが予定されていないからである〔2条参照〕）、各敷地共有者等が再建の賛否について十分に熟慮するための期間を設けたことによる。なお、本条6項に規定するように、この通知から再建決議の会日の1ヵ月前までの間に説明会を開催しなければならない。

〔7〕 **再建を必要とする理由**

区分所有法35条1項本文は、集会の招集の通知をするときは、会議の目的たる事項を示さなければならないと定め（本法3条1項において準用）、また、同条5項は、同法62条1項に規定する建替え決議を会議の目的とする場合には、その議案の要領をも通知しなければならないと定めるが（本法3条1項において再建決議〔本法4条1項〕に準用）、さらに、再建決議を会議の目的とする敷地共有者等集会においては、議案の要領のほか、再建を必要とする理由をも通知しなければならない。これは、区分所有法62条5項1号（「建替えを必要とする理由」）にならったものである（同項2号から4号については、建替えの場合にのみに関する事項であるため再建決議の場合には準用されていない）。この点に関し、法務省立法担当者は、「議案を提案するに当たって、敷地売却などの他の選択肢との比較をも考慮した上で、再建が必要であり、かつ合理的であると判断した理由について、可能な限り具体的根拠を記載する必要があります」（岡山・一問一答103）と述べる。

〔8〕 **説明会の開催**

再建決議を会議の目的とする敷地共有者等集会を招集した者は、当該敷地共有者等集会の会日（開催日）より少なくとも1ヵ月前までに、当該招集の際に通知すべき事項、すなわち再建決議の内容（本条2項1号～4号に定める事項を含む）についての議案の要領および再建を必要とする理由（本条5項。前記〔7〕参照）について敷地共有者等に対し説明を行うための説明会を開催しなければならない。区分所有法62条6項に規定する建替え決議の際の説明会にならったものである（同条に関する注釈〔21〕参照）。

〔9〕 **説明会の開催の手続**

本条7項によって、3条および区分所有法の規定が再建決議のための説明会の開催について準用され、かつ準用に当たって字句の読替えがなされている。準用される規定を、字句の読替えを施して、以下に掲げる。下線の部分は準用読替部

被災区分所有建物再建等特別措置法

分、二重下線は読替規定による読替部分、【　】は一つの条のうち準用されない部分を示す。

【3条1項による読替え後の区分所有法】
（招集の通知）
第35条　被災区分所有建物の再建等に関する特別措置法第4条第6項の説明会の招集の通知は、会日より少なくとも1週間前に、会議の目的たる事項を示して、各敷地共有者等に発しなければならない。【本項ただし書は準用しない】
2　一の専有部分を所有するための敷地利用権に係る敷地共有持分等を数人で有するときは、前項の通知は、第40条の規定により定められた議決権を行使すべき者（その者がないときは、共有者の1人）にすれば足りる。
3　第1項の通知は、敷地共有者等が管理者に対して通知を受けるべき場所を通知したときはその場所にあててすれば足りる。この場合には、同項の通知は、通常それが到達すべき時に到達したものとみなす。
4　【準用しない】
5　【準用しない】
（招集手続の省略）
第36条　被災区分所有建物の再建等に関する特別措置法第4条第6項の説明会は、敷地共有者等全員の同意があるときは、招集の手続を経ないで開くことができる。

【特別措置法】
（敷地共有者等が置く管理者及び敷地共有者等集会に関する区分所有法の準用等）
第3条　1　【準用しない】
2　次条第6項の説明会を招集する者が敷地共有者等（次条第7項において準用する前項において準用する区分所有法第35条第3項の規定により通知を受けるべき場所を通知したものを除く。）の所在を知ることができないときは、同条第1項の通知は、滅失した区分所有建物に係る建物の敷地（区分所有法第2条第5項に規定する建物の敷地をいう。以下同じ。）内の見やすい場所に掲示してすることができる。
3　前項の場合には、当該通知は、同項の規定による掲示をした時に到達したも

のとみなす。ただし、次条第6項の説明会を招集する者が当該敷地共有者等の所在を知らないことについて過失があったときは、到達の効力を生じない。

〔10〕 **議事録における決議の記載方法**

再建の集会において、再建の決議をした場合には、集会の議事録に決議についての各敷地共有者等の賛否を必ず記載または記録する（本条4項）。建替えの決議について、区分所有法62条8項は議事録への同様の記載・記録を義務づけているが、その規定の仕方は、大規模一部滅失の場合の復旧の決議に関する区分所有法61条6項の規定を建替えの決議に準用するという形をとっている。

そのため、本法においては、区分所有法の規定を準用することをせず、本条4項に固有の規定を置いた。

再建の決議について各敷地共有者等ごとの賛否を記載・記録するのは、決議が議決要件を満たして成立していることを明確にするためではなく、〔11〕で述べる売渡請求権（本条9項によって読み替えられる区分所有法63条4項前段）に関して請求権者（決議賛成者）とその相手方（決議反対者）を確定するための手段とするためである。したがって、各敷地共有者等の議決権の割合について個別に記載・記録する必要はない。

議事録の作成者（議長）が各敷地共有者等の賛否を記載・記録しなかった場合には、決議の効力に影響は与えないが、集会の招集者が本条9項によって準用される区分所有法63条1項の催告をするには、議事録の更正の手続を経ることが必要である。賛否の記載・記録を欠いたまま催告が行われても、同条2項の催告に対する回答の期間は進行しない。

〔11〕 **敷地共有持分の売渡請求権等**

再建の決議がなされた場合には、集会を招集した敷地共有者等は、遅滞なく、再建の決議に賛成しなかった敷地共有者等（その承継人を含む）に対して、決議の内容に従って再建に参加するか否かを回答することを書面で催告しなければならない（本条9項で読み替えられる区分所有法63条1項）。集会の招集に加わりながらも再建の決議に賛成しなかった敷地共有者等も、催告の手続を進める立場にある。

「再建の決議に賛成しなかった敷地共有者等」とは、反対者、欠席者、保留の意思表示をした者など、明確に賛成しなかったすべての敷地共有者等である。

被災区分所有建物再建等特別措置法

　この催告は、「再建の決議に賛成しなかった敷地共有者等」であっても再建の決議が成立した後に翻意して再建に加わる道を開くためのものである。催告期間は、2カ月である（本条9項で読み替えられる区分所有法63条2項）。

　この催告に対しては、参加の回答をした敷地共有者等のみが、以後、再建の参加者に加わることになる。催告を受けた者で参加の回答をしなかった者はすべて、参加しないと回答したものとみなされる（本条9項で読み替えられる区分所有法63条3項）。

　再建の決議に賛成した者に対して催告の手続が行われないのは当然であるが、そのような者が個別的に参加の意思を変更して不参加に転じ、再建から離脱することは認められていない。

　催告を受けた日から2カ月が経過したときは、再建の決議に参加し、または催告に対して参加の回答をした各敷地共有者等は、2カ月の期間の満了の日から2カ月以内に、再建に参加しない敷地共有者等に対して、敷地共有持分等を時価で売り渡すことを請求することができる（本条9項で読み替えられる区分所有法63条4項前段）。これらの再建参加者の全員が同意する場合には、第三者を指定して「買受指定者」とし、同様の売渡請求権を行使させる道を開いた。再建の事業に当たるデベロッパーなどが、直接に敷地に関する権利を取得して事業を進めやすくすることがその狙いである。建替えの決議については、区分所有者から敷地利用権のみを取得した第三者（したがって、「区分所有者の承継人」でない権利取得者）に対しても売渡請求権を行使することができる旨の規定が置かれている（区分所有法63条4項後段）が、再建については、敷地利用権の取得者は当然に敷地共有者等の承継人になるのでこの規定は準用の必要がないこととなる。

　なお、本条9項において、再売渡請求に関する区分所有法63条6項および7項の規定は読替えの上で準用されるが（後記〔12〕参照）、5項（建物の明渡しについての期限の許与）の規定は準用されない。

〔12〕　**再建を行う旨の合意**

　再建の決議に賛成し、または催告に対して参加の回答をした各敷地共有者等および敷地共有持分等を買い受けた各買受指定者は、再建の決議の内容に従って再建を行う旨の合意をしたものとみなされる（本条9項で読み替えられる区分所有法64条）。この合意は、法律上の擬制であり、何らの具体的な手続を必要としない。このような法律上の合意の擬制を必要とするのは、以後の再建の手続とその結果

について、それらの者のみが権利を有し義務を負うことを明確にするためである。

　この合意の擬制によって、再建に参加せず自己の敷地共有持分等を売り渡した者は当該敷地に対して権利・義務を有しないこととなるが、そのような旧敷地共有者等が例外的に権利を回復する場合がある。それは、再建の決議の日から2年以内に正当の理由なしに建物の再建の工事に着手しなかった場合、または正当の理由があったがその理由がなくなったことを知った日から6カ月もしくはその理由がなくなった日から2年のいずれか早い日までに建物の再建の工事に着手しなかった場合において、それらの期間の満了の日から6カ月以内に買主が支払った代金に相当する金銭を当該敷地共有持分等を現在有する者に提供して再売渡し（買戻し）を請求する場合である（本条9項で読み替えられる区分所有法63条6項、7項）。

〔13〕 **読替え後の規定**

　本条9項によって、区分所有法の規定が再建決議があった場合について準用され、かつ準用に当たって字句の読替えがなされている。準用される規定を、字句の読替えを施して、以下に掲げる。下線の部分は準用読替部分、二重下線は読替規定による読替部分、【　】は一つの条のうち準用されない部分を示す。

（区分所有権等の売渡し請求等）

第63条　<u>再建決議</u>があったときは、<u>敷地共有者等</u>集会を招集した者は、遅滞なく、<u>再建決議</u>に賛成しなかった<u>敷地共有者等</u>（<u>被災区分所有建物の再建等に関する特別措置法（以下「特別措置法」という。）第2条に規定する敷地共有者等をいう。以下同じ。）</u>（その承継人を含む。）に対し、<u>再建決議</u>の内容により<u>再建</u>に参加するか否かを回答すべき旨を書面で催告しなければならない。

2　前項に規定する<u>敷地共有者等</u>は、同項の規定による催告を受けた日から2月以内に回答しなければならない。

3　前項の期間内に回答しなかった第1項に規定する<u>敷地共有者等</u>は、<u>再建</u>に参加しない旨を回答したものとみなす。

4　第2項の期間が経過したときは、<u>再建決議</u>に賛成した各<u>敷地共有者等</u>若しくは<u>再建決議</u>の内容により<u>再建</u>に参加する旨を回答した各<u>敷地共有者等</u>（これらの者の承継人を含む。）又はこれらの者の全員の合意により<u>敷地共有持分等（特別措置法第2条に規定する敷地共有持分等をいう。以下同じ。）</u>を買い受け

ることができる者として指定された者（以下「買受指定者」という。）は、同項の期間の満了の日から２月以内に、再建に参加しない旨を回答した敷地共有者等（その承継人を含む。）に対し、敷地共有持分等を時価で売り渡すべきことを請求することができる。【本項後段は準用しない】

5 【準用しない】
6 再建決議の日から２年以内に建物の再建の工事に着手しない場合には、第４項の規定により敷地共有持分等を売り渡した者は、この期間の満了の日から６月以内に、買主が支払った代金に相当する金銭をその敷地共有持分等を現在有する者に提供して、これらの権利を売り渡すべきことを請求することができる。ただし、建物の再建の工事に着手しなかったことにつき正当な理由があるときは、この限りでない。
7 前項本文の規定は、同項ただし書に規定する場合において、建物の再建の工事の着手を妨げる理由がなくなった日から６月以内にその着手をしないときに準用する。この場合において、同項本文中「この期間の満了の日から６月以内に」とあるのは、「建物の再建の工事の着手を妨げる理由がなくなったことを知った日から６月又はその理由がなくなった日から２年のいずれか早い時期までに」と読み替えるものとする。

（建替えに関する合意）
第64条　再建の決議に賛成した各敷地共有者等、再建の決議の内容により再建に参加する旨を回答した各敷地共有者等及び敷地共有持分等を買い受けた各買受指定者（これらの者の承継人を含む。）は、再建決議の内容により再建を行う旨の合意をしたものとみなす。

（敷地売却決議等）
第５条　敷地共有者等集会においては、敷地共有者等の議決権の５分の４以上の多数で、敷地共有持分等に係る土地（これに関する権利を含む。）を売却する旨の決議（以下「敷地売却決議」という。）をすることができる。
2　敷地売却決議においては、次の事項を定めなければならない。
　一　売却の相手方となるべき者の氏名又は名称
　二　売却による代金の見込額

3　敷地売却決議については、前条第4項から第8項まで並びに区分所有法第63条第1項から第3項まで、第4項前段、第6項及び第7項並びに第64条の規定を準用する。この場合において、前条第4項中「第1項に規定する」とあるのは「次条第1項に規定する」と、同条第5項中「再建」とあるのは「売却」と、区分所有法第63条第1項中「区分所有者」とあるのは「敷地共有者等（被災区分所有建物の再建等に関する特別措置法（以下「特別措置法」という。）第2条に規定する敷地共有者等をいう。以下同じ。）」と、同項並びに同条第3項及び第4項前段並びに区分所有法第64条中「建替えに」とあるのは「売却に」と、区分所有法第63条第2項、第3項及び第4項前段並びに第64条中「区分所有者」とあるのは「敷地共有者等」と、区分所有法第63条第4項前段中「区分所有権及び敷地利用権を買い受ける」とあるのは「敷地共有持分等（特別措置法第2条に規定する敷地共有持分等をいう。以下同じ。）を買い受ける」と、「区分所有権及び敷地利用権を時価」とあるのは「敷地共有持分等を時価」と、同条第6項中「建物の取壊しの工事に着手しない」とあるのは「特別措置法第5条第1項に規定する敷地売却決議に基づく売買契約による敷地共有持分等に係る土地（これに関する権利を含む。）についての権利の移転（以下単に「権利の移転」という。）がない」と、同項及び区分所有法第64条中「区分所有権又は敷地利用権」とあるのは「敷地共有持分等」と、区分所有法第63条第6項ただし書中「建物の取壊しの工事に着手しなかった」とあるのは「権利の移転がなかった」と、同条第7項中「建物の取壊しの工事の着手」とあるのは「権利の移転」と、「その着手をしないとき」とあるのは「権利の移転がないとき」と、区分所有法第64条中「建替えを行う」とあるのは「売却を行う」と読み替えるものとする。[4]

〔1〕　**本条の趣旨**

政令で指定された災害によって区分所有建物の全部が滅失した場合に、当該敷地共有者等は、敷地共有者等集会（2条参照）における特別多数決によって、再建決議をすることができる（4条参照）が、本条は、それ以外に敷地売却決議をすることができるとした。この決議は、2013年改正法によって新設されたもので

あるが、災害後において実際には、費用負担の点で建物の再建を断念せざるを得なかったり、または当該敷地以外の場所で建物を取得したり賃借したりして生活再建を図ることを望む敷地共有者等が相当数存在すると思われることから、再建決議が成立しないことが考えられる。民法の規定に従えば、共有する敷地を処分するためには共有者全員の合意を必要とする（251条）。そこで、敷地について共有物分割の手続による競売（民法258条2項、本法6条）によらずに、特別多数決議により敷地を売却してその売却代金を敷地共有者等で分配する制度が本法により創設された。

なお、政令で指定された災害によって区分所有建物の一部が滅失（大規模一部滅失）した場合に当該区分所有建物を取り壊してその敷地を売却する決議（建物取壊し敷地売却決議）については、本法10条で定める（1条の注釈〔1〕(5)参照）。

〔2〕 **敷地売却決議**

敷地売却決議は、敷地共有者等集会（2条参照）において、敷地共有者等（2条参照）の議決権の5分の4以上の多数で行われる。各敷地共有者等の議決権は、敷地共有持分等の価格の割合による（本法3条11項による区分所有法38条の準用読替え）。区分所有建物はもはや存在しないので、建物滅失前の区分所有者および議決権は問題とならない。ここでは土地の共有または賃借権等の共有（準共有）であるから、敷地共有者等の頭数は問題とされず、敷地共有持分等の割合のみが問題とされる。なお、「敷地共有持分等の価格の割合」は、敷地共有持分等の割合と同義であり、民法の表現（252条参照）にならったものである。

〔3〕 **敷地売却決議における決議事項**

敷地売却決議においては、①売却の相手方となるべき者の氏名または名称（本条2項1号）、②売却による代金の見込額（同項2号）の各事項を定めなければならない。そのためには、これらの各事項を、敷地売却決議を会議の目的とする敷地共有者等集会の招集する際に通知しなければならない（本法3条1項による区分所有法35条5項の準用読替え）。

①については、敷地売却決議において単に「誰かに売却する」旨の決議だけでは売却の実現性に乏しく（決議後に売却の相手方を探すことになる）、また、どのような相手に売却するかは売却代金の支払能力の点等から同決議の賛否の判断要素となり得ることから、本項により規定されたものである。相手方が、自然人の場合にはその氏名、法人の場合にはその名称を定める。なお、敷地売却決議の成立

前においては、当該敷地の売却について相手方との間で同決議の成立を停止条件（民法127条1項）として、少なくても売買代金の概算額は決定されて売買契約が締結されているものと解される。

　なお、決議成立後の実際の売却に当たり売却の相手方が決議とは異なることは許されるか。決議時の相手方の地位の承継が相続や会社の合併等によりなされた場合にこれが許されるとして、決議時の相手方と第三者との合意により当該第三者が相手方となることは許されるか（当該敷地売却決議がそのまま維持されるか）。相手方の変更により②の売却の代金額に変更はなく売却の相手方の資力その他客観的に敷地共有者等に不利益が生じない場合には、前述〔1〕の本規定の趣旨からして、許されるものと解する。なお、敷地共有者等の側で、より有利な条件を提示した第三者を売却の相手方に変更することは、決議時の相手方に対する債務不履行（民法415条）となる。

　②については、敷地売却決議において各敷地共有者等が売却代金の概算額（見込額）を示されることなく売却の賛否を判断することは一般的には困難であることから規定されたものである。各敷地共有者等は、売却代金の概算額（見込額）が示されることで、敷地共有持分等の割合に応じて分配される自己の受領見込額を認識することができる。なお、決議成立後の実際の売却代金が見込額と異なった場合において、その差額（売却代金の減少）の発生について経済事情の変化等の合理的な理由があり、かつ、その差額が著しいものでないときには、当該決議が無効となることはないと解される。

　本条では、9条2項3号で定める建物敷地売却決議の場合の決議事項としての「売却によって各区分所有者が取得することができる金銭の額の算定方法に関する事項」と同様な事項は決議事項とされていない。これは、本条で定める敷地売却においては、売却によって各敷地共有者等が取得することができる金銭の額の算定方法については、当然に敷地共有者等の議決権（敷地共有持分等）の割合によるからである。

〔4〕　**読替え後の規定**

　本条3項によって、4条および区分所有法の規定が敷地売却決議に準用され、かつ準用に当たって字句の読替えがなされている。準用される規定を、字句の読替えを施して、以下に掲げる。下線の部分は準用読替部分、二重下線は読替規定による読替部分、【　】は一つの条のうち準用されない部分を示す。

被災区分所有建物再建等特別措置法

　以下のように、敷地売却決議をするための集会においても、再建決議をするための集会と同様、売却を必要とする理由を集会を招集するときに通知しなければならず（4条5項の読替準用）、また、集会の前に説明会が開催されなければならない（4条6項の読替準用）。

　また、以下のように、敷地売却決議があった場合、再建決議があった場合と同様に、決議に賛成しなかった者に対して売渡請求権が行使される（区分所有法63条の読替準用。なお、敷地の売却に関する合意の擬制については同64条の読替えを準用）。

【特別措置法】
（再建決議等）
第4条　1　【準用しない】
　2　【準用しない】
　3　【準用しない】
　4　<u>次条第1項に規定する決議事項</u>を会議の目的とする敷地共有者等集会を招集するときは、前条第1項において準用する区分所有法第35条第1項本文の通知は、同項の規定にかかわらず、当該敷地共有者等集会の会日より少なくとも2月前に発しなければならない。
　5　前項に規定する場合において、前条第1項において準用する区分所有法第35条第1項本文の通知をするときは、同条第5項に規定する議案の要領のほか、<u>売却を必要とする理由</u>をも通知しなければならない。
　6　第4項の敷地共有者等集会を招集した者は、当該敷地共有者等集会の会日より少なくとも1月前までに、当該招集の際に通知すべき事項について敷地共有者等に対し説明を行うための説明会を開催しなければならない。
　7　前項の説明会の開催については、前条第1項において準用する区分所有法第35条第1項本文、第2項及び第3項並びに第36条並びに前条第2項及び第3項の規定を準用する。
　8　<u>敷地売却決議</u>をした敷地共有者等集会の議事録には、その決議についての各敷地共有者等の賛否をも記載し、又は記録しなければならない。
　9　【準用しない】

§5〔4〕

【区分所有法】
（区分所有権等の売渡し請求等）
第63条　敷地売却決議があったときは、敷地共有者等集会を招集した者は、遅滞なく、敷地売却決議に賛成しなかった敷地共有者等（被災区分所有建物の再建等に関する特別措置法（以下「特別措置法」という。）第2条に規定する敷地共有者等をいう。以下同じ。）（その承継人を含む。）に対し、敷地売却決議の内容により売却に参加するか否かを回答すべき旨を書面で催告しなければならない。

2　前項に規定する敷地共有者等は、同項の規定による催告を受けた日から2月以内に回答しなければならない。

3　前項の期間内に回答しなかった第1項に規定する敷地共有者等は、売却に参加しない旨を回答したものとみなす。

4　第2項の期間が経過したときは、敷地売却決議に賛成した各敷地共有者等若しくは敷地売却決議の内容により売却に参加する旨を回答した各敷地共有者等（これらの者の承継人を含む。）又はこれらの者の全員の合意により敷地共有持分等（特別措置法第2条に規定する敷地共有持分等をいう。以下同じ。）を買い受けることができる者として指定された者（以下「買受指定者」という。）は、同項の期間の満了の日から2月以内に、売却に参加しない旨を回答した敷地共有者等（その承継人を含む。）に対し、敷地共有持分等を時価で売り渡すべきことを請求することができる。【本項後段は準用しない】

5　【準用しない】

6　敷地売却決議の日から2年以内に特別措置法第5条第1項に規定する敷地売却決議に基づく売買契約による敷地共有持分等に係る土地（これに関する権利を含む。）についての権利の移転（以下単に「権利の移転」という。）がない場合には、第4項の規定により敷地共有持分等を売り渡した者は、この期間の満了の日から6月以内に、買主が支払った代金に相当する金銭をその敷地共有持分等を現在有する者に提供して、これらの権利を売り渡すべきことを請求することができる。ただし、権利の移転がなかったことにつき正当な理由があるときは、この限りでない。

7　前項本文の規定は、同項ただし書に規定する場合において、権利の移転を妨げる理由がなくなった日から6月以内に権利の移転がないときに準用する。こ

の場合において、同項本文中「この期間の満了の日から6月以内に」とあるのは、「権利の移転を妨げる理由がなくなった日から2年のいずれか早い時期までに」と読み替えるものとする。

(建替えに関する合意)
第64条　敷地売却決議に賛成した各敷地共有者等、敷地売却決議の内容により売却に参加する旨を回答した各敷地共有者等及び敷地共有持分等を買い受けた各買受指定者(これらの者の承継人を含む。)は、敷地売却決議の内容により売却を行う旨の合意をしたものとみなす。

(敷地共有持分等に係る土地等の分割請求に関する特例)
第6条[1]　第2条の政令で定める災害により全部が滅失した区分所有建物に係る敷地共有者等は、民法(明治29年法律第89号)第256条第1項本文(同法第264条において準用する場合を含む。)の規定にかかわらず、その政令の施行の日から起算して1月を経過する日の翌日以後当該施行の日から起算して3年を経過する日までの間は、敷地共有持分等に係る土地又はこれに関する権利について、分割の請求をすることができ[2]ない[3][4]。ただし、5分の1を超える議決権を有する敷地共有者等が分割の請求をする場合その他再建決議、敷地売却決議又は第18条第1項の決議をすることができないと認められる顕著な事由がある場合は、この限りでない。[5][6]
2　第2条の政令で定める災害により区分所有建物の一部が滅失した場合において、当該区分所有建物が第11条第1項の決議又は区分所有者全員の同意に基づき取り壊されたときは、当該区分所有建物に係る敷地共有者等は、民法第256条第1項本文(同法第264条において準用する場合を含む。)の規定にかかわらず、その政令の施行の日から起算して3年を経過する日までの間は、敷地共有持分等に係る土地又はこれに関する権利について、分割の請求をすることができない。この場合においては、前項ただし書の規定を準用する。[7]

〔1〕　**本条の趣旨**

(1)　規定の内容

政令に定める災害によって区分所有建物が滅失した場合には、本法の各規定に

従って敷地共有者等の全員ではなく、議決権の5分の4以上の多数によって区分所有建物の再建（4条）、敷地売却（5条）または団地一括建替え等（18条1項）（以下、「再建等」という）を決議することができる。このような再建等の決議を可能とするため、民法の共有に関する規定にかかわらず、再建等の決議の準備に必要な一定の期間、敷地共有者等が敷地等の分割を請求することができないものとした。

(2) 民法上の取扱い

民法256条1項は、「各共有者は、いつでも共有物の分割を請求することができる」と定める。共有に関する一般理論によれば、共有は個別的な所有が目的物の物理的性状等によって一時的に制約されたものに過ぎず、したがって、共有の法理は、可能な限り各共有者の自由を保障すると共に、共有関係自体を終了させる権利を各共有者に固有のものとして認めるものでなければならない。また、この権利の不行使について共有者の合意による特約を認める場合にも、一定の制限に服せしめるべきである。

民法は、上記のように分割請求権を共有者の基本的な権利として認めると共に、不分割の特約の期間の上限を5年とし（同項ただし書）、その更新に際しても、その期間は5年を超えることができないものとした（同条2項）。

このような民法の規定が区分所有建物滅失後の敷地等に適用されると、敷地共有者等のうち建物の再建等を望まない者が敷地等の分割を請求することができることになり、それによって建物の再建等が困難または不可能となるおそれが生じる。本法は、このような事態を避けるために、敷地共有者等が敷地等の分割を請求することを一定の期間禁止した。

〔2〕 「土地又はこれに関する権利」

敷地利用権が所有権の共有持分である場合には「土地」となるが、借地権等所有権以外の利用権の準共有持分である場合には、分割禁止の目的物を「土地」とは表現できないので、「これ（土地）に関する権利」とした（2条参照）。

〔3〕 分割請求の禁止

(1) 裁判外の行使

共有物の分割請求は、共有者の一人から他の共有者全員に対して通常の意思表示によって行われる（民法256条1項）。分割請求権の性質は、形成権である。

分割請求が禁止される期間であっても、敷地共有者等の一人が分割請求の意思

表示を行い、他の敷地共有者等の全員がそれに応じて任意に分割の協議をした場合には、本条の適用はなく、敷地等は分割され、本法による再建等は確定的に不可能となる。

(2) 裁判上の行使

民法上の共有においては、共有者間に分割の協議が成立しない場合に、各共有者は、他の共有者全員を被告として共有物分割請求の訴えを裁判所に提起することができる。共有物分割訴訟は、必要的共同訴訟であり、訴えの性質は形成の訴えである。分割には、いわゆる現物分割、代金分割（第三者に売却〔競売〕して代金を分割する）、補償分割（共有者の一部の者に帰属させ他の者には補償金を支払う）などの態様があるが、いずれによるかは裁判所が決定する。

本法の適用がある災害によって滅失した区分所有建物については、所定の期間、共有物分割請求の訴えを提起することが禁止され、訴え自体が不適法とされる。原告が代金分割による分割を望む場合でも、分割請求の訴えを提起することができない。

なお、分割請求が禁止されるまでの間に裁判外において分割請求の意思表示がなされていれば、分割請求の訴えを裁判所に提起するのが分割禁止期間に入ってからであっても、適法な訴えの提起となる。

〔4〕 禁止期間

敷地等の分割の請求は、本法の適用を定める「政令の施行の日から起算して1月を経過する日の翌日以後当該施行の日から起算して3年を経過する日までの間」禁止される。

(1) 始　期

禁止期間の始期が政令の施行の日ではなく、その日から1カ月を経過した日の翌日であることに注意する必要がある。言い換えれば、政令の施行の日から1カ月の間は、敷地共有者等は、滅失建物の敷地等について民法の規定に従った分割請求をすることが認められる。

このような1カ月間の猶予を置いたのは、ほぼ次のような理由による。

第1は、共有物分割請求権は共有者が自己の所有権（持分）に基づいて有する基本的な権利であって、法律による制限といえども、例外的な場合に限って認められるべきものであるということである。判例（最大判昭62・4・22民集41-3-408）は、森林の共有物分割について特別の制限を課した旧森林法186条に関する

事件で、「立法の規制目的が公共の福祉に合致するものであっても規制手段が右目的を達成するための手段として必要性若しくは合理性に欠けていることが明らかであって、そのために立法府の判断が合理的裁量の範囲を超えるものとなる場合」には憲法29条2項に違背するものとして無効としている。本法によって滅失建物の敷地等の分割請求を制限するに当たっても、法律の目的が公共の福祉に合致するだけでなく、手段として合理的なもの（無理のないもの）である必要があり、この点を担保するため1カ月間の猶予を認めて敷地共有者等の選択（共有からの離脱か再建等計画の可否の探求か）を可能にした。

　第2は、分割請求を一定期間禁止する具体的な狙いが再建等計画の策定中に敷地等の分割が生じて計画を変更しなければならなくなることを避けることにあったことから、再建等の計画の策定に着手するであろう時期より早い時期であれば分割をいまだ禁止しなくても特段の支障がないと考えられることである。

(2) 終　期

　禁止期間の終期は、政令の施行の日から起算して3年を経過する日である。再建等の決議をすることができるのは、当該政令の施行の日から起算して3年を経過する日までであるから、その日をもって分割請求の禁止期間の終期とした。

〔5〕　**分割請求の許容**

　敷地等の分割請求の禁止は本法による例外的措置であり、〔4〕(1)に掲げた最高裁判例のいうように、目的を達成するための手段として必要かつ合理的なものであることを要する。敷地共有者等の意向または客観的な事情に照らして、再建等の決議をすることができないとあらかじめ認められる事由があるときは、本条によって敷地等の分割を禁止する理由がない。

(1)　5分の1を超える分割請求

　5分の1を超える議決権を有する敷地共有者等が敷地等の分割を請求する場合には、再建の集会を開いても議決権の5分の4以上による再建等の決議が成立する見込みがないので、民法の原則に戻って分割請求を適法に行うことができる。

(2)　その他再建等の決議をすることができないと認められる顕著な事由

　各敷地共有者等は敷地等の分割請求は禁止されるが、敷地共有持分等を第三者に譲渡することは制限されない。そのため、たとえば、隣接地の所有者が敷地共有持分等のうちかなりの部分を譲り受け、かつ、その者が再建等をしないことを明らかにしている場合には、いまだ議決権の5分の1を超える者からの分割請求

はないとしても、再建等の決議をすることができないことが明らかであるから、従前からの敷地共有者等の側からも敷地共有持分等の譲受人の側からも、分割請求をすることができる。

〔6〕 **分割請求後の再建等の決議**

〔5〕で述べたところに従って敷地等の分割がなされた後は、分割された土地は滅失区分所有建物の敷地でなくなるため、その部分を含めて再建等の決議をあらためてすることができないことはいうまでもない。これに対して、分割後に残った敷地等がなお共有等の関係にある場合には、その部分について本法4条、5条または18条1項の要件を満たす限り、再建等の決議をすることができる。再建する場合に、たとえば、分割請求の結果旧建物の敷地の3分の1が現物で分離され、分筆された後に、残りの3分の2の共有者等がそれぞれの敷地共有持分等の価格の割合による議決権の5分の4以上の多数をもって再建の決議をすることができる。

〔7〕 **区分所有建物の一部滅失後に建物が取り壊された場合**

政令で定める災害により区分所有建物の一部が滅失したときは、本法11条1項の決議または区分所有者全員の同意に基づき当該建物を取り壊すことができる。この場合においては、敷地について本条1項と同様の状態となる。そこで、当該区分所有建物に係る敷地共有者等は、民法256条1項本文（同264条において準用する場合を含む）の規定にかかわらず、政令の施行の日から起算して3年を経過する日までの間は、敷地共有持分等に係る土地またはこれに関する権利について、分割の請求をすることができないものとした。そして、この場合においては、前項ただし書の規定を準用するものとした。

前項で規定する「その政令の施行の日から起算して1月を経過する日の翌日以後当該施行の日から起算して3年を経過する日までの間」とは異なり、本項で「政令の施行の日から起算して3年を経過する日までの間」としたのは、本項の定める場合については、「その政令の施行の日から起算して1月を経過する日」の間において、いまだ一部が滅失した区分所有建物が取り壊されないで存在している場合が考えられ、その場合には、区分所有法22条1項の規定により敷地に関する分割請求が制限されるからである。

第3章　区分所有建物の一部が滅失した場合における措置

(区分所有者集会の特例)
第7条[1]　第2条の政令で定める災害により区分所有建物の一部が滅失した場合[2]においては、区分所有者は、その政令の施行の日から起算して1年を経過する日までの間は、この法律及び区分所有法の定めるところにより、区分所有法第34条の規定[3]による集会(以下「区分所有者集会」という。)を開くことができる[4]。

〔1〕　**本条の趣旨**

(1)　区分所有者集会

　区分所有建物の一部が滅失した場合(大規模一部滅失の場合であることについては後記〔2〕参照)、一般的には、区分所有者は、区分所有法34条に定める集会において、同法61条5項の規定に基づき復旧の決議をしたり、同法62条1項の規定に基づき建替えの決議をすることができる。本条は、2条の政令で定める災害により区分所有建物の一部が滅失した場合において、上記2つの決議など区分所有法で認められる事項のほか、本法で定める建物敷地売却決議(9条)、建物取壊し敷地売却決議(10条)および取壊し決議(11条)の3つの決議を会議の目的とする集会(区分所有法第34条)を開くことができるとした(1条の注釈〔4〕参照)。区分所有法第34条の規定による集会であるから、本法で特に定めている事項(8条で定める招集の通知等)を除いて、集会の招集(34条)など集会に関しては区分所有法の定めるところによる。

(2)　区分所有建物の一部が滅失した場合における3つの措置

　本法において本章で定める上記の3つの決議を創設したことについては、東日本大震災(2011年)により被災したマンションにおいて、復旧または建替えではなく、全員の合意により建物を取り壊す例が見られたことが契機となった。同マンションにおいて取壊しを選択した理由は、建物に倒壊の危険があったこと、復旧や建替えには相当な費用がかかること(行政による補助金や地震保険による保険金等によって別の場所に住宅を求める方が経済的には有利であった)などにあった。2条の政令で定める大規模な災害により多数の区分所有建物の一部が滅失した場

合（大規模一部滅失の場合）には、同政令による指定がない区分所有建物の滅失の場合と比べて、復旧や建替えによって合意形成を図ることが困難となることが考えられ、そのときに区分所有建物の取壊しや建物敷地売却等について全員の合意がない限りはこれらが認めないとすることは、もはや建物の存続や建替えを望まない大多数の区分所有者にとっては妥当ではなく、最終的には建物の管理が放棄される事態が生じるおそれがある。このようなことから本法では上記の3つの措置が講じられた。ただ、立法の過程においては、このような措置については大規模な災害の場合に限られないとして、将来的にはこれを一般的な区分所有建物の大規模一部滅失の場合にまで立法上拡大すべきであるという意見もあった。

〔2〕 **大規模一部滅失の場合**

本条でいう「区分所有建物の一部が滅失した場合」とは、本法2条の括弧書において「その災害により区分所有建物の一部が滅失した場合（区分所有法第61条第1項本文に規定する場合を除く。以下同じ。）」と規定されていることから、大規模一部滅失（区分所有法61条5項）の場合である。

〔3〕 **集会の期間の限定**

2条の政令で定める災害により区分所有建物の一部が滅失した場合において、区分所有者が行うことができる、建物敷地売却決議（9条）、建物取壊し敷地売却決議（10条）および取壊し決議（11条）の3つの決議をするための集会は、その政令の施行の日から起算して1年を経過する日までの間を会日（開催日）としなければならず、同期間の経過後の集会においてはこれらの決議をすることはできない。本条が「区分所有法第34条の規定による集会」と規定し、集会の決議に関する39条等を含む区分所有法の集会に関する規定（34条～46条）のうち集会の招集に関する34条の規定のみを挙げていることから、本条の規定のみからは同期間内に決議に至らなくても招集がなされていればよいと解する余地もあるが、8条が、「前条に規定する場合において、第2条の政令の施行の日から起算して1年以内の日を会日とする区分所有者集会を招集するとき」と定めていることから、政令の施行の日から起算して1年を経過する日までの間に集会における決議がなされなければならない。

このような期間の制限を設けたのは、一般的には全員の合意を要する決議について2条の政令で定める災害によって区分所有建物の一部が滅失した場合においてのみ特別に特別多数決議が認められるのであるから、その災害後に区分所有者

がこれらの合意形成を図るために必要とされる一定の期間を経過したときには、これらの決議について特例を認めることは適切ではないと考えられるからである。なお、区分所有建物の一部が滅失した場合において、災害後に区分所有者が何らかの合意形成を図るために必要とされる期間については、建物の一部滅失の場合には復旧に向けての合意形成を図ることが可能であるため、区分所有建物の全部が滅失した場合において集会を開くことができる期間（政令の施行の日から起算して3年が経過する日までの間）と比べて、より短い期間でよいと思われるため政令の施行の日から起算して1年を経過する日までの間とされた。

　以上のことから、このような期間の制限を受けるのは、本条で定める建物敷地売却決議等（9条〜11条）のみであり、2条の政令で定める災害により区分所有建物の一部が滅失した場合にあっても、管理一般に関する決議、復旧や建替えに関する決議など区分所有法において認められている決議については制限を受けない。

〔4〕 **本条による集会**

　区分所有建物の一部が滅失した場合において、本法で定める建物敷地売却決議（9条）、建物取壊し敷地売却決議（10条）および取壊し決議（11条）の各決議をするための集会（「区分所有者集会」）は、本法および区分所有法の定めるところによる。区分所有者集会の招集の通知（8条）および上記の3つの決議（9条〜11条）については、本法の定めるによるが、それ以外の事項については、区分所有法の集会に関する規定（34条〜46条〔35条3項および4項等を除く〕）の定めるところによる。

　区分所有建物が政令の指定する災害によって大規模一部滅失した場合においてその政令の施行の日から起算して1年を経過する日までの間に開催される集会は、区分所有法34条の規定による集会ではあるが、上記の3つの決議を目的とするものについては本条で「区分所有者集会」というとされ、本法8条〜11条の規定では、「区分所有者集会」という用語を用いている。これに対し、その期間に開催される上記3つの決議以外を会議の目的とする集会については、本法の規定の対象外であり（ただし、本法8条の規定の適用はあると解する）、文理上は、本法でいう「区分所有者集会」ではなく、区分所有法34条の規定による「集会」である（この点のつき8条の注釈〔1〕(2)参照）。

（区分所有建物の一部が滅失した場合における区分所有者集会の招集の通知に関する特例）

第8条〔1〕　前条に規定する場合において、第2条の政令の施行の日から起算して1年以内の日を会日とする区分所有者集会を招集するときは、区分所有法第35条第1項の通知については、同条第3項及び第4項の規定は、適用しない。〔2〕

2　前項の通知は、区分所有者が第2条の政令で定める災害が発生した時以後に管理者に対して通知を受けるべき場所を通知したときは、その場所に宛ててすれば足りる。この場合には、同項の通知は、通常それが到達すべき時に到達したものとみなす。〔3〕

3　区分所有者集会を招集する者が区分所有者（前項の規定により通知を受けるべき場所を通知したものを除く。）の所在を知ることができないときは、第1項の通知は、当該区分所有建物又はその敷地内の見やすい場所に掲示してすることができる。〔4〕

4　前項の場合には、当該通知は、同項の規定による掲示をした時に到達したものとみなす。ただし、区分所有者集会を招集する者が当該区分所有者の所在を知らないことについて過失があったときは、到達の効力を生じない。〔5〕

5　区分所有法第35条第1項の通知をする場合において、会議の目的たる事項が次条第1項、第10条第1項又は第11条第1項に規定する決議事項であるときは、その議案の要領をも通知しなければならない。〔6〕

〔1〕　**本条の趣旨**

(1)　通知に関する特例

政令で定める災害の後にあっては、区分所有者が一部滅失のあった区分所有建物から別の場所に移転している場合も多く考えられ、また、倒壊の危険等から建物内に立ち入ることが困難な場合も考えられることから、災害の前において集会招集の通知を宛てるべきであるとされていた場所または通知を掲示すべきであるとされていた場所について、特別の措置を講ずる必要がある。

このことから、本条は、区分所有建物の一部が滅失した場合における区分所有者集会の招集の通知に関して特例を定めた。本条1項で区分所有法35条3項およ

び4項の通知場所に関する規定の不適用を定めた上で、本条2項および3項で新たな通知場所に関して定め、また、本条2項および4項でそれらの通知の到達の効力について定めた。さらに、本条5項では、本章で定める建物敷地売却決議（9条）、建物取壊し敷地売却決議（10条）および取壊し決議（11条）の各決議をするための集会の招集において通知すべき事項に関して定めた。

(2) 本条で定める通知に関する特例の効力

7条の規定に定めるように、区分所有建物が政令の指定する災害によって大規模一部滅失した場合においてその政令の施行の日から起算して1年を経過する日までの間に開催される集会は、区分所有法34条の規定による集会ではあるが、建物敷地売却決議（9条）、建物取壊し敷地売却決議（10条）および取壊し決議（11条）の各決議を会議の目的とする集会については、8条～11条の規定でいう「区分所有者集会」である。これに対し、その期間に開催される上記3つの決議以外を会議の目的とする集会については、本法の規定の対象外であり、文理上、本法でいう「区分所有者集会」ではなく、区分所有法34条の規定による「集会」である（以上につき7条の注釈〔4〕参照）。

それでは、本条で定める通知に関する特例の効力は、その期間に開催される上記3つの決議以外を会議の目的とする集会、または同期間経過後に開催される集会にも及ぶのか。

本条の文理からすれば、「区分所有者集会の招集の通知に関する特例」（本条の見出し語参照）であり、本条で定める通知に関しては、「区分所有者集会」にのみ適用されるように思われるが、本条の規定の趣旨は、前述（〔1〕(1)の冒頭）のように、招集通知に関して災害前の事情をご破算にして新たな定めをするということにあり、この点は、この期間に開催される上記3つの決議以外を会議の目的とする集会および同期間経過後に開催される集会においても異なるものではないので、本条で定める通知に関する特例の効力は、これらの集会についての招集の通知についても及ぶものと解するべきである。したがって、上記3つの決議以外を会議の目的とする集会および同期間経過後に開催される集会においては、災害前の状況に復帰したり、区分所有法35条3項および4項の規定が適用されることはないと解する。

〔2〕 **区分所有法35条3項および4項の不適用**

区分所有法35条1項は、「集会の招集の通知は、会日より少なくとも1週間前

に、会議の目的である事項を示して、各区分所有者に発しなければならない。ただし、この期間は、規約で伸縮することができる」と規定するが、政令で定める災害により区分所有建物の一部が滅失した場合（大規模一部滅失の場合）において、その政令の施行の日から起算して１年以内の日を会日（開催日）とする、建物敷地売却決議（９条１項）、建物取壊し敷地売却決議（10条１項）または取壊し決議（11条１項）を会議の目的とする区分所有者集会を招集する通知については、区分所有法35条３項の規定および同条４項の規定は、適用しない。

　すなわち、区分所有法35条３項は、集会の招集の通知は、「区分所有者が管理者に対して通知を受けるべき場所を通知したときはその場所に、これを通知しなかったときは区分所有者の所有する専有部分が所在する場所にあててすれば足りる。この場合には同項の通知は、通常それが到達すべき時に到達したものとみなす」と規定するが、政令で定める災害により区分所有建物の一部が滅失した場合においては、区分所有者が他の場所に避難ないし移動していて、同規定により区分所有者が災害前に集会の招集通知を受け取るとされていた場所においてその通知を受け取ることができない可能性があるため、本項では、災害前の通知場所を災害後の通知場所とはしないこととした。その上で、あらためて本条２項および３項において通知場所について定めることとし、また、その通知の到達に関して定めることとした。

　区分所有法35条４項は、「建物内に住所を有する区分所有者又は前項の通知を受けるべき場所を通知しない区分所有者に対する第１項の通知は、規約に特別の定めがあるときは、建物内の見やすい場所に掲示してすることができる。この場合には、同項の通知は、その掲示した時に到達したものとみなす」と規定するが、政令で定める災害により区分所有建物の一部が滅失した場合においては、当該建物への立入りが制限され、建物内の掲示が困難となることがあり得る。そこで、本条３項において、このような場合に対処するために、「当該区分所有建物又はその敷地内の見やすい場所」に掲示するものと定め、また、４項においてその通知の到達に関して定めた。

〔３〕　災害発生以後に通知すべき場所の指定があった場合

　政令で定める災害により区分所有建物の一部が滅失した場合（大規模一部滅失の場合）において、建物敷地売却決議（９条１項）、建物取壊し敷地売却決議（10条１項）または取壊し決議（11条１項）を会議の目的とする区分所有者集会を招

集するときの通知は、災害前に管理者に対して通知された場所ではなく、災害が発生した時以後に管理者に対して通知された場所に宛ててしなければならない。「その場所に宛ててすれば足りる」としたのは、区分所有法35条3項の規定にならったもので（ただし、同規定では「あててすれば足りる」と表記されている）、その意味するところは、当該区分所有者が仮に管理者に通知された場所にその通知の当時に所在しなかったとしても、集会の招集者による通知は有効になされており、集会招集手続において瑕疵は存在しないということである。

この場合には、その通知は、通常それが到達すべき時に到達したものとみなす。ここでの「通常」は、当該災害の発生以後において通常それが到達すべき時と解するべきである。

〔4〕 区分所有者の所在を知ることができない場合

災害が発生した時以後に管理者に対して通知がなされた区分所有者に対しては、その通知がなされた場所に宛てて区分所有者集会の招集通知をしなければならないが、区分所有者集会を招集する者が、区分所有者の所在を知ることができないときは、その通知は、当該区分所有建物またはその敷地内の見やすい場所に掲示してすることができる。災害発生以後において建物が安全で建物への立入りが制限されていない場合には、建物内の見やすい場所に掲示して通知すべきものと解され、そうでない場合には、敷地内の見やすい場所に掲示して通知すべきものと解される。

〔5〕 掲示による通知の到達の効力

本条3項に定める区分所有建物またはその敷地内の見やすい場所への掲示による区分所有建物集会の招集の通知は、その掲示をした時に到達したものとみなす。ただし、区分所有者集会を招集する者が当該区分所有者の所在を知らないことについて過失があったときは、到達の効力を生じない。たとえば、災害が発生した時以後に管理者に対して通知がなされていない区分所有者であっても、その者が専有部分を災害前と同様に使用している場合には、その所在を知り得るから、その者に対しては当該専有部分が所在する場所に宛てて通知しなければならず、これがない場合には、通知の到達の効力は生じない。

〔6〕 議案の要領の通知

区分所有法35条1項本文は、「集会の招集の通知は、会日より少なくとも1週間前に、会議の目的である事項を示して、各区分所有者に発しなければならな

い。」と規定し、招集通知においては、議題（会議の目的である事項）を示さなければならないとしている。

通知されるべき議題とは、たとえば、「管理費の改定について」等である（詳細は、同条の注釈〔2〕(3)参照）。ただし、政令で定める災害により区分所有建物の一部が滅失した場合（大規模一部滅失の場合）における区分所有者集会における会議の目的たる事項が、建物敷地売却決議（9条1項）、建物取壊し敷地売却決議（10条1項）または取壊し決議（11条1項）であるときは、その議案の要領をも通知しなければならない。議題だけでは足りず、議案（決議内容の原案）の要約を提示しなければならない。これは、一般的な大規模一部滅失後の復旧決議（61条5項）の場合等について定める区分所有法35条5項の規定と同様の規定である（詳細は、同条の注釈〔6〕参照）。なお、たとえば、建物区分所有者集会における会議の目的たる事項が、災害により区分所有建物の一部が滅失した場合（大規模一部滅失の場合）において、今後の対応（建物の復旧を選択するのか、それとも建物敷地売却等を選択するのか等）を検討するなど決議を伴わないもの、また、決議を伴うものであっても通常の管理に関わる事項（例えばエレベーターの修復）（35条1項本文）であるときには、議題のみを通知すればよい。

（建物敷地売却決議等）
第9条　第7条に規定する場合において、当該区分所有建物に係る敷地利用権が数人で有する所有権その他の権利であるときは、区分所有者集会において、区分所有者、議決権及び当該敷地利用権の持分の価格の各5分の4以上の多数で、当該区分所有建物及びその敷地（これに関する権利を含む。）を売却する旨の決議（以下「建物敷地売却決議」という。）をすることができる。

2　建物敷地売却決議においては、次の事項を定めなければならない。
　一　売却の相手方となるべき者の氏名又は名称
　二　売却による代金の見込額
　三　売却によって各区分所有者が取得することができる金銭の額の算定方法に関する事項

3　前項第3号の事項は、各区分所有者の衡平を害しないように定めなければならない。

4 第1項に規定する決議事項を会議の目的とする区分所有者集会を招集するときは、区分所有法第35条第1項の通知は、同項の規定にかかわらず、当該区分所有者集会の会日より少なくとも2月前に発しなければならない。[5]

5 前項に規定する場合において、区分所有法第35条第1項の通知をするときは、前条第5項に規定する議案の要領のほか、次の事項をも通知しなければならない。[6]
　一　売却を必要とする理由
　二　復旧又は建替えをしない理由
　三　復旧に要する費用の概算額

6 第4項の区分所有者集会を招集した者は、当該区分所有者集会の会日より少なくとも1月前までに、当該招集の際に通知すべき事項について区分所有者に対し説明を行うための説明会を開催しなければならない。[7]

7 前項の説明会の招集の通知その他の説明会の開催については、区分所有法第35条第1項本文及び第2項並びに第36条並びに前条第2項から第4項までの規定を準用する。[8]

8 建物敷地売却決議をした区分所有者集会の議事録には、その決議についての各区分所有者の賛否をも記載し、又は記録しなければならない。[9]

9 建物敷地売却決議があった場合については、区分所有法第63条第1項から第4項まで、第6項及び第7項並びに第64条の規定を準用する。この場合において、区分所有法第63条第1項、第3項及び第4項並びに第64条中「建替えに」とあるのは「売却に」と、区分所有法第63条第6項中「建物の取壊しの工事に着手しない」とあるのは「被災区分所有建物の再建等に関する特別措置法第9条第1項に規定する建物敷地売却決議に基づく売買契約による区分所有建物及びその敷地（これに関する権利を含む。）についての権利の移転（以下単に「権利の移転」という。）がない」と、同項ただし書中「建物の取壊しの工事に着手しなかった」とあるのは「権利の移転がなかった」と、同条第7項中「建物の取壊しの工事の着手」とあるのは「権利の移転」と、「その着手をしないとき」とあるのは「権利の移転がないとき」と、区分所有法第64条中「建替えを行う」とあるのは「売却を行う」と読み替えるものとする。[10]

被災区分所有建物再建等特別措置法

〔1〕 **本条の趣旨**

　本条は、政令で定める災害により区分所有建物の一部が滅失した場合において、区分所有者の特別多数決議によって区分所有建物とその敷地を同時に売却する旨の決議（建物敷地売却決議）を行うことを定める。東日本大震災（2011年3月11日）においては、これにより被害を受けたマンションにおいて全員の合意により当該区分所有建物の取壊しがなされたが、その後に開催された本法改正のための法制審議会においては、当初は、区分所有建物の一部が滅失（大規模滅失）した場合の同建物の取壊し（11条関連）および取壊し後の敷地の売却（5条および10条関連）については、危険な建物については速やかに取り壊すことが望まれ、また、復旧や建替えがなされないまま建物の管理が放棄されることは望ましくないことから、区分所有者の特別多数決議によりこれらを認める方向での審議がなされたが、建物敷地売却決議については、これらの要請を超えるもので区分所有者の権利を多数決議によって強制的に失わせることになるとして必ずしも積極的ではなかった。しかし、その後の同審議会の審議において、区分所有建物の取壊しを区分所有者が行うことは、現実にはそのための時間と費用（解体費用）を要すること（すべての災害において阪神・淡路大震災や東日本大震災の場合のように公費により建物の解体費用が賄われるとは限らない）から、区分所有者の側および建物の敷地を買い受けようとする側のニーズに一致せず、結局は迅速な復興に繋がらないのではないかといった疑問が出され、むしろ建物敷地売却決議の制度を積極的に導入すべきではないか、同制度においても、区分所有者が復旧や建替えの方向を断念する以上、取壊し決議や建物取壊し敷地売却決議の場合に比べて区分所有者の権利の確保に関して変わるものではないなどの見解が出された。このような審議を経て、最終的に本条に定める建物敷地売却制度が創設された。なお、同制度における売買の対象は、実質上はともかく法律上は、建物とその敷地（の権利）の別々の2つの不動産であり、これらを一体とみなしての売買ではない。

〔2〕 **建物敷地売却決議**

　2条の政令で定める災害により区分所有建物の一部が滅失した場合（大規模一部滅失の場合）において、当該区分所有建物に係る敷地利用権が数人で有する所有権その他の権利（地上権または賃借権）であるときは、区分所有者集会において、区分所有者、議決権および当該敷地利用権の持分の価格の各5分の4以上の多数で、当該区分所有建物およびその敷地（これに関する権利を含む）を売却する旨の

決議をすることができる。本条は、一部が滅失した区分所有建物を取り壊すことなく、当該建物を現状のままその敷地と共に売却することを定めたものである。

敷地利用権が区分所有者の所有権ではなく地上権である場合には地上権設定者（土地所有者）の承諾は必要でないが、それが賃借権である場合には賃貸人の承諾が必要である（民法612条1項）。なお、これらの場合には、売却後の買主は、敷地に関して、敷地の所有者との間で別段の約定をしない限りは、売却前の地上権者または賃借人である区分所有者の地位を承継する。

本条の建物敷地売却決議が成立するためには、区分所有者集会（7条）において、①区分所有者（の頭数）、②その議決権（区分所有法38条により、規約に別段の定めがない限り共用部分の持分の割合であり、さらに規約に別段の定めがない限り専有部分の床面積の割合による〔同14条参照〕）、③当該敷地利用権の持分の価格（当該権利を取得する際の割合で、一般的には共用部分の割合と一致する。「持分の価格」の用語は民法の規定〔252条〕にならったもので「持分」と同義）のそれぞれについて5分の4以上の多数が必要となる。建替えの決議（区分所有法62条1項）等の場合とは異なり、①および②だけではなく、③を要件としたのは、土地（敷地）の処分（売却）もなされるからである。

〔3〕 **建物敷地売却決議における決議事項**

建物敷地売却決議においては、①売却の相手方となるべき者の氏名または名称（本条2項1号）、②売却による代金の見込額（同項2号）、③売却によって各区分所有者が取得することができる金銭の額の算定方法（同項3号）に関する各事項が議案として提示され、それらすべてについて決議がされなければならない。これらが定められることなく当該区分所有建物およびその敷地の売却のみが決議された場合や、①～③のいずかの事項を欠くまま決議がなされた場合には、それらの決議は無効である。

①および②が集会の決議の際に議案として提示される必要があることから、議案の通知の段階においては、売却の相手方となるべき者との間で当該決議の成立を条件（停止条件）とする売買契約が締結されている必要がある。区分所有関係を集会の特別多数決議により解消される外国の立法例（アメリカやイギリスの法制）においては、建物敷地売却の決議を先行させ、それと同時に区分所有者から区分所有者の団体に建物と敷地の所有権が信託的に移転し、その後に区分所有者の団体が当該不動産を売却するという方式が存在する。しかし、これによった場

合には、建物敷地売却決議の段階においては、その売却が不確定であり、また、売却よる代金の見込額も不明であることから、区分所有者が当該決議の賛否を判断をすることが困難なのではないかということから、本条においては、このような方式は採用されなかった。

　①および②に関しては、5条の注釈〔3〕を参照されたい。なお、本条の建物敷地売却決議の場合には、5条の敷地売却決議の場合（5条の注釈〔3〕参照）とは異なり、売却によって各区分所有者が取得することができる金銭の額が当然に決定されるわけではない。したがって、決議においてその算定方法についても定めておく必要がある。この点に関しては、各区分所有者の衡平を害しないように定めなければならない（本条3項）。

〔4〕　売却代金の分配についての衡平性の確保

　〔3〕で述べたように、本条の建物敷地売却決議の場合には、5条の敷地売却決議の場合のように、売却によって各区分所有者が取得することができる金銭の額が当然に決定されるわけではない。したがって、決議においてその算定方法についても定めておく必要があるが、その算定方法においては、各区分所有者の衡平を害しないように定めなければならない。

　ここでの算定方法に関しては、敷地部分の売却については敷地利用権の持分の割合によることになるが、建物部分の売却については一概にその共用部分の持分の割合とすることが必ずしも合理的でない場合があろう。被災後における各専有部分の状態や当該区分所有建物について買主は取壊しを予定しているのか復旧することを予定しているのか等によって、建物部分の売却によって各区分所有者が取得することができる金銭の額が異なり得るからである。結局、事案ごとに合理的な算定方法を決するしかないが、一般的には、敷地利用権の持分の割合（通常は建物の共用部分共有持分の割合はこれに一致する）を基本として、買主が建物の復旧を予定している事情があるなど特に建物についての価値を重視すべきような場合には、敷地部分の売却代金の分配の基準とは別に建物部分の売却代金の分配の基準を設けるといった算定方法が考えられる。

　各区分所有者の衡平を害するような算定方法が決議された場合には、その限りで、本条の決議は無効であると解されよう。

〔5〕　建物敷地売却決議の招集通知を発する時期

　集会の招集について、区分所有法35条1項は、「集会の招集の通知は、会日よ

り少なくとも1週間前に、会議の目的たる事項を示して、各区分所有者に発しなければならない。ただし、この期間は、規約で伸縮することができる」と定める。しかし、本条による建物敷地売却決議を会議の目的とする区分所有者集会を招集するときは、上の条項の規定にかかわらず、当該区分所有者集会の招集者は、その会日（開催日）より少なくとも2月前に発しなければならない。区分所有法62条4項の建替え決議の招集の通知に関する規定にならったもので、各区分所有者に建物敷地売却決議について十分に検討する期間を与えたものである（なお、会日までの間の説明会の開催については本条6項）。

区分所有法62条4項の規定では、ただし書で「ただし、この期間は、規約で伸張することができる」と定めているが、本条ではこのような定めをしていないため、規約による伸張はできない。

〔6〕 **議案の要領の他の通知事項**

建物敷地売却決議を会議の目的とする区分所有者集会の招集の通知をする場合は、議案の要領（8条5項）（その中には、本条2項の各事項）のほか、①売却を必要とする理由（本条5項1号）、②復旧または建替えをしない理由（同項2号）、③復旧に要する費用の概算額（同項3号）の各事項をも通知しなければならない。建物敷地売却決議は、区分所有法で定める復旧（61条）や建替え（62条）の場合とは異なり、建物および敷地を多数決議に基づき売却することによって、区分所有者の所有権等をも奪うものであるから、復旧や建替えの方法によらずになぜ建物敷地売却を選択するのかについて相当な理由を必要とする。

そこで、本項では、このような相当の理由として、①〜③の理由を通知すべきものとした。被災して区分所有建物の一部が滅失（大規模滅失）した場合において、その措置についての一般的な思考の流れとしては、㈠復旧をするか建替えをするか、㈡それぞれにつきどれだけの費用がかかるか、㈢それらが費用負担等の点から実際には難しい場合には売却することが考えられるが、売却の相手が見つかるか、どの程度の売却代金が見込めるかといったものが考えられる。㈠は上記②（本項2号）に対応し、㈡は上記③（本項3号）に対応し、㈢は上記①（本項1号）および本条2項1号・2号に対応する。

なお、本項3号（上記③）においては、復旧に要する費用の概算額のみを通知すべきものと定め、建替えに要する費用の概算額は定められていないが、その理由は、建替えに要する費用については、どのような建物に建て替えるか等によっ

て異なり、具体的に建替えを予定していない建物敷地売却決議の場合にはこれを示すことが困難であると考えられるからである。ただし、同じ規模や程度の建物に建て替えること等を想定してそのための費用の概算額を示すことは可能であるが、ただ、実際に予定していない建替えのための費用の概算額を算定するだけのために費用をかけることは適切であるとはいえないことなどから、その額を通知することは義務づけられていない。これに対して、建物敷地売却決議に当たり、復旧に要する費用の概算額を勘案することは区分所有者が意思決をするに際して意味があろう。

〔7〕 説明会の開催

建物敷地売却決議を会議の目的とする区分所有者集会を招集する場合に、その旨の通知は、当該区分所有者集会の会日（開催日）より少なくとも2月前に発しなければならないが、その招集者は、当該区分所有者集会の会日より少なくとも1月前までに、当該招集の際に通知すべき事項について区分所有者に対し説明を行うための説明会を開催しなければならない。

「当該招集の際に通知すべき事項」とは、建物敷地売却決議を会議の目的とする区分所有者集会を招集する際に通知すべき事項であり、具体的には、本条2項の各号に定める事項（①売却の相手方となるべき者の氏名または名称〔1号〕、②売却による代金の見込額〔2号〕、③売却によって各区分所有者が取得することができる金銭の額の算定方法〔3号〕）および本条5項の各号に定める事項（①売却を必要とする理由〔1号〕、②復旧または建替えをしない理由〔2号〕、③復旧に要する費用の概算額〔3号〕）であり、これらの事項を説明会において説明しなければならない。なお、学説には、本条2項に定める上記②および③に関して、買受人が売却後の建物をどのように取り扱うかが上記②および③の決議事項を大きく左右し得ることからすれば、売却後の建物の処遇が未定の状況において、売却代金算定の明確な根拠を示さないまま②および③の通知・説明が行われ、それに基づいて決議がなされた場合には、決議は無効であるとするものがある（秋山・論究ジュリ40）。

説明会の開催のための通知は、建物敷地売却決議を会議の目的とする区分所有者集会を招集するのと同時でもよいし、または、その後、当該区分所有者集会の会日より少なくとも1カ月前までに説明会を開催できるように発すればよい。

〔8〕 説明会の開催等についての読替え後の規定

以下に掲げるように、本条7項によって、区分所有法等の若干の規定が建物敷

§9〔7〕〔8〕

地売却決議に準用されている。準用される内容を、字句の読替えを施して、次に箇条書きする。
 ① 説明会の招集の通知は、会日（開催日）より少なくとも1週間前に、会議の目的たる事項を示して、各区分所有者に発しなければならない。
 ② 専有部分が数人の共有に属するときは、上記①の通知は、区分所有法第40条〈議決権行使者の指定〉の規定により定められた議決権を行使すべき者（その者がないときは、共有者の1人）にすれば足りる。
 ③ 説明会は、区分所有者全員の同意があるときは、招集の手続を経ないで開くことができる。
 ④ 上記①の通知は、区分所有者が2条の政令で定める災害が発生した時以後に管理者に対して通知を受けるべき場所を通知したときは、その場所に宛ててすれば足りる。この場合には、上記①の通知は、通常それが到達すべき時に到達したものとみなす。
 ⑤ 説明会を招集する者が区分所有者（上記④により通知を受けるべき場所を通知したものを除く）の所在を知ることができないときは、上記①の通知は、当該区分所有建物またはその敷地内の見やすい場所に掲示してすることができる。
 ⑥ 上記⑤の場合には、当該通知は、上記⑤による掲示をした時に到達したものとみなす。ただし、説明会を招集する者が当該区分所有者の所在を知らないことについて過失があったときは、到達の効力を生じない。

以下では、準用される規定を、字句の読替えを施して掲げる。下線の部分は準用読替部分、【 】は一つの条のうち準用されない部分を示す。

【区分所有法】
（招集の通知）
第35条 <u>被災区分所有建物の再建等に関する特別措置法第9条第6項の説明会の招集の通知</u>は、会日より少なくとも1週間前に、会議の目的たる事項を示して、各区分所有者に発しなければならない。【本項ただし書は準用しない】
 2 専有部分が数人の共有に属するときは、前項の通知は、第40条の規定により定められた議決権を行使すべき者（その者がないときは、共有者の1人）にすれば足りる。

613

被災区分所有建物再建等特別措置法

3　【準用しない】
4　【準用しない】
5　【準用しない】
（招集手続の省略）
第36条　被災区分所有建物の再建等に関する特別措置法第9条第6項の説明会は、区分所有者全員の同意があるときは、招集の手続を経ないで開くことができる。

【特別措置法】
（区分所有建物の一部が滅失した場合における区分所有者集会の招集の通知に関する特例）
第8条　1　【準用しない】
2　次条第6項の説明会の招集の通知は、区分所有者が災害が発生した時以後に管理者に対して通知を受けるべき場所を通知したときは、その場所に宛ててすれば足りる。この場合には、次条第6項の説明会の招集の通知は、通常それが到達すべき時に到達したものとみなす。
3　区分所有者集会を招集する者が区分所有者（前項の規定により通知を受けるべき場所を通知したものを除く。）の所在を知ることができないときは、次条第6項の説明会の招集の通知は、当該区分所有建物又はその敷地内の見やすい場所に掲示してすることができる。
4　前項の場合には、第1項の通知は、前項の規定による掲示をした時に到達したものとみなす。ただし、次条第6項の説明会を招集する者が当該区分所有者の所在を知らないことについて過失があったときは、到達の効力を生じない。
5　【準用しない】

〔9〕　議事録
　建物敷地売却決議をした区分所有者集会の議事録には、その決議についての各区分所有者の賛否をも記載し、または記録しなければならない。建物敷地売却決議があったときに、集会招集者が、遅滞なく、建物敷地売却決議に賛成しなかった区分所有者に対して、建物敷地売却決議の内容により売却に参加するか否かを回答すべき旨を書面で催告すること（本条9条による区分所有法63条1項の読替え）を可能とするためである。

〔10〕 読替え後の規定

以下に掲げるように、本条9項によって、区分所有法の若干の規定が建物敷地売却決議に準用され、かつ、準用にあたって字句の読替えがなされている。準用される内容を、字句の読替えを施して、次に箇条書きする。

① 建物敷地売却決議があったときは、集会を招集した者は、遅滞なく、建物敷地売却決議に賛成しなかった区分所有者（その承継人を含む）に対し、建物敷地売却決議の内容により売却に参加するか否かを回答すべき旨を書面で催告しなければならない。

② 上記①に規定する区分所有者は、上記①の催告を受けた日から2カ月以内に回答しなければならない。

③ 上記②の期間内に回答しなかった上記①に規定する区分所有者は、売却に参加しない旨を回答したものとみなす。

④ 上記②の期間が経過したときは、建物敷地売却決議に賛成した各区分所有者もしくは建物敷地売却決議の内容により売却に参加する旨を回答した各区分所有者（これらの者の承継人を含む）またはこれらの者の全員の合意により区分所有権および敷地利用権を買い受けることができる者として指定された者（以下「買受指定者」という）は、上記②の期間の満了の日から2カ月以内に、売却に参加しない旨を回答した区分所有者（その承継人を含む）に対し、区分所有権および敷地利用権を時価で売り渡すべきことを請求することができる。建物敷地売却決議があった後にこの区分所有者から敷地利用権のみを取得した者（その承継人を含む）の敷地利用権についても、同様とする。

⑤ 建物敷地売却決議の日から2年以内に本条に規定する建物敷地売却決議に基づく売買契約による区分所有建物及びその敷地（これに関する権利を含む）についての権利の移転（以下単に「権利の移転」という）がない場合には、上記④により区分所有権又は敷地利用権を売り渡した者は、この期間の満了の日から6カ月以内に、買主が支払った代金に相当する金銭をその区分所有権または敷地利用権を現在有する者に提供して、これらの権利を売り渡すべきことを請求することができる。ただし、権利の移転がなかったことにつき正当な理由があるときは、この限りでない。

⑥ 権利の移転がなかったことにつき正当な理由がある場合において、権利の移転を妨げる理由がなくなった日から6カ月以内に権利の移転がないときは、

建物敷地売却決議の日から2年以内に本条1項に規定する建物敷地売却決議に基づく売買契約による区分所有建物及びその敷地（これに関する権利を含む）についての権利の移転（以下単に「権利の移転」という）がない場合には、上記④により区分所有権または敷地利用権を売り渡した者は、権利の移転を妨げる理由がなくなったことを知った日から6カ月またはその理由がなくなった日から2年のいずれか早い時期までに、買主が支払った代金に相当する金銭をその区分所有権または敷地利用権を現在有する者に提供して、これらの権利を売り渡すべきことを請求することができる。
⑦　建物敷地売却決議に賛成した各区分所有者、建物敷地売却決議の内容により売却に参加する旨を回答した各区分所有者および区分所有権または敷地利用権を買い受けた各買受指定者（これらの者の承継人を含む）は、建物敷地売却決議の内容により売却を行う旨の合意をしたものとみなす。

　以下では、準用される規定を、字句の読替えを施して掲げる。下線の部分は準用読替部分、二重下線は読替規定による読替部分、【　】は一つの条のうち準用されない部分を示す。

（区分所有権等の売渡し請求等）

第63条　建物敷地売却決議があったときは、区分所有者集会を招集した者は、遅滞なく、建物敷地売却決議に賛成しなかった区分所有者（その承継人を含む。）に対し、建物敷地売却決議の内容により売却に参加するか否かを回答すべき旨を書面で催告しなければならない。

2　前項に規定する区分所有者は、同項の規定による催告を受けた日から2月以内に回答しなければならない。

3　前項の期間内に回答しなかった第1項に規定する区分所有者は、売却に参加しない旨を回答したものとみなす。

4　第2項の期間が経過したときは、建物敷地売却決議に賛成した各区分所有者若しくは建物敷地売却決議の内容により売却に参加する旨を回答した各区分所有者（これらの者の承継人を含む。）又はこれらの者の全員の合意により区分所有権及び敷地利用権を買い受けることができる者として指定された者（以下「買受指定者」という。）は、同項の期間の満了の日から2月以内に、売却に参加しない旨を回答した区分所有者（その承継人を含む。）に対し、区分所有権

及び敷地利用権を時価で売り渡すべきことを請求することができる。建物敷地売却決議があった後にこの区分所有者から敷地利用権のみを取得した者（その承継人を含む。）の敷地利用権についても、同様とする。

5　【準用しない】

6　建物敷地売却決議の日から2年以内に被災区分所有建物の再建等に関する特別措置法第9条第1項に規定する建物敷地売却決議に基づく売買契約による区分所有建物及びその敷地（これに関する権利を含む。）についての権利の移転（以下単に「権利の移転」という。）がない場合には、第4項の規定により区分所有権又は敷地利用権を売り渡した者は、この期間の満了の日から6月以内に、買主が支払った代金に相当する金銭をその区分所有権又は敷地利用権を現在有する者に提供して、これらの権利を売り渡すべきことを請求することができる。ただし、権利の移転がなかったことにつき正当な理由があるときは、この限りでない。

7　前項本文の規定は、同項ただし書に規定する場合において、権利の移転を妨げる理由がなくなった日から6月以内に権利の移転がないときに準用する。この場合において、同項本文中「この期間の満了の日から6月以内に」とあるのは、「権利の移転を妨げる理由がなくなったことを知った日から6月又はその理由がなくなった日から2年のいずれか早い時期までに」と読み替えるものとする。

（建替えに関する合意）

第64条　建物敷地売却決議に賛成した各区分所有者、建物敷地売却決議の内容により売却に参加する旨を回答した各区分所有者及び区分所有権又は敷地利用権を買い受けた各買受指定者（これらの者の承継人を含む。）は、建物敷地売却決議の内容により売却を行う旨の合意をしたものとみなす。

（建物取壊し敷地売却決議等）

第10条〔1〕　前条第1項に規定する場合においては、区分所有者集会において、区分所有者、議決権及び敷地利用権の持分の価格の各5分の4以上の多数で、当該区分所有建物を取り壊し、かつ、これに係る建物の敷地（これに関する権利を含む。次項において同じ。）を売却する旨の決議（次項及び第3項において「建物取壊し敷地売却決議」という。）をするこ

とができる。[2]
2　建物取壊し敷地売却決議においては、次の事項を定めなければならない。[3]
　　一　区分所有建物の取壊しに要する費用の概算額
　　二　前号に規定する費用の分担に関する事項
　　三　建物の敷地の売却の相手方となるべき者の氏名又は名称
　　四　建物の敷地の売却による代金の見込額
3　建物取壊し敷地売却決議については、前条第３項から第８項まで並びに区分所有法第63条第１項から第４項まで、第６項及び第７項並びに第64条の規定を準用する。この場合において、前条第３項中「前項第３号」とあるのは「次条第２項第２号」と、同条第４項中「第１項に」とあるのは「次条第１項に」と、同条第５項第１号中「売却」とあるのは「区分所有建物の取壊し及びこれに係る建物の敷地（これに関する権利を含む。）の売却」と、区分所有法第63条第１項、第３項及び第４項並びに第64条中「建替えに」とあるのは「区分所有建物の取壊し及びこれに係る建物の敷地（これに関する権利を含む。）の売却に」と、同条中「及び区分所有権」とあるのは「並びに区分所有権」と、「建替えを行う」とあるのは「区分所有建物の取壊し及びこれに係る建物の敷地（これに関する権利を含む。）の売却を行う」と読み替えるものとする。[4]

〔１〕　**本条の趣旨**

　本条は、建物取壊し敷地売却決議について定める。政令で定める災害により区分所有建物の一部が滅失（大規模滅失）した場合においては、区分所有法による復旧（61）または建替え（62条）のほか、本法による建物敷地売却（９条）、建物取壊し敷地売却（10条）、取壊し（11条）の各決議が認められるが、本条の建物取壊し敷地売却決議は、11条に基づく取壊し決議とは異なり、取壊しのほか敷地の売却をも含む決議であり（その決議の段階で売却の相手方となるべき者が決定している）、また、９条に基づく建物敷地売却決議とは異なり、建物の取壊しについて区分所有者が自らで行う旨の決議である。敷地の売却の相手方となるべき者が、建物の買受けには応じないが、建物の取壊し後の敷地であれば相当な価格での買受けに応じる旨の意思を表示している場合などには本条の決議が選択されよう。

〔2〕 建物取壊し敷地売却決議

政令で定める災害により区分所有建物の一部が滅失した場合においては、区分所有者集会（7条参照）において、区分所有者、議決権および敷地利用権の持分の価格の各5分の4以上の多数で、当該区分所有建物を区分所有者で取り壊し、かつ、建物取壊し後のこれに係る建物の敷地（これに関する権利を含む）を売却する旨の決議（「建物取壊し敷地売却決議」）をすることができる。

「区分所有者、議決権及び敷地利用権の持分の価格の各5分の4以上の多数」については、9条の注釈〔2〕を参照のこと。

本条の建物取壊し敷地売却決議においては、その決議の内容が「区分所有建物を取り壊し、かつ、これに係る建物の敷地」の売却であるので、取壊しと敷地の売却を同一の決議で行わなければならない。もっとも、まずは11条に基づいて当該区分所有建物についての取壊し決議を行った上で、その後に、5条に基づいて建物取壊し後の敷地についての敷地売却決議を行うことはできるが、これは本条の対象とするところではない。

〔3〕 建物取壊し敷地売却決議における決議事項

建物取壊し敷地売却決議においては、①区分所有建物の取壊しに要する費用の概算額（本条2項1号）、②1号に規定する費用の分担に関する事項（同項2号）、③建物の敷地の売却の相手方となるべき者の氏名または名称（同項3号）、④建物の敷地の売却による代金の見込額（同項4号）の各事項を議案として通知し、かつ、決議で定めなければならない。

上記①および②については、本条の決議に関しては区分所有者自らで区分所有建物を取り壊す必要があるために、その費用は区分所有者が負担しなければならず、全体でどの程度の費用がかかるか、また、各区分所有者がどの程度の金額を負担しなければならないかは、本決議の賛否を決定するにあたって重要な事項である。そこで、これらは、建物取壊し敷地売却決議を会議の目的とする区分所有者集会の招集の際の議案の要領において通知しなければならない。

上記③および④については、どのような相手に売却するかは売却代金の支払能力の点等から各区分所有者が本決議の賛否を決定するにあたって重要な事項であり、また売却代金の概算額（見込額）を示されることなく売却の賛否を判断することは一般的には困難であることから、本条で定める集会の招集の際の議案の要領において共に通知しなければならない。これらに関しては、5条の注釈〔3〕

被災区分所有建物再建等特別措置法

(および9条の注釈〔3〕)を参照されたい。

〔4〕 **読替え後の規定**

本条3項によって、9条および区分所有法の規定が建物取壊し敷地売却決議に準用され、かつ準用に当たって字句の読替えがなされている。準用される規定を、字句の読替えを施して、以下に掲げる。下線の部分は準用読替部分、二重下線は読替規定による読替部分、【 】は一つの条のうち準用されない部分を示す。

【特別措置法】
(建物敷地売却決議等)

第9条 1 【準用しない】

2 【準用しない】

3 <u>次条第2項第2号</u>の事項は、各区分所有者の衡平を害しないように定めなければならない。

4 <u>次条第1項に規定する決議事項</u>を会議の目的とする区分所有者集会を招集するときは、区分所有法第35条第1項の通知は、同項の規定にかかわらず、当該区分所有者集会の会日より少なくとも2月前に発しなければならない。

5 前項に規定する場合において、区分所有法第35条第1項の通知をするときは、前条第5項に規定する議案の要領のほか、次の事項をも通知しなければならない。

一 <u>区分所有建物の取壊し及びこれに係る建物の敷地(これに関する権利を含む。)の売却</u>を必要とする理由

二 復旧又は建替えをしない理由

三 復旧に要する費用の概算額

6 第4項の区分所有者集会を招集した者は、当該区分所有者集会の会日より少なくとも1月前までに、当該招集の際に通知すべき事項について区分所有者に対し説明を行うための説明会を開催しなければならない。

7 前項の説明会の招集の通知その他の説明会の開催については、区分所有法第35条第1項本文及び第2項並びに第36条並びに前条第2項から第4項までの規定を準用する。

8 <u>建物取壊し敷地売却決議</u>をした区分所有者集会の議事録には、その決議についての各区分所有者の賛否をも記載し、又は記録しなければならない。

9 【準用しない】

【区分所有法】
(区分所有権等の売渡し請求等)
第63条 建物取壊し敷地売却決議があったときは、区分所有者集会を招集した者は、遅滞なく、建物取壊し敷地売却決議に賛成しなかった区分所有者（その承継人を含む。）に対し、建物取壊し敷地売却決議の内容により区分所有建物の取壊し及びこれに係る建物の敷地（これに関する権利を含む。）の売却に参加するか否かを回答すべき旨を書面で催告しなければならない。
2 前項に規定する区分所有者は、同項の規定による催告を受けた日から2月以内に回答しなければならない。
3 前項の期間内に回答しなかった第1項に規定する区分所有者は、区分所有建物の取壊し及びこれに係る建物の敷地（これに関する権利を含む。）の売却に参加しない旨を回答したものとみなす。
4 第2項の期間が経過したときは、建物取壊し敷地売却決議に賛成した各区分所有者若しくは建物取壊し敷地売却決議の内容により区分所有建物の取壊し及びこれに係る建物の敷地（これに関する権利を含む。）の売却に参加する旨を回答した各区分所有者（これらの者の承継人を含む。）又はこれらの者の全員の合意により区分所有権及び敷地利用権を買い受けることができる者として指定された者（以下「買受指定者」という。）は、同項の期間の満了の日から2月以内に、区分所有建物の取壊し及びこれに係る建物の敷地（これに関する権利を含む。）の売却に参加しない旨を回答した区分所有者（その承継人を含む。）に対し、区分所有権及び敷地利用権を時価で売り渡すべきことを請求することができる。建物取壊し敷地売却決議があった後にこの区分所有者から敷地利用権のみを取得した者（その承継人を含む。）の敷地利用権についても、同様とする。
5 【準用しない】
6 建物取壊し敷地売却決議の日から2年以内に区分所有建物の取壊しの工事に着手しない場合には、第4項の規定により区分所有権又は敷地利用権を売り渡した者は、この期間の満了の日から6月以内に、買主が支払った代金に相当する金銭をその区分所有権又は敷地利用権を現在有する者に提供して、これらの

権利を売り渡すべきことを請求することができる。ただし、区分所有建物の取壊しの工事に着手しなかったことにつき正当な理由があるときは、この限りでない。

7 　前項本文の規定は、同項ただし書に規定する場合において、区分所有建物の取壊しの工事の着手を妨げる理由がなくなった日から６月以内にその着手をしないときに準用する。この場合において、同項本文中「この期間の満了の日から６月以内に」とあるのは、「区分所有建物の取壊しの工事の着手を妨げる理由がなくなったことを知った日から６月又はその理由がなくなった日から２年のいずれか早い時期までに」と読み替えるものとする。

（建替えに関する合意）

第64条　建物取壊し敷地売却決議に賛成した各区分所有者、建物取壊し敷地売却決議の内容により区分所有建物の取壊し及びこれに係る建物の敷地（これに関する権利を含む。）の売却に参加する旨を回答した各区分所有者並びに区分所有権又は敷地利用権を買い受けた各買受指定者（これらの者の承継人を含む。）は、建物取壊し敷地売却決議の内容により区分所有建物の取壊し及びこれに係る建物の敷地（これに関する権利を含む。）の売却を行う旨の合意をしたものとみなす。

（取壊し決議等）

第11条　第７条に規定する場合においては、区分所有者集会において、区分所有者及び議決権の各５分の４以上の多数で、当該区分所有建物を取り壊す旨の決議（以下「取壊し決議」という。）をすることができる。

2 　取壊し決議においては、次の事項を定めなければならない。
　一　区分所有建物の取壊しに要する費用の概算額
　二　前号に規定する費用の分担に関する事項

3 　取壊し決議については、第９条第３項から第８項まで並びに区分所有法第63条第１項から第４項まで、第６項及び第７項並びに第64条の規定を準用する。この場合において、第９条第３項中「前項第３号」とあるのは「第11条第２項第２号」と、同条第４項中「第１項に」とあるのは「第11条第１項に」と、同条第５項第１号中「売却」とあるのは「取壊し」と、区分所有法第63条第１項、第３項及び第４項並びに第64条中

「建替えに」とあるのは「取壊しに」と、同条中「建替えを行う」とあるのは「取壊しを行う」と読み替えるものとする[4]。

〔1〕 **本条の趣旨**

　本条は、取壊し決議について定める。政令で定める災害により区分所有建物の一部が滅失（大規模滅失）した場合においては、区分所有法による復旧（61条）または建替え（62条）のほか、本法による建物敷地売却（9条）、建物取壊し敷地売却（10条）、取壊し（11条）の各決議が認められるが、本条の取壊し決議は、建物敷地売却決議や建物取壊し敷地売却決議のように建物や敷地の売却を内容とせずに、区分所有建物の取壊しのみを内容とする。被災した区分所有建物に倒壊の危険があり直ちに取壊しを実施しなければならない場合や、建物や敷地についての売却の相手方となるべき者が見つからない場合、区分所有者の大多数が取壊しには賛成しているが、その後に敷地を売却するか建物を再建するかについては意見が分かれており、どちらの意見も5分の4以上の多数には至っていない場合等おいては、本条の取壊し決議が選択されることになろう。

　本条に基づく取壊し決議は、政令の施行の日から起算して1年を経過する日までの間にしなければならない（7条）が、区分所有建物を取壊し後に行う再建決議（4条）または敷地売却決議（5条）については、政令の施行の日から起算して3年を経過する日までの間にすればよい（2条）。

〔2〕 **取壊し決議**

　政令で定める災害により区分所有建物の一部が滅失した場合においては、区分所有者集会（7条）において、区分所有者および議決権の各5分の4以上の多数で、当該区分所有建物を取り壊す旨の決議（「取壊し決議」）をすることができる。

　本条の建物敷地売却決議が成立するためには、区分所有者集会において、①区分所有者（の頭数）および②その議決権（区分所有法38条により、規約に別段の定めがない限り共用部分の持分の割合であり、さらに規約に別段の定めがない限り専有部分の床面積の割合による〔同14条参照〕）それぞれについて5分の4以上の多数が必要となる。建物敷地売却決議（9条）および建物取壊し敷地売却決議（10条）の場合とは異なり、敷地の売却は決議内容とはならないので、「敷地利用権の持分の価格」の割合は問題とされない。

　取壊し決議がなされ当該区分所有建物が取り壊されると、2条に定める「区分

所有建物の全部が滅失した場合」となり、政令の施行の日から起算して3年を経過する日までの間は、従前の区分所有者は、「敷地共有者等」となって「敷地共有者等集会」（3条）において再建決議（4条）または敷地売却決議（5条）が可能となり、また、政令の施行の日から起算して1年を経過する日の翌日以後当該施行の日から起算して3年を経過する日までの間は、敷地共有持分等に係る土地またはこれに関する権利についての分割請求が禁止される（6条1項）。

〔3〕 **取壊し決議における決議事項**

取壊し決議においては、①区分所有建物の取壊しに要する費用の概算額（本条2項1号）および②同号に規定する費用の分担に関する事項（同項2号）の各事項を定めなければならない。

取壊決議においては、建物取壊し敷地売却決議（10条）と同様に、区分所有者自らで区分所有建物を取り壊す必要があるために（これに対して建物敷地売却決議〔9条〕においてはその必要はない）、その費用は区分所有者が負担しなければならず、全体でどの程度の費用がかかるか、また、各区分所有者がどの程度の金額を負担しなければならないかは、本決議の賛否を決定するにあたって重要な事項である。そこで、上記①および②の事項については、取壊し決議を会議の目的とする区分所有者集会の招集の際の議案の要領において通知しなければならず、また、決議の内容としなければならない。

〔4〕 **読替え後の規定**

本条3項によって、9条および区分所有法の規定が取壊し決議に準用され、かつ準用に当たって字句の読替えがなされている。準用される規定を、字句の読替えを施して、以下に掲げる。下線の部分は準用読替部分、二重下線は読替規定による読替部分、【　】は一つの条のうち準用されない部分を示す。

【特別措置法】

（建物敷地売却決議等）

第9条　1　【準用しない】

2　【準用しない】

3　第11条第2項第2号の事項は、各区分所有者の衡平を害しないように定めなければならない。

4　第11条第1項に規定する決議事項を会議の目的とする区分所有者集会を招集

するときは、区分所有法第35条第1項の通知は、同項の規定にかかわらず、当該区分所有者集会の会日より少なくとも2月前に発しなければならない。

5 　前項に規定する場合において、区分所有法第35条第1項の通知をするときは、前条第5項に規定する議案の要領のほか、次の事項をも通知しなければならない。
　一　<u>取壊し</u>を必要とする理由
　二　復旧又は建替えをしない理由
　三　復旧に要する費用の概算額

6 　第4項の区分所有者集会を招集した者は、当該区分所有者集会の会日より少なくとも1月前までに、当該招集の際に通知すべき事項について区分所有者に対し説明を行うための説明会を開催しなければならない。

7 　前項の説明会の招集の通知その他の説明会の開催については、区分所有法第35条第1項本文及び第2項並びに第36条並びに前条第2項から第4項までの規定を準用する。

8 　<u>第11条第1項に規定する取壊し決議をした区分所有者集会の議事録</u>には、その決議についての各区分所有者の賛否をも記載し、又は記録しなければならない。

9 　【準用しない】

【区分所有法】
（区分所有権等の売渡し請求等）

第63条　取壊し決議があったときは、<u>区分所有者集会を招集した者</u>は、遅滞なく、<u>取壊し決議に賛成しなかった区分所有者</u>（その承継人を含む。）に対し、<u>取壊し決議の内容により取壊しに参加するか否かを回答すべき旨を書面で催告</u>しなければならない。

2 　前項に規定する区分所有者は、同項の規定による催告を受けた日から2月以内に回答しなければならない。

3 　前項の期間内に回答しなかった第1項に規定する区分所有者は、<u>取壊しに参加しない旨を回答したものとみなす。</u>

4 　第2項の期間が経過したときは、<u>取壊し決議に賛成した各区分所有者</u>若しくは<u>取壊し決議の内容により取壊しに参加する旨を回答した各区分所有者</u>（これ

らの者の承継人を含む。)又はこれらの者の全員の合意により区分所有権及び敷地利用権を買い受けることができる者として指定された者(以下「買受指定者」という。)は、同項の期間の満了の日から２月以内に、<u>取壊しに</u>参加しない旨を回答した区分所有者(その承継人を含む。)に対し、区分所有権及び敷地利用権を時価で売り渡すべきことを請求することができる。<u>取壊し決議</u>があった後にこの区分所有者から敷地利用権のみを取得した者(その承継人を含む。)の敷地利用権についても、同様とする。

5 【準用しない】

6 <u>取壊し決議</u>の日から２年以内に<u>区分所有建物</u>の取壊しの工事に着手しない場合には、第４項の規定により区分所有権又は敷地利用権を売り渡した者は、この期間の満了の日から６月以内に、買主が支払った代金に相当する金銭をその区分所有権又は敷地利用権を現在有する者に提供して、これらの権利を売り渡すべきことを請求することができる。ただし、<u>区分所有建物</u>の取壊しの工事に着手しなかったことにつき正当な理由があるときは、この限りでない。

7 前項本文の規定は、同項ただし書に規定する場合において、<u>区分所有建物</u>の取壊しの工事の着手を妨げる理由がなくなった日から６月以内にその着手をしないときに準用する。この場合において、同項本文中「この期間の満了の日から６月以内に」とあるのは、「<u>区分所有建物</u>の取壊しの工事の着手を妨げる理由がなくなったことを知った日から６月又はその理由がなくなった日から２年のいずれか早い時期までに」と読み替えるものとする。

(建替えに関する合意)

第64条 <u>取壊し決議</u>に賛成した各区分所有者、<u>取壊し決議</u>の内容により<u>取壊し</u>に参加する旨を回答した各区分所有者及び区分所有権又は敷地利用権を買い受けた各買受指定者(これらの者の承継人を含む。)は、<u>取壊し決議</u>の内容により<u>取壊し</u>を行う旨の合意をしたものとみなす。

(建物の一部が滅失した場合の復旧等に関する特例)

第12条[1] 第２条の政令で定める災害により区分所有建物の一部が滅失した場合についての区分所有法第61条第12項の規定の適用[2]については、同項中「建物の一部が滅失した日から６月以内に」とあるのは「その滅失に係る災害を定める被災区分所有建物の再建等に関する特別措置法(平成

7年法律第43号）第2条の政令の施行の日から起算して1年以内に」と、「又は第70条第1項」とあるのは「若しくは第70条第1項又は同法第9条第1項、第10条第1項、第11条第1項若しくは第18条第1項」とする。[3]

〔1〕 **本条の趣旨**

　区分所有法1983年改正法61条8項（現12項）は、大規模一部滅失の日から6カ月以内に復旧の決議または建替えの決議がないときは各区分所有者が他の区分所有者に建物およびその敷地に関する自己の権利の買取りを請求することができる旨を定める。本法（2013年改正法）の旧規定（5条）は、政令で定める震災等の大災害によって区分所有建物について大規模な一部滅失が生じた場合には、復旧または建替えの決議を短期間で行うことは困難であることが多いと考えられるため、この買取請求権を行使することができるようになる期間について、これを6カ月から伸長して政令の施行の日から起算して1年としていた。

　本法（2013年改正法）の成立によって、政令で定める災害により区分所有建物の一部が滅失（大規模滅失）した場合においては、区分所有法による復旧（61条）または建替え（62条、70条）のほか、本法による建物敷地売却（9条）、建物取壊し敷地売却（10条）、取壊し（11条）、一括建替え等決議（18条）の各決議が認められるようになった。そこで、2013年改正法では、本条により旧規定（5条）と同じく政令の施行の日から起算して1年以内としつつ、これらの各決議がいずれもなされないときは、各区分所有者は他の区分所有者に対し買取請求権を行使することができるとした。

　なお、取壊し決議（11条）に基づき建物が取り壊されているときには、政令の施行の日から起算して3年を経過する日までの間は、当該敷地の分割が禁止され（6条）、再建決議（4条）または敷地売却決議（5条）が可能であるが、その期間経過後においては、これらの決議を行うことはできず（もっとも全員の合意があるときには可能である）、当該敷地についての共有物分割請求（民法256条）のみが可能となる。

〔2〕 **区分所有法61条12項の買取請求権**

　区分所有法61条12項の買取請求権は、同条5項に定める復旧の決議も62条に定める建替えの決議もなされないまま月日が経過していく場合に、①各区分所有者にそのような状態から離脱する機会を与えること、②結果として復旧または建替

えの決議に必要な議決権の多数を区分所有者の一部の者に帰属せしめることを目的としている。しかし、この請求権は積極的に復旧・建替えへの参加の意思を有する区分所有者から行使する「売渡請求権」ではなく、消極的に離脱を望む区分所有者が行使する買取請求権であるため、その行使の仕方如何によっては混乱が生じ、復旧・建替え自体を困難にするおそれもあるため、権利行使の始期を一部滅失から6カ月が経過した日とした。特定の区分所有建物について個別的に生ずる一部滅失事故においては、この程度の期間を置くことにより復旧または建替えの決議についておおよその見通しが立つものと考えられるからである。

本条でこの始期を繰り下げたのは、前述のように、政令で定める災害においては、その全般的状況から、復旧もしくは建替えの決議、または本法による各決議についての見通しを立てる上でさまざまな障害が存在するものと考えられるからである。

〔3〕 **始期の変更**

区分所有法61条12項の規定中、「建物の一部が滅失した日から6月以内」を、本法が適用される災害を定める「政令の施行の日から起算して1年以内」と読み替える。したがって、買取請求権行使の始期は、一部滅失の日から6カ月が経過する日の翌日ではなく、当該政令の施行の日から1年が経過する日の翌日となる。

本条により、区分所有法61条12項の規定は、次のように読み替えられる。準用に当たっては字句の読替えがなされている。準用される規定を、字句の読替えを施して、以下に掲げる。下線の部分は準用読替部分、二重下線は読替規定による読替部分、【　】は一つの条のうち準用されない部分を示す。

（建物の一部が滅失した場合の復旧等）
第61条 建物の価格の2分の1以下に相当する部分が滅失したときは、各区分所有者は、滅失した共用部分及び自己の専有部分を復旧することができる。ただし、共用部分については、復旧の工事に着手するまでに第3項、次条第1項又は第70条第1項の決議があったときは、この限りでない。
2 【準用しない】
3 【準用しない】
4 【準用しない】
5 第1項本文に規定する場合を除いて、建物の一部が滅失したときは、集会に

おいて、区分所有者及び議決権の各4分の3以上の多数で、滅失した共用部分を復旧する旨の決議をすることができる。
6 【準用しない】
7 【準用しない】
8 【準用しない】
9 【準用しない】
10 【準用しない】
11 【準用しない】
12 第5項に規定する場合において、<u>その滅失に係る災害を定める被災区分所有建物の再建等に関する特別措置法（平成7年法律第43号）第2条の政令の施行の日から起算して1年以内に</u>同項、次条第1項<u>若しくは第70条第1項又は同法第9条第1項、第10条第1項、第11条第1項若しくは第18条第1項</u>の決議がないときは、各区分所有者は、他の区分所有者に対し、<u>区分所有建物</u>及びその敷地に関する権利を時価で買い取るべきことを請求することができる。
13 【準用しない】

第4章　団地内の建物が滅失した場合における措置

（団地建物所有者等集会等）
第13条[1]　一団地内にある数棟の建物（以下「団地内建物」という。）の全部又は一部が区分所有建物であり、かつ、その団地内の土地（これに関する権利を含む。）が当該団地内建物の所有者（区分所有建物にあっては、区分所有者。以下この条において同じ。）の共有に属する場合において、第2条の政令で定める災害によりその団地内の全部又は一部の建物が滅失したとき（区分所有建物にあっては、その全部が滅失したとき、又はその一部が滅失した場合において取壊し決議若しくは区分所有者全員の同意に基づき取り壊されたとき。第18条第1項において同じ。）は、当該団地内建物の所有者、敷地共有者等及び区分所有建物以外の建物であってその災害により滅失したものの所有に係る建物の敷地に関する権利を有する者（以下「団地建物所有者等」という。）は、その政令の施行の日から起算して3年を経過する日までの間は、この法律の定めるところにより、集会を開き、及び管理者を置くことができる。[2]

〔1〕　**本条の趣旨**
　区分所有法65条は、「一団地内に数棟の建物があって、その団地内の土地又は附属施設（これらに関する権利を含む。）がそれらの建物の所有者（専有部分のある建物にあっては、区分所有者）の共有に属する場合には、それらの所有者（以下、「団地建物所有者」という。）は、全員で、その団地内の土地、附属施設及び専有部分のある建物の管理を行うための団体を構成し、この法律の定めるところにより、集会を開き、規約を定め、及び管理者を置くことができる」と定めるが、同条では、共有する土地等を管理するための団体（「団地建物所有者の団体」）は、建物の所有者（「団地建物所有者」）のみで構成され、その者の所有に係る建物が滅失（全部滅失）して、その者が「団地建物所有者」でなくなったときには、その者は、当該土地等の共有者ではあるが、「団地建物所有者の団体」の構成員ではなくなる（このような場合に、「団地建物所有者の団体」は消滅するのか、それとも存続している建物の所有者のみによって「団地建物所有者の団体」がなお存続するのかについて

は、鎌野・改正被災64以下参照〔後者であると解する〕)。

　これに対して、本章(「団地内の建物が滅失した場合における措置」)では、本条により、政令で定める災害によって団地内の建物が全部滅失した場合でも、当該建物の所有者であった者で現在は敷地の共有者等である者をも「団地建物所有者等集会」の構成員として同集会を開催して、一定の期間は、14条以下の再建承認決議(15条)、建替え承認決議(16条)、建替え再建承認決議(17条)、一括建替え等決議(18条)の各決議を行うことができるとした。各棟の再建決議については本法4条に基づいて、各棟の建替え決議については区分所有法62条1項に基づいてなされる。

〔2〕　**団地建物所有者等集会**
(1)　団地内の建物が全部滅失した場合

　本条で規定する団地建物所有者等集会を開くことができる場合は、例えば次のような場合である。一団地内にA、B、Cの3棟の区分所有建物があり、その敷地全部をそれら3棟の区分所有者全員が共有しているが、政令で定める災害によって各棟が被害を受け、A棟は全部滅失、B棟は一部大規模滅失(区分所有法61条5項)、C棟は一部小規模滅失(区分所有法61条1項)であった場面(以下、「前掲場面」という)である。

　災害が政令で定める大規模災害である場合に各棟の区分所有者が多数決議によって選択できる復興の方法は、A棟については本法による「再建」(4条)および「敷地売却」(5条)であり、B棟については区分所有法による復旧(61条5項)および建替え(62条)に加え、本法による「建物敷地売却」(9条)、「建物取壊し敷地売却」(10条)および「取壊し」(11条、取壊し後においては、A棟についての上記2つの措置)であり、C棟については区分所有法による復旧(61条1項)および建替え(62条)である。

　前掲場面で、B棟やC棟が復旧するについては団地内の他の敷地共有者の権利に影響を及ぼさないが(なお、復旧については、各棟の集会の多数決議のみによる〔区分所有法66条による団地への準用はない〕)、A棟の再建、B棟およびC棟の建替え、およびB棟の取壊し後の再建については、A棟、B棟、C棟の建物所有者の共有に係る敷地についての変更を生じさせることがあり、そのような場合には、他の敷地共有者の権利に影響を及ぼす。そこで、A棟の再建についての承認のための決議(15条)、B棟ないしC棟の建替えについての承認のための決議(16条)、

被災区分所有建物再建等特別措置法

上の各棟の建替えないし再建についての承認のための決議（17条）、A棟、B棟、C棟を一括して建替えまたは再建する旨の決議（18条）をするために、本条で規定する団地建物所有者等集会を開くことができるものとした。

(2) 団地建物所有者等集会の開催のための要件

本条は、前掲場面でのA棟の再建だけではなくB棟やC棟の建替えおよびB棟の取壊し後の再建をも視野に入れ、A棟の全部滅失の後も、被災前の「団地建物所有者の団体」（区分所有法65条）の集会に準じて、A棟の区分所有者であった者を含む「団地建物所有者等集会」の開催を可能とした。

同規定に即して、前掲場面について見ていくと、一団地内にあるA、B、Cの3棟の建物（「団地内建物」）があり、その全部または一部が区分所有建物であり（たとえばC棟は戸建ての建物であってもよい）、かつ、その団地内の土地（これに関する権利を含む。したがって、敷地についての権利は賃借権等でもよい）が当該団地内建物の所有者（区分所有建物にあっては区分所有者）の共有に属する場合において、政令で定める災害によりその団地内の全部または一部の建物が滅失したとき（区分所有建物にあっては、その全部が滅失したとき、またはその一部が滅失した場合において取壊し決議もしくは区分所有者全員の同意に基づき取り壊されたとき。したがって、A、B、Cのすべての棟が全部滅失した場合や、A棟は大規模一部滅失であったが、取壊し決議の結果、全部滅失に至った場合でもよい）は、当該団地内建物の所有者（B棟、C棟の区分所有者）、敷地共有者等（A棟の滅失前の区分所有者）および区分所有建物以外の建物（たとえばC棟は戸建ての建物であるとき）であってその災害により滅失したものの所有に係る建物の敷地に関する権利を有する者（以下「団地建物所有者等」という）は、その政令の施行の日から起算して3年を経過する日までの間は、この法律の定めるところにより、集会を開き、および管理者を置くことができる。

(3) 団地建物所有者等集会の議事

本条が定める集会での決議の対象は、敷地の管理に関する事項のうち本法に定める事項であり、集会の議事（管理者の選任〔本法14条による区分所有法25条1項の読替えをしたうえでの準用〕等）は、本法に別段の定めがない限り議決権（「団地建物所有者等」が共有する当該敷地の持分の割合）の過半数で決する（本法14条による区分所有法38条および39条1項の読替えをした上での準用）。本法の別段の定めは、再建承認決議（15条）、建替え承認決議（16条）、建替え再建承認決議（17条）お

よび一括建替え決議（18条）に関する定めである。本規定が設けられたのは、これらの各決議を行うためには構成員を確定して集会を開催する必要があり、また、その決議を実行する者（管理者）が必要とされることによる。

集会の議事は、政令施行から3年を経過するまでの間における上記4つの集会決議と、その集会に関する事項と集会決議を実行する管理者に関する事項に限定される（14条参照）。したがって、ここでの団地建物所有者等集会では、これら以外の事項を会議の目的（議事）とすることはできないものと解され、また、規約の設定等を行うこともできない。したがって、政令で定める災害の後に、たとえば旧A棟の所在していた敷地部分を、A棟の区分所有者であった者等の仮施設を設置するために使用したり、第三者が使用する駐車場や公的機関による仮設住宅建築のために賃貸する場合は、本法の規律するところではないと解される（この点に関しては、鎌野・改正被災64以下）。政令で定める災害を含む災害によって団地内建物の全部または一部が全部滅失した場合に、本法の適用される期間中およびその後において、その敷地の管理全般につきどのような規律が設けられるべきかについては、本法と区分所有法の調整（災害前の規約や管理者の効力・権限等に関する調整）を含む区分所有法制全般に関する今後の課題となろう（たとえば、上で掲げた旧A棟の所在していた敷地部分をA棟の区分所有者であった者の仮施設を設置するために使用する場合等については、本条による集会の議事とするなどの立法措置が必要とされよう）。

(4) 団地内の敷地の一部の売却があった場合

前掲場面において、政令で定める災害の後に、A棟について敷地売却（5条）がなされる場合、またはB棟について建物敷地売却（9条）もしくは建物取壊し敷地売却（10条）がなされる場合には、その売却の相手方（以下、Dとする）が団地の共有敷地の共有者となる。以下では、A棟について敷地売却がなされ、敷地の共有者にB棟、C棟の区分所有者およびDがなる場合（以下、「aの場合」という）と、B棟について建物敷地売却がなされ、敷地の共有者にA棟の区分所有者であった者、C棟の区分所有者およびDがなる場合（以下、「bの場合」という）について考えてみよう。上記の各売却決議（5条、9条、10条）およびB棟の取壊し決議（11条）については、敷地を共有する他の者の権利に対し特別の影響を及ぼすことはないので、その承認ないし同意を得る必要はない。ただ、aの場合において、後にDが再建をしたりB、Cが建替えをするとき、また、bの場合に

おいて、後にD、Cが建替えをしたりAが再建をするときは、本法第4章の各規定の定めに従い団地建物所有者等集会（13条）での各承認決議を必要とする。

(5) 敷地の分割（今後の立法的課題）

前掲場面において、B棟、C棟の区分所有者は、区分所有法22条1項の規定によって敷地に対する共有持分の分割を請求（民法256条1項）することはできない。また、A棟に係る敷地共有者も、改正前被災マンション法4条を引き継いだ本改正法6条1項によって一定期間、敷地に対する共有持分の分割請求をすることはできない。

しかし、実際には、aの場合に、DとしてはA棟が所在した敷地部分について敷地購入後は当該団地の管理から解放されて活用したいと考えることも少なくないと思われ、また、bの場合にも、建物敷地売却後にDとしては同建物の処遇や同建物が所在していた敷地部分の活用について同様に考えることも少なくないと思われる（Dによる再建や建替えが団地建物所有者等集会〔13条〕で承認されるとは限らない）。Dにとっての自由な活用を保障することは、AまたはBからの売却を容易すると思われる。

aやbの場合に限らず、当該団地において災害前と同質の状態に復帰する形での復興を図ろうとする場合には従前の団地を単位とした管理に服させること（本改正法の立場）は妥当であろうが、従来の団地とは異質の方向での復興を図ろうとする場合には、従前の団地の管理からDが離脱する方が妥当であろう。今後は、従前の団地側（aの場合のB棟、C棟の敷地共有者、bの場合のA棟、C棟の敷地共有者）の利益をも考慮しつつ、後者の場合における敷地分割の方法を立法上検討する必要であると思われる（鎌野・改正被災68以下）。

（団地建物所有者等が置く管理者及び団地建物所有者等集会に関する区分所有法の準用等[1]）

第14条 団地建物所有者等が置く管理者及び団地建物所有者等が開く集会（以下「団地建物所有者等集会」という。）については区分所有法第1章第4節（第26条第5項、第27条及び第29条第1項ただし書を除く。）及び第5節（第30条から第33条まで、第34条第2項、第3項ただし書及び第5項ただし書、第35条第1項ただし書及び第4項、第37条第2項、第42条第5項、第43条並びに第45条第4項を除く。）の規定を、議事録並

びにこの項において準用する区分所有法第45条第1項及び第2項に規定する書面又は電磁的方法による決議に係る書面並びに同条第1項の電磁的方法による決議及び同条第2項の電磁的方法による合意が行われる場合に当該電磁的方法により作られる電磁的記録の保管及び閲覧については区分所有法第33条第1項及び第2項の規定を、それぞれ準用する。この場合において、これらの規定（区分所有法第25条第1項、第33条第1項ただし書、第34条第3項本文及び第5項本文、第35条第3項並びに第39条第1項を除く。）中「区分所有者」とあり、及び区分所有法第33条第1項ただし書中「建物を使用している区分所有者」とあるのは「団地建物所有者等」と、区分所有法第25条第1項中「区分所有者」とあるのは「団地建物所有者等（被災区分所有建物の再建等に関する特別措置法（以下「特別措置法」という。）第13条に規定する団地建物所有者等をいう。以下同じ。）」と、「規約に別段の定めがない限り集会」とあるのは「団地建物所有者等集会（特別措置法第14条第1項に規定する団地建物所有者等集会をいう。以下同じ。）」と、区分所有法第26条第1項中「共用部分並びに第21条に規定する場合における当該建物の敷地及び附属施設（次項及び第47条第6項において「共用部分等」という。）」とあり、同条第2項中「第18条第4項（第21条において準用する場合を含む。）の規定による損害保険契約に基づく保険金額並びに共用部分等」とあり、及び区分所有法第46条第2項中「建物又はその敷地若しくは附属施設」とあるのは「特別措置法第13条に規定する場合における当該土地」と、区分所有法第26条第1項中「集会の決議を実行し、並びに規約で定めた行為をする」とあるのは「及び団地建物所有者等集会の決議を実行する」と、同条第4項並びに区分所有法第33条第1項ただし書、第39条第3項及び第46条第2項中「規約又は集会」とあり、並びに同条第1項中「規約及び集会」とあるのは「団地建物所有者等集会」と、区分所有法第28条中「この法律及び規約」とあり、並びに区分所有法第39条第1項及び第45条第1項から第3項までの規定中「この法律又は規約」とあるのは「特別措置法」と、区分所有法第29条第1項本文中「第14条に定める」とあり、及び区分所有法第38条中「規約に別段の定めがない限り、第14条に定める」とあるのは「特別措置法第13条に規定する場合における当該土地（これに関す

る権利を含む。）の持分の」と、区分所有法第34条第3項本文及び第5項本文中「区分所有者の5分の1以上で議決権の5分の1以上を有するもの」とあるのは「議決権の5分の1以上を有する団地建物所有者等」と、区分所有法第35条第2項及び第40条中「専有部分が数人の共有に属するとき」とあるのは「建物若しくは専有部分が数人の共有に属するとき又は一の建物であって特別措置法第2条の政令で定める災害により滅失したものの所有に係る建物の敷地に関する権利若しくは一の専有部分を所有するための敷地利用権に係る同条に規定する敷地共有持分等を数人で有するとき」と、区分所有法第35条第3項中「区分所有者が」とあるのは「団地建物所有者等が」と、「その場所に、これを通知しなかったときは区分所有者の所有する専有部分が所在する場所」とあるのは「その場所」と、同条第5項中「第17条第1項、第31条第1項、第61条第5項、第62条第1項、第68条第1項又は第69条第7項」とあるのは「特別措置法第15条第1項、第16条第1項、第17条第1項又は第18条第1項」と、区分所有法第37条第3項中「前2項」とあるのは「第1項」と、区分所有法第39条第1項中「区分所有者及び議決権の各過半数」とあるのは「議決権の過半数」と、区分所有法第41条中「規約に別段の定めがある場合及び別段」とあるのは「別段」と、区分所有法第44条第2項中「建物内」とあるのは「団地内」と、区分所有法第46条第2項中「占有者」とあるのは「建物又は専有部分を占有する者で団地建物所有者等でないもの」と読み替えるものとする。

2　団地建物所有者等集会を招集する者が団地建物所有者等（前項において準用する区分所有法第35条第3項の規定により通知を受けるべき場所を通知したものを除く。）の所在を知ることができないときは、同条第1項の通知は、団地内の見やすい場所に掲示してすることができる。

3　前項の場合には、当該通知は、同項の規定による掲示をした時に到達したものとみなす。ただし、団地建物所有者等集会を招集する者が当該団地建物所有者等の所在を知らないことについて過失があったときは、到達の効力を生じない。

〔1〕 本条の趣旨

本条は、団地建物所有者等が置く管理者および団地建物所有者等集会について区分所有法の関連規定が読替えの上で準用されること（1項）、ならびに、団地建物所有者等集会の招集に当たり団地建物所有者等の所在を知ることができない場合の通知の方法（2項）およびその通知の到達について定める（3項）。

〔2〕 読替え後の規定

本条によって、区分所有法の規定が団地建物所有者等が置く管理者および団地建物所有者等集会に準用され、かつ準用に当たって字句の読替えがなされている。準用される規定を、字句の読替えを施して、以下に掲げる。下線の部分は準用読替部分、二重下線は読替規定による読替部分、【　】は一つの条のうち準用されない部分を示す。

(1) 団地建物所有者等が置く管理者については、以下のとおりである。

（選任及び解任）

第25条　団地建物所有者等（被災区分所有建物の再建等に関する特別措置法（以下「特別措置法」という。）第13条に規定する団地建物所有者等をいう。以下同じ。）は、団地建物所有者等集会（特別措置法第14条第1項に規定する団地建物所有者等集会をいう。以下同じ。）の決議によって、管理者を選任し、又は解任することができる。

2　管理者に不正な行為その他その職務を行うに適しない事情があるときは、各団地建物所有者等は、その解任を裁判所に請求することができる。

（権限）

第26条　管理者は、特別措置法第13条に規定する場合における当該土地を保存し、及び団地建物所有者等集会の決議を実行する権利を有し、義務を負う。

2　管理者は、その職務に関し、団地建物所有者等を代理する。特別措置法第13条に規定する場合における当該土地について生じた損害賠償金及び不当利得による返還金の請求及び受領についても、同様とする。

3　管理者の代理権に加えた制限は、善意の第三者に対抗することができない。

4　管理者は、団地建物所有者等集会の決議により、その職務（第2項後段に規定する事項を含む。）に関し、団地建物所有者等のために、原告又は被告となることができる。

5　【準用しない】

（委任の規定の準用）

第28条 特別措置法に定めるもののほか、管理者の権利義務は、委任に関する規定に従う。

（区分所有者の責任等）

第29条 管理者がその職務の範囲内において第三者との間にした行為につき団地建物所有者等がその責めに任ずべき割合は、特別措置法第13条に規定する場合における当該土地（これに関する権利を含む。）の持分の割合と同一の割合とする。【本項ただし書は準用しない】

2　前項の行為により第三者が団地建物所有者等に対して有する債権は、その特定承継人に対しても行うことができる。

(2)　団地建物所有者等が開く集会（以下「団地建物所有者等集会」という）については、以下のとおりである。

（規約の保管及び閲覧）

第33条 議事録等は、管理者が保管しなければならない。ただし、管理者がないときは、団地建物所有者等又はその代理人で団地建物所有者等集会の決議で定めるものが保管しなければならない。

2　前項の規定により議事録等を保管する者は、利害関係人の請求があったときは、正当な理由がある場合を除いて、議事録等の閲覧（議事録等が電磁的記録で作成されているときは、当該電磁的記録に記録された情報の内容を法務省令で定める方法により表示したものの当該議事録等の保管場所における閲覧）を拒んではならない。

3　【準用しない】

（集会の招集）

第34条 団地建物所有者等集会は、管理者が招集する。

2　【準用しない】

3　議決権の５分の１以上を有する団地建物所有者等は、管理者に対し、会議の目的たる事項を示して、団地建物所有者等集会の招集を請求することができる。【本項ただし書は準用しない】

4　前項の規定による請求がされた場合において、２週間以内にその請求の日から４週間以内の日を会日とする団地建物所有者等集会の招集の通知が発せられ

なかったときは、その請求をした団地建物所有者等は、団地建物所有者等集会を招集することができる。

5　管理者がないときは、議決権の5分の1以上を有する団地建物所有者等は、団地建物所有者等集会を招集することができる。【本項ただし書は準用しない】

(招集の通知)

第35条　団地建物所有者等集会の招集の通知は、会日より少なくとも1週間前に、会議の目的たる事項を示して、各団地建物所有者等に発しなければならない。【本項ただし書は準用しない】

2　建物若しくは専有部分が数人の共有に属するとき又は一の建物であって特別措置法第2条の政令で定める災害により滅失したものの所有に係る建物の敷地に関する権利若しくは一の専有部分を所有するための敷地利用権に係る同条に規定する敷地共有持分等を数人で有するときは、前項の通知は、第40条の規定により定められた議決権を行使すべき者（その者がないときは、共有者の1人）にすれば足りる。

3　第1項の通知は、団地建物所有者等が管理者に対して通知を受けるべき場所を通知したときはその場所にあててすれば足りる。この場合には、同項の通知は、通常それが達達すべき時に到達したものとみなす。

4　【準用しない】

5　第1項の通知をする場合において、会議の目的たる事項が特別措置法第15条第1項、第16条第1項、第17条第1項又は第18条第1項に規定する決議事項であるときは、その議案の要領をも通知しなければならない。

(招集手続の省略)

第36条　団地建物所有者等集会は、団地建物所有者等全員の同意があるときは、招集の手続を経ないで開くことができる。

(決議事項の制限)

第37条　団地建物所有者等集会においては、第35条の規定によりあらかじめ通知した事項についてのみ、決議をすることができる。

2　【準用しない】

3　第1項の規定は、前条の規定による団地建物所有者等集会には適用しない。

(議決権)

第38条 各団地建物所有者等の議決権は、特別措置法第13条に規定する場合における当該土地（これに関する権利を含む。）の持分の割合による。

(議事)

第39条 団地建物所有者等集会の議事は、特別措置法に別段の定めがない限り、議決権の過半数で決する。

2 議決権は、書面で、又は代理人によって行使することができる。

3 団地建物所有者等は、団地建物所有者等集会の決議により、前項の規定による書面による議決権の行使に代えて、電磁的方法（電子情報処理組織を使用する方法その他の情報通信の技術を利用する方法であって法務省令で定めるものをいう。以下同じ。）によって議決権を行使することができる。

(議決権行使者の指定)

第40条 建物若しくは専有部分が数人の共有に属するとき又は一の建物であって特別措置法第2条の政令で定める災害により滅失したものの所有に係る建物の敷地に関する権利若しくは一の専有部分を所有するための敷地利用権に係る同条に規定する敷地共有持分等を数人で有するときは、共有者は、議決権を行使すべき者1人を定めなければならない。

(議長)

第41条 団地建物所有者等集会においては、別段の決議をした場合を除いて、管理者又は団地建物所有者等集会を招集した団地建物所有者等の1人が議長となる。

(議事録)

第42条 団地建物所有者等集会の議事については、議長は、書面又は電磁的記録により、議事録を作成しなければならない。

2 議事録には、議事の経過の要領及びその結果を記載し、又は記録しなければならない。

3 前項の場合において、議事録が書面で作成されているときは、議長及び団地建物所有者等集会に出席した団地建物所有者等の2人がこれに署名押印しなければならない。

4 第2項の場合において、議事録が電磁的記録で作成されているときは、当該電磁的記録に記録された情報については、議長及び団地建物所有者等集会に出

席した団地建物所有者等の2人が行う法務省令で定める署名押印に代わる措置を執らなければならない。
5 【準用しない】
（占有者の意見陳述権）
第44条 団地建物所有者等の承諾を得て専有部分を占有する者は、会議の目的たる事項につき利害関係を有する場合には、団地建物所有者等集会に出席して意見を述べることができる。
2 前項に規定する場合には、団地建物所有者等集会を招集する者は、第35条の規定により招集の通知を発した後遅滞なく、団地建物所有者等集会の日時、場所及び会議の目的たる事項を団地内の見やすい場所に掲示しなければならない。
（規約及び集会の決議の効力）
第46条 団地建物所有者等集会の決議は、団地建物所有者等の特定承継人に対しても、その効力を生ずる。
2 建物又は専有部分を占有する者で団地建物所有者等でないものは、特別措置法第13条に規定する場合における当該土地の使用方法につき、団地建物所有者等が団地建物所有者等集会の決議に基づいて負う義務と同一の義務を負う。

(3) 議事録並びに本条第1項において準用する区分所有法第45条第1項〈区分所有者全員の承諾による書面または電磁的方法による決議〉および第2項〈区分所有者全員の書面または電磁的方法による合意による書面または電磁的方法による決議〉に規定する書面または電磁的方法による決議に係る書面ならびに同条第1項の電磁的方法による決議および同条第2項の電磁的方法による合意が行われる場合に当該電磁的方法により作られる電磁的記録の保管および閲覧については、以下のとおりである。

（書面又は電磁的方法による決議）
第45条 特別措置法により団地建物所有者等集会において決議をすべき場合において、団地建物所有者等全員の承諾があるときは、書面又は電磁的方法による決議をすることができる。ただし、電磁的方法による決議に係る団地建物所有者等の承諾については、法務省令で定めるところによらなければならない。
2 特別措置法により団地建物所有者等集会において決議すべきものとされた事項については、団地建物所有者等全員の書面又は電磁的方法による合意があっ

たときは、書面又は電磁的方法による決議があったものとみなす。
 3 <u>特別措置法</u>により<u>団地建物所有者等集会</u>において決議すべきものとされた事項についての書面又は電磁的方法による決議は、<u>団地建物所有者等集会の決議</u>と同一の効力を有する。
 4 【準用しない】
 5 <u>団地建物所有者等集会</u>に関する規定は、書面又は電磁的方法による決議について準用する。

〔3〕 団地建物所有者等の所在が不明な場合
　本項は、団地建物所有者等集会の招集に当たり団地建物所有者等の所在を知ることができない場合について、敷地共有者等集会の場合に関する本法3条2項の規定と同趣旨のものである（3条の注釈〔3〕参照）。
〔4〕 掲示された通知の効力の発生時期
　前項に定める通知は、同項の規定による掲示をした時に到達したとみなされる。ただし、敷地共有者等集会を招集する者が当該敷地共有者等の所在を知らないことについて過失があったときは、到達の効力を生じない。本項も前項と同様、敷地共有者等集会の場合にならった規定である（3条の注釈〔4〕参照）。

（団地内の建物が滅失した場合における再建承認決議）
第15条　第13条に規定する場合において、滅失した建物（区分所有建物にあっては、その全部が滅失したもの又はその一部が滅失した場合において取壊し決議若しくは区分所有者全員の同意に基づき取り壊されたもの。以下同じ。）のうち特定の建物（以下「特定滅失建物」という。）が所在していた土地（これに関する権利を含む。）が当該団地内建物（その災害により滅失したものを含む。以下同じ。）の団地建物所有者等の共有に属し、かつ、次の各号に掲げる区分に応じてそれぞれ当該各号に定める要件に該当する場合に当該土地（これに関する権利を含む。）の共有者である当該団地内建物の団地建物所有者等で構成される団地建物所有者等集会において議決権の4分の3以上の多数による承認の決議を得たときは、当該特定滅失建物の団地建物所有者等は、当該土地又はこれと一体として管理若しくは使用をする団地内の土地（当該団地内建物の団

地建物所有者等の共有に属するものに限る。）に新たに建物を建築することができる。

一　当該特定滅失建物が区分所有建物であった場合　その再建決議又はその敷地共有者等の全員の同意があること。

二　当該特定滅失建物が区分所有建物以外の建物であった場合　当該特定滅失建物の所有に係る建物の敷地に関する権利を有する者の同意があること。

2　前項の団地建物所有者等集会における各団地建物所有者等の議決権は、前条第1項において準用する区分所有法第38条の規定にかかわらず、当該特定滅失建物が所在していた土地（これに関する権利を含む。）の持分の割合によるものとする。

3　第1項各号に定める要件に該当する場合における当該特定滅失建物の団地建物所有者等は、同項の規定による決議（以下「再建承認決議」という。）においては、いずれもこれに賛成する旨の議決権を行使したものとみなす。ただし、同項第1号に掲げる場合において、当該特定滅失建物に係る敷地共有者等が団地内建物のうち当該特定滅失建物以外の建物の敷地利用権又は敷地共有持分等に基づいて有する議決権の行使については、この限りでない。

4　第1項の団地建物所有者等集会を招集するときは、前条第1項において準用する区分所有法第35条第1項本文の通知は、同項の規定にかかわらず、当該団地建物所有者等集会の会日より少なくとも2月前に、同条第5項に規定する議案の要領のほか、新たに建築する建物の設計の概要（当該建物の当該団地内における位置を含む。）をも示して発しなければならない。

5　第1項の場合において、再建承認決議に係る再建が当該特定滅失建物以外の建物（滅失した建物を含む。以下この項において「当該他の建物」という。）の建替え又は再建に特別の影響を及ぼすべきときは、次の各号に掲げる区分に応じてそれぞれ当該各号に定める者が当該再建承認決議に賛成しているときに限り、当該特定滅失建物の再建をすることができる。

一　当該他の建物が区分所有建物である場合　第1項の団地建物所有者

等集会において当該他の建物の区分所有者全員の議決権の4分の3以上の議決権を有する区分所有者
二　当該他の建物が滅失した建物であって滅失した当時において区分所有建物であった場合　第1項の団地建物所有者等集会において当該他の建物に係る敷地共有者等全員の議決権の4分の3以上の議決権を有する敷地共有者等
三　当該他の建物が区分所有建物以外の建物である場合　当該他の建物の所有者
四　当該他の建物が滅失した建物であって滅失した当時において区分所有建物以外の建物であった場合　当該他の建物の所有に係る建物の敷地に関する権利を有する者
6　第1項の場合において、当該特定滅失建物が二以上あるときは、当該二以上の特定滅失建物の団地建物所有者等は、各特定滅失建物の団地建物所有者等の合意により、当該二以上の特定滅失建物の再建について一括して再建承認決議に付することができる。[7]
7　前項の場合において、当該特定滅失建物が区分所有建物であったときは、当該特定滅失建物の再建を会議の目的とする敷地共有者等集会において、当該特定滅失建物に係る敷地共有者等の議決権の5分の4以上の多数で、当該二以上の特定滅失建物の再建について一括して再建承認決議に付する旨の決議をすることができる。この場合において、その決議があったときは、当該特定滅失建物の団地建物所有者等（敷地共有者等に限る。）の同項に規定する合意があったものとみなす。[8]

〔1〕　**本条の趣旨**

　政令で定める災害によりその団地内の全部または一部の建物が滅失したとき（区分所有建物にあっては、その全部が滅失したとき、またはその一部が滅失した場合において取壊し決議もしくは区分所有者全員の同意に基づき取り壊されたとき）は、団地建物所有者等は、その政令の施行の日から起算して3年を経過する日までの間は、団地建物所有者等集会（13条、14条）において、再建承認決議（15条）、建替え承認決議（16条）、建替え再建承認決議（17条）、一括建替え等決議（18条）をすることができる。本条は、このうち、再建承認決議について定めたものである。

同決議の前提となる、滅失した当該建物の再建決議は、4条に基づいてなされる。

　たとえば、13条の注釈〔1〕(1)での例示の場面（「前掲場面」）において、団地内のA棟について再建決議が成立した場合またはB棟の取壊し後に再建決議が成立した場合（4条）には、団地建物所有者等集会（13条）において議決権（団地建物所有者等が共有する当該土地の持分の割合）の4分の3以上の多数による承認を得たときは、A棟またはB棟は、本条1項により、団地内の土地に新たに建物を建築することができる。再建建物は、必ずしもA棟またはB棟が所在していた敷地部分に建築される必要はない（ただし、事実上、その所在していた敷地部分と大きく異なる場所に建築される場合には、承認が得られない可能性がある）。

　本条の規定は、団地内の建物の建替え承認決議について定める区分所有法69条の規定に準じた定められたものである。

〔2〕　**再建承認決議**

　本条で定める再建承認決議が成立するためには、次の(ｱ)および(ｲ)の前提が必要である。

　(ｱ)　政令で定める災害によって滅失した建物（区分所有建物にあっては、その全部が滅失したもの、またはその一部が滅失した場合において取壊し決議もしくは区分所有者全員の同意に基づき取り壊されたもの）のうち特定の建物（「特定滅失建物」）が所在していた土地（これに関する権利を含む）が当該団地内建物（その災害により滅失したものを含む）の団地建物所有者等の共有に属していること。

　(ｲ)　当該特定滅失建物が区分所有建物であった場合には、その再建決議（4条）またはその敷地共有者等の全員の同意があること（本項1号）。当該特定滅失建物が区分所有建物以外の建物（いわゆる戸建ての建物）であった場合には、当該特定滅失建物の所有に係る建物の敷地に関する権利を有する者の同意があること（同項2号）。

　(ｱ)および(ｲ)の前提の下で、当該土地（これに関する権利を含む）の共有者である当該団地内建物の団地建物所有者等で構成される団地建物所有者等集会（13条に定める集会）において議決権の4分の3以上の多数による承認の決議を得たときは、当該特定滅失建物の団地建物所有者等は、当該土地またはこれと一体として管理もしくは使用をする団地内の土地（当該団地内建物の団地建物所有者等の共有に属するものに限る）に新たに建物を建築することができる。

〔3〕　再建承認決議における議決権

　本条1項で定める再建承認決議を会議の目的とする団地建物所有者等集会における各団地建物所有者等の議決権は、区分所有法38条の規定にかかわらず、当該特定滅失建物が所在していた土地（これに関する賃借権等の権利を含む）の持分の割合による。ここでは、敷地を共有等する者が当該敷地の管理（変更）に関する事項として当該特定滅失建物の再建を承認するか否かが議案とされるため、共有（または準共有）する敷地の持分の割合を基準とすべきであるからである。これに対して、区分所有法38条は、区分所有建物が存在していることを前提として、当該区分所有建物およびその敷地の管理に関する議事における議決権についての規定である。そこでの議決権は、規約に別段の定めがない限り、同法14条に定める共用部分の持分の割合によるとし、同条は、規約に別段の定めがない限り、専有部分の床面積の割合によると定めている。

〔4〕　再建承認決議における議決権行使の制約

　団地内の特定滅失建物について前記〔2〕(イ)の要件を満たして再建決議が成立した場合には、当該特定滅失建物の団地建物所有者等は、団地建物所有者等集会での再建承認決議においては、いずれもこれに賛成する旨の議決権を行使したものとみなす。特定滅失建物について再建決議が成立した以上は、同決議に当たり再建に賛成しなかった者も、その再建決議に拘束されるから、団地建物所有者等集会での再建承認決議においては、承認する旨の議決権を行使したものとみなされるのである。ただし、当該特定滅失建物（A棟とする）に係る敷地共有者等が、団地内に当該特定滅失建物以外の建物（B棟とする）を所有している場合に、B棟の敷地利用権または敷地共有持分等に基づいて有する議決権の行使については、A棟の再建決議に拘束されることはないから、この限りでない。したがって、このような場合に、たとえばA棟の再建決議に反対した者は、団地建物所有者等集会での再建承認決議において、A棟の敷地利用権または敷地共有持分等に基づいて有する議決権の行使についてはこれに賛成する旨の議決権を行使したものとみなされるが、B棟の敷地利用権または敷地共有持分等に基づいて有する議決権の行使についてはこれに反対する旨の議決権を行使することは可能である。

〔5〕　再建承認決議を会議の目的とする団地建物所有者等集会の招集通知

　区分所有法第35条1項に定める集会の招集通知は、集会の会日（開催日）より少なくとも1週前に、会議の目的たる事項（議題）を示して発しなければならな

いが、本条に定める再建承認決議を会議の目的とする団地建物所有者等集会を招集するときは、当該団地建物所有者等集会の会日より少なくとも2カ月前に、議案の要領のほか、新たに建築する建物の設計の概要（当該建物の当該団地内における位置を含む）をも示して発しなければならない。

〔6〕 **再建が他の建物の建替えまたは再建に特別の影響を与える場合**

　たとえば、前記〔1〕の例において、再建承認決議に係るA棟の再建が、団地全体の容積率について再建前に割り振られていた割合を超えてなされる（いわゆる「容積率の先食い」）ときは、B棟の再建やC棟の建替えに影響を与えることになる。そこで、本項は、再建承認決議に係る再建が当該特定減失建物以外の建物（減失した建物を含む。「当該他の建物」という）の建替えまたは再建に特別の影響を及ぼすべきときは、本項の各号（次の①～④）に掲げる区分に応じてそれぞれ当該各号（①～④）に定める者が当該再建承認決議に賛成しているときに限り、当該特定減失建物の再建をすることができるとした。①と③は、建替えに特別の影響を及ぼすときであり、②と④は再建に特別の影響を及ぼすときである。なお、その影響が、A棟の再建工事によるものであったり、A棟につき従前とはごくわずかに異なる場所に再建されるときなど、B棟やC棟の「建替え又は再建に」「特別の影響を及ぼす」とはいえないような場合には、本項に該当しない。

　すなわち、
① 当該他の建物が区分所有建物である場合には、団地建物所有者等集会において当該他の建物の区分所有者全員の議決権（区分所有法38条、14条参照）の4分の3以上の議決権を有する区分所有者（本条5項1号）
② 当該他の建物が減失した建物であって減失した当時において区分所有建物であった場合には、団地建物所有者等集会において当該他の建物に係る敷地共有者等全員の議決権（敷地共有持分権など敷地利用権の割合）の4分の3以上の議決権を有する敷地共有者等（同項2号）
③ 当該他の建物が区分所有建物以外の建物である場合には、当該他の建物の所有者（同項3号）
④ 当該他の建物が減失した建物であって減失した当時において区分所有建物以外の建物であった場合には、当該他の建物の所有に係る建物の敷地に関する権利を有する者（同項4号）

〔7〕 再建承認決議の一括付議

　たとえば、団地内のA棟とB棟が滅失し、各再建決議（4条）がほぼ同時期になされた場合において、各棟ごとに団地建物所有者等集会において再建承認決議を得ることは煩雑である。そこで、本項は、当該特定滅失建物が2棟以上あるときは、当該2棟以上の特定滅失建物の団地建物所有者等は、各特定滅失建物の団地建物所有者等の合意により、当該2棟以上の特定滅失建物の再建について一括して再建承認決議に付することができるとした。なお、この場合において、特定滅失建物が区分所有建物であるときについての上の「合意」は、次項に規定がある。このことから、本項の規定は、実際には、各特定滅失建物が区分所有建物以外の建物（いわゆる「戸建て」住宅や賃貸マンションなど）の場合について該当する。

〔8〕 区分所有建物における再建承認決議の一括付議

　たとえば前記〔7〕でのA棟またはB棟が区分所有建物であったときは、当該特定滅失建物の再建を会議の目的とする敷地共有者等集会において、当該特定滅失建物に係る敷地共有者等の議決権の5分の4以上の多数で、A棟およびB棟の再建について一括して再建承認決議に付する旨の決議をすることができる。この場合において、その決議があったときは、当該特定滅失建物の団地建物所有者等（敷地共有者等に限る）の本条7項に規定する合意（〔7〕で述べた合意）があったものとみなされる。

　なお、A棟、B棟共に区分所有建物である場合には、それぞれにつき上の特別多数での一括付議の決議がなされなければならず、いずれかの決議が否決されたときには、一括して再建承認決議に付することはできない。たとえば、一括して再建承認決議に付することは、同決議の際にA棟の再建に係る「新たに建築する建物の設計の概要」（本条4項参照）について疑義が示されることが予想でき、一括して再建承認決議が否決されるおそれがあることから、B棟においては一括付議が否決されることが考えられる。このような場合には、A棟およびB棟は、個別に再建承認決議に付さなければならない。

（団地内の建物が滅失した場合における建替え承認決議）

第16条　第13条に規定する場合において、滅失した建物以外の特定の建物（以下「特定建物」という。）が所在する土地（これに関する権利を含む。）が当該団地内建物の団地建物所有者等の共有に属し、かつ、次の

各号に掲げる区分に応じてそれぞれ当該各号に定める要件に該当する場合に当該土地（これに関する権利を含む。）の共有者である当該団地内建物の団地建物所有者等で構成される団地建物所有者等集会において議決権の４分の３以上の多数による承認の決議を得たときは、当該特定建物の団地建物所有者等は、当該特定建物を取り壊し、かつ、当該土地又はこれと一体として管理若しくは使用をする団地内の土地（当該団地内建物の団地建物所有者等の共有に属するものに限る。）に新たに建物を建築することができる[2]。
一　当該特定建物が区分所有建物である場合　その建替え決議（区分所有法第62条第１項に規定する建替え決議をいう。次条第１項第１号において同じ。）又はその区分所有者の全員の同意があること。
二　当該特定建物が区分所有建物以外の建物である場合　その所有者の同意があること。
２　前項の規定による決議については、前条第２項から第７項までの規定を準用する。この場合において、同条第２項中「前項」とあり、並びに同条第５項第１号及び第２号並びに第６項中「第１項」とあるのは「次条第１項」と、同条第２項中「特定滅失建物」とあるのは「特定建物（次条第１項に規定する特定建物をいう。以下同じ。）」と、「所在していた」とあるのは「所在する」と、同条第３項中「第１項各号」とあるのは「次条第１項各号」と、「特定滅失建物の」とあるのは「特定建物の」と、同項ただし書中「特定滅失建物に係る敷地共有者等」とあるのは「特定建物の区分所有者」と、「特定滅失建物以外」とあるのは「特定建物以外」と、同条第４項中「第１項の」とあるのは「次条第１項の」と、同条第５項中「第１項の場合」とあるのは「次条第１項の場合」と、「再建が」とあるのは「建替えが」と、同項から同条第７項までの規定中「特定滅失建物」とあるのは「特定建物」と、同条第５項及び第７項中「再建を」とあるのは「建替えを」と、同条第６項及び第７項中「再建に」とあるのは「建替えに」と、同項中「区分所有建物であった」とあるのは「区分所有建物である」と、「敷地共有者等集会」とあるのは「区分所有法第62条第１項の集会」と、「敷地共有者等の議決権の５分の４」とあるのは「区分所有者及び議決権の各５分の４」と、「敷地共有者等

に」とあるのは「区分所有者に」と、「同項」とあるのは「前項」と読み替えるものとする。[3]

3　区分所有法第35条第1項の通知をする場合において、会議の目的たる事項が前項において準用する前条第7項に規定する決議事項であるときは、その議案の要領をも通知しなければならない。この場合において、区分所有法第62条第5項の規定の適用については、同項中「同条第5項」とあるのは、「同条第5項及び被災区分所有建物の再建等に関する特別措置法（平成7年法律第43号）第16条第3項前段」とする。[4]

〔1〕　本条の趣旨

　政令で定める災害によりその団地内の全部または一部の建物が滅失したとき（区分所有建物にあっては、その全部が滅失したとき、またはその一部が滅失した場合において取壊し決議もしくは区分所有者全員の同意に基づき取り壊されたとき）は、団地建物所有者等は、その政令の施行の日から起算して3年を経過する日までの間は、団地建物所有者等集会（13条、14条）において、再建承認決議（15条）、建替え承認決議（16条）、建替え再建承認決議（17条）、一括建替え等決議（18条）をすることができる。本条は、このうち、建替え承認決議について定めたものである。同決議の前提となる当該建物の建替え決議は、区分所有法62条1項に基づいてなされる。

　たとえば、13条の注釈〔1〕(1)での例示の場面（「前掲場面」）において、団地内のB棟またはC棟について建替え決議（区分所有法62条）が成立した場合に、団地建物所有者等の集会（13条）において議決権（団地建物所有者等が共有する当該土地の持分の割合）の4分の3以上の多数による承認を得たときは、B棟またはC棟は、団地内の土地に建替えをすることができる（16条1項）。新たに建築される建物は、必ずしもB棟またはC棟が所在していた敷地部分に建築される必要はない（ただ、事実上、その所在していた敷地部分と大きく異なる場所に建築される場合には、承認が得られない可能性がある）。

　本条の規定は、団地内の建物の建替え承認決議について定める区分所有法69条の規定に準じた定められたものである。

〔2〕　建替え承認決議

　本条で定める建替え承認決議が成立するためには、次の(ア)および(イ)の前提が必

要である。

　(ア)　団地内の滅失した建物以外の建物で、災害後も存続している建物のうち特定の建物（「特定建物」）が所在する土地（これに関する権利を含む）が、当該団地内建物（13条。その災害により滅失したものを含む）の団地建物所有者等（13条）の共有に属していること。

　(イ)　当該特定建物が区分所有建物である場合には、その建替え決議（区分所有法62条1項）またはその区部所有者の全員の同意があること（本条1項1号）。当該特定建物が区分所有建物以外の建物（いわゆる戸建ての建物等）である場合には、その所有者の同意があること（同項2号）。

　(ア)および(イ)の前提のもとで、当該土地（これに関する権利を含む）の共有者である当該団地内建物の団地建物所有者等で構成される団地建物所有者等集会（13条に定める集会。なお、14条参照）において議決権（15条の注釈〔3〕参照）の4分の3以上の多数による承認の決議を得たときは、当該特定建物の団地建物所有者等は、当該特定建物を取り壊し、かつ、当該土地またはこれと一体として管理もしくは使用をする団地内の土地（当該団地内建物の団地建物所有者等の共有に属するものに限る）に新たに建物を建築することができる。

　〔3〕　読替え後の規定——その1
　本条2項によって、15条が建替え承認決議に準用され、かつ準用に当たって字句の読替えがなされている。準用される規定を、字句の読替えを施して、以下に掲げる。下線の部分は準用読替部分、二重下線は読替規定による読替部分、【　】は一つの条のうち準用されない部分を示す。

（団地内の建物が滅失した場合における再建承認決議）
第15条　1　【準用しない】
　2　次条第1項の団地建物所有者等集会における各団地建物所有者等の議決権は、前条第1項において準用する区分所有法第38条の規定にかかわらず、当該特定建物（次条第1項に規定する特定建物をいう。以下同じ。）が所在する土地（これに関する権利を含む。）の持分の割合によるものとする。
　3　次条第1項各号に定める要件に該当する場合における当該特定建物の団地建物所有者等は、建替え承認決議においては、いずれもこれに賛成する旨の議決権を行使したものとみなす。ただし、同項第1号に掲げる場合において、当該

特定建物の区分所有者が団地内建物のうち当該特定建物以外の建物の敷地利用権又は敷地共有持分等に基づいて有する議決権の行使については、この限りでない。

4　次条第１項の団地建物所有者等集会を招集するときは、前条第１項において準用する区分所有法第35条第１項本文の通知は、同項の規定にかかわらず、当該団地建物所有者等集会の会日より少なくとも２月前に、同条第５項に規定する議案の要領のほか、新たに建築する建物の設計の概要（当該建物の当該団地内における位置を含む。）をも示して発しなければならない。

5　次条第１項の場合において、建替え承認決議に係る建替えが当該特定建物以外の建物（滅失した建物を含む。以下この項において「当該他の建物」という。）の建替え又は再建に特別の影響を及ぼすべきときは、次の各号に掲げる区分に応じてそれぞれ当該各号に定める者が当該建替え承認決議に賛成しているときに限り、当該特定建物の建替えをすることができる。

　一　当該他の建物が区分所有建物である場合　次条第１項の団地建物所有者等集会において当該他の建物の区分所有者全員の議決権の４分の３以上の議決権を有する区分所有者

　二　当該他の建物が滅失した建物であって滅失した当時において区分所有建物であった場合　次条第１項の団地建物所有者等集会において当該他の建物に係る敷地共有者等全員の議決権の４分の３以上の議決権を有する敷地共有者等

　三　当該他の建物が区分所有建物以外の建物である場合　当該他の建物の所有者

　四　当該他の建物が滅失した建物であって滅失した当時において区分所有建物以外の建物であった場合　当該他の建物の所有に係る建物の敷地に関する権利を有する者

6　次条第１項の場合において、当該特定建物が二以上あるときは、当該二以上の特定建物の団地建物所有者等は、各特定建物の団地建物所有者等の合意により、当該二以上の特定建物の建替えについて一括して建替え承認決議に付することができる。

7　前項の場合において、当該特定建物が区分所有建物であるときは、当該特定建物の建替えを会議の目的とする区分所有法第62条第１項の集会において、当該特定建物に係る区分所有者及び議決権の５分の４以上の多数で、当該二以上

の特定建物の建替えについて一括して建替え承認決議に付する旨の決議をすることができる。この場合において、その決議があったときは、当該特定建物の団地建物所有者等（区分所有者に限る。）の前項に規定する合意があったものとみなす。

〔4〕 **読替え後の規定——その2**

本条3項によって、区分所有法62条の準用に当たっての字句の読替えがなされている。準用される規定を、字句の読替えを施して、以下に掲げる。二重下線の部分は読替規定による読替部分、【 】は一つの条のうち準用されない部分を示す。

（建替え決議）

第62条　1　【準用しない】

2　【準用しない】

3　【準用しない】

4　【第1項に規定する決議事項を会議の目的とする集会を招集するときは、第35条第1項の通知は、同項の規定にかかわらず、当該集会の会日より少なくとも2月前に発しなければならない。ただし、この期間は、規約で伸長することができる。〔準用しない〕】

5　前項に規定する場合において、第35条第1項の通知をするときは、同条第5項及び被災区分所有建物の再建等に関する特別措置法（平成7年法律第43号）第16条第3項前段に規定する議案の要領のほか、次の事項をも通知しなければならない。

　一　建替えを必要とする理由

　二　建物の建替えをしないとした場合における当該建物の効用の維持又は回復（建物が通常有すべき効用の確保を含む。）をするのに要する費用の額及びその内訳

　三　建物の修繕に関する計画が定められているときは、当該計画の内容

　四　建物につき修繕積立金として積み立てられている金額

6　【準用しない】

7　【準用しない】

8　【準用しない】

被災区分所有建物再建等特別措置法

(団地内の建物が滅失した場合における建替え再建承認決議)
第17条 第13条に規定する場合において、特定建物が所在する土地(これに関する権利を含む。)及び特定滅失建物が所在していた土地(これに関する権利を含む。)がいずれも当該団地内建物の団地建物所有者等の共有に属し、かつ、当該特定建物及び当該特定滅失建物(以下「当該特定建物等」という。)につき次の各号に掲げる区分に応じてそれぞれ当該各号に定める要件に該当する場合にこれらの土地(これらに関する権利を含む。)の共有者である当該団地内建物の団地建物所有者等で構成される団地建物所有者等集会において議決権の４分の３以上の多数により当該特定建物の建替え及び当該特定滅失建物の再建について一括して承認する旨の決議(以下この条において「建替え再建承認決議」という。)を得たときは、当該特定建物等の団地建物所有者等は、当該特定建物を取り壊し、かつ、これらの土地又はこれらと一体として管理若しくは使用をする団地内の土地(当該団地内建物の団地建物所有者等の共有に属するものに限る。)に新たに建物を建築することができる。ただし、当該特定建物等の団地建物所有者等がそれぞれ当該特定建物の建替え及び当該特定滅失建物の再建について建替え再建承認決議に付する旨の合意をした場合でなければならない。

一 当該特定建物が区分所有建物である場合 その建替え決議又はその区分所有者の全員の同意があること。

二 当該特定滅失建物が区分所有建物であった場合 その再建決議又はその敷地共有者等の全員の同意があること。

三 当該特定建物が区分所有建物以外の建物である場合 その所有者の同意があること。

四 当該特定滅失建物が区分所有建物以外の建物であった場合 当該特定滅失建物の所有に係る建物の敷地に関する権利を有する者の同意があること。

２ 前項本文の場合において、当該特定建物等が区分所有建物(滅失した区分所有建物を含む。)であり、かつ、次の各号に掲げる区分に応じてそれぞれ当該各号に定める要件に該当するときは、当該各号に定める集会において、当該特定建物の建替え及び当該特定滅失建物の再建につい

て建替え再建承認決議に付する旨の決議をすることができる。この場合において、その決議があったときは、当該特定建物等の団地建物所有者等（特定建物にあっては区分所有者に限り、特定滅失建物にあっては敷地共有者等に限る。）の前項ただし書に規定する合意があったものとみなす。[3]

一　特定建物である場合　当該特定建物の建替えを会議の目的とする区分所有法第62条第１項の集会において、当該特定建物の区分所有者及び議決権の各５分の４以上の多数の同意があること。

二　特定滅失建物である場合　当該特定滅失建物の再建を会議の目的とする敷地共有者等集会において、当該特定滅失建物に係る敷地共有者等の議決権の５分の４以上の多数の同意があること。

3　建替え再建承認決議については、第15条第２項から第５項まで及び前条第３項の規定を準用する。この場合において、第15条第２項中「前項」とあり、並びに同条第５項第１号及び第２号中「第１項」とあるのは「第17条第１項」と、同条第２項中「特定滅失建物」とあるのは「特定建物（次条第１項に規定する特定建物をいう。以下同じ。）が所在する土地（これに関する権利を含む。）及び当該特定滅失建物」と、同条第３項中「第１項各号」とあるのは「第17条第１項各号」と、「当該特定滅失建物の」とあるのは「当該特定建物等（同項に規定する当該特定建物等をいう。以下同じ。）の」と、同項ただし書中「同項第１号」とあるのは「同項第１号及び第２号」と、「特定滅失建物に」とあるのは「特定建物の区分所有者又は当該特定滅失建物に」と、同項ただし書及び同条第５項中「当該特定滅失建物以外」とあるのは「当該特定建物等以外」と、同条第４項中「第１項の」とあるのは「第17条第１項の」と、同条第５項中「第１項の場合」とあるのは「第17条第１項の場合」と、「再建が」とあるのは「建替え及び再建が」と、「特定滅失建物の」とあるのは「特定建物の建替え及び当該特定滅失建物の」と、前条第３項中「前項において準用する前条第７項」とあるのは「次条第２項」と読み替えるものとする。[4]

被災区分所有建物再建等特別措置法

〔1〕 本条の趣旨

政令で定める災害によりその団地内の全部または一部の建物が滅失したとき（区分所有建物にあっては、その全部が滅失したとき、またはその一部が滅失した場合において取壊し決議もしくは区分所有者全員の同意に基づき取り壊されたとき）は、団地建物所有者等は、その政令の施行の日から起算して3年を経過する日までの間は、団地建物所有者等集会（13条、14条）において、再建承認決議（15条）、建替え承認決議（16条）、建替え再建承認決議（17条）、一括建替え等決議（18条）をすることができる。本条は、このうち、建替え再建承認決議について定めたものである。同決議の前提となる、当該区分所有建物の建替え決議は、区分所有法62条1項に基づいて、滅失した区分所有建物の再建決議は、本法4条1項に基づいてなされる。

たとえば、13条の注釈〔1〕(1)での例示の場面（「前掲場面」）において、団地内のA棟について再建決議が成立し、B棟またはC棟について建替え決議が成立した場合に、団地建物所有者等の集会（13条）において議決権（団地建物所有者等が共有する当該土地の持分の割合）の4分の3以上の多数による承認を得たときは、団地内の土地に、A棟は再建を、B棟またはC棟は建替えをすることができる。新たに建築される建物は、必ずしも各棟が所在していた敷地部分に建築される必要はない（ただし、事実上、その所在していた敷地部分と大きく異なる場所に建築される場合には、承認が得られない可能性がある）。

本条の規定は、団地内の建物の建替え承認決議について定める区分所有法69条および本法15条の規定に準じた定められたものである。

〔2〕 建替え再建承認決議

本条で定める建替え再建承認決議が成立するためには、次の(ア)および(イ)の前提が必要である。

(ア) 特定建物が所在する土地（これに関する権利を含む）および特定滅失建物が所在していた土地（これに関する権利を含む）が、いずれも当該団地内建物（13条。その災害により滅失したものを含む）の団地建物所有者等（13条）の共有に属していること。

(イ) 当該特定建物が、区分所有建物である場合には、その建替え決議またはその区分所有者の全員の同意があること（本条1項1号）、同建物が区分所有建物以外の建物（いわゆる戸建ての建物）である場合には、その所有者の同意があること

(同項3号)。他方、当該特定滅失建物が、区分所有建物であった場合には、その再建決議またはその敷地共有者等の全員の同意があること(同項2号)、同建物が区分所有建物以外の建物であった場合には、当該特定滅失建物の所有に係る建物の敷地に関する権利を有する者の同意があること(同項4号)。

(ア)および(イ)の前提の下で、当該土地(これに関する権利を含む)の共有者である当該団地内建物の団地建物所有者等で構成される団地建物所有者等集会(13条に定める集会。なお、14条参照)において議決権(15条の注釈〔3〕参照)の4分の3以上の多数によって、当該特定建物の建替えおよび当該特定滅失建物の再建について一括して承認する旨の決議(「建替え再建承認決議」)を得たときは、当該特定建物等の団地建物所有者等は、当該特定建物を取り壊し、かつ、これらの土地またはこれらと一体として管理もしくは使用をする団地内の土地(当該団地内建物の団地建物所有者等の共有に属するものに限る)に新たに建物を建築することができる。

ただし、当該特定建物等の団地建物所有者等がそれぞれ当該特定建物の建替えおよび当該特定滅失建物の再建について建替え再建承認決議に付する旨の合意をした場合でなければならない(同項ただし書)。

〔3〕 **建替え再建承認決議の一括付議**

建替え再建承認決議において、当該特定建物等が区分所有建物(滅失した区分所有建物を含む)であり、かつ、(ア)特定建物である場合には、当該特定建物の建替えを会議の目的とする区分所有法第62条第1項の集会において、当該特定建物の区分所有者および議決権の各5分の4以上の多数の同意があること(本条2項1号)、(イ)特定滅失建物である場合には、当該特定滅失建物の再建を会議の目的とする敷地共有者等集会において、当該特定滅失建物に係る敷地共有者等の議決権の5分の4以上の多数の同意があること(同項2号)という要件に該当するときは、当該各集会において、当該特定建物の建替えおよび当該特定滅失建物の再建について建替え再建承認決議に付する旨の決議をすることができる。そして、この場合において、その決議があったときは、当該特定建物等の団地建物所有者等(特定建物にあっては区分所有者に限り、特定滅失建物にあっては敷地共有者等に限る)の本条1項ただし書に規定する合意があったものとみなされる。

以上に対して、上記の(ア)または(イ)の同意がない場合には、本条の建替え再建決議に付することはできず、当該特定建物または当該特定滅失建物ごとに建替え承認決議(16条)または再建承認決議(15条)をなさなければならない。

被災区分所有建物再建等特別措置法

〔4〕 読替え後の規定

本条3項によって、本法の規定が建替え再建承認決議に準用され、かつ準用に当たって字句の読替えがなされている。準用される規定を、字句の読替えを施して、以下に掲げる。下線の部分は準用読替部分、二重下線は読替規定による読替部分、【　】は一つの条のうち準用されない部分を示す。

（団地内の建物が滅失した場合における再建承認決議）

第15条　1　【準用しない】

2　第17条第1項の団地建物所有者等集会における各団地建物所有者等の議決権は、前条第1項において準用する区分所有法第38条の規定にかかわらず、当該特定建物（次条第1項に規定する特定建物をいう。以下同じ。）が所在する土地（これに関する権利を含む。）及び当該特定滅失建物が所在していた土地（これに関する権利を含む。）の持分の割合によるものとする。

3　第17条第1項各号に定める要件に該当する場合における当該特定建物等（同項に規定する当該特定建物等をいう。以下同じ。）の団地建物所有者等は、建替え再建承認決議においては、いずれもこれに賛成する旨の議決権を行使したものとみなす。ただし、同項第1号及び第2号に掲げる場合において、当該特定建物の区分所有者又は当該特定滅失建物に係る敷地共有者等が団地内建物のうち当該特定建物等以外の建物の敷地利用権又は敷地共有持分等に基づいて有する議決権の行使については、この限りでない。

4　第17条第1項の団地建物所有者等集会を招集するときは、前条第1項において準用する区分所有法第35条第1項本文の通知は、同項の規定にかかわらず、当該団地建物所有者等集会の会日より少なくとも2月前に、同条第5項に規定する議案の要領のほか、新たに建築する建物の設計の概要（当該建物の当該団地内における位置を含む。）をも示して発しなければならない。

5　第17条第1項の場合において、建替え再建承認決議に係る建替え及び再建が当該特定建物等以外の建物（滅失した建物を含む。以下この項において「当該他の建物」という。）の建替え又は再建に特別の影響を及ぼすべきときは、次の各号に掲げる区分に応じてそれぞれ当該各号に定める者が当該建替え再建承認決議に賛成しているときに限り、当該特定建物の建替え及び当該特定滅失建物の再建をすることができる。

一　当該他の建物が区分所有建物である場合　第17条第1項の団地建物所有者等集会において当該他の建物の区分所有者全員の議決権の4分の3以上の議決権を有する区分所有者
二　当該他の建物が滅失した建物であって滅失した当時において区分所有建物であった場合　第17条第1項の団地建物所有者等集会において当該他の建物に係る敷地共有者等全員の議決権の4分の3以上の議決権を有する敷地共有者等
三　当該他の建物が区分所有建物以外の建物である場合　当該他の建物の所有者
四　当該他の建物が滅失した建物であって滅失した当時において区分所有建物以外の建物であった場合　当該他の建物の所有に係る建物の敷地に関する権利を有する者
6　【準用しない】
7　【準用しない】

(団地内建物が滅失した場合における建替え承認決議)
第16条　1　【準用しない】
2　【準用しない】
3　区分所有法第35条第1項の通知をする場合において、会議の目的たる事項が次条第2項に規定する決議事項であるときは、その議案の要領をも通知しなければならない。この場合において、区分所有法第62条第5項の規定の適用については、同項中「同条第5項」とあるのは、「同条第5項及び被災区分所有建物の再建等に関する特別措置(平成7年法律第43号)第16条第3項前段」とする。

(団地内の建物が滅失した場合における一括建替え等決議)
第18条　区分所有法第70条第1項本文に規定する場合において、第2条の政令で定める災害によりその団地内の全部又は一部の建物が滅失したときは、第4条第1項及び区分所有法第62条第1項の規定にかかわらず、団地内建物の敷地(団地内建物が所在し、又は所在していた土地及び区分所有法第5条第1項の規定により団地内建物の敷地とされ、又は団地内建物が滅失した当時において団地内建物の敷地とされていた土地をい

う。以下この項及び次項において同じ。）又はこれに関する権利の共有者である当該団地内建物の団地建物所有者等で構成される団地建物所有者等集会において、当該団地内建物の団地建物所有者等及び議決権の各5分の4以上の多数で、当該団地内建物につき一括して、その全部を取り壊し、かつ、当該団地内建物の敷地若しくはその一部の土地又は当該団地内建物の敷地の全部若しくは一部を含む土地（第3項第1号においてこれらの土地を「再建団地内敷地」という。）に新たに建物を建築する旨の決議（以下「一括建替え等決議」という。）をすることができる。ただし、当該団地建物所有者等集会において、当該各団地内建物ごとに、次の各号に掲げる区分に応じてそれぞれ当該各号に定める者がその一括建替え等決議に賛成した場合でなければならない。[2]

一　当該団地内建物が滅失した建物である場合　第3条第1項において準用する区分所有法第38条に規定する議決権の3分の2以上の議決権を有する者

二　前号に掲げる場合以外の場合　区分所有者の3分の2以上の者であって区分所有法第38条に規定する議決権の合計の3分の2以上の議決権を有するもの

2　前項の団地建物所有者等集会における各団地建物所有者等の議決権は、第14条第1項において準用する区分所有法第38条の規定にかかわらず、当該団地内建物の敷地（これに関する権利を含む。）の持分の割合によるものとする。[3]

3　一括建替え等決議においては、次の事項を定めなければならない。[4]

一　再建団地内敷地の一体的な利用についての計画の概要

二　新たに建築する建物（以下この項において「再建団地内建物」という。）の設計の概要

三　団地内建物の全部の取壊し及び再建団地内建物の建築に要する費用の概算額

四　前号に規定する費用の分担に関する事項

五　再建団地内建物の区分所有権の帰属に関する事項

4　一括建替え等決議については、区分所有法第62条第3項、第4項本文、第5項、第6項、第7項前段及び第8項、第63条並びに第64条の規定を

準用する。この場合において、これらの規定（区分所有法第62条第3項を除く。）中「区分所有者」とあるのは「団地建物所有者等」と、区分所有法第62条第3項中「前項第3号及び第4号」とあるのは「被災区分所有建物の再建等に関する特別措置法（以下「特別措置法」という。）第18条第3項第4号及び第5号」と、「区分所有者」とあるのは「団地建物所有者等（特別措置法第13条に規定する団地建物所有者等をいう。以下同じ。）」と、同条第4項本文中「第1項に」とあるのは「特別措置法第18条第1項に」と、同項本文及び同条第5項中「第35条第1項」とあるのは「特別措置法第14条第1項において準用する第35条第1項本文」と、同項第1号中「建替え」とあるのは「建替え又は再建」と、同条第7項前段中「第35条第1項から第4項まで及び第36条」とあるのは「特別措置法第14条第1項において準用する第35条第1項本文、第2項及び第3項並びに第36条並びに特別措置法第14条第2項及び第3項」と、区分所有法第63条第1項、第3項及び第5項並びに第64条中「建替えに」とあるのは「建替え又は再建に」と、区分所有法第63条第4項中「建替えに参加する」とあるのは「建替え若しくは再建に参加する」と、「敷地利用権を買い受ける」とあるのは「敷地利用権（滅失した建物（特別措置法第15条第1項に規定する滅失した建物をいう。以下同じ。）にあっては、敷地共有持分等（特別措置法第2条に規定する敷地共有持分等をいう。以下同じ。））を買い受ける」と、「建替えに参加しない」とあるのは「建替え又は再建に参加しない」と、「敷地利用権を時価」とあるのは「敷地利用権（滅失した建物にあっては、敷地共有持分等）を時価」と、同条第6項及び第7項中「建物の取壊しの工事」とあるのは「建物の取壊し又は再建の工事」と、同条第6項及び区分所有法第64条中「敷地利用権」とあるのは「敷地利用権（滅失した建物にあっては、敷地共有持分等）」と、同条中「建替えを行う」とあるのは「建替え又は再建を行う」と読み替えるものとする。[5]

〔1〕 **本条の趣旨**

　政令で定める災害によりその団地内の全部または一部の建物が滅失したときは、団地建物所有者等は、その政令の施行の日から起算して3年を経過する日までの

661

間は、団地建物所有者等集会（13条、14条）において、再建承認決議（15条）、建替え承認決議（16条）、建替え再建承認決議（17条）、一括建替え等決議（18条）をすることができる。本条は、このうち、一括建替え等決議について定めたものである。再建承認決議（15条）、建替え承認決議（16条）、建替え再建承認決議（17条）においては、それら承認決議の前提として、再建や建替えを行う当該区分所有建物等の集会で、本法4条1項または区分所有法62条1項の規定に基づき、再建決議や建替えの決議を行うことになるが、本条に定める一括建替え等決議においては、再建や建替えを行う当該区分所有建物等の集会ではなく、団地建物所有者等を構成員とする団地建物所有者等集会において、団地建物につき一括して建替えまたは再建の決議を行うものである。

たとえば、13条の注釈〔1〕(1)での例示の場面（「前掲場面」）において、団地内のA棟、B棟、C棟（それらがすべて区分所有建物である必要がある）について、それらを一括して、団地建物所有者等集会（13条、14条）で、団地内建物所有者等（13条）および議決権（団地建物所有者等が共有する当該土地の持分の割合）の5分の4以上の多数で、A棟の再建ならびにB棟およびC棟の建替えの決議をすることができる。ただし、この一括建替え等決議が成立するためには、建物の全部が滅失したA棟についてはその議決権（同上）の3分の2以上の議決権を有する者が賛成し、かつ、B棟およびC棟についてはその各棟の区分所有者の3分の2以上の者であって区分所有法38条の規定する議決権（後記〔2〕のように原則として建物の共用部分の持分の割合による）の合計の3分の2以上の議決権を有する者の賛成が必要である。

本条の規定は、団地内の建物の一括建替え決議について定める区分所有法70条の規定に準じた定められたものである。

〔2〕 **一括建替え等決議**

(1) 一括建替え等決議の前提

本条の定める一括建替え等決議が成立する前提として、区分所有法70条1項本文に規定する場合、すなわち、(ｱ)団地内建物の全部が専有部分のある建物（区分所有建物）であり、かつ、(ｲ)当該団地内建物の敷地（団地内建物が所在する土地および5条1項の規定により団地内建物の敷地とされた土地をいい、これに関する権利を含む）が当該団地内建物の区分所有者の共有に属し、かつ、(ｳ)当該団地内建物について68条1項（1号を除く）の規定により66条において準用する30条1項の規

約が定められている場合であることが必要である。たとえば、13条の注釈〔１〕(1)での例示の場面（「前掲場面」）において、(ア)団地内のＡ棟、Ｂ棟、Ｃ棟のすべてが区分所有建物であり、(イ)その団地内の敷地をこれらの区分所有者または区分所有者であった者が共有し、かつ、(ウ)Ａ棟、Ｂ棟、Ｃ棟の各建物の管理に関しては団地建物所有者の団体（区分所有法65条）における規約が定められている場合であることが必要である。

このような前提において、２条の政令で定める災害によりその団地内の全部または一部の建物が滅失したときに、建物の全部が滅失したＡ棟が本法４条１項の規定に基づき再建決議をし（ただし、15条の規定に基づく再建承認決議を要する）、または、建物の一部が滅失したＢ棟またはＣ棟が区分所有法62条１項の規定に基づき建替え決議を行うこと（ただし、16条の規定に基づく建替え承認決議を要する。なお、17条参照）については、いずれも認められるが、これらの規定にかかわらず、本条では、団地建物所有者等集会におけるＡ棟、Ｂ棟、Ｃ棟の「一括建替え等決議」により、Ａ棟の再建を、Ｂ棟およびＣ棟の建替えを行うことができるものとした。

(2) 一括建替え等決議の成立要件

一括建替え等決議は、団地内建物の敷地（団地内建物が所在し、または所在していた土地および区分所有法５条１項の規定により団地内建物の敷地とされ、または団地内建物が滅失した当時において団地内建物の敷地とされていた土地をいう）またはこれに関する権利の共有者である当該団地内建物の団地建物所有者等（13条、14条。ただし、上記の前提から、13条にいう「区分所有建物以外の建物」〔戸建〕の所有者または所有者であった者は除かれる）で構成される団地建物所有者等集会において行われる。

同集会において一括建替え等決議が成立するためには、まずは、(ア)当該団地内建物の団地建物所有者等および議決権の各５分の４以上の多数による賛成が必要である。すなわち、上記のＡ棟の区分所有者であった者およびＢ棟、Ｃ棟の区分所有者の５分の４以上の者が賛成し、かつ、Ａ棟の区分所有者であった者およびＢ棟、Ｃ棟の区分所有者の議決権（当該団地内建物の敷地〔これに関する権利を含む〕の持分の割合による〔本条２項〕）の５分の４以上の者が賛成が必要である。

ただし、それだけでは足りず、それに加えて、(イ)当該団地内建物が滅失した建物である場合には、３条１項において準用する区分所有法38条に規定する議決権

（敷地共用持分等の価格の割合による）の3分の2以上の議決権を有する者の賛成（本条1項1号）、それ以外の建物（存続している区分所有建物）である場合には、区分所有者の3分の2以上の者であって区分所有法38条に規定する議決権（規約に定める別段の定めがない限り、専有部分の床面積の割合による）の合計の3分の2以上の議決権を有するもの賛成（同項2号）が必要である。すなわち、上記のA棟の区分所有者であった者の議決権（同上）の3分の2以上の議決権を有する者の賛成、ならびにB棟およびC棟の区分所有者の各棟の3分の2以上の者（各棟の区分所有者の頭数の3分の2以上の者）であって、かつ、各棟の区分所有法38条に規定する議決権（規約に別段の定めがない限り、区分所有法14条に定める割合〔規約に定める別段の定めがない限り、専有部分の床面積の割合〕による）の合計の3分の2以上の議決権を有するもの賛成が必要である。これら(イ)の多数については、一括建替え等決議を会議の目的とする団地建物所有者等集会において、(ア)の多数を確認する際に併せて確認すれば足り、これとは別に集会を開く必要はない。

以上の各要件を充足することにより、当該団地内建物につき一括して、その全部を取り壊し、かつ、当該団地内建物の敷地もしくはその一部の土地または当該団地内建物の敷地の全部もしくは一部を含む土地に新たに建物を建築する旨の決議が成立する。

〔3〕 **団地建物所有者等集会における各団地建物所有者等の議決権**

一括建替え等決議が成立するためには、本条1項で定めるように、団地建物所有者等集会において、「当該団地内建物の団地建物所有者等及び議決権の各5分の4以上の多数」の賛成を要する（前記〔2〕(2)(ア)）が、ここでの団地建物所有者等の議決権は、本法14条1項において準用する区分所有法38条の規定にかかわらず、当該団地内建物の敷地（これに関する権利を含む）の持分の割合によるものである。すなわち、前記〔2〕(2)(ア)で述べたように、A棟の区分所有者であった者およびB棟、C棟の区分所有者の5分の4以上の者の賛成のほかに、A棟の区分所有者であった者およびB棟、C棟の区分所有者の議決権の5分の4以上の者が賛成が必要であるが、ここでのA棟、B棟、C棟の各団地建物所有者等の「議決権」は、当該団地内建物の敷地（これに関する権利を含む）の持分の割合による。

本法14条1項において準用する区分所有法38条の規定は、同項の読替えにより、「各団地建物所有者等の議決権は、特別措置法13条に規定する場合における当該土地（これに関する権利を含む。）の持分の割合による。」と定めるところ、「13条

に規定する場合における当該土地」についての団地内建物の共有者等には、区分所有建物以外の建物（戸建ての建物）の所有者またはその所有者であった者も含まれる。しかし、本条1項で定める一括建替え等決議においては、団地内建物がすべて区分所有建物であることから、このことを前提として、本項では、「当該団地内建物」と定め、ここでいう「当該団地内建物」については、本法14条1項において準用する区分所有法38条の規定の場合とは異なることを明らかにした。

〔4〕　一括建替え等決議で定めるべき事項

一括建替え等決議においては、①再建団地内敷地の一体的な利用についての計画の概要（本条3項1号）、②新たに建築する建物（「再建団地内建物」）の設計の概要（同項2号）、③団地内建物の全部の取壊しおよび再建団地内建物の建築に要する費用の概算額（同項3号）、④3号に規定する費用の分担に関する事項（同項4号）、⑤再建団地内建物の区分所有権の帰属に関する事項（同項5号）の各事項を定めなければならない。これらの事項は、区分所有法70条3項で定める団地内の建物の一括建替え決議において定めるべき事項と基本的に同じである（同条項の注釈参照）。なお、前掲場面において、従前のA棟、B棟、C棟のからなる3棟の団地内建物をたとえば2棟または4棟にする旨の計画（1号）や再建団地内建物の設計の概要（2号）を定めることも可能である（このような場合には、特に再建団地内建物の区分所有権の帰属に関する事項〔5号〕が実際上は問題とされよう）。

〔5〕　読替え後の規定

本条4項によって、区分所有法の規定が一括建替え等決議に準用され、かつ準用に当たって字句の読替えがなされている。準用される規定を、字句の読替えを施して、以下に掲げる。下線の部分は準用読替部分、二重下線は読替規定による読替部分、【　】は一つの条のうち準用されない部分を示す。

（建替え決議）

第62条　1　【準用しない】

　　　　2　【準用しない】

　　　　3　<u>被災区分所有建物の再建等に関する特別措置法（以下「特別措置法」という。）第18条第3項第4号及び第5号</u>の事項は、各<u>団地建物所有者等（特別措置法第13条に規定する団地建物所有者等をいう。以下同じ。）</u>の衡平を害しないように定めなければならない。

4 特別措置法第18条第1項に規定する決議事項を会議の目的とする団地建物所有者等集会を招集するときは、特別措置法第14条第1項において準用する第35条第1項本文の通知は、同項の規定にかかわらず、当該団地建物所有者等集会の会日より少なくとも2月前に発しなければならない。【本項ただし書は準用しない】

5 前項に規定する場合において、特別措置法第14条第1項において準用する第35条第1項本文の通知をするときは、同条第5項に規定する議案の要領のほか、次の事項をも通知しなければならない。
 一 建替え又は再建を必要とする理由
 二 建物の建替えをしないとした場合における当該建物の効用の維持又は回復（建物が通常有すべき効用の確保を含む。）をするのに要する費用の額及びその内訳
 三 建物の修繕に関する計画が定められているときは、当該計画の内容
 四 建物につき修繕積立金として積み立てられている金額

6 第4項の団地建物所有者等集会を招集した者は、当該集会の会日より少なくとも1月前までに、当該招集の際に通知すべき事項について団地建物所有者等に対し説明を行うための説明会を開催しなければならない。

7 特別措置法第14条第1項において準用する第35条第1項本文、第2項及び第3項並びに第36条並びに特別措置法第14条第2項及び第3項の規定は、前項の説明会の開催について準用する。【本項後段は準用しない】

8 前条第6項の規定は、一括建替え等決議をした団地建物所有者等集会の議事録について準用する。

（区分所有権等の売渡し請求等）

第63条 一括建替え等決議があったときは、団地建物所有者等集会を招集した者は、遅滞なく、一括建替え等決議に賛成しなかった団地建物所有者等（その承継人を含む。）に対し、一括建替え等決議の内容により建替え又は再建に参加するか否かを回答すべき旨を書面で催告しなければならない。

2 前項に規定する団地建物所有者等は、同項の規定による催告を受けた日から2月以内に回答しなければならない。

3 前項の期間内に回答しなかった第1項に規定する団地建物所有者等は、建替え又は再建に参加しない旨を回答したものとみなす。

4 第2項の期間が経過したときは、一括建替え等決議に賛成した各団地建物所有者等若しくは一括建替え等決議の内容により建替え若しくは再建に参加する旨を回答した各団地建物所有者等（これらの者の承継人を含む。）又はこれらの者の全員の合意により区分所有権及び敷地利用権（滅失した建物（特別措置法第15条第1項に規定する滅失した建物をいう。以下同じ。）にあっては敷地共有持分等（特別措置法第2条に規定する敷地共有持分等をいう。以下同じ。））を買い受けることができる者として指定された者（以下「買受指定者」という。）は、同項の期間の満了の日から2月以内に、建替え又は再建に参加しない旨を回答した団地建物所有者等（その承継人を含む。）に対し、区分所有権及び敷地利用権（滅失した建物にあっては、敷地共有持分等）を時価で売り渡すべきことを請求することができる。一括建替え等決議があった後にこの団地建物所有者等から敷地利用権のみを取得した者（その承継人を含む。）の敷地利用権についても、同様とする。

5 前項の規定による請求があった場合において、建替え又は再建に参加しない旨を回答した団地建物所有者等が建物の明渡しによりその生活上著しい困難を生ずるおそれがあり、かつ、一括建替え等決議の遂行に甚だしい影響を及ぼさないものと認めるべき顕著な事由があるときは、裁判所は、その者の請求により、代金の支払又は提供の日から1年を超えない範囲内において、建物の明渡しにつき相当の期限を許与することができる。

6 一括建替え等決議の日から2年以内に建物の取壊し又は再建の工事に着手しない場合には、第4項の規定により区分所有権又は敷地利用権（滅失した建物にあっては、敷地共有持分等）を売り渡した者は、この期間の満了の日から6月以内に、買主が支払った代金に相当する金銭をその区分所有権又は敷地利用権（滅失した建物にあっては、敷地共有持分等）を現在有する者に提供して、これらの権利を売り渡すべきことを請求することができる。ただし、建物の取壊し又は再建の工事に着手しなかったことにつき正当な理由があるときは、この限りでない。

7 前項本文の規定は、同項ただし書に規定する場合において、建物の取壊し又は再建の工事の着手を妨げる理由がなくなった日から6月以内にその着手をしないときに準用する。この場合において、同項本文中「この期間の満了の日から6月以内に」とあるのは、「建物の取壊し又は再建の工事の着手を妨げる理

被災区分所有建物再建等特別措置法

由がなくなったことを知った日から6月又はその理由がなくなった日から2年のいずれか早い時期までに」と読み替えるものとする。
（建替えに関する合意）
第64条　一括建替え等決議に賛成した各団地建物所有者等、一括建替え等決議の内容により建替え又は再建に参加する旨を回答した各団地建物所有者等及び区分所有権又は敷地利用権（滅失した建物にあっては、敷地共有持分等）を買い受けた各買受指定者（これらの者の承継人を含む。）は、一括建替え等決議の内容により建替え又は再建を行う旨の合意をしたものとみなす。

第5章　罰　　則

第19条[1]　次の各号のいずれかに該当する場合には、その行為をした者は、20万円以下の過料に処する。
一　第3条第1項又は第14条第1項において準用する区分所有法第33条第1項本文の規定に違反して、議事録又は第3条第1項若しくは第14条第1項において準用する区分所有法第45条第1項若しくは第2項に規定する書面若しくは電磁的方法による決議に係る書面若しくは同条第1項の電磁的方法による決議若しくは同条第2項の電磁的方法による合意が行われる場合に当該電磁的方法により作られる電磁的記録（次号において「議事録等」という。）の保管をしなかったとき。[2]
二　議事録等を保管する者が第3条第1項又は第14条第1項において準用する区分所有法第33条第2項の規定に違反して、正当な理由がないのに、議事録等の閲覧を拒んだとき。[3]
三　敷地共有者等集会又は団地建物所有者等集会の議長が第3条第1項又は第14条第1項において準用する区分所有法第42条第1項から第4項までの規定に違反して、議事録を作成せず、又は議事録に記載し、若しくは記録すべき事項を記載せず、若しくは記録せず、若しくは虚偽の記載若しくは記録をしたとき。[4]

〔1〕　本条の趣旨
本条は、管理者が敷地共有者等集会または団地建物所有者等集会の議事録等を

保管しなかった場合（1号）、議事録等を保管する者が議事録等の閲覧を正当な理由なく拒絶した場合（2号）、および議長が議事録を作成しない場合等（3号）に、それぞれ20万円以下の過料に処する旨を定める。

〔2〕 **議事録等の保管義務違反**

3条1項（敷地共有者等集会の場合）または14条1項（団地建物所有者等集会の場合）において準用する区分所有法33条1項本文の規定は、「議事録等は、管理者が保管しなければならない」と規定する（「議事録等」については後記の①～③）。この規定に違反して、管理者が議事録等を保管しなかったときは、管理者は20万円以下の過料に処せられる。

議事録等とは、①「議事録」、②3条1項もしくは14条1項において準用する区分所有法45条1項もしくは2項に規定する《書面若しくは電磁的方法による決議》に係る「書面」、③同条1項の電磁的方法による決議もしくは同条2項の電磁的方法による合意が行われる場合に当該電磁的方法により作られる「電磁的記録」である。

②の「書面」は、3条1項もしくは14条1項において準用する、㋐区分所有法45条1項の規定に基づき、敷地共有者等または団地建物所有者等の全員の承諾により集会を開催せずに《書面または電磁的方法による決議》が行われた場合の「書面」、または㋑同条2項の規定に基づき、敷地共有者等または団地建物所有者等の全員の書面または電磁的方法による合意があった場合（《書面または電磁的方法による決議》があったものとみなされる）の「書面」である。

③の「電磁的記録」は、㋐区分所有法45条1項の規定に基づき、敷地共有者等または団地建物所有者等の全員の承諾により団地建物所有者等集会を開催せずに《電磁的方法による決議》が行われた場合の当該電磁的方法により作られる「電磁的記録」、または㋑同条2項の規定に基づき、電磁的方法による合意が行われる場合に当該電磁的方法により作られる「電磁的記録」である。

なお、管理者がないときは、敷地共有者等またはその代理人で敷地共有者等集会で定めるものが保管しなければならないが（3条1項または14条1項において準用する区分所有法33条1項ただし書）、この者が保管義務に違反しても過料には処せられない。管理者と比較して、臨時性が強い職務だからである。しかし、〔3〕の注釈で述べるように、管理者以外の所定の保管者が、保管しているにもかかわらず、議事録等の閲覧を拒絶した場合には過料に処せられる（本条2号）。

〔3〕 議事録等の閲覧拒絶

3条1項または14条1項において準用する区分所有法33条2項の規定は、「議事録等を保管する者は、利害関係人の請求があったときは、正当な理由がある場合を除いて、議事録等の閲覧（議事録等が電磁的記録で作成されているときは、当該電磁的記録に記録された情報の内容を法務省令で定める方法により表示したものの当該議事録等の保管場所における閲覧）を拒んではならない」と規定する。この規定に違反して、管理者等の議事録を保管する者（前記〔2〕の注釈参照）が、議事録等の閲覧を拒絶したときは、その者は20万円以下の過料に処せられる。

〔4〕 議事録の不作成、不記載、虚偽記載

3条1項（または14条1項）において準用する区分所有法42条1項は、「敷地共有者等集会（または団地建物所有者等集会）の議事については、議長は、書面又は電磁的記録により、議事録を作成しなければならない」と定め、同条2項は、「議事録には、議事の経過の要領及びその結果を記載し、又は、記録しなければならない」と定め、同条3項は、「前項の場合において、議事録が書面で作成されているときは、議長及び敷地共有者等集会（または団地建物所有者等集会）に出席した敷地共有者等（または団地建物所有者）の2人がこれに署名押印しなければならない」と定め、同条4項は、「第2項の場合において、議事録が電磁的記録で作成されているときは、当該電磁的記録に記録された情報については、議長及び敷地共有者等集会（または団地建物所有者等集会）に出席した敷地共有者等（または団地建物所有者）の2人が行う法務省令で定める署名押印に代わる措置を執らなければならない」と定める。

敷地共有者等集会または団地建物所有者等集会の議長が、これらの各規定に違反して、議事録を作成せず（同条1項関連）、または議事録に記載し、もしくは記録すべき事項を記載せず、もしくは記録せず、もしくは虚偽の記載もしくは記録をしたときは（同条2項～4項関連）、20万円以下の過料に処せられる。

なお、敷地共有者等集会（または団地建物所有者等集会）に出席した敷地共有者等（または団地建物所有者）の2人は、議事録等に署名押印（同条3項）、または法務省令で定める署名押印に代わる措置をとらなければならないが（同条4項）、これらを怠った場合でも、議長とは異なり、過料に処せられることはない。

附　則（平成7年法律第43号。1995〔平成7〕年3月24日公布）
　この法律は、公布の日から施行する。[1]

〔1〕　施行の日
　本法は、1995（平成7）年3月17日に参議院で可決されたことをもって成立し、3月24日に法律として公布され、本附則の定めによって、同日施行された。

被災区分所有建物の再建等に関する特別措置法第2条第1項の災害を定める政令[1]（平成7年政令第81号。1995〔平成7〕年3月24日公布）
　内閣は、被災区分所有建物の再建等に関する特別措置法（平成7年法律第43号）第2条第1項の規定に基づき、この政令を制定する。
　被災区分所有建物の再建等に関する特別措置法第2条第1項の災害として、阪神・淡路大震災を定める。[2]

附　則
　この政令は、公布の日から施行する。[3]

〔1〕　政令への委任
　本法は、民法および区分所有法の規定と異なる特別規定（特別措置）を定める法律であるが、その内容が憲法29条によって保障される財産権に関わるものであるため、災害によって滅失した区分所有建物の敷地共有者等一般に適用されるものとはせず、特定の大災害によって滅失した区分所有建物の敷地共有者等に限って適用されるものとする。そのため、本法が適用されるべき災害を法令によって定める必要があるが、本法はそれを政令（閣議決定）に委任した。
〔2〕　政令で定める事項
　政令で定めるのは、「災害」である。災害が特定されれば足りるので、「地域」は定めない。当該災害によって滅失した建物であれば、地域を問う必要がなく、他方、当該災害によって滅失した建物であることは技術的に明確に判定することができるからである。
〔3〕　施行の日
　この政令は、1995（平7）年3月24日に公布され、本附則の定めによって、同日施行された。

被災区分所有建物再建等特別措置法

以下は、本法が東日本大震災後の2013年に改正された際の附則と、同改正法に基づく政令である。

附　則（平成25年法律第62号。2013〔平成25〕年6月26日公布）（抄）
（施行期日）
第1条　この法律は、公布の日から施行する。[1]

〔1〕　施行の日等
　本法（被災区分所有建物の再建等に関する特別措置法）の一部を改正する法律（平成25年法律第62号）が、2013（平成25）年6月19日に成立し、同月26日に公布された。その後、次に掲げる政令によって、同改正法2条の災害として、東日本大震災が定められ、同政令が同年7月31日に公布、施行された。なお、前記平成7年の政令（平成7年政令第81号）の注釈〔1〕〔2〕を参照。

被災区分所有建物の再建等に関する特別措置法第2条の災害を定める政令
（平成25年政令第231号。2013〔平成25〕年7月31日公布）
　内閣は、被災区分所有建物の再建等に関する特別措置法（平成7年法律第43号）第2条の規定に基づき、この政令を制定する。
　被災区分所有建物の再建等に関する特別措置法第2条の災害として、東日本大震災（平成23年3月11日に発生した東北地方太平洋沖地震及びこれに伴う原子力発電所の事故による災害をいう。）を定める。
附　則
　この政令は、公布の日から施行する。

マンション管理適正化法
解　説

マンションの管理の適正化の推進に関する法律

　　2000（平成12）年12月8日法律第149号
　　2001（平成13）年8月1日　施行

　改正　2002（平成14）年5月29日法律第45号
　　　　2003（平成15）年6月18日法律第96号

マンション管理適正化法

第一　本法の目的と概要

1　本法の目的と内容
(1)　本法の目的

マンションの適正な管理ができるかどうかは、今後のわが国の良好な都市環境および豊かな住生活の維持・創造を左右することから、2000（平成12）年12月にマンション管理適正化法（「マンションの管理の適正化の推進に関する法律」、2000年12月8日公布、2001〔平成13〕年8月1日施行）が成立した（2001年7月19日には、マンションの管理の適正化の推進に関する法律施行規則〔平成13年国土交通省令第110号。以下、単に「規則」という〕も公布された）。

マンション管理適正化法の目的について、同法1条は次のようにいう。「この法律は、土地利用の高度化の進展その他国民の住生活を取り巻く環境の変化に伴い、多数の区分所有者が居住するマンションの重要性が増大していることにかんがみ、マンション管理士の資格を定め、マンション管理業者の登録制度を実施する等マンションの管理の適正化を推進するための措置を講ずることにより、マンションにおける良好な居住環境の確保を図り、もって国民生活の安定向上と国民経済の健全な発展に寄与することを目的とする」。本法の目的は、「マンションの管理の適正化」であり、それを実現するために、本法では、主として2つの措置（次に示す①、②の措置）を講じた。

(2)　本法の内容

本法は、マンション管理の適正化を推進するための措置として、①マンション管理士の資格を創設して、これに管理組合の援助に当たらせ（第2章6条～43条の2）、②マンション管理業者の登録制度を創設して行政（国）がその業務を規制すると共に（第3章44条～90条）、管理業者の団体を指定して、自主的に業務の改善を行わせ、管理業務に関する苦情の解決等に当たらせることとした（第5章95条～102条）。その他、③国および地方公共団体はマンション管理の適正化に資するための必要な措置を講ずるものとした（第1章3条、5条）。具体的には、国土交通大臣が「マンション管理適正化指針」を定めると共に（3条）、マンション管理適正化推進センターを設置して管理組合に対する援助・支援に当たらせることとした（第4章91条～94条。なお、公益財団法人マンション管理センターが同センターに指定されている）。

なお、本法では、「管理組合」という用語を用いており、これについては、区分所有法での区分所有者の団体（3条）、団地建物所有者の団体（65条）、および管理組合法人（47条1項）をいうと定めている（2条3号）。

2　本法でのマンションおよびマンション管理業
(1)　マンションの定義

本法では、マンションについて次のように定義をしている（2条1号イ・ロ）。

イ　2以上の区分所有者が存する建物で人の居住の用に供する専有部分のあるもな

らびにその敷地および附属施設
　ロ　一団地内の土地または附属施設（これらに関する権利を含む）が当該団地内にあるイに掲げる建物を含む数棟の建物の所有者（専有部分のある建物にあっては、区分所有者）の共有に属する場合における当該土地および附属施設

　イについては、区分所有建物のうち、居住の用に供する一以上の専有部分のある建物をいい、また、そのような建物だけを指すのではなく、その敷地および附属施設を含んでいることに注意しなければならない。ロについては、一団地内にイに掲げる建物を含む数棟の建物（イ以外の建物は、戸建ての建物でも区分所有建物であってもよい）があり、その団地内の土地または附属施設をその団地内の建物所有者で共有（または準共有）している場合においては、当該土地および附属施設も、イの場合に準じて、本法では、「マンション」に包含させる。

　本法では、単に建物部分だけではなく、実際上はマンションの管理の上でこれと一体的に管理の対象とされる建物の敷地および附属施設ならびに団地内で共有または準共有する土地および附属施設についても、「マンション」の定義に包含させた。たとえば、本法では、管理組合と管理業者との間で管理事務の委託契約を締結する際に、管理業者に対し、「管理事務の対象となるマンションの部分」等を記載した書面を管理組合に交付することを義務づけているが（73条）、ここでの「マンション」には建物以外の上記の部分も含まれるものとしておくが適切であると考えられている。

(2)　マンション管理業

　本法では、マンション管理業については、「管理組合から委託を受けて管理事務を行う行為で業として行うもの（マンションの区分所有者等が当該マンションについて行うものを除く。）をいう」と定義している（2条7号）。ここでの「管理事務」とは、「マンションの管理に関する事務であって、基幹事務（管理組合の会計の収入及び支出の調定及び出納並びにマンション〔専有部分を除く。〕の維持又は修繕に関する企画又は実施の調整をいう。）を含むものをいう」と定めている（同条6号）。したがって、単に清掃業務を行ったり、管理人を派遣したりする業務だけでは、本法の対象とするマンション管理業とはならない。

第二　マンション管理士

1　マンション管理士の意義

　マンションの管理主体は区分所有者ないし管理組合であるが、現実にはこれらは管理に関して知識・経験が乏しいことが少なくない。そこで、本法ではマンション管理士の制度を創設し、公的に認定された専門家であるマンション管理士をして管理組合等からの要請に応じ援助を行わせることとした。

　本法では、マンション管理士について、資格試験に合格した後に国土交通大臣への登録を受けて、「マンション管理士の名称を用いて、専門的知識をもって、管理組合の運

営その他マンションの管理に関し、管理組合の管理者等又はマンションの区分所有者等の相談に応じ、助言、指導その他の援助を行うことを業務」とする者をいう、と定めている（2条5号）。

2 マンション管理士の資格・業務等

(1) マンション管理士の試験と登録

マンション管理士の資格を有するためには、マンション管理士試験に合格しなければならない（6条）。同試験は、国土交通大臣が行う（8条）が、国土交通大臣は、試験事務を指定試験機関に行わせることができる（11条1項。公益財団法人マンション管理センターがその指定を受けている）。同試験に合格した者が、後記のマンション管理士としての業務を行うためには国土交通大臣の登録を受けなければならない（2条5号、30条1項）。国土交通大臣は、指定登録機関にその登録事務を行わせることができる（36条1項。公益財団法人マンション管理センターがその指定を受けている）。

(2) マンション管理士の業務

マンション管理士に関する規定（第2章6条~43条の2）の大半は、上記の試験と登録に関する規定であり、その業務に関する規定は、上記2条5号の定義規定にほぼ尽きている。具体的な業務としては、マンションにおける管理組合や理事会の運営、区分所有者間のトラブルや管理組合と区分所有者間のトラブルの解決、建物や設備の維持、管理組合の会計、集会の運営、規約の設定・変更および管理業者との契約に関する事項などについて、管理組合等の相談に応じ、助言、指導その他の援助を行うことが考えられる。

なお、マンション管理士でない者も、上記の業務を行うことはできるが、ただ、その業務を行うに当たり、マンション管理士またはこれに紛らわしい名称を使用してはならない（43条）。マンション管理士の名称を用いて上記の業務を行うことができるのは、マンション管理士に限られる。

(3) マンション管理士の義務

本法は、マンション管理士の義務として、定期的に講習を受ける義務（41条）のほか、信用失墜行為の禁止（40条）および秘密保持の義務（42条）に関して定めている。秘密保持の義務については、マンション管理士である間だけではなく、マンション管理士でなくなった後においても、その業務に関して知り得た秘密を漏らしてはならないと定めている（42条）。

第三 マンション管理業

1 概要

本法は、マンション管理業に関する規定を多く設けている。その概要を示すと、まず、マンション管理業（2条6号~8号）を営もうとする者に登録を義務づけ（44条1項）、国土交通大臣の監督に服させることとし、悪質な業者に対しては業務停止の命令（82条）または登録の取消し（83条）ができることとしている。そして、管理業者には、管理業

務主任者の設置を義務づけ（56条）、これをして管理組合との管理委託契約（管理業者の側から見れば管理受託契約であるが、以下では「管理委託契約」という）を締結させることとし、その際に重要事項の説明（72条）および所定の事項を記載した契約書面の交付（73条）を義務づける。その他に、管理業者に対し、一括再委託の制限（74条）、帳簿の作成・保管（75条）、修繕積立金等の分別管理（76条）、管理事務の報告（77条）、および書類の閲覧（79条）を義務づける。また、管理業者の団体の指導のもとで、管理業者に自主的・積極的に業務の改善向上を図らせることとしている（95条。一般社団法人マンション管理業協会が国土交通大臣からこの業務を行う管理業者の団体として指定を受けている）。

2 マンション管理業者

(1) マンション管理業の登録

マンション管理業を営もうとする者は、国土交通省に備えるマンション管理業登録簿に登録を受けなければならない（44条）。この登録を受けてマンション管理業を営む者がマンション管理業者である（2条8号）。所定の事項を記載した登録申請書（45条）には、管理業者が法人である場合においては、発行済株式総数の100分の5以上の株式を有する株主の氏名・名称や株式数を記載した書面、直前1年の各事業年度の貸借対照表・損益計算書等を添付しなければならない（規則53条）。これらは、管理組合が管理業者を選ぶに当たり管理会社に関する情報として重要なものである。なお、マンション管理業者は、一定基準に適合する財産的基礎を有していなければならないが（47条10号）、規則54条は、これを資産額300万円以上であるとする。

国土交通大臣は、マンション管理業登録簿等を一般の閲覧に供しなければならず（49条）、登録簿閲覧所を設けなければならないが（規則57条）、その場所は、国土交通省総合政策局不動産業課内とされている（平成13年8月1日国土交通省告示第1279号）。

(2) 管理業務主任者

(ア) 管理業務主任者の設置

マンション管理業者は、その事務所ごとに、その業者が管理事務の委託を受けた管理組合数を30で除したもの（1未満の端数は切り上げる）以上の数の成年者である専任の管理業務主任者を置かなければならない（56条1項本文、規則61条）。したがって、たとえば、50の管理組合の管理事務の委託を受ける場合は2人の、10の管理組合の管理事務の委託を受ける場合は1人の専任の管理業務主任者が必要とされる。ただし、住戸が6以上であるマンションの管理組合から委託を受けて行う管理事務を、その業務としない管理業者の事務所については、この限りではない（56条1項ただし書、規則62条）。つまり、住戸数が5以下である小規模マンションの管理組合のみをもっぱら業務の相手方とする管理業者の事務所については、管理業務主任者を置く必要はない。

なお、団地において棟ごとの管理組合と団地管理組合がある場合に、上記の管理組合数の算定については、各管理組合から別々に委託を受けているときはこれらを別々に数えるが、これらの管理組合と一の契約をもって管理委託契約を締結しているときは、これらの管理組合をまとめて一つの管理組合として計算しても差し支えないものとされる

マンション管理適正化法

(国土交通省総合政策局不動産業課長通達・平成13年7月31日国総動第51号)。
　管理業務主任者が、他人に自己の名義の使用を許したり、マンション管理業者に自己が専任の管理業務主任者として従事している事務所以外の事務所の専任の管理業務主任者である旨の表示をすることを許した場合には、業務停止の処分を受ける（64条）。

　(イ)　管理業務主任者試験

　管理業務主任者となるには、管理業務主任者試験に合格し、かつ、一定の要件を満たして（後述）、国土交通大臣の登録を受けなければならない（59条）。管理業務主任者試験について、本法は、「管理業務主任者として必要な知識について行う」と定め（57条）、規則は、「マンション管理業に関する実用的な知識を有するかどうかを判定することに基準を置くものとする」（63条）とした上で、その内容（試験すべき事項）を掲げている（64条）。マンション管理士試験に合格した者は、試験の一部免除を受けられる（57条2項、7条2項、規則65条、66条）。なお、58条に基づく指定試験機関には、一般社団法人マンション管理業協会が指定されている。

　(ウ)　管理業務主任者の登録

　マンション管理士の場合とは異なり、管理業務主任者の登録を受けるには、試験に合格しただけでは足りず一定の実務経験が必要である。59条は、その実務経験として、①管理事務に関し国土交通省令で定める期間（2年〔規則68条〕）以上の実務の経験を有するもの、または、②国土交通大臣がその実務の経験を有するものと同等以上の能力を有すると認めたもの、としている。②に関しては、一般的には、所定の講習を終了した者である（規則69条1項1号・2項）。

　管理業務主任者の登録を受けている者は、国土交通大臣に対し、管理業務主任者証（その有効期間は5年間であり、申請により更新ができる）の交付を申請することができる（60条）。管理業務主任者は、その事務を行うに際し、マンションの区分所有者等その他の関係者から請求があったときは、管理業務主任者証を提示しなければならない（63条）。

3　マンションの管理業務

　マンション管理業者には、前述のように管理業務主任者を設置することのほかに、業務に関し以下のことが義務づけられている。

　(1)　重要事項の説明

　(ア)　管理委託契約を新規に締結しようとする場合

　マンション管理業者は、管理組合から管理事務の委託を受けることを内容とする契約を締結しようとするときは、あらかじめ説明会を開催し、当該管理組合を構成するマンションの区分所有者等（区分所有者以外に、団地内の土地および附属施設の所有者が含まれる〔2条2号参照〕）および当該管理組合の管理者等（管理者以外に、管理組合法人における理事が含まれる〔2条4号参照〕）に対し、管理業務主任者をして、管理委託契約の内容およびその履行に関する事項（重要事項）について説明しなければならない（72条1項）。ただし、管理委託契約が、新たに建設されたマンションの当該建設工事の完了の日から1年以内に契約期間が満了する一時的な契約である場合には、この限りではない（同項

括弧書、規則82条)。なお、説明会は、管理事務の委託を受けた管理組合ごとに開催しなければならないから(規則83条1項)、複数の管理組合を同一の場所に集めて合同でこれを開催してはならない。

　説明を要する重要事項は、①マンション管理業者の商号または名称、住所等、②対象マンションの所在地に関する事項、③管理事務の対象となるマンションの部分に関する事項、④管理事務の内容および実施方法、⑤管理事務に要する費用ならびにその支払いの時期および方法、⑥管理事務の一部の再委託に関する事項、⑦保証契約に関する事項、⑧免責に関する事項、⑨契約期間に関する事項、⑩契約の更新に関する事項、⑪契約の解除に関する事項である(規則84条)。

　上記72条1項の規定に従い説明がなされない場合には、国土交通大臣は、当該マンション管理業者に対し、1年以内の期間を定めて、その業務の全部または一部の停止を命ずることができる(82条1号)。

(イ)　管理委託契約を更新しようとする場合

　マンション管理業者は、管理組合との間ですでに管理委託契約を締結していて、これを更新しようとする場合でも、更新に当たってその条件が異なるときには、前述したのと同様な方法で説明会を開催しなければならない。しかし、従前と同一の条件で更新しようとするときには、説明会を開催する必要はなく、あらかじめ、当該管理組合を構成するマンションの区分所有者等全員に対し、重要事項を記載した書面を交付するとともに(72条2項)、当該管理組合に管理者等が置かれているときは、当該管理者等に対し、管理業務主任者をして、重要事項について、これを記載した書面を交付して説明をさせればよい(72条3項)。72条2項または3項の規定に違反した場合には、国土交通大臣は、当該マンション管理業者に対し、1年以内の期間を定めて、その業務の全部または一部の停止を命ずることができる(82条1号)。

　ここでは、「従前と同一の条件」とは何かが問題となる。契約金額の変更がなく管理仕様が向上する場合や、管理仕様の変更がなく契約金額が減額される場合など管理組合にとって不利とならない場合は、これに該当すると考えてよい。これに対して、管理仕様の向上に伴い契約金額も増額される場合や、管理仕様の低下に伴い契約金額も減額される場合については、「従前と同一の条件」ではないと考えるべきである。

(2)　契約成立時の書面の交付

　マンション管理業者は、管理組合から管理事務の委託を受けることを内容とする契約を締結したときは、当該管理組合の管理者等に対し、遅滞なく、管理業務主任者の記名押印のある次の事項を記載した書面を交付しなければならない。

　その事項とは、①管理事務の対象となるマンションの部分、②管理事務の内容および実施方法、③管理事務に要する費用ならびにその支払いの時期および方法、④管理事務の一部の再委託に関する定めがあるときは、その内容、⑤契約期間に関する事項、⑥契約の更新に関する定めがあるときは、その内容、⑦契約の解除に関する定めがあるときは、その内容、⑧その他国土交通省令で定める事項、である(73条1項・2項)。

マンション管理適正化法

⑧の事項とは、⑨管理委託契約の当事者の名称および住所等、⑩マンション管理業者による管理事務の実施のため必要となる、マンションの区分所有者等の行為制限またはマンション業者によるマンションの区分所有者等の専有部分への立入りもしくはマンションの共用部分の使用に関する定めがあるときは、その内容、⑪管理事務の報告に関する事項、⑫マンションの滅失または毀損した場合において、管理組合およびマンション管理業者が当該滅失または毀損の事実を知ったときはその状況を相手方に通知すべき旨の定めがあるときは、その内容、⑬宅地建物取引業者からその行う業務の用に供する目的でマンションに関する情報の提供を要求された場合の対応に関する定めがあるときは、その内容、⑭毎事業年度開始前に行う当該年度の管理事務に要する費用の見通しに関する定めがあるときは、その内容、⑮管理事務として行う管理事務に要する費用の収納に関する事項、⑯免責に関する事項、である（規則85条）。

なお、当該マンション管理業者が当該管理組合の管理者等である場合または当該管理組合に管理者等が置かれていない場合にあっては、当該管理組合を構成するマンションの区分所有者等全員に対し、上記の書面を交付する必要がある（73条1項括弧書）。

(3) 再委託の制限

マンション管理業者は、管理組合から委託を受けた管理事務のうち基幹事務については、これを一括して他人に委託してはならない（74条）。ここでの基幹事務とは、前述のように、管理組合の会計の収入および支出の調定および出納ならびにマンション（専有部分を除く）の維持または修繕に関する企画または実施の調整をいう（2条6号）。なお、基幹事務のすべてを複数の者に分割して委託することも禁止される（前掲・通達）。

(4) 帳簿の作成・保存

マンション管理業者は、管理組合から委託を受けた管理事務について、管理委託契約を締結したつど一定の事項（規則86条1項1号～6号）を記載すべき帳簿を作成し、その事務所ごとに、その業務に関する帳簿を備えなければならない（75条、規則86条1項）。

(5) 財産の分別管理

マンション管理業者は、管理組合から委託を受けて管理する修繕積立金および管理組合等から受領した管理費用に充当される金銭（以下「修繕積立金等金銭」という）または有価証券については、以下に掲げる方法に従い自己の固有財産および他の管理組合の財産と分別して管理しなければならない（76条、規則87条1項）。この点に関しては、いわゆる「栄光事件」（東京高判平12・12・14判時1755-65）おいて社会問題化し、本法に取り入れられたものである。同事件は、マンションの区分所有者が拠出した修繕積立金等金銭を原資とする預金が管理業者名義にされ、さらに同預金が管理業者の親会社である分譲会社の債務の担保にされたものである。裁判では、同預金が管理業者に帰属するか、管理組合に帰属するかが争われたが、上記控訴審は、管理業者に帰属するとした第一審（東京地判平10・1・23金判1053-37）の判断を覆して、管理組合に帰属すると判示した。

76条に基づく規則に定める財産の分別管理の方法について、修繕積立金等が金銭である場合には、マンション管理業者は、修繕積立金等金銭を、次のイ～ハのいずれかの方

法によって管理しなければならない（規則87条2項1号イ～ハ。修繕積立金等が有価証券である場合には同項2号参照）。

イ　マンションの区分所有者等から徴収された修繕積立金等金銭を収納口座に預入し、毎月、その月分として徴収された修繕積立金等金銭から当該月中の管理事務に要した費用を控除した残額を、翌月末日までに収納口座から保管口座に移し換え、当該保管口座において預貯金として管理する方法

ここでの「収納口座」とは、区分所有者等から徴収された修繕積立金等金銭を一時的に預貯金として管理するための口座をいい、また、「保管口座」とは、上記のような方法により収納口座から移し換え、これらを預貯金として管理するための口座であって、管理組合等を名義人とするものをいう（規則87条6項1号・2号。以下のロ・ハについても同じ）。

ロ　マンションの区分所有者等から徴収された修繕積立金を保管口座に預入し、当該保管口座において預貯金として管理するとともに、区分所有者等から徴収された修繕積立金以外の金銭（管理費等）を収納口座に預入し、毎月、その月分として徴収された同金銭から当該月中の管理事務に要した費用を控除した残額を、翌月末日までに収納口座から保管口座に移し換え、当該保管口座において預貯金として管理する方法

ハ　マンションの区分所有者等から徴収された修繕積立金等金銭を収納・保管口座に預入し、当該収納・保管口座において預貯金として管理する方法

ここでの「収納・保管口座」とは、区分所有者等から徴収された修繕積立金等金銭を預入し、預貯金として管理するための口座であって、管理組合等を名義人とするものをいう（規則87条6項3号）。

(6)　保証契約の締結等

マンション管理業者が上記イまたはロの方法により修繕積立金等金銭を管理する場合においては、管理業者は、イの方法により区分所有者等から徴収される1カ月分の修繕積立金等金銭、または、ロの方法による1カ月分の管理費等の金銭については、それぞれ収納口座に預入される1カ月分の合計額以上の額につき有効な保証契約を締結していなければならない（一般社団法人マンション管理業協会等が保証契約の相手方として保証事業を行っている）。ただし、①修繕積立金等金銭が管理組合等名義の収納口座に直接預入される場合または管理業者等が修繕積立金等金銭を徴収しない場合、②管理組合等を名義人とする収納口座の印鑑、預貯金の引出用のカード等を管理しない場合のいずれにも該当する場合には、保証契約を締結する必要はない（規則87条3項）。

また、マンション管理業者は、上記イからハまでの方法により修繕積立金等金銭を管理する場合に、保管口座または収納・保管口座に係る管理組合等の印鑑、預貯金の引出用のカード等を管理してはならない（規則87条4項）。

さらに、マンション管理業者は、毎月、その月における管理組合の収支状況に関する書面を作成し、翌月末日までに管理組合の管理者等に交付しなければならない（規則87条5項）。

マンション管理適正化法

(7) 管理事務に関するその他の義務
(ア) 管理事務の報告

マンション管理業者は、管理事務の委託を受けた管理組合の管理者等に対し、管理組合の事業年度終了後、遅滞なく、当該期間における管理事務に係る報告を、管理業務主任者をして、一定の事項（管理組合の会計の収入および支出の状況等）を記載した書面（管理事務報告書）を交付することによってさせなければならない（77条、規則88条）。

(イ) 書類の閲覧

マンション管理業者は、当該マンション管理業者の業務および財産の状況を記載した書類（業務状況書、貸借対照表及び損益計算書等）を事務所ごとに備え置き、その業務に係る関係者の求めに応じて、これを閲覧させなければならない（79条、規則90条1項）。

(ウ) 秘密保持義務

マンション管理業者は、正当な理由がなく、その業務に関して知り得た秘密を漏らしてはならない。マンション管理業者でなくなった後においても、同様である（80条）。マンション管理業者が、以上の業務規制に違反した場合には、国土交通大臣から業務停止命令を受け（82条2号）、また、情状が特に重いときは登録の取消し等の処分を受ける（83条3号）。

マンション建替え等円滑化法
解　説

マンションの建替え等の円滑化に関する法律

2002（平成14）年 6 月19日法律第78号
2002（平成14）年12月18日　施行

改正　2002（平成14）年12月11日法律第140号
　　　2014（平成26）年 6 月25日法律第80号

マンション建替え等円滑化法

「マンションの建替えの円滑化等に関する法律」は、2002（平成14）年6月12日に国会で成立し、同年6月19日法律第78号として公布され、同年12月18日より施行された。なお、同年12月11日に公布された「建物の区分所有等に関する法律及びマンションの建替えの円滑化等に関する法律の一部を改正する法律」（平成14年法律第140号）によって一部改正がなされた。

その後、2014（平成26）年には、耐震性不足のマンションの除却および建替え等の円滑化を目的として、特別多数決によるマンション敷地売却制度を新設する改正（同年6月25日法律第80号）がなされ、法令名が「マンションの建替えの円滑化等に関する法律」（「等」は危険有害マンションの建替えの促進）から「マンションの建替え等の円滑化に関する法律」（「等」はマンション敷地売却）と改められた（同年12月24日より施行。以下では、この改正法を「2014年改正法」という）。

第一　立法の背景

1　建替え決議と建替え事業

区分所有法による建替え決議が成立した後の手続は、次のとおりである。まず、集会招集者が、建替え決議があったときから遅滞なく建替え決議非賛成者に対して参加の有無の回答を催告する。回答者が催告を受けたときから2カ月が経過したときは、建替え参加者（買受指定者を含む）から建替え不参加者に対して、同期間の満了の日から2カ月以内に区分所有権等の売渡請求をすることが可能となる。この売渡請求によって、区分所有建物およびその敷地に対するすべての権利が建替え参加者に帰属する（63条1項〜4項）。建替え参加者は、建替え決議の内容により建替えを行う旨の合意をしたものとみなされる（64条）。ここまでが区分所有法の定めるところである。しかし、マンションを実際に建て替えるためには、建替えを行う旨の合意に基づいて、現建物を取り壊し、その後に新たな建物を再建するという「建替え事業」が必要となる。

2　本法制定前の状況

本法の制定前においては、この点に関する特別の法律が存在していなかった。そのために、次のような問題が生じた。特に阪神・淡路大震災において、これらの点が顕著になった（坂和・円滑化法12）。

①　建替え参加者の団体に法人格がないために、建替え工事を請け負う業者と建替え参加者の間の契約は、建替え参加者ごとの個別の契約とならざるを得ず、現実には複雑で煩瑣な手続が必要となる。そのために、阪神・淡路大震災においては、建替え参加者の全員がいったん当該建物と敷地の所有権を請負事業者に譲渡して、再建建物の完成後に請負事業者から新築建物と敷地の譲渡を受けるという手法が多くとられた。しかし、この手法において、仮に建替え参加者の一人が建物と敷地の所有権（共有持分権）の譲渡に応じないような場合には問題が生ずる。

②　建替え参加者の中には自らの専有部分につき債権者のために抵当権を設定してい

る場合（住宅ローンのために金融機関の抵当権が存する場合など）が少なくなく、このような場合には、債権者の同意がない限り、その抵当権を再建される建物に移行させることはできない。阪神・淡路大震災の際には、多くの建替えにおいて債権者の同意が得られたが、今後の建替えのすべての事例においてこの同意が得られるとは限らない。

③　また、建替え参加者の専有部分が賃貸されている場合において、建替え決議があったことは、当該賃貸借関係を当然に終了させる原因とはならないと一般に解されている。賃借人の同意がない限りは、当該賃貸借終了についての「正当事由」の判断（立退料の提供等の判断を含む〔借地借家法28条〕）が裁判所によって行われざるを得ない。

そこで、このような問題点を立法的に解決するために、本法は、次に述べるように、マンション建替組合の設立を認めてこれを法人とし（上記①関連）、また、権利変換手続による関係権利の円滑な移行（上記②・③関連）の制度を設けた。その他、建替えに参加しない者に対する居住安定のための措置および防災や居住環境面で著しい問題のあるマンションの建替えの促進のための制度を設けた。

3　2014年改正法によるマンション敷地売却制度の創設

前述のように、本法は、2014年に改正されたが、その背景には、南海トラフ巨大地震や首都直下型地震等の大地震が将来相当な確率で発生することが懸念される中にあって、1981（昭和56）年以前に建築されたマンション（国土交通省ＨＰ「全国のマンションストック戸数〔平成25年末現在〕」によると106戸存在しているとされる）の耐震性については関連法令の旧耐震基準によるものであり、そのうちの多くのものは、現行の耐震基準に照らすと、耐震性不足であると思われることがある。同改正法では、1981年以前に建築されたものを含むマンションの管理組合が耐震診断（任意）を受けた後に、特定行政庁によって耐震性不足が認定された場合には、集会の特別多数決により当該マンションとその敷地を売却することができるものとし、また、その事業が円滑に行われるための措置が講じられた（以下、「マンション敷地売却」という。その概要については、後述「第五　マンション敷地売却」を参照）。

第二　本法の目的および対象

1　本法の目的

本法1条は、本法の目的について次のように規定する。「この法律は、マンション建替事業、除却する必要のあるマンションに係る特別の措置及びマンション敷地売却事業について定めることにより、マンションにおける良好な居住環境の確保並びに地震によるマンションの倒壊その他の被害からの国民の生命、身体及び財産の保護を図り、もって国民生活の安定向上と国民経済の健全な発展に寄与することを目的とする」。

本法の実質的かつ具体的な目的は、①マンションの建替組合の設立および権利変換手続の制度を設けることによって、マンションの建替えの円滑化のための措置を講ずること、ならびに、②地震によるマンションの倒壊その他の被害からの国民の生命、身体な

らびに財産の保護を図るために、除却する必要のあるマンションについてマンション敷地売却に係る制度を設け、その事業に係る特別の措置を講ずることにある。本法の第2章が①に関するものであり、第3章および第4章が②に関するものである（本法は、その他に、第1章「総則」、第5章「雑則」、および第6章「罰則」を設けている）。このように本法は、マンションの「建替え」の「円滑化」のための措置（①）と、耐震性不足のマンションの「除却」およびその「円滑化」のための措置（②）という性格の異なる事項を定めており、この両者は、厳格に区別して理解しなければならない。本法は、マンションの建替えを一般的に「促進」するものではなく、マンションの居住者（正確には区分所有者）が建替えを決議した場合に、その後の建替え事業を「円滑」に進めるための措置を講じたものであり（①）、また、耐震性不足のマンションについてのマンション敷地売却決議をした場合に、その後の除却のための売却事業を「円滑」に進めるための措置を講じたものである（②）。一定の年数が経過したマンションについて、それを建て替えるのか、修繕・改修をしていくのかについては、あくまでも区分所有者の決定に委ねている。また、耐震性の不足しているマンションについて、それを除却するために売却するのか、改修するのかについても同様である。

2 本法で対象とする建物

本法で対象とする建物は、「マンション」である。本法においては、「マンション」とは、「2以上の区分所有者が存する建物で人の居住の用に供する専有部分のあるものをいう」（2条1号）。したがって、区分所有建物（「2以上の区分所有者が存する建物」。なお、区分所有法1条参照）のうち、「人の居住の用に供する専有部分のあるもの」（「住戸」）に限られる。区分所有建物において、このような専有部分が一以上あれば、本法で定める「マンション」に該当する（ただし、後述するように、建替組合の設立について都道府県知事の認可を受けるためには、住戸の数が国土交通省令で定める数以上であることが必要である〔12条4号〕）。したがって、一棟の区分所有建物に居住の用に供されている専有部分と営業の用に供されている専有部分の存する複合用途型マンションも本法の対象となる。これに対して、本法は、マンションの良好な居住環境の確保を図るという住宅政策上の観点から措置を講ずるものであることから、区分所有の建物ではあるがその用途がもっぱら商業用ないし事務所用であるものは対象としていない。ただ、従来このような用途の建物であっても、建替え決議（区分所有法62条）の時点で「人の居住の用に供する専有部分」が存する場合には、本法の対象となると解すべきである。

なお、上記の「マンション」の定義は、マンションの管理の適正化の推進に関する法律における「マンション」の定義（同法2条1号）に類するが、同法では、本法でいう建物部分に加えて、「並びにその敷地及び附属施設」としていることに注意する必要がある（同法では、その立法上の目的から、これらの部分を含めて「マンションの管理の適正化」の対象となると考えたものと思われる）。

第三　建替え事業に対する国の基本方針および行政の責務

本法は、第1章「総則」において、本法の目的（1条）および定義（2条）に関する規定を設けた後に、「国及び地方公共団体の責務」（3条）および「基本方針」（4条）に関する規定を設けている。

1　国および地方公共団体の責務

国および地方公共団体は、マンションの建替えまたは除却する必要のあるマンションに係るマンション敷地売却（以下、「建替え等」という）の円滑化を図るため、必要な施策を講ずるように努めなければならない（3条）。国および地方公共団体が講ずべき施策については、建替え等円滑化法4条で規定する国土交通大臣の定める基本方針においてより具体的に示されている。

2　基本方針

国土交通大臣は、マンションの建替え等の円滑化に関する基本的な方針（「基本方針」）を定めなければならない（4条1項）。基本方針においては、次の事項を定めるものとされている（同条2項）。①マンションの建替え等の円滑化を図るため講ずべき施策の基本的方向、②マンションの建替え等に向けた区分所有者等の合意形成の促進に関する事項、③マンション建替え事業その他マンションの建替えに関する事業の円滑な実施に関する事項、④再建マンションにおける良好な居住環境の確保に関する事項、⑤マンションの建替えが行われる場合における従前のマンションに居住していた賃借人および転出区分所有者の居住の安定の確保に関する事項、⑥除却する必要のあるマンションに係る特別の措置に関する事項、⑦マンション敷地売却事業その他の除却する必要のあるマンションに係るマンション敷地売却の円滑な実施に関する事項、⑧売却マンションに居住していた区分所有者および賃借人の居住の安定の確保に関する事項、⑨その他マンションの建替え等の円滑化に関する事項。

上記規定に基づく基本方針は、2002年12月19日に国土交通省告示第1008号として定められ公表された（その後、2014年改正法に基づいて改定された）。本法では、事業計画の認可基準（12条10号、48条5号）および権利変換計画の認可基準（65条5号）として当該認可申請が基本方針に照らして適切なものであることも求められており、また、居住安定に関する措置（90条）において、基本方針に従うことが求められている。

第四　建替え事業

以下では、本法の中核部分である建替え事業の流れを概観しよう（フロー図参照）。

マンション建替え等円滑化法

マンションの建替え事業のフロー図

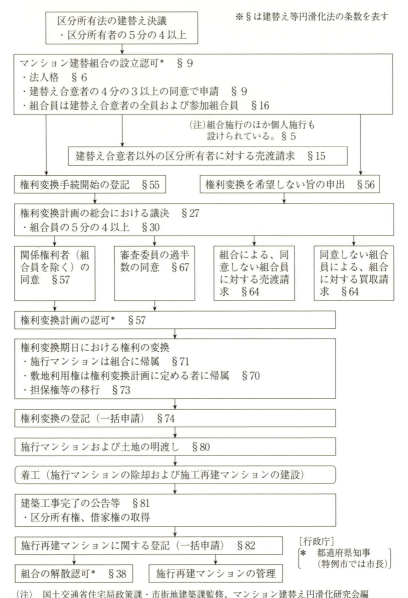

(注) 国土交通省住宅局政策課・市街地建築課監修、マンション建替え円滑化研究会編『マンション建替え円滑化法の解説』〔大成出版社、2003年〕4頁に基づいて作成

マンション建替え等円滑化法〔解説〕

1 マンション建替組合の設立

　マンション建替え事業の施行者は、マンション建替組合である。ただ、区分所有者またはその同意を得た者は、一人で、または数人共同して、マンション建替え事業の施行者となることができる（5条）。以下では、前者を中心に述べる。

　建替え合意者（区分所有法64条）は、5人以上共同して、定款および事業計画を定め、都道府県知事の認可を受けてマンション建替組合を設立することができる（9条1項）。この組合は、法人とされる（6条1項）。認可申請をする建替え合意者は、組合の設立について、建替え合意者の4分の3以上の同意（同意した者の区分所有法38条の議決権の合計が、建替え合意者の同条の議決権の合計の4分の3以上となる場合に限る）を得なければならない（9条2項）。すなわち、建替え合意者の頭数の4分の3以上の同意だけでは足りず、建替組合設立同意者の議決権（規約に別段の定めがない限り共用部分の持分の割合〔区分所有法38条――共用部分の持分の割合は、規約で別段の定めがない限り各区分所有者の有する床面積の割合による（区分所有法14条1項・4項）〕による議決権）が、建替え合意者の議決権の合計の4分の3以上とならなければならない。

　都道府県知事の認可の基準として、マンション建替え事業を施行する現に存するマンション（以下「施行マンション」という〔2条6号参照〕）およびマンション建替え事業の施行により新たに建築されるマンション（以下、「施行再建マンション」という〔2条7号参照〕）の住戸の数、施行再建マンションの規模、構造および設備等が一定の基準に該当すること等が定められている（12条）。

　認可された建替組合は、建替え決議に賛成しなかった区分所有者に対し、区分所有権等を時価で売り渡すように請求することができる（15条）。この売渡請求権は、形成権であるので、請求の意思表示が相手方に到達した時に、相手方の応諾を問うことなく、当然に当該区分所有権等が建替組合に移転する。

　なお、建替組合には建替え合意者以外の者も参加組合員として参加できるとされている（17条）。これは、民間事業者を建替え事業に参加させることによって、そのノウハウと資金力を活用できるようにするために設けられたものである。現実の建替え事業においては、このような民間事業者の参加が必要な場合が少なくない。

2 権利変換手続による関係権利の円滑な移行

　マンション建替え事業が円滑に実施されるためには、区分所有権、借家権、抵当権等の関係権利が施行マンションから施行再建マンションへ確実に移行することが必要である。このため、建替え等円滑化法においては、市街地再開発事業において用いられている権利変換手続に準じて、マンション建替えに伴う関係権利の変換のための制度が設けられている。以下、その手続を簡単に示すこととする。

① 権利変換手続開始の登記

　建替組合等マンション建替え事業施行者は、権利変換手続を開始するに当たり、施行マンションの区分所有権等について、権利変換手続開始の登記を申請しなければならない（55条1項）。この登記がなされた後は、区分所有者等は、その有する権利を処分する

② 権利変換を希望しない旨の申出
　施行マンションの区分所有権もしくは敷地利用権または借家権を有する者は、建替組合認可等の公告があった日から起算して30日以内に、施行者に対し、権利の変換を希望しない旨を申し出ることができる（56条）。その旨を申し出た者は、権利変換期日までに、従前の権利の価額に相当する補償金を施行者から給付される（75条）。
③ 権利変換計画
　施行者は、権利変換計画を定め、都道府県知事の認可を受けなければならない（57条1項）。この認可の申請をするためには、あらかじめ建替組合の総会の議決を経なければならない（同条2項）が、その議決は、組合員の議決権および持分割合の各5分の4以上の特別多数決による（30条3項、27条7号）。ここにおいて、議決権については、定款に特別の定めがある場合を除き、組合員が各一個の議決権を有し（33条1項）、また、持分割合については、組合の専有部分が存しないものとして算定した施行マンションについての区分所有法14条に定める割合（共用部分の持分の割合で、規約で別段の定めがない限り、その有する専有部分の床面積の割合による）の持分の割合（30条1項）である。この議決があったときは、建替組合は、当該議決に賛成しなかった組合員に対し、区分所有権等を時価で売り渡すべきことを請求することができ、他方、当該議決に賛成しなかった組合員は、建替組合に対し、区分所有権等を時価で買い取るべきことを請求することができる（64条）。
④ 権利の変換
　権利変換計画が都道府県知事による認可を受けると、権利変換期日において、関係権利は本法の定めるところにより変換される（70条、71条、73条）。施行マンションは、権利変換期日において施行者に帰属する（71条1項）。施行者は、権利変換後遅滞なく、施行再建マンションの敷地につき、権利変換後の土地に関する権利について必要な登記をしなければならない（74条1項）。
⑤ 施行マンション等の明渡し
　施行者は、権利変換期日後マンション建替え事業に係る工事のために必要があるときは、施行マンションまたはその敷地を占有している者に対して、その明渡しを求めることができる（80条1項）。
⑥ 工事完了に伴う措置
　施行再建マンションの建替え工事が完了したときは、施行者は、速やかに、その旨を公告し、施行再建マンションに関し権利を取得する者に通知しなければならない（81条）。また、工事完了後遅滞なく、施行再建マンション等について必要な登記を申請しなければならない（82条）。

3　建替えに参加しない者に対する居住安定のための措置

　マンションの建替え事業では、区分所有法上の建替え決議（62条）、ならびに、本法上のマンション建替組合の設立認可（9条。なお、56条）および権利変換計画の総会に

おける議決（27条7号）等の各段階において、建替えに参加しない者が出現する。これら一連の手続は、関係権利者の全員の合意のもとに進行するのではなく、その多数者の意思によって進められていく。そのため、建替えに参加しない者に対しては、その者が施行マンションに対して有する権利について財産的補償がなされる（区分所有法63条、本法15条、64条、75条）。他方、施行マンションにおいて居住していた賃借人等の中には、建替えに参加することができないために、新たな住居を得ることが困難な者もあるであろう。そこで、建替え等円滑化法は、施行者ならびに国および地方公共団体は「基本方針」（前述）に従って、施行マンションに居住していた賃借人および転出区分所有者の居住の安定の確保等に努めなければならないとの規定を設けた（90条）。

第五　マンション敷地売却

　本法は、前述のように、2014年改正によってマンション敷地売却制度を新設した。2014年改正法以前においては、市町村長が、構造または設備が著しく不良であるため居住の用に供することが著しく不適当で、保安上危険または衛生上有害な状況にあるマンション（「危険・有害マンション」）の区分所有者に対し、当該マンションの建替えを行うことを勧告することができるものとし、それと共に、当該マンションの建替えを促進するために特別な措置を講じるものとされていた（同法第5章「危険又は有害な状況にあるマンションの建替えの促進のための特別の措置」102条〜124条）が、2014年改正法によって民間活力を利用してのマンション敷地売却制度が新設されるのに伴い、行政の関与のもとに建替えの促進が図られる危険・有害マンション制度は廃止され、同制度に関する規定は削除された。

1　要除却認定

　本法により認められる特別多数決議によるマンション敷地売却は、行政により耐震性不足が認定されたマンションに限定される。
　建築物耐震改修促進法に規定する耐震診断（区分所有法17条の注釈〔1〕⑷参照）が行われたマンションの管理者等は、特定行政庁に対し、当該マンションを除却する旨の認定を申請することができる（102条1項）。特定行政庁は、国土交通大臣が定める基準（構造耐震指標〔Is値が0.6未満〕）に適合していないと認めるときは、その旨の認定を行う（同条2項）。この認定を受けたマンションを「要除却認定マンション」という（103条）。ここでの認定については、要除却認定マンションの認定基準と建築物耐震改修促進法に基づく「要耐震改修認定建築物」（同法25条3項。区分所有法17条の注釈〔1〕⑷参照）の認定基準とが同一であるために、管理者等がこれらの認定の申請をするに当たっては、当該マンションの区分所有者が、耐震改修とマンション敷地売却のうちどちらの方向を選択するのかを決定しておく必要がある。この決定は、集会の通常の決議（区分所有法39条1項）に基づくものと解される。なお、どちらの申請をしてどちらの認定を受けたかは、その後に改めてなされ得る耐震改修またはマンション敷地売却の集会決議の選択に必ず

しも影響を与えるものではない。たとえば、いったん「要除却認定マンション」の認定を受けたが、その後に改めて「要耐震改修認定建築物」の認定を受けた上で、耐震改修の決議（建築物耐震改修促進法25条3項）を行うことは可能であると解される（その逆も可能）。

2　買受人の決定と買受計画の認定

マンション敷地売却決議があった場合にこれを買い受けようとする者は、同決議がなされる前に、国土交通省令で定めるところにより、当該マンションの買受けおよび除却ならびに代替建築物の提供等（当該マンションに代わるべき当該マンションの敷地に再建される建築物またはそれ以外の建築物の提供またはあっせん）に関する計画を作成し、都道府県知事等の認定を受けなければならない（109条1項、110条）。同計画には、マンションを除却した後の土地の利用に関する事項も記載されなければならない（109条2項5号）。当該マンションを除却した後の敷地の利用については特に制限が設けられておらず、必ずしもマンションが再建される必要はない（後述のように、マンションが再建される場合には、一定の要件のもとに、特定行政庁の許可により容積率の緩和がなされ得る）。買受人にマンションの再建を義務づけないことにより、デベロッパーが参入しやすくなり買受人が見つけやすくなるとともに、各区分所有者にとっては最有効使用を前提とした土地の評価額を基準とした売却代金を得ることができると考えられるためである。同計画には、同決議に反対する者を含む当該マンションの区分所有者の居住建物の確保という観点から代替建築物の提供等に関する事項が記載されなければならない。

以上のように、要除却認定マンションについてのマンション敷地売却決議にあっては、同決議の前に買受人が決定される必要がある。つまり、買受人は、前述の要除却マンションの認定の申請を議事とする集会においてこれと併せてその認定を条件として決定されるか、または同認定後の集会において決定される。

3　マンション敷地売却決議

要除却認定マンションの区分所有者は、区分所有者集会において、区分所有者、議決権および当該敷地利用権の持分の価格の各5分の4以上の多数で、当該要除却認定マンションおよびその敷地を売却する旨の決議（マンション敷地売却決議）をすることができる（108条1項）。同決議においては、前述の認定を受けた買受人となるべき者の氏名または名称、売却における代金の見込額および売却によって各区分所有者が取得することができる金銭（分配金）の額の算定方法に関する事項を定めなければならない（同条2項・3項）。なお、同決議を目的とする集会を招集する通知をするときには、議案の要領のほか、①売却を必要とする理由、②耐震改修または建替えをしない理由および③耐震改修に要する費用の概算額も通知しなければならず（同条6項）、また、当該集会の会日（開催日）の少なくとも1カ月前までに、当該招集の際に通知すべき事項について区分所有者に対し説明を行うための説明会を開催しなければならない（同条7項）。マンション敷地売却決議があった場合には、区分所有法63条（区分所有権等の売渡し請求等）および64条（建替えに関する合意）の規定が、所定の読替えがなされた上で準用される（同

条10項)。

4 マンション敷地売却組合とマンション敷地売却事業

マンションの建替えと同様に、マンション敷地売却においても、その決議後に区分所有者は、マンション敷地売却事業を実施する法人格を有するマンション敷地売却組合を設立することができる（116条、117条1項）。同組合の設立は、マンション敷地売却合意者の4分の3以上の同意を得た上で、都道府県知事等の認可を受ける必要がある（120条～122条）。

マンション敷地売却組合は、マンション敷地売却に参加しない旨を回答した区分所有者に対し、区分所有権および敷地利用権を時価で売り渡すべきことを請求することができる（124条1項）。同組合は、設立後、遅滞なく、売却マンションの区分所有権および敷地利用権について、分配金取得手続開始の登記を申請する（140条1項）と共に、分配金取得計画を定め、都道府県知事等の認可を受けなければならない（141条1項）。

分配金取得計画の決定に当たっては、組合の総会で議決（過半数の普通決議）する必要がある（同条2項）が、この決定は売却による代金の分配金に関するものであるために、決定に伴い反対者が離脱することはない。そして、分配金取得計画に定められた権利消滅期日において、個別の区分所有権および敷地利用権はいったん組合に集約され、その後、組合から買受人に対し、マンションとその敷地が売却される（149条）。

なお、借家権については、分配金取得計画において、当該権利とこれに対応する補償金が定められ（同権利の価額は、近傍同種の建築物に関する取引価額等を考慮して定められ、また、引越代、営業補償などの明渡しにより通常受ける損失についても補償料として定められる〔142条1項4号・5号、143条2項・3項〕）、借家人に対して、権利消滅期日までに同補償金が支払われる（153条）。担保権が設定されたマンションの区分所有権等については、これに対応する分配金が区分所有者に支払われるのではなく供託され、担保権者はその供託金の還付請求権に対してその権利を行うこと（物上代位）ができる（152条、154条）。

5 容積率規制の緩和

マンション敷地売却制度において、買受人は、耐震性の不足するマンション居住を解消するという同制度の目的から、要除却認定マンションを除却しなければならないが、前述のように、除却後の当該敷地に新たにマンションを建築することは必ずしも義務づけられてはいない。除却後の当該敷地に新たにマンションが建築されるか否かは、マンション敷地売却決議の前に、買受人が代替建築物の提供等（当該マンションに代わるべき当該マンションの敷地に再建される建築物またはそれ以外の建築物の提供またはあっせん）に関する計画を作成し、都道府県知事等の認定を受けるに先立って決定されなければならない。この決定を前提とし、かつ、その内容が、マンション敷地売却決議の対象となる。ただ、2014年改正法は、区分所有者の選択に当たっての一般的な意向と思われる当該敷地での建替えの方向を促進するために、要除却認定マンションの建替えにより新たに建築されるマンションで、一定の敷地面積を有し、市街地環境の整備・改善に資するもの

マンション建替え等円滑化法

については、特定行政庁の許可により容積率を緩和できるものとした（105条）。

マンション敷地売却制度のフロー図

```
耐震性不足の認定
・申請に基づき、特定行政庁が認定
        │
        │      買受計画の認定*
        │      ・買受計画の内容＝マンションの買受け・除却、代替住居の提供・
        │        あっせん（買受人〔デベロッパー〕が申請）
        ▼
マンション敷地売却決議
・5分の4以上の多数により決議（売却の相手方、売却代金、分配金の算定方法）
        ▼
マンション敷地売却組合の設立認可*
・4分の3以上の多数の同意
        ▼
反対区分所有者への売渡し請求
・時価で買取り
        ▼
分配金取得計画の決定・認可*
・区分所有者は計画で定めた期日までに分配金を取得
・担保権付きの区分所有権に係る分配金は、区分所有者に支払わずに供託し、
  担保権者が物上代位できることとする
・借家権者は期日までに補償金を取得
・居住者は期日までにマンションを明渡し
        ▼
組合がマンションと敷地の権利を取得
・期日において個別の権利が組合に集約。担保権・借家権は消滅
        ▼
買受人にマンションと敷地を売却
・買受人がマンションを除却 → 危険住居を解消
        ▼
買受人が新たにマンション等を建設
・区分所有者は、①新マンションへの再入居、②他の住居への住替えを選択
・従来の建替えより合意形成が容易
```

（＊　認定・認可権者＝都道府県知事または市長）

└──────┘ 内は本法の規定内容

（注）　国土交通省ＨＰ・報道発表資料に基づいて作成

区分所有建物の登記簿記載例

磁気ディスク登記簿
　　　土地の登記事項証明書（区分建物の敷地）
　　　建物の登記事項証明書（区分建物）
管理組合法人の登記

区分所有建物の登記簿記載例

土地の登記事項証明書（区分建物の敷地）

表　題　部	（土地の表示）	調製	余　白	不動産番号	0000000000000
地図番号	余　白	筆界特定	余　白		
所　在	中央区川中島一丁目			余　白	
①地　番	②地　目	③地　積　㎡		原因及びその日付〔登記の日付〕	
315番2	宅地	893｜28		315番から分筆〔平成8年2月8日〕	

権　利　部　（甲区）	（所有権に関する事項）		
順位番号	登記の目的	受付年月日・受付番号	権利者その他の事項
1	所有権敷地権	余　白	建物の表示　中央区川中島一丁目315番2 一棟の建物番号　ひばりが丘1号館 平成8年5月10日登記 順位3番の登記を移記

これは登記記録に記録されている事項の全部を証明した書面である。

平成□年□月□日
東京法務局　　　　　　　　　登記官　　　法　務　太　郎　　印

（注）　上記の登記事項証明書を簡略にしたものとして、「**登記事項要約書**」がある。

磁気ディスク登記簿

建物の登記事項証明書（区分建物）

専有部分の家屋番号	315－2－101～315－2－110　315－2－201～315－2－215 315－2－301～315－2－305

表　題　部	（一棟の建物の表示）	調製	余　白	所在図番号	余　白
所　在	中央区川中島一丁目　315番地2			余　白	
建物の名称	ひばりが丘1号館			余　白	

①構　造	②床　面　積　㎡	原因及びその日付〔登記の日付〕
鉄筋コンクリート造陸屋根 3階建	1階　　535：47 2階　　648：28 3階　　648：28	〔平成8年5月10日〕

表　題　部	（敷地権の目的である土地の表示）				
①土地の符号	②所在及び地番	③地目	④地積　㎡		登記の日付
1	中央区川中島一丁目 315番2	宅地	893：28		平成8年5月10日

表　題　部	（専有部分の建物の表示）	不動産番号	0000000000000
家屋番号	中央区川中島一丁目　315番2の305	余　白	
建物の名称	ひばりが丘1号館	余　白	

①種　類	②構　造	③床　面　積　㎡	原因及びその日付〔登記の日付〕
居宅	鉄筋コンクリート造1 階建	3階部分　　40：35	平成8年5月10日新築 〔平成8年5月10日〕

表　題　部	（敷地権の表示）			
①土地の符号	②敷地権の種類	③敷地権の割合		原因及びその日付〔登記の日付〕
1	所有権	1万分の516		平成8年5月10日敷地権 〔平成8年5月10日〕

所　有　者	中央区一丁目8番5－305号　丙　野　二　郎

権　利　部（甲区）	（所有権に関する事項）		
順位番号	登記の目的	受付年月日・受付番号	権　利　者　そ　の　他　の　事　項
1	所有権保存	平成8年6月5日 第12694号	原因　平成8年6月5日売買 所有者　中央区川中島一丁目8番5－305号 　　　　丙　野　二　郎

権　利　部（乙区）	（所有権以外の権利に関する事項）		
順位番号	登記の目的	受付年月日・受付番号	権　利　者　そ　の　他　の　事　項
1	抵当権設定	平成8年6月5日 第12695号	原因　平成8年6月5日金銭消費貸借同日設定 債権額　金1,200万円 利息　年4・50％（年365日日割計算） 損害金　年14・5％（年365日日割計算） 債務者　中央区川中島一丁目8番5－305号 　　　　丙　野　二　郎 抵当権者　中央区川中島二丁目10番1号 　　　　　株式会社城西銀行

＊下線のあるものは抹消事項であることを示す。

　これは登記記録に記録されている事項の全部を証明した書面である。
平成□年□月□日
東京法務局　　　　　　　　　　　登記官　　　法　務　太　郎　　印

（注）　上記の登記事項証明書を簡略にしたものとして、「**登記事項要約書**」がある。

区分所有建物の登記簿記載例

管理組合法人の登記

名　称	南大塚一号館管理組合法人
主たる事務所	東京都豊島区南大塚一丁目1番1号
法人成立の年月日	平成8年1月5日
目的等	目的及び業務 東京都豊島区南大塚一丁目1番地1　南大塚一号館の建物並びにその敷地及び附属施設の管理
役員に関する事項	東京都豊島区南大塚一丁目1番1―2号 　理事　　　　　甲　野　太　郎 東京都豊島区南大塚一丁目1番1―3号 　理事　　　　　乙　野　次　郎
登記記録に関する事項	設立 　　　　　　　　　　　　　　　　平成　8年　1月　5日登記

区分所有法関係文献目録

(本書初版〔1997年〕以降の主要文献一覧〔2014年6月まで〕)

▶1997年1月

大野秀夫「総合判例研究・マンション法(13)」判例時報1582号
尾崎一郎「都市の公共性と法(4・完)——マンションにおける生活と管理」法学協会雑誌113巻12号
新田　敏「被災マンションの法的課題(論点)」読売新聞1997.1.17(朝刊)
丸山　健「マンションの再建と罹災都市借地借家臨時処理法との関係(事例研究／マンション法と銀行取引(10・完)」旬刊金融法務事情1472号
大坪芳太郎・川上富次・澤　睦・細田　進・松尾英夫・吉野　衛・香川保一「公正証書による建物の区分所有に関する規約の設定と公証実務〈特別座談会〉」月刊登記情報37巻1号
赤川彰彦「地震・災害における建物倒壊問題(定期借地権付住宅の期間満了時における諸問題5)」税経通信52巻1号

▷1997年2月

青山正明編『注解不動産法(5)　区分所有法』(青林書院)
大野秀夫「総合判例研究・マンション法(14)」判例時報1585号
丸山英気「建替えの事業手法(都市学の現場から20)」不動産鑑定34巻2号

▷1997年3月

稲本洋之助・鎌野邦樹『コンメンタールマンション区分所有法——建物の区分所有等に関する法律・被災区分所有建物の再建等に関する特別措置法』(日本評論社)
渡邊　裕「中高層共同住宅標準管理規約の改正の概要」NBL612号
大野秀夫「総合判例研究・マンション法(15)」判例時報1588号
丸山英気「建替えと少数者(都市学の現場から21)」不動産鑑定34巻3号
香川保一「区分建物の諸問題」月刊登記情報37巻3号
山野目章夫「集合住宅と定期借地権」同『定期借地権論——定期借地制度の創設と展開』(一粒社)
朴鍾斗／姜奇男訳「建物の区分所有に関する日・韓両国法の比較および問題点」亜細亜法学31巻2号
丸山英気「マンション建て替えの法律問題」(特集「阪神・淡路大震災とマンション建て替えの法律問題」ノモス7号)

区分所有法関係文献目録

北川善太郎「マンション再興における契約の活用」(特集「阪神・淡路大震災とマンション建て替えの法律問題」ノモス7号)
石井　昇「被災分譲マンションの再建・建替えに対する行政の対応」潮海一雄編『阪神・淡路大震災と法――阪神大震災の記録2』(甲南大学阪神大震災調査委員会)
戎　正晴「マンション再建をめぐる諸問題」潮海一雄編『阪神・淡路大震災と法――阪神大震災の記録2』(甲南大学阪神大震災調査委員会)
資料「中高層共同住宅標準管理規約(住宅宅地審議会答申平成9年2月7日)」NBL612号
▷1997年4月
大野秀夫「総合判例研究・マンション法(16)」判例時報1591号
奥　真美「区分所有住宅(マンション)復興をめぐる現状と課題」東京市政調査会研究部『阪神・淡路大震災からの住宅復興(都市調査報告8)』(㈶東京市政調査会)
玉田弘毅「中高層共同住宅標準管理規約をめぐる法律的問題(特集/マンション標準管理規約の改正)」ジュリスト1110号
篠原みち子「マンション紛争の事例と規約改正の実務的意義(特集/マンション標準管理規約の改正)」ジュリスト1110号
升田　純「マンション紛争と当事者適格(特集/マンション標準管理規約の改正)」ジュリスト1110号
渡邊　裕「中高層共同住宅標準管理規約の改正と概要(特集/マンション標準管理規約の改正)」ジュリスト1110号
資料「中高層共同住宅標準管理規約(平成9年2月7日住宅宅地審議会)(特集/マンション標準管理規約の改正)」ジュリスト1110号
黒沢　泰「定期借地権付きマンションの現状と実務上の諸問題――法的・経済的側面を中心として(特集/定期借地権)」季刊不動産研究39巻2号
▷1997年5月
大野秀夫「総合判例研究・マンション法(17)」判例時報1594号
丸山英気「マンション標準管理規約の改正(都市学の現場から23)」不動産鑑定34巻5号
岩崎蕙一「近隣住民によるマンション建設反対運動と妨害行為〈ビジネス・ロー・レポート46〉」判例タイムズ934号
能見善久「マンションを借りる――マンション賃貸借契約〈民法実践ゼミナール1〉」法学教室200号
▷1997年6月
玉田弘毅・米倉喜一郎編『マンションの裁判例(生活紛争裁判例シリーズ)』(有斐閣)
三井海上火災保険編/村井忠夫著『マンション管理組合Q&A(1)――組合運営の現

実をめぐる相談実例』『同（２）――生活ルールの実際をめぐる相談実例』『同（３）――修繕工事の実際をめぐる相談実例』」（住宅新報社）

大野秀夫「総合判例研究・マンション法(18)」判例時報1597号

▷1997年７月

Merle, Werner・丸山英気著／杉下俊郎訳『マンションは生き残れるか――ドイツと日本のマンション法』（アーバンハウジング）

山上知裕「マンションの駐車場専用使用権裁判例の検討（１）」NBL620号

大野秀夫「総合判例研究・マンション法(19)」判例時報1600号

高田　昇「マンション再建の成果と課題（特集／阪神大震災後の民間住宅再建）」都市政策88巻

▷1997年８月

大野秀夫「総合判例研究・マンション法(20)」判例時報1603号

大西武士「区分所有建物と法定地上権（実務の羅針盤）」旬刊金融法務事情1490号

山野目章夫「マンションはむずかしい（金融商事の目）」金融・商事判例1022号

山上知裕「マンションの駐車場専用使用権裁判例の検討（２）」NBL623号

▷1997年９月

国重慎二・藤本博史『マンション管理・紛争解決マニュアル』（自由国民社）

建設省建設経済局民間住宅課監修／土地総合研究所定期借地権活用住宅研究会編『定借マンション・ガイドブック――定期借地権付分譲マンションの企画から管理まで』（ぎょうせい）

山上知裕「マンションの駐車場専用使用権裁判例の検討（３・完）」NBL624号

大野秀夫「総合判例研究・マンション法(21)」判例時報1606号

大西武士「階層的区分所有建物と民法388条の適用（特集／判例にみる法定地上権――担保取得・管理上の留意点）」銀行法務21　41巻11号

▷1997年10月

稲本洋之助「マンションの冒険」『現代法律実務の諸問題〈平成８年版〉〔日弁連研修叢書〕』（第一法規出版）

丸山英気「日本における区分所有法上の管理者（都市学の現場から28）」不動産鑑定34巻10号

大野秀夫「総合判例研究・マンション法(22)」判例時報1609号

▷1997年11月

今井克治『マンション民法入門――トラブルを解決し、財産価値を守る100の秘訣（カッパ・ブックス）』（光文社）

大野秀夫「総合判例研究・マンション法(23)」判例時報1612号

「土地の所有者が他人に地上権を設定した場合の敷地利用権について（カウンター相談

区分所有法関係文献目録

87)」登記研究598号
丸山英気「マンション建替えの現状」リーガル・エイド研究2巻
山本　豊「リゾートクラブ会員権契約上の債務不履行に基づくリゾートマンション売買契約の解除（最三小判平8・11・12）」〔民法判例レビュー〕判例タイムズ949号
▷1997年12月
大野秀夫「総合判例研究・マンション法(24)」判例時報1615号
升田　純「最近のマンション管理組合をめぐる諸問題(上)」登記情報37巻12号

▶1998年1月
大野秀夫「総合判例研究・マンション法(25)」判例時報1618号
升田　純「最近のマンション管理組合をめぐる諸問題(下)」月刊登記情報38号1巻
片桐善衛「区分所有関係の消滅と再生——基礎作業の一つとして〈資料〉」亜細亜法学32巻2号
丸山英気「オープンビルディングシステム考（都市学の現場から43）」不動産鑑定36巻1号
▷1998年2月
大野秀夫「総合判例研究・マンション法(26)」判例時報1621号
丸山英気「マンション建替えの成功例から学ぶ（都市学の現場から44）」不動産鑑定36巻2号
▷1998年3月
大野秀夫「総合判例研究・マンション法(27)」判例時報1624号
稲本洋之助「マンションの復興と建替え制度（特集／マンションの建替え——震災復興から何を学ぶか）」法律時報70巻3号
戎　正晴「被災マンションの建替え事業（特集／マンションの建替え——震災復興から何を学ぶか）（建て替えの事業方式1）」法律時報70巻3号
大西　誠「老朽マンションの建替え事業（特集／マンションの建替え——震災復興から何を学ぶか）（建て替えの事業方式2）」法律時報70巻3号
松岡直武「棟を越える合意形成——連坦棟・団地（特集／マンションの建替え——震災復興から何を学ぶか）（建て替えにおける合意形成1）」法律時報70巻3号
山野目章夫「区分単位の合意形成——専有部分の共有と売渡請求（特集／マンションの建替え——震災復興から何を学ぶか）（建て替えにおける合意形成2）」法律時報70巻3号
▷1998年4月
日本マンション学会法律実務研究会編『マンション紛争の上手な対処法——紛争の現場からみた法的解決ノウハウ（実務法律学全集14）』（民事法研究会）

大野秀夫「総合判例研究・マンション法(28)」判例時報1628号
▷1998年5月
大野秀夫「総合判例研究・マンション法(29)」判例時報1631号
谷山忠也「規約設定公正証書雑感〈法窓一言〉」月刊登記情報38巻5号
▷1998年6月
山畑哲世『マンション管理法入門——実務家のためのマンション管理法』(信山社出版)
集合住宅管理組合センター・集合住宅維持管理機構編『欠陥マンション110番——快適なマンションライフを送るための必修知識Q&A(110番シリーズ11)』(民事法研究会)
大野秀夫「総合判例研究・マンション法(30)」判例時報1634号
▷1998年7月
北海道マンション問題研究会監修『快適なマンションライフを送るために——マンションの法律相談25例』(北海道マンション管理組合連合会)
大野秀夫「総合判例研究・マンション法(31)」判例時報1637号
▷1998年8月
大野秀夫「総合判例研究・マンション法(32)」判例時報1640号
丸山英気「定期借地権とマンション(都市学の現場から38)」不動産鑑定35巻8号
「縦断的区分建物において、各専有部分の階層分けが異なる場合の各専有部分の構造及び床面積の記載方法について(カウンター相談95)」登記研究607号
前川克巳・祖開晴行・和田拓巳・粂　政志・西村　理・奥野　剛「敷地権付区分建物の滅失における登記上の問題点と改善策〈香川登記研究奨励基金平成9年度共同研究〉」登記研究607号
▷1998年9月
大野秀夫「総合判例研究・マンション法(33)」判例時報1643号
▷1998年10月
大野秀夫「総合判例研究・マンション法(34)」判例時報1646号
丸山英気「復旧に反対する区分所有者の保護——買取請求権とその時価(都市学の現場から40)」不動産鑑定35巻10号
鎌野邦樹「マンション建替え論序説(1)——阪神淡路大震災の経験と区分所有法の課題」千葉大学法学論集13巻2号
小島延夫「マンション建設に関する騒音と日照の問題——体験的マンション建設紛争論」東京弁護士会弁護士研修委員会編『弁護士泣かせの近隣紛争解決学』商事法務研究会
田中峯子「マンションの建替えとトラブルの解決」東京弁護士会弁護士研修委員会編『弁護士泣かせの近隣紛争解決学』商事法務研究会

区分所有法関係文献目録

▷1998年11月

大野秀夫「総合判例研究・マンション法(35)」判例時報1649号

山上知裕「マンション分譲めぐる法整備を〈論壇〉」朝日新聞1998.11.23（朝刊）

丸山英気「マンション建替えの必要性と合意（都市学の現場から41）」不動産鑑定35巻11号

石井 恒「定期借地権（地代家賃の増減・マンションの法律問題を含む）——生涯型定期借地権マンションを中心として」弁護士研修10春号

▷1998年12月

大野秀夫「総合判例研究・マンション法(36)」判例時報1652号

▶1999年1月

九鬼正光『マンションライフ法律相談——これで解決！　管理・運営のトラブル』（日経BP社〔発売日経BP出版センター〕）

大野秀夫「総合判例研究・マンション法(37)」判例時報1655号

菅野庄一「『地下室マンション』建設許すな〈論壇〉」朝日新聞1999.1.15（朝刊）

遠藤 浩「専有部分の認定(1)——マンションに関して（倉庫）（民法判例プロムナード）」不動産法律セミナー30巻1号

鎌野邦樹・郭銘鑑「台湾のマンション法(1)——台湾マンション法の翻訳と日本法との比較〈研究ノート〉」千葉大学法学論集13巻3号

山野目章夫「建物区分所有における団体的意思形成の動態的考察」民事研修500号

▷1999年2月

山野目章夫『建物区分所有の構造と動態——被災マンションの復興』（日本評論社）

大野秀夫「総合判例研究・マンション法(38)」判例時報1658号

遠藤 浩「専有部分の認定(2)——マンションに関して（車庫）（民法判例プロムナード）」不動産法律セミナー30巻2号

▷1999年3月

財津守正『定期借地権マンションの法律』（ぎょうせい）

大野秀夫「総合判例研究・マンション法(39・完)」判例時報1661号

田中嗣久「区分所有法4条1項における法定共用部分——分譲マンションの管理人室の事例を通じて〈判例研究〉」大阪経済法科大学法学論集43巻

藤井俊二「ドイツにおける住居所有権住宅（マンション）の復旧・建替え制度」早稲田法学74巻3号

鎌野邦樹・郭銘鑑「台湾のマンション法(2・完)——台湾マンション法と日本法との比較〈研究ノート〉」千葉大学法学論集13巻4号

丸山英気「Der Verwalter im japanischen Wohnungseigentumsrecht」千葉大学法学論

集13巻4号

鎌野邦樹「マンションの附属物の帰属と管理――給排水管の帰属（専有部分か共用部分か）と管理を中心として」千葉大学法学論集13巻4号

舘　幸嗣「高齢社会と管理組合――成年後見との関連性において」『現代の諸問題とその分析(8)〔研究年報8〕』（中央学院大学総合科学研究所）

潮見佳男「相場の変動と契約――バブル崩壊後のマンション売買契約〈民法 progress 講座(6・完)〉」法学教室222号

▷1999年4月

丸山英気「マンションの建替えの現段階（都市学の現場から46）」不動産鑑定36巻4号

▷1999年5月

小澤英明「アメリカのマンション法(上)――建替えおよび復旧についてのヒント」判例タイムズ997号

▷1999年6月

小澤英明「アメリカのマンション法(下)――建替えおよび復旧についてのヒント」判例タイムズ999号

中村勝信「ペット飼育禁止マンションにおけるペット飼育者の責任」群馬法専紀要13号

▷1999年8月

藤瀬裕司「マンション管理会社・管理組合の預金の帰属と実務上の留意点（特集／企業破綻と預金の帰属）」旬刊金融法務事情1555号

升田　純「マンションの建替えと登記事務の処理(上)」月刊登記情報39巻8号

▷1999年9月

升田　純「マンションの建替えと登記事務の処理(下)」月刊登記情報39巻9号

花房博文「集合住宅の建替をめぐる権利の抵触と法の欠缺――建物の区分所有等に関する法律と借地借家法との関係」杏林社会科学研究15巻1＝2号

鎌野邦樹「区分所有法61条7項の買取請求権の『時価』について――大阪地裁平成10年8月25日判決［阪神淡路大震災・被災マンション復旧事件］をめぐって」千葉大学法学論集14巻1号

▷1999年10月

水本　浩・遠藤　浩・丸山英気編『基本法コンメンタール　マンション法――建物区分所有法・被災区分所有建物再建等特別措置法〔第2版〕（別冊法学セミナー162）』（日本評論社）

玉田弘毅・米倉喜一郎編『マンションの裁判例〔第2版〕（生活紛争裁判例シリーズ）』（有斐閣）

折田泰宏「欠陥住宅をめぐる諸問題――欠陥マンションを中心に」『現代法律実務の諸問題〈平成10年版〉〔日弁連研修叢書〕』（第一法規出版）

区分所有法関係文献目録

山上知裕「消費者問題としてマンションを考える」『現代法律実務の諸問題〈平成10年版〉〔日弁連研修叢書〕』（第一法規出版）
▷1999年11月
田中嗣久「分譲マンションにおける駐車場専用使用権の『分譲』をめぐる諸問題」大阪経済法科大学法学論集45巻

▶2000年1月
丸山英気・松本恭治編集代表『管理組合のためのマンション大百科』（東京法令出版）
新田　敏「区分所有法63条4項の売渡請求権──近時の裁判上の共有物分割の方法論の視点から」杏林社会科学研究15巻3号
▷2002年2月
佐藤岩夫「区分所有法62条所定の建替え決議の有効性（大阪地判平11・3・23）」（特集／民法判例レビュー）判例タイムズ1016号
▷2000年3月
丸山英気『マンションの建替えと法』（日本評論社）
「競売手続中の区分建物に敷地権の目的たる土地が追加された場合における売却による所有権移転登記の嘱託手続について（登記簿）」登記研究626号
齋藤　修「震災によるマンション再建訴訟」商大論集〔神戸商科大学〕51巻5号
舘　幸嗣「専用使用権に関する一考察──駐車場の専用使用権を中心に」中央学院大学総合科学研究所紀要15巻1号
舘　幸嗣「区分所有法第6条1項にいう『共同利益背反行為』について」『現代の諸問題とその分析（9）〔研究年報9〕』（中央学院大学総合科学研究所）
鎌野邦樹「マンション建替え論序説(2・完)──阪神淡路大震災の経験と区分所有法の課題」千葉大学法学論集14巻4号
花房博文「駐車場専用使用権の対価の帰属に関する考察」慶應義塾大学法学研究72巻12号
▷2000年4月
北島太郎「区分所有家屋の敷地の用に供されている土地に対して課する固定資産税の納税通知書（演習固定資産税）」税55巻4号
▷2000年5月
丸山英気『都市の法律学』（悠々社）
▷2000年8月
荒木新五編著『現代マンション法の実務』（商事法務研究会）
▷2000年11月
升田　純「マンションをめぐる現下の諸問題(1)」月刊登記情報40巻11号

玉田弘毅「高齢者ケア付き分譲マンションの法律関係に関する一考察——いわゆる複合契約の問題を中心として」清和法学研究6巻2号

平松弘光「マンション敷地の一部を収用する際の損失補償について〈収用裁決例紹介〉」季刊用地1巻1号

▷2000年12月

枝松忠助「マンションをめぐる現下の諸問題(2)——マンションの管理主体と管理の実態」月刊登記情報40巻12号

▶2001年1月

枝松忠助「マンションをめぐる現下の諸問題(3)——管理規約の諸問題」月刊登記情報41巻1号

大西泰博・石塚 明・伊藤浩志・平松弘光「マンション敷地の取得(収用)について〈座談会〉(特集/区分所有建物の取得)」季刊用地1巻2号

田辺愛壹「区分所有建物及び敷地の取得(収用)について——土地収用法と建物の区分所有等に関する法律との接点(特集/区分所有建物の取得)」季刊用地1巻2号

大野 武「区分所有法における専有部分と敷地利用権〈解説〉(特集/区分所有建物の取得)」季刊用地1巻2号

▷2001年2月

東京弁護士会弁護士研修センター運営委員会編/小山 勲・飯畑勝之・石井 恒・西村康正・佐藤 勝著『不動産の諸問題(研修叢書36)』(商事法務研究会)

枝松忠助「マンションをめぐる現下の諸問題(4)——マンションの管理費用収納・保管の問題」月刊登記情報41巻2号

平松弘光「マンション敷地の一部を収用する際の損失補償について(2)〈収用裁決例紹介〉」季刊用地1巻2号

片桐善衛「階層所有権の歴史的展開——オーストリア法に則して」亜細亜法学35巻2号

藤木良明「集合住宅の発展とその居住をめぐる諸問題(特集/集合住宅の維持・管理とルール)」都市問題92巻2号

玉田弘毅「管理規約の発展と変容(特集/集合住宅の維持・管理とルール)」都市問題92巻2号

鎌野邦樹「マンション管理と管理業者の役割(特集/集合住宅の維持・管理とルール)」都市問題92巻2号

尾崎一郎「マンション居住者紛争処理過程(特集/集合住宅の維持・管理とルール)」都市問題92巻2号

山口邦雄「マンション開発を契機とするまちづくり(特集/集合住宅の維持・管理とルール)」都市問題92巻2号

区分所有法関係文献目録

白國高弘「被災地におけるマンション再建（特集／集合住宅の維持・管理とルール）」都市問題92巻2号

齊藤広子「アメリカのホームオーナーズ・アソシエーション――わが国の住環境マネジメント・システム再編にむけて（特集／集合住宅の維持・管理とルール）」都市問題92巻2号

鎌野邦樹・竹田智志「区分所有建物の修繕・再建（復旧・建替え）及び終了をめぐる比較法研究覚え書き〈研究ノート〉」千葉大学法学論集15巻3号

▷2001年3月

枝松忠助「マンションをめぐる現下の諸問題（5）――計画修繕・修繕積立金をめぐる行政等の対応」月刊登記情報41巻3号

最新実務判例研究会「マンションをめぐる紛争例〈判例紹介〉」法令ニュース36巻3号

吉田尚弘「マンションの管理の適正化の推進に関する法律について」（特集／第150回国会主要成立法律）ジュリスト1195号

石井 恒「Ⅱ マンションの管理と訴訟」東京弁護士会弁護士研修センター運営委員会編『不動産の諸問題――借地非訟／マンション管理・訴訟／定期借家権（研修叢書36）』（商事法務研究会）

▷2001年4月

宮崎富哉「分有地上の横割り区分所有建物のための敷地の利用権について」判例タイムズ1053号

長尾美夏子「ペットをめぐる裁判例（特集／各国のペット法事情）」法律時報73巻4号

▷2001年5月

吉田尚弘「マンション管理の適正化を推進――区分所有者や管理組合への相談・支援体制の整備、マンション管理業者の登録制度の実施――マンションの管理の適正化の推進に関する法律（平成12.12.8公布法律第149号）」時の法令1641号

二木憲一「定期借地権をめぐる実務からの問題点――定期借地権マンションを中心として（特集定期借地権付き住宅の取引と評価）」不動産鑑定38巻5号

▷2001年6月

荒井義明・橋本浩和・北村和之・乙社浩司・西平茂則・宮本健久「区分所有法における敷地権の発生形態に関する一考察（上）〈研究・資料〉（第89回法務局地方法務局職員高等科研修事例研究班別研究報告書）」民事研修530号

▷2001年7月

戎 正晴「団地型マンション再生の法的課題と展望――いわゆる部分建替えの問題をめぐって（特集阪神・淡路大震災と司法の課題）」都市政策104号

東京法務局民事行政部不動産登記部門監修／石田 誠「所有権が敷地権（規約敷地）となっているマンションの敷地を買収する場合の登記嘱託手続について（相談事例）」

登記インターネット20号

荒井義明・橋本浩和・北村和之・乙社浩司・西平茂則・宮本健久「区分所有法における敷地権の発生形態に関する一考察(下)〈研究・資料〉(第89回法務局地方法務局職員高等科研修事例研究班別研究報告書)」民事研修531号

石口俊一「マンション問題について」『現代法律実務の諸問題〈平成12年版〉〔日弁連研修叢書〕』(第一法規出版)

折田泰宏「最近の裁判例から見たマンション紛争の諸相」『現代法律実務の諸問題〈平成12年版〉〔日弁連研修叢書〕』(第一法規出版)

山上知裕「区分所有(マンション)をめぐる法律問題――日弁連意見書の解説をかねて」『現代法律実務の諸問題〈平成12年版〉〔日弁連研修叢書〕』(第一法規出版)

丸山英気「駐車場専用使用権論」(内田勝一・浦川道太郎・鎌田 薫編『現代の都市と土地私法』)(有斐閣)

▷2001年8月

伊豆隆義「区分所有建物で、共同利益に反する行為が行われた場合に、これを差し止めするために、区分所有法はどのような制度をおいているか?」『差止めと執行停止の理論と実務』判例タイムズ臨時増刊1062号

片桐善衛「マンション眺望の説明義務が争われた事例――最決平成12年9月26日の事実審を中心に」亜細亜法学36巻1号

▷2001年9月

新田 敏「団地型マンション管理の規範構造」杏林社会科学研究17巻2号

吉田尚弘「マンションの管理の適正化の推進に関する法律(平成12年法律第149号)(弁護士のための新法令紹介230)」自由と正義52巻9号

鎌野邦樹・花房博文・舟橋 哲・大野 武「区分所有関係の成立及び専有部分・共用部分の範囲に関する比較法研究覚え書き〈研究ノート〉」千葉大学法学論集16巻2号

▷2001年10月

升田 純「マンション管理の新時代――立法の課題と運用の課題〈視点〉」ジュリスト1209号

大野 武「区分所有建物の再生に関する法的課題――イギリス法との比較法的考察」季刊不動産研究43巻4号

国土交通省住宅局住宅総合整備課マンション管理対策室「マンションの管理の適正化の推進に関する法律の施行について」会計と監査52巻11号

▷2001年11月

片桐善衛「マンション建替え小論――要件論を中心に」法学志林〔法政大学〕99巻1号

山野目章夫「マンションの景観に関する説明義務の不履行に伴う損害賠償責任の成否および売買契約解除の許否(大阪高判平11・9・17)」(特集/民法判例レビュー)判例

区分所有法関係文献目録

タイムズ1068号
近江　隆「区分所有建物の『部分建替え』」日本マンション学会誌マンション学12号
新田　敏「マンション管理団体の法的性格」日本マンション学会誌マンション学12号
片桐善衛「区分所有とは」日本マンション学会誌マンション学12号
折田泰宏「区分所有権はどこまで変質できるか――改正区分所有法の審議から」日本マンション学会誌マンション学12号
鎌野邦樹「わが国の区分所有法の性格――昭和37年の立法過程での議論を手掛かりに」日本マンション学会誌マンション学12号
大野　武「区分所有制度の法律構成に関する一考察――イギリス法との比較法的考察」日本マンション学会誌マンション学12号
ヴェルナール・メルレ／藤井俊二訳「ドイツ住居所有権法の50年」日本マンション学会誌マンション学12号
「委託者名義で表示登記がされている敷地権付き区分建物について、受託者が不動産登記法100条第2項の保存登記及び信託登記を申請することの可否について〈カウンター相談134〉」登記研究646号

▷2001年12月

五十嵐徹『マンション登記法――区分建物に関する登記と規約』（日本加除出版）
吉田　徹「マンションの建替えと建物区分所有法の見直し〈巻頭言〉」民事月報56巻12号

▶2002年1月

志賀剛一「区分所有建物を用いた執行妨害に対する抵当権者等の対応（特集／表示登記と執行妨害）」月刊登記情報42巻1号
社説「マンション――建替えを円滑に進めるには」読売新聞2002.1.13（朝刊）

▷2002年2月

葉上太郎「マンション建築等に係る紛争予防調整条例――苦肉の事前周知と仲裁（条例の動き8）」法令解説資料総覧241巻
寺本明広「マンション内で迷惑行為を繰り返す住人に対する仮処分」『民事保全法の実務の現状100』判例タイムズ臨時増刊1078号
旬刊金融法務事情編集部「区分所有法改正に向けての審議が進む（法務の話題）」旬刊金融法務事情1633号
法務省民事局「既存の分譲マンションのIT化工事に関する区分所有法の考え方〈資料〉」NBL731号

▷2002年3月

佐藤三千男「「建て替え」支援の盲点〈とれんど〉」読売新聞2002.3.14（朝刊）

資料「『既存の分譲マンションのIT化工事に関する区分所有法の考え方』について」登記情報42巻3号
▷2002年4月
日本マンション学会法律実務研究会編『マンション紛争の上手な対処法――法的解決のノウハウと実務指針〔第2版〕（実務法律学全集）』（民事法研究会）
折田泰宏「区分所有権改正中間試案を巡って――管理組合、管理者関係をめぐる審議経過」日本マンション学会誌マンション学13号
山上知裕「原始規約の問題――集会、管理規約関係をめぐる審議経過」日本マンション学会誌マンション学13号
鎌野邦樹「建替え、復旧及び団地について――建替え、復旧関係をめぐる審議経過」日本マンション学会誌マンション学13号
近江 隆「区分所有建物の部分建替え（2）――二戸一化と無隔壁区分所有」日本マンション学会誌マンション学13号
相馬計二「マンションの管理人室が専有部分か共用部分かで争われた事案（最高裁平成5年2月12日判決）のその後」日本マンション学会誌マンション学13号
舘 幸嗣「区分所有法改正に関する検討素材」日本マンション学会誌マンション学13号
NBL編集部「建物区分所有法改正要綱中間試案について」NBL734号
資料「建物区分所有法改正要綱中間試案（平成14年3月5日法制審議会建物区分所有法部会決定）」NBL734号
旬刊金融法務事情編集部「建物区分所有法改正要綱中間試案の公表」旬刊金融法務事情1639号
資料「建物区分所有法改正要綱中間試案（平成14年3月5日法制審議会建物区分所有法部会決定）」旬刊金融法務事情1639号
法務省民事局参事官室「建物区分所有法改正要綱中間試案補足説明」NBL735号
「建物区分所有法改正要綱中間試案（平成14年3月5日法制審議会建物区分所有法部会）〈Jurist Note〉」ジュリスト1221号
法務省民事局「既存の分譲マンションのIT化工事に関する区分所有法の考え方〈資料〉」登記研究651号
資料「建物区分所有法改正要綱中間試案」登記研究651号
月刊民事法情報編集部「「建物区分所有法改正要綱中間試案」について（立法・裁判・法務行政の動き）」月刊民事法情報187号
▷2002年5月
月刊登記情報編集部「建物区分所有法改正要綱中間試案の公表〈解説〉」月刊登記情報42巻5号
資料「建物区分所有法改正要綱中間試案（平14・3・5法制審議会建物区分所有法部会

区分所有法関係文献目録

決定)」月刊登記情報42巻5号
資料「建物区分所有法改正要綱中間試案」民事月報57巻5号
資料「建物区分所有法改正要綱中間試案補足説明」民事月報57巻5号
▷2002年6月
鎌野邦樹「中間試案の問題点と課題（特集／マンション管理をめぐる法と政策――中間試案を契機に）」ジュリスト1225号
折田泰宏「区分所有法改正中間試案を振り返る（特集／マンション管理をめぐる法と政策――中間試案を契機に）」ジュリスト1225号
東急コミュニティーライフサービス事業部ナレッジセンター「中間試案に対する意見――事業者サイドから（特集／マンション管理をめぐる法と政策――中間試案を契機に）」ジュリスト1225号
石川恵美子「中間試案に対する意見――利用者サイドから（特集／マンション管理をめぐる法と政策――中間試案を契機に）」ジュリスト1225号
飯島　正「マンション管理適正化法の運用（特集／マンション管理をめぐる法と政策――中間試案を契機に）」ジュリスト1225号
「法務省民事局参事官室建物区分所有法改正要綱中間試案補足説明（平成14年3月）〈Jurist Note〉」ジュリスト1225号
山本有二「魅力ある都市づくりとマンション法制（特集／マンション法制が変わる！――欧米並みの質・量を具備した住環境の実現に向けて）」法律文化14巻6号
川崎達之「個の時代におけるマンション管理の在り方（特集／マンション法制が変わる！――欧米並みの質・量を具備した住環境の実現に向けて）」法律文化14巻6号
吉田　徹「『建物区分所有法改正要綱中間試案』の提案内容（特集／マンション法制が変わる！――欧米並みの質・量を具備した住環境の実現に向けて）」法律文化14巻6号
水流潤太郎「マンション建替え円滑化法案の3つの要点（特集／マンション法制が変わる！――欧米並みの質・量を具備した住環境の実現に向けて）」法律文化14巻6号
鎌野邦樹「建替えにかかる法整備の必要性とその論点（特集／マンション法制が変わる！――欧米並みの質・量を具備した住環境の実現に向けて）」法律文化14巻6号
▷2002年7月
栗島明康「マンション建替え円滑化法の概要について（特集／マンション問題における現状と課題）」法律のひろば55巻7号
山野目章夫「マンション建替事業における円滑化法の意義（特集／マンション問題における現状と課題）」法律のひろば55巻7号
鎌野邦樹「マンションの建替えをめぐる課題（特集／マンション問題における現状と課題）」法律のひろば55巻7号

折田泰宏「マンション管理をめぐる諸問題──立法的課題を中心に（特集／マンション問題における現状と課題）」法律のひろば55巻7号

一場康宏「建物の区分所有等に関する法律（マンション法）の改正の動向（特集／マンション問題における現状と課題）」法律のひろば55巻7号

鎌野邦樹「店舗住宅複合型マンションについて──店舗営業時間に関する紛争事例を中心に」千葉大学法学論集17巻1号

折田泰宏「区分所有法改正をめぐる論点と課題」都市住宅学38号

長谷川洋「区分所有法改正中間試案における『団地の建替え規定』の課題」都市住宅学38号

鎌野邦樹「区分所有法改正とマンションの管理──規約の公正性・衡平性の確保を中心に」都市住宅学38号

▷2002年8月

山野目章夫「区分所有建物の建替決議をするための費用の過分性の要件（大阪高判平12・9・28）」（特集／民法判例レビュー）判例タイムズ1091号

奥田誠子・阿部吉男・澤田孝秋「マンションの建替えの円滑化等に関する法律の概要」旬刊金融法務事情1650号

林　秀生「揺れ動く司法判断──国立市マンション訴訟」地方自治職員研修35巻8号

山本直生「ケア付きマンションの法的諸問題──当事者の権利義務に関する序論的考察」中央大学大学院研究年報31号

▷2002年9月

鎌野邦樹「マンション建替えについての一考察」（遠藤浩先生傘寿記念『現代民法学の理論と課題』）（第一法規出版）

鎌野邦樹・花房博文・舟橋　哲・大野　武「マンション管理制度の比較法研究覚え書き〈研究ノート〉」千葉大学法学論集17巻2号

村田哲夫・京極　務「国立高層マンション建築訴訟──工事着手の解釈で足もとグラリ〈はんれい最前線〉」判例地方自治228号

佐々木晶二「マンション建替え円滑化法」（特集「第154回国会主要成立法律」）ジュリスト1231号

NBL編集部「建物の区分所有等に関する法律の一部を改正する法律案要綱について」NBL745号

資料「建物の区分所有等に関する法律の一部を改正する法律案要綱」NBL745号

旬刊金融法務事情編集部「建物区分所有法の一部を改正する法律案要綱の決定・答申」旬刊金融法務事情1654号

資料「建物の区分所有等に関する法律の一部を改正する法律案要綱（平成14年9月3日法制審議会総会決定）」旬刊金融法務事情1654号

区分所有法関係文献目録

田中利幸「老朽マンション問題解決の決め手となるか――マンション立替え法制度の創設（法案の解説と国会審議）」国会月報49巻645号
国土交通省住宅局市街地建築課「マンションの建替えの円滑化等に関する法律について」会計と監査53巻10号
奥田誠子・阿部吉男・澤田孝秋「マンションの建替えの円滑化等に関する法律の概要〈解説〉」月刊登記情報42巻9号
▷2002年10月

犬塚浩編著『Q&Aマンション建替法』（ぎょうせい）
マンション管理センター編『マンション管理の判例＆解説』（オーム社）
金子正史「既存不適格建築物論(上)――国立マンション事件を契機として」自治研究78巻10号
新田　敏「マンションの共用部分から生ずる金銭債権の性質」杏林社会科学研究18巻2号
國生一彦「イギリスの新法（2002年5月1日成立）は、（殊に居住用）不動産権をどう変えるか」NBL746号
坂田暁彦「『『他ノ建物ノ表示ノ登記ノ申請ト共ニ之ヲ為スコトヲ要ス』の『共ニ』の意味（登記雑感30）」月刊登記情報42巻10号
栗島明康「マンション建替え円滑化法（特集／第154回国会主要成立法律）」ジュリスト1231号
資料「建物の区分所有等に関する法律の一部を改正する法律案要綱（平14・9・3法制審議会総会決定）」月刊登記情報42巻10号
月刊登記情報編集部「建物の区分所有等に関する法律の一部を改正する法律案要綱について〈解説〉」月刊登記情報42巻10号
「建物の区分所有等に関する法律の一部を改正する法律案要綱（平成14年9月3日法制審議会総会決定）（立法・裁判・法務行政の動き）」月刊民事法情報193号
月刊民事法情報編集部「法制審議会答申『会社更生法改正要綱』及び『建物の区分所有等に関する法律の一部を改正する法律案要綱』について（立法・裁判・法務行政の動き）」月刊民事法情報193号
▷2002年11月

金子正史「既存不適格建築物論(下)――国立マンション事件を契機として」自治研究78巻11号
本間伸彦「マンションの建替えの円滑化等に関する法律について」日本マンション学会誌マンション学14号
長谷川洋「マンションの建替えに関する合意形成の円滑化に向けたマニュアル等の策定」日本マンション学会誌マンション学14号

鎌野邦樹「建替え円滑化法における財産権の調整」日本マンション学会誌マンション学14号

丸山英気「建替え円滑化法の機能」日本マンション学会誌マンション学14号

近江　隆「建替え円滑化法とマンションの部分建替え」日本マンション学会誌マンション学14号

近江　隆・大西　誠・福見　恒「区分所有建物の部分建替え（3）——増築」日本マンション学会誌マンション学14号

月刊登記情報編集部「建物の区分所有等に関する法律及びマンションの建替えの円滑化等に関する法律の一部を改正する法律案について〈解説〉」月刊登記情報42巻11号

▷2002年12月

高橋　弘・鳥谷部　茂・神谷　遊・岡本智子・野田和裕「『建物区分所有法改正要綱中間試案』に対する意見」広島法学26巻2号

鎌野邦樹・花房博文・舟橋　哲・大野　武「マンション管理制度の比較法研究覚え書き」千葉大学法学論集17巻2号

▶2003年1月

吉田　徹・谷口園恵「民法（財産法）の動向（2003年ビジネスローの展望）」NBL752号

吉田　徹・和田澄男・一場康宏・佐伯千種「建物の区分所有等に関する法律の一部改正法の概要（上）」旬刊金融法務事情1664号

松尾英夫「区分建物登記をめぐる諸問題（1）」登記インターネット38号

吉田邦彦「居住法学問題の俯瞰図（1）——住居所有権・賃借権規制を巡るディレンマと公共的保護という観点からの再編」みんけん549号

▷2003年2月

三好　登『借地借家・区分所有法制の諸問題（松山大学研究叢書42）』（第一法規出版）

片桐善衛「階層所有権の歴史的展開——オーストリア法に則して（補論）」亜細亜法学（亜細亜大学）37巻2号

吉田邦彦「居住法学問題の俯瞰図（2）——住居所有権・賃借権規制を巡るディレンマと公共的保護という観点からの再編」みんけん550号

石塚恭路「改正区分所有法と金融実務への影響」旬刊金融法務事情1667号

三善由幸「マンション建替え円滑化法施行令および施行規則の概要」NBL754号

森田浩美・浅野ゆかり「マンション建替えの円滑化等に関する法律による権利の変換と強制執行等との調整に関する規則の概要」NBL754号

吉田　徹・和田澄男・一場康宏・佐伯千種「建物の区分所有等に関する法律の一部改正法の概要（1）」NBL754号

区分所有法関係文献目録

吉田　徹・和田澄男・一場康宏・佐伯千種「建物の区分所有等に関する法律の一部改正法の概要(2)」NBL755号

吉田　徹・和田澄男・一場康宏・佐伯千種「建物の区分所有等に関する法律の一部改正法の概要(下)」旬刊金融法務事情1665号

吉田　徹・和田澄男・一場康宏・佐伯千種「建物の区分所有等に関する法律の一部改正法の概要〈解説〉」月刊登記情報43巻2号

大村敦志「区分所有――最近の問題から（もうひとつの基本民法11――総則・物権編11）」月刊法学教室269号

松尾英夫「区分建物登記をめぐる諸問題(2)」登記インターネット39号

高田公生「マンションの建替えの円滑化――マンション建替組合の設立、権利変換手続の整備等、マンションの建替えの円滑化のための法制度の創設（マンション建替えの円滑化等に関する法律）」時の法令1682号

▷2003年3月

国土交通省住宅局住宅政策課・市街地建築課監修／マンション建替え円滑化法研究会編著『マンション建替え円滑化法の解説』（大成出版社）

田中嗣久「判例に見る分譲マンションにおける迷惑行為〈判例研究〉」大阪経済法科大学法学論集57巻

鎌野邦樹「わが国の区分所有法―その発展と比較法的考察（第2部／民法の諸問題）〔日本・ヨーロッパ・アメリカ〕」半田正夫先生古稀記念論集『著作権法と民法の現代的課題』（法学書院）

和田澄男「『建物の区分所有等に関する法律の一部改正』について（法の焦点）」研修657号

吉田　徹・和田澄男・一場康宏・佐伯千種「建物の区分所有等に関する法律の一部改正法の概要(3・完)」NBL756号

石村紀子「マンションの建替えの円滑化等に関する法律（平成14年法律第78号）（弁護士のための新法令紹介248)」自由と正義54巻3号

衆議院法制局「マンション建替えの円滑化等に関する法律（平成14年法律第78号）〈弁護士のための新法令紹介248〉」自由と正義54巻3号

吉田邦彦「居住法学問題の俯瞰図(3)――住居所有権・賃借権規制を巡るディレンマと公共的保護という観点からの再編」みんけん551号

▷2003年4月

渡辺　晋『最新　区分所有法の解説』（住宅新報社）

丸山英気「一括建替え制度の創設」日本マンション学会誌マンション学15号

長谷川洋「団地の建替え規定の審議経緯と改正区分所有法に基づく団地建替えの方法」日本マンション学会誌マンション学15号

近江　隆「区分所有建物の部分建替え（4）——コンバージョン」日本マンション学会誌マンション学15号

丸山英気「区分所有権の所有権性」日本不動産学会誌16巻4号

長谷川洋「マンション建替え円滑化に向けた管理段階からの準備の必要性——マンション生涯運営計画の提案」日本不動産学会誌16巻4号

鎌野邦樹「マンション法制の国際比較」日本不動産学会誌16巻4号

月岡利男「区分所有建物の建替え——その立法課題」関西大学法学論集52巻4＝5号

鎌野邦樹「区分所有法と2002年の改正（民法が変わる1——区分所有法1）」月刊法学教室271号

松尾英夫「区分建物登記をめぐる諸問題（3）」登記インターネット41号

吉野　衛「区分建物の共用部分と登記」登記インターネット41号

吉田悦子「集合住宅でペットと暮らす（ロー・あんぐる49）」法学セミナー48巻4号

吉田　徹・和田澄男・一場康宏・佐伯千種「区分所有法一部改正法の要点〈論点・解説〉」月刊民事法情報199号

吉田　徹・和田澄男・一場康宏・佐伯千種「建物の区分所有等に関する法律の一部改正法の概要〈論点・解説〉」登記研究663号

吉田　徹「建物の区分所有等に関する法律の一部改正法（特集／第155回国会主要成立法律）」ジュリスト1242号

資料「建物の区分所有等に関する法律及びマンションの建替えの円滑化等に関する法律の一部を改正する法律」月刊民事法情報199号

▷2003年5月

鎌野邦樹「区分所有法改正と今後の課題〈法窓一言〉」月刊登記情報43巻5号

丸山英気「区分所有法改正とマンション管理（特集／区分所有法の課題と展望——マンション問題解決に向けて）」法律のひろば56巻5号

東急コミュニティーライフサービス事業部ナレッジセンター「区分所有法改正とマンション管理実務の課題（特集／区分所有法の課題と展望——マンション問題解決に向けて）」法律のひろば56巻5号

戒　正晴「区分所有法改正とマンション建替え（特集／区分所有法の課題と展望——マンション問題解決に向けて）」法律のひろば56巻5号

吉田　徹「建物の区分所有等に関する法律の一部改正について（特集／区分所有法の課題と展望——マンション問題解決に向けて）」法律のひろば56巻5号

輕部　努「マンションの建替えの円滑化等に関する法律の一部を改正する法律（平成14.12.11法律第140号）」法令解説資料総覧256号

輕部　努「マンションの建替えの円滑化等に関する法律（平成14.6.19法律第78号）」法令解説資料総覧256号

区分所有法関係文献目録

鎌野邦樹「マンションの建替え――法はどう変わり現実はどう変わるか（民法が変わる2――区分所有法2・完）」月刊法学教室272号

北　健一「マンション紛争――景観権は確立するか〈ドキュメント裁判7〉」カウサ7号

吉田　徹「建物区分所有等に関する法律の一部を改正する法律（平成14.12.11法律第140号）」法令解説資料総覧256号

▷2003年6月

玉田弘毅編著『区分所有法入門――マンションビジネス必須知識〔改定新版〕』（東京法令出版）

松尾英夫「区分建物登記をめぐる諸問題（4）」登記インターネット5巻6号

鎌野邦樹「建築紛争における瑕疵担保責任の新たな局面――品確法の制定および区分所有法の改正を契機として」（特集／千葉大建築紛争シンポジウム）判例タイムズ1117号

和田澄男「区分所有建物（マンション）の管理の充実と建替えの実施の円滑化――建物の区分所有等に関する法律及びマンションの建替えの円滑化等に関する法律の一部を改正する法律（平成14.12.11法律第140号平成15.6.1施行）」時の法令1691号

日下雄介「マンションの建替えの円滑化等に関する法律改正の要点〈論説・解説〉」月刊民事法情報201号

▷2003年7月

吉田　徹編著『一問一答　改正マンション法』（商事法務）

熊田裕之『マンション法の解説――区分所有権〔第三版〕』（一橋出版）

国土交通省住宅局住宅総合整備課マンション管理対策室・国土交通省総合政策不動産業課監修／マンション管理センター・高層住宅管理業協会編『マンション管理実務法令集〔改訂版〕』（大成出版社）

飯島正・升田　純・元木周二・森田宏樹・内田　貴「区分所有法等の改正と今後のマンション管理〈座談会〉（特集新しいマンション法制）」ジュリスト1249号

千葉恵美子「検証・新マンション建替え決議制度――理論的視点から〈特集／新しいマンション法〉」ジュリスト1249号

山野目章夫「マンションの建替えをめぐる法律改正の評価〈特集／新しいマンション法〉」ジュリスト1249号

玉田弘毅「建物区分所有法上の団地と団地関係に関する一考察（上）――福岡高裁平成15年2月13日判決の検討を通して」NBL765号

松尾英夫「区分建物登記をめぐる諸問題（5・完）」登記インターネット5巻7号

▷2003年8月

田山輝明・鎌野邦樹編著『マンションの法律Q&A』（有斐閣）

吉田　徹「建物の区分所有等に関する法律の一部改正法の解説〈論説・解説〉」民事月報58巻8号

花房博文「建物の区分所有等に関する法律の一部改正法の概要と検討」市民と法22号

近江　隆「区分所有建物の部分建替え（5）――建物の減築」日本マンション学会誌マンション学16号

資料「建物の区分所有等に関する法律及びマンションの建替えの円滑化等に関する法律の一部を改正する法律案新旧対照表」民事月報58巻8号

▷2003年9月

折田泰宏・上野純一『Q&A マンション建替え法解説』（三省堂）

高木任之『イラストレーション　マンション管理の法律』（学芸出版社）

坂和章平編著『注解　マンション建替え円滑化法――付・改正区分所有法等の解説』（青林書院）

玉田弘毅「建物区分所有法上の団地と団地関係に関する一考察（中）――福岡高裁平成15年2月13日判決の検討を通して」NBL768号

山畑哲世「マンション標準管理委託契約書改訂のポイント」不動産セミナー34巻10号

▷2003年10月

竹原　健『マンション建替え円滑化法――119のポイントでよくわかる』（経林書房）

柳沢義一・馬塲一徳『マンション建替えの法律と税務』（税務研究会出版局）

鎌野邦樹「改正区分所有法の解釈上の諸問題」千葉大学法学論集18巻2号

玉田弘毅「建物区分所有法上の団地と団地関係に関する一考察（下）――福岡高裁平成15年2月13日判決の検討を通して」NBL770号

▷2003年11月

鎌野邦樹・山野目章夫編『マンション法』（有斐閣）

根来冬二『マンション・建物紛争解決ノウハウ――徹底抗戦・増補版〔増補改定版〕』（築地書館）

特集「どうする!?　マンション問題」地方自治職員研修36巻11号

▷2003年12月

蛯川　樹「マンション管理と司法書士（私の成功体験記）」月刊登記情報43巻12号

西村元宏・折坂茂樹「マンションの保守・管理をめぐる競争の実態に関する調査の概要について」公正取引638号

瀧川あおい「マンションは夫のもの？　妻のもの？」江藤价泰監修／小川勝久・北田玲一郎編『なにわ司法書士奮闘記』（日本評論社）

小林秀樹「『利用権』概念が提起するマンションの将来像」日本マンション学会誌マンション学17号

竹井隆人「米国のコウオプ（co-op）における所有権的リース（proprietary lease）につ

区分所有法関係文献目録

いて」日本マンション学会誌マンション学17号
藤井俊二「物権的建物利用権は可能か」日本マンション学会誌マンション学17号
藤木良明「建物の耐用年数と老朽に関する考察――最高裁判所上告棄却事件をめぐる諸問題」日本マンション学会誌マンション学17号
花房博文「コンドミニアムにおける建替えまたは終了の選択について」日本マンション学会誌マンション学17号
舟橋　哲「ベルギー区分所有法の諸相（１）」日本マンション学会誌マンション学17号
近江　隆「区分所有建物の部分建替え（６）――建物の終末シナリオ」日本マンション学会誌マンション学17号
丸山英気、マティアス・ベッカー、ヘナー・メルレ、ベルナー・メルレ、エグベルト・キュメル、ハンス・ゾイス、フォルカー・ビーレフェルド「ドイツでのマンション管理――住居所有権法のもとでの問題」日本マンション学会誌マンション学17号

▶2004年１月
石尾賢二「マンションの建替えに関する新しい法制度について」商大論集55巻3＝4号
末永秀夫『実務マンション法』（日本加除出版）
▷2004年２月
鎌野邦樹・折田泰宏・山上知裕編著『改正区分所有法＆建替事業法の解説』（民事法研究会）
▷2004年３月
鎌野邦樹「マンション居住とマンション法――『マンション法』『マンションの法律Q&A』刊行によせて」書斎の窓532号
本多美穂「区分所有関係におけるいわゆる『専用使用権』についての一考察」法学ジャーナル19号
マンション法研究班『マンションの法と管理（関西大学法学研究所研究叢書28）』（関西大学法学研究所）
▷2004年４月
穐山精吾「都市型住宅としてのマンション（初期における団地）の功罪」日本マンション学会誌マンション学18号
鎌野邦樹「マンションは今後どうなるか――住宅政策・都市政策との関連で」日本マンション学会誌マンション学18号
杉本典夫「全管連から見た適正化法の問題点について」日本マンション学会誌マンション学18号
河村喜廣「適正化法の見直しとマンション管理の現場から」日本マンション学会誌マンション学18号

▷2004年7月

鎌野邦樹「区分所有建物における規約・使用規則・集会決議の関係について——店舗住宅複合型マンションにおける店舗営業時間をめぐる紛争事例を中心に」千葉大学法学論集19巻1号

丸山英気「都市住宅法の課題」千葉大学法学論集19巻1号

▷2004年8月

片桐善衞「わが国における『再生』への取組み——改正区分所有法における団地建替え規定の位置付け」日本マンション学会誌マンション学19号

鎌野邦樹・花房博文・舟橋　哲ほか「マンション標準管理規約と区分所有法」日本マンション学会誌マンション学19号

丸山英気・穐山精吾・舘　幸嗣ほか「座談会／マンション標準管理規約の改正について」日本マンション学会誌マンション学19号

▷2004年11月

丸山英気「標準管理規約改正の意義」ジュリスト1278号

鎌野邦樹「マンション標準管理規約の法的問題」ジュリスト1278号

篠原みち子「標準管理規約とマンショントラブルの事例等」ジュリスト1278号

国土交通省住宅局住宅総合整備課マンション管理対策室「マンション標準管理規約改正の概要」ジュリスト1278号

藤巻　梓「ドイツ住居所有権法における規約制度の検討（1）」早稲田大学大学院法研論集112号

片桐善衞「マンション・専用使用権を巡る裁判例の検討」内山尚三先生追悼『現代民事法学の構想』（信山社）

▶2005年3月

藤巻　梓「ドイツ住居所有権法における規約制度の検討（2）」早稲田大学大学院法研論集113号

▷2005年4月

河村喜廣・磯野重三郎「マンション管理適正化法見直しの提言」日本マンション学会誌マンション学21号

木本直弥「マンション建替え円滑化法による不動産登記手続」日本マンション学会誌マンション学21号

坂和章平「(10)区分所有法、マンション建替え円滑化法」『実務不動産法講義（実務法律講義9）』（民事法研究会）

杉山　寛「マンション建替え円滑化法による権利変換手続と担保権等の登記」日本マンション学会誌マンション学21号

区分所有法関係文献目録

▷2005年6月

鎌野邦樹「地震と法——阪神・淡路大震災におけるマンション復旧の教訓（特集／自然災害）」学術の動向10巻6号

鎌野邦樹「日本の区分所有法制と課題」日本土地法学会編『転機に立つアジアの土地法』（有斐閣）

藤巻　梓「ドイツ住居所有権法における規約制度の検討（3）」早稲田大学大学院法研論集114号

太田知行・村辻義信・田村誠邦『マンション建て替えの法と実務——同潤会江戸川アパートメントの事例に学ぶ』（有斐閣）

▷2005年8月

戎　正晴「被災マンション復興に向けての法制度の課題」日本マンション学会誌マンション学22号

舘　幸嗣「区分所有法28条における管理者の委任関係と理事の現実認識との乖離」日本マンション学会誌マンション学22号

矢田尚子「新築マンションの売主の瑕疵担保責任」日本マンション学会誌マンション学22号

上妻博明『マンション管理適正化法の解説』（一橋出版）

▷2005年9月

藤巻　梓「ドイツ住居所有権法における規約制度の検討（4）」早稲田大学大学院法研論集115号

▷2005年10月

小濱意三「建物区分所有法の改正」高橋弘・後藤紀一・辻秀典・田邊誠編『現代民事法改革の動向Ⅱ（広島大学公開講座）』（成文堂）

▷2005年11月

鎌野邦樹『不動産の法律知識』（日経文庫）

▷2005年12月

太田知行「老朽化マンションの建替えと区分所有法——雑感」東海法学33号

丸山英気「建替え・改修・修繕」Evaluation 16号

Werner Merle／植木哲訳「区分所有建物の維持、修繕および再建（再築）」土地総合研究13巻4号

吉田　徹「建物区分所有法の改正」細川清編『進展する民事立法と民事法務行政』（テイハン）

塩崎　勤「マンションの敷地利用に関する諸問題」『民事裁判の実務的課題』（民事法研究会）

玉田弘毅編著『コンメンタール区分所有法』（マンション管理センター）

▶2006年2月

鎌野邦樹「マンション再生と『2戸1戸化』等——抵当権との調整等も含めて」日本マンション学会誌マンション学23号

公共用地補償研究会編『区分所有建物敷地の取得・区分地上権の設定・残地工事費等の補償——解説と運用』（大成出版社）

▷2006年3月

藤巻　梓「ドイツ住居所有権法における規約制度の検討（5・完）」早稲田大学大学院法研論集117号

国土交通省住宅局市街地建築課監修／国土交通省国土技術政策総合研究所・マンション再生協議会編著『よくわかるマンション建替え実務マニュアル——スムーズな事業推進のための法と実務』（ぎょうせい）

マンション法研究班『区分所有建物の法的課題（関西大学法学研究所研究叢書33）』（関西大学法学研究所）

▷2006年4月

鎌田　薫・始関正光・寺田逸郎ほか「不動産法セミナー（第13回）　分譲マンションをめぐる諸問題(上)」ジュリスト1309号

鎌田　薫・始関正光・寺田逸郎ほか「不動産法セミナー（第14回）　分譲マンションをめぐる諸問題(下)」ジュリスト1310号

長谷川洋「リモデル等によるマンション再生に向けた課題と法制度の提案」日本マンション学会誌マンション学24号

舟橋　哲「マンションにおける滞納管理費回収の法的手法とその課題」日本マンション学会誌マンション学24号

藤井俊二「管理費の滞納が許容される期間」日本マンション学会誌マンション学24号

三井一征「管理組合内部での紛争の諸形態と解決の手がかり・序論」日本マンション学会誌マンション学24号

野嶋慎一郎「管理組合をめぐる紛争事例」日本マンション学会誌マンション学24号

佐藤　優「管理業者変更に関し理事会と一部区分所有者が争った紛争事例」日本マンション学会誌マンション学24号

田村日出男「専有部改修工事における紛争事例／無断でベランダ掃き出しサッシ交換工事を行った事例」日本マンション学会誌マンション学24号

鎌野邦樹「耐震強度偽装事件と法律問題——民事法上の問題を中心として」NBL830号

鎌野邦樹「ロー・ジャーナル／耐震強度偽装事件——事件の経過と今後の課題」法学セミナー51巻4号

稲本洋之助先生古稀記念『都市と土地利用』（日本評論社）

区分所有法関係文献目録

▷2006年5月

太田知行「老朽化マンション建替えにおける合意形成――建替えの現場を体験して」北大法学論集57巻1号

日本マンション学会法律実務研究委員会編『マンション紛争の上手な対処法――法的解決のノウハウと実務指針（実務法律学全集14）』（民事法研究会）

▷2006年6月

丸山英氣「構造偽装マンションの法学的課題《特集》構造偽装マンション問題と不動産開発の法・制度）」日本不動産学会誌20巻1号

鎌野邦樹「マンションをめぐる今日の問題状況」市民と法39号

松澤陽明「耐震強度偽装問題の責任の所在」市民と法39号

田中峯子「耐震強度偽装事件とその救済策」市民と法39号

木村長敏「滞納管理費回収の問題点と新たな方策への一提言」市民と法39号

舟橋　哲「マンションにおける滞納管理費等債権の回収――法的手法および課題」市民と法39号

上野義治「マンションの登記手続（1）　建替えに際しての権利登記を中心に」市民と法39号

信吉秀起・和田清人「マンションの登記手続（2）　建替えに際しての敷地の確定と表示登記を中心に」市民と法39号

▷2006年9月

戎　正晴「老朽マンションの建替え――団地建替えを中心に」月報司法書士415号

鎌野邦樹「マンション法の現状と課題――区分所有法の功績・限界・課題・展開」月報司法書士415号

武井共夫「欠陥マンション紛争――耐震構造偽造マンション問題から考える」月報司法書士415号

古田光生「マンション管理費問題について」月報司法書士415号

▷2006年10月

井上俊之・本間伸彦・太田知行ほか「座談会／実務から見たマンション建替えの法律上の課題と今後の展望（上）　マンション建替えの法と実務――同潤会江戸川アパートメントの事例に学ぶ」書斎の窓558号

水本　浩・遠藤　浩・丸山英氣編『基本法コンメンタールマンション法〔第3版〕（平成14年改正法に対応）』（日本評論社）

▷2006年11月

井上俊之・本間伸彦・太田知行ほか「座談会／実務から見たマンション建替えの法律上の課題と今後の展望（中）　マンション建替えの法と実務――同潤会江戸川アパートメントの事例に学ぶ」書斎の窓559号

▷2006年12月

井上俊之・本間伸彦・太田知行ほか「座談会／実務から見たマンション建替えの法律上の課題と今後の展望(下)　マンション建替えの法と実務——同潤会江戸川アパートメントの事例に学ぶ」書斎の窓560号

福井秀夫「(10)住宅土地市場における規制の効果・改革——マンション建替え要件に関する法改正を中心として」『司法政策の法と経済学』（日本評論社）

▶2007年3月

鎌野邦樹「眺望・景観利益の保護と調整——花火観望侵害・損害賠償請求事件（東京地判平成18・12・8）を契機として」NBL853号

丸山英氣編『区分所有法』（大成出版社）

▷2007年4月

大澤　晃・小谷芳正「新・わかりやすい競売評価実務（第2回）　区分所有建物を巡る諸問題」不動産鑑定44巻4号

土居俊平「区分所有法60条に基づく占有者に対する引渡請求」法学ジャーナル80号

花房博文「滞納管理費等の回収についての一考察——特定承継人からの回収を目的とする法律構成に関して」日本マンション学会誌マンション学27号

藤巻　梓「ドイツにおけるマンション管理費の滞納問題に対する対応」日本マンション学会誌マンション学27号

舟橋　哲「区分所有法8条所定の特定承継人の責任——東京高平17・3・30判時1915号32頁を契機として」日本マンション学会誌マンション学27号

小川勝久「新不動産登記法と区分所有法の実際と課題」日本マンション学会誌マンション学27号

村辻義信「マンション建替えの手法と法的手続」日本マンション学会誌マンション学27号

▷2007年6月

大澤　晃・森口　匠・小谷芳正「新・わかりやすい競売評価実務（第3回）　区分所有建物における取引事例比較法等」不動産鑑定44巻6号

▷2007年7月

長谷川敬一「区分所有マンションからの暴力団排除について」自由と正義58巻7号

▷2007年9月

上河内千香子「区分所有建物の復旧及び区分所有関係の解消に関する一考察——ドイツ住居所有権法の議論を手がかりに」琉大法學78号

権承文「中国建物区分所有権制度について」千葉大学人文社会科学研究15号

鎌野邦樹「管理組合の権限と機能」内田貴・大村敦志編『民法の争点（ジュリスト増

区分所有法関係文献目録

刊)』(有斐閣)
丸山英気「区分所有建物の復旧・建替え――マンションの建替え」内田貴・大村敦志編『民法の争点(ジュリスト増刊)』(有斐閣)
▷2007年10月
資料『マンションの管理の適正化の推進に関する法律・同法施行規則・通達等関連文書』(高層住宅管理業協会)

▶2008年1月

丸山英氣「区分所有法の変遷と法構造変化」日本マンション学会誌マンション学29号
藤巻　梓「ドイツ住居所有権法の改正について」土地総合研究16巻1号
▷2008年2月
鎌野邦樹「建物の瑕疵についての施工者・設計者の法的責任――最二判平成19・7・6(平17(受)第702号、損害賠償請求事件、裁時1439号2頁)を契機として」NBL875号
▷2008年3月
田中嗣久「分譲マンションにおける区分所有者相互間の迷惑行為について(最近の判例研究)」大阪経済法科大学論集94号
山脇直祐「区分所有の政治的契機――強制競売制度に関する事例を中心に」社会システム研究6号
▷2008年4月
大野　武「マンションの瑕疵と消費者保護――住宅瑕疵担保履行法の制定を踏まえて」日本マンション学会誌マンション学30号
鎌野邦樹「マンションの瑕疵についての建設業者の法的責任――最判平19・7・6判時1984号34頁(民集掲載予定)を契機として」日本マンション学会誌マンション学30号
花房博文「駐車場専用使用権解消への再検討」日本マンション学会誌マンション学30号
橋田健次郎・服部弘嗣「『複合用途型マンション』をめぐる法的特徴」日本マンション学会誌マンション学30号
笠原秀樹「団地型・複合用途型マンションにおける共用部分の設定について」日本マンション学会誌マンション学30号
佐藤　元「ドイツにおける管理費承継問題に関する理論の現状」日本マンション学会誌マンション学30号
▷2008年5月
権承文「海外住宅情報シリーズ(136)　中国建物区分所有権制度の法的考察」月刊住宅着工統計278号
▷2008年6月
藤巻　梓「翻訳　改正ドイツ住居所有権法(試訳)」早稲田法学83巻4号

藤巻　梓「区分所有者とその団体の法的関係に関する一考察（1）——ドイツ住居所有権法における最近の議論の展開を中心に」早稲田法学83巻4号
山畑哲世『実務区分所有法ハンドブック』（民事法研究会）
▷2008年7月
熊野勝之「ロー・クラス／建物区分所有法改正は"終の棲家"に何をもたらしたか」法学セミナー53巻7号
▷2008年8月
竹田智志「海外住宅情報シリーズ(139)　区分所有制度における建替え規定——日本・韓国・中国法比較」月刊住宅着工統計281号
▷2008年9月
青柳和伴「横浜市のマンション施策と区分所有者以外の管理方式について」住宅57巻9号
陳華彬／但見亮訳「建物区分所有権——学者草案の立場と中国物権法の規定」星野英一・梁慧星監修／田中信行・渠涛編集『中国物権法を考える』（商事法務）
丸山英気・折田泰宏編『これからのマンションと法』（日本評論社）
▷2008年10月
鎌野邦樹「欧米とアジアのマンション法制——マンション法の国際比較のための新たな視点と課題のための覚書き」日本マンション学会誌マンション学31号
権承文「中国建物区分所有権制度の現状および問題」日本マンション学会誌マンション学31号
石川貴康監修／栗原信司著『マンションの法律がよくわかる本——区分所有法・マンション管理適正化法——身近な法律かんたん解説』（中経出版）
▷2008年12月
福井秀夫「マンション建替え・管理の法と経済分析」自治研究84巻12号
丸山英気「マンションにおける集会の決議無効」鈴木禄弥先生追悼論集『民事法学への挑戦と新たな構築』（創文社）
吉田邦彦「マンション（アパート）建替え問題の日韓比較」鈴木禄弥先生追悼論集『民事法学への挑戦と新たな構築』（創文社）

▶2009年1月

小林秀樹「200年マンションの建築計画と所有形態」日本マンション学会誌マンション学32号
大野　武「欠陥マンションに対する買主保護をめぐる最近の動向」不動産研究51巻1号
丸山英氣先生古稀記念論文集『マンション学の構築と都市法の新展開』（プログレス）
玉田弘毅・齊藤広子・大杉麻美・富田路易『マンション管理方式の多様化への展望』

区分所有法関係文献目録

(大成出版社)
▷2009年3月
櫻井敬子「行政法講座(39) マンション法制の問題点」自治実務セミナー48巻3号
金錦萍「中国物権法における建築物の区分所有権制度――区分所有建物に関する共有部分の区分」文化共生学研究7号
藤巻 梓「区分所有者とその団体の法的関係に関する一考察(2・完)――ドイツ法における最近の議論の展開を中心に」早稲田法学84巻2号
鎌野邦樹「区分所有者が公園を所有する!?――地上権設定による民設公園制度の創設と今後の課題」早稲田法学84巻3号
大山和寿「管理費等の滞納に対して昭和58年区分所有法改正において検討された諸方策――区分所有法7条の先取特権のあり方を見直すための準備の一環として」早稲田法学84巻3号
大山和寿「区分所有法7条の先取特権のあり方に関する一試論(上)」青山法学論集50巻4号
太田知行「マンションの原始規約の設定」渡辺洋三先生追悼論集『日本社会と法律学――歴史、現状、展望』(日本評論社)
▷2009年4月
鎌野邦樹「区分所有建物の維持管理義務の法的構造――法律からみた長寿命マンションの課題」日本マンション学会誌マンション学33号
彌島義尚「積み残しの登記問題/敷地と専有部分の一体化」日本マンション学会誌マンション学33号
相馬計二「マンションの共用部分と登記/機能的共用部分の新設」日本マンション学会誌マンション学33号
小林秀樹「組合所有は区分所有に代わりうるか」日本不動産学会誌22巻4号
中川雅之「区分所有法とマンションの再生投資」日本不動産学会誌22巻4号
寺尾 仁「フランスにおける区分所有建物管理制度の概要――直面する課題と法改正」日本不動産学会誌22巻4号
大野 武「イギリスの区分所有建物における所有・管理方式について」日本不動産学会誌22巻4号
瀬下博之「区分所有権の経済分析――その経済合理性とマンション建て替え問題の解決方法」日本不動産学会誌22巻4号
中川雅之「区分所有法とマンションの再生投資」日本不動産学会誌22巻4号
阿部順子「フランスのマンション管理者制度の実態」日本不動産学会誌22巻4号
藤巻 梓「新たなドイツ住居所有権法における建物の管理」日本不動産学会誌22巻4号
花房博文「Condominium法制の比較法的分析」日本不動産学会誌22巻4号

鎌野邦樹「マンションの管理方式について——『(超)長寿命マンション』『200年マンション』との関連で」土地総合研究17巻2号
田中嗣久『不動産問題と法——不動産問題からの法学への接近』(大阪経済法科大学出版部)
▷2009年7月
南部孝幸「マンションの終焉における法と正義——区分所有法の建替え制度に関する批判的考察」北大法学論集60巻2号
大野　武「信託法研究会／マンション管理における課題と信託の活用」明治学院大学法律科学研究所年報25号
大野　武「倒産実体法研究会／マンションの共用部分から生じる瑕疵担保履行請求権の帰属と行使」明治学院大学法律科学研究所年報25号
▷2009年9月
升田　純『要約マンション判例155』(学陽書房)
▷2009年10月
ヴェルナー・メルレ／藤巻梓訳「ドイツにおける住居所有権法の改正」日本マンション学会誌マンション学34号
大野　武「住宅瑕疵担保履行法における制度的課題の検討」みんけん630号
▷2009年12月
大野　武「区分所有者団体の法的性質と対外的効力」明治学院大学法科大学院ローレビュー11号
土居俊平「区分所有法8条にいう特定承継人の責任——ドイツ法における議論をふまえて」宮崎産業経営大学法学論集19巻1号
鎌野邦樹「不動産マネジメントの法学的課題——賃貸住宅及びマンションの長寿命化と住生活向上のためのマネジメント」日本不動産学会誌23巻2号

▶2010年2月
谷口和大「暴力団排除条項(下)／区分所有マンション管理規約」NBL923号
▷2010年3月
伊藤栄寿「区分所有者に対する団体的拘束の根拠と限界(1)」愛知学院大学論叢法学研究51巻1号
高健「中国建物区分所有制度の一断面——車庫の帰属問題に関する一考察」現代社会文化研究47号
▷2010年4月
小林秀樹「持続可能な街づくりにおけるマンションの可能性と課題——維持管理から経営管理への発展と法制度のあり方」日本マンション学会誌マンション学36号

区分所有法関係文献目録

鎌野邦樹「マンション階上騒音紛争と裁判──マンション・トラブルの裁判外での紛争解決を考える」日本マンション学会誌マンション学36号
花井増實「管理費等の滞納問題から持続可能なマンション管理を考える」日本マンション学会誌マンション学36号
花房博文「駐車場専用使用権の消滅決議の可否」日本マンション学会誌マンション学36号
湖海信成「滞納水道使用料と承継人の負担義務」日本マンション学会誌マンション学36号
長谷川敬一「最新・民暴事情(35) マンション契約の暴排条項の運用実務──区分所有マンション管理規約による反社会的勢力排除条項導入の必要性」事業再生と債権管理24巻1号
伊藤栄寿「区分所有者に対する団体的拘束の根拠と限界」私法72号
▷2010年6月
秋山靖浩「マンションの眺望変化と売主の責任」ジュリスト1402号
田高寛貴「マンション管理規約の変更と居住者の権利」ジュリスト1402号
平野裕之「マンションの共用部分の瑕疵と区分所有者の交替」ジュリスト1402号
松岡久和「マンション管理と非居住者」ジュリスト1402号
▷2010年7月
伊藤栄寿「区分所有者に対する団体的拘束の根拠と限界(2・完)」愛知学院大学論叢法学研究51巻2号
Karaiskos Antonios 訳／鎌野邦樹訳「ギリシャ・マンション法の邦訳」比較法学44巻1号
▷2010年8月
鎌野邦樹『マンション法案内』(勁草書房)
▷2010年9月
藤巻　梓「ドイツ住居所有権法とBGBの消費者保護」日本マンション学会誌マンション学37号
三浦直樹「住宅の瑕疵担保責任に関する法制度」日本マンション学会誌マンション学37号
松本克美「欠陥マンション問題──近時の判例動向と課題」日本マンション学会誌マンション学37号
鎌野邦樹「マンション管理組合は『消費者』か──マンション管理組合の管理委託契約における消費者保護を中心に」日本マンション学会誌マンション学37号
▷2010年11月
林　久「区分所有法の改正」民事月報65巻号外(表示登記制度50周年記念誌──表示登

記制度50年のあゆみ）
▷2010年12月
鎌野邦樹「規約共用部分の競落人の「背信的悪意者」性」市民と法66号
高健「物権法成立前の建物区分所有をめぐる諸問題──上海市1998年～2005年の裁判例を中心にして」現代社会文化研究49号
土居俊平「有責性なき区分所有者の排除──ドイツ法における議論をふまえて」宮崎産業経営大学法学論集20巻1号
松澤陽明「管理組合の活動と住民活動」市民と法66号

▶2011年2月
丸山英気「マンション紛争とADR」日本マンション学会誌マンション学38号
池田辰夫・酒井康生・若井大輔「マンション紛争とADR」日本マンション学会誌マンション学38号
廣田尚久「マンション紛争に関する裁判外紛争解決の必要性」日本マンション学会誌マンション学38号
伊藤栄寿『所有法と団体法の交錯──区分所有者に対する団体的拘束の根拠と限界』（成文堂）
▷2011年3月
孟觀燮「韓国におけるマンション建替えに関する法律の整備」秋田法学52号23頁
吉田邦彦「マンション（アパート）建替え問題の日韓比較──都市再開発との関連で」『都市居住・災害復興・戦争補償と批判的「法の支配」（北海道大学大学院法学研究科叢書19）』（有斐閣）
▷2011年4月
伊藤栄寿「マンション管理方法の理論的検討──ドイツ法との比較を通じて」日本マンション学会誌マンション学39号
鎌野邦樹「マンション管理と標準管理規約──マンション標準管理規約の改正案をめぐって（含マンション標準管理規約（単棟型）新旧対照表）」日本マンション学会誌マンション学39号
親泊哲「第三者管理方式の実践例と留意点」日本マンション学会誌マンション学39号
▷2011年5月
李珉「建築物の区分所有権紛争事件の審理に関する司法解釈について（中国最新法律事情169）」国際商事法務39巻5号719頁
▷2011年6月
五十嵐徹編『マンション登記法──登記・規約・公正証書』（日本加除出版）
太田知行「マンション建替えを巡る法と実践」吉田邦彦編／平井宜雄・淡路剛久・太田

区分所有法関係文献目録

知行・鈴木禄弥・奥田昌道・高翔龍著『民法学の羅針盤——激動の時代への先進の教訓（学術選書プラス4民法）』（信山社）
▷2011年8月
井手慶祐・岡田美香・飯塚佳都子・石森博行・水谷幸治・永岡秀一「Q&A 東日本大震災後の不動産法務（5・完）　区分所有建物」NBL959号114頁
▷2011年10月
伊藤栄寿「区分所有法上の規約に規律できる内容の限界」愛知学院大学論叢法学研究52巻3＝4号
長谷川洋「東日本大震災被害と区分所有関係の解消」日本マンション学会誌マンション学40号
▷2011年11月
上野義治「区分所有における共用部分」月報司法書士477号
秋山靖浩『不動産法入門——不動産をキーワードにして学ぶ』（日本評論社）
▷2011年12月
小柳春一郎「区分所有建物被災——基本的法理と東日本大震災での新展開」ジュリスト1434号
花房博文「共用部分に関する妨害排除請求および損害賠償請求——管理組合の原告適格の有無、および管理組合から管理者への訴訟授権の可否」市民と法72号
高健「中国の不動産登記制度と建物区分所有をめぐる問題点」現代社会文化研究52号
大山和寿「区分所有法旧6条の形成過程」藤岡康宏先生古稀記念『民法学における古典と革新』（成文堂）

▶2012年1月
鎌野邦樹「マンション法の課題と将来の展望」信州大学法学論集18号
吉井啓子「フランス区分所有法の概要」土地総合研究20巻1号
片桐善衛「規約の自主・自律・自治性をめぐる所感——管理規約の準（quasi）法律化？に対し」日本マンション学会誌マンション学41号
花房博文「管理規約事項の判断基準に関する問題と課題」日本マンション学会誌マンション学41号
土居俊平「管理費等滞納行為を理由とする区分所有者の排除——ドイツ住居所有権法（WEG）を概観して」日本マンション学会誌マンション学41号
丁志映「韓国の共同住宅と管理規約——ソウル特別市共同住宅管理規約の改正内容を中心に」日本マンション学会誌マンション学41号
権承文「中国建物区分所有法制における規約について」日本マンション学会誌マンション学41号

大野　武「イギリスの管理規約」日本マンション学会誌マンション学41号
藤巻　梓「ドイツにおけるマンションの規約例」日本マンション学会誌マンション学41号
▷2012年2月
稲本洋之助・鎌野邦樹編著『コンメンタールマンション標準管理規約』（日本評論社）
▷2012年3月
西島良尚「『マンション分譲取引』と多角的法律関係」椿寿夫・中舎寛樹編『多角的法律関係の研究』（日本評論社）
▷2012年4月
渡辺　晋『最新区分所有法の解説〔5訂版〕』（住宅新報社）
▷2012年5月
鎌野邦樹「被災マンションの解体・解消に関する法制度のあり方」日本マンション学会誌マンション学42号
小林秀樹「マンション解消制度の私案──被災マンションと老朽マンションを包括する制度の検討」日本マンション学会誌マンション学42号
松岡直武「区分所有関係解消制度と不動産登記上の問題点」日本マンション学会誌マンション学42号
鎌野邦樹・吉井啓子・舟橋哲・寺尾仁「フランスの区分所有法制について──ペルネ＝マルケ教授（パリ第2大学）に聞く」土地総合研究20巻2号
▷2012年9月
藤巻　梓「区分所有建物の賃貸借」松尾弘・山野目章夫編著『不動産賃貸借の課題と展望』（商事法務）
▷2012年10月
折田泰宏「区分所有法によらないマンションの建替えについて」日本マンション学会誌マンション学43号
井上　聡「区分所有建物を含む居住用財産の処分と利益相反〔後見〕」実践成年後見43号

▶2013年1月
岡山忠広「罹災都市借地借家臨時処理法および被災区分所有建物の再建等に関する特別措置法の改正の動向」NBL992号
▷2013年2月
鎌野邦樹「区分所有権競売請求訴訟（区分所有法59条1項）の法的性質──最高裁平成23・10・11決定を契機として」市民と法79号
志田原信三・田中一彦・日景聡・北村久美・福嶋聡禮・矢代陽子・野口修「マンション

区分所有法関係文献目録

の管理に関する訴訟をめぐる諸問題（1）」判例タイムズ1383号

▷2013年3月

山﨑福壽・瀬下博之・定行泰甫「マンション建替え決議についての理論と実証」上智経済論集58巻1＝2号

資料「法制審議会による『罹災都市借地借家臨時処理法の見直しに関する要綱』および『被災区分所有建物の再建等に関する特別措置法の見直しに関する要綱』の答申について」NBL996号

▷2013年4月

鎌野邦樹「被災マンション法の改正――「解体」「解消」制度の創設」日本マンション学会誌マンション学45号

佐々木好一「管理組合と自治会との関係について問題となった事案の考察」日本マンション学会誌マンション学45号

丸山英氣「マンション法における管理の位置づけ――第三者による管理を受容すべきか」日本マンション学会誌マンション学45号

祢宜秀之「マンション管理士法制定の提言――マンションの未来像と専門家の役割」日本マンション学会誌マンション学45号

国土交通省関東地方整備局川崎国道事務所用地課「補償事例／マンション建替えの円滑化等に関する法律を活用した区分所有建物の補償について」用地ジャーナル22巻1号

志田原信三・田中一彦・日景　聡・北村久美・福嶋聡禮・矢代陽子・野口　修「マンションの管理に関する訴訟をめぐる諸問題（2）」判例タイムズ1385号

花房博文「マンション紛争における当事者適格及び評価的要件についての一考察」伊藤滋夫編『不動産法と要件事実（法科大学院要件事実教育研究所報12）』（日本評論社）

▷2013年5月

志田原信三・田中一彦・日景聡・北村久美・福嶋聡禮・矢代陽子・野口修「マンションの管理に関する訴訟をめぐる諸問題（3）」判例タイムズ1386号

▷2013年7月

岡山忠広「被災区分所有建物の再建等に関する特別借置法の一部を改正する法律について」NBL1004号

▷2013年8月

秋山靖浩「被災マンションの復興をめぐる3つの観点――法改正における議論を手がかりとして」論究ジュリスト6号

岡山忠広・川副万代・遠藤啓佑・石渡圭「被災区分所有建物の再建等に関する特別措置法の一部を改正する法律の概要（上）」旬刊金融法務事情1975号

岡山忠広・川副万代・遠藤啓佑・石渡圭「被災区分所有建物の再建等に関する特別措置法の一部を改正する法律の概要（下）」旬刊金融法務事情1976号

川副万代「大規模な災害の被災地における借地借家に関する特別措置法及び被災区分所有建物の再建等に関する特別措置法の一部改正法について」民事月報68巻8号

原田純孝「マンション建替え制度における居住の権利と土地所有権──とくに団地内建物一括建替えの場合を中心にして」清水誠先生追悼論集『日本社会と市民法学』（日本評論社）

堀野　出「マンションをめぐる訴訟と当事者適格の規律」法律時報85巻9号

山田誠一「区分所有建物の管理組合の法的性格」石川正先生古稀記念論文集『経済社会と法の役割』（商事法務）

▷2013年9月

伊藤栄寿「マンションにおける区分所有者の権利の独立性とその限界」法律時報85巻9号

岡山忠広・川副万代・遠藤啓佑・石渡圭「被災区分所有建物の再建等に関する特別措置法の一部を改正する法律（被災マンション法改正）の概要について」登記情報53巻9号

▷2013年10月

鎌野邦樹「改正被災マンション法の団地規定について」ジュリスト1459号

山田誠一「大規模な災害による区分所有建物の全部の滅失または大規模な一部の滅失──敷地売却決議および、建物敷地売却決議について」ジュリスト1459号

岡山忠広・川副万代・遠藤啓佑・石渡　圭「『大規模な災害の被災地における借地借家に関する特別措置法』および『被災区分所有建物の再建等に関する特別措置法の一部を改正する法律』について」事業再生と債権管理27巻3号

▷2013年11月

植田雅人「居住用小規模マンションと第三者管理者方式──管理組合支援の現場からの報告〈第三者管理〉」日本マンション学会誌マンション学46号

大野　武「第三者管理の意義と基本的課題──総論的考察と趣旨説明」日本マンション学会誌マンション学46号

折田泰宏「第三者管理者制度の諸問題〈第三者管理〉」日本マンション学会誌マンション学46号

梶浦恒男「福管連の理事長等派遣制度の取組みについて」日本マンション学会誌マンション学46号

近藤俊一「第三者（マンション管理士）管理者方式を採用した事例の考察──管理組合にとっての管理者とは何か」日本マンション学会誌マンション学46号

齊藤広子「第三者管理制度の現状と課題──マンション管理の担い手として理事の役割の見直しを高齢者用マンションから考える〈第三者管理〉」日本マンション学会誌マンション学46号

区分所有法関係文献目録

執行秀幸「第三者管理方式の理論的検討」日本マンション学会誌マンション学46号
柴原達明「超高層マンションへの『第三者管理方式導入』の可能性に関する考察」日本マンション学会誌マンション学46号
杉本典夫・畑島義昭「マンション管理組合への理事長等派遣制度の取組み──管理組合の主体性の尊重と自立支援を基本として」日本マンション学会誌マンション学46号
土居俊平「ドイツ法における管理者制度──管理者の解任を中心に」日本マンション学会誌マンション学46号
吉井啓子「フランスのマンション管理制度」日本マンション学会誌マンション学46号
▷2013年12月
折田泰宏「東日本大震災後の被災マンションの復興と課題」日本マンション学会誌マンション学47号
折田泰宏「コミュニティ条項に関連した法律的論点と考察〈あらためてコミュニティの意義を考える〉」日本マンション学会誌マンション学47号
鎌野邦樹「マンション共用部分の瑕疵について管理者の権限について──日本の法の状況についてのコメント」日本マンション学会誌マンション学47号
古振暉「台湾におけるマンションの共用部分をめぐる建設会社と区分所有者との諸紛争──屋内地下室の専用利用と建設会社の管理費負担」日本マンション学会誌マンション学47号
小林秀樹「日本におけるマンションの改修と建替えの課題」日本マンション学会誌マンション学47号
小林秀樹「標準管理規約のコミュニティ条項に関する日本マンション学会の議論」日本マンション学会誌マンション学47号
藤井俊二「共用部分の瑕疵を理由とする分譲業者・建築業者等に対する法的請求」日本マンション学会誌マンション学47号
李永然「共同住宅入居者の管理費滞納に関する競売および承継の問題」日本マンション学会誌マンション学47号
林旺根「台湾におけるマンション・ビルの建替えに関する法律問題」日本マンション学会誌マンション学47号
川副万代「被災借地借家法と改正被災マンション法の概要──被災地での借地借家の取扱い、大規模災害で損壊したマンションの再建ルール等を規定（大規模な災害の被災地における借地借家に関する特別措置法・被災区分所有建物の再建等に関する特別措置法の一部を改正する法律）〈法令解説〉」時の法令1943号
坂野一生「カンボジアの外国人区分所有法／〔坂野一生訳〕区分所有建物の専有部分の所有権を外国人に付与する法律（2010年5月24日付勅令 NS/RKM/0510/006号）」外国の立法258号

区分所有法関係文献目録

▶2014年1月
岡山忠広編著『概説被災借地借家法・改正被災マンション法』(金融財政事情研究会)
▷2014年3月
鎌野邦樹「区分所有建物における管理費余剰金の法的性質」田山輝明先生古稀記念論文集『民事法学の歴史と未来』(成文堂)
▷2014年4月
平瀨敏郎「区分所有建物における管理費・修繕積立金の取扱について」PRI review52号(国土交通省国土交通政策研究所)
全国マンション問題研究会編『マンション紛争の上手な対処法——法的解決のノウハウと実務指針〔第4版〕』(民事法研究会)
▷2014年6月
「弁護士のための新法令紹介(第382回) 大規模な災害の被災地における借地借家に関する特別措置法(平成25年法律第61号)／被災区分所有建物の再建等に関する特別措置法(平成25年法律第62号)」自由と正義65巻6号
▷2014年11月
小柳春一郎「大規模災害と借地借家」小柳春一郎編『災害と法』(国際書院)

引用文献略語一覧

編著書

青山・注解	青山正明編『注解不動産法5　区分所有法』[1997] 青林書院
注民(7)	川島武宜編『注釈民法(7)』[1968] 有斐閣
新版注民(7)	川島武宜＝川井健編『新版注釈民法(7)』[2007] 有斐閣
新版注民(15)	幾代通＝広中俊雄編『新版注釈民法(15)』(増補版)[1996] 有斐閣
マンション	中川善之助＝兼子一監修『マンション・建売住宅』[1974] 青林書院新社
建物区分所有	玉田弘毅＝森泉章＝半田正夫編『建物区分所有権法』[1975] 一粒社
基本コンメ	水本浩＝遠藤浩＝丸山英気編『基本法コンメンタール・マンション法』(第3版)[2006] 日本評論社
旧基本コンメ	水本浩＝遠藤浩＝丸山英気編『基本法コンメンタール・マンション法』[1994] 日本評論社
区分所有	丸山英気編『区分所有法』(改訂版)[2007] 大成出版社
旧区分所有	丸山英気編『区分所有法』[1984] 大成出版社
坂和・円滑化法	坂和章平著『注解マンション建替え円滑化法』[2003] 青林書院
条解	篠塚昭次編『条解民法Ⅰ　総則・物権法』(改訂版)[1987] 三省堂
ハンドブック	都市的土地利用研究会(稲本洋之助)編『マンションの復旧建替え・再建　法律相談ハンドブック』(改訂版)[1995] 非売品
不動産鑑定訴訟法	塩崎勤＝澤野順彦編『新・裁判実務大系15　不動産鑑定訴訟法Ⅱ』[2002] 青林書院
マンションの法律	玉田弘毅編著『マンションの法律1』(第4版)[1991]、同『マンションの法律2・3』(第3版)[1986] 一粒社
旧版マンションの法律	玉田弘毅編著『マンションの法律(上)(下)』[1978] 一粒社
マンション法	鎌野邦樹＝山野目章夫著『マンション法』[2003] 有斐閣
読本	丸山英気編『マンション法読本』[1984] 三嶺書房
吉田・一問一答	吉田徹編著『一問一答　改正マンション法』[2003] 商事法務
コンメ管理規約	稲本洋之助＝鎌野邦樹編著『コンメンタール・マンション標準管理規約』[2012] 日本評論社

雑誌

エコノ	エコノミスト（毎日新聞社、週1）
金法	旬刊金融法務事情（金融財政事情研究会、月3）
杏林	社会科学研究（杏林大学）
しおり	不動産研究のしおり（日本不動産研究所、月1）

引用文献略語一覧

商事	旬刊商事法務（商事法務研究会、月3）
ジュリ	ジュリスト（有斐閣、月1）
論究ジュリ	論究ジュリスト（有斐閣、年4）
税経	税務経理（時事通信社、週2）
曹時	法曹時報（法曹会、月1）
千葉	千葉大学法学論集（千葉大学、年4）
都市住宅学	都市住宅学（都市住宅学会、年4）
判時	判例時報（判例時報社、月3）
判タ	判例タイムズ（判例タイムズ社、月2）
ひろば	法律のひろば（ぎょうせい、月1）
不鑑	不動産鑑定（住宅新報社、月1）
不研	不動産研究（日本不動産研究所、月1）
法教	法学教室（有斐閣、月1）
法研	法学研究（慶應義塾大学法学研究会）
法時	法律時報（日本評論社、月1）
マン管判	マンション管理判例集 Vol.3〔CD-ROM 版〕（マンション管理センター）
マンション学	マンション学（日本マンション学会、年3）
民商	民商法雑誌（有斐閣、月1）
リマークス	私法判例リマークス（日本評論社、年2）

法務省・国会関係資料

「試案」	法務省民事局参事官室「区分所有法改正要綱試案」[1982.7]
「試案の説明」	法務省民事局参事官室「区分所有法改正要綱試案の説明」[1982.7]
「改正要綱」	法制審議会総会「建物の区分所有等に関する法律の一部を改正する法律案要綱」[1983.2]
「法律案」	「建物の区分所有等に関する法律及び不動産登記法の一部を改正する法律案」[1983.3]
「中間試案」	法制審議会建物区分所有法部会決定「建物区分所有法改正要綱中間試案」[2002.3]
「中間試案補足説明」	法務省民事局参事官室「建物区分所有法改正要綱中間試案補足説明」[2002.3]

著　書（著者名は50音順、発行年度は原則として初版）

秋山・論究ジュリ	秋山靖浩「被災マンションの復興をめぐる三つの観点──法改正における議論を手がかりとして」論究ジュリ6号（2013.夏）[2013.8]
荒川・区分所有権	荒川重勝「区分所有権」『建物区分所有』
荒川・建替え	荒川重勝「建替えおよび復旧」『旧区分所有』
荒木・買取価格	荒木新五「建物復旧の場合における建物等買取価格」『不動産鑑定訴訟法』
飯田・コンメ管理規約	飯田雄二「マンション標準管理規約〔単棟型〕第64条」『コンメ管

引用文献略語一覧

	理規約』
石川・ジュリ	石川恵美子「中間試案に対する意見——利用者サイドから」ジュリ1225号［2002.6］
石田・旧基本コンメ	石田喜久夫「区分所有法第22条～第24条」『旧基本コンメ』
石田・区分所有権	石田喜久夫「区分所有権」金沢良雄＝西山夘三＝福武直＝柴田徳衛編『住宅問題講座3』［1970］有斐閣
石田・建替え	石田喜久夫「建替え」法時55巻9号［1983.9］
伊藤・所有権法	伊藤栄寿『所有法と団体法の交錯——区分所有者に対する団体的拘束の根拠と限界』［2011］成文堂
稲本・諸問題	稲本洋之助「建物区分所有法の諸問題（その1）～（その6）」不鑑7巻1号～5号、12号［1970.1～12］
稲本・集合住宅	稲本洋之助「集合住宅の法理」法時53巻11号［1981.10］
稲本・物権法	稲本洋之助『民法Ⅱ〈物権〉』［1983］青林書院
稲本・区分所有権	稲本洋之助「区分所有権」『マンション』
稲本・権利義務	稲本洋之助「区分所有者の権利義務」『建物区分所有』
稲本・顛末概要	稲本洋之助「借地法制顛末概要」土地住宅問題165号［1988.6］
稲本＝鎌野・基本コンメ	稲本洋之助＝鎌野邦樹「区分所有法第62条」『基本コンメ』
稲本＝鎌野・ハンドブック	稲本洋之助＝鎌野邦樹「数棟からなる団地・数棟からなるマンション」『ハンドブック』
内田・基本コンメ	内田勝一「区分所有法第1条、第2条、第8条～第10条、」『基本コンメ』
太田・原始規約	太田知行「マンションの原始規約の設定」戒能通厚＝原田純孝＝広渡清吾編『日本社会と法律学——渡辺洋三先生追悼論集』［2009］日本評論社
大塚・注釈会社	大塚龍児「商法第80条」上柳克郎＝鴻常夫＝竹内昭夫編集代表『新版・注釈会社法(1)』［1985］有斐閣
大野・基本コンメ	大野秀夫「区分所有法第12条」『基本コンメ』
大西・基本コンメ	大西泰博「区分所有法第6条、第57条、第58条」『基本コンメ』
大西・旧基本コンメ	大西泰博「区分所有法第60条」『旧基本コンメ』
大山・区分所有旧6条	大山和寿「区分所有法旧6条の形成過程——区分所有法七条の先取特権のあり方を見直すための準備の一環として」松久三四彦＝須加憲子＝池田清治＝藤原正則編『民法学における古典と革新——藤岡康宏先生古稀記念論文集』［2011］成文堂
岡﨑・コンメ管理規約	岡﨑泰造「マンション標準管理規約〔複合用途型〕第12条」『コンメ管理規約』
岡山・被災二法	岡山忠広「被災関連二法の概要」ジュリ1459号［2013.10］
岡山・一問一答	岡山忠広編著『一問一答　被災借地借家法・改正被災マンション法』［2014］商事法務
折田・ジュリ	折田泰宏「区分所有法改正中間試案を振り返る」ジュリ1225号［2002.6］
折田・改正被災	折田泰宏「改正被災マンション法にみる敷地売却制度の諸問題」都

引用文献略語一覧

		市問題105巻10号［2014.10］
折田・マンション法		折田泰宏「規約および集会の決議の衡平性」『マンション法』
香川・具体例		香川保一「区分所有建物の成立要件および具体例」商事352号［1965.7］
片桐・判時		片桐善衞「管理費の滞納のある区分所有建物を競売により買い受けた者が、滞納管理費を管理組合に支払った場合、元の区分所有者に対して求償することができるとされた判例」判時1940号（判例評論573号11頁）［2006.11］
鎌野・条解		鎌野邦樹「民法209条」『条解』
鎌野・特定承継人		鎌野邦樹「区分所有建物の管理費滞納についての特定承継人の責任」ジュリ934号［1989.6］
鎌野・駐車場		鎌野邦樹「マンションの駐車場専用使用権分譲における分譲代金返還請求の認否」ジュリ1168号［1999.12］
鎌野・改正被災		鎌野邦樹「改正被災マンション法の団地規定について」ジュリ1459号［2013.10］
鎌野・重判平24年		鎌野邦樹「建物区分所有法6条1項『共同の利益に反する行為』」平成24年度重要判例解説（ジュリ1453号）［2013.4］
鎌野・専用使用権		鎌野邦樹「マンション駐車場の専用使用に対する使用料増額決議及び消滅決議・有償化決議の効力」判時1682号（判例評論488号40頁）［1999.10］
鎌野・序説		鎌野邦樹「マンション建替え論序説(1)(2・完)」千葉13巻2号［1998.10］、同14巻4号［2000.3］
鎌野・中間試案		鎌野邦樹「中間試案の問題点と課題」ジュリ1225号［2002.6］
鎌野・都市住宅		鎌野邦樹「区分所有法改正とマンションの管理──規約の公正性・衡平性の確保を中心に」都市住宅38号［2002.7］
鎌野・ひろば		鎌野邦樹「マンションの建替えをめぐる課題」ひろば55巻7号［2002.7］
鎌野・判タ		鎌野邦樹「建築紛争における瑕疵担保責任の新たな局面」判タ1117号［2003.6］
鎌野・時価		鎌野邦樹「区分所有法61条7項の買取請求権の『時価』について」千葉14巻1号［1999.7］
鎌野・改正法		鎌野邦樹「改正区分所有法の解釈上の諸問題」千葉18巻2号［2003.10］
鎌野・私法		鎌野邦樹「民法ワークショップ・区分所有法の改正について」私法65号［2003.6］
鎌野・管理組合		鎌野邦樹「マンション管理組合の管理費・特別修繕費と民法169条」リマークス31号（2005.下）［2005.7］
鎌野・特別協力金		鎌野邦樹「非居住区分所有者に対し特別協力金を課する旨の規約の有効性」リマークス42号（2011.上）［2011.2］
鎌野・市民と法		鎌野邦樹「規約供用部分の競落人の『背信的悪意者』性」市民と法66号［2010.12］

引用文献略語一覧

鎌野・売渡請求	鎌野邦樹「売渡請求」『不動産鑑定訴訟法』
鎌野・コンメ管理規約	鎌野邦樹「マンション標準管理規約〔単棟型〕第10条、第18条」『コンメ管理規約』
鎌野・新マンション管理	齊藤広子＝篠原みち子＝鎌野邦樹『新・マンション管理の実務と法律』［2013］日本加除出版
川島・注民(7)	川島一郎「区分所有法第5条、第26条」『注民(7)』
川島・解説(上)(中)(下)	川島一郎「建物の区分所有等に関する法律の解説(上)(中)(下)」曹時14巻6号〜8号［1962.6〜8］
川島＝濱崎＝吉田・新版注民(7)	川島一郎＝濱崎恭生＝吉田徹「区分所有法第6条、第12条」『新版注民(7)』
久米・エコノ	久米良昭「老朽マンション建て替え　住民の5分の4多数決だけでよい」エコノ2002年6月18日号
小沼・旧基本コンメ	小沼進一「区分所有法第4条、第12条、第13条」『旧基本コンメ』
座談会・ジュリ	「区分所有法等の改正と今後のマンション管理」（司会：内田貴、出席者：飯島正・升田純・元木周二・森部宏樹・吉田徹）ジュリ1249号［2003.7］
澤野・基本コンメ	澤野順彦「区分所有法第25条、第27条〜第29条」『基本コンメ』
澤野・旧基本コンメ	澤野順彦「区分所有法第25条、第26条」『旧基本コンメ』
末川・物権	末川博『物権法』［1956］日本評論社
高柳・改正	高柳輝雄『改正区分所有法の解説』［1983］ぎょうせい
玉田・注解	玉田弘毅『注解建物区分所有法(1)』［1979］第一法規
玉田・無障壁	玉田弘毅「無障壁区分所有の問題」不研8巻4号［1966.10］
玉田・概要(上)(下)	玉田弘毅「建物区分所有法の改正の概要(上)(下)」しおり64号・65号［1983.7、8］
玉田・事例	玉田弘毅「分譲マンションの管理室が専有部分でないとされた事例」法教158号［1993.11］
玉田・団地	玉田弘毅「建物区分所有法上の団地と団地関係に関する一考察(上)(中)(下)」NBL765号・768号・770号［2003.7〜10］
千葉・ジュリ	千葉恵美子「検証・新マンション建替え決議制度——理論的視点から」ジュリ1249号［2003.7］
月岡・敷地利用	月岡利男「敷地利用権」『区分所有』
新田・判時	新田敏「区分所有者から転々移転した場合、中間取得者は、前者が共用部分・敷地に関し負担滞納していた管理費の支払義務を負わないとした事例」判時1273号（判例評論353号43頁）
新田・杏林	新田敏「マンションの共用部分から生ずる金銭債権の性質」杏林18巻2号［2002.10］
新田・法研	新田敏「建物の区分所有における専有部分の敷地利用権」法研69巻2号［1996.2］
濱崎・解説	濱崎恭生『建物区分所有法の改正』［1989］法曹会
濱崎・基本コンメ	濱崎恭生「区分所有法第71条」『基本コンメ』
濱崎＝村松・新版注民(7)	濱崎恭生＝村松秀樹「区分所有法第33条」『新版注民(7)』

引用文献略語一覧

原田・基本コンメ	原田純孝「区分所有法第30条、第31条、第46条」『基本コンメ』
原田・賃借人	原田純孝「区分所有建物における賃借人の権利義務」法時55巻9号［1983.9］
原田・清水追悼	原田純孝「マンション建替え制度における居住の権利と土地所有権——とくに団地内建物一括建替えの場合を中心にして」広渡清吾＝浅倉むつ子＝今村与一編『日本社会と市民法学——清水誠先生追悼論集』［2013］日本評論社
花村・管理者	花村治郎「管理者の解任の方法」『旧版マンションの法律(上)』
半田・復旧再建	半田正夫「滅失による復旧再建その他」『建物区分所有』
半田・判時	半田正夫「専有部分を取得した際には敷地に関する何らの権利も有していなかった者がその後他の専有部分とともに敷地持分を取得した場合には、当初取得した専有部分に関しても敷地利用権を有しない区分所有者に該当しないとされた事例」判時1376号（判例評論387号32頁）
林・読本	林道三郎「委託による管理」『読本』
福井・税経	福井秀夫「マンション建替え要件の明確化を」税務経理2002年4月12日号
藤井・基本コンメ	藤井俊二「区分所有法第22条」『基本コンメ』
舟橋・物権	舟橋諄一『物権法』［1960］有斐閣
法務省・マンション法	法務省民事局参事官室編『新しいマンション法——一問一答による改正区分所有法の解説』［1983］商事法務研究会
松岡・注解	松岡勝博「第2章 団地65条〜68条」『青山・注解』
丸山・基本コンメ	丸山英気「区分所有法第65条」『基本コンメ』
丸山・法律問題	丸山英気『区分所有建物の法律問題』［1980］三省堂
丸山・理論と動態	丸山英気『区分所有法の理論と動態』［1985］三省堂
丸山・共用部分	丸山英気「共用部分」『建物区分所有』
丸山・判例研究	丸山英気『叢書民法総合判例研究・区分所有法(1)(2)(3)』［1987］一粒社
丸山・改正区分所有法	丸山英気「改正区分所有法における秩序維持」法時55巻9号26頁［1983.9］
丸山・管理人室	丸山英気「マンションの管理人室と区分所有法上の共用部分」リマークス9号（1994.下）［1994.7］
丸山・民商	丸山英気「共用設備の存在と専有部分性」民商96巻3号442頁
水本・注民	水本浩『注釈民法(1)』（第2版補訂）［1989］有斐閣新書
森泉・基本コンメ	森泉章「区分所有法第3条、第47条、第49条、第51条」『基本コンメ』
森泉・旧基本コンメ	森泉章「区分所有法第47条」『旧基本コンメ』
山上・マンション学	山上知裕「原始規約の問題——集会、管理規約関係をめぐる審議経過」マンション学13号［2002.4］
山田・専有部分	山田幸二「専有部分の一部か共用部分かで疑義があるもの」『建物区分所有』

引用文献略語一覧

山中・新版注民(15)	山中康夫「民法第594条」『新版注民(15)』
山野目・時報	山野目章夫「区分所有権の買取請求」法時68巻7号16頁［1996.7］
山野目・判タ	山野目章夫「民法判例レビュー77不動産法」判タ1091号［2002.8］
山野目・ジュリ	山野目章夫「マンションの建替えをめぐる法律改正の評価」ジュリ1249号［2003.7］
山野目・ひろば	山野目章夫「マンション建替事業における円滑化法の意義」ひろば55巻7号［2002.7］
山野目・多数決要件	山野目章夫「団地建替決議の多数決要件の憲法適合性」リマークス41号（2010.下）［2010.7］
横山・区分所有法	横山美夏「区分所有法59条による所有権の剥奪」吉田克己＝片山直也編『財の多様化と民法学』［2014］商事法務
吉田ほか・概要	吉田徹＝和田澄男＝一場康宏＝佐伯千種「建物の区分所有等に関する法律の一部改正法の概要(上)(下)」金法1664号、1665号［2003.1～2］
我妻・総則	我妻栄『新訂民法総則（民法講義Ⅰ）』［1965］岩波書店
我妻・物権	我妻栄著＝有泉亨補訂『新訂物権法（民法講義Ⅱ）』［1983］岩波書店

事 項 索 引

(＊印は条文へのリファーを示す)

あ 行

悪臭 ……………………………… 46, 49, 328, 333
アメリカ統一共同所有不動産法 ……………… 397

意見陳述権 ………………………………… 245, 260
遺産分割 ……………………………………………… 132
遺贈 …………………………………………………… 132
著しい変更 …………………………………………… 109
一部共用部分 …………… 25, 77, 79, 91, 97, 98, 185,
　　　　　　　203, 268, 309, 310, 485
　　――で床面積を有するもの ………………… 93
　　――に関する管理組合法人 ………………… 268
　　――に関する規約 …………………………… 185
　　――の管理 …………………………… ＊97, 98
　　――の団体 ……………………………………… 31
　　――の床面積の按分加算 …………………… 93
一部朽廃 …………………………………………… 362
一部区分所有者 ………………………………… 200, 203
　　――の団体 ……………………………………… 98
　　――による管理 ……………………………… 100
一物一権主義 ………………………………………… 3
一部滅失 ……………………………… 361, 362, 560
一括建替え等決議 …………………… ＊659, 662
一括付議 …………………………………………… 502
一個の共用部分 ……………………………… 77, 79
一個の建物 …………………………………………… 3
一般法人法 ………………………………………… 274
委任 ………………………………………… 149, 170
　　――の規定の準用 ………………………… ＊170
委任状 ……………………………………………… 234
違反行為の停止 ……………………………… 51, 52

請負契約 …………………………………… 168, 173
内側計算 ……………………………………………… 93
内側計算方式 ………………………………………… 93
　　――の採用 ……………………………………… 93
訴えの提起 …………………………… 340, 346, 351
売渡請求 …………………………………… 432, 436
売渡請求権 ……………………………… 43, 75, 412
売渡しの対価 ……………………………………… 434

営業権 ……………………………………………… 436
エレベータ ……………………… 78, 79, 85, 154, 173, 263
エレベータ室 …………… 10, 21, 31, 33, 77, 78, 93,
　　　　　　　106, 107, 174

屋上 ………………………… 18, 21, 34, 35, 86, 106, 108

か 行

買受計画 …………………………………………… 692
買受指定者 ……………………………… 432, 444
買受人 ……………………………………………… 692
解散・清算に関する裁判所の検査に対する妨害
　…………………………………………………… 524
階段室 …………… 10, 21, 31, 33, 77, 78, 82, 93, 106,
　　　　　　　107, 154, 174, 263
買取指定者 ………………………………………… 380
買取請求 …………………………………………… 552
買取請求権 ……………………………… 43, 372, 373, 627
外壁 …………………………………… 18, 21, 34, 35
改良 …………………………………… 53, 101, 108
隔壁 …………………………………………… 69, 71
瑕疵 …………………………………………… 68, 69

事項索引

瑕疵担保責任 … 161
過分の費用 … 399
壁 … 19
カラオケ営業 … 326
カラオケ騒音 … 49, 51
仮監事 … 295
仮差押え … 135, 166
仮処分 … 166
借賃 … 119
仮登記 … 435
過料 … 520
　──の額 … 520
　──の対象者 … 521
　──を科する手続 … 521
仮理事 … 276, *291
ガレージ … 18
監事 … 269, 276, 291, *292, 293, 302, 521, 523
　──になり得る者 … 294
　──の解任 … 230, 299
　──の兼務禁止 … 294
　──の選任 … 230, 293, 299
　──の選任手続 … 524
　──の懈怠 … 523
　──の代表権 … *295
　──の任期 … 294
間接強制 … 328, 339
管理 … 28, 46, 79, 98, 520
　──の受託業者 … 72
　──の対象物 … 28
　──の方法 … 30
管理委託契約 … 678
管理会社 … 72, 148, 149, 172
管理外の行為 … 28
管理業務主任者 … 677
管理業務の委託 … 149
管理組合 … 25, 27, 30, 281, 525, 675
　──の組織・運営 … 181
　──の法人化 … 298
管理組合規約 … 25
管理組合法人 … 27, 30, 51, 59, 63, 64, 72,

159, 166, 173, 175, 176, 210, 212, 214,
241, 257, 266, 281, 325, 337, 344, 349,
445, 520, 525
　──の解散 … 225, 229, 249, 298, *307
　──の権利能力 … 276
　──の財産 … 303, 304
　──の債務 … 175, 303, 306
　──の残存財産 … 318
　──の事務 … 230, 298
　──の執行 … *297
　──の事務所 … 279
　──の集会 … 300
　──の住所 … 275
　──の使用人 … 294
　──の成立 … 225, 229, 249, *264
　──の訴訟追行権 … 274
　──の代理権 … 272
　──の登記 … 270
　──の不法行為能力 … 276
　──の名称 … *280, 281
存立中の── … 277
管理室 … 36
管理事務所 … 34, 205, 475, 478
管理者 … 31, 63, 80, 81, 97, 146, 148, 168,
170, 179, 210, 238, 242, 256, 272, 311,
329, 346, 351, 370, 372, 520, 521, 522,
523, 525
　──選任の任意性 … 147
　──等による訴訟の提起 … 330
　──に対する訴訟追行権の授権 … 165, 230
　──の解任 … *146, 147, 150, 174, 183, 230
　──の解任請求 … 151
　──の権限 … 155, 165
　──の権利・義務 … 170, 183
　──の辞任 … 150
　──の職務 … 149, 154
　──の職務権限 … *152
　──の職務執行停止 … 152
　──の職務の範囲 … 173
　──外の行為 … 173

747

事項索引

──の責任 ……………………… 155
──の善管注意義務 ……………… 151
──の選任 ……… *146, 147, 149, 183, 230
──の訴訟追行権 ………………… 163
　──の範囲 …………………… 165
──の損害賠償請求 ……………… 160
──の代理権限 …………………… 156
──の代理権に加えた制限 ……… 163
──の病気 ………………………… 151
──の不正な行為 ………………… 151
──の不法行為 …………………… 174
管理所有 ……… 98, 121, *167, 183, 300, 464
──の承継 ………………………… 80
──の性質 ………………………… 168
管理所有者 ………………… 60, 81, 120
──の義務 ………………………… 122
──の権限 ……………………… *120
管理人室 ………………… 36, 106, 160
管理費 ……… 59, 60, 61, 66, 67, 175, 176, 181,
　　　　279, 290, 304, 338, 343
──の増額 ………………………… 244
──の滞納 ………………………… 339
──の不払い ……………………… 50
管理費等の支払請求権の消滅時効 … 119
管理費用 ………………… 59, 118, 122
──の請求 ………………………… 122

議案 ………………………… 218, 221
──の請求 ………………………… 221
機械室 …………………………… 34, 106
議決権 ……………………… *226, 227
議決権行使者 …………………… 237
──の指定 ……………………… *236
議決権割合 …………………… 92, 300
議決要件 ……………… 27, 110, 111, 580
──の緩和 ………………………… 197
危険・有害マンション ……………… 691
期限の許与 ……… 369, 372, 375, 392, 437
議事 ……………………………… *228
議事録 ……… *239, 372, 373, 428, 522, 585, 669

──の閲覧 ………………………… 241
──（等）の閲覧拒絶 ……………… 670
──の記載・記録 ………………… 240
──の作成義務違反 ……………… 522
──の作成者 ……………………… 239
──の署名押印 …………………… 240
──の不作成、不記載、虚偽の記載 … 670
──の保管 ………………………… 241
　──義務違反 …………………… 669
基礎・土台部分 ………………… 18, 21
規則 ……………………………… 198
起訴前の和解 …………………… 166
毀損 ……………………………… 360
既存耐震不適格建築物 ………… 105
既存不適格建物 ………………… 500
議題 ……………………………… 221
議長 ……………………… *238, 521, 522
──の職務 ………………………… 238
──の選任 …………… 230, 238, 299
規定の読替え … 459, 461, 462, 464, 465, 468, 517
寄付金の損金算入 ……………… 279
基本方針 ………………………… 687
義務違反行為に対する措置 ……… 50
義務違反者
──に対する訴えの提起 ………… 31
──に対する使用禁止等の請求 … 298
──に対する措置 ……… 196, 322, 450, 459
規約 …………… 25, 29, 31, 78, 179, 299, 329
──による所有者 ………………… 78
──による建物の敷地 ………… *41
──の閲覧 ……………………… 210
　　──請求 ……………………… 176
──（等）の閲覧拒絶 …………… 522
──の衡平性 …………………… 187
──の効力 ……………… 208, *259
──の作成方式 ………………… 193
──の性質 ……………………… 179
──の設定 ……… 31, 99, *194, 206, 208,
　　　　221, 225, 229, 249, 298
──の廃止 … 41, *194, 221, 225, 229, 249, 298

748

事項索引

──の必要性 ……………………………… 180
──の変更 ………… 150, *194, 221, 225, 229, 249, 298
──の保管・閲覧 ……………… 154, *209
──(等)の保管義務違反 ……………… 521
──の保管者 …………………………… 210
　──の選任 ………………………… 230
──の保管場所の掲示 ………………… 212
規約義務違反行為 ……………………… 329
規約共用部分 …… 21, 38, 77, 82, 85, 207, 299, 475
　──の定め ………………………… 183
　──の設定 ………………………… 39
　──の登記 ………………………… 40
　──を定める規約 ………………… 207
規約敷地 ………… 23, 24, 41, 42, 73, 207, 299
　──の効果 ………………………… 43
　──の定め ………………………… 183
　──の設定 ………………………… 43
　──を定める規約 ………………… 207
規約事項 …………………………… *178
　──の登記 ………………………… 207
規約自治の原則 ………………………… 179
規約設定
　──公正証書 ……………………… 206
　──の自由 ………………………… 180
旧耐震基準 ……………………………… 685
境界線・境界標識 ……………………… 9
狭義の管理 ……………… 100, 113, 114
狭義の管理行為 ………………… 123, 170
狭義の管理事項 ………………………… 114
強行規定 ………………… 50, 179, 182
強制執行 ……………… 66, 128, 327, 333, 339
　──の不奏効 ……………………… 305
協定（書） …………………………… 198
共同生活上の不当行為 ………………… 49
共同洗面所 ……………………………… 34
共同代表 ………………………… 286, 299
共同代表理事 ………………………… 276
共同利益背反行為 ……… 46, 225, 229, 244, 249, 299, 322, 324, 335, 341, 348
──の停止等の請求 …………… *322, 326
──をした占有者に対する措置 ……… 331
共有 …………………… 60, 82, 91, 454
　──に属する敷地の管理 ………… 230
　──に属する敷地の変更 … 225, 229, 298
　──に属する附属施設の管理 ……… 230
　──に属する附属施設の変更 … 225, 229, 298
　──の性質 ………………………… 77
共有関係 ………………………………… 76
共有者 ………………………………… 76, 86
共有物
　──の使用 ………………………… 84
　──の分割請求 …………………… 84, 595
　──の変更 ………………………… 27
共有物分割請求権 …………………… 595, 596
共有物分割請求の訴え ……………… 566
共有持分 ……………………………… 77, 117
　──の放棄 ………………………… 84, 96
共用関係の廃止 ………………………… 107
共用設備 ………………………………… 12
共用部分 …………… 20, *32, 33, 76, 82, 84, 91
　──単独復旧の禁止 ……………… 371
　──である旨の登記 ……………… 40
　──に関する規定の準用 ………… *123
　──に関する物権変動 …………… 77, 81
　──(等)の管理 ……… 81, 98, 100, *113, 123, 183, 230, 299, 358
　──の共有 ………………………… 77
　──の共有関係 ……………… *76, 83, 183
　──の共有持分権 ………………… 164
　──の共有持分の割合 …………… 183
　──の修繕契約 …………………… 163
　──の使用 ………………………… *85
　──の処分 ………………………… 107
　──の専有部分化 ………………… 107
　──の点検・補修 ………………… 115, 181
　──の塗装工事 …………………… 115
　──の範囲 ………………………… 32
　──(等)の負担 ……………… *117, 183, 299
　──の割合 ………………………… 92, 117

749

事項索引

――の分割 ………………………… 77
――の復旧 ………………………… 372
――（等）の変更 ……… 28, 31, 81, 98, *100, 106, 109, 113, 122, 123, 174, 183, 196, 221, 225, 229, 249, 298, 372
――の保存 …………………… 81, 154
――の保存行為 ……………… 114, 160
――の持分の処分 ………………… *95
――の持分割合 ……………… *91, 299
――の利益収取 …………… *117, 118
――の割合 …………………… 92, 117
構造上の―― ……………………… 33
共用部分以外の建物の附属施設 ……… 60
共用部分以外の附属施設 …… 124, 125, 168, 175
共用部分共有持分 ……… 95, 110, 111, 127, 160, 227, 325
――の割合 ………………………… 92
居住安定のための措置 …………… 690
居住目的以外の使用 ……………… 201
――の禁止 ………………………… 244
金銭等の引渡義務 ………………… 171

区隔部分 ………………… 18, 69, 78
躯体部分 …………… 18, 20, 21, 78
朽廃 ……………………………… 362
区分して所有する意思 ……… 14, 15
区分所有関係の消滅 ……………… 444
区分所有権 ………… 3, 13, 16, 325
――の共有 ………………… 16, 337
――の競売の請求 ……………… *340
――の成立 …………………… 13, 14
――の剥奪 ……………………… 341
――を認める根拠 …………………… 6
区分所有権売渡請求権 …………… *73
区分所有権等の売渡請求 ……… *428
区分所有者 ……………………… 16
――が相続人なくして死亡した場合 … 144
――の共同生活 ………………… 336
――の欠亡 ……………………… 309
――の権利義務 ………………… *45

――の責任 …………… 172, *175, *303
――の代理人 …………………… 156
――の団体 ……… *25, 98, 156, 164, 174, 179, 259, 266, 525, 560
――の特定承継人 ……………… 119
――への通知 …………………… 167
区分所有者間の団体的拘束 ……… 196
区分所有者集会 ………………… *599
区分所有者集会の招集 ………… *602
区分所有者全員による管理 ……… 98
区分所有者相互間の規範 ………… 178
区分所有者相互間の事項 ………… 182
区分所有者名簿 ……… *281, 282, 523
区分所有建物 …………………… 568
――の登記 …………………………… 7
区分所有の法律構成 ………………… 4
区分地上権 ……………………… 133
組合 ……………………… 445, 446
組合運営費 ……………………… 61
組合型団体 ………………… 29, 156
組合規約 ………………………… 30
組合契約 ………………………… 445
組合的関係 ……………………… 445
組合等登記令 …………………… 270
組合費 …………………… 176, 304

形式的競売 ……………………… 345
掲示による通知 ………………… 220
掲示板 …………………………… 93
形状の変更 ……………………… 107
形成権 ………… 75, 375, 379, 436, 439
競売 ………………… 51, 61, 97, 135
――の申立期間 ………………… 346
軽微変更 ……………… 108, 113, 122, 123
下水処理施設 …………………… 22
下水道負担金 …………………… 118
決議事項の制限 ………………… *224
玄関 ……………………… 33, 77
玄関扉 …………………………… 38
玄関ホール ……………………… 78

権原なき占有者 …………………………………… 56
検査役の選任 …………………………………… *320
原始規約 …………………………………… 187, 254
建築業者 …………………………………… 72
建築物耐震改修促進法 …………………… 104, 691
権利能力のない社団 …… 5, 29, 156, 174, 266, 280
権利の共有 …………………………………… 452
権利の濫用 …………………………………… 53
権利変換計画 ………………………………… 690
権利変換手続 ………………………………… 689
権利変動 ……………………………………… 142

合意の擬制 …………………………………… 414
更改 …………………………………………… 135
公告 …………………………………………… 524
公正証書 ……………………… 43, 136, 138, 206, 478
　——による規約 …………………………… 262
　——の設定 …………………… 195, 197, *205, 478
構造上区分された数個の部分 ………………… 7
構造上の独立性 …………………………… 3, 7, 9
構造耐震指標 ………………………………… 691
公租公課 ………………………………… 60, 118
衡平の確保 ……………………………… 417, 582
合有 …………………………………………… 84
効用の変更 …………………………………… 107
国庫への帰属 ………………………………… 144
固定資産税 …………………………… 118, 119, 168
ごみ焼却炉 …………………………………… 22

さ　行

再売渡請求 …………………………………… 438
災害 ……………………………… 560, 563, 671
再買取請求 …………………………………… 376
再建 …………………………………………… 363
　——（の）決議 ……………………… 554, *578
　——を行う旨の合意 ……………………… 586
再建承認決議 …………………………… *642, 645
　——の一括付議 …………………………… 648
再建建物

　——の区分所有権の帰属 …………………… 416
　——の設計の概要 ………………………… 414
採光 …………………………………………… 112
財産の分別管理 ……………………………… 680
財産目録 ……………………… *281, 282, 523
　——作成義務違反 ………………………… 523
細則 …………………………………………… 198
債務の重畳的引受け ………………………… 68
先取特権 ……… *58, 62, 67, 119, 342, 343, 435, 459
差押え ……………………………………… 97, 135
残余財産の帰属 …………………………… *317

試案 …………………………… 414, 430, 443
時価 …………………………… 75, 374, 434, 438
敷地 ………………………………………… 47, 175
　——の共有 …………………………… 490, 509
　——の使用規制 …………………………… 329
　——の同一性 ……………………………… 407
　——の分割 ………………………………… 634
敷地共有者等 ………………………………… 569
　——集会 ………………………………… *566, 570
敷地共有持分の売渡請求権 ………………… 585
敷地権 …………………………………… 24, 207
　——である旨の登記 ……………………… 142
　——の登記 ………………………………… 141
　——の表示 ………………………………… 94
　——の登記 ………………………………… 142
敷地売却決議 …………………………… *588, 590
敷地利用権 ………… 24, 62, 73, 128, 130, 137,
　　　139, 344, 417, 437, 440, 450, 459
　——の共有者 ……………………………… 560
　——の割合 …………………… 92, 94, 137, 207, 208
　——の変更 ………………………………… 417
施行再建マンション ………………………… 689
施行マンション ……………………………… 689
地震保険 ……………………………………… 116
施設賠償責任保険 …………………………… 116
質権 ……………………………… 96, 133, 158
　——の設定 ………………………………… 132
支柱 …………………………………………… 18

751

事項索引

- 私的自治 …………………………………… 179
- 自動販売機 ………………………………… 116
- 支払命令 …………………………………… 166
- 事務管理 ……………………………… 370, 372
- 事務の報告 …………………………… 154, *242
- 事務報告義務違反 ………………………… 523
- 借地権の法定更新 ………………………… 412
- 借地条件の変更 …………………………… 412
- 借家権価格 ………………………………… 435
- 車庫 ……………………… 9, 12, 38, 475, 478
  - ──の賃借人 ……………………………… 56
- 社団型団体 …………………………… 29, 156
- 社団法人 …………………………………… 29
- シャッター ………………………………… 8
- 収益事業所得 ……………………………… 280
- 集会 ……………………… 26, 30, 213, 297, 465
  - ──における議決権 …………………… 16
  - ──の議事 ……………………………… 27
  - ──の議事録 ………… 269, 431, 478, 522
  - ──の議題 ……………………………… 218
  - ──の招集 …………… 147, 154, 183, *213, 214
  - ──の招集権者 ………………………… 213
  - ──の招集者 …………………… 431, 497
  - ──の招集請求 ………………………… 215
  - ──の招集請求権 ……………………… 299
  - ──の招集通知 ………………… 167, 216
  - ──の時期 ……………………………… 217
  - ──の招集手続 ………………………… 497
- 集会決議 ………… 147, 179, 197, 298, 337, 344, 350
  - ──の事項 ……………………… 229, 298
  - ──の効力 ……………………………… *259
  - ──の実行 ……………………………… 155
  - ──の瑕疵 ……………………………… 174
- 集会室 …………………… 38, 205, 263, 475
- 臭気 ………………………………………… 324
- 住戸への立入り …………………………… 54
- 住所 ………………………………………… 220
- 修繕 ………………………………………… 168
- 修繕代金 …………………………………… 119
- 修繕積立金 …………… 59, 61, 68, 175, 176, 181,

279, 304, 343, 425
- 住宅火災保険 ……………………………… 116
- 従たる権利 ………………………………… 134
- 修補 ………………………………………… 360
- 重要事項の説明 …………………………… 678
- 修理業者 …………………………………… 72
- 出資 ………………………………………… 132
- 首都直下型地震 …………………………… 685
- 準委任 ……………………………………… 170
- 準共有 ……………………………………… 452
- 準共有持分 ………………………………… 131
- 準分有 ……………………………………… 131
- 使用 ………………………………………… 47
- 消火設備 …………………………… 79, 125
- 小規模一部滅失 ………… 230, 300, 356, 364
- 使用禁止 …………………………………… 51
  - ──の請求 ……………………………… *332
- 償金請求権 ………………………………… 60
- 承継取得 …………………………………… 66
- 使用権 ……………………………………… 198
- 昇降機 ……………………………………… 21
- 使用細則 …………………………………… 198
- 使用借権 …………………………… 131, 133, 135
  - ──の譲渡 ……………………………… 135
- 使用借人 ……………………………… 56, 244
- 招集手続の省略 …………………………… *222
- 少数者の権利の保護 ……………………… 199
- 使用請求権 ………………………………… 54
- 使用貸借 …………………………………… 338
- 使用貸借契約上の権利 ………… 131, 135
- 譲渡 ………………………………………… 132
- 消費税 ……………………………………… 280
- 除斥期間 …………………………………… 433
- 所得税 ……………………………………… 279
- 処分 ………………………………………… 132
- 処分禁止の仮処分 ………………………… 437
- 書面
  - ──による議決権の行使 …………… 233
  - ──による規約 ………………………… 193
  - ──による決議 ………… 197, *247, 248, 250

752

事項索引

- ——による合意 … 147, 195, 197, 248, 253, 262
- ——の保管および閲覧 … 256
- 書面投票 … 233
- 所有権 … 131, 139
- 人格権 … 52, 325
  - ——の侵害 … 52
- 震災 … 563
- 信託 … 132
- 振動 … 49, 324

- 水道管 … 17
- 数個の専有部分を所有する場合 … 137
- 数棟の建物 … 451

- 生活妨害 … 324
- 清算 … 416
  - ——中の破産手続開始の申立ての懈怠 … 524
  - ——の場合の公告義務違反 … 524
- 清算人 … 271, 276, *312, 521, 523, 524, 525
  - ——の解任 … *313
  - ——の職務権限 … 314
  - ——の選任 … *313
- 清算手続 … 312, 445
- 清算法人 … 311
- 性質上・構造上の共用部分 … 33, 38
- 清掃 … 155
- 正当事由 … 412, 436
- 政令 … 671
- 政令で定める大規模な災害 … 567
- 設置の瑕疵 … 69
- 説明会 … 425
- 善意 … 141
  - ——の相手方 … 140
  - ——の第三者 … 163, 174, 287, 289
- 全壊 … 363
- 善管注意義務 … 171
- 全部滅失 … 30, 361, 363, 560
- 全面的価格賠償 … 566
- 占有者 … 45, 55, 179, 331, 347
  - ——に対する引渡し請求 … *347

- ——の意見陳述 … 332
- ——の意見陳述権 … *243
- ——の義務 … 56
- ——の義務違反行為に対する措置 … 57
- 専有部分 … 13, 17, 181
  - ——等の一時使用請求権 … 169
  - ——等の一時的使用 … 53
  - ——に係る敷地利用権 … 131
  - ——に属しない建物の附属物 … 21
  - ——に対する敷地利用権の割合 … 183
  - ——の共有 … 236
  - ——の共有者 … 219
  - ——の居住目的以外の使用禁止 … 181
  - ——の競売請求 … 51
  - ——の収去請求 … 75
  - ——の使用禁止 … 338
  - ——請求 … 51
  - ——の譲渡 … 181
  - ——の使用方法 … 181
  - ——の処分 … 96
  - ——の占有者 … 28, 243, 259
  - ——の喪失 … 310
  - ——の配分方法 … 416
  - ——の範囲 … 18
  - ——の引渡し … 57, 351
  - ——の復旧 … 365, 371
  - ——の分割請求 … 96
  - ——の床面積 … 92
- 専有部分以外の建物の部分 … 21, 33
- 専有部分と共用部分共有持分の分離処分 … 84
- 専有部分と敷地利用権との一体性の制度
  … 23, 24, 42, 43, 45, 94, 127, 130, 144, 207
- 専有部分と敷地利用権との分離処分 … 73, 183
  - ——の禁止 … 127
- 専用使用権 … 17, 56, 86, 119
- 専用使用料 … 304
- 専用庭 … 87
- 専用部分 … 17

753

事項索引

騒音 …………………… 46, 49, 116, 324, 328, 333
総会 ……………………………………… 26, 30
倉庫 ……………………………………… 475
相続 ……………………………………… 66
増築 ……………………………………… 108
相当な管理費用 ………………………… 122
相当の期限 ……………………………… 393
訴訟追行権 ……………… 330, 340, 346, 351
訴訟費用 ………………………………… 166
損害賠償 ………………………… 69, 122, 339
損害賠償金の請求・受領 ……………… 160
損害賠償請求 …………………………… 52, 339
損害賠償請求権 ………………………… 60
損害賠償責任 …………………………… 71
損害保険 ………………………………… 116, 157
損害保険契約 ……………… 157, 165, 168, 182, 272
　　──の締結 …………………………… 116, 157
　　──の目的物の範囲 ………………… 158
損傷 ……………………………………… 360

た　行

代議員 …………………………………… 302
代議員会 ………………………………… 302
大規模一部滅失 ………… 196, 356, 371, 600
大規模修繕 ……………………………… 244
大規模修繕工事 ………………………… 102
大規模な火災 …………………………… 563
対抗関係 ………………………………… 142, 437
対抗要件 ………………………………… 77
対抗力 …………………………………… 271
耐震改修 ………………………………… 104
耐震改修工事 …………………………… 109
耐震基準 ………………………………… 685
耐震診断 ………………………………… 685, 691
代替執行 ………………………………… 328
代替的債務 ……………………………… 327
代表理事 ……………………… 276, 286, 299
　　──の選任 ………………………… 230
代理人による議決権の行使 …………… 234

耐力壁 …………………………………… 18
タウンハウス …………… 124, 130, 139, 208
タウンハウス方式 ……………………… 25
立入権 …………………………………… 54
建替え ……………… 28, 31, 44, 196, 221, 226, 229,
　　　　249, 298, 450, 459, 559
　　──に関する合意 …………………… *442
　　──を必要とする理由 ……………… 422
建替え計画 ……………………………… 414
建替え決議 …………………………… *393, 553
　　──の効果 ………………………… 412
　　──の無効 ………………………… 413
　　──の要素 ………………………… 412
建替え再建承認決議 ………………… *654, 656
　　──の一括付議 …………………… 657
建替え参加者団体
　　──からの脱退 …………………… 446
　　──の解散 ………………………… 447
　　──への加入 ……………………… 447
建替え参加者の集団 …………………… 442
建替え事業 …………………… 443, 684, 687, 688
建替え承認決議 ………………… 491, *648
建替え費用
　　──の概算額 ……………………… 415
　　──の分担 ………………………… 415, 416
建物 …………………………… 6, 181, 451, 559
　　──等の管理 ……………………… 181
　　──等の使用 ……………………… 181
　　──の一部が滅失した場合の復旧等 … *353
　　──の一部滅失 ……………… 44, 309, 361
　　──の価格の2分の1以下に相当する
　　　　部分の滅失 …………………… 359
　　──の価格の2分の1を超える部分の
　　　　滅失 …………………………… 371
　　──の躯体 ………………………… 34
　　──の区分所有 …………………… *3
　　──に関する規定の準用 ………… *457
　　──の効用の維持・回復費用 …… 423
　　──の再建 ………………… 356, 560
　　──の敷地 … 23, 41, 73, 106, 124, 154, 168, 173

事項索引

──の修繕計画の内容 ……………… 424
──の使用規制 …………………… 329
──の設置または保存の瑕疵 …… 69
　　──に関する推定 …………… *68
──の全部滅失 …………………… 309
──の附属物 ……… 17, 21, 28, 38, 55, 60, 125
──の保存・改良 ………………… 46
──の保存に有害な行為 ………… 46
建物敷地売却決議 ……………… *606, 608
建物取壊し敷地売却決議 ……… *617, 619
建物内駐車場 …………………… 36
団体的拘束 ……………………… 27
団体の構成員 …………………… 28
団体の消滅 ……………………… 30
団体の性格 ……………………… 29
団地 …………………………… 448, 451
　　──の管理者 ………… 457, 462, 478
　　──の集会 ……………… 457, 465
　　──の決議 …………………… 456
団地関係 ……………………… 451
団地管理組合法人 ……… 456, 468, 478, 525
団地管理対象物 ………………… 462
　　──の管理 …………………… 461
団地規約 … 221, 226, 229, 456, 464, 476, 483, 511
　　──の設定の特例 …………… *480
団地共用部分 …………… 449, *474, 478
　　──たる旨の登記 …………… 477
　　──と定めた場合の効果 …… 477
　　──となるための要件 ……… 476
　　──の対象 …………………… 475
団地建物所有者 ………………… 454, 490
　　──の団体 ……………… *448, 454
団地建物所有者等集会 ……… *630, 631
団地内建物の一括建替え ……… 229, 249, 299
　　──決議 …………………… *504
団地内建物の建替え …… 229, 249, 299, 488
　　──承認決議 …………… *486, 491
団地内の区分所有建物 ………… 485
団地内の土地 …………………… 451, 484
団地内の附属施設 ……………… 451, 484

単独行為 ………………………… 206
単独復旧 ……………………… 364, 365
　　──の禁止 …………………… 366
担保権の実行 …………………… 66
地下駐車場 ……………………… 36
地上権 ………………… 125, 131, 139, 452
地代 …………………………… 60
地方税 …………………………… 279
地方税法 ………………………… 279
中間の特定承継人 ……………… 67
駐車場 ……… 34, 42, 86, 106, 133, 263, 329
駐車場使用料 …………………… 181
駐車場専用使用権 ……………… 87
駐車方法 ………………………… 181
貯水槽 ………………………… 22
賃借 ……………………………… 73
賃借権 ……… 125, 131, 133, 134, 139, 350, 452
賃借権譲渡 …………………… 134, 135
賃借人 ……… 28, 56, 61, 66, 96, 218, 234, 244, 260, 263, 349, 412
賃貸 …………………………… 96, 119, 338
賃貸借 …………………………… 96, 435
賃貸借契約等の解除 …………… 57
賃貸人 …………………………… 73, 96
賃貸用マンション ……………… 15
賃料の不払い …………………… 73

通常集会 ……………………… 215
通風 …………………………… 112
通路 ……………………………… 42
定義 …………………………… *15
定期借地権 …………………… 413
定時集会 ……………………… 215
定数 …………………………… 111
抵当権 ……… 64, 96, 97, 128, 129, 133, 435
　　──の実行 …………………… 135
　　──の設定 ……………… 132, 133
　　──の目的 …………………… 39

755

事項索引

抵当権者 ……………………………… 413
抵当権消滅請求制度 ………………… 435
出入口 …………………………… 11, 33, 93
滌除（＝抵当権消滅請求）………… 435
テニスコート …………………………… 42
テラス …………………………………… 34
テレビ受信施設 ………………………… 21
電気・機械室 …………………………… 34
電気室 …………………………………… 34
電子署名 ……………………………… 241
電磁的記録 ………………… 194, 211, 522
　──による規約 ……………………… 193
　──の保管および閲覧 …………… 256
電磁的方法 …………………………… 234
　──による議決権の行使 ………… 234
　──による決議 …… 197, *247, 248, 250, 251
　──による合意 … 147, 195, 197, 248, 253, 262
転借人 …………………………… 56, 350
天井 ……………………………… 19, 71
転得者 ………………………………… 142
電話加入 ……………………………… 266

登記 ……………… 7, 128, 142, 391, 477, 523
登記義務違反 ………………………… 523
登記簿上の公示 ……………………… 140
同居人 …………………………… 56, 244
当事者能力 …………………………… 164
同時履行 ……………………………… 436
当然共用部分 …………………………… 33
動物の飼育 …………………………… 181
特定区分所有者の承諾 ……………… 112
特定承継人 ……… 65, 177, 179, 259, 260, 261
　──の責任 ……………… *65, 66, *306, 459
特別縁故者 …………………… 129, 144
特別決議事項 ……………… 221, 225, 229
特別多数決議 …… 195, 196, 269, 301, 339, 351, 371, 481
特別の影響 …………… 112, 115, 201, 499
　──を受ける者の承諾 …………… 199
都市計画税 …………………………… 118

土地工作物 …………………………… 68
　──の占有者 ………………………… 71
取壊し決議 ……………………… *622, 623
取壊し工事 …………………………… 439
取壊しに対する差止請求 …………… 413

な　行

内部設備 ……………………………… 11
南海トラフ巨大地震 ………………… 685

二重起訴の禁止 ……………………… 166
日照 …………………………………… 499
ニューサンス ………………… 47, 50, 324
庭 ………………………………… 42, 86
任意的（相対的）規約事項 … 179, 182, 199, 249
任意的訴訟担当 ……………………… 164

は　行

配管 …………………………………… 181
排気管 ………………………………… 12
賠償責任 ……………………………… 68
排水管 …………………………… 17, 114
排水管設備 …………………………… 71
配線・配管 ……………………… 21, 53
配線・配管設備 ……………………… 17
破産 …………………………………… 308
破産手続開始原因 …………………… 277
破産手続開始の申立て …………… 314, 524
柱 ……………………………………… 19
破損箇所の小修繕 …………………… 115
罰則 …………………………………… 519
バリアフリー化 ……………………… 110
バルコニー ………………… 34, 35, 48, 86, 87
阪神・淡路大震災 ………… 359, 364, 560, 563
東日本大震災 ……………………… 561, 672
光ファイバー・ケーブル …………… 107
被災区分所有建物の再建 ……… 430, 443

事項索引

被災区分所有建物の再建等に関する
　　特別措置法 ……………… 364, 559
被災区分所有建物の再建等に関する
　　特別措置法第2条第1項の
　　災害を定める政令 …………… 561
被災地の健全な復興 ……………… 565
非収益事業所得の非課税 ………… 279
必要的（絶対的）規約事項 ……… 137, 179,
　　　　180, 182, 183, 198, 249
一棟の建物 ……………………… 3, 6
評議員 ……………………… 302, 457
評議員会 …………………… 302, 457
表見代理 …………………………… 174
表示の登記 …………………… 40, 207
標準管理規約 ……………………… 184
費用償還請求 ………………… 172, 368
費用の過分性 ………………… 401, 404
費用前払いの請求 ………………… 172
ピロティ …………………………… 34
広場 ………………………………… 42

不可分債務 ………………………… 119
附合 ……………………………… 17, 22
不作為義務 ………………………… 339
不真正連帯 …………………… 66, 307
不真正連帯債務 ……………… 177, 277
不真正連帯責任 ……………… 72, 176
附属施設 …… 28, 42, 47, 123, 125, 154, 173, 475
　──の使用規制 ………………… 329
　──の賃借権 ………………… 125
附属建物 ……… 18, 22, 28, 33, 38, 42, 55, 60, 93, 125
不代替的債務 …………………… 328
普通決議事項 ………………… 228, 230
普通決議の要件 ………………… 300
復旧 ………… 31, 44, 184, 196, 221, 225, 229, 249,
　　　　298, 299, 366, 450, 459, *626
　──の決議 …………………… 369
物権的請求権 ………………… 50, 56, 57
物権の侵害 ………………………… 52
物権法定主義 ……………………… 13

物上代位 …………………………… 413
不当毀損行為 ……………………… 47
不動産鑑定評価 …………………… 359
不動産質権 ………………………… 435
不動産登記 ………………………… 266
不動産登記法 ……………………… 128
不当使用 …………………………… 48
不当使用行為 ……………………… 48
不当利得 …………………… 370, 372
　──による返還金の請求・受領 … 162
　──の返還請求 ………………… 160
部分的建替え ……………………… 372
不法行為 ………………… 52, 56, 60
不法行為責任 ……………………… 75
不法占拠者 ………………………… 56
プライバシー侵害 ………………… 324
分割請求 …………………………… 16
　──の禁止 ……………………… 595
　土地等の── ………………… *594
分割責任 …………………………… 175
分割によるみなし規約敷地 ……… 44
分譲業者 …………………………… 72
分筆 ………………………………… 45
分有 ………………………… 130, 139
分有形式 …………………………… 25
分離執行の禁止 …………………… 135
分離処分の禁止 ………… 96, *127, 136
分離処分の無効の主張の制限 …… *140

壁心計算 …………………………… 93, 94
ペットの飼育 ………………… 200, 234
　──禁止 …………………… 244, 263, 329
ベランダ ……………… 34, 35, 47, 86, 87, 329
弁明の機会 ………………… 340, 346, 351
片面的強行規定 …………………… 197

ボイラー …………………………… 79
防音工事 …………………………… 326
妨害排除請求 ……………………… 166
包括承継人 …………………… 66, 261

事項索引

報告義務 …………………………………… 171, 300
報酬の請求 ………………………………………… 172
法人
　——の事務所 ………………………………… 269
　——の名称 …………………………………… 269
法人格のない社団・財団 ……………………… 164
法人税 …………………………………………… 279
法人税法 ………………………………………… 279
法人設立の登記 ………………………………… 270
法人登記 ………………………………………… 266
法定共用部分 …………………… 21, 33, 77, 85
　——の例示 …………………………………… 33
法定敷地 ……………………………… 23, 41, 73
法定請求権 ……………………………………… 54
法定訴訟担当 …………………………………… 325
法定地上権 ……………………………………… 128
法律案 ………………………………… 323, 333
暴力団 …………………………………………… 336
暴力団事務所 ………………… 336, 338, 343, 348
保管者 …………………………………………… 522
保険金額の請求・受領 ………………………… 157
保険金請求権 …………………………………… 158
　——の担保化 ………………………………… 158
補助参加 ………………………………………… 167
保存 ……………………………………… 53, 154
　——の瑕疵 …………………………………… 69
保存行為 … 100, 113, 114, 123, 154, 302, 367, 478

ま　行

増担保請求 ……………………………………… 413
マンション …………………………………… 686
　——のIT化 ………………………………… 107
　——の管理の適正化 ………………………… 674
　——の定義 …………………………………… 674
マンション管理業 ……………………… 675, 676
マンション管理業者 …………………… 674, 677
マンション管理士 ……………………… 674, 675
マンション管理適正化指針 …………………… 674
マンション管理適正化推進センター ………… 674

マンション管理適正化法 ……………………… 674
マンションストック戸数 ……………………… 685
マンション建替組合 …………………………… 689
マンション建替え事業 ………………………… 688
マンション建替え等円滑化法 ……… 405, 443
マンション敷地売却 …………………………… 691
マンション敷地売却組合 ……………………… 693
マンション敷地売却決議 ……………………… 692
マンション敷地売却事業 ……………………… 693
マンション敷地売却制度 ………… 684, 685, 694
マンションの建替え等の円滑化に関する
　基本的な方針 ………………………………… 687
マンション標準管理規約 … 95, 118, 148, 184, 199

未登記共用部分の譲渡 ………………………… 40
みなし規約敷地 ………………………………… 44, 45
みなし合意 ……………………………………… 503
みなし承認 ……………………………………… 496
民事執行 ………………………………………… 166
民事調停 ………………………………………… 166
民法上の共有 …………………………… 83, 126

無過失 …………………………………………… 141
無効 ……………………………………………… 140
無主の不動産 …………………………………… 143
無断改築禁止の特約 …………………………… 412

名称使用に対する過料 ………………………… 525
滅失 ……………………………………… 310, 360, 559
滅失専有部分の放置 …………………………… 366

猛獣の飼育 ……………………………………… 49
持分 ……………………………………………… 92
持分割合の算定基準 …………………………… 92
物置 ……………………………………………… 18
物置場 …………………………………………… 38

や　行

夜間の楽器の演奏の禁止 ……………………… 263

事項索引

役員手当 …………………………………… 192
屋根 …………………………………… 18, 21

床 …………………………………… 19, 71
床面積 …………………………………… 92, 93
　　——の算定 …………………………………… 92
　　——の測定方法 …………………………………… 92
床面積割合 …………………………………… 137

要綱 …………………………………… 437
要除却認定 …………………………………… 691
要除却認定マンション …………………………………… 691
容積率規制の緩和 …………………………………… 693
要耐震改修認定建築物 …………………………………… 104, 691
預金 …………………………………… 266

——になり得る資格 …………………………………… 284
——による議決の要件 …………………………………… 284
——の解任 …………………………………… 230, 288, 299
——の数 …………………………………… 286
——の選任 …………………………………… 230, 284, 288, 299
——の選任手続 …………………………………… 524
　　——懈怠 …………………………………… 523
——の代表権 …………………………………… 285, 286
——の代理権 …………………………………… *289
——の任期 …………………………………… 287
代表権のない—— …………………………………… 297
代表権を有する—— …………………………………… 297
理事会 …………………………………… 302
理事長 …………………………………… 148, 286
利用上の独立性 …………………………………… 4, 9, 10
隣地使用権 …………………………………… 54, 169

冷暖房施設 …………………………………… 21
連帯債務 …………………………………… 119

廊下 …… 10, 21, 31, 33, 77, 78, 82, 93, 106, 107, 263
老朽 …………………………………… 396
漏水 …………………………………… 70
ロビー …………………………………… 33

ら 行

利益収取の帰属 …………………………………… 117
利益の相反 …………………………………… 295
理事 …………………… 210, 212, 214, 215, 241, 257, 269,
　　271, 276, *282, 283, 312, 329, 370, 372,
　　520, 521, 522, 523, 525
　　——が欠けた場合 …………………………………… 287

759

判 例 索 引

《大　正》

大判大 3・7・4 民録20-587 ……………… 62
大判大 5・11・29民録22-2333 ……………… 7, 10

《昭　和》

●昭和 5 年～ 9 年

大判昭 5・4・23新聞3122-10 ……………… 306
大判昭 8・6・13民集12-1472 ……………… 306
大判昭 9・1・24民集13-64 ……………… 315

●昭和32年～40年

最判昭32・11・14民集11-12-1943 ……………… 156
東京高判昭34・6・11下民集10-6-1197 …… 11, 12
最判昭38・5・21民集17-4-545 ……………… 412
最判昭38・10・29民集17-9-1236 ……………… 8
最判昭39・10・15民集18-8-1671 ……………… 29
東京高決昭40・3・5 家月17-4-50 ……………… 129
奈良地判昭40・10・4 判時429-33 ……………… 73

●昭和42年～50年

東京地判昭42・12・26判タ216-227 …… 34, 35
東京高判昭43・11・29判時546-71 ……………… 8
神戸地判昭44・5・26判時591-85 ……………… 36
最判昭44・5・30判時561-43・判タ238-107 …… 8
最判昭44・7・25民集23-8-1627 ……………… 8
東京地判昭45・5・2 下民集31-5-546 ……… 8
東京高判昭46・4・28判時633-65・
　　判タ265-241 ……………………………… 34
東京高判昭47・5・30判時667-10・
　　判タ277-112 ……………………………… 35
東京地判昭47・6・10判時686-54・
　　判タ285-265 ……………………………… 75
東京高決昭47・9・8 判タ283-137・
　　家月25-8-47 ……………………………… 129
最判昭48・10・9 民集27-9-1129 ……………… 156

名古屋高金沢支決昭49・11・30判時778-72・
　　家月27-10-51 …………………………… 129
最判昭50・4・10判時779-62・判タ323-148
　　……………………………………………… 35, 48

●昭和51年～55年

東京地判昭51・5・13判時840-84 ………… 14, 34
東京地判昭51・10・1 判時851-198 ………… 36, 37
東京地判昭51・10・12判時851-202 ……………… 13
仙台高判昭52・4・21判タ357-264 ……………… 8
大阪高決昭52・9・12判時868-8・
　　判タ361-259 …………………………… 116
東京地決昭52・10・27判時882-63・
　　判タ361-268 …………………………… 129
東京地判昭52・12・21判時895-89 ……………… 36
東京地判昭53・1・26判時911-138・
　　判タ369-261 …………………………… 151
東京地判昭53・2・1 判時911-134・
　　判タ369-260 …………………………… 48, 87
東京高判昭53・2・27下民集31-5～8-658・
　　金法875-31 …………………………… 47, 52
大阪地判昭53・2・28NBL163-33 ……………… 88
広島高岡山支決昭53・8・3 家月31-6-26 …… 129
東京高判昭53・8・16判時906-46・
　　判タ371-77 ……………………………… 13
大阪地判昭53・11・29判タ375-105 ……………… 86
東京地判昭53・12・7 判時924-77・
　　判タ378-115 ……………………………… 36
東京地判昭54・1・30判時939-61・
　　判タ392-115 ……………………………… 8
東京地判昭54・4・10判時941-59・
　　判タ388-101 ……………………………… 87
東京地判昭54・4・23判時938-68・
　　判タ389-108 …………………………… 36, 37, 164
大阪地判昭54・9・28判時960-82・
　　判タ400-191 ……………………………… 54

東京地判昭54・10・30判タ403-127 ………… 34
神戸地決昭54・11・9判時974-112 ………… 124
大阪高判昭55・2・29判タ421-90 ………… 36
東京高判昭55・3・26判時963-44 ………… 106
大阪高判昭55・4・25判時979-66・
　　判タ422-92 ………………………………… 87
東京地判昭55・7・7判時990-215・
　　判タ426-148 …………………………… 164
大阪高判昭55・7・9判時987-53・
　　判タ426-116 ……………………………… 87
横浜地判昭55・12・17訟月27-5-963 ………… 14

●昭和56年〜60年
最判昭56・1・30判時996-56・判タ437-101 …… 86
横浜地決昭56・2・18判時1005-158・
　　判タ435-84 ……………………………… 49
東京高判昭56・4・21東高民時報32-4-89 …… 87
大阪地判昭56・4・27判タ454-126 ………… 88
最判昭56・6・18民集35-4-798 …………… 9, 12, 36
最判昭56・6・18判時1009-63・判タ446-74 … 13
東京地判昭56・6・29判タ450-126 ………… 87
最判昭56・7・17民集35-5-977 …………… 12, 36
東京地判昭56・8・3判時1034-112・
　　判タ465-128 …………………………… 36
東京地判昭56・9・30判時1038-321 ………… 52
東京高決昭56・10・1判タ459-68 ………… 124
東京地判昭57・1・27判時1050-88 ……… 36, 37
大阪地判昭57・3・24判タ475-130 ………… 48
東京高判昭57・4・20判時1047-80・
　　判タ447-107 …………………………… 13
大阪地判昭57・10・22判時1068-85・
　　判タ487-106 ………………………… 29, 118
東京高判昭58・2・28判時1075-121・
　　判タ495-96 …………………………… 175
東京地判昭58・5・30判時1094-57 ………… 191
東京地判昭58・8・24判時1109-99 …… 78, 100
横浜地川崎支判昭59・6・27判タ530-272 … 48
東京高判昭59・9・25判時1135-47 ………… 36
東京高判昭59・11・29判時1139-44・
　　判タ566-155 ……………………… 78, 113

東京高判昭60・4・30判時1156-74・
　　判タ578-77 …………………………… 12, 36
東京地判昭60・7・26判時1219-90 ………… 37
横浜地判昭60・9・26判時584-52 ………… 35

●昭和61年〜63年
横浜地判昭61・1・29判時1178-53・
　　判タ579-85 …………………………… 349
札幌地判昭61・2・18判時1180-3・
　　判タ582-94 …………………………… 343
最判昭61・4・25判時1199-67・判タ607-45 … 13
大阪高判昭61・6・19判時1234-116・
　　判タ621-210 …………………………… 147
最判昭61・7・10判時1213-83・判タ623-77 … 175
大阪高判昭61・7・18判時1222-90・
　　判タ622-206 …………………………… 151
東京地判昭61・9・25判時1240-88 ………… 200
東京高判昭61・11・17判時1213-31・
　　判タ623-70 …………………………… 349, 351
大阪地判昭61・11・28判時1242-55 ………… 87
東京地判昭62・4・10判時1266-49・
　　判タ661-180 …………………………… 225
最大判昭62・4・22民集41-3-408 ………… 596
福岡地判昭62・5・19判タ651-221
　　…………………………… 52, 336, 338, 339
東京高判昭62・5・27東高民時報38-4〜6-33
　　………………………………………… 117
大阪地判昭62・6・23判時1258-102・
　　判タ658-218 ………………………… 66, 67
福岡地判昭62・7・14判タ646-141 ………… 349
最判昭62・7・17判時1243-28・
　　判タ644-97 …………………………… 349, 351
名古屋地判昭62・7・27判時1251-122・
　　判タ647-166 …………………………… 343
大阪高判昭62・11・10判時1277-131・
　　判タ670-140 ………………………… 48, 52
大阪地決昭63・2・24判時1293-124・
　　判タ679-181 …………………………… 292
東京高判昭63・3・30判時1274-84 ………… 202
東京地判昭63・5・26判時1303-87 ………… 87

761

判例索引

京都地判昭63・6・16判時1295-110・
　　判タ683-148 ……………………………… 327
東京地判昭63・11・10判時1323-92 …………… 37
東京地判昭63・11・28判タ702-255 …………… 200

《平　成》

●平成1年〜5年

福岡地判平1・1・17NBL427-24 …………… 115
東京地判平1・3・8判タ715-239 …………… 37
大阪地判平1・5・31判タ1351-90 …………… 111
東京地判平1・9・28判タ730-126 …………… 201
東京地判平1・10・19判時1355-102 ……… 34, 37
最判平1・11・24民集43-10-1220 ……… 144, 145
大阪高判平1・12・27判タ1344-142・
　　判タ717-215 ……………………………… 291
東京地判平2・1・30判時1370-83 ……… 12, 22
東京高判平2・3・27判タ1355-59 …………… 74
東京高判平2・5・28判タ1354-100 ………… 160
東京高判平2・5・31判タ748-159 …………… 27
東京高判平2・6・25判タ755-207 …………… 37
東京地判平2・7・24判時1382-83・
　　判タ754-217 ……… 118, 188, 190, 191, 202
東京地判平2・10・26判時1393-102・
　　判タ764-184 ……………………………… 151
最判平2・11・26民集44-8-1137 …………… 291
東京地判平3・1・29判時1401-75 …………… 36
東京地判平3・1・30判時1401-71 …………… 75
東京地判平3・2・26判タ768-155 ……… 34, 162
東京地判平3・3・8判時1402-55・
　　判タ765-207 …………………………… 47, 327
大阪高判平3・3・28判タ759-229 …………… 87
神戸地判平3・5・9判時1428-92・
　　判タ784-247 ……………………………… 113
東京地判平3・5・29判時1406-33 ………… 119
東京高判平3・9・26判タ780-194 ………… 262
東京地判平3・10・7判時1432-86・
　　判タ778-201 ……………………………… 50, 53
東京地判平3・11・12判時1421-87・
　　判タ788-231 ……………………………… 52
東京地判平3・11・19判時1420-82 ………… 48

東京地判平3・11・29判時1431-138 ……… 17, 114
横浜地判平3・12・12判時1420-108・
　　判タ775-226 ……………………………… 202
東京地判平3・12・26判時1418-103・
　　判タ789-179 ……………………………… 48
大阪高判平4・1・28判時1428-89・
　　判タ784-243 ……………………………… 113
東京地決平4・1・30判時1415-113 ……… 49, 326
東京地判平4・3・13判時1454-114 ……… 48, 200
東京地判平4・3・16判時1453-142 ………… 228
東京地判平4・3・19判時1442-126・
　　判タ809-182 ……………………………… 68
東京地判平4・5・6判時1453-137・
　　判タ801-175 ……………………………… 139
東京地判平4・5・22判時1448-137 ………… 171
東京地判平4・7・29判タ801-236 ………… 115
東京地判平4・8・27判タ823-203 …………… 87
東京地判平4・9・22判時1468-111 ………… 35
京都地判平4・10・22判時1455-130・
　　判タ805-196 …………………………… 343, 349
東京地判平5・1・28判時1470-91・
　　判タ853-237 ……………………………… 17
東京地八王子支判平5・2・10判タ815-198 … 255
最判平5・2・12民集47-2-393 ……………… 37
東京地判平5・2・26判タ851-240 ………… 117
東京地判平5・3・30判時1461-72 ……… 78, 117
東京地八王子支判平5・7・9判時1480-86・
　　判タ848-201 …………………………… 48, 349
浦和地判平5・11・19判時1495-120 ………… 87
東京地判平5・11・29判時1499-81 ………… 147
東京地判平5・12・3判タ872-225 ………… 147

●平成6年〜10年

福岡地小倉支判平6・2・1判時1521-107・
　　判タ876-186 ……………………………… 88, 90
東京地判平6・2・14判時1515-91・
　　判タ856-219 ……………………………… 331
東京地判平6・3・24判時1522-85 ……… 90, 203
東京地判平6・3・29判時1521-80 ………… 118
東京地判平6・3・31判時1519-101 ………… 202
福岡地小倉支判平6・4・5判タ878-203 …… 200

判例索引

東京地判平 6・5・9 判時1527-116 ……………… 53
福岡地判平 6・7・26民集52-7-1629 …………… 90
東京高判平 6・8・4 判時1509-71・
　　判タ855-301 ……………………… 202, 327
横浜地判平 6・9・9 判時1527-124・
　　判タ859-199 …………………………… 326
最判平 7・1・19判時1520-84・
　　判タ871-300 …………………………… 15
東京高判平 7・2・28判時1529-73 …………… 327
東京地判平 7・3・2 判時1553-98 …………… 48
東京地判平 7・6・7 判時1560-102・
　　判タ911-132 …………………………… 25
東京高判平 7・6・14判中895-139 …………… 119
神戸地判平 7・10・4 判時1569-89 …………… 155
神戸地決平 7・10・17判時1560-127・
　　判タ880-165 …………………………… 362
福岡高判平 7・10・27判時1557-94・
　　判タ909-182 ……………………… 87, 90
東京地判平 7・11・21判時1571-88・
　　判タ912-188 …………………………… 349
大阪高判平 7・12・20判時1567-104 ………… 364
福岡高判平 7・12・26判タ914-170 …………… 119
東京高判平 8・2・20判時909-176 ……… 90, 203
福岡高判平 8・4・25判時1582-44・
　　判タ928-150 …………………………… 90
東京地判平 8・7・5 判時1585-43 …………… 202
最判平 8・10・31民集50-9-2563 …………… 566
東京地判平 8・11・26判タ954-151 …………… 18
東京高判平 8・12・26判時1599-79 ……… 160, 161
最判平 9・3・27判時1610-72・判タ947-204 … 262
東京高判平 9・5・15判時1616-70 …………… 18
東京高判平 9・7・25判タ970-276 ……… 160, 162
東京高判平 9・7・31〔判例集未登載〕…… 203
東京地判平 9・12・11判タ970-280 ………… 407
東京地判平10・1・23金判1053-37 …………… 680
最判平10・3・26〔判例集未登載〕…… 199, 203
大阪地判平10・8・25判時1668-112・
　　判タ1029-276 ……………………… 375, 376
最判平10・10・22民集52-7-1555 ……… 89, 188, 192
最判平10・10・30民集52-7-1604 … 89, 90, 188, 192
最判平10・10・30判時1663-90・判タ991-125 … 89
最判平10・11・20判時1663-102・
　　判タ991-121 ……………………… 89, 188, 192
東京地判平10・12・21判タ1066-274 ………… 37

●平成11年〜15年
札幌地判平11・1・27判タ1054-267 ……… 160, 161
大阪地判平11・3・23判時1677-91・
　　判タ1038-275 ………………………… 402
東京高判平11・5・31判時1684-64 …………… 91
神戸地判平11・6・21判時1705-112・
　　判タ1035-254 ………………………… 402
福岡地判平11・9・30マン管判192号 ………… 192
最判平12・3・21判時1715-20・判タ1038-179 … 17
大阪高判平12・7・13〔判例集未登載〕…… 402
東京地判平12・7・21判タ1109-255 ………… 36
横浜地判平12・9・6 判時1737-90・
　　判タ1105-246 ………………………… 349
大阪高判平12・9・28判時1753-65・
　　判タ1073-216 ………………………… 402
東京高判平12・12・14判時1755-65 ………… 680
神戸地判平13・1・31判時1757-123 ……… 232, 406
東京高判平13・2・20判時1136-181 ………… 214
最決平13・6・8〔判例集未登載〕…………… 402
さいたま地越谷支判平13・6・14金判1196-23
　　…………………………………………… 120
神戸地尼崎支判平13・6・19判時1781-131
　　…………………………………………… 326, 327
大阪地判平13・9・5 判時1785-59 ……… 50, 339
東京高判平13・10・31判時1777-46 ………… 120
大阪地判平14・5・16判タ1109-253 ………… 339
大阪高判平14・6・21判時1812-101 ………… 375
東京高判平14・6・24判時1809-98 ………… 118
東京高判平14・8・28判時1812-91 ………… 211
東京高判平14・9・30判時1806-45 …………… 78
最決平14・12・6〔判例集未登載〕………… 375
福岡高判平15・2・13判時1828-36 ………… 455
最判平15・6・24〔判例集未登載〕………… 402

●平成16年〜20年
那覇地判平16・3・25判タ1160-265 ……… 107, 199
最判平16・4・23民集58-4-959 …………… 120

763

判例索引

東京高決平16・5・20判タ1210-170 …………… 346
東京地判平16・7・13金法1737-42 …………… 436
東京高判平17・3・30判時1915-32 …………… 67
東京地判平17・5・13判タ1218-311 …………… 344
東京地判平17・6・23判タ1205-207 …… 48, 327
東京地決平17・7・19判時1918-22 …………… 437
東京地判平17・9・13判時1937-112・
　　判タ1213-163 …………………………… 349
東京地判平18・3・30判時1949-55 …………… 326
東京地判平18・6・27判時1961-65 …………… 344
東京地判平18・8・31判タ1256-342 …… 48, 327
東京地判平19・1・24判時1984-46・
　　判タ1268-188 …………………………… 415
東京地判平19・2・1判タ1257-321 …………… 219
東京高判平19・9・12判タ1268-186 …………… 415
東京地判平19・11・14判タ1288-286 …… 50, 344
大阪高判平20・4・16判時2018-19 …………… 61
札幌地判平20・5・30金判1300-28 …………… 114
東京地判平20・6・24〔判例集未登載〕………… 47
大阪地判平20・11・28判時2036-93・
　　判タ1297-296 …………………………… 165
東京高判平20・12・10〔判例集未登載〕……… 163
●平成21年〜
東京地判平21・1・29判タ1334-213 …………… 327
札幌高判平21・2・27判タ1304-201 …………… 114
大阪地判平21・3・12判タ1326-275 ……… 66, 67

最判平21・4・23判時2045-116・
　　判タ1299-121 …………………………… 513
大阪地判平21・7・24判タ1328-120 …………… 67
東京高判平21・8・6判タ1314-211 …………… 40
東京地判平21・9・15判タ1319-172 …………… 182
東京高判平21・9・24判時2061-31・
　　判タ1319-145 …………………………… 202
最判平22・1・26判時2069-15・
　　判タ1317-137 …………………………… 201
東京地判平22・5・13判時2082-74 … 49, 199, 327
東京地判平22・6・21判タ1341-104 …………… 172
東京高決平22・6・25判タ1336-281 …………… 61
東京地判平22・11・17判時2107-127 …………… 344
横浜地判平22・11・29判タ1379-132 …………… 343
最判平23・2・15判時2110-40・
　　判タ1345-129 …………………………… 163
東京地判平23・2・24判タ1343-235 …………… 86
東京地判平23・6・30判時2128-52 …… 192, 202
東京地判平23・9・15判タ1375-223 …………… 211
最決平23・10・11判時2136-36・
　　判タ1361-128 …………………………… 345
東京高判平23・11・16判時2135-56 …………… 67
東京高判平23・11・24判タ1375-215 … 48, 181, 326
最判平24・1・17判時2142-26・
　　判タ1366-99 ……………………… 49, 325

主要引用条文一覧

区分所有法（区分所有法1条から72条までについては、当該条文の注釈箇所以外のところで当該条文に関して比較的詳しく述べている箇所等の当該頁を掲げた。）

1条 ……………………… 3, 15, 17, 71, 139, 179
2条 ……………… 15, 41, 60, 78, 93, 131, 179
 2項 ………………………………………… 365
 3項 ………………… 13, 55, 68, 71, 564, 568
 4項 ……… 28, 33, 42, 60, 68, 70, 71, 76, 125
 5項 ……………………………………… 124, 408
 6項 ………………………………… 73, 130, 569
3条 … 23, 25, 43, 61, 71, 76, 77, 93, 98, 99, 100, 124, 146, 148, 150, 156, 164, 175, 178, 179, 180, 185, 209, 210, 213, 228, 236, 242, 259, 260, 266, 267, 269, 280, 308, 309, 310, 311, 325, 429, 431, 442, 454, 456, 559
4条 ……………………………… 32, 71, 76, 77
 1項 ……………………………… 21, 31, 32, 54
 2項 …… 16, 20, 21, 22, 54, 183, 205, 207, 299, 475, 477
5条 ……………………………………………… 23, 41
 1項 ………………… 23, 24, 183, 207, 299, 510
 2項 …………………………………………… 183
6条 ……………………………………………… 45, 179
 1項 ……… 86, 243, 322, 323, 324, 329, 330, 332, 341, 342, 348
 2項 …………………………………… 60, 169, 365
 3項 ……………… 28, 243, 322, 323, 331, 348
7条 ……………………………… 58, 119, 179, 343, 459
 1項 ………………………… 23, 24, 43, 65, 184
8条 …………………………… 65, 119, 179, 344, 459
9条 ……………………………………………… 68, 179
10条 …………………………………………… 24, 73, 179
11条 ………………………… 20, 68, 76, 83, 93, 122, 169

 1項 …… 86, 98, 121, 185, 368, 476, 477, 479
 2項 … 86, 97, 120, 121, 123, 183, 185, 300, 310, 368
 3項 ……………………………… 97, 477, 480
12条 ……………………… 77, 81, 82, 119, 125, 179
13条 ……………………… 54, 83, 85, 179, 477, 478, 479
14条 … 77, 91, 110, 152, 176, 196, 208, 227, 232, 304, 305, 318, 368, 378, 477, 478, 479, 514, 690
 1項 ……………………………… 137, 190, 689
 2項 ……………………………………………… 137
 3項 ……………………………………… 19, 137
 4項 ……… 97, 137, 138, 183, 198, 299, 689
15条 … 39, 40, 41, 77, 84, 95, 119, 179, 477, 478, 479
 1項 ……………………………………………… 75
 2項 ………………………………………… 13, 84
16条 ……………………… 28, 32, 83, 97, 185, 310
17条 … 28, 98, 100, 116, 126, 196, 360, 369, 371, 372, 456, 461, 477
 1項 …… 27, 31, 53, 85, 108, 113, 115, 122, 123, 155, 174, 183, 196, 197, 221, 225, 226, 229, 249, 297, 298, 301, 358
18条 …… 28, 81, 98, 101, 102, 107, 108, 113, 126, 360, 362, 367, 456, 461, 477
 1項 ……… 31, 53, 55, 85, 100, 123, 149, 155, 157, 170, 230, 297, 299, 302, 358, 459
 2項 ………………………………………… 156, 183
 4項 ……………………… 72, 157, 158, 168, 272
19条 … 55, 92, 117, 122, 126, 183, 190, 196, 299, 302, 367, 368, 370, 372, 459, 461, 477
20条 ……………………………… 79, 120, 169, 170
 1項 ……………………………………… 60, 81, 368
 2項 ……………………………………………… 81, 170

主要引用条文一覧

21条 …… 22, 23, 28, 31, 43, 60, 106, 123, 148, 149, 154, 157, 158, 173, 179, 183, 221, 225, 229, 230, 249, 272, 298, 299, 454, 474, 482
22条 …… 24, 42, 43, 73, 127
 1項 …… 28, 62, 94, 140, 143, 183, 207, 208, 598, 634
 2項 …… 92, 94, 183, 207, 208
 3項 …… 15, 208
23条 …… 24, 73, 133, 140, 179
24条 …… 24, 143, 179
25条 …… 81, 146, 155, 156, 168, 170, 179, 266, 269, 272, 288, 290, 311, 462, 521, 524, 573, 637
 1項 …… 31, 183, 230, 238, 269, 284, 293, 294, 297, 299, 457
26条 …… 152, 278, 284, 457, 462, 573, 637
 1項 …… 23, 31, 43, 148, 149, 170, 173, 183, 210, 214, 242, 277, 300, 301, 302, 330, 370, 372
 2項 …… 148, 169, 173, 210, 242, 266, 273, 278, 463, 478
 3項 …… 174, 273
 4項 …… 61, 63, 184, 189, 230, 274, 278, 329, 330
 5項 …… 274
27条 …… 167, 278
 1項 …… 60, 81, 86, 97, 121, 123, 183, 300
 2項 …… 121
28条 …… 63, 149, 150, 166, 170, 183, 462, 574, 638
29条 …… 172, 278, 462, 574, 638
 1項 …… 23, 63, 72, 183, 211, 303, 304, 305
 2項 …… 66, 307
30条 …… 31, 39, 137, 178, 179, 199, 203, 464
 1項 …… 23, 28, 43, 124, 456, 464, 510, 511, 662
 2項 …… 98, 99, 100, 203, 310
 4項 …… 158, 263
 5項 …… 212
31条 …… 31, 39, 71, 111, 115, 118, 136, 138, 148, 179, 180, 194, 370, 407, 464, 477, 500
 1項 …… 27, 31, 39, 43, 44, 80, 99, 110, 111, 150, 168, 180, 187, 189, 221, 225, 229, 249, 298, 301, 476, 481
 2項 …… 99, 100, 187, 310, 485
32条 …… 31, 39, 43, 136, 138, 179, 180, 195, 205, 213, 262
33条 …… 31, 179, 180, 198, 209, 239, 241, 253, 256, 260, 465, 574, 638
 1項 …… 154, 184, 230, 240, 278, 298, 498, 521, 669
 2項 …… 154, 176, 522, 670
34条 …… 155, 213, 257, 289, 382, 420, 426, 431, 465, 511, 574, 599, 600, 601, 638
 1項 …… 31, 147, 154, 279, 288, 497, 524
 2項 …… 154, 254, 255, 257, 279
 3項 …… 147, 171, 183, 236, 238, 279, 299, 497
 5項 …… 148, 236, 238, 279, 288, 292, 299, 497
35条 …… 216, 224, 225, 246, 258, 274, 427, 465, 575, 584, 613
 1項 …… 183, 223, 233, 420, 498, 583, 603, 605, 610, 639, 646
 2項 …… 167, 237, 420
 3項 …… 167, 279, 420, 577, 578, 604
 4項 …… 167, 183, 420, 604
 5項 …… 226, 233, 407, 420, 468, 583
36条 …… 179, 222, 224, 226, 246, 258, 288, 292, 420, 427, 466, 498, 575, 584, 614, 639
37条 …… 224, 258, 466, 575, 639
 1項 …… 223
 2項 …… 183, 223
38条 …… 92, 110, 183, 190, 196, 226, 232, 237, 258, 268, 300, 466, 496, 514, 575, 580, 590, 640, 647, 663, 689
39条 …… 27, 148, 149, 198, 228, 284, 293, 466, 576, 640
 1項 …… 71, 102, 110, 114, 147, 150, 183, 190, 226, 236, 238, 258, 300, 328, 330, 331, 369, 691

主要引用条文一覧

2 項 ………………………… 237, 244, 248, 258
3 項 …………………………………… 184, 248, 258
40条 ……… 16, 179, 219, 227, 232, 236, 258, 467, 576, 640
41条 ……… 230, 238, 258, 279, 299, 467, 522, 576, 640
42条 ……… 179, 198, 236, 238, 239, 258, 373, 427, 428, 467, 576, 640
 1 項 …………………………………………… 522, 670
 2 項 …………………………………………… 522, 670
 3 項 …………………………………………… 522, 670
 4 項 …………………………………………… 253, 522, 670
 5 項 ………… 184, 209, 253, 278, 521, 522
43条 ……… 154, 171, 179, 215, 242, 255, 257, 279, 300, 467, 523
44条 ……… 28, 71, 179, 219, 243, 260, 467, 641
 1 項 …………………………………………… 258, 332
 2 項 …………………………………………………… 259
45条 ……… 179, 187, 205, 223, 247, 427, 467, 577, 641
 1 項 ……… 147, 187, 197, 262, 299, 495, 669
 2 項 ………… 147, 195, 197, 262, 570, 669
 4 項 ………………… 184, 209, 278, 521, 522
46条 … 31, 86, 179, 180, 228, 259, 367, 457, 468, 576, 641
 1 項 … 41, 66, 211, 239, 255, 259, 370, 457
 2 項 ……… 23, 28, 43, 56, 58, 211, 243, 244, 246, 259
47条 ……………… 30, 119, 179, 264, 309, 468
 1 項 ……… 110, 221, 225, 229, 236, 249, 280, 298, 311
 2 項 …………………………………………………… 280
 3 項 …………………………………………………… 523
 4 項 …………………………………………………… 287
 5 項 …………………………………… 63, 176, 311
 6 項 ……………………… 154, 159, 162, 474
 8 項 ……………………… 166, 173, 184
 10項 …………………………………………………… 317
 11項 …………………………………………… 257, 299
 12項 ……… 210, 257, 288, 292, 521, 523, 524

48条 ……………………………… 179, 280, 470
 1 項 …………………………………………………… 270
 2 項 …………………………………………………… 525
48条の 2 ……………… 179, 281, 470, 523
49条 ……………… 269, 282, 298, 370, 372, 470
 1 項 …………………………………… 269, 278, 523
 2 項 …………………………………………………… 303
 3 項 …………………………………………… 278, 289
 4 項 …………………………………………… 289, 290
 5 項 ……… 184, 230, 269, 289, 297, 299, 300, 311, 312
 6 項 …………………………………………… 183, 294
 7 項 …………………………………………… 278, 294, 524
 8 項 ……… 230, 269, 272, 278, 290, 294, 297, 299, 524
49条の 2 ……………………… 272, 289, 471
49条の 3 ……………………………………… 290, 471
49条の 4 ……………………… 278, 291, 295, 471
50条 …………………………………………………… 292, 471
 1 項 …………………………………………… 269, 523
 3 項 …………………………………………………… 296
 4 項 ……… 183, 230, 269, 278, 297, 299, 524
51条 ……………………… 179, 286, 289, 295, 302, 471
52条 …………………………………………………… 297, 471
 1 項 ……… 183, 230, 269, 284, 309, 329, 330, 474
53条 ……… 72, 119, 173, 175, 211, 269, 278, 303, 307, 316, 317, 471
 1 項 …………………………………………………… 307
 2 項 …………………………………………………… 307
 3 項 …………………………………………………… 307
54条 ……………………… 66, 179, 278, 306, 472
55条 ……………………………… 179, 271, 307, 472
 1 項 ……… 225, 229, 249, 269, 271, 298, 311, 313, 318, 363, 523
 2 項 ……… 110, 221, 225, 229, 249, 269, 271, 298
55条の 2 …………………………………… 311, 472
55条の 3 ……………………… 312, 313, 320, 472, 523
55条の 4 ……………………… 313, 319, 320, 321, 472

767

主要引用条文一覧

55条の5 ……………… 313, 321, 472
55条の6 ……………… 311, 314, 472
55条の7 ……………… 314, 316, 473, 524
55条の8 ……………… 316, 473
55条の9 ……………… 316, 473, 524
56条 ……………… 300, 316, 317, 473
56条の2 ……………… 318, 321, 473, 525
56条の3 ……………… 318, 473
56条の4 ……………… 319, 474
56条の5 ……………… 319, 474
56条の7 ……………… 320
57条 ……… 51, 56, 179, 322, 334, 341, 342
　1項 ……………………… 51, 52, 335
　2項 … 31, 230, 231, 244, 249, 297, 299, 300
　3項 ……………… 230, 249, 340, 345, 350
　4項 ……… 57, 230, 243, 244, 249, 299, 347
58条 … 27, 56, 179, 196, 298, 324, 328, 332, 333, 341, 342, 348, 350
　1項 ……………………… 51, 225, 229
　2項 …… 110, 221, 225, 229, 249, 346, 351
　3項 ……………… 245, 328, 332, 346, 351
　4項 ………………………… 230, 249, 331
59条 …… 27, 51, 56, 179, 196, 298, 324, 328, 333, 340, 348, 349, 350
　1項 ……… 24, 51, 225, 229, 249, 374
　2項 …… 110, 221, 225, 229, 230, 249, 328, 331, 332
60条 … 25, 57, 179, 196, 243, 298, 324, 333, 346
　1項 ……………………… 225, 229, 245, 249
　2項 …… 110, 221, 225, 229, 230, 245, 249, 328, 331, 332
61条 ……… 31, 44, 353, 436, 559, 618, 623, 628
　1項 ……………………… 310
　3項 ……………… 230, 249, 299, 310
　4項 ……………………… 184, 300
　5項 …… 27, 110, 196, 221, 229, 249, 298, 310, 564, 569, 599, 600, 623, 631
　6項 ……………………… 427, 431
　7項 ……………………… 23, 43
　8項 ……………………… 23, 43

12項 ……………………… 627
13項 ……………………… 438
62条 …… 27, 28, 31, 44, 179, 196, 310, 393, 429, 430, 495, 517, 559, 569, 618, 653, 665
　1項 ……… 23, 110, 221, 226, 229, 249, 298, 366, 443, 444, 581, 583, 599, 650, 656
　2項 ……………… 444, 498, 515, 581
　3項 ……………………… 516
　4項 ……………………… 184, 582, 611
　5項 ……………………… 498, 583
63条 …… 24, 179, 396, 412, 414, 428, 442, 444, 518, 587, 593, 616, 621, 625, 666, 692
　1項 ……………… 428, 443, 585, 614
　2項 ……………… 428, 443, 585, 586
　3項 ……………………… 586
　4項 ……………… 43, 374, 443, 585, 586
　6項 ……………………… 444, 586
　7項 ……………………… 586
64条 …… 24, 179, 396, 412, 414, 433, 439, 442, 518, 586, 588, 594, 617, 621, 625, 666, 692
65条 …… 179, 448, 458, 462, 465, 480, 484, 490, 510, 632
66条 …… 179, 449, 456, 477, 478, 483, 484, 496, 497, 510, 511, 521, 522, 523, 524, 525
67条 ……………… 179, 449, 462, 474
68条 ……………… 179, 449, 480
　1項 ……… 110, 221, 226, 229, 249, 299, 507, 510, 511
69条 ……………… 110, 179, 249, 486
　1項 ……………………… 226, 229
　3項 ……………………… 24
　7項 ……………… 221, 226, 229, 299
70条 ……………… 179, 249, 504
　1項 ……… 23, 110, 226, 229, 299, 366, 662
71条 ……………… 257, 284, 519
　1号 ……………………… 210, 241, 257
　2号 ……………………… 211, 241, 257
　3号 ……………………… 240
　4号 ……………………… 243
　5号 ……………………… 271

主要引用条文一覧

6号	282
7号	288
72条	178, 281, 525
2002年改正法附則1条	550
2条	550
8条	554
9条	554

建物の区分所有等に関する法律施行規則

2条	256
5条1項	252
2項1号	252
2項2号	252
3項	251, 253

被災区分所有建物再建等特別措置法

1条	559
2条	563, 566, 590, 608, 623, 663
3条	570, 584, 624
4条	567, 578, 592, 595, 623, 624, 645, 648
1項	563, 564
9項	430, 443
5条	563, 567, 588, 595, 610, 623, 624
1項	563, 564, 565
6条	590, 594
1項	570, 624
7条	599, 619, 623
8条	601, 602, 614
5項	611
9条	563, 591, 599, 600, 601, 603, 606, 618, 620, 623, 624
1項	565, 604, 606
10条	590, 599, 600, 601, 603, 617, 618, 623, 624
1項	565, 604, 606
11条	563, 567, 599, 600, 601, 603, 618, 622, 623
1項	565, 568, 604, 606
12条	389, 626
13条	630, 650, 651, 656

14条	634, 650
15条	631, 632, 642, 651, 656, 658, 662
16条	631, 632, 648, 650, 656, 658, 662
1項	650
17条	631, 632, 650, 654, 656, 662
18条	631, 632, 650, 656, 659, 662
1項	595
19条	668

マンション管理適正化法

2条1号	674
3号	30, 674
5号	676
8号	677
10号	677
6条	676
8条	677
40条	676
41条	676
42条	676
43条	676
44条	676
45条	677
47条	677
49条	677
56条	677
57条	678
59条	678
60条	678
63条	678
64条	678
72条	677, 678
73条	677, 679, 680
74条	677
75条	677
76条	677
77条	677, 682
79条	677, 682
80条	682
82条	676, 679

主要引用条文一覧

83条 ·································· 676, 682

マンション建替え等円滑化法

2条 ·································· 686
3条 ·································· 687
4条 ·································· 687
5条 ·································· 689
6条 ·································· 689
9条 ·································· 689
12条 ································· 689
15条 ································· 689
17条 ································· 689
27条 ································· 690
30条 ································· 690
33条 ································· 690
55条 ···························· 689, 690
56条 ································· 690
57条 ································· 690
64条 ································· 690
70条 ································· 690
71条 ································· 690
73条 ································· 690
74条 ································· 690
75条 ································· 690
80条 ································· 690
81条 ································· 690
82条 ································· 690
102条 ································ 691
103条 ································ 691
105条 ································ 694
108条 ································ 692
109条 ································ 692
110条 ································ 692
116条 ································ 693
117条 ································ 693
120条 ································ 693
121条 ································ 693
122条 ································ 693
140条 ································ 693
141条 ································ 693
142条 ································ 693
143条 ································ 693
149条 ································ 693
152条 ································ 693
153条 ································ 693
154条 ································ 693

建築物耐震改修促進法

5条3項1号 ························· 105
25条 ···························· 104, 691
26条 ································· 106
27条 ································· 106

マンション標準管理規約

単棟型2条 ··························· 16
3条 ······························ 31, 260
4条 ·································· 28
5条 ································· 260
6条 ·································· 30
7条 ·································· 20
8条 ·································· 22
9条 ·································· 77
10条 ································· 95
11条 ···························· 96, 133
12条 ··························· 181, 185
13条 ································· 85
14条 ································· 88
15条 ································· 89
16条 ································ 185
17条 ································ 185
18条 ································ 199
19条 ································ 260
24条 ··························· 116, 157
25条 ································ 118
26条 ································ 118
27条 ································ 118
28条 ································ 118
29条 ································ 118
31条 ··························· 185, 282
33条 ································ 185

主要引用条文一覧

34条 ……………………………………… 185
35条 ……………… 148, 150, 283, 286, 289
38条 …………………………………… 149, 287
40条 …………………………………… 149, 287
42条 ……………………… 213, 214, 215, 238
43条 ……………………… 218, 219, 220, 221, 419
44条 ……………………………… 215, 216, 238
45条 ……………………………………… 245
46条 ……………………… 190, 231, 233, 234, 237
47条 … 103, 105, 190, 200, 225, 233, 339, 371, 407
48条 …………………………………… 224, 299
49条 …………………………………… 239, 240
50条 ……………………………………… 248
51条 …………………………………… 149, 285
52条 ……………………………………… 149
53条 …………………………………… 149, 285
54条 ……………………………………… 149
66条 ……………………………………… 324
67条 ……………………………………… 324
別表第1 ………………………………… 28, 125
別表第2 …………………………………… 22
別表第3 …………………………………… 95
別表第5 ………………………………… 231
複合用途型12条 ………………………… 182

民　法

22条 …………………………………… 220, 276
87条2項 ………………………………… 134
90条 …………………………………… 188, 190
97条1項 ………………………………… 217
110条 …………………………………… 174
112条 …………………………………… 174
140条 …………………………………… 433
141条 …………………………………… 433
142条 …………………………………… 433
143条 …………………………………… 433
175条 …………………………………… 13
177条 ……………………………… 81, 97, 375, 437
192条 …………………………………… 65

193条 …………………………………… 65
194条 …………………………………… 65
195条 …………………………………… 65
209条 ………………………………… 54, 169
239条2項 ……………………………… 143
249条 ……………………………… 84, 85, 232
250条 ……………………………………… 92
251条 …………………………………… 101, 590
252条 ……………………… 113, 232, 237, 590, 609
253条1項 ……………………………… 117
　　　2項 ……………………………… 119
255条 ……………………………… 129, 143, 144
256条 ……………………………… 96, 595, 598
　　　1項 …………………………… 96, 634
258条 …………………………………… 566, 590
264条 …………………………………… 143
269条の2 ……………………………… 133
303条 ……………………………………… 62
306条 ……………………………………… 64
311条 ……………………………………… 64
313条 ……………………………………… 62
319条 ……………………………………… 64
325条 ……………………………………… 64
329条1項 ……………………………… 64
335条1項 ……………………………… 64
336条 ……………………………………… 64
341条 …………………………………… 435
361条 …………………………………… 435
378条 …………………………………… 435
388条 …………………………………… 128
414条2項 ……………………………… 328
　　　3項 ……………………………… 328
415条 …………………………………… 591
423条 ……………………………………… 57
430条 …………………………………… 119
432条 …………………………………… 119, 276
442条1項 ……………………………… 385
444条 …………………………………… 385
452条 …………………………………… 386
453条 ……………………………… 306, 386

771

主要引用条文一覧

455条	306
533条	375, 436
534条1項	360
535条	360
567条2項	435
576条	435
577条	435
578条	435
594条1項	57
2項	135
608条1項	369
612条	134, 609
616条	57
643条	170
644条	151, 171
645条	171
646条1項	171
648条1項	172
649条	122, 166, 172
650条	166, 172
1項	122
651条1項	150
2項	150
656条	170
668条	446
669条	446
670条1項	446
2項	446
3項	446
671条	446
672条	446
673条	446
674条	446
675条	446
676条	446
677条	446
678条	446
679条	446
680条	446
681条	447
682条	447
683条	447
685条	447
686条	447
687条	447
688条	447
702条3項	370, 372
703条	370, 372
709条	52
715条	276
717条	68, 71
958条の3	129, 144, 145
959条	129, 144

一般法人法

4条	275
10条	268
11条	268
35条1項	297
37条1項	215
76条1項	283
77条	285, 286
78条	275, 276
148条	308, 309, 310
206条	30
233条	315
238条1項	315

憲　法

22条1項	513
29条	513, 671
2項	597

借地借家法

7条	412, 490
17条	412
18条	413
19条1項	134
20条	135
22条	413

主要引用条文一覧

28条 ……………………………………… 412

借地法
　7条 …………………………………… 412

借家法
　1条ノ2 ………………………………… 412

不動産登記法
　44条1項9号 ………………… 24, 94, 142
　　　1項6号 ……………………………… 478
　46条 ……………………………… 24, 142
　51条 …………………………………… 478
　53条 …………………………………… 478
　54条 …………………………………… 478
　58条 …………………… 40, 168, 207, 478
　　　2項 …………………………… 40, 478
　　　3項 ……………………………… 478

旧不動産登記法
　93条ノ3第1項 ……………………… 208
　　　　第2項 ………………………… 208
　　　　第5項 ………………………… 208
　99条ノ4第1項 ……………………… 478
　110条ノ13 …………………………… 143
　140条ノ2 ……………………………… 143

商　法
　512条 …………………………… 171, 172

商業登記法
　17条2項 ……………………………… 523
　47条1項 ……………………………… 523

民事訴訟法
　29条 ……………………………… 61, 164
　42条 …………………………………… 167
　115条1項2号 ………………………… 166
　142条 ………………………………… 166

民事執行法
　81条 …………………………………… 128
　168条 ………………………………… 351
　171条 ………………………………… 328
　172条 …………………………… 328, 339
　173条1項 …………………………… 328
　195条 ………………………………… 345

民事保全法
　23条2項 ……………………………… 152

破産法
　16条2項 ………………………… 277, 317

非訟事件手続法
　119条 ………………………………… 521
　120条 ………………………………… 521
　121条 ………………………………… 521
　122条 ………………………………… 521

電子署名及び認証業務に関する法律
　2条1項 ……………………………… 241

森林法
　旧186条 ……………………………… 596

建築基準法
　3条2項 ……………………………… 105

刑事訴訟法
　230条 ………………………………… 342
　239条 ………………………………… 342

組合等登記令
　2条1項 ……………………………… 523
　3条1項 ……………………………… 523
　7条 ……………………………… 308, 523
　10条 …………………………… 308, 523
　25条 ………………………………… 523

773

■著者紹介

稲本洋之助（いなもと・ようのすけ）
　1935年　生まれ
　1958年　東京大学(法)卒業
　東京大学名誉教授・弁護士、2018年没

鎌野　邦樹（かまの・くにき）
　1953年　生まれ
　1977年　早稲田大学(法)卒業
　千葉大学大学院専門法務研究科教授を経て、
　早稲田大学大学院法務研究科教授

コンメンタール　マンション区分所有法〔第3版〕

著　者　稲本洋之助・鎌野　邦樹
発行所　株式会社 日本評論社
　　　　〒170-8474 東京都豊島区南大塚3-12-4　振替00100-3-16
　　　　電話　03-3987-8621（販売：FAX-8590）
　　　　　　　03-3987-8631（編集）
印刷所　株式会社 平文社
製本所　株式会社 松岳社
装　幀　駒井佑二
Ⓒ 2015　Y. Inamoto, K. Kamano　　　　　　　　　　　　検印省略

JCOPY〈(社)出版者著作権管理機構　委託出版物〉
本書の無断複写は著作権法上での例外を除き禁じられています。複写される場合は、そのつど事前に、(社)出版者著作権管理機構（電話03-5244-5088、FAX 03-5244-5089、e-mail: info@jcopy.or.jp）の許諾を得てください。また、本書を代行業者等の第三者に依頼してスキャニング等の行為によりデジタル化することは、個人の家庭内の利用であっても、一切認められておりません。

1997年 3月20日　第1版第1刷発行
2004年10月20日　第2版第1刷発行
2015年 3月25日　第3版第1刷発行
2023年 1月30日　第3版第5刷発行
ISBN978-4-535-00204-3　　　　　　　　　　　　　Printed in Japan

我妻・有泉コンメンタール
民法 総則・物権・債権［第8版］

我妻榮・有泉亨・清水誠・田山輝明／著　◆978-4-535-52647-1 A5判　定価8,800円（税込）

2021年の物権編の改正に対応。債権法改正以降の新判例も全体にわたり収録し、我妻先生以来の名著に最新の情報を付加して改訂。

コンメンタール 借地借家法［第4版］

稲本洋之助・澤野順彦／編　◆978-4-535-52331-9 A5判　定価5,830円（税込）

理論と実務の状況をアップデートし、借地条件の変更等の裁判手続に関する平成23年改正法、平成29年の民法改正整備法にも完全対応。

別冊法学セミナー
新基本法コンメンタール 借地借家法［第2版］

田山輝明・澤野順彦・野澤正充／編　◆978-4-535-40277-5 B5判　定価4,180円（税込）

民法（債権法）改正に伴う借地借家法改正に対応して、わかりやすく解説する。旧法（借地法・借家法）についても解説を施す。

〔菊井維大・村松俊夫＝原著〕
秋山幹男・伊藤眞・垣内秀介・加藤新太郎・日下部真治・高田裕成・福田剛久・山本和彦〔著〕

民事訴訟の理論と実務

第一線の研究者と実務家による「菊井＝村松」の全面改訂版。民事訴訟法・民事訴訟規則を一体的に説明する。条文に関連する諸法令を可能な限り掲げたほか、判例・学説や実務上の取扱いを明示する。

コンメンタール 民事訴訟法Ⅰ［第3版］
民事訴訟法概説 第1編／第1章〜第3章　◆978-4-535-00350-7 A5判　定価6,160円（税込）

コンメンタール 民事訴訟法Ⅱ［第3版］
第1編／第4章〜第7章　◆978-4-535-00351-4 A5判　定価5,940円（税込）

コンメンタール 民事訴訟法Ⅲ［第2版］
第2編／第1章〜第3章　◆978-4-535-00208-1 A5判　定価5,720円（税込）

コンメンタール 民事訴訟法Ⅳ［第2版］
第2編／第4章　◆978-4-535-00209-8 A5判　定価5,720円（税込）

コンメンタール 民事訴訟法Ⅴ［第2版］
第2編／第5章〜第8章　◆978-4-535-00353-8 A5判　定価5,280円（税込）

コンメンタール 民事訴訟法Ⅵ
第3編　◆978-4-535-00205-0 A5判　定価5,720円（税込）

コンメンタール 民事訴訟法Ⅶ
第4編〜第8編／総索引　◆978-4-535-00207-4 A5判　定価5,280円（税込）

日本評論社　https://www.nippyo.co.jp/